U0942883

普通高等学校土木工程专业新编系列教材
中南大学桥梁工程专业系列教材

钢　　桥

郭文华　周智辉　文　颖　宋旭明　编著

中国铁道出版社有限公司

2024年·北　京

内 容 简 介

本书系统介绍了钢桥设计的极限状态法和容许应力法，突出以稳定、刚度、疲劳控制为主的钢桥设计理念。以钢梁桥为主线，重点阐述了钢板梁桥、钢桁梁桥、钢箱梁桥、组合梁桥的结构形式与特点、布置与构造、设计与验算等基本内容。另外，还专门给出了简支钢桁梁桥主桁架与纵横梁式桥面系的计算示例，并简要介绍了大跨度钢桥结构特点、主要构造和钢桥建造、维养等相关知识。本书主要突出铁路钢桥特色，同时兼顾公路钢桥发展，强化系统掌握钢桥设计基本原理和熟练运用钢桥相关技术标准。

本书既可作为高等院校土木工程专业桥梁方向、道路桥梁与渡河工程专业教材，也可供土木工程专业其他方向及从事桥梁工程技术与管理人员参考使用。

图书在版编目(CIP)数据

钢桥/郭文华等编著. —北京：中国铁道出版社有限公司，2024.1

普通高等学校土木工程专业新编系列教材　中南大学桥梁工程专业系列教材

ISBN 978-7-113-30084-5

Ⅰ.①钢…　Ⅱ.①郭…　Ⅲ.①钢桥-高等学校-教材
Ⅳ.①U448.36

中国国家版本馆 CIP 数据核字(2023)第 050932 号

书　　名： 钢桥
作　　者： 郭文华　周智辉　文　颖　宋旭明

责任编辑： 李露露　　**编辑部电话：** (010)51873240　　**电子邮箱：** 790970739@qq.com
封面设计： 王镜夷　高博越
责任校对： 安海燕
责任印制： 赵星辰

出版发行： 中国铁道出版社有限公司(100054，北京市西城区右安门西街 8 号)
网　　址： http://www.tdpress.com
印　　刷： 北京联兴盛业印刷股份有限公司
版　　次： 2024 年 1 月第 1 版　2024 年 1 月第 1 次印刷
开　　本： 787 mm×1 092 mm 1/16　**印张：** 20.75　**插页：** 4　**字数：** 536 千
书　　号： ISBN 978-7-113-30084-5
定　　价： 65.00 元

版权所有　侵权必究

凡购买铁道版图书，如有印制质量问题，请与本社读者服务部联系调换。电话：(010)51873174

打击盗版举报电话：(010)63549461

编写委员会

（中南大学桥梁工程专业系列教材）

主　任　何旭辉

副主任　杨孟刚　戴公连　盛兴旺　周智辉

委　员　蔡陈之　戴公连　邓朋儒　方淑君　郭文华

郭向荣　何旭辉　胡　狄　黄天立　敬海泉

李　超　李德建　李　欢　李玲瑶　刘文硕

欧阳震宇　乔建东　盛兴旺　史　俊

舒臻孺　宋旭明　唐　冕　魏　标　魏晓军

文　颖　文雨松　吴　腾　严　磊　杨　剑

杨孟刚　杨熠琳　于向东　周　浩　周智辉

邹云峰

前　言

钢桥是土木工程专业或道路桥梁与渡河工程专业的一门专业课。为体现当代桥梁建设成果与水平，满足高校桥梁工程专业方向教学和培养桥梁建设人才的需要，中南大学桥梁工程系启动了桥梁工程专业系列教材建设，《钢桥》属于该系列教材的重要组成部分。本教材主要根据中南大学“钢桥”教学大纲编写，同时照顾工程技术人员的学习需要。按照教学大纲要求，学生在学习了“建筑材料”“材料力学”“结构力学”“钢结构设计原理”等必修课的基础上，要深刻理解钢桥的主要设计方法与设计原则，熟练掌握钢板梁桥、钢桁梁桥、钢箱梁桥、组合梁桥的结构形式与特点、布置与构造、设计检算等，基本了解大跨度钢桥结构特点与主要构造和钢桥的建造与维养等。本教材在编写过程中主要突出铁路钢桥特色，统筹兼顾公路钢桥发展，注重培养学生综合运用基本理论和基础知识解决实际问题的能力。本教材主要有以下特点：

(1)系统介绍了钢桥的基本设计方法。考虑铁路行业容许应力法和极限状态法并存，本教材分别阐述了两种设计方法的异同及各自特点，突出以稳定、刚度、疲劳控制为主的钢桥设计理念。

(2)紧密反映了钢桥设计理论与设计方法的新发展。全书按新颁布的相关标准《铁路桥涵设计规范(极限状态法)》(Q/CR 9300—2018)、《铁路桥梁钢结构设计规范》(TB 10091—2017)和《公路钢结构桥梁设计规范》(JTG D64—2015)等进行编写，以适应课程教学和工程应用的需要。

(3)适当结合了当前钢桥设计中的部分科研成果。例如：高速铁路钢桥动力设计方法、钢桁梁桥整体节点构造与计算、正交异性桥式整体桥面构造与计算等。

本书共分为8章。第1章绪论，介绍钢桥的主要类型及钢桥的历史与发展。第2章钢桥设计基本方法，主要讲述桥梁作用、钢材选用及极限状态设计法和容许应力法。第3章钢板梁桥，主要讲述钢板梁桥的组成及总体布置、主梁及联结系的构造与计算。第4章钢桁梁桥，主要讲述钢桁梁桥的组成及内力分析基本原理，重点阐述主桁架、桥面系、联结系、散拼节点与整体节点的主要构造与计算方法，并给出铁路简支钢桁梁主桁架与纵横梁式桥面系计算示例。第5章钢箱梁桥，介绍钢箱梁桥基本组成、总体布置、构造特点及结构分析方法。第6章组合梁桥，重点讲述组合梁桥的特点、基本构造及整体计算方法等。第7章大跨度钢桥，主要阐述钢拱桥、钢斜拉桥、钢悬索桥结构特点、总体设计与主要构造。第8章钢桥的建造与维养，主要介绍零件的制造与组装、工地架设安装及防腐涂装等内容。

全书由中南大学郭文华、周智辉、文颖、宋旭明编著，郭文华负责全书统稿工作。编写分工如下：郭文华负责第2章、第4章、第7章第3节的编写；周智辉负责第1章、第3章、第7章第1节和第8章的编写；文颖负责第5章和第7章第2节的编写；宋旭明负责第6章的编写。另外，硕士研究生蒋晨奕、丁宇航、王雪娇、吴彪等承担了纵横梁式桥面系及铁路简支钢桁梁主桁架的算例与部分图表绘制工作。

本书的编写与出版得到了中南大学本科精品教材建设项目资助，在此表示衷心的感谢。

限于作者水平，疏漏之处仍然难免，敬请各位同行朋友批评指正，联系邮箱为 whguo@csu. edu. cn。

编著者

2023年10月

目　　录

第 1 章　绪　　论

1.1　钢桥的主要特点与适用范围

钢桥是上部结构的主要承重部分用钢材制成的桥梁。钢材是一种抗拉、抗压和抗剪强度较高的均质材料。尽管钢材的容重约为混凝土的三倍，但其强重比是混凝土的三倍左右，具体比较见表 1.1。因此，钢构件一般可设计得较为轻巧。目前，采用相同的桥梁结构体系时，钢桥的跨越能力均大于采用其他材料所建造的桥梁。

表 1.1　钢材与混凝土材料力学性能对比

材料类型	容重 (kN/m^3)	弹性模量 (MPa)	抗拉强度标准值 (MPa)	抗压强度标准值 (MPa)	强重比 [$MPa/(kN/m^3)$]
Q345 钢	78	2.06×10^5	345	345	4.42
C50 混凝土	24	3.45×10^4	2.64	32.4	1.35(0.11)

注：括号内为抗拉强重比。

钢材材质均匀，塑性与韧性良好，接近理想弹塑性体。运营中的钢构件实际应力与计算值较接近，计算可靠。在桥梁施工过程中，钢构件在工厂制造，不但施工质量可靠，而且上下部结构可以同时施工，可节省施工工期。钢桥使用寿命较长，在受到损伤时，也易于修复或更换，即使全桥拆换，钢材还可以回收再利用。因此，从总价值上讲，钢材是一种经济合理的建桥材料。然而钢桥对动荷载效应较为敏感，在长期可变荷载作用下，部分构件容易发生疲劳。钢材受大气侵蚀，易生锈，需要定期检查和喷油漆养护，故钢桥的养护费用相对较高，但随着优质油漆与耐候钢的出现，目前钢桥养护周期也大大加长。当温度到达 450～650 ℃时，钢材强度下降极快，在 600 ℃时已不能承重，故钢材须防火。

钢桥在大、中、小跨径桥梁中都可采用。一般而言，公路桥梁设计时，50 m 以下跨径桥梁多采用钢筋混凝土桥；城市中为了快速施工也可修建小跨度钢桥；对于中等跨径和大跨径（小于500 m）桥梁，应从技术、经济、安全、环保等方面综合比较，采用合理的结构形式和适当的材料类型；对于超大跨径（大于 500 m）桥梁，基本采用钢桥。在我国铁路桥梁建设中，大、中跨径的桥梁一直以钢桥为主。

1.2　钢桥的主要类型

桥梁的分类方式很多。按照用途，钢桥可分为公路钢桥、铁路钢桥、公铁两用钢桥、人行钢桥等；按照桥面位置，可分为上承式钢桥、中承式钢桥、下承式钢桥；按照平面和立面形状，可分为直桥、斜桥、弯桥、坡桥等。按力学体系分，钢桥有梁、拱、索三大基本体系。梁桥以承受弯矩为主，拱桥以承受压力为主，悬索桥以承受拉力为主。将梁、拱、索三大基本体系进行组合，又形成有组合特点的其他桥型，如斜拉桥、梁拱组合桥等。以下简要介绍钢梁桥、钢拱桥、悬索桥、斜拉桥的受力特点。

(1)钢梁桥

梁桥的主要承重结构为主梁。梁桥在竖向荷载作用下，支座处不产生水平反力，仅产生竖向反力，竖向荷载与承重结构轴线接近垂直，主要承受弯矩与剪力，如图 1.1 所示。与相同跨径的其他体系桥梁相比，主梁内产生的弯矩是最大的。

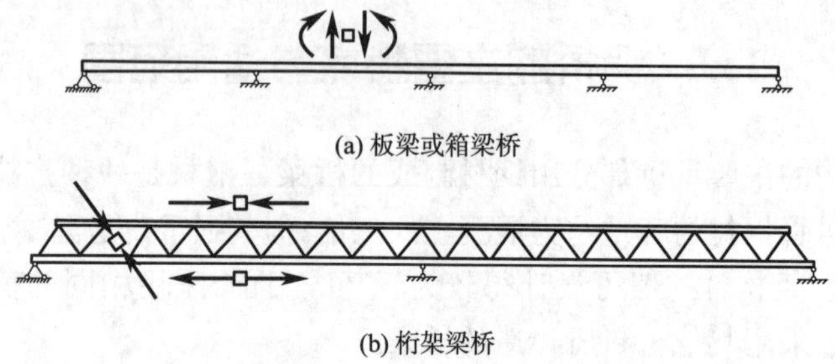

图 1.1　梁桥受力特征

钢梁桥在力学图式上可分为简支钢梁桥、连续钢梁桥和悬臂钢梁桥，如图 1.2 所示。

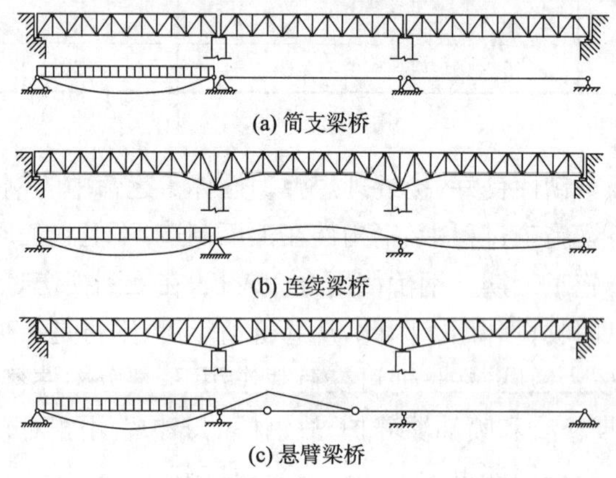

图 1.2　钢梁桥力学图式

钢梁桥按照主梁截面构造形式，可分为钢板梁桥、钢桁梁桥、钢箱梁桥以及钢—混凝土组合梁桥，本书第 3～6 章按此分类讲述钢梁桥的设计与构造等。

(2)钢拱桥

拱桥的主要承重结构是拱圈或拱肋。拱式体系在竖向荷载作用下，支点处将产生水平反力(推力)，这个水平反力将大大减小主拱跨中由竖向荷载产生的弯矩。因此，拱桥与同跨径梁桥相比，其弯矩和剪力要小得多，主拱在竖向荷载作用下，主要承受压力，如图 1.3 所示。

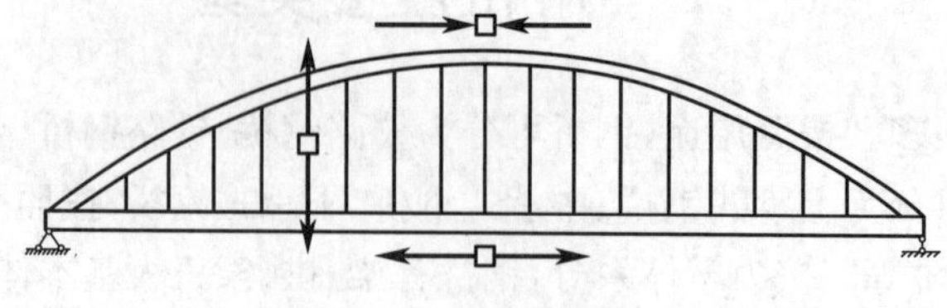

图 1.3　拱桥受力图式

如果拱桥不能充分承受两端支承处的水平力，拱脚不仅会产生很大的位移，而且拱内会产生很大的弯矩，不能充分发挥拱的优势。拱桥可以采用以下两种方法来承受两端支承处的水平力：一种是设置坚固的基础，水平力由基础承受，为有推力拱，适用于地基良好的桥位，如图 1.4(a)和图 1.4(b)所示；另一种是在拱的两端设置拉索或者梁(称为系杆或系梁)等，使得水平力互相平衡，为无推力拱，也称为系杆拱，可以适用于地基较差的桥位，如图 1.4(c)所示。

按照桥面相对主拱的位置，拱桥可分为上承式[图 1.4(a)]、中承式[图 1.4(b)]和下承式拱桥[图 1.4(c)]；按照主拱横截面的构造形式可分为钢箱拱、钢桁拱和钢管拱(或钢管混凝土拱)。

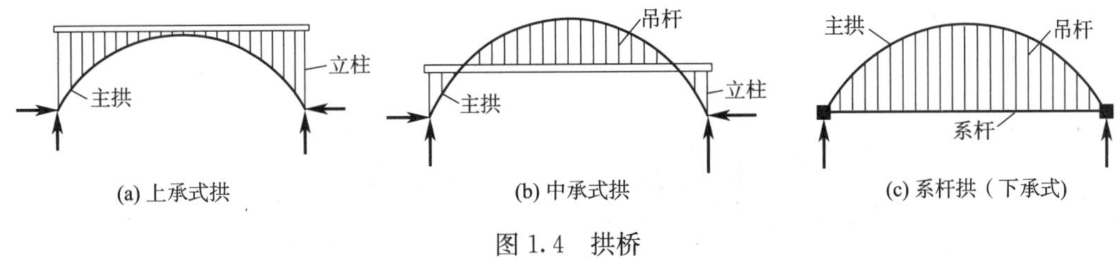

图 1.4　拱桥

(3)悬索桥

悬索桥由主缆、加劲梁、主塔、吊索、鞍座和锚碇组成。悬索桥的主要承重结构是悬索(主缆)，在竖向荷载作用下，悬索桥的主缆承受强大拉力，对加劲梁起到了巨大的卸载作用。由此，加劲梁比同等跨径梁桥的内力要小得多，其传力方式如图 1.5 所示。

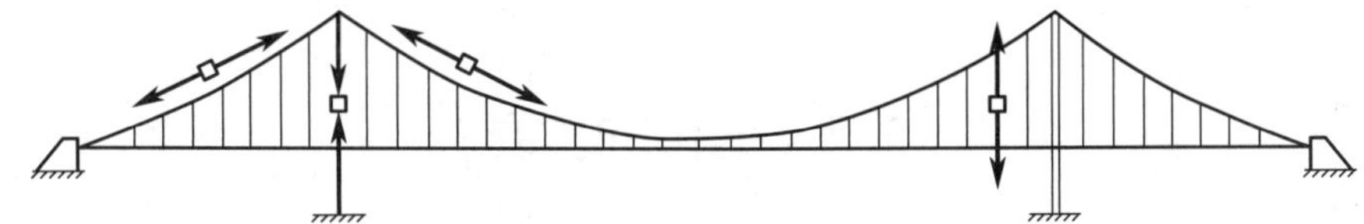

图 1.5　悬索桥受力图式

悬索桥根据锚固方式不同可分为地锚式悬索桥[图 1.6(a)]和自锚式悬索桥[图 1.6(b)]；按悬吊跨数，分为单跨[图 1.6(a)]、两跨和三跨悬索桥[图 1.6(b)]；按照加劲梁的构造形式可分为钢板梁、钢桁梁、钢箱梁及组合梁悬索桥等。

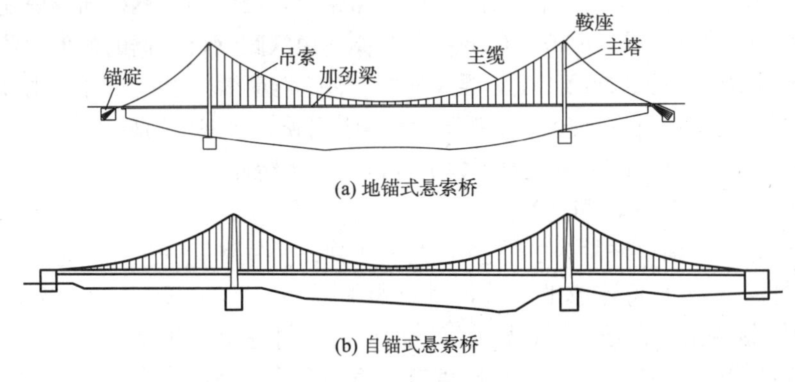

图 1.6　悬索桥

(4)斜拉桥

斜拉桥由桥塔、主梁和斜拉索组成，如图 1.7 所示，是三大基本体系中梁和索的组合体系。

斜拉桥在竖向荷载作用下，斜拉索将主梁吊起，通过桥塔基础将力传给地基，桥塔是以受压为主，斜拉索对主梁提供多点弹性支承，使主梁内弯矩大大减少，斜拉索的水平分力又使主梁成为偏心受压构件，如图 1.8 所示。

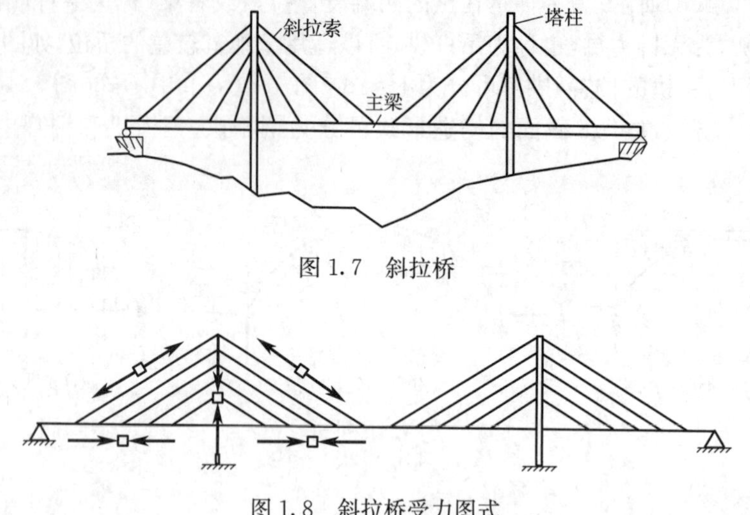

图 1.7 斜拉桥

图 1.8 斜拉桥受力图式

按照塔、梁、墩相互连接方式，斜拉桥可划分为漂浮体系、支座支承体系（包括半漂浮体系）、塔梁固结体系和刚构体系。钢主梁多为连续体系，其截面形式主要有：钢箱梁、钢板梁、钢桁梁以及组合梁。

1.3 钢桥的发展

1.3.1 钢桥发展概况

自从发明炼铁（钢）技术以来，人们就开始探索应用钢铁材料建造承重桥梁。已知首座采用铁链悬吊的人行桥建造于公元 65 年的中国。然而直至 18 世纪晚期钢（铁）桥仍然很少使用。19 世纪 20 年代，随着铁路蒸汽机车的出现，人们开始修建铁路，铁路钢桥随之发展起来。由于以内燃机为动力的汽车在 19 世纪末出现，公路钢桥及公铁两用钢桥陆续修建。随着公路的蓬勃发展和多样化的需求，在 20 世纪 30 年代，原先由铁路钢桥占据的各种大跨度钢桥记录逐步被公路钢桥取代。特别是第二次世界大战之后，随着经济的发展，世界各国修建了大量的公路与铁路钢桥，使得钢桥设计理论与建造技术不断完善。从钢桥的材料应用，设计理论的形成及建设规模等角度，钢桥的发展大致可以分为以下三个阶段。

(1)19 世纪末期之前（铁桥时代）

在 19 世纪末期之前以铁桥为主，使用的材料主要是铸铁和锻铁。我国是世界上有铁桥建设记录最早的国家，1706 年建成的大渡河泸定悬索桥（图 1.9），全长 103.67 m，宽 3 m，由 13 根索链组成，该桥至今完好无损。早前因铁链质量限制桥梁跨度较小，直至 1817 年英国人发明了铰接式铁拉杆才使得悬吊桥梁的跨度有了很大提升。1826 年，由英国建造跨越梅奈海峡的悬索桥，其跨度达到了创纪录的 176.6 m，如图 1.10 所示。1938 年该桥原先的铁链换成了钢构件，目前该桥仍在服役。

图 1.9　泸定悬索桥

图 1.10　英国梅奈海峡悬索桥

由于铸铁性脆，宜于受压，故适宜作拱桥建造材料。1779 年，英国横跨塞文河修建了第一座铸铁桥——科尔布鲁克代尔桥。该桥包含 5 片并列 30 m 跨的拱肋。18 世纪末至 19 世纪早期，还建造了其他铸铁桥，如一座位于英国桑德兰，跨度为 72 m 的铸铁桥(1796 年)。

19 世纪中叶，抗拉性能更好的锻铁开始应用于工业生产并用于桥梁建造。1850 年，英国威尔士布列坦尼亚地区所建成的一座大型箱管连续梁桥便是该时期的一个代表，如图 1.11 所示。该桥跨径为 70 m+142 m+142 m+70 m，箱梁总高达 9.09 m，列车从箱中通行。该桥在 1970 年被大火烧毁，于 1971 年被替换为钢桁架桥。拱桥建造中同样采用锻铁代替铸铁，最具代表性的为 1884 年由布斯塔夫・埃菲尔团队主持建造的加拉比特高架桥，该桥总长 565 m，采用三角拱形式，跨径为 165 m，拱高为 52 m，采用由支承处外伸的悬臂施工方式建造。

(2)19 世纪末至 20 世纪中期(近代钢桥时代)

19 世纪初期(1830 年)，伴随着高效且更优化的生产工艺发展，实现了轧制钢板的工业化生产，这使得采用铆接方式建造大型结构更加经济和便捷。1880 年左右，法国完善了双螺旋钢绞线生产工艺，替代了早前的平行钢丝拉索，从而带来了拉索的重要发展。19 世纪下半叶，桥梁进入了钢桥时代。美国 1874 年建成的圣路易斯密西西比河伊兹桥，为无铰桁架钢拱桥，跨径布置为 153 m+158 m+153 m。该桥为公铁两用桥，上层为公路，下层为双线铁路，开启了近代钢桥的新时代。

1883 年，由美国著名的索桥专家约翰・A. 罗布林设计的布鲁克林悬索桥(图 1.12)建成。该桥位于纽约的东河，主跨 486 m。塔柱由花岗岩砌筑而成，除主缆外还用斜拉索加劲。布鲁克林桥与著名的埃菲尔铁塔成为那个时代的结构经典之作。由于罗布林等工程师的贡献，悬索桥跨入了大跨度重载荷的行列，迄今这种桥型仍是世界上跨越能力最强的桥型。

图 1.11　英国威尔士布列坦尼亚桥

图 1.12　美国布鲁克林悬索桥

同时代英国福斯桥(图 1.13),开启了欧洲的钢桥时代。该桥采用变高度桁架梁,因而具有极大刚度。该桥建造于 1881～1890 年,包含两个 521 m 跨径的中跨和207 m 跨径的边跨。中跨由两个 207 m 的悬臂段及支承于悬臂段的 107 m 跨度的中间段共同组成,这种结构方式被称为"悬臂结构",后期被大量桥梁采用。1918 年加拿大在魁北克建成双线铁路悬臂桁梁桥。1929 年,在该桥双线铁路中间铺设了双车道公路。在历经两次重大事故之后,创造了钢桁梁桥跨径 549 m 的世界纪录,并保持至今。该桥 1900 年基础开工,第一次事故是 1907 年 8 月 29 日上午,当吊机向前一个节间行进时,9 000 t 钢结构(悬臂,连同悬挂跨的一部分)轰然塌落。在场工人共 86 名,只有 11 人幸免于难。事故主要原因是:受压弦杆的拼接铆钉和组装螺栓有一部分还没有装上去,由于角钢缀条过于单薄,不能将强大的腹杆组合成一整根杆件。这次事故后,该桥主要杆件的钢材改为镍钢,重新设计,将桥址中心线向南移动 20 m。新的钢桁梁的锚跨和伸臂的制造和架设工作很顺利,其悬挂跨则改用整体提升的方法安装。1916 年 9 月 11 日上午 11 时,当悬挂跨已提升 3.6 m 之后,位于扁担梁之上,用于支承该悬挂跨的四个十字状铸铁支座之一突然被压碎,悬挂跨随即倾斜,由于惯性大,悬挂跨滑落水中,当场有 13 人死亡。一年之后新制的悬挂跨仍用整体提升方法,但将铸铁支座改为铅板,成功地完成了架设任务。该桥 1918 年开通,如图 1.14 所示。

图 1.13 英国福斯桥

图 1.14 加拿大魁北克悬臂桁梁桥

在 20 世纪二三十年代,钢桥设计理论有了很大的发展。1923 年,英国成立一个桥梁应力委员会,对节点刚性引起的二次应力、主梁和桥面系共同作用、荷载在桥面铺装层之中的扩散和冲击作用等问题进行了较为深入的研究。以此为依据,英国在 1929 年将钢桥容许应力提高了 12.5%。1926 年,德国铁路颁布新的《铁结构规范》。1923～1933 年,美国也成立了一个钢压杆研究专门委员会,进行了几十根大型钢压杆试验,并为钢压杆临界荷载计算推荐了正割公式。1935 年美国在新版的《钢桥规范》中就采用了该公式。这个时期,具有很大影响力的钢桥有:1931 年在纽约市建成跨度达 1 067 m 的华盛顿悬索桥,其原设计是在上层设 8 车道公路,下层设 4 线电车道,但在 1931 年开通时只修建了上层,1962 年才将下层电车道改为汽车道补建完成。

1932 年,澳大利亚在悉尼港建成一跨度 503 m 的两铰中承式推力型钢桁架拱桥(图 1.15)。该桥的立面与美国狱门桥相似,以下弦为准,拱的矢跨比是 1∶5。按铅垂线计量,拱的桁架高度在跨中为 18.3 m,在支承铰处则为 57.3 m。桁拱用钢量为 38 000 t,主要为硅钢。美国人为争"第一",赶在 1931 年建成主跨 510 m 的贝永大桥,但活载比悉尼港钢拱桥小得多。由于该类桁拱的上弦及腹杆在两端受力很小,但从构造上考虑又不得不采用较大的截面面积从而导致该桥型较费钢材。此后,再也没有修建更大跨度的中承式推力型钢桁拱桥。

悬索桥是能够充分发挥钢材优越性能的一种桥型。美国从 19 世纪下半叶到 20 世纪上半叶，修建了大量的悬索桥，该时期被称为美国悬索桥的黄金时期。其中举世闻名的金门大桥堪称世界桥梁的杰作。金门大桥位于美国西海岸的旧金山市，1937 年建成，主跨 1 280.2 m，桥面宽 27.43 m，曾保持了 27 年桥梁最大跨径的世界纪录(图 1.16)。

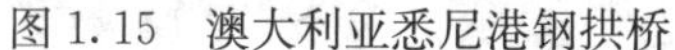

图 1.15　澳大利亚悉尼港钢拱桥

图 1.16　美国金门大桥

1940 年，主跨 853 m 的美国塔科马悬索桥(图 1.17)，建成 4 个月后在 19 m/s 的风速下倒塌，震惊世界。此后，悬索桥风致振动问题的研究得到重视，对大跨径悬索桥加劲梁的设计产生了两种不同的设计理念。第一种设计理念是继续采用美国式的桁架加劲梁，但加劲梁要有足够的抗弯、抗扭刚度。第二种设计理念是采用闭口的、具有空气动力稳定性(流线型)的箱梁，通过减小风的作用来保证桥的稳定性。钢箱加劲梁的尺寸与用钢量均较桁架式小。第一座采用箱形加劲梁的悬索桥是英国的塞文桥(图 1.18)，主跨988 m，建于 1966 年。钢箱加劲梁悬索桥又被称为英式或欧式悬索桥，以区别于美式悬索桥。

图 1.17　美国塔科马悬索桥

图 1.18　英国塞文桥

在新中国成立之前，我国的钢桥绝大部分是由外国人设计和建造的。1896 年建成的滨洲线哈尔滨松花江桥，其钢梁为苏联和比利时的工厂制造，桥梁为苏联控制的东省铁路公司修建；1905 年建成的京汉线郑州黄河桥(老桥)，为比利时公司承建；1907 年，兰州黄河铁桥由德商泰来洋行喀佑斯承建；天津解放桥(又名万国桥)建成于 1927 年，是由法租界工部局主持建造的。

1894 年建成滦河大桥，该桥上部结构由多孔钢桁梁和钢板梁组成。在修建过程中，外国工程师遇到困难而告退，最后由我国工程师詹天佑完成，这是我国工程师第一次主持修建钢桥。1905～1909 年清政府在人民群众“收回路权”这一爱国运动的压力下，组织资金和人力，修建了京张铁路，詹天佑任总工程师。这一条铁路上的钢桥，都是由我国自己设计、制造和安装的。京张铁路的建设，摆脱了帝国主义的控制，靠自力更生建成，在我国铁路史上谱写了光辉的一页。

1937 年我国建成杭州钱塘江大桥，如图 1.19 所示。该桥全长 1 453 m，公路桥面布置在上层，铁路桥面在下层，正桥为 16 孔 65.86 m 简支钢桁梁，钢梁为铆接，采用浮运架设。该桥为我国著名桥梁专家茅以升负责设计和监督施工，是我国历史上由自己工程师设计和建造的第一座双层公铁两用大桥。1936 年，李吟秋先生主持设计天津大红桥，桥长 80.24 m，分 3 孔，跨径分别为 12.75 m、57.37 m 和 7.12 m，为钢拱结构，天津市红桥区因此桥而得名，如图 1.20 所示。

图 1.19 杭州钱塘江大桥

图 1.20 天津大红桥

(3)20 世纪中期至今(现代钢桥大规模发展时代)

第二次世界大战之后，世界进入了相对和平的建设时期，随着战后基础设施的恢复建设，交通建设也得以促进，先后在欧美、日本、中国等掀起了桥梁建设高潮。

战后重建的欧洲迎来了大规模采用板(箱)梁桥的时期，1948 年工程师利用一座被炸毁的旧悬索桥的桥墩建成了科隆—道依茨桥，该桥为一座三跨连续的箱梁桥(跨径为 132.13 m＋184.45 m＋120.73 m)。1956 年南斯拉夫萨瓦-1 桥建成，该桥跨径为 75 m＋261 m＋75 m，其截面为双主梁形式，在两个板梁上设置钢桥面板。不久以后，钢箱梁桥在日本、欧美各国迅速推广。从 1980 年开始，由于箱梁桥在更大跨度范围内与斜拉桥相比不具有竞争力，因而箱梁桥一般适用于跨度范围在 200 m 以内的桥梁，这使得大跨度桥梁绝大多数采用缆索承重式桥梁。

欧美各国于 20 世纪 50 年代陆续开始实施高速公路建设和城市化的计划，斜拉桥的兴建是这个阶段的标志性成就。1956 年第一座现代斜拉桥斯特罗姆桑特桥在瑞典诞生(图 1.21)。此桥跨径布置为 74.7 m＋182.6 m＋74.7 m。拉索按扇形布置，桥塔是门形框架，加劲梁包含两片板梁，并布置在索面之外使拉索可锚固在板梁内侧。1995 年，法国建成当时世界上跨径最大的斜拉桥——诺曼底大桥(图 1.22)，该桥主跨达到 856 m，是一座与当地景观完美协调的斜拉桥，以其细长的结构和典雅的造型而著称，被授予“20 世纪世界最美的桥梁”之一。

流线型扁平钢箱梁悬索桥的问世是第二次世界大战后现代桥梁工程的另一标志性成就。英国在 1966 年建成主跨 988 m 的塞文桥后，于 1981 年又建成了主跨 1 410 m 的恒伯尔桥，是当时最大跨径的悬索桥。1998 年丹麦的大贝尔特桥建成通车，主跨为 1 624 m(图 1.23)，堪称英式悬索桥的典范。丹麦虽然国土面积不大，但地处北欧、西欧交通要道，又是一个岛国，因此修建了许多大桥，桥梁技术相当发达。

图 1.21　瑞典斯特罗姆桑特桥

图 1.22　法国诺曼底大桥

钢拱桥的发展相对缓慢,因为当跨度超过 300 m 时,钢拱桥比钢斜拉桥用钢量大,施工难度增大,对地质条件要求较高,竞争能力降低。1977 年,美国弗吉尼亚州建成一座主跨 518 m 的桁架拱桥——新河谷桥(图 1.24),时隔 36 年再次更新了钢拱桥的跨径纪录。该桥宽 22 m,全长 924 m,用耐蚀钢(ASTM-A_{588})建造,因此不需要涂油漆。

图 1.23　丹麦大贝尔特桥

图 1.24　美国新河谷桥

日本现代桥梁从 20 世纪 50 年代起步,在 70～80 年代时进入建造的高峰期,尤其是在本州四国联络线中建造了一批大跨度的悬索桥与斜拉桥。它在悬索桥建设方面基本沿用美式悬索桥。1998 年完工的明石海峡大桥,跨径为 960 m＋1 991 m＋960 m,主梁采用钢桁梁(图 1.25),该桥保持世界最大跨径记录达 24 年之久。1999 年建成的多多罗大桥(图 1.26)创造了钢斜拉桥世界纪录,跨径为 270 m＋890 m＋320 m,主梁采用扁平钢箱梁,跨径超过诺曼底大桥而位居当时的世界第一。

图 1.25　日本明石海峡大桥

图 1.26　日本多多罗大桥

土耳其1915恰纳卡莱大桥跨越马尔马拉海西端的达达尼尔海峡，连接欧亚两洲，为双塔三跨悬索桥，双向六车道，主跨长度为2 023 m，超越日本明石海峡大桥，成为世界上主跨最长的桥梁，该桥于2022年3月18日建成通车，如图1.27所示。

图1.27 土耳其1915恰纳卡莱大桥

新中国成立后，随着我国国力日益增强，科技不断进步，桥梁事业取得了巨大的成就。1957年，武汉长江大桥建成，结束了我国万里长江无桥的状况，从此“一桥飞架南北，天堑变通途”，如图1.28所示。该桥正桥为3联3×128 m连续钢桁梁，双层桥面(上层4线公路，下层双线铁路)。该桥的大型钢梁的制造与架设、深水管桩的施工等，为发展我国现代桥梁的技术开创了新道路。1968年，建成通车的南京长江大桥，是我国自行设计、制造、施工并使用国产高强钢材(16Mnq)的现代化桥梁，如图1.29所示。正桥除北岸第一孔为128 m简支钢桁梁外，其余9孔3联，每联为3×160 m的连续钢桁梁，同样为公铁两用桥。随后，我国在长江上又建造了多座里程碑式的公铁两用钢桥，如1993年建成九江长江大桥，该桥主航道为三孔刚性桁梁柔性拱结构，跨径为180 m+216 m+180 m，采用15MnVN新钢种，钢板最大厚度为56 mm；1997年建成芜湖长江大桥，主桥采用低塔斜拉桥桥型，主跨312 m，大桥工程采用了15项新技术、新结构、新材料、新工艺，大大提高了我国公铁两用桥设计、制造、安装水平，有14项刷新了全国建桥记录；2009年建成武汉天兴洲大桥，为双塔三索面三主桁公铁两用桥(四线铁路)，主跨504 m，其中铁路设计车速为200 km/h；2006年建成南京大胜关大桥，主桥为六跨连续钢桁梁拱桥，跨径为108 m+192 m+2×336 m+193 m+108 m，是世界首座六线铁路大桥，是世界上设计荷载最大的高速铁路桥；沪通长江大桥主跨为1 092 m，是世界上首座跨度超千米的钢桁梁公铁两用斜拉桥，如图1.30所示；五峰山长江大桥主跨为1 092 m，是世界首座高速铁路悬索桥和世界上已建成的跨度最大、运行速度最快、运行荷载最大的公铁两用悬索桥，如图1.31所示。正在建设的西堠门公铁两用大桥为公铁平层布置，中间通行2线铁路，两边通行6车道高速公路；采用斜拉—悬索协作体系，主跨1 488 m，主跨跨度位居世界公铁两用大桥之首，如图1.32所示。

图1.28 武汉长江大桥

图1.29 南京长江大桥

图 1.30　沪通长江大桥

图 1.31　五峰山长江大桥

我国公路钢桥建设起步比铁路钢桥晚一些，但发展非常迅速，在各类桥型中很快占据了跨径前几名的位置。1991 年上海建成南浦大桥，为主跨 423 m 双塔双索面的组合梁斜拉桥，由于在设计理论、施工工艺、构造上对组合梁采取了措施，使得该桥避免了结构性裂缝的产生，从而比国外组合梁结构更可靠。随后，1993 年，上海建成另一座大跨度斜拉桥——杨浦大桥（图 1.33），主跨 602 m，为建成时斜拉桥跨径记录。该桥为双塔双索面，扇形拉索布置的组合梁斜拉桥，加劲梁由箱形主梁、工字形横梁以及 26～40 cm 厚桥面板组合而成。2008 年建成的苏通长江大桥，主跨 1 088 m，桥塔高 300.4 m，主梁采用扁平钢箱梁，为当时世界上跨径最大的斜拉桥。该跨径记录被 2012 年 7 月建成通车的主跨 1 104 m 的俄罗斯岛斜拉桥（Russky Island Bridge）打破。在公路悬索桥建设方面，20 世纪 90 年代，相继建成了西陵长江大桥（主跨 900 m，钢箱梁，1996 年）、广东虎门大桥（主跨 888 m，钢箱梁，1997 年）、香港青马大桥（主跨 1 377 m，钢箱梁，1997 年）、江阴长江大桥（主跨 1 385 m，钢箱梁，1999 年），标志着我国进入能修建现代大跨度悬索桥的国家行列。此后，2009 年舟山西堠门大桥建成通车，主跨达1 650 m，当时列于世界桥梁跨径第二位。2019 年 10 月通车的武汉杨泗港大桥（主跨 1 700 m，双层钢桁梁公路桥）取代了西堠门大桥成为国内跨径最大，世界第三的悬索桥，如图 1.34 所示。与国外相比，我国早期钢拱桥修建较少，跨径一般也不大，直到 2003 年建成了上海卢浦大桥，跨径达到 550 m，为当时拱桥世界第一跨径，其主拱为钢箱拱。之后几年，大跨度钢拱桥在我国修建增多，如广州新光大桥（主跨 428 m，钢桁拱）、重庆菜园坝大桥（主跨 420 m，钢箱拱）、重庆朝天门大桥（主跨 552 m，钢桁架拱）以及广西平南三桥（钢管混凝土拱桥，主跨 575 m，如图 1.35 所示）。正在修建的广西天峨龙滩特大拱桥（上承式劲性骨架混凝土拱桥）主跨达到了 600 m。另外，钢（板）箱梁桥近年来也有了很大的发展，特别是在城市立交桥和跨线桥中的应用逐渐增多，如哈尔滨市中心尚志至海城的跨线桥，跨径布置为 51 m＋55 m＋50 m＋51 m 连续钢箱梁；崇启大桥是我国跨度最大的变截面连续钢箱梁桥，跨径为 102 m＋4×185 m＋102 m；2018 年建成通车的港珠澳大桥大量采用连续钢箱梁（图 1.36），其中浅水区非通航孔单孔跨径 85 m，采用单墩双幅梁，深水区非通

图 1.32　西堠门公铁两用大桥（效果图）

航孔跨径 110 m,采用单墩整幅梁;台北市洲美快速道路高架桥全长 4.1 km,跨越基隆河,主桥采用 126 m+168 m+126 m 三跨连续钢箱梁,其余跨段采用跨度 50~77 m 的 3~5 跨连续钢箱梁,桥墩为钢桥墩,全工程使用钢材达 6.2 万 t。

图 1.33 上海杨浦大桥

图 1.34 武汉杨泗港大桥

图 1.35 广西平南三桥

图 1.36 港珠澳大桥

1.3.2 不同类型钢桥的最大跨径进展

跨越障碍是桥梁的基本功能,桥梁跨径是桥梁跨越能力的重要标志,也是桥梁工程师努力突破的目标之一。根据收集到的近 200 年左右桥梁的资料(早期资料不一定很完整),按照不同的钢桥类型梳理各自跨径发展历程,列出箱(板)梁桥、桁梁桥、拱桥、斜拉桥及悬索桥突破跨径记录的桥梁(表 1.2~表 1.6),以便了解各种桥型的跨径适用范围。同时,将不同类型桥梁最大跨径与建成年份的进展历程作成图 1.37(未包含在建桥梁),可直观看出不同类型钢桥的跨径发展趋势。随着我国经济实力和交通基础建设的飞速发展,我国在悬索桥、斜拉桥与钢拱桥等均占据了世界最大跨径位置。例如:正在建设的常泰长江大桥是世界上首座集高速公路、城际铁路、一级公路为一体的过江通道,其主航道主跨为 1 176 m 的公铁两用钢桁梁斜拉桥,建成后有望刷新斜拉桥跨径纪录,如图 1.38 所示。正在建设的张靖皋长江大桥跨江段全长7 859 m,设置南、北两座航道桥及南中北三段引桥,跨主江航道的南航道桥为主跨 2 300 m 的超大跨径悬索桥,跨如皋中汉的北航道桥为主跨 1 208 m 悬索桥,设计难度大、科技含量高、施工技术复杂,建成后将是世界上跨度最大的桥梁,如图 1.39 所示。

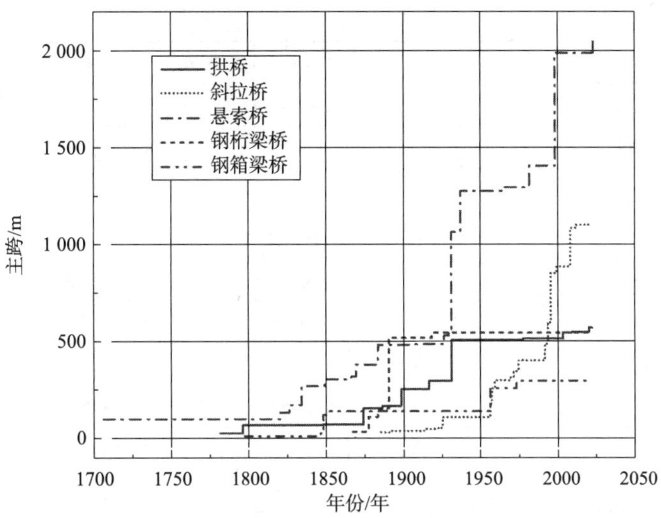

图 1.37　不同类型钢桥最大跨径记录的演变历程

图 1.38　常泰长江大桥(效果图)

图 1.39　张靖皋长江大桥(效果图)

表 1.2　钢桁梁桥最大跨径记录

桥梁名称	国　家	建成年份	主跨(m)	结构特点	用　途
魁北克桥	加拿大	1918 年	549	悬臂梁桥	公铁两用桥
福斯桥	英国	1890 年	521	悬臂梁桥	铁路桥
波基普西桥	美国	1889 年	160	悬臂梁桥	铁路桥(2009 年改为人行桥)
尼亚加拉悬臂桥	加拿大	1883 年	151	悬臂梁桥	铁路桥
肯塔基高桥	美国	1877 年	114.3	悬臂梁桥	铁路桥
哈斯富尔特美茵河桥	德国	1867 年	37.9	悬臂梁桥	公路桥

表 1.3　钢板(箱)梁桥最大跨径记录

桥梁名称	国　家	建成年份	主跨(m)	结构特点	用　途
康斯坦席瓦桥	巴西	1974 年	300	钢箱梁	公路桥
萨瓦-1 桥	南斯拉夫	1956 年	261	钢板梁	公路桥
科隆—道依茨桥	联邦德国	1948 年	184.45	钢箱梁	公路桥
布列坦尼亚桥	英国	1850 年	142	钢箱梁	铁路桥
康威桥	英国	1848 年	125	钢箱梁	铁路桥

续上表

桥梁名称	国 家	建成年份	主跨(m)	结构特点	用 途
迪河桥	英国	1846 年	29.9	铸铁板梁	铁路桥
Longdon upon Tern 水道桥	英国	1797 年	14.5	铸铁板梁	—

注:"—"表示未查到相关资料,表 1.4～表 1.6 同此。

表 1.4 钢拱桥最大跨径记录

桥梁名称	国 家	建成年份	主跨(m)	结构特点	用 途
广西平南三桥	中国	2020 年	575	钢管混凝土拱桥	公路桥
朝天门长江大桥	中国	2009 年	552	钢桁架拱	公铁两用桥
卢浦大桥	中国	2003 年	550	钢箱拱	公路桥
新河谷大桥	美国	1977 年	518	钢桁架拱	公路桥
贝永大桥	美国	1931 年	510	钢桁架拱	公路桥
地狱门大桥	美国	1916 年	298	钢桁架拱	铁路桥
上钢拱桥(蜜月大桥)	加拿大	1898 年	256	钢桁架拱	公路桥
路易一世大桥	葡萄牙	1886 年	172	钢桁架拱	公铁两用桥
玛丽亚·皮亚桥	葡萄牙	1877 年	160	—	铁路桥
伊兹桥	美国	1874 年	158	钢桁架拱	公铁两用桥
南华克桥	英国	1819 年	73	铸铁拱	公路桥
威尔茅斯桥(第一座)	英国	1796 年	72	铸铁拱	人行桥
铁桥	英国	1781 年	30	铸铁桁架拱	人行桥

表 1.5 钢斜拉桥最大跨径记录

桥梁名称	国 家	建成年份	主跨(m)	结构特点	用 途
常泰长江大桥	中国	在建	1 176	钢桁加劲梁	公铁两用桥
俄罗斯岛大桥	俄罗斯	2012 年	1 104	钢箱加劲梁	公路桥
苏通长江大桥	中国	2008 年	1 088	钢箱加劲梁	公路桥
多多罗大桥	日本	1999 年	890	钢箱加劲梁	公路桥
生口大桥	日本	1991 年	490	钢箱加劲梁	公路桥
圣纳泽尔大桥	法国	1974 年	404	钢箱加劲梁	公路桥
新坎普莱茵河大桥	联邦德国	1971 年	350	钢箱加劲梁	公路桥
莱茵之滕大桥	联邦德国	1969 年	319	钢箱加劲梁	公路桥
塞弗林大桥	联邦德国	1959 年	302	钢箱加劲梁	公路桥
特奥多尔·豪斯大桥	联邦德国	1957 年	260	钢箱梁	公路桥
斯特罗姆桑德大桥	瑞典	1956 年	182	钢箱加劲梁	公路桥
莱扎尔德里厄大桥	法国	1925 年	112	—	公路桥
陶朗加桥	新西兰	1922 年	58	—	—
凯西西河桥	新西兰	1914 年	52	—	—
布拉夫戴尔桥	美国	1891 年	43	—	公路桥
乌普萨拉铁桥	瑞典	1885 年	35	—	人行桥

表 1.6　钢悬索桥最大跨径记录

桥梁名称	国　家	建成年份	主跨(m)	结构特点	用　途
张靖皋长江大桥	中国	在建	2 300	钢箱加劲梁	公路桥
土耳其 1915 恰纳卡莱大桥	土耳其	2022 年	2 023	钢箱加劲梁	公路桥
明石海峡大桥	日本	1998 年	1 991	钢桁加劲梁	公路桥
亨伯桥	英国	1981 年	1 410	钢箱加劲梁	公路桥
韦拉札诺海峡大桥	美国	1964 年	1 298	钢桁加劲梁	公路桥
金门大桥	美国	1937 年	1 280	钢桁加劲梁	公路桥
乔治・华盛顿大桥	美国	1931 年	1 067	钢桁加劲梁	公路桥
大使桥	美国	1929 年	564	钢桁加劲梁	公路桥
本杰明・富兰克林大桥	美国	1926 年	533	钢桁加劲梁	公铁两用桥
威廉斯堡大桥	美国	1903 年	488	钢桁加劲梁	公铁两用桥
布鲁克林大桥	美国	1883 年	486	钢桁加劲梁	公路桥
尼亚加拉・克利夫顿大桥	美国	1869 年	384	—	人行桥
约翰・奥古斯都・罗布林吊桥	美国	1866 年	322	钢桁加劲梁	公路桥
惠灵悬索桥	美国	1849 年	308	—	公路桥
大悬索桥	瑞士	1834 年	273	—	—
梅奈悬索桥	英国	1826 年	176	—	公路桥
联合桥	英国	1820 年	137	—	公路桥
泸定桥	中国	1706 年	103.67	木桥面板直接铺设于铁索上	人行桥

1.3.3　钢桥发展趋势

改革开放以来，中国的钢桥和组合结构桥梁建设攻克了多项技术难题，取得了举世瞩目的成就。中国已经具备推广钢结构桥梁的物质基础和技术能力，2016 年交通运输部发布了《关于推进公路钢结构桥梁建设的指导意见》，决定推进钢箱梁、钢桁梁、钢—混组合梁等公路钢结构桥梁建设，提升公路桥梁品质，发挥钢结构桥梁性能优势，助推中国交通建设转型升级。

中国钢结构桥梁的最新研究成果与发展动向如下：

(1)新材料研发与应用。随着高性能钢、耐候钢、超高性能混凝土等新型材料的研发和在桥梁工程中的推广应用，钢桥与组合结构桥梁长期性能和对复杂服役环境的适应能力得到了极大提升，合理延长了结构使用寿命与维护周期，降低了全寿命成本，为钢桥与组合结构桥梁技术创新创造了空间。高性能钢、耐候钢与超高性能混凝土的匹配使用将是未来长寿命钢桥与组合结构桥梁的重要技术创新方向。

(2)新型构造与连接件研发与应用。近年来，国内外学者在新型整体焊接节点、管结构节点、钢桥面板构造细节优化设计和抗疲劳性能提升等方面开展了卓有成效的研究工作，研发了抗拔不抗剪栓钉连接件、PBL 剪力连接件、冷粘贴波折连接件等钢—混凝土新型连接构造，深入探讨了新型连接构造的界面受力行为，在结构构造层面推进了钢桥与组合结构桥梁耐久性能和抗疲劳性能的提升。

(3)创新性构件与结构体系研究。构件创新是结构体系创新的基础，中国学者对高性能钢梁、耐候钢梁、波折腹板组合梁、管翼缘组合梁、新型组合桥面板、钢桥塔、高性能组合塔墩等开展了大量的基础性与工程应用研究，为钢桥与组合结构桥梁的体系创新提供了理论与技术支撑。高性能钢桥、波折腹板组合梁桥、管翼缘组合梁桥、管结构组合梁桥、板桁组合桥梁、梁拱组合体系和多塔缆索承重体系等，已成为中国长寿命钢桥与组合结构桥梁结构体系创新的主要方向。

(4)基于性能的设计理念与理论革新。中国桥梁建设正面临着高寒、高海拔、不良地质、多灾害耦合作用等复杂建设环境，以及高速、重载使用条件等带来的重大技术挑战，在安全性、耐久性、适用性、经济性、低碳节能、再生利用和环保性等多个层面对结构提出了更高的要求，可满足这些技术挑战的可持续性桥梁设计新理念已成为关注焦点。“重构件、轻体系”的传统设计方法难以满足可持续性桥梁设计理念提出的更高综合性能指标以及 120～150 年的长寿命使用要求，兼顾构件与系统可靠性的性能化设计理论将为破解这些技术难题提供理论支撑。因此，面向可持续性桥梁建设需求，长寿命高性能桥梁结构体系与性能设计理论将是未来的重要研发方向。

(5)快速建造与维护新技术研发。为适应中国钢桥和组合结构桥梁的快速发展，钢结构桥梁的快速建造与维护新技术将成为重要研发方向。数控切割、机器人焊接、全工厂制造、装配化施工等快速建造技术的研发与应用，不仅可缩短工期、保证工程质量，也可提高钢桥与组合结构桥梁的长期使用性能。快速检测与评估新技术、健康监测新技术、不中断交通的快速加固与维护技术、基于大数据的维护管理技术研发，可为钢桥与组合结构桥梁的安全使用和延寿提供技术保障。

(6)精细化数值模拟技术与信息化技术研究与应用。随着数值模拟技术日臻成熟，钢桥和组合结构桥梁塑性、稳定和疲劳断裂的精细化数值模拟已基本实现，跨尺度、多场耦合和随机演化数值分析是未来的重要发展方向。伴随 BIM 软件的研发与应用，工程数字化与信息化平台技术已拉开帷幕，贯穿钢桥和组合结构桥梁设计、施工、维护管理全过程的多种数据信息均可实现集成化共享。因而，基于现代化数值模拟和 BIM 技术的钢桥与组合结构桥梁智能化建造、管养技术也是重要攻关方向。

思 考 题

1-1 与混凝土桥相比，钢桥具有哪些特点？

1-2 结合实桥案例对钢桥的适用性进行分析。

1-3 简述钢桥在不同受力体系桥梁中的应用情况，并举出典型工程案例。

1-4 结合世界钢桥的发展历程，分析同期我国钢桥的发展情况及贡献程度。

1-5 推动钢桥发展的因素有哪些？是如何推动的？

1-6 结合钢桥发展历史与趋势，简述目前我国钢桥建设中需要解决的问题。

第 2 章　钢桥设计基本方法

2.1　设计原则

桥梁是铁路、公路或城市道路的重要组成部分，特别是大中桥梁对当地的政治、经济、国防、救灾等都具有非常重要的意义，被视为生命线工程。钢结构桥梁的设计应满足相关规范要求，符合国家和行业现行有关标准的规定，以安全、耐久、适用、环保、经济和美观为原则，并根据公路或铁路功能和技术等级，考虑因地制宜、就地取材，便于制作、运输、安装、养护、管理等要求，不断提高总体设计水平，保障工程质量。

近些年的桥梁安全事故，使桥梁工程设计者和管理者认识到结构物的安全、耐久是最基本的要求。在保证安全和耐久的前提下，桥涵设计要优先考虑满足功能需求，即要满足"适用"的要求，再根据具体情况考虑环保、经济和美观的要求。环保问题关系到社会的可持续发展，应给予高度重视。

1. 安全

桥梁结构及其各部分构件，在制造、运输、安装和运营过程中应具有足够的强度、稳定性、抗疲劳能力和抗倾覆能力。桥梁结构的强度应使全部构件及其连接构造的材料抗力具有足够的安全储备。结构的稳定性是指使桥梁结构在各种外力的作用下，具有能保持原来形状和位置的能力，如钢箱拱不致侧倾失稳，钢桁架受压弦杆不致屈曲失稳等。上部结构采用整体式截面的梁桥应具有横桥向的抗倾覆性能。结构的抗疲劳能力是指在设计使用年限内，在车辆荷载、风荷载等交变荷载的作用下桥梁钢结构构件和连接抵抗产生疲劳裂纹或断裂的能力。

桥梁除了具有上述抵抗各种作用的能力外，还应具有抵抗偶然作用和地震作用的能力。位于河道中或具有通航要求的桥梁，应具有抵抗漂流物撞击或船撞的能力。在地震区修建桥梁时，结构还应满足抵抗地震力破坏的要求。

2. 耐久

结构的耐久性是指在设计确定的环境、养护和使用条件下，结构及其构件在设计使用年限内保持其安全性和适用性的能力。设计使用年限是体现桥梁结构耐久性的重要指标，应综合考虑公路功能、技术等级和桥梁重要性等因素来确定桥梁主体结构和可更换部件设计使用年限的最低值。公路钢结构桥梁应进行耐久性设计，特大桥、大桥、中桥主体结构应按不小于100 年设计使用年限进行设计，高速公路、一级公路、二级公路上的小桥主体结构宜按不小于100 年设计使用年限进行设计。这与其他材料在桥梁使用年限的规定相比有所提高，这是考虑到钢材的材料性能比较优异，在正常设计、正常施工和正常使用并做好防腐等耐久性措施的前提下，可以达到要求的年限，并且不增加过多的经济成本。可更换构件的设计使用年限低于桥涵主体结构，在设计使用年限内需要进行维修和更换，比较典型的构件包括斜拉索、吊杆、系杆等其设计使用年限不小于 20 年，栏杆、伸缩装置、支座等其设计使用年限不小于 15 年。

桥梁应按照设计使用年限和环境条件进行耐久性设计。耐久性设计时需通过勘察分析影响结构耐久性的环境因素。在建设桥梁工程开始前，要对桥梁施工现场进行勘察，对所在地的气候以及地质水文条件、环境进行分析，通过查找相关资料，分析这些因素对桥梁结构产生的退化机理，最后确定结构耐久性。养护是公路桥涵安全性和耐久性的重要保障，桥梁设计要满足可到达、可检查、可更换的设计要求。对桥梁钢结构部分要做好防腐方案设计和检修通道设计，保证在桥梁运营期间可以重新涂装，以便结构的检查、维修与更换。

3. 适用

桥梁的适用性要求主要是确保车辆和行人的畅通、舒适并应满足将来交通量增长的需要。桥梁结构的刚度应使桥梁在正常使用荷载作用下的变形不超过规定的容许值，以满足车辆按设计车速正常通行。桥下净空应满足泄洪、安全通航或通车等要求。桥的两端应方便车辆的进入和疏散，不致产生交通堵塞现象。靠近村镇、城市、铁路及水利设施的桥梁，应结合各有关方面的要求适当考虑综合利用。城市桥梁还应方便过桥管线的搭载，可敷设通信电缆、热力管、给水管、燃气管等，但必须采取有效的安全防护措施。此外，桥梁还应考虑适应国防的要求。

4. 环保

桥梁设计必须注重低碳、绿色、环保并考虑节能、节材、减少土地占用等可持续发展的问题。从桥位选择、桥跨布置、规模大小、基础方案、墩身外形、上部结构、施工方法、运营养护等多方面来考虑环境要求，必要时建立环境监测保护体系，将不利影响降至最低。例如：尽量采用绿色环保、可回收利用的钢材建造，在桥梁施工完成后将桥两端植被恢复或进一步美化桥梁周边的景观，不采用对环境、人体等有害的涂装施工工艺，桥梁结构尽可能采用装配式结构、机械化和工厂化施工，减小对当地环境的影响。

5. 经济

桥梁是重要的交通基础设施工程，在铁路、公路、城市道路工程中均占用较大的比重，桥梁设计必须注重经济性。重大桥梁在方案设计阶段，经济上的合理性往往具有决定性的影响。根据因地制宜、就地取材、方便施工、利于养护维修等原则，对桥梁的建造消耗（材料、机械设备、劳力）、施工（工期、技术和费用）、技术发展（新结构、新材料和新工艺）和运营使用（养护、维修、加固的技术和费用）等因素进行详细周密的技术经济比较和统筹考虑，选择可考虑桥梁全寿命周期的合理桥梁设计方案。此外，应特别注意采用桥梁建设新技术，尽量采用先进工艺技术和施工机械、设备，以利于减小劳动强度、加快施工进度，保证工程质量和施工安全，而且提早通车也会带来经济效益。

6. 美观

在安全、耐久、适用、环保和经济的前提下，应尽可能使桥梁具有优美的外形，与周围自然环境和景观相协调。桥梁结构造型、布局、风格、色彩与周围环境的协调性等是影响美观的主要因素。城市桥梁和游览地区的桥梁，可较多地考虑建筑艺术上的要求。特大桥和上跨高速公路、一级公路的跨线桥，应结合自然环境与桥梁结构特点进行景观设计。大桥应注重造型和线条轮廓，小桥则侧重于质感和色彩。合理的桥梁设计应使结构和功能协调一致，使结构造型与力学行为和谐统一，使结构本身与周围环境景观交融。

7. 可施工性

钢结构桥梁设计应考虑制作、运输、安装方面的要求。结合我国的制造工艺和装备，选择合理的便于制作和安装的结构形式，宜采用标准化、通用化的结构单元和构件，便于自动化施工。根据钢梁架梁方案、起吊设备的最大吊重和最大吊距以及运输条件，合理设计构件长度及质量，便于架设和运输。注重构造与连接细节设计，留有足够的制作空间，特别是重要受力接头部位，要便于检查人员和检测设备进入，便于日常检查和维护。

2.2　桥梁钢材

2.2.1　钢材类型

钢材的主要类型可按不同的条件进行分类。按应用对象可分为钢筋、预应力筋等混凝土构件用钢，主缆索股、吊索的高强钢丝及钢丝绳用钢，桥梁钢桥塔、钢加劲梁等主体结构用钢。按工作环境和所承受的荷载，钢桥结构用钢可以分为铁路桥梁用钢、公路桥梁用钢及跨海大桥用钢三大类。按化学成分可分为碳素钢和合金钢，其中碳素钢按含碳量可分为低碳钢（C≤0.25%）、中碳钢（0.25%<C≤0.6%）、高碳钢（C>0.6%）；合金钢按合金元素的含量可分为低合金钢（总含量≤5%）、中合金钢（5%<总含量≤10%），高合金钢（总含量>10%）。

桥梁专用钢材应严格执行《桥梁用结构钢》（GB/T 714—2015）、《碳素结构钢》（GB/T 700—2006）、《低合金高强度结构钢》（GB/T 1591—2018）和《耐候结构钢》（GB/T 4171—2008）等的规定，并且优先选用强度较高、韧性较好的材料，实现桥梁建设在选材上的经济性。

1. 桥梁用结构钢

桥梁用结构钢牌号由代表屈服强度的汉语拼音首字母、规定最小屈服强度值、桥字的汉语拼音首字母、质量等级符号等几个部分组成。例如 Q345qD，其中：

Q——屈服强度的“屈”字汉语拼音的首字母；

345——屈服强度数值，单位为 MPa；

q——桥梁用钢的“桥”字汉语拼音的首字母；

D——质量等级为 D 级。

桥梁用结构钢的质量高低主要是按冲击韧性的要求来区分，对冷弯试验的要求也有所区别。《桥梁用结构钢》（GB/T 714—2015）将桥梁用结构钢分为 C、D、E、F 四种质量等级，表示质量级别由低到高。我国桥梁建设领域常用的钢材牌号的主要力学性能见表 2.1。

表 2.1　桥梁钢材的主要类别及其对应的机械力学性能

牌号	质量等级	拉伸试验[a,b]					冲击试验[c]	
		下屈服强度 R_{eL}（MPa）			抗拉强度 R_m（MPa）	断后伸长率 A（%）	温度（℃）	冲击吸收能量 KV_2（J）
		厚度 ≤50 mm	50 mm<厚度 ≤100 mm	100 mm<厚度 ≤150 mm				
		不小于						不小于
Q345q	C	345	335	305	490	20	0	120
	D						−20	
	E						−40	
Q370q	C	370	360	—	510	20	0	120
	D						−20	
	E						−40	

续上表

牌号	质量等级	拉伸试验[a,b]					冲击试验[c]	
		下屈服强度 R_{eL}(MPa)			抗拉强度 R_m(MPa)	断后伸长率 A(%)	温度(℃)	冲击吸收能量 KV_2(J)
		厚度≤50 mm	50 mm<厚度≤100 mm	100 mm<厚度≤150 mm				
		不小于						不小于
Q420q	D	420	410	—	540	19	−20	120
	E						−40	
	F						−60	47
Q460q	D	460	450	—	570	18	−20	120
	E						−40	
	F						−60	47
Q500q	D	500	480	—	630	18	−20	120
	E						−40	
	F						−60	47
Q550q	D	550	530	—	660	16	−20	120
	E						−40	
	F						−60	47
Q620q	D	620	580	—	720	15	−20	120
	E						−40	
	F						−60	47
Q690q	D	690	650	—	770	14	−20	120
	E						−40	
	F						−60	47

注：[a]当屈服不明显时，可测量 $R_{p0.2}$ 代替下屈服强度。

[b]拉伸试验取横向试样。

[c]冲击试验取纵向试样。

钢桥的主要受力构件一般采用 Q345q 或 Q370q 钢材，对于次要的辅助构件可以选用强度等级较低的钢材，而当构件受力过大或采用低强度钢材设计的板厚过厚时，可以考虑用高强度的钢材。

钢材的厚度方向性能反映了钢材抗层状撕裂能力，通常采用厚度方向拉伸试验的断面收缩率来评定。不同厚度方向性能级别所对应钢的硫含量(熔炼分析)应符合表 2.2 的规定。当设计上要求钢材厚度方向性能时，则在牌号后可加上厚度方向(Z 向)性能级别的代号，例如：Q345qDZ15，表示屈服强度 345 MPa，质量等级为 D 级，厚度方向断面收缩率平均值为 15%的桥梁用钢。

表 2.2　不同厚度方向性能级别钢的硫含量

厚度方向性能级别	Z15	Z25	Z35
硫含量(%)	≤0.010	≤0.007	≤0.005

2. 碳素结构钢

碳素结构钢的牌号由代表屈服强度的汉语拼音首字母、屈服强度数值、质量等级符号、脱氧方法符号四个部分按顺序组成。例如 Q235AF，其中：

Q——屈服强度的“屈”字汉语拼音的首字母；

235——屈服强度数值，单位为 MPa；

A——质量等级为 A 级；

F——沸腾钢；

Z——镇静钢；

TZ——特殊镇静钢，表示牌号时，Z 和 TZ 也可省略。

《碳素结构钢》(GB/T 700—2006)规定有 A、B、C、D 共四个质量等级。碳素结构钢应用非常广泛，其中大部分用作焊接、铆接或栓接的钢结构件，少数用于制作各种机器部件。强度较低的 Q195、Q215 用于制作低碳钢丝、钢丝网、屋面板、焊接钢管、地脚螺栓和销钉等。Q235 具有中等强度，并具有良好的塑性和韧性，易于成型和焊接，多用作钢筋和钢结构件。另外还用作铆钉、铁路道钉和各种机械零件，如螺栓、拉杆、连杆等。强度较高的 Q275 用于制作各种农业机械，也可用作钢筋和铁路鱼尾板。碳素结构钢的主要机械力学性能见表 2.3。

表 2.3　碳素结构钢机械力学性能

牌号	等级	屈服强度[a]R_{eH}(N/mm²)，不小于						抗拉强度[b] R_m(N/mm²)	断后伸长率 A(%)，不小于					冲击试验（V 形缺口）	
		厚度（或直径）(mm)							厚度（或直径）(mm)					温度(℃)	冲击吸收功（纵向）(J)不小于
		≤16	>16～40	>40～60	>60～100	>100～150	>150～200		≤40	>40～60	>60～100	>100～150	>150～200		
Q195	—	195	185	—	—	—	—	315～430	33	—	—	—	—	—	—
Q215	A	215	205	195	185	175	165	335～450	31	30	29	27	26	—	—
	B													+20	27
Q235	A	235	225	215	215	195	185	370～500	26	25	24	22	21	—	—
	B													+20	27[c]
	C													0	
	D													−20	
Q275	A	275	265	255	245	225	215	410～540	22	21	20	18	17	—	—
	B													+20	27
	C													0	
	D													−20	

注：[a]Q195 的屈服强度值仅供参考，不作交货条件。

[b]厚度大于 100 mm 的钢材，抗拉强度下限允许降低 20 N/mm²。宽带钢（包括剪切钢板）抗拉强度上限不作交货条件。

[c]厚度小于 25 mm 的 Q235B 级钢材，如供方能保证冲击吸收功值合格，经需方同意，可不作检验。

3. 耐候钢

耐候钢指通过添加少量合金元素铜、铬、镍等使其在金属基体表面上形成保护层，以提高耐大气腐蚀性能的钢。普通钢材随着锈蚀的发展，其锈层膨胀变厚，随后发生剥离，从而进一步加剧锈蚀并向内部发展。而耐候钢在干燥与潮湿的环境交替变化中，钢材表面能形成由铜、铬、镍等元素浓缩后的致密且连续的安定锈层，阻碍腐蚀介质的进入，从而保护了基体，极大延缓了腐蚀在耐候钢中的发展速率。耐候钢的牌号由代表屈服强度“屈”字的汉语拼音首字母、规定最小屈服强度值、“高耐候”或“耐候”的汉语拼音首字母、质量等级符号等四个部分组成。例如 Q355GNHC，其中：

Q——屈服强度的“屈”字汉语拼音的首字母；

355——屈服强度的下限值，单位为 MPa；

GNH——“高耐候”的汉语拼音首字母；

C——质量等级为 C 级。

由于冶炼程序的增加，耐候钢材料的价格高于同等级低合金钢。但在工厂和现场减少了部件的表面处理和涂装，采用耐候钢可以有效降低钢桥运营期间的养护维修成本。因此，从桥梁的全寿命周期来看，耐候钢可能比普通钢更经济。《耐候结构钢》(GB/T 4171—2008)给出了耐候钢的牌号、基本力学性能和冲击韧性，分别见表 2.4～表 2.6。

表 2.4 耐候钢的牌号

类别	牌号	生产方式
高耐候钢	Q295GNH、Q355GNH	热轧
	Q265GNH、Q310GNH	冷轧
焊接耐候钢	Q235NH、Q295NH、Q355NH、Q415NH、Q460NH、Q500NH、Q550NH	热轧

注：NH 为耐候，GNH 为高耐候。

表 2.5 耐候钢的力学性能

牌号	拉伸试验[a]									180°弯曲试验弯心直径(mm)		
	下屈服强度 R_{eL}(MPa)不小于				抗拉强度 R_m(MPa)	断后伸长率 A(%)不小于						
	≤16	>16～40	>40～60	>60		≤16	>16～40	>40～60	>60	≤6	6～16	>16
Q235NH	235	225	215	215	360～510	25	25	24	23	a	a	$2a$
Q295NH	295	285	275	255	430～560	24	24	23	22	a	$2a$	$3a$
Q295GNH	295	285	—	—	430～560	24	24	—	—	a	$2a$	$3a$
Q355NH	355	345	335	325	490～630	22	22	21	20	a	$2a$	$3a$
Q355GNH	355	345	—	—	490～630	22	22	—	—	a	$2a$	$3a$
Q415NH	415	405	395	—	520～680	22	22	20	—	a	$2a$	$3a$
Q460NH	460	450	440	—	570～730	20	20	19	—	a	$2a$	$3a$
Q500NH	500	490	480	—	600～760	18	16	15	—	a	$2a$	$3a$
Q550NH	550	540	530	—	620～780	16	16	15	—	a	$2a$	$3a$
Q265GNH	265	—	—	—	≥410	27	—	—	—	a	—	—
Q310GNH	310	—	—	—	≥450	26	—	—	—	a	—	—

注：a 为钢材厚度。

[a] 当屈服现明不明显时，可以采用 $R_{p0.2}$。

表 2.6 耐候钢的冲击韧性

质量等级	V 形缺口冲击试验		
	试样方向	温度(℃)	冲击吸收能量(J)
A	纵向	—	—
B		+20	≥47
C		0	≥34
D		−20	≥34
E		−40	≥27

注：冲击试样尺寸为 10 mm×10 mm×55 mm。

2.2.2　钢材选用

钢材选用的原则是确保结构安全可靠和满足使用要求，还要尽可能节约钢材和降低造价。就钢材的力学性能来说，屈服点、抗拉强度、伸长率、冷弯性能、冲击韧性等各项指标，是从各个不同的方面来衡量钢材质量的指标。在设计钢结构时，为保证承重结构的承载能力和防止在一定条件下出现脆性破坏，应该根据结构的重要性、荷载特征、结构形式、受力状态、连接方法、钢材厚度和工作环境等，选用适宜的钢材。

1. 结构重要性

由于使用要求不同、结构所处部位不同，结构及其构件破坏可能产生的后果的严重性也不同，设计时应根据不同情况有区别地选用钢材，并对材质提出不同的要求。例如，《铁路桥涵设计规范(极限状态法)》(Q/CR 9300—2018)中规定：钢梁主体结构应采用桥梁用结构钢，桥梁辅助结构可采用碳素结构钢，见表 2.7。

表 2.7　铁路钢桥的部分基本材料

名　　称	钢材牌号	质量等级	应符合的标准
钢梁主体结构	Q235q	D 级	《桥梁用结构钢》(GB/T 714)。实物交货技术条件见 Q/CR 9300—2018 附录 E。 钢板在厚度方向承受拉力时，应对钢板厚度方向性能做出要求，符合 GB/T 5313 的相关规定
	Q345q	D、E 级	
	Q370q	D、E 级	
	Q420q	D、E 级	
	Q500q	D、E 级	
桥梁辅助结构	Q235－B. Z		《碳素结构钢》GB/T 700
连接型钢	Q345C		低合金高强度结构钢》GB/T 1591

2. 荷载性质

钢桥所承受的荷载分为静力荷载、动力荷载。对直接承受动力荷载的构件，应选择质量和韧性较好的钢材，对承受静力和间接动力荷载的构件，可采用一般质量的钢材。根据不同的荷载性质对钢材可提出不同的项目要求。

3. 应力状态

结构的脆性断裂事故多发生在构件内部有局部缺陷(如缺口刻痕、裂纹、夹渣等)的部位，同样的缺陷下，拉应力比压应力产生的影响更大。应力水平较高的受拉构件或处于三向受拉复杂应力状态的构件，应该选用质量等级更高的钢材。

4. 连接方法

对于焊接结构，由于在焊接过程中的不均匀加热和冷却使构件内产生焊接残余应力、残余变形以及其他焊接缺陷(如咬边、气孔、裂纹和夹渣等)，可能导致结构产生裂纹和发生脆性断裂。此外，碳和硫的含量过高会严重影响钢材的焊接性能。因此，焊接结构的钢材质量等级应高于同样情况下的非焊接结构，同时应严格控制碳、硫、磷的含量。

5. 钢材厚度

厚度大的钢材由于轧制时压缩比小，钢材中的气孔和夹渣比薄板多，存在较多缺陷，不但强度较低，冲击韧性和焊接性能也较差，并且容易产生三向残余拉应力。因此，厚度大的焊接结构应采用质量等级较高的钢材，并对钢板厚度方向性能做出要求。

6. 环境温度

钢材的塑性和韧性随温度的降低而降低，低温下更容易发生脆性断裂。因此，对经常处于或可能处于低温环境下工作的钢桥，特别是焊接结构，应选择冲击韧性好的钢材，并尽量避免使用厚钢板。

《公路钢结构桥梁设计规范》(JTG D64—2015)中有关牌号钢材冲击韧性应符合下列规定：

(1) 对需要验算疲劳的焊接构件，当桥梁的工作温度处于 0 ℃ ≥t> −20 ℃范围内时，Q235 和 Q345 的冲击韧性应满足表 2.8 中质量等级 C 的要求，而 Q390 和 Q420 的冲击韧性应满足质量等级 D 的要求；当桥梁工作温度 t≤ −20 ℃时，Q235 和 Q345 的冲击韧性应满足表 2.8 中质量等级 D 的要求，而 Q390 和 Q420 的冲击韧性应满足质量等级 E 的要求。

(2) 对需要验算疲劳的非焊接构件，当桥梁工作温度 t≤−20 ℃时，Q235 和 Q345 的冲击韧性应满足表 2.8 中质量等级 C 的要求，而 Q390 和 Q420 的冲击韧性应满足质量等级 D 的要求。

表 2.8 钢材冲击韧性

钢材牌号	Q235		Q345		Q390		Q420	
质量等级	C	D	C	D	D	E	D	E
试验温度(℃)	0	−20	0	−20	−20	−40	−20	−40
冲击韧性(J)	27	27	34	34	34	27	34	27

《铁路桥涵设计规范(极限状态法)》(Q/CR 9300—2018)中主要规定铁路钢桥焊接接头(包括焊缝金属和热影响区)根据桥址处的最低设计温度取得的冲击韧性数值不应低于表 2.9 的规定。

表 2.9 焊接接头冲击韧性

钢 材 牌 号		Q345q	Q370q	Q420q	Q500q
试验温度(℃)		当最低设计温度≥−10 ℃时，取−10 ℃ 当−10 ℃>最低设计温度≥−20 ℃，取−20 ℃ 当−20 ℃>最低设计温度≥−30 ℃，取−30 ℃ 当−30 ℃>最低设计温度≥−40 ℃，取−40 ℃			
冲击韧性(J)	整体节点的焊接接头	34	41	47	54
	散装节点垂直于应力方向的熔透对接焊、T形角焊、棱角焊焊接接头	34	41	47	54
	散装节点顺应力方向未熔透的 T 形角焊缝、棱角焊缝	29	35	40	45

2.3 桥梁作用

2.3.1 公路桥梁作用

1. 作用分类

根据桥梁的功能，桥梁结构除了承受本身自重和各种附加恒载作用外，在设计使用年限内应满足规定的正常交通荷载通行的需要，主要承受火车、汽车、平板挂车以及各种非机动车和人群荷载等交通荷载的作用。而且桥梁结构处在自然环境之中，还要承受各种自然因素的影响，如风力、温度变化、水流冲击以及地震作用等。

作用是指施加在结构上的集中力或分布力（直接作用，也称荷载）和引起结构外加变形或约束变形的原因（间接作用）。引起结构反应的原因按作用的性质分为两类：一类是施加于结构上的外力，如车辆、人群、结构自重等，它们是直接施加于结构上的，可用“荷载”这一术语来概括；另一类不是以外力形式施加于结构，它们产生的效应与结构本身的特性、结构所处的环境等有关，如地震、基础变位、混凝土收缩和徐变、温度变化等，它们是间接作用于结构的，如果也称“荷载”，容易引起人们的误解。因此，目前国际上普遍将所有引起结构反应的原因统称为“作用”，而“荷载”仅限于表达施加于结构上的直接作用。《公路桥涵设计通用规范》（JTG D60—2015）中将桥梁作用分为四大类，即永久作用、可变作用、偶然作用和地震作用，见表 2.10。

表 2.10　作用分类

序　号	分　类	名　称
1	永久作用	结构重力（包括结构附加重力）
2		预加力
3		土的重力
4		土侧压力
5		混凝土收缩、徐变作用
6		水浮力
7		基础变位作用
8	可变作用	汽车荷载
9		汽车冲击力
10		汽车离心力
11		汽车引起的土侧压力
12		汽车制动力
13		人群荷载
14		疲劳荷载
15		风荷载
16		流水压力
17		冰压力
18		波浪力
19		温度（均匀温度和梯度温度）作用
20		支座摩阻力
21	偶然作用	船舶的撞击作用
22		漂流物的撞击作用
23		汽车撞击作用
24	地震作用	地震作用

2. 汽车荷载

《公路桥涵设计通用规范》(JTG D60—2015)将公路桥梁汽车荷载分为公路—Ⅰ级和公路—Ⅱ级两个等级。高速公路、一级公路、二级公路上的桥梁，汽车荷载等级应采用公路—Ⅰ级；三级公路和四级公路上的桥梁，汽车荷载等级应采用公路—Ⅱ级。二级公路作为集散公路且交通量小，重型车辆少时，其桥涵的设计可采用公路—Ⅱ级汽车荷载。对于交通组成中重载交通比重较大的公路桥涵，宜采用与该公路交通组成相适应的汽车荷载模式进行结构整体和局部验算。

汽车荷载由车道荷载和车辆荷载组成。车道荷载由均布荷载和集中荷载组成。桥梁结构的整体计算采用车道荷载；桥梁结构的局部加载、涵洞、桥台和挡土墙土压力等的计算采用车辆荷载。车道荷载与车辆荷载的作用不得叠加。车道荷载的计算图式如图 2.1 所示。

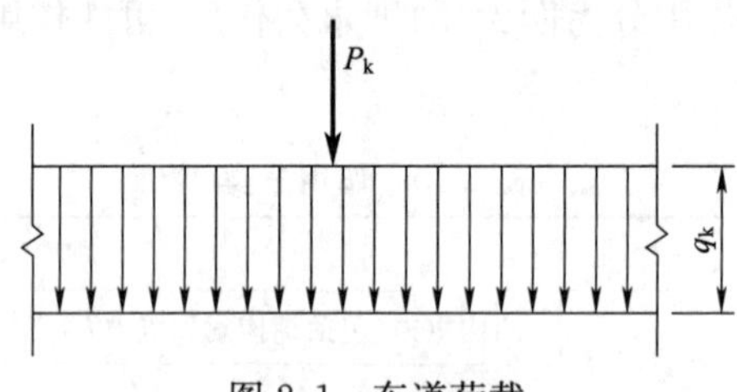

图 2.1　车道荷载

公路—Ⅰ级车道荷载的均布荷载标准值为 $q_k=10.5$ kN/m，集中荷载标准值 P_k 见表 2.11；计算剪力效应时，上述集中荷载的标准值应乘以 1.2 的系数。公路—Ⅱ级车道荷载的均布荷载标准值 q_k 和集中荷载标准值 P_k 为公路—Ⅰ级车道荷载的 0.75 倍。

表 2.11　集中荷载标准值 P_k

计算跨径 L_0(m)	$L_0\leqslant5$	$5<L_0<50$	$L_0\geqslant50$
P_k(kN)	270	$2(L_0+130)$	360

注：计算跨径 L_0，设支座的为相邻两支座中心间的水平距离；不设支座的为上、下部结构相交面中心间的水平距离。

桥梁设计时，应根据设计车道数布置车道荷载。每条设计车道上均应布置车道荷载。车道荷载的均布荷载标准值应满布于使结构产生最不利效应的同号影响线上，集中荷载标准值则作用于相应影响线中的某个影响线峰值处。公路桥梁设计车道数应符合表 2.12 的规定。横桥向布置多车道汽车荷载时应考虑多车道汽车荷载的折减；仅布置一条车道汽车荷载时，应考虑汽车荷载的提高。横向车道布载系数符合表 2.13 的规定。多车道布载的荷载效应不得小于两条车道布载的荷载效应。大跨径桥梁上的汽车荷载应考虑纵向折减。当桥梁计算跨径大于 150 m 时，应按表 2.14 规定的纵向折减系数进行折减。当为多跨连续结构时，整个结构均应按最大的计算跨径考虑汽车荷载效应的纵向折减。

表 2.12　桥涵设计车道数

桥面宽度 W(m)		桥涵设计车道数
车辆单向行驶时	车辆双向行驶时	
$W<7.0$	—	1
$7.0\leqslant W<10.5$	$6.0\leqslant W<14.0$	2
$10.5\leqslant W<14.0$	—	3
$14.0\leqslant W<17.5$	$14.0\leqslant W<21.0$	4
$17.5\leqslant W<21.0$	—	5

续上表

桥面宽度 W(m)		桥涵设计车道数
车辆单向行驶时	车辆双向行驶时	
21.0≤W<24.5	21.0≤W<28.0	6
24.5≤W<28.0	—	7
28.0≤W<31.5	28.0≤W<35.0	8

表 2.13　横向车道布载系数

横向布载车道数(条)	1	2	3	4	5	6	7	8
横向车道布载系数	1.20	1.00	0.78	0.67	0.60	0.55	0.52	0.50

表 2.14　纵向折减系数

计算跨径 L_0(m)	纵向折减系数	计算跨径 L_0(m)	纵向折减系数
150<L_0<400	0.97	800≤L_0<1 000	0.94
400≤L_0<600	0.96	L_0≥1 000	0.93
600≤L_0<800	0.95	—	—

车道荷载的横向分布系数应按图 2.2 所示布置车道荷载进行计算。公路桥梁车辆荷载的立面、平面尺寸如图 2.3 所示，其主要技术指标规定见表 2.15。公路—Ⅰ级和公路—Ⅱ级汽车荷载采用相同的车辆荷载标准值。车辆荷载在每条设计车道上布置一辆单车。

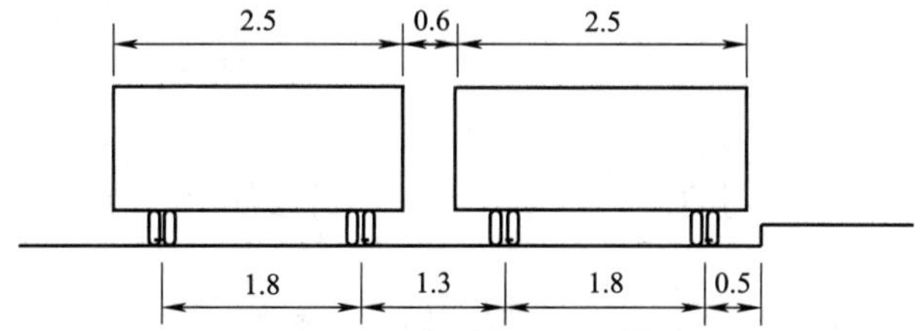

图 2.2　车辆荷载横向布置(单位：m)

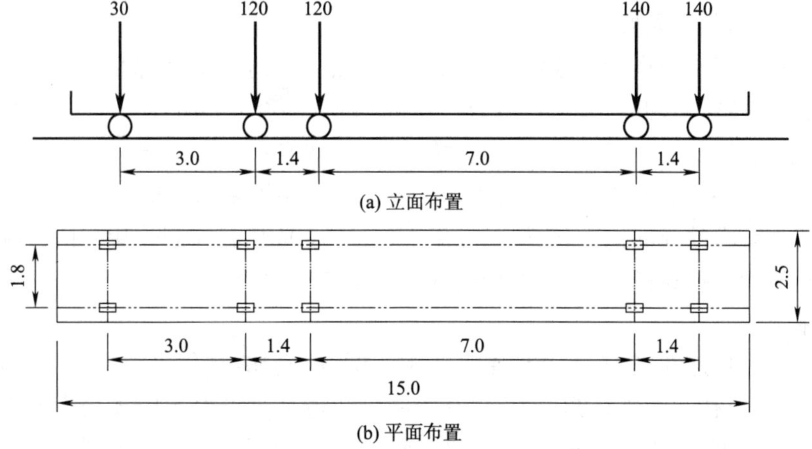

图 2.3　车辆荷载的立面、平面尺寸(尺寸单位：m；荷载单位：kN)

表 2.15　车辆荷载的主要技术指标

项　目	单位	技术指标	项　目	单位	技术指标
车辆重力标准值	kN	550	轮距	m	1.8
前轴重力标准值	kN	30	前轮着地宽度及长度	m	0.3×0.2
中轴重力标准值	kN	2×120	中、后轮着地宽度及长度	m	0.6×0.2
后轴重力标准值	kN	2×140	车辆外形尺寸(长×宽)	m	15×2.5
轴距	m	3+1.4+7+1.4	—	—	—

汽车以一定速度过桥时将产生较大的桥梁振动，导致桥梁的内力和变形比汽车静荷载作用的大，此现象称为动力作用或冲击作用。汽车的冲击系数是汽车过桥时对桥梁结构产生的竖向动力效应的增大系数。钢桥、钢筋混凝土及预应力混凝土桥、圬工拱桥等上部构造和钢支座、板式橡胶支座、盆式橡胶支座及钢筋混凝土柱式墩台，因相对来说自重不大，冲击作用的效果显著，应计算汽车的冲击作用。填料厚度(包括路面厚度)不小于 0.5 m 的拱桥、涵洞以及重力式墩台等因自重大、整体性好，冲击影响小，不计冲击力。一般来说，跨径越大、刚度越小对动荷载的缓冲作用越强，以往规范近似地认定冲击力与计算跨径成反比(直线变化)，无论是梁式桥还是拱式桥等，均在一定的跨径范围内考虑汽车荷载的冲击力作用。此模式虽计算方便，但不能合理、科学地反映冲击荷载的本质。因此，目前结合公路桥梁可靠度研究的成果，应根据结构基频 f 来计算汽车的冲击系数 μ，按式(2.1)计算。

$$\mu=\begin{cases}0.05, & \text{当 } f<1.5\ \text{Hz 时}\\ 0.1767\ln f-0.0157, & \text{当 } 1.5\ \text{Hz}\leqslant f\leqslant 14\ \text{Hz 时}\\ 0.45, & \text{当 } f>14\ \text{Hz 时}\end{cases}\tag{2.1}$$

3. 人群荷载

《公路桥涵设计通用规范》(JTG D60—2015)规定，公路桥梁设置人行道时，人群荷载标准值按以下标准计算：

(1)当桥梁计算跨径 $L_0\leqslant 50$ m 时，人群荷载标准值 3.0 kN/m²；当桥梁计算跨径 $L_0\geqslant$ 150 m 时，人群荷载标准值为 2.5 kN/m²；当桥梁计算跨径在 50～150 m 之间时，可由线性内插得到人群荷载标准值，人群荷载标准值为 $3.25-0.005L_0$(L_0 以 m 计)。跨径不等的连续结构，采用最大计算跨径的人群荷载标准值。

(2)非机动车、行人密集的公路桥梁，人群荷载标准值取上述标准值的 1.15 倍。

(3)专用人行桥梁，人群荷载标准值为 3.5 kN/m²。

(4)人行道板(局部构件)可以一块板为单元，按标准值 4.0 kN/m² 的均布荷载计算。

人群荷载对于一般的公路桥梁和城市桥梁而言不是主要荷载，通常与车辆荷载组合进行计算。但对于人行道的局部构件、栏杆和专用人行桥来说，却起控制作用。因此在管理上，对于柔性的人行桥，应注意特殊场合下人群荷载在桥梁横向的严重不均衡和动力冲击。

4. 温度荷载

桥梁结构处于自然环境中，将受到温度作用的影响，例如，常年气温变化导致桥梁沿纵向均匀地位移，这种位移不产生结构内力，只有当结构的位移受到约束时才会引起温度次内力，这是温度作用的一种形式。太阳辐射是温度作用的另一种形式，它使结构沿高度或宽度方向形成非线性的温度梯度，导致结构产生次应力。前者为均匀温度作用，后者为梯度温度作用。

(1)均匀温度作用

当桥梁结构要考虑温度作用时，应根据当地具体情况、结构物使用的材料和施工条件等因素计算由温度作用引起的结构效应。各种结构的线膨胀系数见表 2.16。计算桥梁结构因均匀温度作用引起的外加变形或约束变形时，应从受到约束时的结构温度开始，考虑最高和最低有效温度的作用效应。当缺乏实际调查资料时，公路混凝土结构和钢结构的最高和最低有效温度标准值可按表 2.17 取用。

表 2.16　线膨胀系数

结构种类	线膨胀系数(1/℃)
钢结构	0.000 012
混凝土和钢筋混凝土及预应力混凝土结构	0.000 010
混凝土预制块砌体	0.000 009
石砌体	0.000 008

表 2.17　公路桥梁结构的有效温度标准值(℃)

气候分区	钢桥面板钢桥		混凝土桥面板钢桥		混凝土、石桥	
	最　高	最　低	最　高	最　低	最　高	最　低
严寒地区	46	−43	39	−32	34	−23
寒冷地区	46	−21	39	−15	34	−10
温热地区	46	−9(−3)	39	−6(−1)	34	−3(0)

注：1. 全国气候分区见《公路桥涵设计通用规范》(JTG D60—2015)附录 A。
2. 表中括弧内数值适用于昆明、南宁、广州、福州地区。

(2)竖向温度梯度作用

公路桥梁规范采用图 2.4 所示的双折线竖向温度梯度曲线，图中 T_1 表示桥面板表面的最高温度，T_2 表示桥面板表面下 100 mm 处的温度，它们的取值依据桥面铺装类型确定，见表 2.18。A 为对应温度梯度曲线上零点与 T_2 间的结构高度，按结构类型与梁高取值。竖向温度梯度曲线最高值桥面板表面处是不包括铺装层。当桥面铺装层底层为水泥混凝土，顶层为沥青混凝土时，T_1 和 T_2 可仅根据沥青混凝土厚度取用。混凝土上部结构和带混凝土桥面板的钢结构的竖向日照反温差为正温差乘以−0.5。

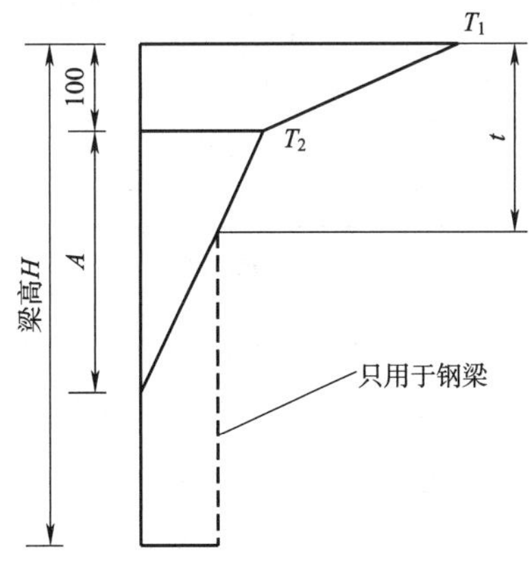

图 2.4　竖向梯度温度(单位：mm)

A—混凝土结构当梁高 $H<400$ mm 时，$A=H-100$(mm)；梁高 $H\geqslant 400$ mm 时，$A=300$ mm；带混凝土桥面板的钢结构 $A=300$ mm。t—混凝土桥面板的厚度(mm)

表 2.18 竖向日照正温差计算的温度基数

桥面铺装类型	T_1(℃)	T_2(℃)
水泥混凝土铺装	25	6.7
50 mm 沥青混凝土铺装层	20	6.7
100 mm 沥青混凝土铺装层	14	5.5

5. 疲劳荷载

对大多数公路桥梁结构，汽车荷载是导致疲劳破坏的主要因素，故在《公路桥涵设计通用规范》(JTG D60—2015)中规定通过汽车荷载进行疲劳验算。并根据不同的疲劳验算状况分为三种疲劳荷载计算模型。

(1)疲劳荷载模型Ⅰ

采用等效的车道荷载，集中荷载为 0.7 P_k，均布荷载为 0.3 q_k。P_k和 q_k按公路—Ⅰ级车道荷载标准取值；应考虑多车道的影响，横向车道布载系数应按表 2.13 选用。

(2)疲劳荷载模型Ⅱ

疲劳荷载计算模型Ⅱ采用双车模型，两辆模型车轴距与轴重相同，其单车的轴重与轴距布置如图 2.5 所示。加载时，两模型车的中心距不得小于 40 m。

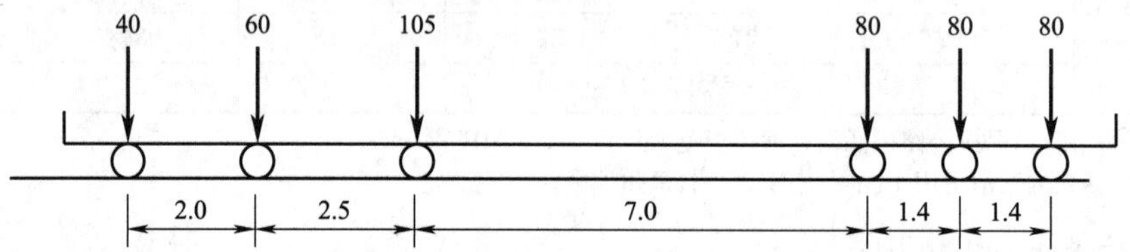

图 2.5 疲劳荷载计算模型Ⅱ(尺寸单位：m；荷载单位：kN)

(3)疲劳荷载模型Ⅲ

疲劳荷载模型Ⅲ采用单车模型，模型车轴载及分布如图 2.6 所示。疲劳荷载计算模型Ⅲ车重最重，轮数较少，适用于正交异性板、横隔板/梁、纵梁等直接承受车轮荷载的局部受力构件的疲劳验算。考虑到这些构件对车轮位置更加敏感，给出了这种疲劳车的横向轮距以及轮胎接地面积。

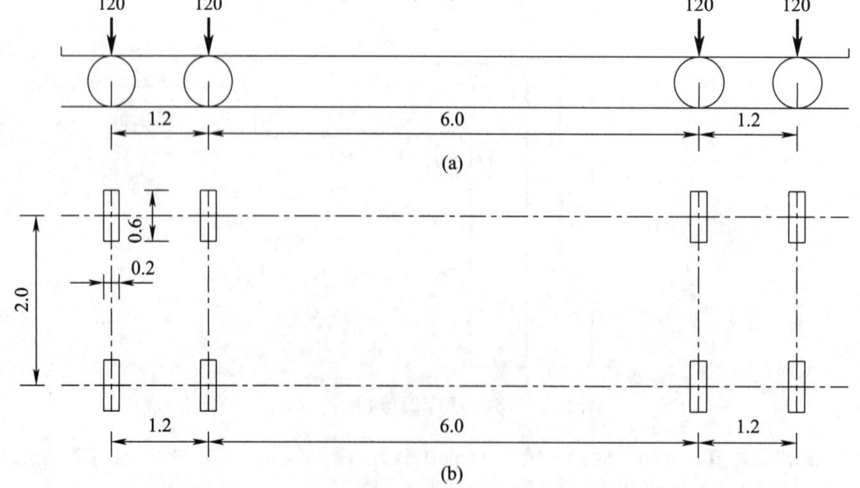

图 2.6 疲劳荷载计算模型Ⅲ(尺寸单位：m；荷载单位：kN)

疲劳荷载模型Ⅰ对应于无限寿命设计方法，这种方法考虑的是构件永不出现疲劳破坏的情况。与其他疲劳荷载计算模型相比，该模型比较保守，特别是对有效影响线长度超过 110 m 的桥梁。当构件和连接不满足疲劳荷载模型Ⅰ验算要求时，应按模型Ⅱ验算。疲劳荷载模型Ⅱ以及疲劳荷载模型Ⅲ加载仅按单车道加载，多车道效应通过多车道效应系数考虑。

2.3.2　铁路桥梁作用

1. 作用分类

表 2.19 为我国现行铁路桥梁的设计作用及其类型。我国铁路桥梁目前处于容许应力设计法和极限状态设计法两类方法和两套规范并存的并行时期，依据设计理论和规范的不同，设计作用(荷载)分类也有两种不同的方式：在极限状态法设计理论对应的《铁路桥涵设计规范(极限状态法)》(Q/CR 9300—2018)中，作用按其随时间变化的性质，分为永久作用、可变作用、偶然作用和地震作用；而在容许应力法设计理论对应的《铁路桥涵设计规范》(TB 10002—2017)中，将各类作用仍称为"荷载"，按性质和发生的概率分为主力、附加力和特殊荷载；两者的对应关系见表 2.19。

表 2.19　铁路桥涵作用(荷载)分类

<table>
<tr><th colspan="3">《铁路桥涵设计规范(极限状态法)》(Q/CR 9300—2018)</th><th rowspan="2">作用(荷载)名称</th><th colspan="3">《铁路桥涵设计规范》(TB 10002—2017)</th></tr>
<tr><th>序　号</th><th colspan="2">作用分类</th><th colspan="2">荷载分类</th><th>序　号</th></tr>
<tr><td>1</td><td colspan="2" rowspan="7">永久作用</td><td>结构自重 G_1</td><td rowspan="7">恒载</td><td rowspan="16">主力</td><td rowspan="2">1</td></tr>
<tr><td>2</td><td>结构附加重力(线路设备自重及人行道自重等)G_2</td></tr>
<tr><td>3</td><td>预加力 P</td><td>2</td></tr>
<tr><td>4</td><td>混凝土收缩作用 F_{cs} 和徐变作用 F_{cc}</td><td>3</td></tr>
<tr><td>5</td><td>不均匀沉降作用 F_s</td><td>6</td></tr>
<tr><td>6</td><td>土压力 F_e</td><td>4</td></tr>
<tr><td>7</td><td>静水压力及浮力 F_{wf}</td><td>5</td></tr>
<tr><td>8</td><td rowspan="13">可变作用</td><td rowspan="9">基本可变作用</td><td>列车荷载 Q_1</td><td rowspan="9">活载</td><td>7</td></tr>
<tr><td>9</td><td>公路(城市道路)荷载 Q_2</td><td>8</td></tr>
<tr><td>10</td><td>列车竖向冲击力 μQ_1</td><td>9</td></tr>
<tr><td>11</td><td>列车离心力 F_c</td><td>10</td></tr>
<tr><td>12</td><td>列车横向摇摆力 F_{lo}</td><td>11</td></tr>
<tr><td>13</td><td>列车荷载引起的土压力 F_{qe}</td><td>12</td></tr>
<tr><td>14</td><td>挠曲力 F_{rd} *</td><td>28</td></tr>
<tr><td>15</td><td>人行荷载 F_p</td><td>13</td></tr>
<tr><td>16</td><td>气动力 q</td><td>14</td></tr>
<tr><td>17</td><td rowspan="4">其他可变作用</td><td>列车制动力或牵引力 F_b</td><td colspan="2" rowspan="4">附加力</td><td>15</td></tr>
<tr><td>18</td><td>风荷载 F_w</td><td>17</td></tr>
<tr><td>19</td><td>温度作用 F_t</td><td>20</td></tr>
<tr><td>20</td><td>伸缩力 F_{re} *</td><td>28</td></tr>
</table>

续上表

《铁路桥涵设计规范(极限状态法)》(Q/CR 9300—2018) 序 号	作用分类		作用(荷载)名称	《铁路桥涵设计规范》(TB 10002—2017) 荷载分类	序 号
21	可变作用	其他可变作用	支座摩阻力 F_f	附加力	16
22			流水压力 F_{rw}		18
23			波浪力 F_{sw}		22
24			冰压力 F_i		19
25			冻胀力 F_{fh}		21
26			施工荷载 F_{cs}	特殊荷载	26
27	偶然作用		列车脱轨荷载 F_{lr}		23
28			断轨力 F_{rb} *		28
29			船舶或排筏撞击力 F_{sc}		24
30			汽车撞击力 F_{ci}		25
31	地震作用		地震作用 E		27

注:《铁路桥涵设计规范》(TB 10002—2017 中),将表中带 * 号的 3 项即伸缩力、挠曲力和断轨力统称为长钢轨纵向作用力,归入到特殊荷载类中,表中统一编号为 28。

仅选取列车荷载、作业通道人行荷载、风荷载等,对其荷载特点、计算方法作简要介绍,其他荷载的相关规定详见《铁路桥涵设计规范(极限状态法)》(Q/CR 9300—2018)和《铁路桥涵设计规范》(TB 10002—2017)。

2. 列车荷载

列车荷载是铁路机车、车辆等移动装备对线路的作用,与铁路移动装备技术发展紧密相关,是各类铁路工程结构设计的重要依据。标准制定时充分考虑了当前铁路移动装备配备情况,并适应未来一定时期内机车、车辆等移动装备技术的发展需求。

(1)列车竖向静荷载

我国铁路早期主要为客货共线铁路,设计时统一采用了符合客货铁路运输特点的列车荷载图式。列车荷载图式代表了铁路移动装备对线路作用特征和作用量值,是一组由不同轴重和轴距、按一定规律排列、具有可变速度的移动作用力学模型。近年来,随着铁路的快速发展,铁路客货运输呈现出客运高速、货运重载等新的特征,不同线路通过的列车差异越来越大,若仍采用统一的列车荷载图式将是不科学的,也是不经济的。因此,针对高速铁路、城际铁路、客货共线铁路、重载铁路分别规定了相应的列车荷载图式,可按表 2.20 取用。

表 2.20 铁路列车荷载图式

线路类型	图式名称	荷载图式 普通荷载	荷载图式 特种荷载
高速铁路	ZK	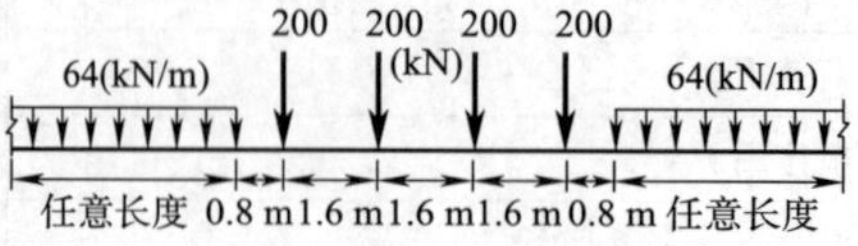 64(kN/m) 200 200 200 200 (kN) 64(kN/m) 任意长度 0.8 m 1.6 m 1.6 m 1.6 m 0.8 m 任意长度	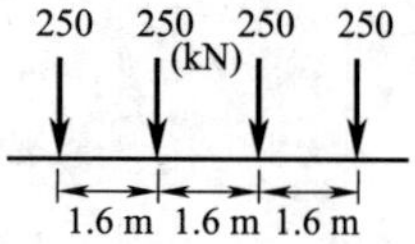 250 250 250 250 (kN) 1.6 m 1.6 m 1.6 m

续上表

线路类型	图式名称	荷载图式	
		普通荷载	特种荷载
城际铁路	ZC	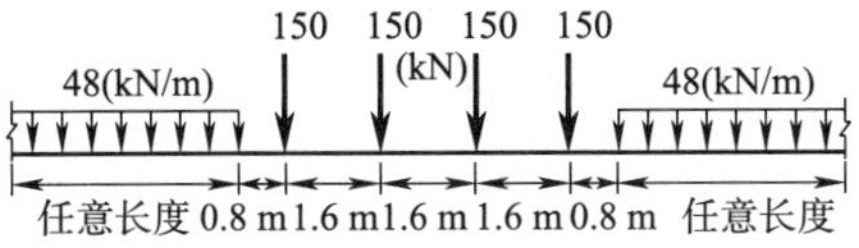 48(kN/m)；150 150 150 150 (kN)；48(kN/m)；任意长度 0.8 m 1.6 m 1.6 m 1.6 m 0.8 m 任意长度	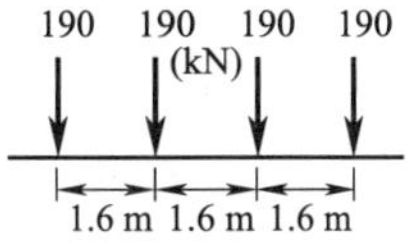 190 190 190 190 (kN)；1.6 m 1.6 m 1.6 m
客货共线铁路	ZKH	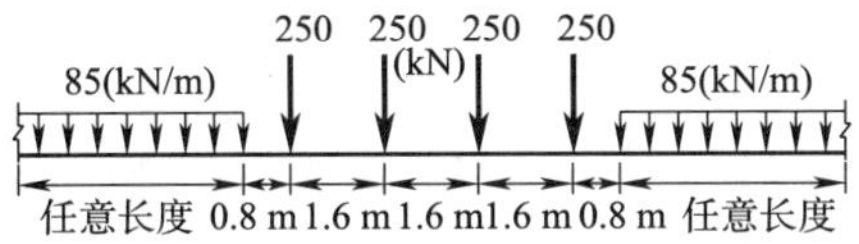 85(kN/m)；250 250 250 250 (kN)；85(kN/m)；任意长度 0.8 m 1.6 m 1.6 m 1.6 m 0.8 m 任意长度	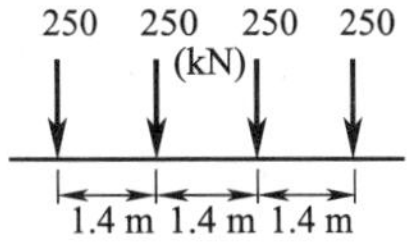 250 250 250 250 (kN)；1.4 m 1.4 m 1.4 m
重载铁路	ZH	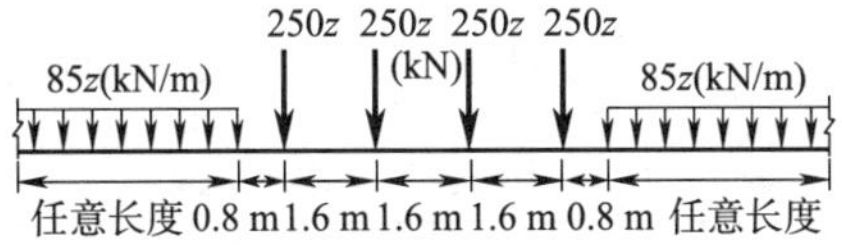 85z(kN/m)；250z 250z 250z 250z (kN)；85z(kN/m)；任意长度 0.8 m 1.6 m 1.6 m 1.6 m 0.8 m 任意长度；(荷载系数$z\geqslant1.0$)	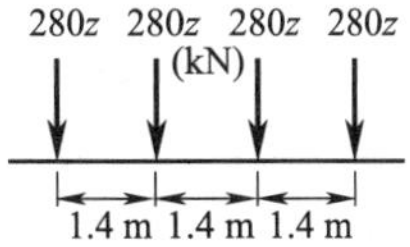 280z 280z 280z 280z (kN)；1.4 m 1.4 m 1.4 m；($z\geqslant1.0$)

(2)多线列车竖向静荷载的折减

同时承受多线列车荷载的桥梁，各线列车同时运行到桥上最不利位置的概率很小，考虑经济性，其列车竖向静荷载计算应进行适当折减，并符合以下主要要求：

①采用 ZKH 或 ZH 活载时，双线桥梁结构按两条线路在最不利位置承受 90%的列车竖向静荷载计算；三线、四线桥梁结构按所有线路在最不利位置承受 80%的列车竖向静荷载计算；四线以上桥梁结构按所有线路在最不利位置承受 75%的列车竖向静荷载计算。

②采用 ZK 或 ZC 活载时，双线桥梁结构按两条线路在最不利位置承受 100%的列车竖向静荷载计算。多于两线的桥梁结构应按以下两种情况最不利者考虑：按两条线路在最不利位置承受 100%的列车竖向静荷载计算，其余线路不承受列车荷载；所有线路在最不利位置承受 75%的列车竖向静荷载计算。

③对承受局部荷载的杆件均按该列车竖向荷载的 100%计算。

④对于货物运输方向固定的多线重载铁路桥梁结构，列车竖向荷载计算时可根据实际情况考虑相应折减。

(3)列车竖向静荷载的加载

为计算获得桥梁结构或构件在列车竖向静荷载作用下的最不利内力和变形值，应按最不利原则布置列车荷载。故一般先分别计算结构或构件的内力及位移影响线，然后针对特定的列车荷载图式进行最不利布载加载。一般来说设计加载时列车荷载图式可以任意截取。加载的结构(影响线)长度应符合下列规定：

①需要加载的结构(影响线)长度超过运营列车最大编组长度时，可采用列车最大编组长度。

②对于单符号影响线，在同符号影响线各区段进行加载。

③对于多符号影响线，可在同符号影响线各区段进行加载，异符号影响线区段长度不大于 15 m 时可不加列车荷载；异符号影响线区段长度大于 15 m 时，可按空车活载 10 kN/m 加载。

④用空车检算桥梁各部构件时，竖向荷载应按 10 kN/m 计算。

(4)列车竖向动力作用

由于列车以一定车速过桥时将导致较大的桥梁振动，故桥梁结构计算时应考虑列车竖向动力作用，可按竖向静荷载乘以动力系数$(1+\mu)$确定。

客货共线、重载铁路桥梁结构动力系数应按下列公式计算，且不小于1.0。简支或连续的钢桥跨结构和钢墩台动力系数应按式(2.2)计算。

$$1+\mu=1+\frac{28}{40+L} \tag{2.2}$$

式中 L——桥梁跨度(m)，承受局部列车荷载的构件为影响线加载长度。

高速铁路、城际铁路桥梁结构动力系数$(1+\mu)$应按式(2.3)计算，且不小于1.0。

$$1+\mu=1+\left(\frac{1.44}{\sqrt{L_\varphi}-0.2}-0.18\right) \tag{2.3}$$

式中 L_φ——加载长度(m)：加载长度小于3.61 m时，应取3.61 m；简支梁应取梁的跨度；连续梁可按平均跨度乘以跨度调整系数(表2.21)确定、且不应小于最小跨度。

表2.21 连续梁跨度调整系数

跨 数	2	3	4	≥5
跨度调整系数	1.2	1.3	1.4	1.5

(5)列车横向摇摆力

由于列车蛇行运动、机车各部分产生的动力不对称作用、车轮轮缘存在损伤、轮轴不位于车轮中心处以及机车车辆振动作用及轨道不平顺的影响，致使列车在行进中发生左右摇摆，车轮产生作用于轨面的横向摇摆力。由于列车蛇行运动具有随机性，试验列车通过桥梁的任一时刻，有的车轮对轨面作用向左侧的集中摇摆力，有的车轮对轨面作用向右侧的集中摇摆力。对于桥梁、这些向左与向右的集中摇摆力会彼此抵消一部分。欧盟通过大量的计算和试验研究得出：当两辆车的前车后转向架和后车前转向架同一方向达到最大，也就是4个轮轴的横向集中力各达到25 kN，列车横向摇摆力对桥梁的作用最大。因此《德国桥上无砟轨道规范》(DS804)中的横向摇摆力按4×25 kN=100 kN计算。

我国现有规范将列车横向摇摆力作为一个集中荷载加在最不利位置，以水平方向垂直线路中心线作用于钢轨顶面。考虑横向摇摆力与所采用的列车荷载图式直接相关，因此建议横向摇摆力以客货共线铁路100 kN取值为基准，其他各设计标准铁路进行折减后取值，见表2.22，其中重载铁路摇摆力折减系数z的取值与重载铁路荷载系数一致。对于多线桥梁可仅计算任一线上的横向摇摆力。客货共线铁路、重载铁路空车时仍应考虑横向摇摆力。

表2.22 横向摇摆力计算取值表

设计标准	重载铁路	客货共线铁路	高速铁路	城际铁路
摇摆力(kN)	$100z$	100	80	60

(6)列车制动力或牵引力

列车制动力或牵引力分别是指列车在刹车或起动时为克服列车的惯性力而在轨道与轮对之间产生的滑动摩擦力，都是作用在桥上的纵向水平力，但两者的作用方向恰好相反。列车制动力或牵引力常常是墩台设计的重要荷载。制动力或牵引力应按计算长度内列车竖向静荷载的10%计算；但当与离心力或列车竖向动力作用同时计算时，制动力或牵引力应按计算长度内列车竖向静荷载的 7%计算。对于双线桥或多线桥，两线或多线的列车同时制动或起动的概率很小，故双线桥梁按一线的制动力或牵引力计算；三线或三线以上的桥梁按双线的制动力或牵引力计算。

3. 作业通道人行荷载

当铁路桥梁桥面上布置有作业通道时，作业通道人行荷载标准值取为 4 kN/m^2。当作业通道上走行检查或维修小车时应考虑检查或维修小车竖向荷载。设计主梁时，作业通道的人行荷载不与列车荷载同时计算。

4. 风荷载

当风受到桥梁阻碍时，桥梁承受风压，桥梁结构设计时应考虑风荷载。按照《铁路桥涵设计规范(极限状态法)》(Q/CR 9300—2018)，主要规定如下：

(1)作用于横桥向的风荷载标准值及风荷载强度标准值应按式(2.4)和式(2.5)计算。

$$F_w = WA \tag{2.4}$$

$$W = K_1 K_2 K_3 W_0 \tag{2.5}$$

式中 F_w——风荷载标准值(kN)；

W——风荷载强度标准值(kN/m^2)；

A——桥梁结构受风面积(m^2)；

K_1——风荷载阻力系数；

K_2——阵风分布系数；

K_3——地形、地理条件修正系数；

W_0——基本风压值(kN/m^2)，系按平坦空旷地区，离地面 10 m 高，重现期为 100 年 10 min 平均最大风速计算确定，一般情况 W_0 值可按“全国基本风压分布图”，并通过实地调查验证后取用。

(2) 列车横桥向受风面积应按 3 m 高的长方带计算，其作用点在轨顶以上 2 m 高度处。

(3) 顺桥向风荷载标准值与横桥向风荷载标准值的计算方法相同。

(4) 列车、桥面系和各类上承梁所受的顺桥向风荷载可不予计算，下承式桁架顺桥向风荷载标准值按其横桥向风荷载强度标准值的 40%乘以桁架迎风面积计算。

(5) 标准设计的风荷载强度标准值应按式(2.6)和式(2.7)计算。

桥上有车时：　$W = K_1 \cdot 0.90(\text{kN/m}^2)$，并不应大于 1.25 kN/m^2　(2.6)

桥上无车时：　$W = K_1 \cdot 1.40(\text{kN/m}^2)$　(2.7)

2.4　极限状态设计法

以概率理论为基础的极限状态设计法基于可靠度理论，把荷载、抗力等参数作为随机变量，运用基于概率分析的分项系数来考虑其变异性并确定设计值，所以也称为荷载抗力分项系数设计法。我国《公路钢结构桥梁设计规范》(JTG D64—2015)、《铁路桥涵设计规范(极限状态法)》(Q/CR 9300—2018)、美国规范 AASHTO LRFD 和欧洲规范 Eurocode 均采用该设计方法。

2.4.1　极限状态与设计状况

桥梁结构可靠或失效的标志用“极限状态”来衡量。当整个结构或结构的部分超过某一特定状态而不能满足设计规定的某一功能要求时，则此特定状态称为该功能的极限状态。《铁路桥涵设计规范(极限状态法)》(Q/CR 9300—2018)将结构的极限状态分为承载能力极限状态、正常使用极限状态和疲劳极限状态。承载能力极限状态设计和疲劳极限状态设计体现了桥涵的安全性,正常使用极限状态设计体现了桥涵的适用性和耐久性,这三类极限状态概括了结构的可靠性。只有每项设计都符合相关规范的三类极限状态设计的要求,才能使所设计的桥涵达到其全部的预定功能。

(1)承载能力极限状态:对应于桥涵结构或其构件达到最大承载能力或出现不适于继续承载的变形或变位的状态,包括构件和连接的强度破坏、结构或构件丧失稳定及结构倾覆等。

(2)正常使用极限状态:对应于桥涵结构或其构件达到正常使用或耐久性能的某项限值的状态,包括影响结构、构件正常使用的开裂、变形等。

(3)疲劳极限状态:对应于桥涵结构或其构件由于重复荷载作用使其出现不适于继续承载的状态,包括构件和连接的疲劳破坏,影响安全使用的疲劳裂纹等。

《公路工程结构可靠性设计统一标准》(JTG 2120—2020)将结构的极限状态仅分为承载能力极限状态和正常使用极限状态两类。我国《公路钢结构桥梁设计规范》(JTG D64—2015)也仅考虑这两种极限状态,其中承载能力极限状态也包括了疲劳破坏的内容。

桥涵设计需考虑以下四种设计状况:

(1)持久状况所对应的是桥梁的使用阶段。这个阶段持续的时间很长,要对结构的所有预定功能进行设计,即要进行承载能力极限状态和正常使用极限状态的计算。

(2)短暂状况所对应的是桥梁的施工阶段和维修阶段。这个阶段的持续时间相对于使用阶段是短暂的,结构体系、结构所承受的荷载等与使用阶段也不同,设计要根据具体情况而定。在这个阶段要进行承载能力极限状态计算,可根据需要作正常使用极限状态计算。

(3)偶然状况所对应的是桥梁可能遇到的撞击等状况。这种状况出现的概率极小,且持续的时间极短。偶然状况的设计原则是:主要承重结构不会因非主要承重结构发生破坏而丧失承载能力;或允许主要承重结构发生局部破坏而剩余部分在一段时间内不发生连续倒塌。偶然状况一般只进行承载能力极限状态计算。

(4)地震状况是对应的桥梁可能遇到地震的状况。地震作用是一种特殊的偶然作用,与撞击等偶然作用相比,地震作用能够统计并有统计资料,可以确定其标准值。而其他偶然作用无法通过概率的方法确定其标准值,因此两者的设计表达式是不同的。地震状况一般只进行承载能力极限状态计算。

2.4.2　作用的代表值

公路或铁路桥涵设计时,对不同的作用应按下列规定采用不同的代表值:

(1)永久作用的代表值为其标准值。永久作用标准值可根据统计、计算并结合工程经验综合分析确定。

(2)可变作用的代表值包括标准值、频遇值、准永久值和组合值。可变作用的频遇值是在设计基准期内被超越的总时间占设计基准期的比率较小的作用值,或被超越的频率限制在规定频率内的作用值。可变作用的准永久值是指在设计基准期内被超越的总时间占设计基准期的比率较大的作用值。可变作用的组合值是使组合后的作用效应的超越概率与该作用单独出现时其标准值作用效应的超越概率趋于一致的作用值,或组合后使结构具有规定可靠指标的作用值。频遇值、准永久值和组合值可通过可变作用的标准值分别乘以频遇值系数 ψ_f、准永久值系数 ψ_q和组合值系数 ψ_c来确定。

(3)偶然作用取其设计值作为代表值,可根据历史记载、现场观测和试验,并结合工程经验综合分析确定,也可根据有关标准的专门规定确定。

(4)地震作用的代表值为其标准值。公路和铁路地震作用的标准值应分别根据现行《公路工程抗震规范》(JTG B02—2013)和《铁路工程抗震设计规范》(GB 50111—2006)的规定确定。

2.4.3　公路桥梁作用组合效应

1. 作用组合基本原则

公路桥涵结构设计应考虑结构上可能同时出现的作用,按承载能力极限状态、正常使用极限状态进行作用组合,均应按下列原则取其最不利组合效应进行设计:

(1)只有在结构上可能同时出现的作用,才进行组合。当结构或结构构件需做不同受力方向的验算时,则应以不同方向的最不利的作用组合效应进行计算。

(2)当可变作用的出现对结构或结构构件产生有利影响时,该作用不应参与组合。实际不可能同时出现的作用或同时参与组合概率很小的作用,按表 2.23 规定不考虑其参与组合。

表 2.23　可变作用不同时组合表

作用名称	不与该作用同时参与组合的作用
汽车制动力	流水压力、冰压力、波浪力、支座摩阻力
流水压力	汽车制动力、冰压力、波浪力
波浪力	汽车制动力、流水压力、冰压力
冰压力	汽车制动力、流水压力、波浪力
支座摩阻力	汽车制动力

(3)施工阶段的作用组合,应按计算需要及结构所处条件而定,结构上的施工人员和施工机具设备均应作为可变作用加以考虑。组合式桥梁,当把底梁作为施工支撑时,作用组合效应宜分两个阶段计算,底梁受荷为第一个阶段,组合梁受荷为第二个阶段。

(4)多个偶然作用不同时参与组合。

(5)地震作用不与偶然作用同时参与组合。

2. 作用组合效应

公路桥涵结构按承载能力极限状态设计时,对持久设计状况和短暂设计状况应采用作用的基本组合,对偶然设计状况应采用作用的偶然组合,对地震设计状况应采用作用的地震组合,并应符合下列规定:

(1)基本组合:永久作用设计值与可变作用设计值相组合。作用基本组合的效应设计值可按式(2.8)或式(2.9)计算,当作用与作用效应可按线性关系考虑时,作用基本组合的效应设计值 S_{ud} 可通过作用效应代数相加计算。设计弯桥时,当离心力与制动力同时参与组合时,制动力标准值或设计值按 70%取用。

$$S_{ud} = \gamma_0 S\left(\sum_{i=1}^{m} \gamma_{Gi} G_{ik}, \gamma_{Q1} \gamma_L Q_{1k}, \psi_c \sum_{j=2}^{n} \gamma_{Lj} \gamma_{Qj} Q_{jk}\right) \tag{2.8}$$

或

$$S_{ud} = \gamma_0 S\left(\sum_{i=1}^{m} G_{id}, Q_{1d}, \sum_{j=2}^{n} Q_{jd}\right) \tag{2.9}$$

式中　S_{ud}——承载能力极限状态下作用基本组合的效应设计值;

$S()$——作用组合的效应函数;

γ_0——结构重要性系数，按表 2.24 规定的结构设计安全等级采用，对应于设计安全等级一级、二级和三级分别取 1.1、1.0 和 0.9；

γ_{Gi}——第 i 个永久作用的分项系数；

G_{ik}, G_{id}——第 i 个永久作用的标准值和设计值；

γ_{Q1}——汽车荷载(汽车冲击力、离心力)的分项系数：采用车道荷载计算时取 $\gamma_{Q1}=1.4$，采用车辆荷载计算时，其分项系数取 $\gamma_{Q1}=1.8$；当某个可变作用在组合中其效应值超过汽车荷载效应时，则该作用取代汽车荷载，其分项系数取 $\gamma_{Q1}=1.4$；对专为承受某作用而设置的结构或装置，设计时该作用的分项系数取 $\gamma_{Q1}=1.4$；计算人行道板和人行道栏杆的局部荷载其分项系数也取 $\gamma_{Q1}=1.4$；

Q_{1k}, Q_{1d}——汽车荷载(含汽车冲击力、离心力)的标准值和设计值；

γ_{Qj}——在作用组合中除汽车荷载(含汽车冲击力、离心力)、风荷载外的其他第 j 个可变作用的分项系数，取 $\gamma_{Qj}=1.4$，但风荷载的分项系数取 $\gamma_{Qj}=1.1$；

Q_{jk}, Q_{jd}——在作用组合中除汽车荷载(含汽车冲击力，离心力)外的其他第 j 个可变作用的标准值和设计值；

ψ_c——在作用组合中除汽车荷载(含汽车冲击力、离心力)外的其他可变作用的组合值系数，取 $\psi_c=0.75$；

$\psi_c Q_{jk}$——在作用组合中除汽车荷载(含汽车冲击力、离心力)外的第 j 个可变作用的组合值；

γ_{Lj}——第 j 个可变作用的结构设计使用年限荷载调整系数，公路桥涵结构的设计使用年限按现行《公路工程技术标准》(JTG B01—2014)取值时，可变作用的设计使用年限荷载调整系数 $\gamma_{Lj}=1.0$；否则，γ_{Lj} 取值应按专题研究确定；

m——参与组合的永久作用的个数；

n——参与组合的可变作用的个数。

表 2.24 公路桥涵结构设计安全等级

设计安全等级	破坏后果	适用对象
一级	很严重	(1)各等级公路上的特大桥、大桥、中桥； (2)高速公路、一级公路、二级公路、国防公路及城市附近交通繁忙公路上的小桥
二级	严重	(1)三、四级公路上的小桥； (2)高速公路、一级公路、二级公路、国防公路及城市附近交通繁忙公路上的涵洞
三级	不严重	三、四级公路上的涵洞

(2)偶然组合：永久作用标准值与可变作用某种代表值、一种偶然作用设计值相组合；与偶然作用同时出现的可变作用，可根据观测资料和工程经验取用频遇值或准永久值。作用偶然组合的效应设计值可按式(2.10)计算。

$$S_{ad}=S\left(\sum_{i=1}^{m}G_{ik},A_d,(\psi_{f1}\text{或}\psi_{q1})Q_{1k},\sum_{j=2}^{n}\psi_{qj}Q_{jk}\right) \tag{2.10}$$

式中 S_{ad}——承载能力极限状态下作用偶然组合的效应设计值；

A_d——偶然作用的设计值；

ψ_{f1}——汽车荷载(含汽车冲击力、离心力)的频遇值系数：取 $\psi_{f1}=0.7$；当某个可变作用在组合中其效应值超过汽车荷载效应时，则该作用取代汽车荷载，人群荷载 $\psi_f=1.0$，风荷载 $\psi_f=0.75$；温度梯度作用 $\psi_f=0.8$，其他作用 $\psi_f=1.0$；

$\psi_{f1}Q_{1k}$——汽车荷载的频遇值；

ψ_{q1}，ψ_{qj}——第 1 个和第 j 个可变作用的准永久值系数：汽车荷载（含汽车冲击力、离心力）$\psi_q=0.4$，人群荷载 $\psi_q=0.4$，风荷载 $\psi_q=0.75$，温度梯度作用 $\psi_q=0.8$，其他作用 $\psi_q=1.0$；

$\psi_{q1}Q_{1k}$，$\psi_{qj}Q_{jk}$——第 1 个和第 j 个可变作用的准永久值。

（3）地震组合：地震组合的效应设计值应按现行《公路工程抗震规范》（JTG B02—2013）和《公路桥梁抗震设计规范》（JTG/T 2231-01—2020）的有关规定计算。

公路桥涵结构按正常使用极限状态设计时，应根据不同的设计要求，采用作用的频遇组合或准永久组合，并应符合下列规定：

（1）频遇组合：永久作用标准值与汽车荷载频遇值、其他可变作用准永久值相组合。作用频遇组合的效应设计值可按式（2.11）计算。当作用与作用效应可按线性关系考虑时，作用频遇组合的效应设计值 S_{fd} 可通过作用效应代数相加计算。

$$S_{fd}=S\left(\sum_{i=1}^{m}G_{ik},\psi_{f1}Q_{1k},\sum_{j=2}^{n}\psi_{qj}Q_{jk}\right) \tag{2.11}$$

式中　S_{fd}——作用频遇组合的效应设计值；

ψ_{f1}——汽车荷载（不计汽车冲击力）频遇值系数，取 0.7。

（2）准永久组合：永久作用标准值与可变作用准永久值相组合。作用准永久组合的效应设计值可按式（2.12）计算，当作用与作用效应可按线性关系考虑时，作用准永久组合的效应设计值 S_{qd} 可通过作用效应代数相加计算。

$$S_{qd}=S\left(\sum_{i=1}^{m}G_{ik},\sum_{j=1}^{n}\psi_{qj}Q_{jk}\right) \tag{2.12}$$

式中　S_{qd}——作用准永久组合的效应设计值；

ψ_{q1}——汽车荷载（不计汽车冲击力）准永久值系数，取 0.4。

2.4.4　铁路桥梁作用组合效应

1. 作用组合基本原则

铁路桥涵结构设计应考虑结构上可能同时出现的作用，按承载能力极限状态、正常使用极限状态和疲劳极限状态分别进行作用组合，并主要按以下原则取其最不利组合效应进行设计：

（1）桥梁设计时，只考虑永久作用、基本可变作用与一个方向（顺桥或横桥方向）的其他可变作用进行组合。

（2）构件的主要用途为承受某种其他可变作用时，该其他可变作用应按主导可变作用考虑。

（3）船只或排筏的撞击力、汽车撞击力以及长钢轨断轨力，只计算其中的一种与永久作用和基本可变作用的组合，而不考虑与其他可变作用组合。

2. 作用组合效应

铁路桥涵结构按承载能力极限状态设计时，对持久设计状况和短暂设计状况应采用作用的基本组合，对偶然设计状况应采用作用的偶然组合，对地震设计状况应采用作用的地震组合。桥涵结构按正常使用极限状态设计时，应根据不同的设计要求，采用作用的频遇组合或准永久组合。

（1）基本组合

①作用基本组合的效应设计值可按式（2.13）计算。

$$S_{\mathrm{d}}=\gamma_0 S\left(\sum_{i=1}^{n}\gamma_{\mathrm{G}_i}G_{i\mathrm{k}}+\gamma_{\mathrm{Q1}}Q_{1\mathrm{k}}+\sum_{j=2}^{m}\gamma_{\mathrm{Q}j}\psi_{\mathrm{c}j}Q_{j\mathrm{k}}\right) \tag{2.13}$$

式中 S_{d}——作用组合的效应设计值；

γ_0——结构重要性系数：按表 2.25 规定的结构设计安全等级采用，对应于安全等级一级、二级和三级分别取≥1.1、1.0 和 0.9；进行施工阶段各项检算时，结构重要性系数均取 1.0；

$S(\ )$——作用组合的效应函数，其中"$\sum$"和"+"表示线性组合；

$\gamma_{\mathrm{G}i}$——第 i 个永久作用的分项系数，应按表 2.26 的规定取用；

G_{ik}——第 i 个永久作用的标准值；

γ_{Q1}——主导可变作用的分项系数，应按表 2.26 的规定取用；

$Q_{1\mathrm{k}}$——主导可变作用的标准值；

$\gamma_{\mathrm{Q}j}$——第 j 个可变作用的分项系数，应按表 2.26 的规定取用；

$\psi_{\mathrm{c}j}$——第 j 个可变作用的组合值系数，除特别规定外，一般取 1.0；

$Q_{j\mathrm{k}}$——第 j 个可变作用的标准值；

n——参与组合的永久作用的个数；

m——参与组合的可变作用的个数。

②基本组合工况：

组合Ⅰ：永久作用设计值与基本可变作用设计值相组合。

组合Ⅱ：永久作用设计值与其他可变作用设计值相组合。

组合Ⅲ：永久作用设计值与基本可变作用设计值与其他可变作用（温度作用和施工荷载除外）设计值相组合。

组合Ⅳ：永久作用设计值与基本可变作用设计值与其他可变作用（风荷载和施工荷载除外）设计值相组合。

组合Ⅴ：永久作用设计值与基本可变作用设计值与其他可变作用（施工荷载除外）设计值相组合。

组合Ⅵ：永久作用设计值与施工荷载设计值与其他可变作用设计值相组合。

表 2.25　铁路桥涵结构的安全等级

安全等级	桥涵结构
一级	跨越大江、大河、山区深谷，且技术复杂、修复困难的特殊结构桥梁或重要桥梁
二级	一般特大桥、大桥、中桥、小桥，涵洞
三级	其他附属结构或构件

表 2.26　铁路桥涵结构作用分项系数

<table>
<tr><th rowspan="3">序　号</th><th rowspan="3" colspan="2">作用名称</th><th colspan="6">承载能力极限状态</th></tr>
<tr><th colspan="6">基本组合</th></tr>
<tr><th>Ⅰ</th><th>Ⅱ</th><th>Ⅲ</th><th>Ⅳ</th><th>Ⅴ</th><th>Ⅵ</th></tr>
<tr><td>1</td><td colspan="2">结构自重</td><td colspan="6">1.1(1.2)</td></tr>
<tr><td rowspan="2">2</td><td rowspan="2">结构附加重力</td><td>道砟桥面</td><td colspan="5">1.4</td><td>1.2</td></tr>
<tr><td>其他桥面</td><td colspan="6">1.1</td></tr>
</table>

续上表

序　号	作用名称		承载能力极限状态					
			基本组合					
			Ⅰ	Ⅱ	Ⅲ	Ⅳ	Ⅴ	Ⅵ
3	预加力		1.0(1.35)					
4	混凝土收缩及徐变作用		1.1					
5	不均匀沉降作用		1.0					0.5
6	土压力		1.2					1.1
7	静水压力及浮力		1.1					
8	列车荷载及动力作用		1.5	—	1.2	1.2	1.2	—
9	列车离心力		1.5	—	1.2	1.2	1.2	—
10	列车横向摇摆力		1.5	—	1.2	1.2	1.2	—
11	列车荷载引起的土压力		1.5	—	1.2	1.2	1.2	—
12	风荷载		—	1.4	1.1	—	0.75	0.75
13	温度作用	均匀升降温	—	—	—	1.3	1.0	1.0
		温度梯度	—	—	—	1.0	0.8	0.8
14	流水压力		—	—	0.8	1.0	0.8	1.1
15	冰压力		—	—	1.1	1.1	1.1	1.0
16	施工荷载		—	—	—	—	—	1.15

注：1. 当永久作用对结构的承载能力有利时，其作用的分项系数取 1.0。
2. 本表序号 1 中结构自重分项系数，对于钢构件及混凝土预制构件取括号外 1.1，对于现浇混凝土构件取括号内 1.2。
3. 道砟桥面包括混凝土和钢结构有砟道床桥面；其他桥面包括混凝土和钢结构无砟桥面以及钢结构明桥面。
4. 预加力分项系数根据设计状况取值，一般取括号外 1.0，对局部承压设计检算可取括号内 1.35。
5. 本表中未列出的作用，若参与组合，分项系数一般取 1.0。
6. 人行荷载作为主导作用对结构或构件进行设计检算时，其分项系数取 1.4。

(2)偶然组合

①作用偶然组合的效应设计值可按式(2.14)计算。

$$S_d = S(\sum_{i=1}^{n} G_{ik} + A_d + (\psi_{f1}\text{或}\psi_{q1})Q_{1k} + \sum_{j=2}^{m} \psi_{qj}Q_{jk}) \tag{2.14}$$

式中　A_d——偶然作用的设计值；

ψ_{f1}——主导可变作用的频遇值系数，除有特别规定外，一般取 1.0；

ψ_{q1},ψ_{qj}——主导可变作用和第 j 个可变作用的准永久值系数，除有特别规定外，一般取 1.0。

②偶然组合工况：

组合Ⅶ：永久作用标准值与一种偶然作用设计值和可变作用某种代表值相组合。

(3)地震组合

①作用地震组合的效应设计值可按式(2.15)计算。

$$S_d = S(\sum_{i=1}^{n} G_{ik} + \gamma_{\mathrm{I}} A_{Ek} + \sum_{j=1}^{m} \psi_{qj}Q_{jk}) \tag{2.15}$$

式中　γ_{I}——地震作用重要性系数；

A_{Ek}—— 地震作用的标准值，按现行《铁路工程抗震设计规范》(GB 50111—2006)计算(不乘重要性系数 C_i)；

$\psi_{\mathrm{q}j}$—— 第 j 个可变作用的准永久值系数，除有特别规定外，一般取 1.0。

②地震组合工况：

组合Ⅷ：永久作用标准值与地震作用标准值和可变作用准永久值相组合。

(4)频遇组合

①作用频遇组合的效应设计值可按式(2.16)计算。

$$S_{\mathrm{d}} = S\left(\sum_{i=1}^{n} G_{i\mathrm{k}} + \psi_{\mathrm{f1}} Q_{1\mathrm{k}} + \sum_{j=2}^{m} \psi_{\mathrm{q}j} Q_{j\mathrm{k}}\right) \tag{2.16}$$

式中 ψ_{f1}——主导可变作用的频遇值系数，除有特别规定外，一般取 1.0；

$\psi_{\mathrm{q}j}$—— 第 j 个可变作用的准永久值系数，除有特别规定外，一般取 1.0。

②频遇组合工况：

组合Ⅸ：永久作用标准值与基本可变作用频遇值相组合。

组合Ⅹ：永久作用标准值与基本可变作用频遇值及其他可变作用准永久值相组合。

(5)准永久组合

①作用准永久组合的效应设计值可按式(2.17)计算。

$$S_{\mathrm{d}} = S\left(\sum_{i=1}^{n} G_{i\mathrm{k}} + \sum_{j=1}^{m} \psi_{\mathrm{q}j} Q_{j\mathrm{k}}\right) \tag{2.17}$$

式中 $\psi_{\mathrm{q}j}$——第 j 个可变作用的准永久值系数，除有特别规定外，一般取 1.0。

②准永久组合工况：

组合Ⅺ：永久作用标准值与可变作用准永久值相组合。

结构疲劳设计时，只考虑永久作用和列车荷载(包括运营动力系数和离心力)，各作用应采用标准值，作用分项系数可取 1.0。结构构件当需进行弹性阶段截面应力计算时，各作用应采用标准值，作用分项系数除特别指明外应取 1.0。

2.4.5 公路钢桥主要检算内容

钢桥的钢构件按其受力特点不同主要分为轴心受力构件、受弯构件和拉弯、压弯构件。轴心受力构件是截面只承受轴向拉力或压力的构件，主桁架的弦杆和腹杆可近似简化为轴心受力构件，拱桥的吊杆、斜拉桥的拉索、悬索桥的主缆等均为轴心受拉构件。受弯构件是截面承受弯矩和剪力共同作用的构件，以受弯为主，但在不同结构中又有弯剪、弯扭等组合受力形式，如梁桥的主梁，桥面系纵、横梁等均为受弯构件。拉弯、压弯构件为截面同时承受较大轴力和弯矩的构件。构件的整体和局部稳定性是控制压弯构件承载力的主要因素，在设计时应特别重视。拉弯构件同样存在稳定问题，当拉力较小时，其稳定计算可按受弯构件考虑。在钢桥中，节点偏心较大的桁架拉杆、负弯矩区桥面板和拱桥刚度较大的短吊杆均可视为拉弯构件；而桥梁的墩柱和索塔、节点偏心较大的桁架压杆、拱桥的拱肋、斜拉桥的主梁等均表现出压弯的受力特性。无论是轴心受力构件、受弯构件还是拉弯、压弯构件，必须要同时满足承载能力极限状态和正常使用极限状态的验算要求。

按照《公路钢结构桥梁设计规范》(JTG D64—2015)的规定：构件应按承载能力极限状态验算强度和稳定性等，钢梁应按正常使用极限状态验算竖向挠度。

1. 承载能力极限状态验算

$$\gamma_0 S_d \leqslant R_d \tag{2.18}$$

式中　γ_0——结构重要性系数；

S_d——作用组合的效应(如轴力、弯矩等)设计值；

R_d——结构或结构构件的抗力设计值。

(1)轴心受拉构件强度

①轴心受拉构件承载力(高强度螺栓摩擦型连接处除外)应满足式(2.19)要求。

$$\gamma_0 N_d \leqslant A_0 f_d \tag{2.19}$$

式中　N_d——轴心拉力设计值；

A_0——净截面面积；

f_d——钢材的抗拉、抗压和抗弯强度设计值。

②高强度螺栓摩擦型连接处承载力应满足式(2.20)要求。

$$\left(1-0.5\frac{n_1}{n}\right)\gamma_0 N_d \leqslant A_0 f_d \tag{2.20}$$

式中　n——在节点或拼接处，构件一端连接的高强度螺栓数目；

n_1——所计算截面(最外列螺栓处)上的高强度螺栓数目。

(2)轴心受压构件强度和整体稳定

①轴心受压构件的强度应满足式(2.21)要求。

$$\gamma_0 N_d \leqslant A_{eff,c} f_d \tag{2.21}$$

式中　N_d——最不利截面轴心压力设计值；

$A_{eff,c}$——考虑局部稳定影响的有效截面面积。

②轴心受压构件的整体稳定应满足式(2.22)要求。

$$\gamma_0\left(\frac{N_d}{\chi A_{eff,c}}+\frac{Ne_z}{W_{y,eff}}+\frac{Ne_y}{W_{z,eff}}\right)\leqslant f_d \tag{2.22}$$

式中　N_d——轴心压力设计值，当压力沿轴向变化时取构件中间 1/3 部分的最大值；

χ——轴心受压构件整体稳定折减系数，取两主轴方向的较小值；

$A_{eff,c}$——考虑局部稳定影响的有效截面面积；

e_y, e_z——有效截面形心在 z 轴、y 轴方向距离毛截面形心的偏心距，如图 2.7 所示；

$W_{y,eff}, W_{z,eff}$——考虑局部稳定影响的有效截面相对于 y 轴和 z 轴的截面模量。

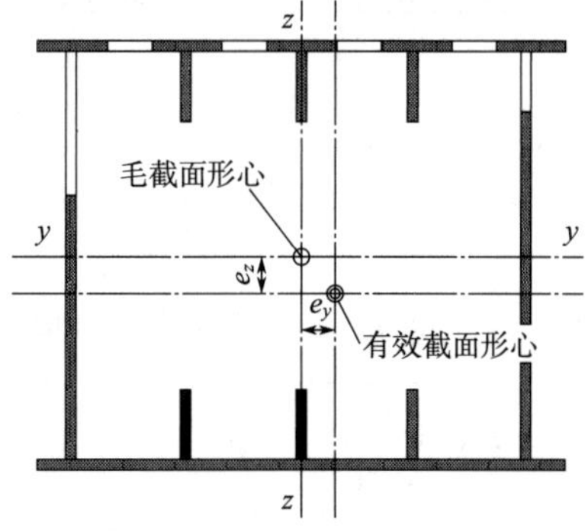

图 2.7　轴心受压构件有效截面偏心距

(3)受弯构件抗弯强度

①翼缘板弯曲正应力应满足式(2.23)和式(2.24)要求。

主平面内受弯的实腹式构件：$$\gamma_0\sigma_x=\gamma_0\frac{M_y}{W_{y,\mathrm{eff}}}\leqslant f_\mathrm{d}\tag{2.23}$$

双向受弯的实腹式构件：$$\gamma_0\left(\frac{M_y}{W_{y,\mathrm{eff}}}+\frac{M_z}{W_{z,\mathrm{eff}}}\right)\leqslant f_\mathrm{d}\tag{2.24}$$

式中　M_y,M_z——计算截面的弯矩设计值；

$W_{y,\mathrm{eff}},W_{z,\mathrm{eff}}$——有效截面相对于 y 轴和 z 轴的截面模量，其中受拉翼缘应考虑剪力滞影响，受压翼缘应同时考虑剪力滞和局部稳定影响。

②腹板剪应力应满足式(2.25)的要求。开口截面腹板弯曲剪应力可按式(2.26)计算，闭口截面腹板剪应力应按剪力流理论计算。

$$\gamma_0\tau\leqslant f_\mathrm{vd}\tag{2.25}$$

$$\tau=\frac{VS}{It_\mathrm{w}}\tag{2.26}$$

式中　V——剪力设计值；

S,I——有效截面面积矩和惯性矩；

t_w——腹板厚度；

f_vd——钢材的抗剪强度设计值。

③未设加劲肋处集中荷载作用下腹板的局部应力应满足式(2.27)要求。

$$\gamma_0\sigma_z=\gamma_0\frac{F}{t_\mathrm{w}l_x}\leqslant f_\mathrm{d}\tag{2.27}$$

式中　l_x——有效分布长度，如图 2.8 所示；

F——局部集中力，如图 2.8 所示。

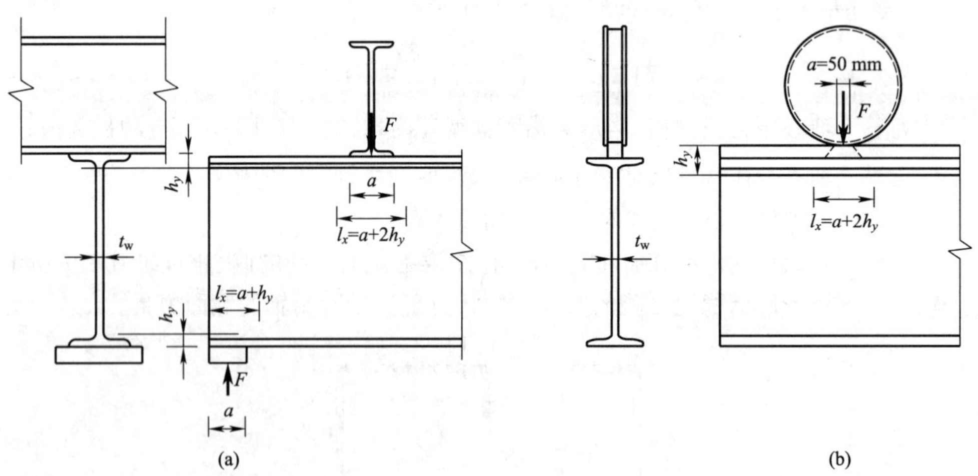

图 2.8　局部承压

④平面内受弯实腹式构件腹板在正应力 σ_x 和剪应力 τ 共同作用时，应满足式(2.28)要求。

$$\gamma_0\sqrt{\left(\frac{\sigma_x}{f_\mathrm{d}}\right)^2+\left(\frac{\tau}{f_\mathrm{vd}}\right)^2}\leqslant 1\tag{2.28}$$

(4)受弯构件整体稳定

①符合下列情况之一时，可不计算梁的整体稳定性：

a. 有铺板(各种钢筋混凝土板和钢板)密铺在梁的受压翼缘上并与其牢固相连、能阻止梁受压翼缘的侧向位移时。

b. 工字形截面简支梁受压翼缘的自由长度 L_1 与其宽度 B_1 之比不超过表 2.27 所规定的数值时。其中,梁的支座处设置横梁,跨间无侧向支承点的梁,L_1 为其跨度;梁的支座处设置横梁,跨间有侧向支承点的梁,L_1 为受压翼缘侧向支承点间的距离。

表 2.27　工字形截面简支梁不需计算整体稳定性的最大 L_1/B_1 值

钢　号	跨间无侧向支承点的梁		跨间受压翼缘有侧向支承点的梁,不论荷载作用于何处
	荷载作用在上翼缘	荷载作用在下翼缘	
Q235	13.0	20.0	16.0
Q345	10.5	16.5	13.0
Q390	10.0	15.5	12.5
Q420	9.5	15.0	12.0

c. 箱形截面简支梁,其截面尺寸(图 2.9)满足 $h/b_0 \leqslant 6$,且 $L_1/b_0 \leqslant 65(345/f_y)$时。

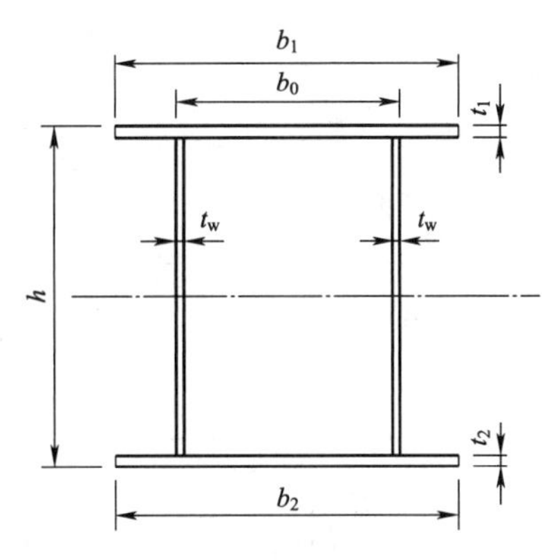

图 2.9　箱形截面简支梁截面尺寸

②除以上可不计算梁整体稳定性情况外,等截面实腹式受弯构件应按下列规定验算整体稳定:

$$\gamma_0\left(\beta_{m,y}\frac{M_y}{\chi_{LT,y}M_{Rd,y}}+\frac{M_z}{W_{Rd,z}}\right)\leqslant 1 \tag{2.29}$$

$$\gamma_0\left(\frac{M_y}{M_{Rd,y}}+\beta_{m,z}\frac{M_z}{\chi_{LT,z}M_{Rd,z}}\right)\leqslant 1 \tag{2.30}$$

$$M_{Rd,y}=W_{y,eff}f_d \tag{2.31}$$

$$M_{Rd,z}=W_{z,eff}f_d \tag{2.32}$$

$$\bar{\lambda}_{LT,y}=\sqrt{\frac{W_{y,eff}f_y}{M_{cr,y}}},\quad \bar{\lambda}_{LT,z}=\sqrt{\frac{W_{z,eff}f_y}{M_{cr,z}}} \tag{2.33}$$

式中　M_y,M_z——构件最大弯矩;

$\beta_{m,y}$,$\beta_{m,z}$——等效弯矩系数,可按表 2.28 计算;

$\chi_{LT,y}$,$\chi_{LT,z}$——M_y 和 M_z 作用平面内的弯矩单独作用下,构件弯扭失稳模态的整体稳定折减系数;计算时相对长细比采用$\bar{\lambda}_{LT,y}$、$\bar{\lambda}_{LT,z}$,截面类型见表 2.29;

$\bar{\lambda}_{LT,y}$,$\bar{\lambda}_{LT,z}$——弯扭相对长细比;

$W_{y,eff}$,$W_{z,eff}$——有效截面相对于 y 轴和 z 轴的截面模量,其中受拉翼缘仅考虑剪力滞影响,受压翼缘同时考虑剪力滞和局部稳定影响;

$M_{cr,y}$,$M_{cr,z}$——M_y 和 M_z 作用平面内的弯矩单独作用下,考虑约束影响的构件弯扭失稳模态的整体弯扭弹性屈曲弯矩,可采用有限元方法计算;

f_y——钢材的屈服强度。

表 2.28　压弯构件整体稳定等效弯矩系数

弯 矩 分 布	$\beta_{m,y}$、$\beta_{m,z}$
M (梯形分布) ψM，$-1\leqslant\psi\leqslant 1$	$0.65+0.35\psi$

续上表

弯矩分布	$\beta_{m,y}$、$\beta_{m,z}$
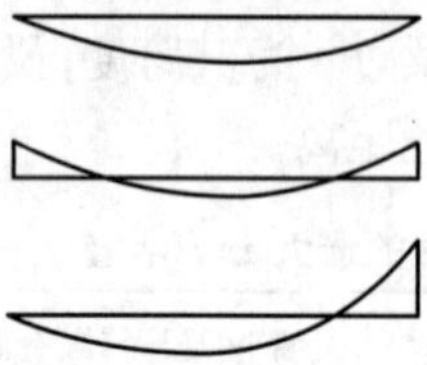	1.0
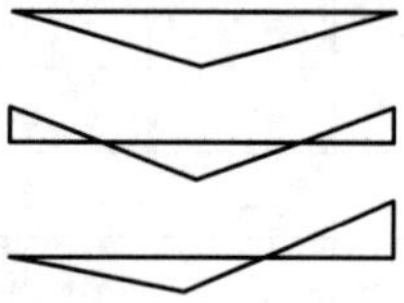	0.95

表 2.29　受弯构件整体稳定系数的截面分类

横截面形式	屈曲方向	屈曲曲线类型
轧制Ⅰ形截面	$h/b\leqslant 2$	a
	$h/b>2$	b
焊接Ⅰ形截面	$h/b\leqslant 2$	c
	$h/b>2$	d
其他截面	—	d

(5)倾覆稳定

当上部结构由于倾覆力矩而绕桥梁纵轴线旋转时，会发生倾覆失稳现象。显然如能保证支座既有足够的抗压能力，又有足够的抗拉能力，那么倾覆就不会发生。但一般支座不能抵抗拉力，这意味着在施工阶段和使用阶段所有控制工况下，必须始终确保支座不出现负反力。因此，上部结构采用整体式截面的梁桥在持久状况下结构体系不应发生改变，并应按下列规定验算横桥向抗倾覆性能：

①在作用基本组合下，单向受压支座始终保持受压状态。

②当整联只采用单向受压支座支承时，应符合式(2.34)要求。

$$\frac{\sum S_{bk,i}}{\sum S_{sk,i}}\geqslant k_{qf} \tag{2.34}$$

式中　k_{qf}——横向抗倾覆稳定性系数，取 $k_{qf}=2.5$；

$S_{bk,i}$——使上部结构稳定的作用基本组合(分项系数均为 1.0)的效应设计值；

$S_{sk,i}$——使上部结构失稳的作用基本组合(分项系数均为 1.0)的效应设计值。

2. 正常使用极限状态验算

钢梁应具有足够的竖向刚度。计算竖向挠度时，应采用不计冲击力的汽车车道荷载频遇值，频遇值系数取为 1.0，算出的挠度不应超过表 2.30 规定的限值。钢桥应设置预拱度，预拱度大小应视实际需要而定，宜为结构自重标准值加 1/2 车道荷载频遇值产生的挠度值。预拱度应保持桥面曲线平顺。

表 2.30　竖向挠度限值

桥梁结构形式	简支或连续桁架	简支或连续板梁	梁的悬臂端部	斜拉桥主梁	悬索桥加劲梁
限值	$\frac{l}{500}$	$\frac{l}{500}$	$\frac{l_1}{300}$	$\frac{l}{400}$	$\frac{l}{250}$

注：1. 表中 l 为计算跨径，l_1 为悬臂长度。
2. 当荷载作用于一个跨径内有可能引起该跨径正负挠度时，计算挠度应为正负挠度绝对值之和。
3. 挠度按毛截面计算。

2.4.6　铁路钢桥主要检算内容

按照《铁路桥涵设计规范(极限状态法)》(Q/CR 9300—2018)的规定：钢结构应按承载能力极限状态及正常使用极限状态进行计算，连接按承载能力极限状态进行计算，承受动应力的杆件(构件及其连接)还应进行疲劳极限状态检算。

1. 承载能力极限状态验算

为了不使结构或构件达到最大承载力或不适于继续承载的变形，设计时应对结构或构件强度、构件整体与局部稳定、结构的倾覆稳定等进行相应验算。对于组合梁桥，必要时尚应进行结构的界面滑移验算。在进行承载能力极限状态计算时，作用组合应采用作用基本组合，结构材料性能应采用强度设计值。

(1)构件强度

①轴心受力杆件

$$\frac{N_d}{A} \leqslant \gamma_x f_{ad} \tag{2.35}$$

②拉弯或压弯杆件

$$\frac{N_d}{A} \pm \frac{M_d}{W} \leqslant \gamma_x f_{ad} \tag{2.36}$$

式中　N_d，M_d——检算截面按荷载设计值计算的轴向力(MN)、弯矩(MN·m)；

A——检算截面的计算面积(m^2)；拉杆为净截面积、压杆为毛截面积；

W——检算截面处与弯矩平面相垂直的主轴的计算截面抵抗矩(m^3)，检算受拉翼缘为净截面抵抗矩、检算受压翼缘为毛截面抵抗矩，为简化计，均可按毛截面的重心轴计算；

f_{ad}——杆件按照所采用钢种、厚度及其受力情况相对应的强度设计值(MPa)；

γ_x——抗力调整系数，按表 2.31 采用。

表 2.31　各种荷载组合时的抗力调整系数 γ_x

序　号	检算项目	调整系数 γ_x
1	永久作用＋基本可变作用	1.00
2	永久作用＋基本可变作用＋面内弯矩作用[或面外弯矩(扭矩)作用]	1.00
3	永久作用＋基本可变作用＋面内弯矩作用＋面外弯矩(扭矩)作用	1.05
4	永久作用＋极限风＋温度＋支座沉降	1.00
5	永久作用＋基本可变作用＋面内弯矩作用[或面外弯矩(扭矩)作用]＋风力＋温度＋支座沉降	1.05
6	永久作用＋基本可变作用＋面内弯矩作用[或面外弯矩(扭矩)作用]＋制动力＋温度＋支座沉降	1.05

续上表

序　号	检算项目		调整系数 γ_x
7	钢梁安装	结构自重＋施工荷载＋风力	1.05
8		结构自重＋施工荷载	1.00
9		结构自重＋施工荷载＋风力＋面内弯矩作用[或面外弯矩(扭矩)作用]	1.10

(2)构件整体稳定

①轴心受压杆件

$$\frac{N_d}{A_g} \leqslant \varphi_1 \gamma_x f_{ad} \tag{2.37}$$

②在一个主平面内受弯

$$\frac{M_d}{W_g} \leqslant \varphi_2 \gamma_x f_{ad} \tag{2.38}$$

③受压并在一个主平面内受弯或与此相当的偏心受压

$$\frac{N_d}{A_g} \pm \frac{\varphi_1}{\mu\varphi_2}\frac{M_d}{W_g} \leqslant \varphi_1 \gamma_x f_{ad} \tag{2.39}$$

式中　N_d——按荷载设计值计算的轴向力(MN)；

M_d——杆件在检算长度范围的中部 1/3 范围内，按荷载设计值计算的最大弯矩(MN·m)；

A_g——杆件的毛截面积(m^2)；

W_g——杆件毛截面模量(m^3)；

φ_1——杆件轴心受压的稳定折减系数，根据钢种、截面形状、检算时所对的轴和长细比的大小按表 2.32 的规定采用；

φ_2——杆件只在一个主平面(强轴)受弯时对另一主平面(弱轴)的稳定折减系数(压弯杆可按 $N_d=0$ 确定 φ_2)；在不作进一步分析时，可按式(2.40)计算杆件的换算长细比 λ_c，并根据 λ_c 从表 2.32 中查得相应的 φ_1 用作 φ_2。

$$\lambda_c = \alpha \frac{l_0 i_x}{h i_y} \tag{2.40}$$

式中　α——系数，焊接杆件取 1.8、铆接杆件取 2.0；

l_0——杆件对弱轴的计算长度(m)；

i_x, i_y——杆件截面对 x—x 轴(强轴)及 y—y 轴(弱轴)的回转半径(m)；

h——杆件高度(m)(图 2.10)。

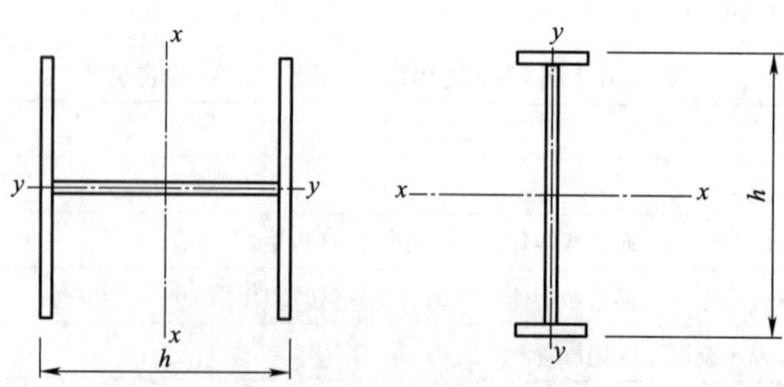

图 2.10　H 形杆件及 I 形梁简图

对于箱形截面杆件或者任何截面的杆件(当所检算的失稳平面和弯矩作用平面一致时)，取 $\varphi_2=1$。

μ 为考虑因杆件受压弯矩增大所引用的系数。

当
$$\frac{N_d}{A_g} \leqslant 0.15\varphi_1 f_{ad} \text{时}, \quad \mu = 1.0 \tag{2.41}$$

当
$$\frac{N_d}{A_g} > 0.15\varphi_1 f_{ad} \text{时}, \quad \mu = 1 - \frac{1.25\gamma_x N_d \lambda^2}{\pi^2 E_a A_g} \tag{2.42}$$

式中　λ——杆件在弯矩作用平面内的长细比；

E_a——弹性模量（MPa）。

表 2.32　轴心受压杆件稳定系数

焊接 H 形杆件（检算翼缘板平面内整体稳定）					焊接 H 形杆件（检算腹板平面内整体稳定）、焊接箱形及铆钉杆件				
杆件长细比 λ	φ_1				杆件长细比 λ	φ_1			
	Q235q	Q345q Q370q	Q420q	Q500q		Q235q	Q345q Q370q	Q420q	Q500q
0～30	0.900	0.900	0.866	0.837	0～30	0.900	0.900	0.885	0.867
40	0.864	0.823	0.777	0.729	40	0.878	0.867	0.831	0.810
50	0.808	0.747	0.694	0.644	50	0.845	0.804	0.754	0.718
60	0.744	0.677	0.616	0.564	60	0.792	0.733	0.665	0.632
70	0.685	0.609	0.541	0.496	70	0.727	0.655	0.582	0.546
80	0.628	0.544	0.471	0.426	80	0.660	0.583	0.504	0.461
90	0.573	0.483	0.405	0.368	90	0.598	0.517	0.434	0.396
100	0.520	0.424	0.349	0.319	100	0.539	0.454	0.371	0.330
110	0.469	0.371	0.302	0.272	110	0.487	0.396	0.319	0.280
120	0.420	0.327	0.258	0.231	120	0.439	0.346	0.275	0.238
130	0.375	0.287	0.225	0.201	130	0.391	0.298	0.235	0.202
140	0.338	0.249	0.194	0.168	140	0.346	0.254	0.200	0.172
150	0.303	0.212	0.164	0.138	150	0.304	0.214	0.166	0.143

（3）板件局部稳定

组合压杆的板或板束宽度 b 与厚度 δ 之比宜符合表 2.33 及图 2.11 的规定。

表 2.33　组合压杆板束宽度与厚度最大比例

序　号	板件类型		钢材牌号							
			Q235q		Q345q、Q370q		Q420q		Q500q	
			λ	b/δ	λ	b/δ	λ	b/δ	λ	b/δ
1	H 形截面中的腹板		<60	34	<50	30	<45	28	<40	26
			⩾60	$0.4\lambda+10$	⩾50	$0.4\lambda+10$	⩾45	$0.4\lambda+10$	⩾40	$0.4\lambda+10$
2	箱形截面中无加劲肋的两边支承板		<60	33	<50	30	<45	28	<40	26
			⩾60	$0.3\lambda+15$	⩾50	$0.3\lambda+15$	⩾45	$0.3\lambda+14.5$	⩾40	$0.3\lambda+14$
3	H 形或 T 形无加劲的伸出肢	铆接杆	—	⩽12	—	⩽10	—	—	—	—
		焊接杆	<60	13.5	<50	12	<45	11	<40	10
			⩾60	$0.15\lambda+4.5$	⩾50	$0.14\lambda+5$	⩾45	$0.14\lambda+4.7$	⩾40	$0.14\lambda+4.5$

续上表

序号	板件类型		钢材牌号							
			Q235q		Q345q、Q370q		Q420q		Q500q	
			λ	b/δ	λ	b/δ	λ	b/δ	λ	b/δ
4	铆接杆角钢伸出肢	受轴向力的主要杆件	—	≤12	—	≤12	—	—	—	—
		支撑及次要杆件	—	≤16	—	≤16	—	—	—	—
5	箱形截面中 n 等分线附近各设一条加劲肋的两边支承板		<60	$28n$	<50	$24n$	<45	$22n$	<40	$20n$
			≥60	$(0.3\lambda+10)n$	≥50	$(0.3\lambda+9)n$	≥45	$(0.3\lambda+8.5)n$	≥40	$(0.3\lambda+8)n$

注:1. b、δ 见图 2.11,图中 b_1、δ_1、b_2、δ_2、b_3、δ_3、b_4、δ_4、b_5、δ_5 分别对应表 2.33 中序号 1、2、3、4、5 项中的 b 及 δ。

2. 计算压应力小于抗压强度设计值 φf_{ad} 时,表中 b/δ 值除序号 4 外,可按规定放宽,即根据该杆件计算压应力与设计标准强度 f_{ad} 之比 φ 按表 2.33 查出相应的 λ 值,再根据此 λ 值按本表算出该杆件最大的 b/δ 值。

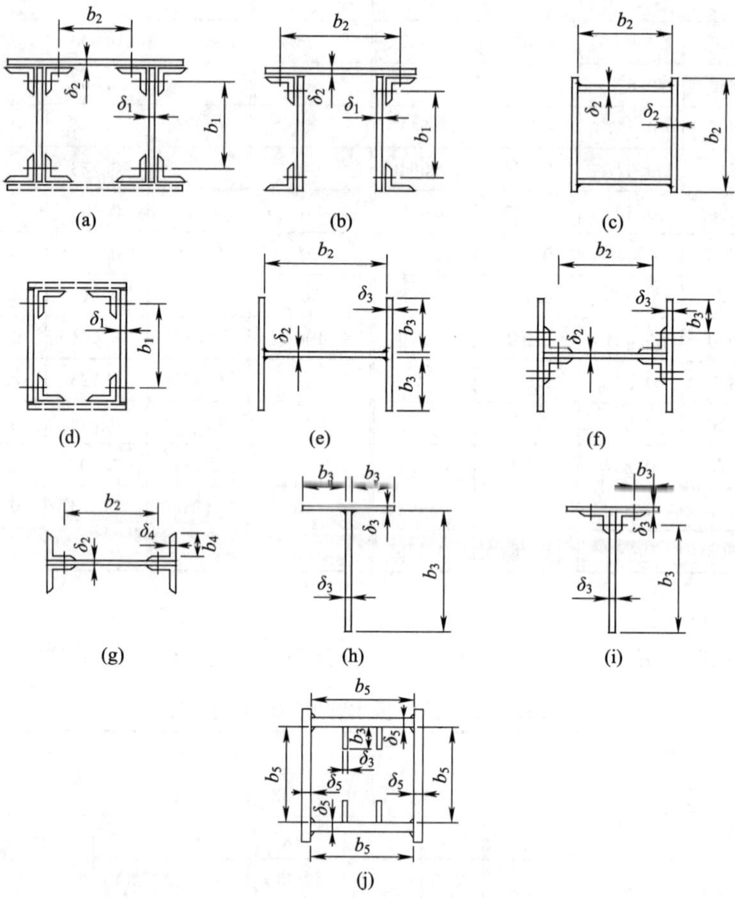

注:图中 b,δ 分别表示表 2.33 中序号 1、2、3、4 项中的 b 及 δ。

图 2.11　板束位置简图

2. 正常使用极限状态验算

在铁路桥梁设计中,为保证列车运行安全性、满足客车乘坐舒适度和货车平稳性要求、保证桥上线路的平顺和稳定、减少桥上轨道的养护维修、保证桥梁结构的实际受力状态在设计控制的范围内,各国铁路桥梁设计规范均对桥梁的变形进行了限制。在普速铁路线上，由于列车运行的速度低，变形的限制一般较宽。随着列车速度的提高，客车乘坐舒适度、列车运行安全性及轨道稳定性对变形的要求越来越严，一般不同的速度等级对桥梁变形的限制是不同的。

(1)梁体竖向变形

对于梁桥在列车静荷载作用下，梁体的竖向挠度、梁端竖向转角(图 2.12)均应满足规范限值要求。其中梁体的竖向挠度限值见表 2.34，桥梁梁端竖向转角限值见表 2.35～表 2.37。当无砟轨道桥梁梁端转角不满足表中限值要求时，应对梁端轨道结构和扣件系统受力进行检算。

表 2.34　梁体竖向挠度限值

铁路设计标准	设计速度	跨度范围		
		$L\leqslant 40$ m	40 m$<L\leqslant 80$ m	$L>80$ m
高速铁路	350 km/h	$L/1\ 600$	$L/1\ 900$	$L/1\ 500$
	300 km/h	$L/1\ 500$	$L/1\ 600$	$L/1\ 100$
	250 km/h	$L/1\ 400$	$L/1\ 400$	$L/1\ 000$
城际铁路	200 km/h	$L/1\ 750$	$L/1\ 600$	$L/1\ 200$
	160 km/h	$L/1\ 600$	$L/1\ 350$	$L/1\ 100$
	120 km/h	$L/1\ 350$	$L/1\ 100$	$L/1\ 100$
客货共线铁路	200 km/h	$L/1\ 200$	$L/1\ 000$	$L/900$
	160 km/h	$L/1\ 000$	$L/900$	$L/800$
重载铁路	120 km/h 及以下	$L/900$	$L/800$	$L/700$

注：1. 表中限值适用于三跨及以上的双线简支梁；三跨及以上一联的连续梁，梁体竖向挠度限值按表中数值的 1.1 倍取用；两跨一联的连续梁、两跨及以下的双线简支梁，梁体竖向挠度限值按表中数值的 1.4 倍取用。

2. 单线简支或连续梁，梁体竖向挠度限值按相应双线桥限值的 0.6 倍取用。

3. 表中 L 为简支梁或连续梁检算跨的跨度(m)。

表 2.35　设计时速 200 km 客货共线铁路梁端转角限值

轨道类型	位　　置	限值(rad)	备　　注
有砟轨道	桥台与桥梁之间	$\theta\leqslant 3.0‰$	—
	相邻两孔梁之间	$\theta_1+\theta_2\leqslant 6.0‰$	—

表 2.36　高速铁路梁端转角限值

轨道类型	位　　置	限值(rad)	备　　注
有砟轨道	桥台与桥梁之间	$\theta\leqslant 2.0‰$	—
	相邻两孔梁之间	$\theta_1+\theta_2\leqslant 4.0‰$	—
无砟轨道	桥台与桥梁之间	$\theta\leqslant 1.5‰$	梁端悬出长度≤0.55 m
		$\theta\leqslant 1.0‰$	0.55 m<梁端悬出长度≤0.75 m
	相邻两孔梁之间	$\theta_1+\theta_2\leqslant 3.0‰$	梁端悬出长度≤0.55 m
		$\theta_1+\theta_2\leqslant 2.0‰$	0.55 m<梁端悬出长度≤0.75 m

表 2.37　城际铁路梁端转角限值

轨道类型	位　　置	限值(rad)	备　　注
有砟轨道	桥台与桥梁之间	$\theta\leqslant 3.0‰$	—
	相邻两孔梁之间	$\theta_1+\theta_2\leqslant 6.0‰$	—

续上表

轨道类型	位 置	限值(rad)	备 注
无砟轨道	桥台与桥梁之间	$\theta\leqslant 2.1‰$	梁端悬出长度≤0.30 m
		$\theta\leqslant 1.5‰$	0.30 m≤梁端悬出长度≤0.55 m
		$\theta\leqslant 1.0‰$	0.55 m<梁端悬出长度≤0.75 m
	相邻两孔梁之间	$\theta_1+\theta_2\leqslant 4.2‰$	梁端悬出长度≤0.30 m
		$\theta_1+\theta_2\leqslant 3.0‰$	0.30 m≤梁端悬出长度≤0.55 m
		$\theta_1+\theta_2\leqslant 2.0‰$	0.55 m<梁端悬出长度≤0.75 m

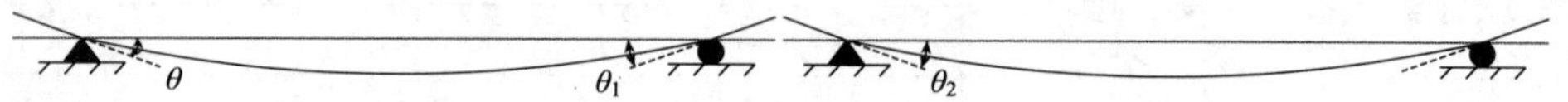

图 2.12 梁端转角示意图

(2)梁体横向变形与钢梁宽跨比

①在列车横向摇摆力、离心力、风荷载和温度的作用下,梁体的水平挠度不应大于梁体计算跨度的 1/4 000。风荷载(有车)与温度作用组合时,计 0.75 倍的风荷载与 0.6 倍的温度作用进行组合。

②在列车横向摇摆力、离心力和温度的作用下,高速铁路、城际铁路无砟轨道桥梁相邻梁端两侧的钢轨支点处横向相对位移不应大于 1 mm。

③钢梁宽跨比应符合下列规定:下承式简支钢桁梁及连续钢桁梁边跨不宜小于 1/20,连续钢桁梁中跨不宜小于 1/25,上承式钢桁梁宽跨比应通过计算确定。简支钢板梁宽跨比不宜小于 1/15,且主梁中心距不小于 2.2 m。

(3) 梁体动力性能

设计时速 200 km 及以上时,简支梁竖向自振频率不应低于表 2.38 规定的限值,跨度 16 m 简支梁竖向自振频率不应低于 6.25 Hz。

表 2.38 简支梁竖向自振频率限值

跨 度(m)	限 值(Hz)
$L\leqslant 20$	$80/L$
$20<L\leqslant 128$	$23.58L^{-0.592}$

注:表中 L 为简支梁跨度(m)。

高速铁路钢桥结构设计除进行静力分析外,尚应按实际运营客车通过桥梁情况进行车桥耦合动力响应分析,为保证列车运行安全和乘坐舒适度,车桥动力响应应符合下列规定:

①车桥耦合动力响应指标应符合表 2.39 的规定。

②高速铁路、城际铁路、客货共线铁路车体竖向振动加速度 a_z 不应大于 1.3 m/s^2(半峰值),横向振动加速度 a_y 不应大于 1.0 m/s^2(半峰值)。

③高速铁路、城际铁路乘坐舒适度指标可按表 2.40 选用。

④设计时速 200 km 客货共线铁路、高速铁路、重载铁路桥面板在 20 Hz 及以下的竖向振动加速度限值,有砟桥面时不应大于 3.5 m/s^2,无砟桥面时不应大于 5.0 m/s^2(半峰值)。

表 2.39　列车运行安全性指标

指　　标	高速、城际铁路	客货共线铁路	重载铁路	
			机　　车	货　　车
脱轨系数(Q/P)	≤0.8	≤0.8	≤0.8	≤1.0
轮重减载率($\Delta P/P$)	≤0.6			
轮对横向力 Q(kN)	$\leqslant 10+P_0/3$	≤80	$\leqslant 0.90[15+(P_{st1}+P_{st2})/2]$	$\leqslant 0.85[15+(P_{st1}+P_{st2})/2]$

注:表中 Q 为车轮作用于钢轨上的横向力(kN);ΔP 为轮重减载量(kN);P 为车轮作用于钢轨上的垂直力(kN);P_0、P_{st1}、P_{st2}为车轮静轮重(kN)。

表 2.40　乘坐舒适度指标

序　　号	舒适度指标 W(Sperling)	评价等级
1	$W\leqslant 2.50$	优
2	$2.50<W\leqslant 2.75$	良
3	$2.75<W\leqslant 3.00$	合格

3. 疲劳极限状态验算

钢桥的疲劳是指钢结构在循环荷载反复作用下,应力低于钢材强度时发生损伤甚至断裂的现象。铁路钢桥由于构造复杂、焊缝众多且受到列车荷载的反复作用,疲劳问题突出,严重影响其使用寿命,设计中除要计算在静力荷载作用下的极限承载力外,对承受动荷载的结构构件或连接应进行疲劳极限状态检算。检算时首先采用等效重复应力法,当检算不通过时应再用极限损伤度法,采用极限损伤度法检算仍不满足要求时则构件或连接应重新设计。

(1)铁路桥梁疲劳荷载的确定

由于疲劳检算是计算铁路桥梁在长期使用时间内的损伤累积,故疲劳荷载应考虑列车竖向静载、运营动力系数和离心力的作用。考虑列车竖向活载的动力作用时,应将列车竖向静荷载乘以运营动力系数$(1+\mu)_s$,对于钢结构桥梁,运营动力系数按式(2.43)计算。

$$(1+\mu)_s=1+\frac{18}{40+L} \tag{2.43}$$

多线铁路桥主桁(或主梁)构件检算疲劳时,按一线偏心加载并以杠杆原理分配于主桁(或主梁),作用于横向最不利位置,并以多线系数修正;横梁及承受局部荷载的主桁挂杆,按一线最大荷载,其他线为荷载图式中的均布荷载加载,计算疲劳应力。

设计加载时,列车荷载图式是可以任意截取,但疲劳验算时异符号影响线区段长度内均应按列车荷载图式中的均布荷载加载。

(2)单线列车标准荷载下应力幅 $\Delta\sigma_c$ 的计算

焊接构件一般受焊接残余应力影响大,焊接残余应力影响疲劳强度的结构构造细节,疲劳强度的控制因素为应力幅。非焊接构件受残余应力影响小,而受应力集中影响大,应力集中影响疲劳强度的结构构造细节,疲劳强度的控制因素为最大应力和应力比。为简化统一计算,将后者的最大应力和应力比,亦转换成折算应力幅的形式,转换时除计入了恒载外,还计入了应力比修正系数 0.6,该修正系数是根据试验结果分析计算得到。故列车标准荷载下的应力幅应根据焊接或非焊接构件分别按式(2.44)和式(2.45)计算。

焊接的拉—拉及以拉为主的拉—压构件$\left(\rho=\frac{\sigma_{min}}{\sigma_{max}}\geqslant -1\right)$、非焊接的拉—拉构件$\left(\rho=\frac{\sigma_{min}}{\sigma_{max}}\geqslant 0\right)$:

$$\Delta\sigma_c=(1+\mu)_s(\sigma_{Lmax}-\sigma_{Lmin}) \tag{2.44}$$

非焊接的拉—压构件$\left(\rho=\frac{\sigma_{\min}}{\sigma_{\max}}<0\right)$、焊接构件以压为主的拉—压构件$\left(\rho=\frac{\sigma_{\min}}{\sigma_{\max}}<-1\right)$：

$$\Delta\sigma_c=(1+\mu)_s\sigma_{L\max}+\sigma_D-0.6[(1+\mu)_s\sigma_{L\min}+\sigma_D] \tag{2.45}$$

式中 $\sigma_{L\max}$，$\sigma_{L\min}$——按单线列车竖向静载和离心力计算所得的最大应力与最小应力(MPa)；当构件同时承受轴向应力与弯曲次应力时，应将截面所承受的角点应力分解为轴向应力 σ_N 和弯曲次应力 σ_W，并根据最不利叠加折算成轴向疲劳检算应力 σ_{N+W}，$\sigma_{N+W}=\sigma_N+k\sigma_W$，作为最大应力 $\sigma_{L\max}$ 或最小应力 $\sigma_{L\min}$，k 为次应力折减系数，取 0.65；

$\sigma_{\max}$，$\sigma_{\min}$——结构重力标准值与疲劳荷载(列车活载标准值并计入运营动力系数和离心力)作用下杆件的最大应力与最小应力(MPa)；

σ_D——结构重力标准值所产生应力(MPa)。

所有应力均以拉应力为正，压应力为负。

(3)等效重复应力法

实际上桥梁结构在使用寿命内每次通过的列车运营荷载是随机的，列车有时是空载有时是满载运行，对于多线桥梁，有时是单线行车有时是多线行车，构件的真实应力循环也是变幅的。根据结构在使用寿命期间的各种荷载频率分布、应力幅水平及频次分布，可计算得到疲劳荷载效应的等效等幅重复应力幅 $\Delta\sigma_e$，应分别按式(2.46)和式(2.47)计算。

单线梁：
$$\Delta\sigma_e=k_1\cdot k_2\cdot k_3\cdot\Delta\sigma_c \tag{2.46}$$

多线梁：
$$\Delta\sigma_e=k_1\cdot k_2\cdot k_3\cdot k_4\cdot\Delta\sigma_c \tag{2.47}$$

式中 k_1——等效等幅重复应力换算系数，根据桥梁的跨度(或加载影响线长度)、年运量的大小及所检算的构件(细节)疲劳强度方程中的 m 值，按表 2.41 和表 2.43～表 2.46 的规定采用；

k_2——力形系数，根据梁的类型、构件类别及其所在位置，按表 2.47 的规定采用；

k_3——构造系数，即结构计算修正系数，采用平面铰接计算得到的杆件应力应根据梁的类型、构件类别及其所在位置，按表 2.48 的规定采用。采用空间刚接计算得到的应力可直接用于设计检算，不需要构造系数进行修正；

k_4——多线系数，根据列车状态按表 2.49 的规定采用。

等效重复应力法是按式(2.48)计算。

$$\gamma_{fat}\Delta\sigma_e\leqslant\gamma_t\Delta\sigma_0 \tag{2.48}$$

式中 $\Delta\sigma_0$——各类构造细节在 10^7 循环次数不致使裂纹扩展的疲劳强度 $\Delta\sigma_0$ 应按表 2.41 及表 2.42 采用，限于篇幅，表 2.42 仅列出部分构件或连接基本形式及疲劳强度类别，其他参见《铁路桥涵设计规范(极限状态法)》(Q/CR 9300—2018)；

γ_{fat}——疲劳荷载调整系数，按表 2.50 采用；

γ_t——板厚修正系数，板厚 $t\leqslant25$ mm，$\gamma_t=1$；$t>25$ mm，$\gamma_t=\sqrt[4]{25/t}$。

(4)极限损伤度法

建立极限损伤度应力谱中的疲劳应力变程 $\Delta\sigma_i$ 应分别按式(2.49)和式(2.50)计算。

单线梁构件：
$$\Delta\sigma_i=k_2\cdot k_3\cdot P_i\cdot\Delta\sigma_c \tag{2.49}$$

多线梁构件：
$$\Delta\sigma_i=k_2\cdot k_3\cdot k_4\cdot P_i\cdot\Delta\sigma_c \tag{2.50}$$

式中 P_i——疲劳荷载与标准荷载的效应比。可分别在 0.05～0.95 之间均匀取 10 个数值进行计算。

钢结构桥梁疲劳是由荷载的不断变化而引起的损伤累积过程，极限损伤度法是以疲劳荷载在使用期间对结构产生的疲劳应力频谱为检算基础，根据构造细节的疲劳承载力方程，用线性损伤理论计算累积损伤度 D 不大于 1。当应力谱中的 $\Delta\sigma_i$ 均小于 $\Delta\sigma_0$ 时，不检算疲劳。否则，极限损伤度法应根据疲劳应力谱计算，即

$$\sum \frac{n_i}{N_i} \leqslant 1 \tag{2.51}$$

式中　n_i——应力谱中疲劳设计应力变程标准值 $\Delta\sigma_i$ 的循环次数，主要根据桥梁跨度及其年运量按《铁路桥涵设计规范(极限状态法)》(Q/CR 9300—2018)附录 B 确定；当应力谱中 $\Delta\sigma_i \leqslant \Delta\sigma_0$ 时，n_i 应采用 n_i'，n_i' 按式(2.52)计算；

$$n_i' = n_i \left(\frac{\Delta\sigma_i}{\Delta\sigma_0}\right)^2 \tag{2.52}$$

N_i——$\Delta\sigma_i$ 时的致伤次数，可根据构造细节及 $\Delta\sigma_i$ 值按表 2.41 中相应的疲劳强度方程式进行计算得出。

表 2.41　各种构件或连接的疲劳强度 $\Delta\sigma_0$

疲劳强度类别	疲劳强度方程式 $\lg N + m\lg\Delta\sigma = C$	$\Delta\sigma_0$ (MPa) ($n=10^7$)	构件及连接形式序号
Ⅰ	$\lg N+4\lg\Delta\sigma=15.00$	100.0	1
Ⅱ	$\lg N+3.5\lg\Delta\sigma=13.60$	76.9	5.1,5.2,5.3
Ⅲ	$\lg N+3\lg\Delta\sigma=12.65$	76.4	4.2
Ⅳ	$\lg N+3.5\lg\Delta\sigma=13.45$	69.6	6.1,6.2,6.3,6.4,6.5,7.1,7.2
Ⅴ	$\lg N+3\lg\Delta\sigma=12.42$	64.1	4.1
Ⅵ	$\lg N+3.5\lg\Delta\sigma=13.50$	72.0	2,4.3
Ⅶ	$\lg N+3\lg\Delta\sigma=12.30$	58.4	9,15.9
Ⅷ	$\lg N+3\lg\Delta\sigma=12.18$	53.3	3
Ⅸ	$\lg N+3.5\lg\Delta\sigma=12.80$	45.4	8.2,10,12,15.2,15.3,15.8,16.1,16.2
Ⅹ	$\lg N+3\lg\Delta\sigma=11.89$	42.7	11.1,14,15.7
Ⅺ	$\lg N+3\lg\Delta\sigma=11.64$	35.2	11.2,13.1,15.1,15.4,15.6
Ⅻ	$\lg N+3\lg\Delta\sigma=12.02$	47.1	8.1
XIII	$\lg N+3\lg\Delta\sigma=11.26$	26.3	15.5,17
XIV	$\lg N+8\lg\Delta\sigma=20.54$	49.26	13.2

注：1. 表列的疲劳强度方程式不适用于设计温度低于－40 ℃的寒冷地区。

2. 当桥梁设计温度低于－40 ℃时，需对材料进行相应的低温脆断性能试验，并对表列疲劳强度作相应的修正。

表 2.42　部分构件或连接基本形式及疲劳强度类别

序　号	构件或连接形式简图	加工质量及其他要求	疲劳强度类别	检算部位
1	母材	原轧制表面，侧边刨边，表面粗糙度不应大于 25▽；精密切割表面粗糙度不应大于 12.5▽；不应在母材上引弧	Ⅰ	非连接部位的母材

续上表

序　号	构件或连接形式简图	加工质量及其他要求	疲劳强度类别	检算部位
2	留有空孔的杆件	机械钻孔，孔壁光滑，表面粗糙度不应大于25▽	Ⅵ	弦杆泄水孔处
3	铆接构件	机械钻孔，表面粗糙度不应大于25▽	Ⅷ	铆钉孔处净截面
4	高强度螺栓			
4.1		(1)单面或双面拼接，经检算第一排螺栓无滑移。 (2)直接拼接断面超过60%总断面积的双面拼接对称接头。 (3)不传递验算方向应力的有高强度螺栓紧固的基材	Ⅴ	栓接毛截面处
4.2		(1)单面或双面拼接，经检算第一排螺栓受力大于抗滑力。 (2)非全断面拼接的构件，直接拼接断面小于60%总断面。 (3)纵梁鱼尾板处	Ⅲ	栓接净截面处

表 2.43　客货共线/重载铁路列车等效等幅重复应力换算系数 k_1，$m=3.0$

年运量 N (10^4t/年)	跨度(m)							
	4	8	11(12)	15(16)	20	24	32	42
$N\leqslant$1 500	1.00	0.90	0.80	0.70	0.60	0.50	0.45	0.40
1 500<$N\leqslant$3 000	1.20	1.10	0.90	0.70	0.60	0.55	0.50	0.45
3 000<$N\leqslant$6 000	1.50	1.30	1.10	0.80	0.70	0.65	0.60	0.55
6 000<$N\leqslant$9 000	1.70	1.50	1.30	0.85	0.80	0.70	0.65	0.60
9 000<$N\leqslant$12 000	1.80～2.20	1.70～2.00	1.30～1.60	0.90～1.20	0.80	0.75	0.70	0.60
12 000<$N\leqslant$15 000	2.00～2.30	1.80～2.20	1.40～1.70	1.00～1.30	0.90	0.80	—	—
15 000<$N\leqslant$18 000	2.10～2.40	1.90～2.30	1.50～1.80	1.10～1.30	0.90	0.80	—	—
18 000<$N\leqslant$20 000	2.20～2.50	2.00～2.40	1.50～1.80	1.10～1.30	1.00	0.80	—	—

表 2.44　客货共线/重载铁路列车等效等幅重复应力换算系数 k_1，m=3.5

年运量 N (10^4 t/年)	跨度(m)							
	4	8	11(12)	15(16)	20	24	32	42
N≤1 500	0.90	0.80	0.70	0.60	0.55	0.50	0.45	—
1 500<N≤3 000	1.10	1.00	0.80	0.70	0.60	0.55	0.50	—
3 000<N≤6 000	1.30	1.10	0.90	0.80	0.70	0.65	0.60	—
6 000<N≤9 000	1.50	1.30	1.10	0.80	0.70	0.60	—	—
9 000<N≤12 000	1.60～2.00	1.40～1.80	1.10～1.30	0.80～1.00	0.80	0.70	—	—
12 000<N≤15 000	1.70～2.00	1.60～1.90	1.20～1.40	0.90～1.10	0.90	0.80	—	—
15 000<N≤18 000	1.80～2.10	1.60～2.00	1.20～1.50	0.90～1.20	0.90	0.80	—	—
18 000<N≤20 000	1.80～2.10	1.60～2.00	1.20～1.50	0.90～1.20	0.90	0.80	—	—

表 2.45　客货共线/重载铁路列车等效等幅重复应力换算系数 k_1，m=4.0,8.0

年运量 N (10^4 t/年)	跨度(m)							
	4	8	11(12)	15(16)	20	24	32	42
N≤1 500	0.90	0.80	0.70	0.60	0.55	0.50	—	—
1 500<N≤3 000	1.10	1.00	0.80	0.70	0.60	0.55	—	—
3 000<N≤6 000	1.20	1.10	0.90	0.80	0.70	0.65	—	—
6 000<N≤9 000	1.30	1.20	1.00	0.80	0.70	0.65	—	—
9 000<N≤12 000	1.40～1.70	1.30～1.60	1.10～1.30	0.80～1.00	0.80	0.70	—	—
12 000<N≤15 000	1.60～1.80	1.40～1.70	1.10～1.30	0.80～1.20	0.80	0.75	—	—
15 000<N≤18 000	1.60～1.90	1.50～1.80	1.10～1.40	0.90～1.20	0.80	0.75	—	—
18 000<N≤20 000	1.70～1.90	1.50～1.90	1.10～1.40	0.90～1.20	0.80	0.80	—	—

表 2.46　高速/城际铁路列车等效等幅重复应力换算系数 k_1

m	跨度(m)						
	4	8	16	20	24	30	40
3.0	1.30	1.25	1.15	1.00	0.85	0.55	0.45
3.5	1.20	1.15	1.05	0.95	0.80	0.55	0.45
4.0,8.0	1.10	1.05	0.95	0.90	0.75	0.55	0.50

表 2.43～表 2.46 注：1. 当检算简支桁梁桥构件(细节)的疲劳(吊杆除外)时，以梁的跨度为准。

2. 当检算桁梁桥的吊杆、横梁及连续桁梁桥的疲劳时，跨度以最不利加载影响线同符号区段长度为准。

3. 当跨度(或加载影响线长度)小于 4 m 者用 4 m 的数值，大于表列最大跨度者用表列最大跨度的数值；表中未列出的跨度(或加载影响线长度)，则取相邻较小的跨度(或加载影响线长度)值。

4. 25 t 及以下轴重混编列车采用表中的下限值，其他编组情况用上限值。

表 2.47　力形系数 k_2

梁　型	构件类别					
	弦　杆	斜　杆	纵　梁		横　梁	
			跨　中	鱼 尾 板	跨　中	梁　端
简支桁梁	1.00	1.08	1.00	1.00	1.00	1.00
连续桁梁	0.95	1.00	1.00	1.00	1.00	1.00
上、下承简支板梁	各部件均取 1.00					

表 2.48 构造系数 k_3

梁型	构件类别								
	主梁	弦杆		腹杆	吊杆	纵梁与简支梁跨中弯矩比		横梁与简支梁跨中弯矩比	
		上弦	下弦			跨中	支点	跨中	支点
下承桁梁	—	0.95	0.80	1.00	1.10	0.85	0.60	1.00	0.46
下承板梁	0.95	—	—	—	—	0.85	0.60	1.00	0.46
上承板梁	1.00	—	—	—	—	—	—	—	—

注:当采用空间刚接计算时,k_3 取 1.0。

表 2.49 钢梁多线系数 k_4

线路数量	列车状态									
	客货共线/高速/城际铁路列车					重载铁路列车				
双线**	δ_1/δ_2*					δ_1/δ_2*				
	2/5	3/7	4/8	5/9	3/5	2/5	3/7	4/8	5/9	3/5
	1.12	1.13	1.16	1.19	1.21	1.21	1.23	1.27	1.31	1.34
三线	1.80～1.90***					2.26				
四线	2.15～2.30***					2.85				
六线	n/N****					—				
	0/6	2/6	3/6	4/6	6/6					
	2.75	2.60	2.80	2.90	3.05					

注:1. *δ_1/δ_2为一线加载时,两片主桁(或主梁)各自承受的荷载比,加载方式为靠近检算主桁侧一线加载。
2. ** 为平面计算模型。
3. *** 各线列车设计时速均为 120 km 及以下时取高值。
4. **** n/N 为列车设计时速 120 km 及以下线路数 n 与桥上线路总数 N 之比。

表 2.50 疲劳荷载调整系数 γ_{fat}

跨度(m)		4	8	12～14	16	20	24～32	48
斜率 m	4.0,8.0	0.80	0.75	0.80	1.00	1.10	1.10	1.10
	3.5	0.65	0.65	0.70	0.90	1.10	1.10	1.10
	3.0	0.55	0.55	0.55	0.80	0.80	0.90	1.00

注:1. 斜率 m 按表 2.41 不同类别疲劳强度方程式中 m 取值。
2. 当跨度(或加载影响线长度)小于 4 m 者用 4 m 的数值,大于表列最大跨度者用表列最大跨度的数值;表中未列出的跨度(或加载影响线长度),则取相邻较小的跨度(或加载影响线长度)值。

2.5 容许应力法

以弹性理论为基础的容许应力法,要求在规定的荷载标准值作用下,按弹性理论计算的构件截面任一点的应力不大于规定的容许应力,而容许应力由材料强度除以一个综合安全系数得到。目前,《铁路桥梁钢结构设计规范》(TB 10091—2017)仍采用容许应力法开展铁路钢桥设计。

2.5.1 荷载组合

桥梁设计时,应仅考虑主力与一个方向(顺桥或横桥方向)的附加力相结合。

对铁路公路(城市道路)两用桥,考虑到铁路和公路(城市道路)同时出现最不利活载的可能性极小,铁路活载应按本章有关规定计算,公路(城市道路)活载应按现行《公路工程技术标准》(JTG B01—2014)、《城市桥梁设计规范》(CJJ 11—2011)规定的全部活载的75%计算,但对仅承受公路(城市道路)活载的局部构件,应按公路(城市道路)全部活载计算,不应折减。

2.5.2　钢材的容许应力提高系数

由于桥梁上不同荷载出现的概率不同,对不同荷载组合结构应采用的安全系数也理当有所区别,这反映在设计上,材料的容许应力就会有所不同。对于主力作用下的安全系数要求高一些,对于附加力和特殊荷载则可以低一些。因此确定以主力作用时的基本容许应力为基础。对于其他荷载组合,将基本容许应力分别乘以不同的提高系数。各种外力组合的容许应力提高系数按表 2.51 的规定确定。实际应用时,常将各种外力组合得到的最不利内力去除以相应的提高系数,这样就可统一采用材料的基本容许应力进行检算。

表 2.51　各种外力组合容许应力的提高系数

序　号	外力组合		提高系数
1	主力		1.00
2	主力+附加力		1.30
3	主力+面内次应力(或面外次应力)		1.20
4	主力+面内次应力+面外次应力		1.40
5	主力+面内次应力(或面外次应力)+制动力(或风力)		1.45
6	主力+地震力		1.50
7	钢梁安装	恒载+施工荷载	1.20
		恒载+施工荷载+风力	1.40
		恒载+施工荷载+风力+面内次应力(或面外次应力)	1.50

注:表中次应力指由节点刚性在主桁杆件中引起的次应力。

2.5.3　铁路钢桥主要检算内容

1. 结构构件的强度

为保证结构构件的强度,应按表 2.52 规定的公式计算。

表 2.52　强度计算公式

计算应力的种类	构件受力	计算公式
法向应力	中心受拉	$\frac{N}{A}\leqslant[\sigma]$
	在一个主平面内受弯曲	$\frac{M}{W}\leqslant[\sigma_w]$
	受压或受拉并在一个主平面内受弯曲或与此相当的偏心受压及偏心受拉	$\frac{N}{A}\pm\frac{M}{W}\leqslant[\sigma]$
	受斜弯曲	$\frac{M_x}{W_x}+\frac{M_y}{W_y}\leqslant C[\sigma_w]$

续上表

计算应力的种类	构件受力	计算公式
法向应力	受压或受拉并受斜弯曲或与此相当的偏心受压及偏心受拉	$\frac{N}{A}\pm\left(\frac{M_x}{W_x}+\frac{M_y}{W_y}\right)\frac{1}{C}\leqslant[\sigma]$
剪应力	受弯曲	$\tau_{\max}=\frac{VS}{I_m\delta}\leqslant C_\tau[\tau]$
换算应力	受弯曲受压或受拉并受弯曲	$\sqrt{\sigma^2+3\tau^2}\leqslant 1.1[\sigma]$

注：N,M,V——检算截面上的计算轴向力(MN)、弯矩(MN·m)、剪力(MN)；

A——检算截面上的计算面积(m^2)，拉杆为净截面积，压杆为毛截面积；

I_m——毛截面惯性矩(m^4)；

W,W_x,W_y——检算截面处对主轴的计算截面抵抗矩(m^3)，检算受拉翼缘为净截面抵抗矩；检算受压翼缘为毛截面抵抗矩，为简化计，均可按毛截面的重心轴计算；

δ——腹板厚度(m)；

S——中性轴以上的毛截面对中性轴的面积矩(m^3)；

σ——截面检算处按计算截面计算的法向应力(MPa)；

τ——截面检算处的剪应力(MPa)；

C——斜弯曲作用下容许应力增大系数，可按下式计算：

$$C=1+0.3\times\frac{\sigma_{m2}}{\sigma_{m1}}\leqslant 1.15;$$

σ_{m1},σ_{m2}——截面检算处由于弯矩 M_x、M_y 所产生的较大和较小的组合应力；

C_τ——剪应力分布不均匀容许应力增大系数可按下式计算：

当$\frac{\tau_{\max}}{\tau_0}\leqslant 1.25$，　$C_\tau=1.0$；

当$\frac{\tau_{\max}}{\tau_0}\geqslant 1.50$，　$C_\tau=1.25$；

当$\frac{\tau_{\max}}{\tau_0}$为中间值时，$C_\tau$ 按直线插值计算，$\tau_0=\frac{V}{h\delta}$；

h——腹板全高(m)。

2. 结构构件的总稳定性

为保证结构构件的总稳定性，应按表 2.53 规定的公式计算。

表 2.53　总稳定性计算公式

计算应力的种类	构 件 受 力	计 算 公 式
法向应力	中心受压	$\frac{N}{A_m}\leqslant\varphi_1[\sigma]$
	在一个主平面内受弯曲	$\frac{M}{W_m}\leqslant\varphi_2[\sigma]$
	受压并在一个主平面内受弯曲或与此相当的偏心受压	$\frac{N}{A_m}+\frac{\varphi_1}{\mu_1\varphi_2}\cdot\frac{M}{W_m}\leqslant\varphi_1[\sigma]$

注：1. 对于仅通过翼缘板连接的焊接 T 形截面压杆，应按偏心受压杆检算其稳定性，计算公式中的容许应力折减系数 φ_1 可采用焊接箱形截面压杆的值；

2. 表中 N——计算轴向力(MN)；

M——构件中部 1/3 长度范围内最大计算弯矩(MN·m)；

A_m——毛截面积(m^2)；

W_m——毛截面抵抗矩(m^3)；

φ_1——中心受压杆件的容许应力折减系数，根据钢种、截面形状及验算所对的轴等采用；

φ_2——构件只在一个主平面内受弯时的容许应力折减系数(若是压弯杆，可按 $N=0$ 的情况来确定 φ_2)，在不做进一步分析时可按下式计算构件的换算长细比 λ_e，再从表 2.32 中查得相应的 φ_1，用作 φ_2；

$$\lambda_e=\alpha\cdot\frac{l_0\gamma_x}{h\gamma_y}$$

α——系数，焊接杆件取 1.8，铆接杆件取 2.0，

l_0——构件受压翼缘（指因弯矩而受压）对弱轴的计算长度，

γ_x，γ_y——构件截面对 $x-x$ 轴（强轴）及 $y-y$ 轴（弱轴）的回转半径，

h——杆件高度(m)（图 2.10）；

对于箱形截面杆件或者任何截面的杆件（当所检算的失稳平面和弯矩作用平面一致时），取 $\varphi_2=1$。

μ_1——考虑弯矩因构件受压而增大所引用的值；

当 $\frac{N}{A_m}\leqslant 0.15\varphi_1[\sigma]$ 时，取 $\mu_1=1.0$；

当 $\frac{N}{A_m}>0.15\varphi_1[\sigma]$ 时，取 $\mu_1=1-\frac{n_1N\lambda^2}{\pi^2EA_m}$；

λ——构件在弯矩作用平面内的长细比；

E——弹性模量(MPa)；

n_1——压杆容许应力安全系数，主力组合时取 1.7，$[\sigma]$ 应按主力组合采用；主力加附加力组合时取 1.4，$[\sigma]$ 应按主力加附加力组合采用。

3. 结构构件的疲劳

焊接及非焊接（栓接）构件及连接均需进行疲劳检算，当疲劳应力均为压应力时，可不进行疲劳检算。

(1)焊接构件及连接疲劳检算

①疲劳应力为拉—拉构件或以拉为主的拉—压构件$\left(即\ \rho=\frac{\sigma_{min}}{\sigma_{max}}\geqslant -1\right)$，其疲劳检算按式(2.53)计算。

$$\gamma_d\gamma_n(\sigma_{max}-\sigma_{min})\leqslant\gamma_t[\sigma_0] \tag{2.53}$$

式中　σ_{max}，σ_{min}——最大、最小应力，拉力为正，压力为负：当构件同时承受轴向应力与弯曲次应力时，应将截面所承受的角点应力分解为轴向应力 σ_N 和弯曲次应力 σ_W，并根据最不利叠加折算成轴向疲劳检算应力 σ_{N+W}，$\sigma_{N+W}=\sigma_N+k\sigma_W$，作为最大应力 σ_{max} 或最小应力 σ_{min}，k 为次应力折减系数，取 0.65；

$[\sigma_0]$——疲劳容许应力幅，见表 2.54；

γ_d——多线桥的多线系数，同表 2.49 中的 k_4；

γ_n——以受拉为主的构件的损伤修正系数，见表 2.55～表 2.58；

γ_t——板厚修正系数。当板厚 $t\leqslant 25$ mm，$\gamma_t=1$；$t>25$ mm，$\gamma_t=\sqrt[4]{25/t}$；当构造细节为横隔板作为主板附连件焊接构造时，$\gamma_t=1$。

②疲劳应力以压为主的拉—压构件$\left(即\ \rho=\frac{\sigma_{min}}{\sigma_{max}}<-1\right)$，其疲劳检算应按式(2.54)计算。

$$\gamma_d\gamma'_n\sigma_{max}\leqslant\gamma_t\gamma_\rho[\sigma_0] \tag{2.54}$$

式中　γ'_n——以受压为主的构件的损伤修正系数，见表 2.55～表 2.58；

γ_ρ——应力比修正系数，见表 2.59。

表 2.54　各种构件或连接的疲劳容许应力幅

疲劳容许应力幅类别	疲劳容许应力幅$[\sigma_0]$(MPa)	构件及连接形式
Ⅰ	149.5	1
Ⅱ	130.7	4.2
Ⅲ	121.7	5.1,5.2,5.3
Ⅳ	114.0	2,18

续上表

疲劳容许应力幅类别	疲劳容许应力幅$[\sigma_0]$(MPa)	构件及连接形式
Ⅴ	110.3	6.1,6.2,6.3,6.4,6.5,7.1,7.2
Ⅵ	109.6	4.1
Ⅶ	99.9	9,15.9
Ⅷ	91.1	3
Ⅸ	80.6	8.1
Ⅹ	72.9	11.1,14,15.7
Ⅺ	71.9	8.2,10,12,15.2,15.3,15.8,16
Ⅻ	60.2	11.2,13.1,15.1,15.4,15.6
XⅢ	60.2	13.2
XⅣ	45.0	15.5,17

注:当桥梁设计温度低于−40 ℃时,需对材料进行相应的低温脆断性能试验,并对表列疲劳容许应力幅做相应的折减。

表 2.55　客货共线铁路损伤修正系数 γ_n 和 γ_n'

影响线加载长度(m)	γ_n	γ_n'						
		恒∶活(2∶8)	恒∶活(3∶7)	恒∶活(4∶6)	恒∶活(6∶4)	恒∶活(7∶3)	恒∶活(8∶2)	恒∶活(9∶1)
≥20	1.00	1.00	1.00	1.00	1.00	1.00	1.00	1.00
16	1.10	1.08	1.07	1.06	1.04	1.03	1.02	1.01
12	1.20	1.16	1.14	1.12	1.08	1.06	1.04	1.02
8	1.30	1.24	1.21	1.18	1.12	1.09	1.06	1.03
5	1.45	1.36	1.32	1.27	1.18	1.14	1.09	1.05
≤4	1.50	1.40	1.35	1.30	1.20	1.15	1.10	1.05

表 2.56　高速铁路损伤修正系数 γ_n 和 γ_n'

影响线加载长度(m)	γ_n	γ_n'						
		恒∶活(2∶8)	恒∶活(3∶7)	恒∶活(4∶6)	恒∶活(6∶4)	恒∶活(7∶3)	恒∶活(8∶2)	恒∶活(9∶1)
≥30	1.00	1.00	1.00	1.00	1.00	1.00	1.00	1.00
20	1.10	1.08	1.07	1.06	1.04	1.03	1.02	1.01
16	1.20	1.16	1.14	1.12	1.08	1.06	1.04	1.02
8	1.30	1.24	1.21	1.18	1.12	1.09	1.06	1.03
5	1.45	1.36	1.32	1.27	1.18	1.14	1.09	1.05
≤4	1.50	1.40	1.35	1.30	1.20	1.15	1.10	1.05

表 2.57　城际铁路损伤修正系数 γ_n 和 γ_n'

影响线加载长度(m)	γ_n	γ_n'						
		恒∶活(2∶8)	恒∶活(3∶7)	恒∶活(4∶6)	恒∶活(6∶4)	恒∶活(7∶3)	恒∶活(8∶2)	恒∶活(9∶1)
≥30	1.000	1.000	1.000	1.000	1.000	1.000	1.000	1.000
20	1.150	1.120	1.105	1.090	1.060	1.045	1.030	1.015

续上表

影响线加载长度（m）	γ_n	γ_n'						
		恒：活（2：8）	恒：活（3：7）	恒：活（4：6）	恒：活（6：4）	恒：活（7：3）	恒：活（8：2）	恒：活（9：1）
16	1.250	1.200	1.175	1.150	1.100	1.075	1.050	1.025
8	1.300	1.240	1.210	1.180	1.120	1.090	1.060	1.030
5	1.450	1.360	1.315	1.270	1.180	1.135	1.090	1.045
≤4	1.500	1.400	1.350	1.300	1.200	1.150	1.100	1.050

表 2.58　重载铁路损伤修正系数 γ_n 和 γ_n'

影响线加载长度（m）	γ_n	γ_n'						
		恒：活（2：8）	恒：活（3：7）	恒：活（4：6）	恒：活（6：4）	恒：活（7：3）	恒：活（8：2）	恒：活（9：1）
≥20	1.000	1.000	1.000	1.000	1.000	1.000	1.000	1.000
16	1.150	1.120	1.105	1.090	1.060	1.045	1.030	1.015
12	1.250	1.200	1.175	1.150	1.100	1.075	1.050	1.025
10	1.300	1.240	1.210	1.180	1.120	1.090	1.060	1.030
8	1.400	1.320	1.280	1.240	1.160	1.120	1.080	1.040
5	1.450	1.360	1.315	1.270	1.180	1.135	1.090	1.045
≤4	1.500	1.400	1.350	1.300	1.200	1.150	1.100	1.050

表 2.59　应力比修正系数 γ_ρ

ρ	−4.5	−4.0	−3.5	−3.0	−2.0	−1.8	−1.6
焊接构件	0.21	0.23	0.25	0.28	0.36	0.38	0.41
非焊接构件	0.25	0.27	0.30	0.33	0.43	0.45	0.48
ρ	−1.4	−1.2	−1.0	−0.8	−0.6	−0.4	−0.2
焊接构件	0.43	0.46	—	—	—	—	—
非焊接构件	0.52	0.56	0.60	0.65	0.71	0.79	0.88

（2）非焊接构件及连接疲劳检算

①疲劳应力为拉—拉的构件$\left(即\ \rho=\dfrac{\sigma_{min}}{\sigma_{max}}\geqslant 0\right)$，其疲劳检算按式(2.55)计算。

$$\gamma_d\gamma_n(\sigma_{max}-\sigma_{min})\leqslant\gamma_t[\sigma_0] \tag{2.55}$$

②疲劳应力为拉—压的构件$\left(即\ \rho=\dfrac{\sigma_{min}}{\sigma_{max}}<0\right)$，其疲劳检算按式(2.56)计算。

$$\gamma_d\gamma_n'\sigma_{max}\leqslant\gamma_t\gamma_\rho[\sigma_0] \tag{2.56}$$

4. 结构构件的变形和动力性能

在铁路桥梁设计中，为保证列车运行安全性、满足客车乘坐舒适度和货车平稳性要求、基于容许应力法的《铁路桥梁钢结构设计规范》(TB 10091—2017)亦对桥梁的变形和梁体动力性能提出了相关的限制要求。有关梁体竖向变形、梁体横向变形、梁体的动力性能及车桥动力响应的具体要求基本与《铁路桥涵设计规范(极限状态法)》(Q/CR 9300—2018)中进行的正常使用极限状态需要验算的内容一致。

思考题

2-1 简述钢桥的主要设计原则。

2-2 简述桥梁钢材的种类、表示方法和主要特点。

2-3 简述钢桥的材料选用原则和注意事项。

2-4 分别简述公路、铁路桥梁所受的作用及其取值。

2-5 简述公路桥梁作用组合的基本原则和计算方法。

2-6 简述铁路钢桥极限状态设计法与容许应力法的异同。

2-7 简述确定钢桥的钢材容许应力的主要考虑因素和设计中取值的注意事项。

第3章 钢板梁桥

3.1 钢板梁桥组成与分类

钢板梁桥是一种常见的钢桥形式，是指由型钢或钢板通过焊接、螺栓或铆钉等连接而成的工字形截面的实腹式钢梁作为主要承重结构的桥梁。钢板梁桥是中小跨径桥梁最常用的钢桥形式，同时也可作为其他形式钢桥的一部分使用(如钢桁架桥的桥面系)。钢板梁桥的构造原理和设计方法是钢桥的最基本部分，也是其他形式钢桥设计的基础。

3.1.1 钢板梁桥的组成

钢板梁桥上部结构主要由主梁、横向联结系、纵向联结系、桥面系及桥面组成。主梁通常采用工字钢、焊接工字形梁等结构形式，主梁与主梁之间采用横向联结系和纵向联结系相连形成整体受力结构，如图 3.1 所示。主梁起到了整个桥梁的承重作用，把由横向联结系、纵向联结系和桥面系传来的荷载传递到支座。横向联结系有实腹式梁和空腹式桁架形式，前者称为横梁，后者称为横联。位于主梁中间的称为中间横联(梁)，位于主梁两端者称为端横联(梁)。横向联结系的作用是把各个主梁连接成整体，起到荷载横向分布、防止主梁侧向失稳的作用。纵向联结系分为上面水平纵向联结系(简称上平纵联)和下面水平纵向联结系(简称下平纵联)，通常采用桁架式结构，其作用主要是加强桥梁的整体稳定性、与横联(梁)共同承担水平荷载以及扭矩(偏心荷载产生)的作用。桥面系主要是提供桥梁的行车部分，把桥面荷载传递到主梁和横联(梁)，上承式钢板梁不设置桥面系，桥面结构直接架在主梁上。

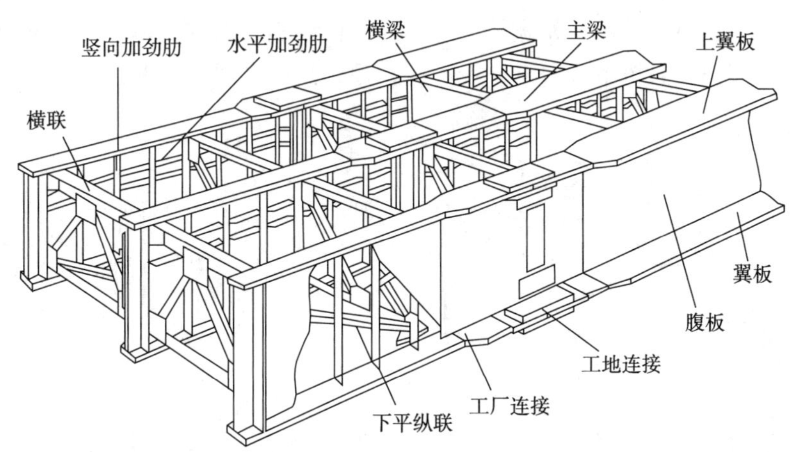

图 3.1 钢板梁的组成

注：铁路规范称“水平加劲肋”“竖向加劲肋”，公路规范相应称为“纵向加劲肋”“横向加劲肋”。

3.1.2 钢板梁桥的分类

钢板梁桥根据支承条件和受力特点可以分为:简支钢板梁桥、连续钢板梁桥和悬臂钢板梁桥,如图 3.2 所示。简支钢板梁桥是最为简单的结构形式,经济跨径一般在 40 m 以下。当跨径较大时,采用连续钢板梁桥的结构形式,它的经济跨径可以达到约 60 m。与简支梁桥相比,连续钢板梁桥具有伸缩缝少、噪声小、行车平稳、挠度小、截面经济等优点,但对地基不均匀沉降较为敏感,软土地基的连续钢板梁桥附加弯矩较大。悬臂钢板梁桥是静定结构,弯矩分布与连续梁桥接近,截面比简支梁桥经济,当地基产生不均匀沉降时不会产生附加弯矩。但是其伸缩缝较多、悬臂挠度较大、线形有折角现象,对行车不利,而且牛腿结构受力与构造复杂,容易引起疲劳破坏等,现已很少采用。

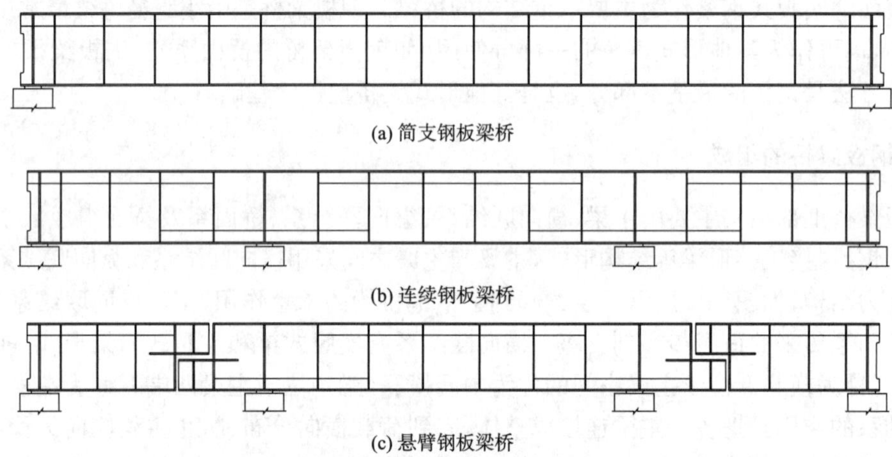

图 3.2　钢板梁桥结构体系

根据桥面的位置,钢板梁桥分为上承式钢板梁桥和下承式钢板梁桥两种。图 3.3(a)、(b)分别为铁路上承式钢板梁桥与下承式钢板梁桥。上承式钢板梁桥构造简单,节省钢材,可整孔架设,常用于小跨度的钢板梁桥。与上承式钢板梁桥相比,下承式钢板梁桥增加了桥面系(横梁、纵梁等),且制造费料、费工,由于桥宽较大,无法整孔运送,增加了装运与架设桥的工作量,适用于线路高程不宜提高且桥下又要求一定净空及建筑高度受限的情况。

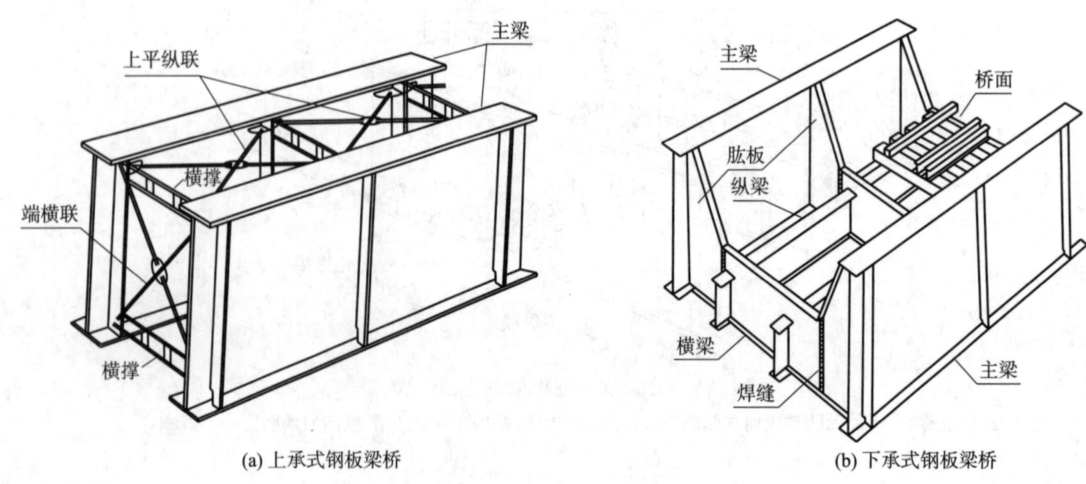

图 3.3　铁路钢板梁桥

根据桥梁用途可以分为铁路钢板梁桥、公路钢板梁桥等。铁路钢板梁桥桥宽较小，多采用双主梁结构形式，在两片主梁之间设置联结系，形成一个稳定的空间结构，如图 3.3 所示。公路钢板梁桥桥宽较大，常采用多主梁形式，如图 3.4(b)所示。

根据桥面板材料可以分为钢桥面板钢板梁桥[图 3.4(a)]与钢筋混凝土桥面板钢板梁桥[图 3.4(b)、(c)]。钢桥面板由顶板和焊接于顶板上的纵向和横向加劲肋组成，它具有自重轻、承载力大、桥面建筑高度小等优点，是大跨度钢桥和建筑高度受限时最常用的结构形式。进一步，根据钢筋混凝土桥面板参与主梁受力情况，可以细分为组合梁桥与非组合梁桥。组合梁桥的桥面板参与主梁共同工作，钢板梁和桥面板结合后，由组合截面承受外荷载；非组合梁桥的桥面板不参与主梁共同受力，外荷载由钢板梁单独承担。

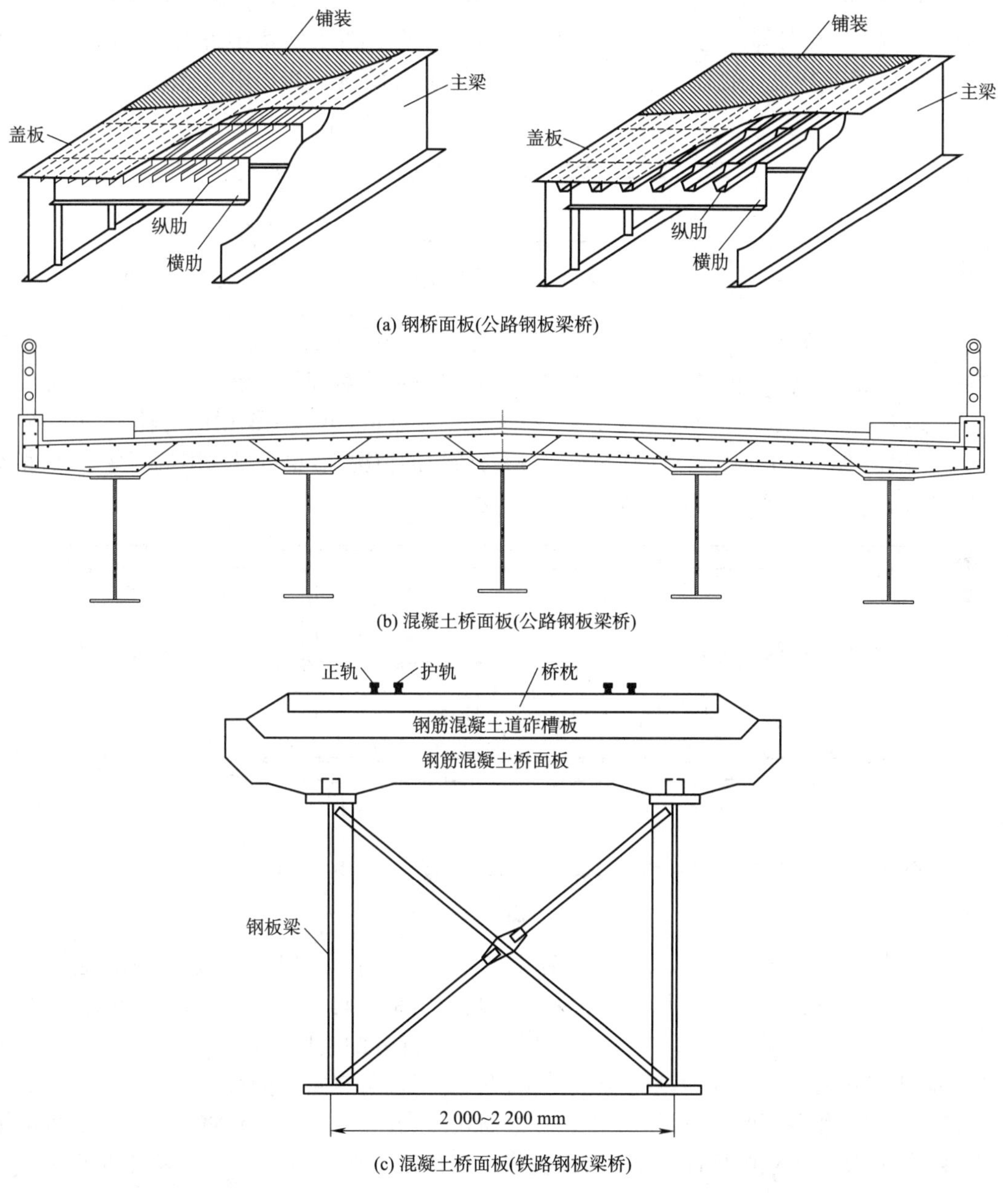

图 3.4　常见钢桥桥面板结构

3.2　钢板梁桥总体布置

3.2.1　立面布置

钢板梁桥设计应根据建设条件、结构受力特性、耐久性、施工工期、经济性、景观及养护等因素合理地确定结构形式和跨径布置等。钢板梁桥常用的结构形式有简支梁桥、连续梁桥和悬臂梁桥。简支钢板梁桥是最为简单的结构形式，其经济跨度一般在 40 m 以下。悬臂梁桥因其缺点突出，目前采用较少。而连续钢板梁桥的跨径布置范围较大。对于跨越道路、河流等较为平坦的地形，桥梁的边中跨比以 0.6 左右较为合理。当设置支点竖向调节装置时，可以降低到 0.5。当跨越山谷等情况时，没有特别需要遵循的规律，连续梁边中跨比可以达到 0.8，如图 3.5 所示。当采用更大的边中跨比时，将会因为结构受力的不合理而影响经济性。

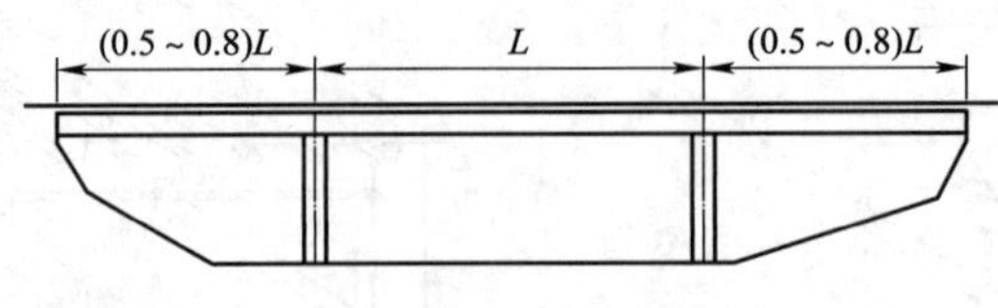

图 3.5　立面布置图

根据需要，钢板梁的高度沿跨度方向可以变化。对于低于 50 m 跨度的钢板梁，是否选择变梁高往往取决于建筑美学要求，对于超过 50 m 跨度的，变梁高可以节省一定的工程成本。

等梁高(图 3.6)是最常见的结构形式，易于工厂化制造，也方便钢梁的运输与安装施工，尤其是应用顶推法施工时是合适的选择。在边跨较短的情况下，也可以采用端部变梁高，梁端梁高可以减少到中跨梁高的 2/3 左右，如图 3.7 所示。

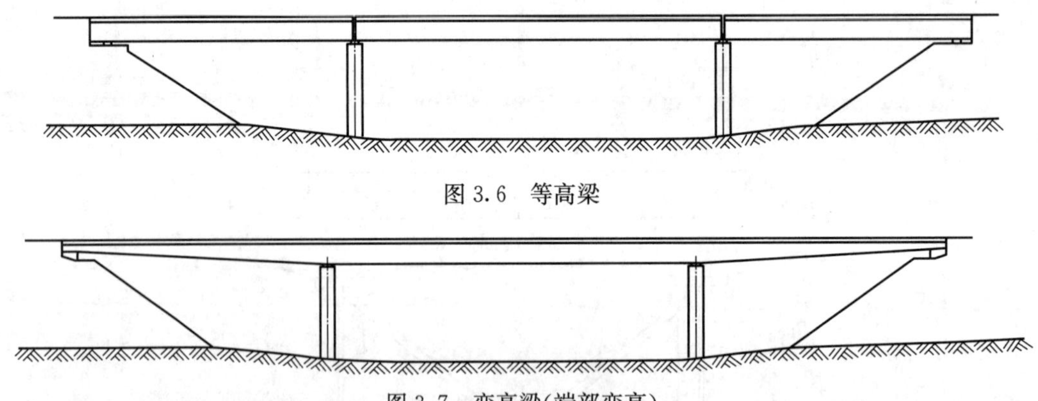

图 3.6　等高梁

图 3.7　变高梁(端部变高)

对于大跨度桥梁，采用等高梁将导致钢材用量指标升高，尤其是在钢梁采用吊装施工时，变高梁和等高梁相比，施工上并无明显差别。此时钢板梁可以采用各跨均变高的结构，如图 3.8 所示。变高梁通过在中间支座处增加梁高使该部分的刚度增加，从而能吸收支点处的弯矩并降低跨中弯矩，进而可以减小梁在跨中部分的尺寸与自重。变截面梁桥与等截面梁桥在中跨均匀荷载作用下的弯矩图对比如图 3.9 所示。当然，梁高的变化将导致制造和安装的复杂性，因此，实际工程中是否选择变梁高往往由综合经济效益、建筑美学等因素共同决定。

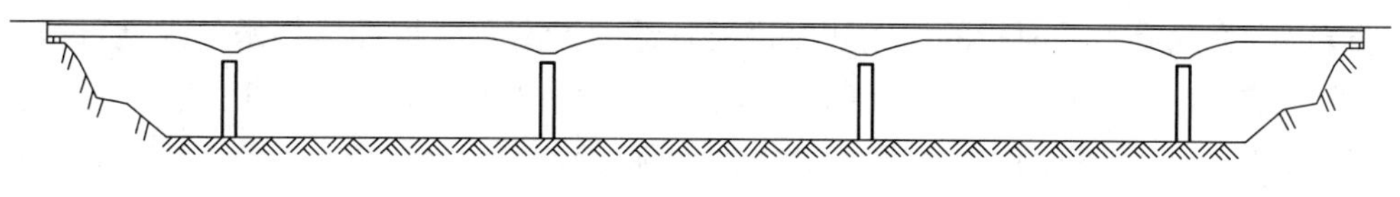

图 3.8　变高梁(各跨均变高)

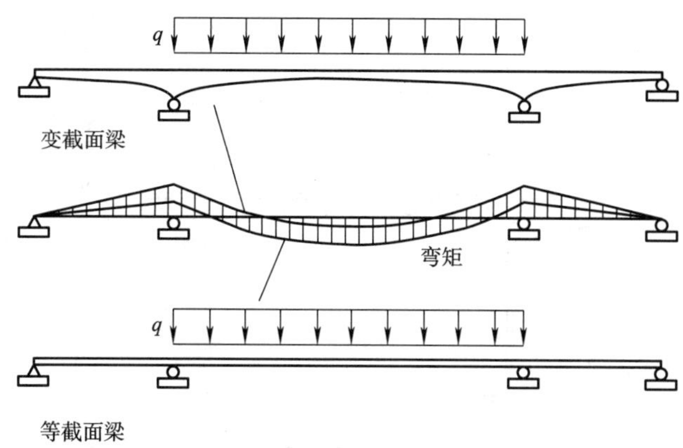

图 3.9　变截面梁与等截面梁弯矩分布对比

3.2.2　横断面布置

横断面布置主要确定主梁的根数与间距。主梁的根数与间距直接影响主梁的受力大小和截面尺寸。当桥面板支承于主梁时,主梁的间距还决定桥面板的跨径,主梁间距过大时,往往需要设置纵梁或很密的横隔板来减小桥面板的跨径。另外,主梁的位置还会影响到桥面板的受力,当车道的轮迹位于主梁之间的频率很高时,桥面板所受的弯矩较大,影响桥面板的使用寿命。当车道的轮迹主要集中在主梁中心附近时,可以大大改善桥面板的受力,提高桥面板的使用寿命。因此,横断面的布置不仅要考虑主梁受力,同时要尽可能兼顾桥面板的受力。

图 3.10 是某钢筋混凝土桥面板钢板梁桥标准设计横断面布置示例。主梁间距一般为 2.0～3.5 m,桥面板的悬臂长度在 1 m 以内。采用这样的主梁间距,钢筋混凝土桥面板的跨中板厚可以控制在 26 cm 以内,桥面板悬臂根部板厚可控制在 36 cm 以内,并且可以利用桥面板梗肋的高度,与跨中板厚相协调。

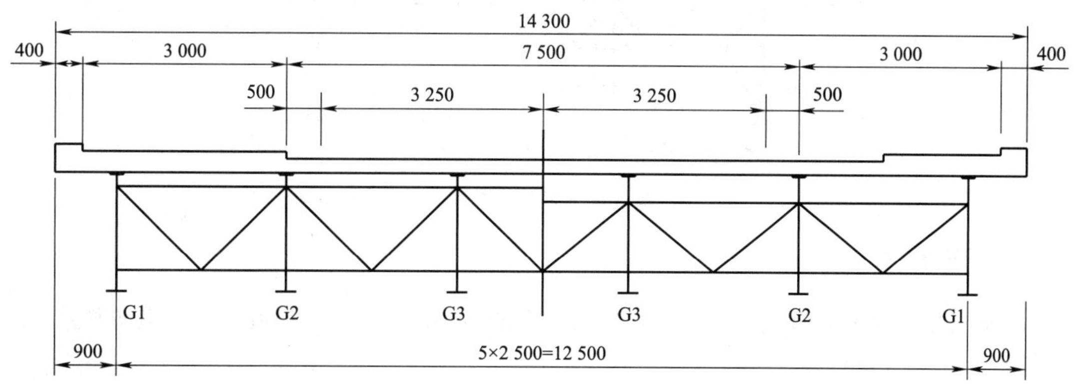

图 3.10　钢筋混凝土桥面板钢板梁桥标准设计横断面布置示例(单位:mm)

随着预应力混凝土桥面板的应用和厚钢板质量的提高及厚板焊接技术的发展，近年出现了少主梁的结构形式，对于 2～3 车道的桥梁仅采用 2～3 根主梁。图 3.11 为双主梁钢板梁桥，桥宽 11.2 m，仅采用两根主梁，构造简单，大大减少了工厂钢结构制造的工作量，同时可以达到提高桥梁施工架设的速度和降低桥梁建设成本的目的。

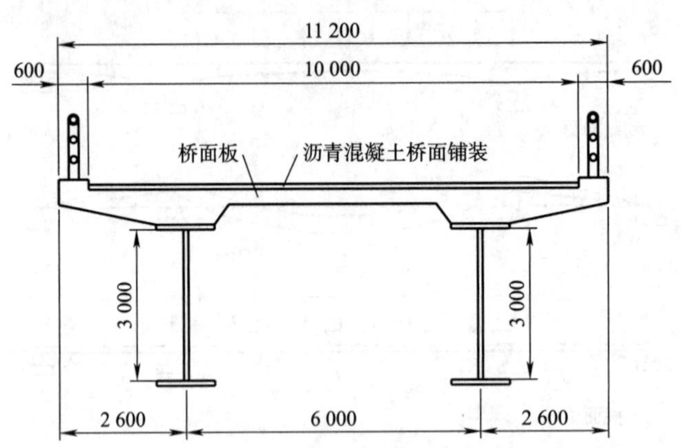

图 3.11　双主梁钢板梁桥横断面布置(单位:mm)

图 3.12 是钢桥面板钢板梁桥横断面布置示例。由于钢桥面板的自重轻、跨越能力较大，特别是采用闭口加劲肋时，正交异性钢桥面板的跨径可以达到 4～6 m。如果适当设置纵肋和横肋，横梁有可能作为钢桥面板的主要支承结构。因此，钢桥面板板梁桥的主梁间距设置较为灵活，甚至仅设置两根主梁。

铁路钢板梁桥多为单线桥，桥宽较小，多采用双主梁的结构形式，如图 3.3 所示。上承式钢板梁桥主梁中心距为 2.0～2.2 m，标准设计的主梁中心距为 2.0 m。下承式钢板梁桥要求两片主梁之间的净空能满足桥梁净空的规定，桥梁净空宽度为 4.88 m，标准设计的两片主梁中心距为 5.4 m。

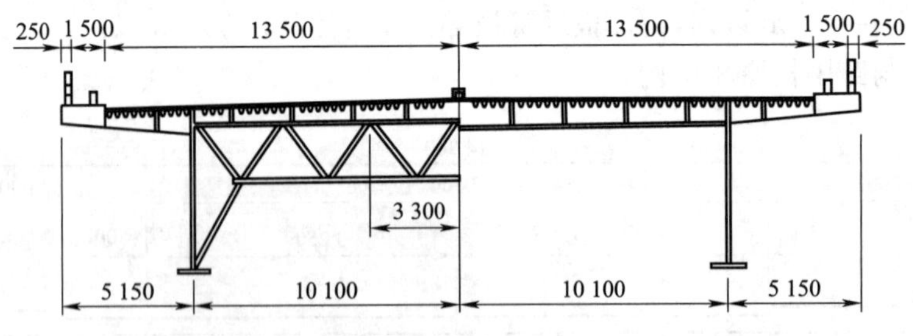

图 3.12　钢桥面板钢板梁桥横断面布置(单位:mm)

3.2.3　平面布置

钢板梁桥的平面布置主要是确定横向联结系的结构形式、数量和间距，以及纵向联结系的形式与布置。

(1)横向联结系的布置

横向联结系常用的结构形式包括横梁(实腹)式与桁架式横向联结系，如图 3.13 所示，前者刚度较大，后者次之。

横向联结系的结构形式和数量主要由桥梁的整体横向刚度和主梁的侧向失稳要求控制设计。从荷载横向分配的角度来看，通常可以设置两道端横联(梁)和在跨中附近设置 1～3 根中间横联(梁)，当桥梁的跨度和宽度特别大时，可设置 5 根中间横联(梁)。横联(梁)设置过多不会明显提高桥梁的横向刚度，但是为了防止主梁侧向失稳，横向横联(梁)的间距不宜过大，公路钢结构规范要求横联(梁)间距不宜大于受压翼缘宽度的 30 倍。

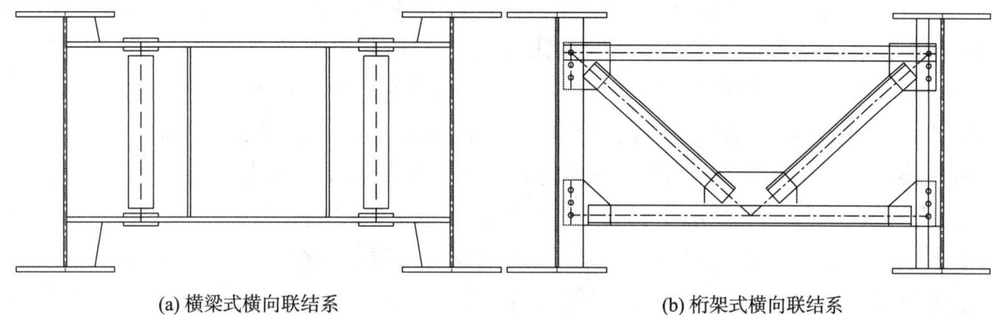

图 3.13　横向联结系的结构形式

对于为防止主梁侧向失稳而布置的横联，因其仅对主梁的侧向变形起到支承约束作用，可采用刚度相对小一些的桁架式横向联结系。而用于荷载横向分布作用的横梁要求有足够刚度，可采用横梁式横向联结系。在同一桥梁中若采用多种不同结构形式的横向联结系，构件种类多，构造较复杂，制造与架设较麻烦。因此，在实际工程中，多采用单一结构形式的横向联结系。

(2)纵向联结系

纵向联结系对于防止钢板梁桥施工时的失稳和抵抗横向力及扭矩有很大的作用，必须保证有足够的强度和刚度。对于直线桥，一般扭矩较小，纵向联结系主要由刚度控制设计；对于曲线梁桥，扭矩较大，横向与纵向联结系的间距要求设置得小一些。常用的纵向联结系的布置形式如图 3.14 所示，在外侧主梁和端横梁处需要设置。在使用阶段，对桥面板可以提供很大侧向刚度，除曲线梁桥和组合梁桥施工时的侧向稳定需要外，上平纵联通常可以省略。当跨径小于 25 m，并且有强大的横向联结系时，下平纵联也可以省略。

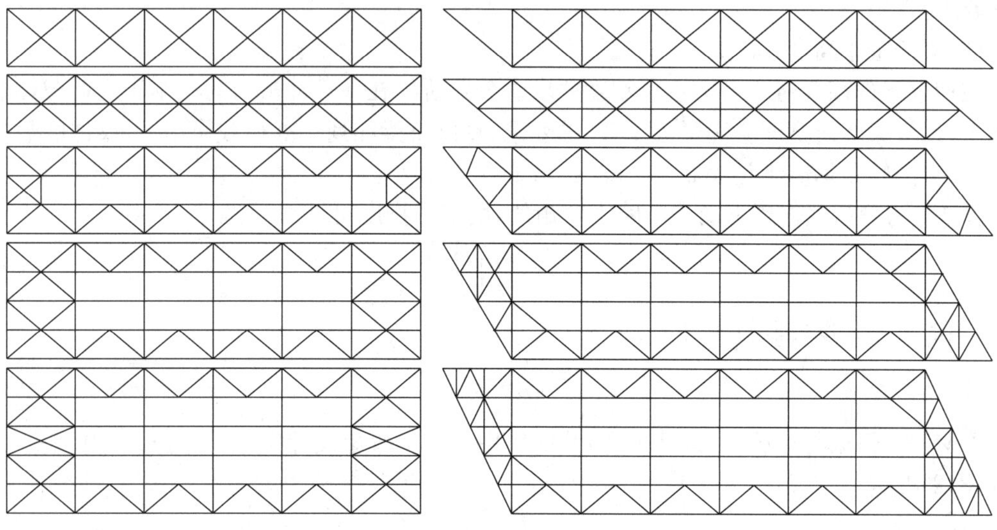

图 3.14　纵向联结系结构形式

3.3 主梁设计

3.3.1 设计总论

上承式钢板梁桥是由主梁、上平纵联、下平纵联、端横联(梁)和中间横联(梁)等组成的空间结构,在荷载作用下共同工作。作用在钢板梁桥上的荷载主要有:竖向荷载(恒载+活载)和横向荷载[包括风力、列车摇摆力(对铁路桥),在弯道桥则还有离心力]。

将桥跨结构作为空间结构进行内力分析往往比较复杂,在设计实践中通常采用简化的设计方法,即将桥跨结构划分成若干个平面结构,每个平面结构只承受作用在该平面上的力。根据这个假定,竖向荷载由主梁承受,荷载经主梁传给支座。横向荷载由上、下平纵联承受,设计时,将上平纵联视作一个简支的水平桁架,两端支撑在端横联(梁)上。主梁上翼缘是该桁架的弦杆,上平纵联的斜杆和横撑是该桁架的腹杆。同时,将下平纵联也看作一个简支的水平桁架,它是由主梁的下翼缘和下平纵联的斜杆和横撑所组成。以铁路上承式钢板梁桥为例,作用于上平纵梁的横向力包括:列车、桥面、主梁上半部分所受的风力,以及列车摇摆力。作用在下平纵联的横向力只有主梁的下半部风力。由下平纵联传至主梁两端的横向反力将直接传给支座。由上平纵联传到梁两端的横向反力将通过端横联(梁)再传给支座,此时中间横联(梁)只起到加强整个桥梁抗扭刚度与调整不同主梁之间不均匀荷载的作用。当桥上不设下平纵联时,主梁所受全部风力都是通过上平纵联传递给端横联(梁),此时中间横联(梁)起到了将主梁下边所受风力传递到上平纵联的作用。

3.3.2 主梁截面设计

1. 梁的高度和腹板高度

梁的高度是钢板梁截面设计首先要决定的一个主要尺寸,确定梁高 h 要考虑 3 个因素:

(1)梁的最大高度 $h_{\max}$

线路标高、桥下通航、泄洪等要求往往给出了桥梁的最大高度 $h_{\max}$,钢板梁设计时必须满足此要求。

(2)梁的最小高度 $h_{\min}$

在初选梁的高度时应考虑主梁刚度要求。公路桥梁在不计冲击力的汽车车道荷载标准值作用下,钢板梁竖向挠度应满足表 2.30 的要求;铁路桥梁在列车静荷载作用下,梁体的竖向挠度、梁端竖向转角均应满足表 2.34～表 2.37 的要求。

设 M_k 为静活载作用下简支梁跨中弯矩值,则跨中挠度可近似写为

$$v \approx \frac{M_k l^2}{10EI_x} \tag{3.1}$$

同时,梁的抗弯强度的验算条件为

$$\frac{M}{W_x} \leqslant f \tag{3.2}$$

式中　M——恒载与活载(计入冲击力)共同作用下跨中弯矩设计值,估算为 $M=\beta M_k$。

则式(3.2)改为

$$\frac{M_k}{W_x} \leqslant \frac{f}{\beta} \tag{3.3}$$

因 $I_x=W_x \cdot h/2$，再将式(3.3)改写为

$$\frac{M_k}{I_x}\leqslant\frac{2f}{\beta h} \tag{3.4}$$

考虑 $v/l\leqslant[v]/l=1/n$，设抗弯强度与刚度均达到极限状态，综合式(3.1)与式(3.4)可得最小梁高为

$$h_{\min}=\frac{nfl}{5\beta E} \tag{3.5}$$

(3)经济梁高 h_e

一定的荷载作用下，梁的截面高度取得大时，梁截面的腹板以及腹板加劲肋所用钢材将增加，而翼缘板的面积将减小。因此，理论上可推导出一个梁的高度使整个梁的用钢量为最小，这个梁高称为经济梁高h_e。目前根据设计实践经验经常采用的经济梁高公式为

$$h_e=(7\sqrt[3]{W_x}-30)\ \text{cm} \tag{3.6}$$

式中，$W_x=\dfrac{M}{f}\left(\text{或 } W_x=\dfrac{M}{\varphi_b f}\right)$，单位为$\text{cm}^3$。

具体设计时，通常先按式(3.6)求出 h_e，取腹板的高度 $h_w\approx h_e$，而估计梁高并使其满足：

$$h_{\min}<h<h_{\max}$$

为了便于备料，h_w 宜取为 50 mm 或 100 mm 的倍数。

2. 腹板厚度 t_w

当腹板高度确定后，腹板的厚度可以根据主梁的抗剪强度和腹板局部稳定性确定。对于钢板梁桥，腹板的剪应力一般较小，腹板厚度多数由稳定性控制设计。采用加劲肋设计可以有效地减小腹板厚度。采取不同的加劲肋设计时，腹板的最小厚度见表 3.1。当跨径小于 40 m 时，腹板厚度一般为 8～12 mm。

表 3.1　钢板梁腹板最小厚度

钢材品种	Q235 钢	Q345 钢	备　注
不设横向加劲肋及纵向加劲肋时	$\frac{\eta h_w}{70}$	$\frac{\eta h_w}{60}$	—
仅设横向加劲肋，但不设纵向加劲肋时	$\frac{\eta h_w}{160}$	$\frac{\eta h_w}{140}$	—
设横向加劲肋和一道纵向加劲肋时	$\frac{\eta h_w}{280}$	$\frac{\eta h_w}{240}$	纵向加劲肋位于距受压翼缘 $0.2h_w$ 附近
设横向加劲肋和两道纵向加劲肋时	$\frac{\eta h_w}{310}$	$\frac{\eta h_w}{310}$	纵向加劲肋位于距受压翼缘 $0.14h_w$和 $0.36h_w$附近

注：1. h_w 为腹板计算高度，对焊接梁为腹板的全高，对铆接梁为上、下翼缘角钢内排铆钉线的间距；

2. η 为折减系数，$\eta=\sqrt{\dfrac{\tau}{f_{vd}}}$，但不得小于 0.85，$\tau$ 为基本组合下的腹板剪应力。

3. 翼缘板的尺寸

确定翼缘板的尺寸时，常先估算每个翼缘所需的截面积 A_f。

梁截面的惯性矩

$$I_x=\frac{1}{12}t_w h_w^3+2A_f\cdot\left(\frac{h_1}{2}\right)^2$$

式中　h_1——上下翼缘板形心间的距离，在推导估计公式时，可近似取 $h_1=h_w=h$，因而可得梁截面弹性截面模量 W_x 为

$$W_x=\frac{I_x}{h/2}\approx\frac{1}{6}t_w h_w^2+A_f h_w$$

即

$$A_f=\frac{W_x}{h_w}-\frac{1}{6}t_wh_w$$

此近似公式常用于估计每个翼缘所需截面积。对于焊接板梁，$A_f=b_ft_f$，因而在求得 A_f 之后，设定 b_f(或 t_f)即可求得 t_f(或 b_f)。另外，确定翼缘板的尺寸时还应符合下列要求：

①焊接板梁受压翼缘的伸出肢宽不宜大于 40 cm，也不应大于其厚度的 $12\sqrt{345/f_y}$ 倍，受拉翼缘的伸出肢宽不应大于其厚度的 $16\sqrt{345/f_y}$ 倍。翼缘板的面外惯性矩宜满足下式要求：

$$0.1\leqslant\frac{I_{yc}}{I_{yt}}\leqslant10$$

式中　I_{yc}，I_{yt}——受压翼缘和受拉翼缘对竖轴的惯性矩。

当用外贴翼缘钢板时，其纵向截断点应延至理论截断点以外，并将板端沿板宽方向做成不大于 1∶2 的斜角，如图 3.15 所示。

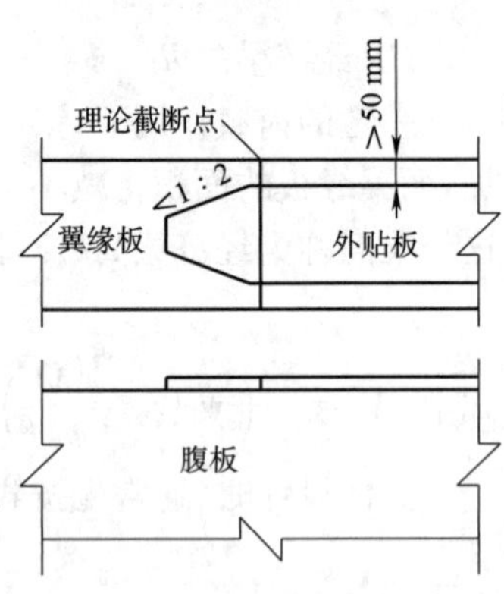

图 3.15　外贴翼缘钢板构造图

②组成翼缘截面的板不宜超过两块。

③当纵向加劲肋连续时，应将其计入有效截面中。

主梁的翼缘与腹板的连接可采用角焊缝，腹板两侧的有效焊缝厚度之和应大于腹板厚度，也可以将翼缘板与腹板的连接采用全焊透焊缝。

3.3.3　主梁加劲肋设置

1. 加劲肋的布置

为了保证腹板不失去局部稳定性，应在腹板上设置加劲肋。根据钢板梁腹板的高厚比 h_w/t_w 大小与所受荷载情况，通常采用横向加劲肋和纵向加劲肋。横向、纵向加劲肋与腹板一般采用角焊缝连接，角焊缝应对称布置，只要满足最小焊缝尺寸的要求即可，通常为 4～6 mm。纵向加劲肋通常是单侧布置，可以与横向加劲肋设置在腹板同一侧或设置在不同侧。加劲肋通常设置在主梁之间，这样不影响桥梁的美观。钢板梁的加劲肋多采用平板形、T 形和倒 L 形的开口加劲肋，也可以选择刚度较大的闭口加劲肋，如图 3.16 所示。

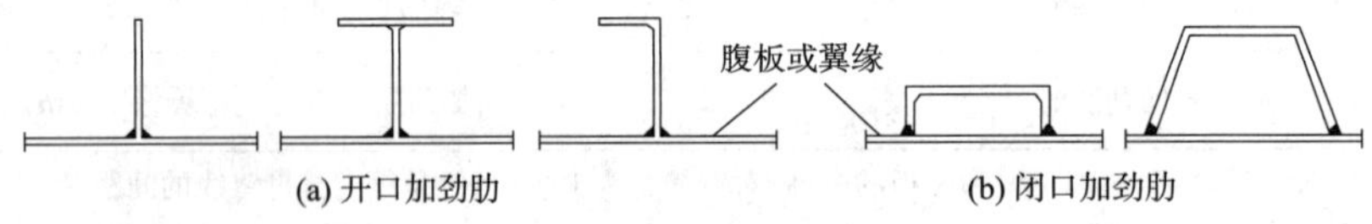

图 3.16　加劲肋的类型

根据表 3.1，加劲肋的布置方式如下(以 Q345 钢材为例)：

①当 $\frac{\eta h_w}{t_w}\leqslant60$ 时，不设横向加劲肋及纵向加劲肋。

②当 $60<\frac{\eta h_w}{t_w}\leqslant140$ 时，仅设横向加劲肋，不设纵向加劲肋。

③当 $140<\frac{\eta h_w}{t_w}\leqslant240$ 时，设横向加劲肋和一道纵向加劲肋[纵向加劲肋位于受压翼缘 $0.2h_w$ 附近，见图 3.17(a)]。

④当 $240<\frac{\eta h_w}{t_w}\leqslant 310$ 时，设横向加劲肋和两道纵向加劲肋[纵向加劲肋位于受压翼缘 $0.14h_w$ 和 $0.36h_w$ 附近，见图 3.17 (b)]。

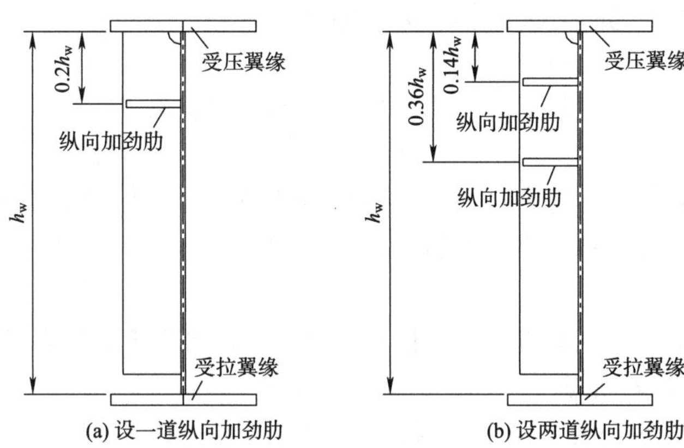

图 3.17　加劲肋的布置方式

为了保证被加劲肋分割的腹板各区格的局部稳定性，腹板横向加劲肋的间距 a 不得大于腹板高度 h_w 的 1.5 倍，并满足下列要求：

①不设纵向加劲肋时，横向加劲肋的间距 a 应该满足下式要求：

$$\left(\frac{h_w}{100t_w}\right)^4\left[\left(\frac{\sigma}{345}\right)^2+\left(\frac{\tau}{77+58\ (h_w/a)^2}\right)^2\right]\leqslant 1\quad\left(\frac{a}{h_w}>1\right)$$

$$\left(\frac{h_w}{100t_w}\right)^4\left[\left(\frac{\sigma}{345}\right)^2+\left(\frac{\tau}{58+77\ (h_w/a)^2}\right)^2\right]\leqslant 1\quad\left(\frac{a}{h_w}\leqslant 1\right)$$

②设置一道纵向加劲肋时，横向加劲肋的间距 a 应该满足下式要求：

$$\left(\frac{h_w}{100t_w}\right)^4\left[\left(\frac{\sigma}{900}\right)^2+\left(\frac{\tau}{120+58\ (h_w/a)^2}\right)^2\right]\leqslant 1\quad\left(\frac{a}{h_w}>0.8\right)$$

$$\left(\frac{h_w}{100t_w}\right)^4\left[\left(\frac{\sigma}{900}\right)^2+\left(\frac{\tau}{90+77\ (h_w/a)^2}\right)^2\right]\leqslant 1\quad\left(\frac{a}{h_w}\leqslant 0.8\right)$$

③设置两道纵向加劲肋时，横向加劲肋的间距 a 应该满足下式要求：

$$\left(\frac{h_w}{100t_w}\right)^4\left[\left(\frac{\sigma}{3\ 000}\right)^2+\left(\frac{\tau}{187+58\ (h_w/a)^2}\right)^2\right]\leqslant 1\quad\left(\frac{a}{h_w}>0.64\right)$$

$$\left(\frac{h_w}{100t_w}\right)^4\left[\left(\frac{\sigma}{3\ 000}\right)^2+\left(\frac{\tau}{140+77\ (h_w/a)^2}\right)^2\right]\leqslant 1\quad\left(\frac{a}{h_w}\leqslant 0.64\right)$$

式中，t_w 为腹板厚度；σ 为作用基本组合下的受压翼缘处腹板正应力(MPa)；τ 为作用基本组合下的腹板剪应力(MPa)。

加劲肋必须具有足够的弯曲刚度以满足腹板屈曲时加劲肋作为腹板的支承要求，即加劲肋应使该处的腹板在屈曲时基本无腹板平面外的位移。横向与纵向加劲肋应满足以下要求：

①腹板横向加劲肋惯性矩应满足下式要求：

$$I_t\geqslant 3h_w t_w^3$$

式中　I_t——单侧设置横向加劲肋时，加劲肋对与腹板连接线的惯性矩，双侧对称设置横向加劲肋时，加劲肋对腹板中心线的惯性矩。

②腹板纵向加劲肋惯性矩应满足下式要求：

$$I_l\geqslant \xi_l h_w t_w^3$$

$$\xi_l=\left(\frac{a}{h_w}\right)^2\left[2.5-0.45\left(\frac{a}{h_w}\right)\right]\leqslant 1.5$$

式中 I_l——单侧设置纵向加劲肋时，加劲肋对与腹板连接线的惯性矩，双侧对称设置纵向加劲肋时，加劲肋对腹板中心线的惯性矩；

a——腹板横向加劲肋的间距。

加劲肋设计时，除应满足上述截面尺寸要求外，尚应符合以下对焊接钢板梁加劲肋的构造要求：

(1)为了避免焊缝过于接近，造成焊接热影响区和应力集中区的重叠而导致结构产生脆性破坏，与腹板对接焊缝平行的横向加劲肋，到对接焊缝的距离不应小于 10 t_w(t_w 为腹板厚度)或不小于 100 mm。

(2)为了保证加劲肋及其焊缝的连续性，且便于制造，与腹板对接焊缝相交的纵向加劲肋及其焊缝应连续通过腹板焊缝。

(3)为了避免焊缝三条交叉，减小焊接残余应力，横向加劲肋与翼缘板和腹板的焊接处，应将横向加劲肋端部切去不大于 5 倍腹板厚度的斜角，使翼缘板与腹板的焊缝连续通过。

(4)当纵向加劲肋与横向加劲肋相交时，横向加劲肋宜连续通过，两者相交处宜焊接或栓接。

以上是《公路钢结构桥梁设计规范》(JTG D64—2015)关于加劲肋的相关规定，铁路简支钢板梁腹板中间竖向加劲肋(对应公路钢桥的横向加劲肋)和水平加劲肋(对应公路钢桥的纵向加劲肋)的设置应符合下列规定：

(1)当 $h/\delta\leqslant 50$ 时，可不设置中间竖向加劲肋。其中，h 为板梁腹板计算高度，焊接板梁为腹板全高，铆接板梁为两翼缘角钢最近铆钉线的距离；δ 为腹板厚。

(2)当 $140\geqslant h/\delta>50$ 时，应设置中间竖向加劲肋，其间距 α 应小于等于 $950\delta/\sqrt{\tau}$，且不应大于 2 m。其中，τ 为检算板段处的腹板平均剪应力，$\tau=V/h\delta$，V 为板段中间截面处的剪力。

(3)当 $250\geqslant h/\delta>140$ 时，除设置竖向加劲肋外，还应在距压翼缘(1/4～1/5)h 处设置水平加劲肋。

(4)当仅用竖向加劲肋加强腹板时，则成对设置的中间竖加劲肋的每侧宽度不应小于 $\left(\frac{h}{30}+0.04\right)$(以 m 计)。

(5)当用竖向加劲肋和水平加劲肋加强腹板时，竖向加劲肋的截面惯矩不应小于 $3h\delta^3$；水平加劲肋的截面性惯矩不应小于 $h\delta^3\left[2.4\left(\frac{\alpha}{h}\right)^2-0.13\right]$，且不应小于 $1.5h\delta^3$。

(6)加劲肋伸出肢的宽厚比不应大于 15。

(7)当采用单侧加劲肋时，则其截面对于按腹板边线为轴线的惯性矩不应小于成对加劲肋对腹板中心的截面惯性矩。

2. 支承加劲肋

支承加劲肋是指承受集中荷载或者支座反力的横向加劲肋，并且应在腹板两侧成对设置，其宽度宜与梁的翼缘板平齐。钢板梁支承处和外力集中作用处，局部应力较大，钢板梁腹板会出现屈曲现象，因此在支承处设置的支承加劲肋应有足够的刚度，加劲肋(下)端面应打平磨光并与钢板梁下翼缘板顶紧、焊接；在外力集中处设置的腹板加劲肋应与钢板梁上翼缘板焊接，但对焊接钢板梁，加劲肋不得与钢板梁受拉翼缘板直接焊接。

(1) 稳定性计算

腹板和支承加劲肋在竖向集中荷载作用下，有可能出现失稳现象，所以一般按承受集中荷载的轴心受压构件对支承加劲肋进行稳定性验算，计算时取腹板的一部分与加劲肋共同受力。腹板参与共同受力的范围因钢材品种不同而有所变化，设计时为了简化计算，统一规定为 24 倍板厚，即在支承加劲肋两侧的腹板上各取 $12t_w$（t_w 为腹板厚度）与支承加劲肋组成轴心受压构件。受压杆的压应力沿高度的分布近似为三角形分布（图 3.18），取腹板最下缘处的最大有效断面平均压应力进行验算。因此，支承加劲肋连同其附近腹板在腹板平面外的失稳应按式(3.7)验算（其稳定系数近似取为 0.5）。

$$\frac{\gamma_0 R_v}{A_s + B_{ev} t_w} \leqslant 0.5 f_d \tag{3.7}$$

式中　γ_0——结构重要性系数；

R_v——支座反力设计值；

A_s——支承加劲肋面积之和；

t_w——腹板厚度；

B_{ev}——腹板稳定性验算有效宽度，如图 3.18 所示：当设置一对支承加劲肋，并且加劲肋距梁端距离不小于 12 倍腹板厚度 t_w 时，有效计算宽度按 $B_{ev}=24t_w$ 计算，当其小于 $12t_w$ 时，按实际腹板宽度计算左侧计算宽度，右侧仍按 $12t_w$ 计算；设置多对支承加劲肋时，按求得的有效计算宽度之和计算，但相邻支承加劲肋之间的腹板有效计算宽度不得大于加劲肋间距，即按下式计算

$$B_{ev}=\begin{cases}(n_s-1)b_s+24t_w & (b_s<24t_w)\\ 24n_s t_w & (b_s \geqslant 24t_w)\end{cases}$$

其中　n_s——支承加劲肋对数，

b_s——支承加劲肋间距（设置多对支承加劲肋时）。

(2) 端面局部承压强度计算

支承加劲肋除按轴心受压构件进行稳定验算外，还要验算它与翼缘接触处的支承压应力，即按所承受的支座反力或集中荷载计算支承加劲肋端面局部承压强度。当支承加劲肋端部刨平顶紧于梁翼缘时，其端面局部承压强度应满足

$$\frac{\gamma_0 R_v}{A_s + B_{eb} t_w} \leqslant f_{cd} \tag{3.8}$$

式中　B_{eb}——腹板局部承压有效计算宽度，$B_{eb}=B+2(t_f+t_b)$，其中 B 为上支座宽度，t_f 为下翼缘板厚度，t_b 为支座板厚度，考虑支座反力自垫板下缘至下翼缘与腹板交界处厚度范围内的 45°扩散作用，如图 3.19 所示；

f_{cd}——端面承压强度设计值。

如果端部为焊接时，还应计算焊缝应力。支承加劲肋与腹板的连接焊缝或其端部与翼缘的焊缝，应按承压的支座反力或集中荷载计算，计算时可假定应力沿焊缝全长均匀分布。

铁路钢板梁应在端支承和其他传递集中外力处设置成对的竖向加劲肋，加劲肋的伸出肢应与梁的支承翼缘磨光顶紧。加劲肋的设置还应符合下列规定：

①支承加劲肋的伸出肢宽厚比不应大于 12。

②支承加劲肋应按压杆设计，其截面为加劲肋加每侧不大于 15 倍腹板厚的腹板，计算长度为支承处横向联结系上、下两节点间距的 0.7 倍。

③支承加劲肋应检算其伸出肢与翼板顶紧部分的支承压力。

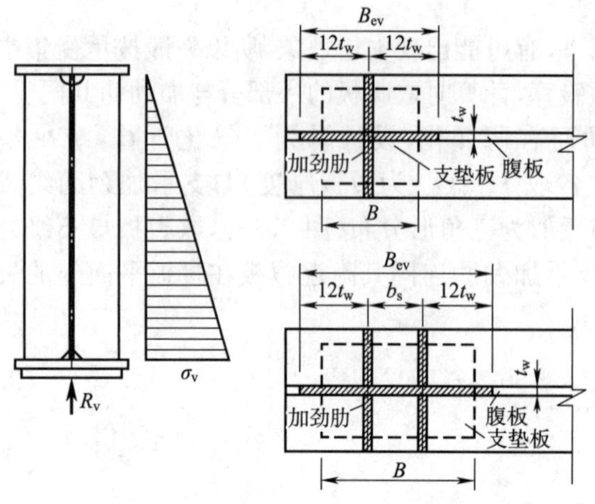

图 3.18　腹板稳定性验算有效计算宽度

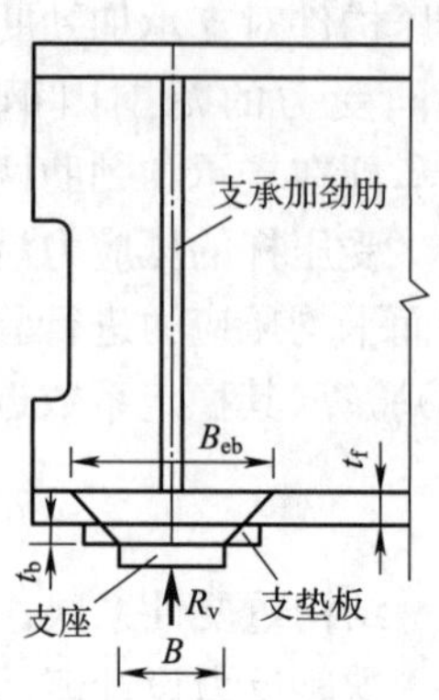

图 3.19　腹板局部承压有效计算宽度

3.3.4　主梁的截面变化

为了减少用钢量，应该根据弯矩的大小调整主梁截面。调整主梁截面的方法有改变梁高、翼缘板板厚和宽度。增加梁高是增大截面抗弯惯性矩的最有效方法，在大中跨径混凝土桥梁中广泛应用。但是对于钢板梁桥，由于跨径不大(通常<60 m)，且变梁高的钢板梁制作、运输和安装非常麻烦，特别是顶推法施工时要求采用等梁高。因此，钢板梁桥很少采用变梁高的设计方法，而是采用改变翼缘板厚和宽度的方法。

从减轻梁重的角度，截面变化多一些好，但是加工制作工作量大，而且对接焊缝多，对主梁受力不利。因此，截面变化的数量和位置的确定应该综合考虑主梁的弯矩变化大小、加工制作工作量和连接位置的受力等。当跨径较大、截面弯矩变化大时，截面变化的数量可以多一些，但是从加工制作的角度，同一截面的最小长度不宜太短，一般不小于 3 m，截面变化位置应该尽可能设置在工地连接位置，不同板厚的翼缘板高强螺栓连接采用填板调整，如图 3.20 所示。

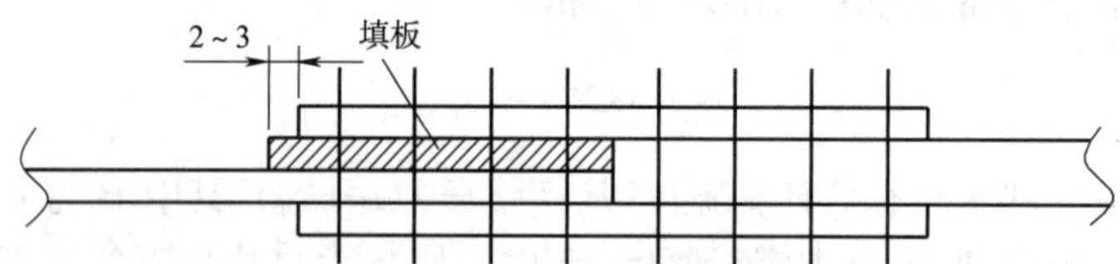

图 3.20　翼缘板高强螺栓连接填板(单位：cm)

3.3.5　主梁的拼接

1. 拼接设计基本原则

构件因钢材的长度或宽度不够需接长或加宽，凡在钢结构制造厂进行拼接的称为工厂拼接。因构件的运输条件或吊装条件限制，需将构件分段制作，运到工地后在地面拼接或吊至高空在空中进行拼接，统称为工地拼接。拼接的构造和设置因构件类型、制造条件、运输及吊装条件不同而多种多样，但其设计原则具有普遍意义，具体如下：

①构件各组成板件都必须有各自的拼接板件和拼接连接，使传力均匀和直接。主梁拼接时，翼缘板和腹板都需有各自的拼接。

②构件各组成或板件的拼接，当为工厂拼接时，应根据钢材供应情况错开分散在各截面处；而在工地拼接时，为了便于分段运输或分段吊装，拼接应集中在一个截面处或一个截面附近。

③拼接设计的内容包括：拼接位置的确定、拼接件的配置及截面尺寸的选定、拼接连接的布置及计算等。拼接设计中一种是按原截面的最大强度进行，使拼接与原截面等强度；另一种是按拼接所在截面的实际最大内力设计值进行。

④拼接的设计应便于制造和安装。例如高空拼接常因不便于焊接而采用高强螺栓连接；所有工地拼接当采用焊接连接时，都应考虑安装定位的措施，如设置定位的安装螺栓或定位的零件等，以保证焊接时的位置正确。

2. 焊接拼接

钢板梁的主梁拼接可采用焊接连接与高强螺栓连接两种方式。当采用焊接连接时，应采用全熔透焊，坡口根据板厚确定。这种拼接最为经济，除焊缝外不需要其他拼接件，不但节省钢材，而且传力直接。当对接焊缝的质量应符合一、二级要求时，拼接与原截面等强。为了避免焊缝密集而使钢材性能受到影响，应使翼缘板拼接焊缝与腹板拼接焊缝错开距离不宜小于10 倍腹板厚度，且拼接不应布置在应力最大位置，如图 3.21 所示。

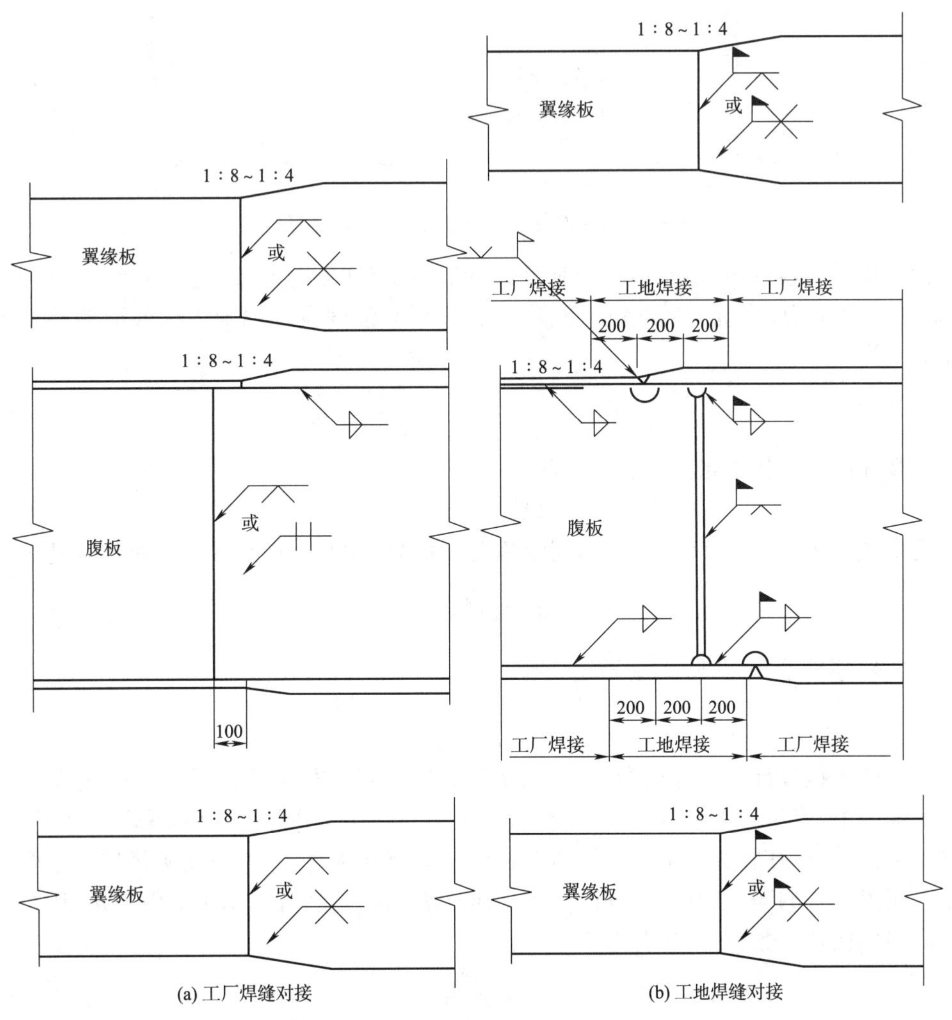

图 3.21　主梁焊缝对接

3. 高强螺栓拼接

考虑到工地焊接质量难以保证以及拼装困难，可采用高强螺栓摩擦型连接的工地拼接。主梁连接处受弯矩 M 与剪力 Q 作用。弯矩 M 可以近似地分解为作用于翼缘的力偶 $M_f = N_f h$ 和作用于腹板的弯矩 M_w，翼缘板主要承受轴力 N_f。由于翼缘板承担的剪力很小，剪力 Q 主要由腹板承担，为简化计算，工程设计中通常假设主梁剪力全部由腹板承担。同时腹板还要承受腹板所分配到的那部分弯矩 M_w。因此，主梁连接的设计计算可以分解为翼缘板的连接计算和腹板的连接计算。

如图 3.22 所示，腹板高为 h_w，腹板厚为 t_w，腹板受压区与受拉区高度分别为 y_{wc} 和 y_{wt}，受压翼缘的宽度与厚度分别为 b_{fc} 与 t_{fc}，受拉翼缘的宽度与厚度分别为 b_{ft} 与 t_{ft}，则受压翼缘面积为 $A_{fc} = b_{fc} t_{fc}$，受拉翼缘面积为 $A_{ft} = b_{ft} t_{ft}$，截面惯性矩 I 为

$$I = I_f + I_w; \quad I_f \approx A_{fc} y_{wc}^2 + A_{ft} y_{wt}^2; \quad I_w = \frac{1}{3} y_{wc}^3 t_w + \frac{1}{3} y_{wt}^3 t_w \tag{3.9}$$

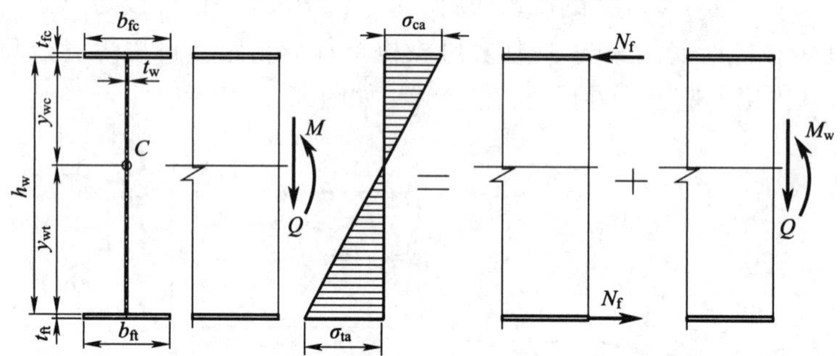

图 3.22 主梁翼缘板与腹板连接的荷载分摊

假设主梁截面容许拉应力(或抗拉强度设计值)和容许压应力(或抗压强度设计值)分别为 σ_{ut} 和 σ_{uc}，容许剪应力(或抗剪强度设计值)为 τ_u，根据等强度设计原则主梁截面能够承担的最大弯矩 M_m 为

$$M_m = \min\left\{\frac{I}{y_{wc} + t_{fc}} \sigma_{uc}, \frac{I}{y_{wt} + t_{ft}} \sigma_{ut}\right\} \tag{3.10}$$

主梁截面能够承担的最大剪力 Q_m 为

$$Q_m = h_w t_w \tau_u \tag{3.11}$$

当主梁截面承受弯矩 M_m 作用时，翼缘板与腹板分担的弯矩 M_f 和 M_w 可以表达为

$$M_f = \frac{I_f}{I} M_m, M_w = \frac{I_w}{I} M_m \tag{3.12}$$

相应的翼缘板承受的轴力 N_f 为

$$N_f = \frac{M_f}{h_w + (t_{fc} + t_{ft})/2} \approx \frac{M_f}{h_w} \tag{3.13}$$

翼缘板的连接设计包括螺栓数量计算、螺栓布置和拼接板尺寸设计。高强度螺栓在满足受力要求情况下，应尽可能布置紧凑，减小拼接板尺寸。通常，翼缘板外侧采用一块拼接板，其宽度和翼缘板同宽，在腹板侧采用两块拼接板两边与翼缘板对齐，同时要满足拼接板净截面积不低于对应翼缘板的净截面面积(铁路规范要求前者面积是后者的 1.1 倍以上)。接头一侧的翼缘板高强螺栓最小数目 m 由式(3.14)确定。

$$m \geqslant \frac{N_f}{N_v^b} \tag{3.14}$$

式中 N_v^b——单个摩擦型连接的高强度螺栓的抗剪承载力，此处为双摩擦面高强度螺栓。

腹板连接设计包括螺栓数量计算、螺栓布置和拼接板尺寸的设计。图 3.23 中腹板常用的高强度螺栓连接的螺栓布置方式：当受弯拼接板与受剪拼接板分开设置时，称为分离式腹板[图 3.23(a)]；当拼接板同时传递弯矩与剪力时，称为一体式腹板[图 3.23(b)]。

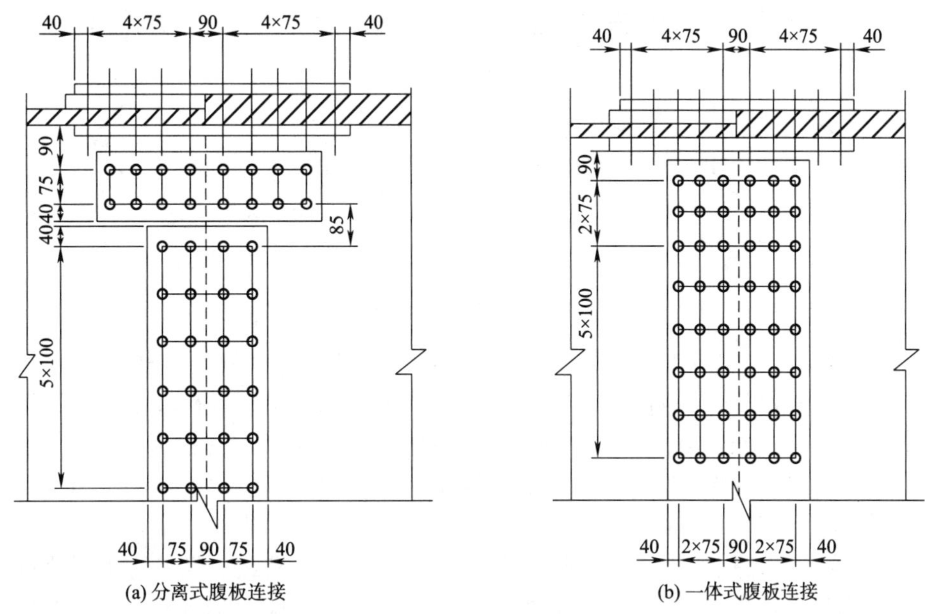

图 3.23　腹板高强度螺栓连接(单位：mm)

分离式腹板的设计思想是：假设腹板的弯矩 M_w 完全由靠近翼缘板的弯矩拼接板承担，剪力 Q_m 由中间部分的剪力拼接板承担。于是，可得弯矩拼接板承受的轴力为

$$N_{wm}=\frac{M_w}{h_{wm}} \tag{3.15}$$

式中　h_{wm}——上下两块弯矩拼接板的中心距离。弯矩拼接板单侧的高强度螺栓最小数量 m_m 由式(3.16)确定。

$$m_m \geqslant \frac{N_{wm}}{N_v^b} \tag{3.16}$$

腹板剪力 Q_m 假设由剪拼接板的高强度螺栓平均分摊，剪力拼接板单侧所需要的高强度螺栓最小数量为

$$m_s \geqslant \frac{Q_m}{N_v^b} \tag{3.17}$$

同时，根据等强度原则对拼接板进行设计，要求弯矩拼接板对于中性轴的抗弯惯性矩 I_m 不小于腹板抗弯惯性矩 I_w。要求剪力拼接板的截面积不小于腹板截面积，即剪力拼接板的厚度 t_{ss} 应满足下列要求：

$$t_{ss} \geqslant \frac{t_w h_w}{2h_{ss}} \tag{3.18}$$

式中　t_w——腹板厚度；

h_w——腹板高度；

h_{ss}——剪力拼接板高度；

t_{ss}——剪力拼接板厚度。

剪力拼接板的宽度,根据螺栓的列数由构造确定;在满足施工误差调整和板边缘最小边距要求的条件下,尽可能减小拼接板的尺寸。

此外,因为剪力拼接板最外缘的高强螺栓不但承受剪力也会承担一定的弯矩,所以要验算该处螺栓在剪力与弯矩产生的合力 N_b 是否满足单个螺栓的抗剪承载力要求,即

$$N_b=\sqrt{N_{bx}^2+N_{by}^2}\leqslant N_v^b \tag{3.19}$$

式中 N_{by}——剪力产生单个螺栓的竖向剪力;

N_{bx}——弯矩产生单个螺栓的水平剪力,由式(3.20)计算:

$$N_{by}=\frac{Q_m}{m_s},\quad N_{bx}=\max\left\{\frac{M_w y_1}{\sum y_i^2},\cdots,\frac{M_w y_{m_s}}{\sum y_i^2}\right\} \tag{3.20}$$

其中 $\sum y_i^2$——对腹板单侧的弯矩与剪力拼接板的全部螺栓求和;

$y_1,y_2,\cdots,y_{m_s}$——剪力拼接板上各螺栓(m_s 个)到螺栓群中心的竖向距离。

采用一体式腹板连接时,如图 3.23(b)所示,腹板剪力 Q_m 由腹板拼接板的高强度螺栓平均分摊,各螺栓分担竖向剪力,腹板弯矩 M_w 产生的单个螺栓剪力与螺栓到螺栓群中心的竖向距离成正比,各螺栓分担水平剪力。最终最外缘螺栓(最不利的)剪力组合必须满足单个螺栓抗剪承载力要求。

腹板拼接板宽度根据螺栓的列数由构造要求确定,在满足翼缘板螺栓施工最小间距的同时,拼接板的高度尽可能高一些。拼接板的厚度可以根据拼接板的抗弯惯性矩与抗剪面积不低于腹板的原则确定。当拼接板对称布置时,要求

$$t_{ss}\geqslant\frac{t_w}{2}\left(\frac{h_w}{h_{ss}}\right)^3 \text{ 且 } t_{ss}\geqslant\frac{t_w h_w}{2h_{ss}} \tag{3.21}$$

实际上,由于 $h_{ss}\leqslant h_w$,式(3.21)中,前者满足时,后者自然满足。

3.4 联结系的构造与计算

3.4.1 横向联结系的作用与构造

钢板梁由于横向抗弯惯性矩和抗扭惯性矩很小,在竖向面内弯矩、水平力和扭矩作用下容易产生弯扭失稳。因此,一般情况下,钢板梁单根主梁不能单独承受水平力和扭矩等,主梁与主梁之间设置横向联结系,将其联结在一起共同受力。横向联结系的作用具体表现在:①防止主梁侧倾失稳;②起到荷载分配的作用,使得各主梁受力较均匀,防止主梁间相对变形过大导致桥面板受力不利;③与主梁及纵向联结系构成空间桁架抵抗水平荷载;④桥梁安装架设时主梁的定位;⑤抵抗桥梁的扭矩,将扭矩和水平力传递到支座;⑥在桥面板端部起到支承的作用等。对于①~③的作用,横向联结系设置在跨间较为有效;但是对于⑤和⑥的作用,横向联结系设置在支承处较为有效。

为了支承桥面板,支承处横向联结系顶部一般与主梁同高。由于更换支座和检修等需要,横向联结系下缘与墩台帽之间一般要预留一定的间隙,通常端横梁要比主梁高度小 200 mm 以上,具体尺寸要根据支座更换时,临时支承和千斤顶的设置需要而确定。图 3.24 所示为支承处横梁式横向联结系结构,称为端横梁,有加斜撑和不加斜撑两种结构形式。加斜撑结构形式检修较方便,截面尺寸也较小,但构造较为复杂,梁高较大时采用较多。不加斜撑结构形式构造较为简单,比较适合于梁高较小的情况。图 3.25 所示为支承处桁架式横向联结系结构,

称为端横联。桁架式横联结构形式可以减轻自重、便于维修,但刚度比实腹式结构形式小。图 3.26 所示为跨间横梁式横向联结系结构,称为中间横梁,横梁结构形式的刚度大,荷载分配效果好。图 3.27 所示为跨间桁架式横向联结系结构,称为中间横联。桁架式横联结构形式可以减轻自重,但是荷载分配效果相对较差。

当跨径较大、横向联结系数量较多时,一般仅用桁架式横向联结系也能满足荷载横向分配的要求。当横向联结系数量较少时,为了提高横向联结系的刚度,可以采用横梁结构,或者采用横梁与桁架式横联混合布置的结构形式。为了便于施工和养护,跨间横向联结系顶面一般比主梁低 100 mm 以上。

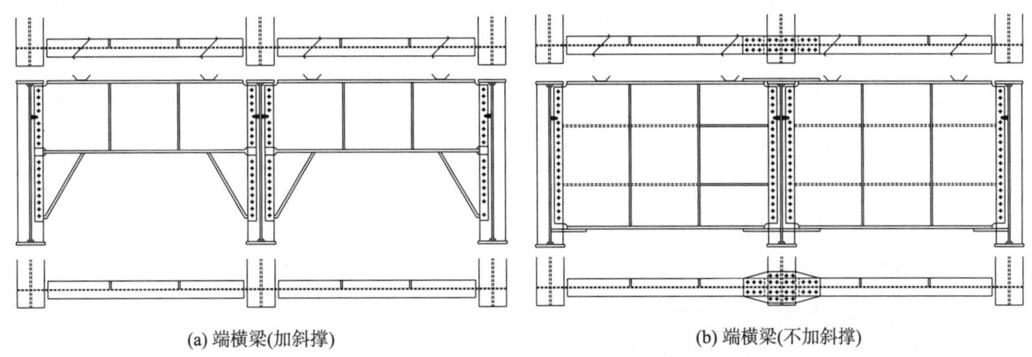

(a) 端横梁(加斜撑)　　(b) 端横梁(不加斜撑)

图 3.24　支承处横梁式横向联结系结构示例

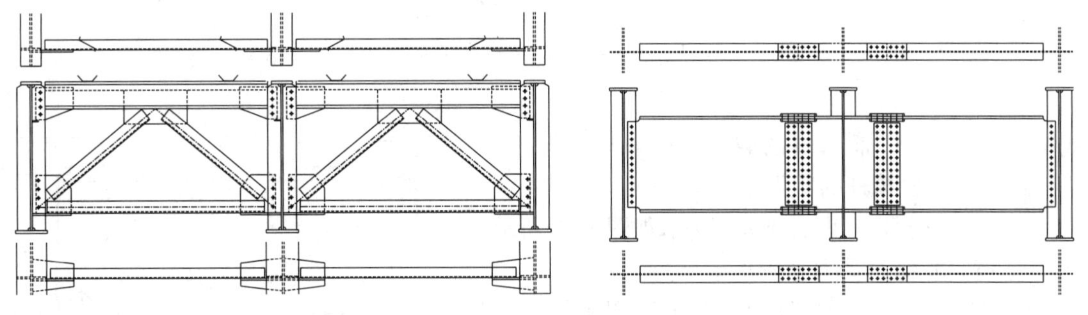

图 3.25　支承处桁架式横向联结系结构示例　　图 3.26　跨间横梁式横向联结系结构示例

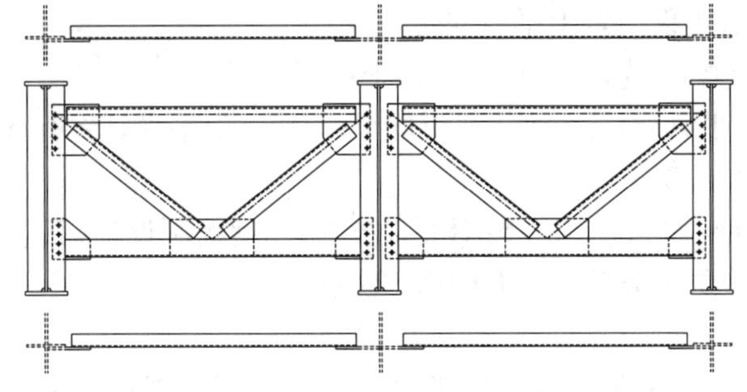

图 3.27　跨间桁架式横向联结系结构示例

3.4.2　横向联结系的设计计算

1. 横向联结系设计思路

横向联结系设计的一般方法为:①根据跨径和主梁布置形式拟定横向联结系的数量与位置;

②根据格子刚度要求设定横向联结系需要的结构形式和最小断面尺寸；③采用桥梁空间计算或平面简化模型分析横向联结系的杆件内力；④验算横向联结系构件的强度、稳定性及刚度等。

2. 横向联结系格子刚度检算

横向联结系的作用之一是荷载横向分配，当横向联结系的刚度、数量及布置较合理时，各个主梁分担的荷载大致较为均匀，即作用于某主梁的竖向荷载由各主梁共同平均分摊。通常用式(3.22)表示的格子刚度 Z 衡量横向联结系的刚度，一般要求 $Z=10\sim20$，即可达到上述设计目的。

$$Z=\left(\frac{l}{2a}\right)^3\frac{I_{Q1}}{I},I_{Q1}=\beta I_Q \tag{3.22}$$

式中　l——主梁跨径；

a——主梁间距；

I_Q,I——横联(梁)及主梁的惯性矩；

I_{Q1}——单根横联(梁)的换算惯性矩；

β——横联(梁)根数修正系数，按下面规定取值：

当中间横联(梁)根数为 1、2 时，$\beta=1.0$；

当中间横联(梁)根数为 3、4 时，$\beta=1.6$；

当中间横联(梁)根数为 5、6 时，$\beta=2.6$。

对于横梁式横向联结系，其抗弯惯性矩 I_Q 按横梁的实际截面参数计算。对于桁架式横向联结系，其抗弯惯矩刚度 I_Q 可以采用换算公式(3.23)计算。

$$I_Q=\frac{4h^2A_1}{9}\times\frac{1}{1+\dfrac{A_1}{3A_2\cos\theta}} \tag{3.23}$$

式中　A_1——上下横撑杆的截面积；

A_2——斜撑杆的截面积；

h——上下横撑杆的中心距离，如图 3.28 所示。

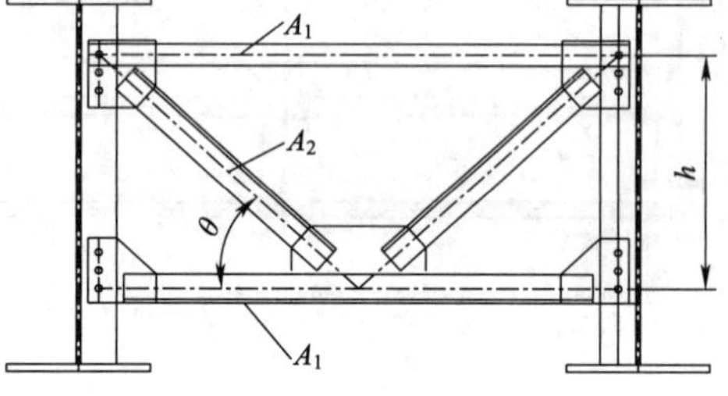

图 3.28　桁架式横向联结系

3. 横向联结系受力分析

当同时设置上、下平纵联时，端横联(梁)将上平纵联传至梁两端的横向反力继续传给支座，而中间横联(梁)无需传递水平荷载；当仅设置上平纵联时，作用于主梁下半部的风力通过中间横联(梁)(认为每个中间横联传递所辖区间的水平风力)传递到上平纵联，从而通过上平纵联将所有水平力传递到主梁两端，最后通过端横联(梁)传至支座。

横梁式横向联结系的杆件应力一般不大，往往由刚度控制设计，只需满足格子刚度要求即可。以下介绍桁架式横向联结系的内力计算方法。

①端横联的杆件内力

将端横联简化为平面桁架模型，假定横联上撑杆、下撑杆、斜杆以及主梁腹板“杆件”之间铰接，下撑杆端节点均为固定约束，横向反力 P 作用于横联桁架模型的左上侧节点，如图 3.29(a)所示。其中横向反力 P 需根据上平纵联的计算图式来确定，如图 3.29(b)所示，w_1 为分摊到主梁上半部水平风力的集度，L 为端横联的间距，横向反力 $P=\frac{1}{2}w_1\times L$。

基于以上计算假定与计算模型可以计算出不同横联形式的杆件内力，详见表 3.2。

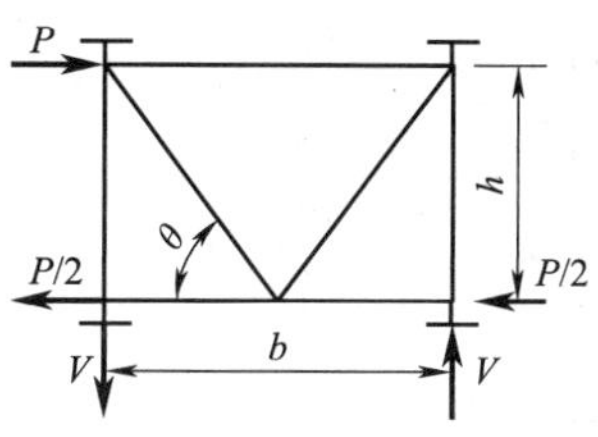

(a) V形桁架端横联计算模型

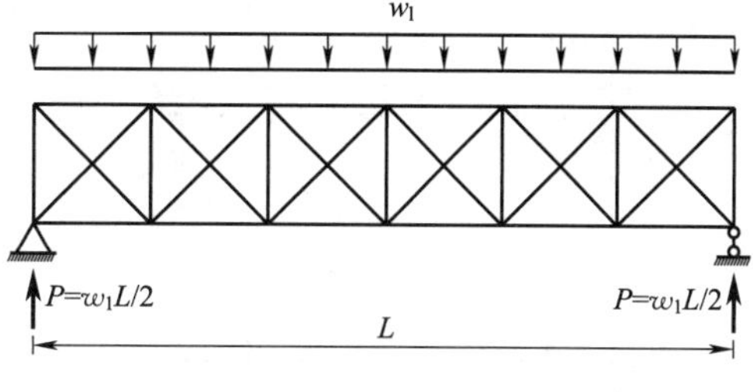

(b) 端横联横向作用力计算模型

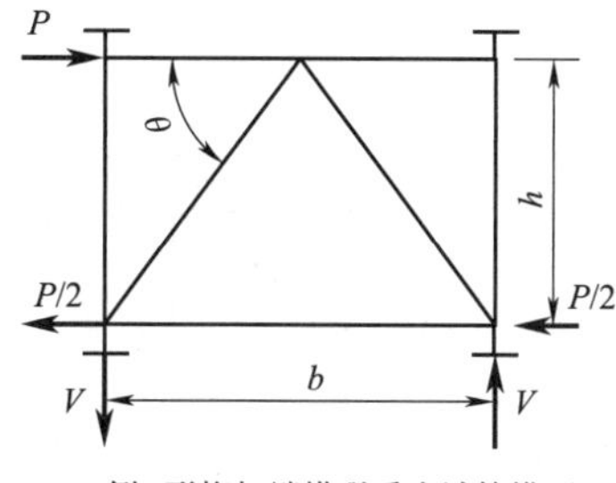

(c) 倒V形桁架端横联受力计算模型

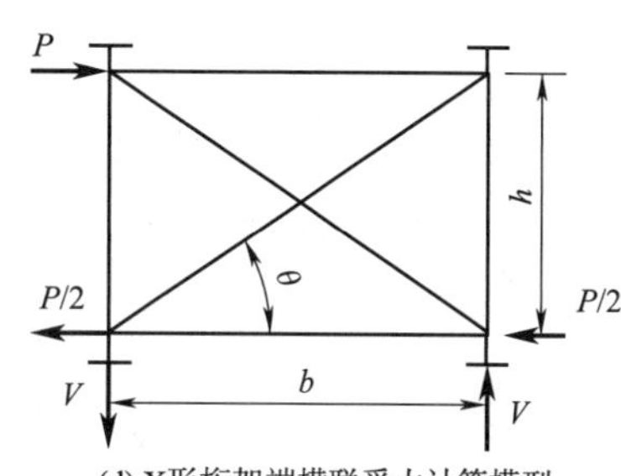

(d) X形桁架端横联受力计算模型

图 3.29　端部横向联结系的受力计算图

表 3.2　桁架式横向联结系各杆件内力

结构形式	V 形桁架	倒 V 形桁架	X 形桁架
上撑杆轴力	$N_u=-P/2$	$N_u=-P$	$N_u=-P/2$
斜杆轴力	$N_d=\pm(P/2)\sec\theta$	$N_d=\pm(P/2)\sec\theta$	$N_d=\pm(P/2)\sec\theta$
下撑杆轴力	$N_l=\pm P/2$	$N_l=0$	$N_l=0$
竖向力	$V=(Ph)/b$	$V=(Ph)/b$	$V=(Ph)/b$

注:图 3.29(d)所示横联形式为超静定结构,表中结果是假定各杆件参数 EA 相同的条件下得出。

②中间横联杆件内力

当不设置下平纵联时,作用于主梁下半部的风力通过中间横联传至上平纵联,此时的计算模型如图 3.30(a)所示,计算假定同上,此时上撑杆端节点设为固定约束,水平荷载 P 作用于下撑杆端节点。$P=a\times w_2$,w_2 为分摊到主梁下半部水平风力的集度,a 为两个相邻横联的间距,如图 3.30(b)所示。同样可以利用表 3.2 可计算出中间横联的杆件内力,注意此时 V 形桁架对应于图 3.29 中的倒 V 形桁架,倒 V 形桁架则对应于图 3.29 中的 V 形桁架。

3.4.3　纵向联结系的作用与构造

纵向联结系的作用为:①将风荷载等水平力传递到支座;②防止主梁下翼缘的侧向变形和横向振动;③与主梁及横向联结系构成空间桁架抵抗水平荷载和扭矩;④桥梁安装架设时主梁的定位。

纵向联结系承受的荷载较小,通常采用角钢和 T 型钢等型钢制作,通过节点板与主梁连接。节点板位于纵向联系平面,焊接于腹板。平纵联杆件通常是在工地拼装时与主梁连接,采用高强螺栓连接于节点板。

图 3.31 为纵向联结系与主梁腹板的连接构造示意图。图 3.31(a)示出平纵联杆件与节点板的竖直平面内的相对关系,为便于安装,通常将平纵联设置于节点板的上侧。纵向联结系、横向

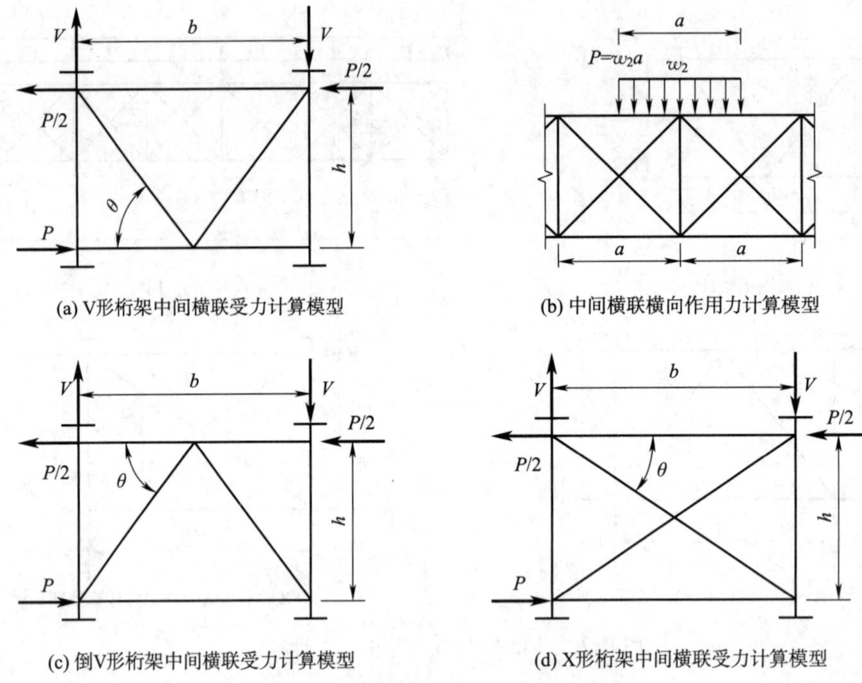

(a) V形桁架中间横联受力计算模型

(b) 中间横联横向作用力计算模型

(c) 倒V形桁架中间横联受力计算模型

(d) X形桁架中间横联受力计算模型

图 3.30　中间横向联结系的受力计算图

联结系和腹板形心尽可能交于一点，不出现偏心[图 3.31(b)、(d)、(e)]。但是无偏心时有可能导致节点板尺寸过大，为了减小节点板的尺寸，有时不得不做成偏心的结构形式[图 3.31(c)]。

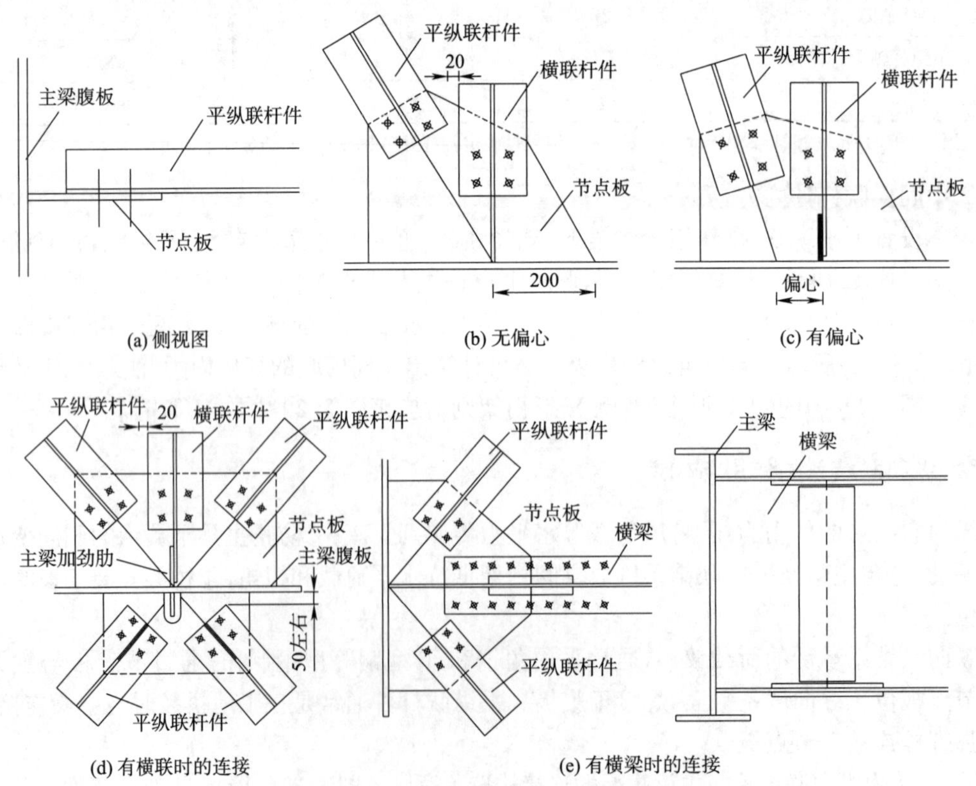

(a) 侧视图

(b) 无偏心

(c) 有偏心

(d) 有横联时的连接

(e) 有横梁时的连接

图 3.31　纵向联结系杆件与主梁腹板的连接(单位:mm)

图 3.32 为纵向联结系连接与主梁纵向加劲肋的关系。由于此处主梁承受负弯矩，故纵向加劲肋布置在腹板下侧。当节点板与纵向加劲肋在同一平面或很接近（100 mm 以下）时，通常将纵向加劲肋断开。节点板距纵向加劲肋较远（100 mm 以上）时，可以平行设置。图 3.33 为纵向联结系连接与主梁横向加劲肋的关系，通常主梁腹板横向加劲肋连续通过。

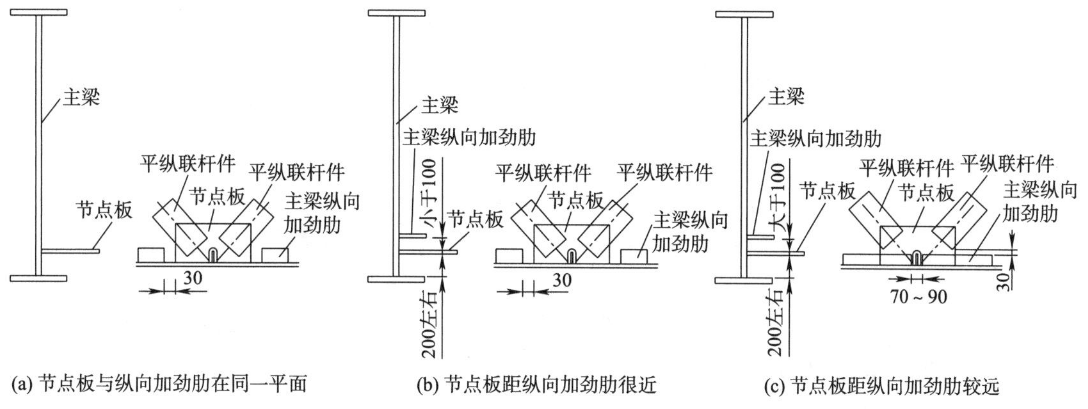

图 3.32　纵向联结系连接与主梁纵向加劲肋的关系（单位：mm）

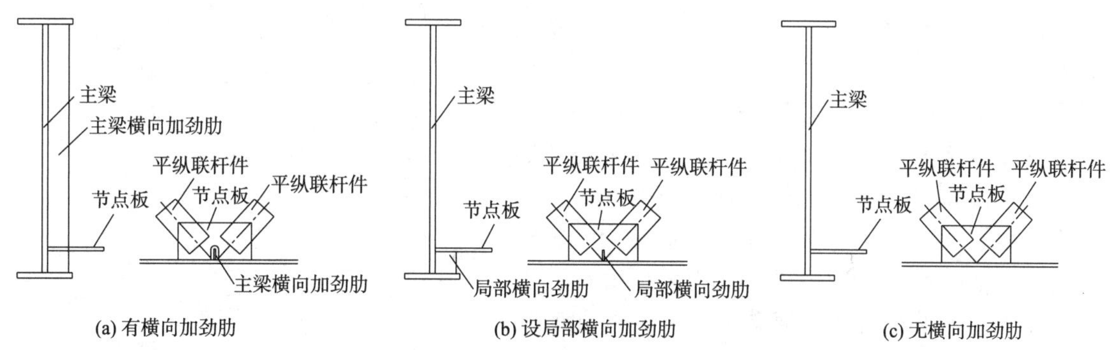

图 3.33　纵向联结系连接与主梁横向加劲肋的关系

纵向联结系杆件相互交叉时，交叉处一般做成相互连接的结构形式。图 3.34(a) 为角钢或 T 型钢的突出肢位于同一侧，将其中一根杆件在连接处截断，借助拼接板将相互交叉的杆件连接在一起。图 3.34(b) 为角钢或 T 型钢的突出肢位于不同侧时，在杆件相互交叉处设置填板，用螺栓连接在一起，杆件连续通过。

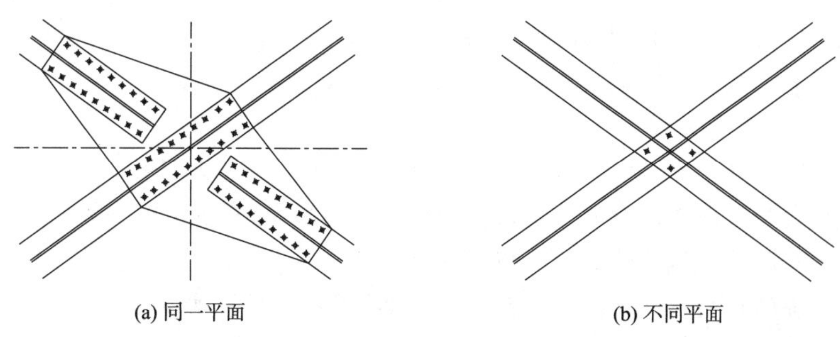

图 3.34　纵向联结系杆件的交叉连接

与腹板焊接的节点板，其另一边焊于加劲肋上，节点板切去一块，这样使节点板边缘的焊缝至加劲肋与腹板相连的焊缝保持一定的距离，如图 3.35 所示。斜杆端头的连接焊缝至节点板边缘焊缝也应保持一定的距离。为了减少应力集中，节点板应做成圆弧形，并在焊接结束后用砂轮或风铲对焊缝表面进行加工，使表面平顺。

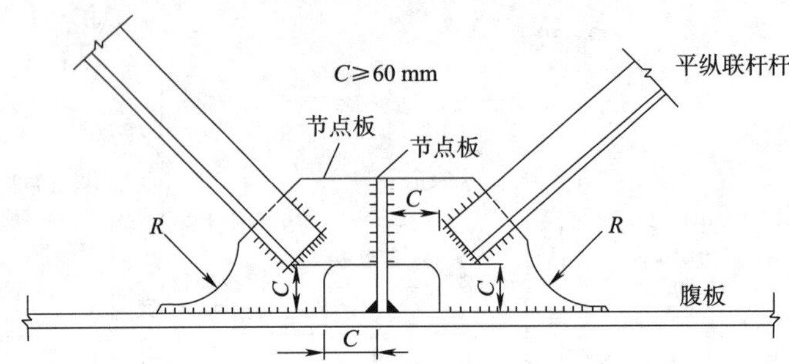

图 3.35　纵向连接系杆件与主梁的连接

3.4.4　纵向联结系的计算

如前所述，纵向联结系将作用于钢板梁的水平风力、列车摇摆力等传递到主梁两端(对上平纵联)或直接传给支座(对下平纵联)。纵向联结系的精确计算比较困难，工程设计中，通常可以近似地简化为主梁翼缘和纵向联结系构成的桁架(包括上平纵联与下平纵联桁架)来计算。图 3.36 给出了交叉形纵联计算模型以及斜杆 AB 的轴力影响线。交叉形平面桁架为超静定结构，这里近似假定交叉斜杆平均分担平面桁架的剪力，故其轴力大小相等。

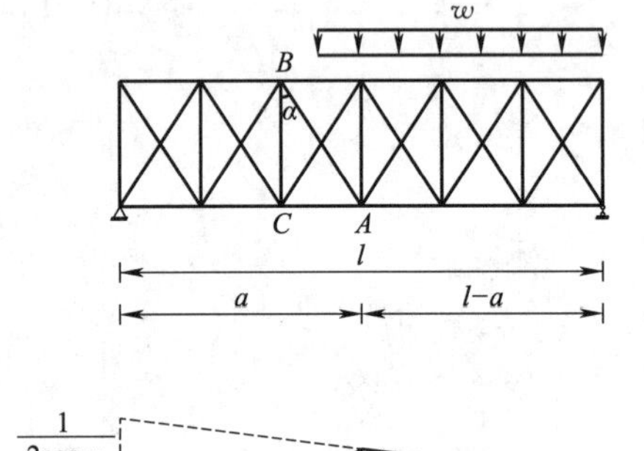

图 3.36　纵向联结系计算模型及斜杆 AB 轴力影响线

作用于平纵联桁架的横向力应分为两种情况考虑：①同时设置上下平纵联时，针对上、下平纵联桁架分别计算各自水平力作用下杆件内力及支座横向反力(用于端横联计算)；②仅设置上平纵联时，计算全部水平力作用于上平纵联桁架下杆件内力。在确定其水平荷载和相关内力影响线后，很容易计算出各杆件的内力与支座横向反力。

思考题

3-1 简述钢板梁桥的组成，并说明各部分的主要作用。

3-2 钢筋混凝土桥面板钢板梁桥可分为组合梁与非组合梁，简述两者的构造与受力方面的差别。

3-3 结合铁路桥梁特点，简述铁路钢板梁桥的主梁布置的主要形式。

3-4 结合横向与纵向联结系的作用，简述钢板梁桥联结系布置的形式与要求。

3-5 主梁加劲肋的作用是什么？如何布置加劲肋？

3-6 钢板梁桥的横向荷载，如风力、列车摇摆力(对铁路桥)，主要靠联结系传递到支座，简述横向荷载的传递途径。

3-7 主梁的拼接方式有哪几种？拼接截面弯矩与剪力是如何计算的？

第4章 钢桁梁桥

4.1 钢桁梁桥组成及分类

钢桁梁桥的主梁是由位于多个平面内的钢桁架连接形成整体空间结构，来承受荷载作用的空腹式受弯结构。同实腹梁相比，当跨径较大时，桁式主梁具有刚度大、通透性好、用钢量省、制造运输及拼装方便等特点。钢桁梁杆件以轴向受力为主，截面受力均匀，材料强度能够得到充分利用。钢桁架在桥梁工程领域的应用范围十分广泛，既可以形成钢桁梁桥的主要承重结构，又可以作为悬索桥和斜拉桥的主梁、拱桥的拱肋等结构。

4.1.1 钢桁梁桥组成

钢桁梁桥的上部结构由主桁架、联结系、桥面系、桥面等组成，如图4.1所示。

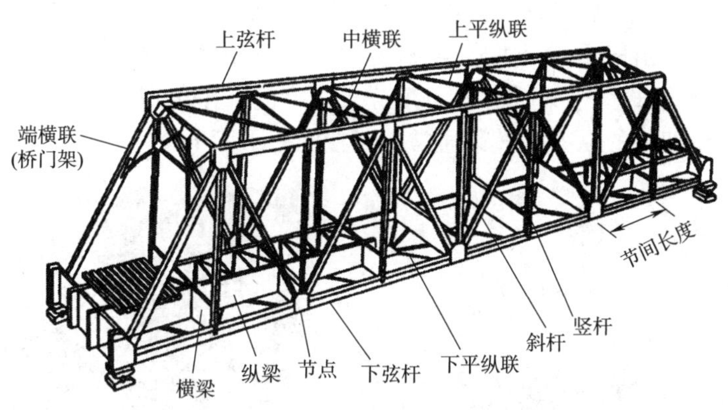

图4.1 钢桁梁桥上部结构示意图

1.主桁架

钢桁梁桥的主桁架是它的主要承重结构，其作用是承受竖向荷载，将荷载通过支座传给墩台。主桁架由上、下弦杆和腹杆组成。腹杆又分为斜杆和竖杆两种，有些桁架没有竖杆，杆件交汇的地点称为节点。有斜杆交汇的节点，受力及构造比较复杂，节点板尺寸也较大，通常被称为大节点。仅有竖杆和弦杆交汇的节点，受力及构造较简单，节点板尺寸也较小，被称为小节点。在大节点处左右弦杆的内力不等，截面也不同，通常在节点中或节点旁弦杆是断开的。小节点处左右弦杆的内力相等，截面也相同，故弦杆在小节点处不必断开。节点之间的距离为节间长度，一般也是钢桁梁桥面系横梁的间距及纵梁的跨度。

2.联结系

联结系分纵向联结系和横向联结系两种。联结系将主桁架联结起来，使桥跨结构成为稳定的空间结构，能承受各种横向荷载。

纵向联结系设在主桁架的上、下弦杆的平面内，分别称为上部水平纵向联结系与下部水平纵向联结系(简称上平纵联与下平纵联)。平纵联主要承受作用于桥跨结构上的横向水平荷载，包括作用于主桁架、桥面系、桥面和车上的横向风力、列车横向摇摆力及曲线桥上的离心力。平纵联的另一个作用是横向支撑弦杆，减少弦杆主桁架平面外的自由长度。当弦杆是压杆时，这一作用尤为重要。

横向联结系设在桥跨结构的横向平面内。位于桥梁端部的称端横联，在下承式桁梁桥上叫桥门架。位于桥跨结构中部的叫中横联。桥门架设在主桁架端斜杆平面内；中横联设在主桁架竖杆平面内，主桁架没有竖杆时，中横联可设在主桁架中间斜杆平面内。中间横联的间距一般不大于两个节间。

中横联可增加钢桁梁的抗扭刚度。当桥跨结构受到不对称的竖向荷载或横向荷载作用时，中间横联还可以适当调节两片主桁或两片纵联的受力不均。

横联尤如上、下平纵联间的一些弹性支承，上平纵联所承受的横向荷载，绝大部分是通过端横联或桥门架传给支座的，仅小部分通过中横联传至下平纵联。因此，桥门架和端横联所受的力要比中横联大得多。

3. 桥面系

桥面系主要有纵横梁式桥面系(图 4.1)和正交异性板式整体桥面系(图 4.2)两种，桥面系直接参与结构受力。

纵横梁式桥面系是指纵梁、横梁及纵梁之间的联结系。桥面传来的荷载先作用于纵梁，再由纵梁传至横梁，然后由横梁传至主桁架节点。纵梁之间的联结系将两片纵梁联成整体，纵梁间距通常为 2 m。下承式钢桁架桥的桥面系位于主桁的下平纵联平面上，为了争取较小的建筑高度，下承式钢桁架桥的纵梁和横梁通常布置在同一平面上。

图 4.2 正交异性板整体桥面系(南京大胜关长江大桥)

正交异性板式整体桥面系是由钢桥面板、横梁及横肋、纵肋四个部分组成，其中钢桥面板全桥纵、横向连续，如南京大胜关长江大桥。钢桥面板与主桁结合，不仅作为支承桥面的结构，而且也可作为主梁的一部分来分担主桁部分弦杆的内力，在承受横向荷载时，钢桥面板还起到平纵联功能。

4. 桥面

桥面是供车辆和行人走行的部分。为保证列车的正常运行、桥梁的安全和维护工作的便利，铁路钢桥的桥面主要有明桥面和道砟桥面。桥面一般不参与结构受力，设计时仅需考虑其自重影响。

明桥面主要由正轨、护轨、桥枕、护木、钩螺栓及人行道等组成，如图 4.3 所示。护轨和护木的主要作用是当列车在桥上脱轨后，把车轮限制在正轨和护轨及正轨和护木之间行走，以防列车翻倒桥下。护木还可起固定桥枕位置的作用。我国早期的钢桁梁桥多使用明桥面，这种桥面体系质量轻，施工方便，安全可靠，缺点是噪声大，枕木与纵梁接触处易锈蚀，且此处纵梁翼缘与腹板的连接焊缝易发生疲劳破坏。

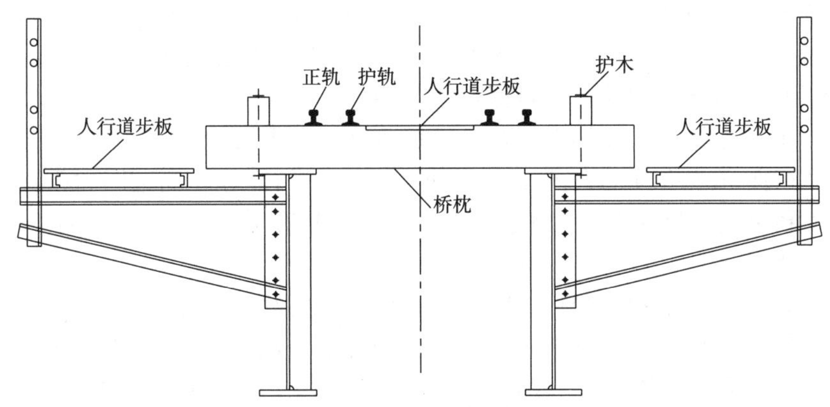

图 4.3　铁路桥梁明桥面结构示意图

正交异性板道砟桥面主要由正轨、护轨、轨枕、道砟、人行道板等组成，如图 4.4 所示。桥面二期恒载大，可明显改善明桥面的缺点，噪声小，整体刚度好，荷载分布能力强，桥面板可作为主梁的一部分参与共同受力。另外，该桥面体系节约钢材，发挥薄板优良的力学性能，焊接也较容易。

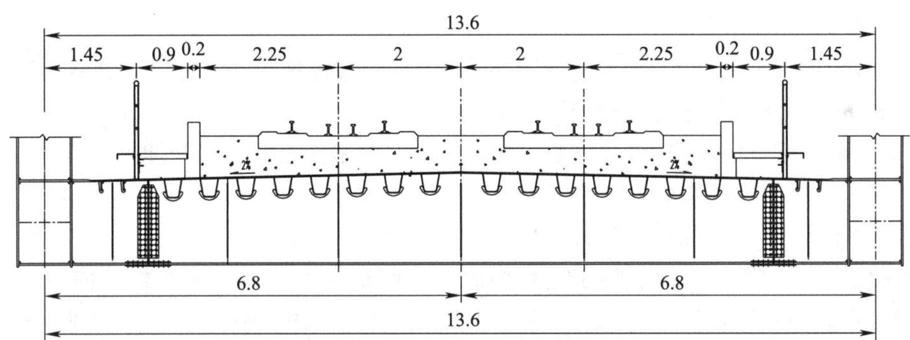

图 4.4　铁路桥梁正交异性板道砟桥面结构示意图(单位：m)

4.1.2　钢桁梁桥分类

1. 按桥梁用途分类

按桥梁用途可分为铁路桁梁桥、公路桁梁桥及公铁两用桁梁桥。桥梁结构组成基本相同，主要区别为铁路桥活载大、主桁高较大、构件截面尺寸较大。考虑到列车运行要求时，对桁架刚度要求也大。

2. 按桥面与主桁相对位置分类

按桥面与主桁相对位置可分为上承式桁梁桥、中承式桁梁桥、下承式桁梁桥、双层桁梁桥。桥梁的桥面高程应根据引桥路堤等建设费用和桥下通航净空条件确定。

上承式桁梁桥，即桥面位于上弦杆之上，车辆在主桁上方行驶。当桥下有足够的净空高度时，中小跨度桥跨结构多采用上承式桁梁桥。上承式桁梁桥可降低桥墩高度，减小主桁中心距和桥墩宽度，构造比较简单，较为经济。

中承式桁梁桥，即桥面位于上、下弦之间，车辆从主桁间穿过。建成的桥梁如魁北克桥、福斯铁路桥等均为大跨度悬臂钢桁梁桥，中支点处桁高较高，跨中有挂梁。

下承式桁梁桥，即桥面位于下弦杆附近，车辆从主桁间穿过。当桥下净空不足时，宜采用下承式桁梁桥。当桁高较小，受到建筑限界限制不能设置上平纵联时，下承式桁梁桥成为半穿式桁梁桥，半穿式由于横向刚度较小，目前较少采用。

双层桁梁桥，即在桁高范围内布置两个桥面，例如：我国武汉长江大桥、南京长江大桥在桁架顶布置公路桥面，在桁架下弦杆平面布置铁路桥面，也可以在桁高范围内布置双层公路桥面。双层桁梁桥可充分利用紧张的桥位资源，使上部结构和下部结构均获得较经济的设计。

3.按受力体系分类

按受力体系可分为简支桁梁桥、连续桁梁桥和悬臂桁梁桥。

简支桁梁桥由于构造简单，制造和安装方便，又是静定结构，对地基没有严格的要求，所以在中小跨径桥梁中采用较多。但是，随着跨径的增大，再采用简支桁梁因其自重增加较快而显得不经济，故简支桁梁桥的经济跨径为 60～120 m。

连续桁梁桥为两跨及两跨以上的桁梁桥，由于相同荷载作用下连续梁的最大弯矩要小于同等跨径的简支梁，因此采用连续梁比简支梁可节省 8% ～ 10%的钢材。连续桁梁桥的经济跨径为 100～280 m，跨径超过 300 m 时，桁梁桥的经济性则会显著下降。与简支桁梁桥相比，连续桁梁桥还具有以下特点：

(1)连续梁在桥墩上只有一个支座，墩帽所需尺寸较简支梁小。墩身在竖向荷载作用下，只承受中心压力。

(2)具有较大的竖向刚度，其竖向挠度曲线匀顺连续，转坡点少，冲击作用小，有利于铁路桥梁的高速行车。连续梁的挠度约为简支梁的 80%。

(3)便于采用伸臂法架设，杆件安装内力与运营内力接近，不需因为伸臂法施工而过多地加大截面或采用临时加固措施。

(4)连续桁梁遭到局部破坏时，其余部分不易坠毁，修复较易。

(5)连续桁梁是超静定结构，施工过程中可通过调整支座高程来调整杆件内力，使其内力分布更趋合理。但若因地质不良基础发生沉陷时，桁梁杆件内力将发生变化，因此对地基要求较高。

(6)连续梁桥最常采用的每联跨数是两跨或三跨，极少超过五跨。跨数多固然可以改善线路运行条件，但所带来的经济效益有限，而且会使固定支座承受较大的制动力，增大活动支座一端的伸缩量。

(7)两孔连续梁应做成等跨的。三孔时为使各孔弯矩平衡，跨度的合理比例是 7∶8∶7。但为了美观，特别是遇到两联以上的长桥时，也常采用等跨布置，如我国的武汉长江大桥就采用 3 联 3×128 m。

(8)连续梁因竖向刚度大，其梁高可以做得比简支梁矮一些，通常为跨度的 1/8～1/7。跨度很大时，为避免弦杆截面尺寸相差过分悬殊，难以设计，可将支点上方桁高适当加大。一般可为跨中桁高的 1.2～1.5 倍。但不宜将加高部分的外形做得太尖。为了美观、制造标准化及安装时便于爬行吊车在上弦移动，近代修建的连续钢桁梁桥常做成平行弦的。

图 4.5 为国内外几座著名的连续钢桁梁桥，其中图 4.5(a)为我国 1957 年建成的武汉长

江大桥，为我国跨越长江的第一座公铁两用特大桥。图 4.5(c)为美国的锡俄陀维尔桥，它至今仍保持着连续钢桁梁桥的跨度记录。

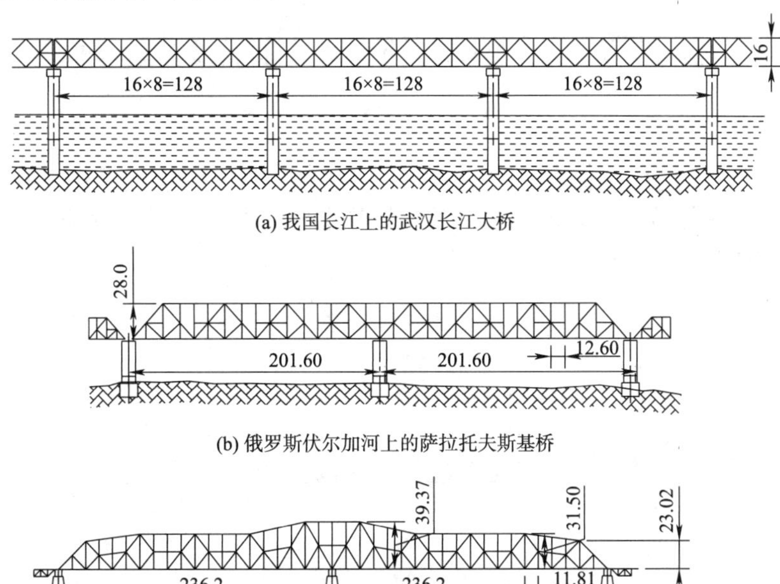

(a) 我国长江上的武汉长江大桥

(b) 俄罗斯伏尔加河上的萨拉托夫斯基桥

(c) 美国俄亥俄河上的锡俄陀维尔桥

图 4.5　连续钢桁梁桥工程实例（单位：m）

悬臂桁梁桥由锚跨、伸臂及悬臂挂跨组成，其中悬挂跨和两端伸臂组成的部分称为组合跨，如图 4.6 所示。悬臂桁梁桥具有以下特点：

(1)悬臂桁梁桥是多跨静定结构，墩台基础的沉陷不影响桁架杆件内力，故在河床地质情况较差的河流上修建大跨度钢桥时可考虑采用悬臂桁梁。

(2)临孔荷载可减小跨中弯矩，与简支桁梁相比可节省 8%～10%的钢材。

(3)组合跨中设置的铰本身构造复杂，较连续桁架桥伸缩缝构造多，不利于行车。

(4)挂孔与悬臂连接处的转角较大，致使桥面不平顺，不利于行车。

基于以上原因，在桥型方案设计时，应结合当地具体条件进行全面比较，择优采用。

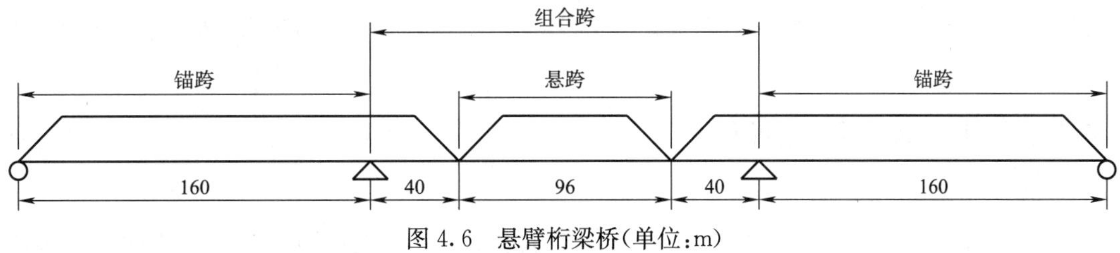

图 4.6　悬臂桁梁桥（单位：m）

图 4.7 为国内外几座比较著名的悬臂桁梁桥。图 4.7(a)为我国 1912 年建成的津浦线泺口黄河铁路桥，它是新中国成立前国内跨度最大的钢桁梁桥，1989 年停止通车，2000 年 5 月底又重新启用，这座百年老桥又焕发了青春。图 4.7(b)为日本 1974 年建成的南港连络桥。图 4.7(c)为 1917 年建成的加拿大魁北克桥，迄今仍保持着梁式钢桥的跨度记录。

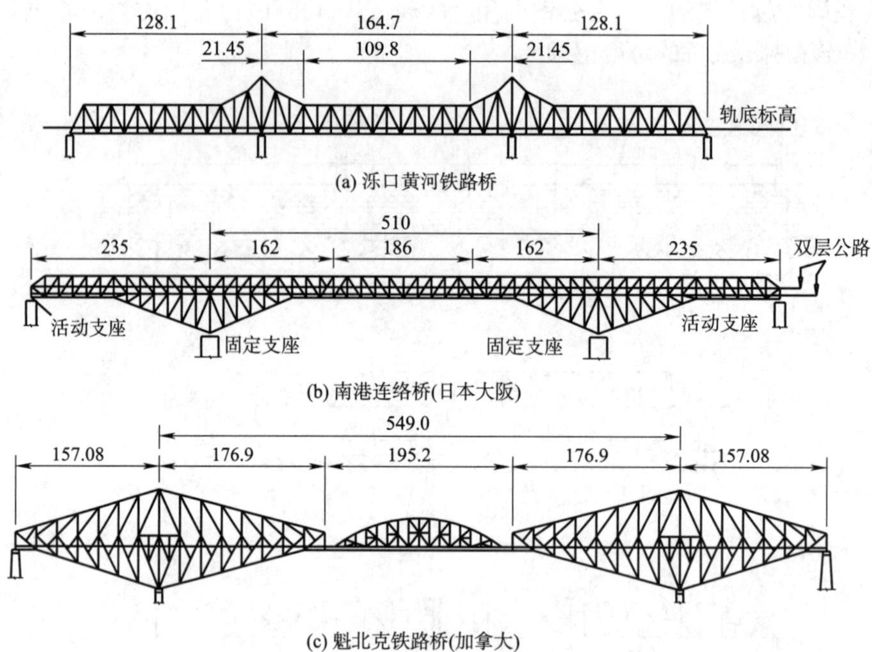

(a) 泺口黄河铁路桥

(b) 南港连络桥(日本大阪)

(c) 魁北克铁路桥(加拿大)

图 4.7 悬臂桁梁桥工程实例(单位:m)

4.2 钢桁梁杆件内力分析基本原理

4.2.1 空间刚接结构分析方法

钢桁梁是一个由纵梁、横梁、主桁、纵联、横联等平面结构组成的空间结构,所有节点均为刚性连接。钢桁梁的实际工作状况为刚性连接的空间结构,属于高次超静定结构,可按照结构的实际图式建立钢桁梁的空间分析模型,其中主桁杆件、纵梁、横梁、纵向联结系杆件、横向联结系杆件均采用空间梁元进行模拟,节点采用刚性连接,可对钢桁梁进行较精确的空间受力分析。

由于空间分析方法计算过程复杂,作用于钢桁梁上的任意荷载,将在所有杆件中产生轴力、弯矩、剪力和扭矩,进行杆件设计和截面检算也更复杂,有时也不太方便。因此,可根据结构的复杂程度和通用的计算技术,在保证计算结果具有必要精度的前提下,适当提出一些简化分析方法。

4.2.2 平面铰接结构简化分析方法

1. 主要计算步骤

钢桁梁各平面结构杆件内力,主要只受作用于该平面结构面内荷载的影响;节点刚性固然会在桁架杆件中引起弯矩,但对杆件的轴力影响不大,而控制杆件截面尺寸的主要是轴力。钢桁梁平面简化分析方法主要计算步骤如下:

(1)桥跨结构可分解为纵梁、横梁、主桁、纵联、横联、桥门架(端横联)等一些独立的平面结构,如图 4.8 所示。假定各平面结构均为铰接且只承受作用于该结构面内的荷载。按平面铰接结构算出的内力称为主内力。

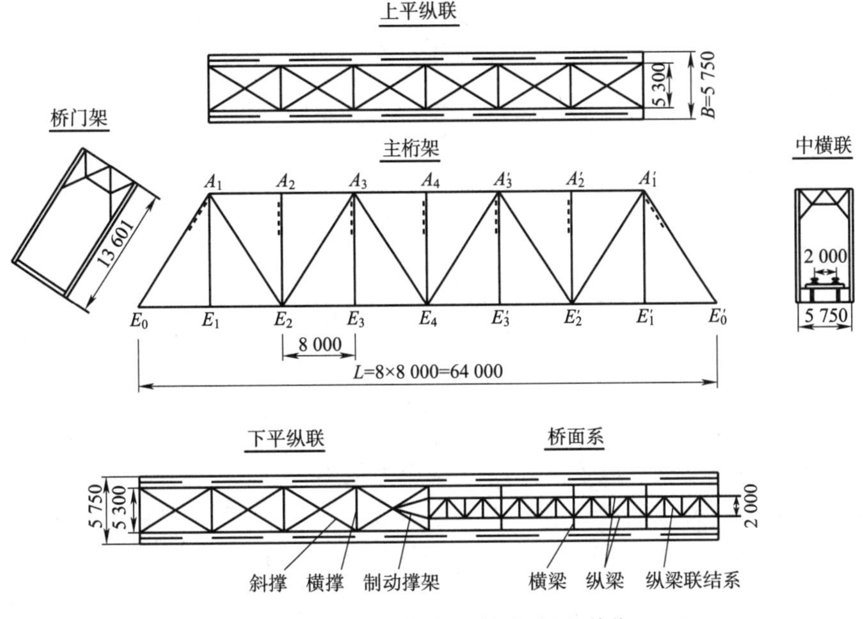

图 4.8　下承式简支钢桁梁的构造总图(单位:mm)

(2)两个平面结构共有的杆件(例如主桁与纵联共有弦杆;主桁端斜杆同时又为桥门架腿杆等),其内力按两个平面结构算出的内力叠加。

(3)考虑节点刚性和空间作用计算得出的附加内力称为结构次内力,与前两步计算得到的主内力进行叠加,可得到结构的内力。

2. 结构次应力

考虑结构空间作用和节点刚性连接所引起的附加应力称为结构次应力,主要表现在以下几个方面:

(1)平纵联和主桁弦杆的共同作用。当主桁在竖向荷载作用下受力而变形时,平纵联与弦杆一起变形,共同受力,使平纵联的斜杆和横撑中产生附加应力,如图 4.9(b)和图 4.9(c)所示。

(2)桥面系和主桁弦杆的共同作用。在竖向荷载作用下,下弦杆将伸长,连接到下弦各节点的横梁将随着节点的移动而移动,但要受纵梁的牵制,如图 4.9(b)所示。因此,纵梁将因横梁的移动受到拉力,横梁则因纵梁的牵制而引起水平弯曲,弦杆的变形也将因此而减小。这种共同作用通常应在计算中加以考虑,但若纵梁的连续长度不超过 80 m,可不检算桥面系与主桁的共同作用。

(3)横向框架和横向扭转效应。由主桁竖杆、横梁和横向联结系的楣杆所构成的横向框架,当横梁在竖向荷载作用下梁端发生转动时,竖杆的上端和下端均将产生力矩,如图 4.9(d)所示。在设计竖杆时,应考虑此力矩的影响。在横向荷载作用下,钢桁梁发生扭转时,也会在钢桁梁的所有杆件中产生内力[图 4.9(e)]。

(4)节点刚性次应力。主桁各杆件用许多高强度螺栓紧固在节点板上,形成刚性的连接,杆端不能自由转动,如图 4.9(a)所示。因此,当主桁在荷载作用下发生变形而节点转动时,连接在同一节点的各杆件之间的夹角不能变化,迫使杆件发生弯曲,因而在主桁杆件内产生次应力。若杆件高度与其长度之比在简支桁梁中不超过 1/10、连续桁梁中不超过 1/15 时,可不考虑因节点刚性所产生的次应力。

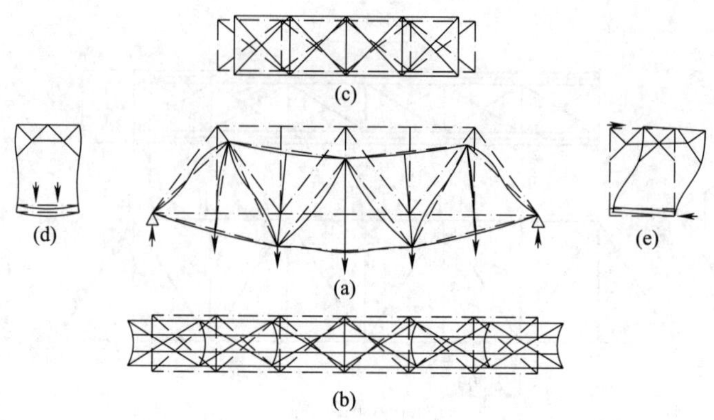

图 4.9 荷载作用下钢桁梁实际工作状况

次应力的处理方法一般有以下三种:(1) 次应力很小时可以忽略不计;(2) 次应力较大时应与主应力叠加计算杆件截面;(3) 次应力虽然较大,但对杆件只有局部影响时(例如主桁杆件因节点刚性所引起的次弯矩,横梁的水平弯曲等),则加入次应力检算截面,可以提高杆件容许应力。

次应力的计算比较复杂,由于边界条件的假定难以完全与实际情况相符,计算结果与实际值也有一定出入,故在不影响结构布置合理性的前提下,应尽可能设法避免采用导致高次应力的构造和截面尺寸。

4.2.3 活载发展因素的考虑

为了保证在较长时期内钢桥能适应机车车辆重量增长及特种超重列车通过的需要,铁路钢桥设计时必须为正使用的列车活载预留一个发展系数,预留的方法主要有两种:一是提高现行活载等级;一是降低材料容许应力。

我国钢桥设计中一般采用降低材料容许应力的方法,使杆件截面中留有一定的应力储备。综合考虑钢桥的合理使用年限、活载的增长速度、考虑应力储备所需的附加投资等,《铁路桥梁钢结构设计规范》(TB 10091—2017)规定的钢材基本容许应力为$[\sigma]$,但实际可使用的容许应力(即检定容许应力)是$1.2[\sigma]$。所以按现行活载和基本容许应力$[\sigma]$设计出来的钢桥实际上能承担更高等级的活载。将这个更高等级的活载(也称检定活载)与设计活载的比值称为预留活载发展系数n。

设以A表示桁架杆件的计算截面面积,N_p表示恒载内力,N_k表示活载内力,在近期活载(设计活载)和远期活载(检定活载)作用下,对于桁梁中的任意一根杆件,应满足以下条件:

在设计活载下
$$N_p+(1+\mu)N_k\leqslant[\sigma]A \tag{4.1}$$

在检定活载下
$$N_p+n(1+\mu)N_k\leqslant 1.2[\sigma]A \tag{4.2}$$

假定设计处于满应力状态时,由式(4.1)和式(4.2)可得
$$n=0.2a+1.2 \tag{4.3}$$

式中
$$a=\frac{N_p}{(1+\mu)N_k} \tag{4.4}$$

由于桁架中各杆件恒、活载内力的比值a各不相同,则各杆件所能承受的活载发展系数n也不相同,形成整个钢桁梁杆件强弱不一,而钢梁的承载能力则取决于最弱的杆件,这样就不能发挥较强杆件的潜在能力。因此,在设计时将第i根杆件的设计活载内力预先提高到η_i倍,

使相应杆件的截面适当加大，此时杆件的截面积为

$$A=\frac{N_p+\eta_i(1+\mu)N_k}{[\sigma]} \tag{4.5}$$

将式(4.5)代入式(4.2)，得到第 i 根杆件加强后的活载发展系数为

$$n_i=0.2a_i+1.2\eta_i \tag{4.6}$$

最强杆件的截面无需增大，$\eta_{max}=1$，可通过使所有活载发展系数较小的杆件 n_i 与全桥活载发展系数最大的杆件 n_{max} 相等，即

$$0.2a_i+1.2\eta_i=0.2a_{max}+1.2\times 1 \tag{4.7}$$

得

$$\eta_i=1+\frac{1}{6}(a_{max}-a_i) \tag{4.8}$$

系数 η_i 的作用是使所有杆件的预留活载发展系数 n_i 均衡，均达到 n_{max}，因此称为“活载发展均衡系数”。

4.3 主桁架

4.3.1 主桁架几何图式

主桁架是钢桁梁桥的主要组成部分，它的图式选择是否合理，对桁梁桥的设计质量起着重要作用。选择主桁架图式时，应充分考虑桥位处水文、地质、地形条件和桥上行车及对桥下净空的要求，尽量做到经济、构造简单、有利于标准化，便于制造、安装和养护。根据腹杆几何图形的不同，主桁架可归纳为四种基本类型：三角形桁架、斜杆形桁架、K 形桁架、双重腹杆形桁架，如图 4.10 所示。

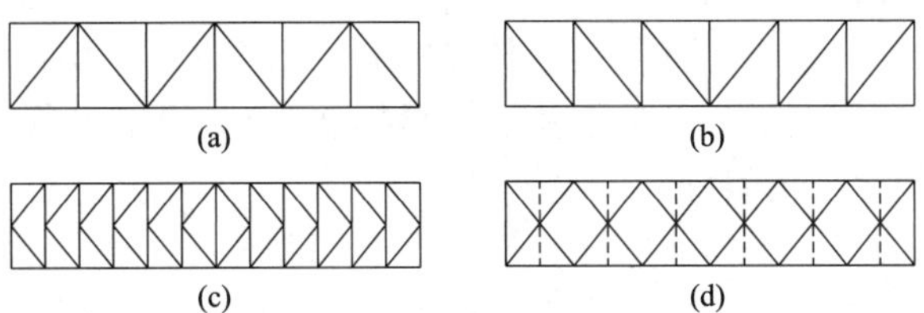

图 4.10　主桁架的常用类型

1. 三角形桁架

由斜杆与弦杆组成等腰三角形的桁架称为三角形桁架，如图 4.10(a)所示。它是目前世界上应用最广的一种桁架式样，适用于大、中、小各种跨度的桥。其主要优点是：弦杆的规格和有斜杆交汇的大节点的个数较少；支撑横梁的竖杆只承受局部荷载，内力很小而截面相同；不支承横梁的竖杆只起支撑弦杆的作用，内力为零，有时可以省去。节间较小的三角形桁架也可不带竖杆。节间太大的三角形桁架，为避免纵梁太长，可用节间再分的办法减小纵梁的支承跨度。下承式桥还可将端竖杆与端上弦杆省去；上承式桥如支座设在上弦平面，也可将端竖杆与端下弦杆省去，如图 4.11 所示。

总之，三角形桁架较其他类型桁架构造简单，适应钢桁梁桥设计定型化，便于制造和安装。我国铁路中等跨度($L=48$ m、64 m、80 m)下承式栓焊钢桁梁桥标准设计采用的形式，如图 4.11(d)所示，节间长度为 8 m，桁高 11 m。

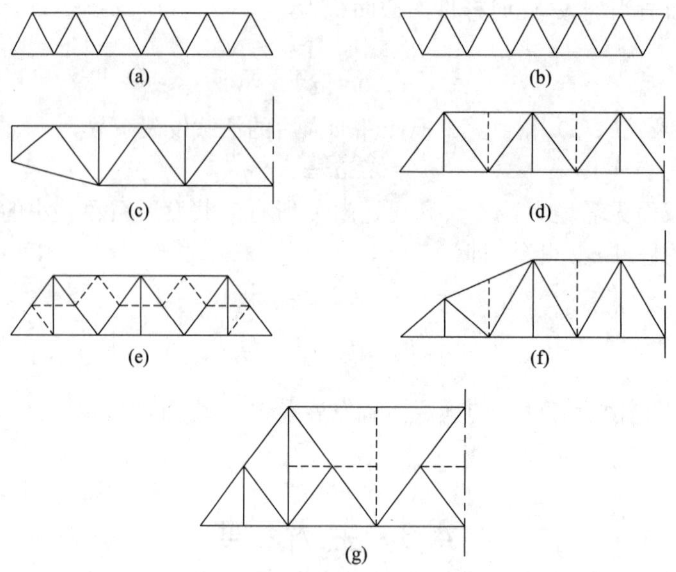

图 4.11　钢桁梁的一些实用式样

在大跨度钢桁梁桥中,为了节省钢材,过去曾将桁高做成随弯矩而变化,上弦呈折线形的主桁架图式,如图 4.11(f)所示,使弦杆的截面设计得更为合理。从理论上说,钢料用量比平行弦杆桁架要省。但它的杆件类型多,节点类型也多,增加了工厂制造的困难。既不利于杆件互换,也不利于制造、安装及修复。因此这种形式我国已不再使用。

2. 斜杆形桁架

相邻斜杆互相平行的桁架称为斜杆形桁架,如图 4.10(b)所示。它与三角形桁架相比,其弦杆规格多,每个节间都有变化;竖杆不仅规格多,而且内力大,所有节点都有斜杆交汇,均为大节点。因此,在构造及用钢量方面都不及三角形桁架优越,目前亦很少采用。但在悬索桥、斜拉桥或拱桥的主梁却常采用斜杆形的主桁架。

3. K 形桁架

斜杆与竖杆构成 K 字形的桁架称为 K 形桁架,如图 4.10(c)所示。由于主桁架同一节间内的剪力由两根斜杆分担,其斜杆截面较上述两种类型要小。但这种桁架的杆件规格品种多,节点多,节间较短,纵、横梁的件数和连接较多,用于中小跨度时,构造显得复杂,偶尔在大跨度桥上采用。但 K 形桁架具有杆件短小、轻便的优点,故适宜于装拆式桥梁。

4. 双重腹杆形桁架

双重腹杆形桁架是由两个不带竖杆的三角形桁架叠合而成,如图 4.10(d)所示。对于大跨度桥梁,为了利用桥梁厂的现有设备,节间长度仍采用 8 m,在显著增大桁高时,为保持斜杆具有适当的倾角,并避免斜杆过长,多采用双重腹杆形桁架,其斜杆只承受节间剪力的一半,杆件短、截面小,大跨度桁架受压斜杆短,对压屈稳定有利。斜杆截面小,则在节点板上的连接栓钉数也少,避免了大跨度桁架节点板尺寸过大。我国大跨度钢桁梁大多采用带辅助竖杆的双重腹杆形桁架(又称菱形桁架或米字形桁架),如武汉、南京两处的长江大桥和我国铁路标准设计(L=96 m、128 m)下承式简支栓焊钢桁梁桥,标准设计主桁高 16 m,如图 4.12 所示。

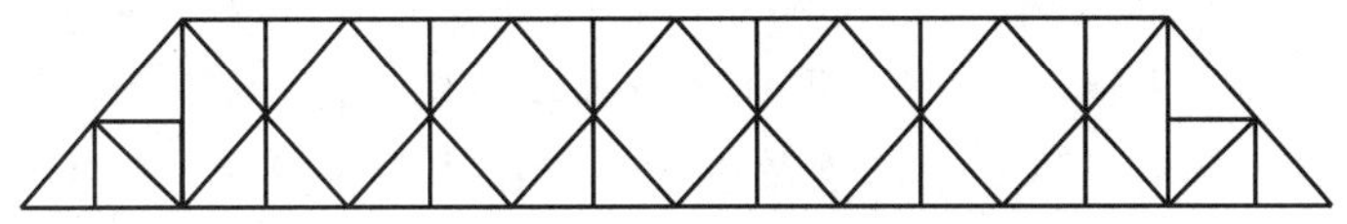

图 4.12　双重腹杆形桁架

4.3.2　主桁架的主要尺寸

钢桁梁桥主桁架的主要尺寸包括：桁架高度、节间长度、斜杆倾角和两片主桁架的中心距。这些尺寸拟定得是否合理，对钢桁梁的技术经济指标有决定性影响。

1. 桁架高度

桁架高度指主桁上、下弦杆中心线间的距离，主要由用钢量、刚度、容许建筑限界等要求来确定。

桁架高度大，弦杆受力较小，截面也小，可以减少弦杆的用钢量，但腹杆增长，用钢量会有所增加；桁架高度小，则反之。从理论上讲，当总的弦杆用钢量与腹杆用钢量相等时，桁架的用钢量最省。主桁架的经济高度主要根据桁架跨度、荷载性质、荷载大小等综合决定。单线铁路下承式桁梁经济梁高为跨度的 1/10～1/6，双线可增大 20%。上承式桁梁的桁高应结合抗倾覆稳定的要求进行考虑，若桁高小，则主桁间距可以窄一些，整个钢桁梁的用钢量减少，我国标准中小跨度上承式桁梁的桁高比下承式的约低 1/3。由于公路桥荷载小些，公路桥主桁的经济梁高要比铁路桥小。

在铁路下承钢桁梁桥的主桁高度应满足桥梁建筑限界的要求，为确保列车的正常运行，则下承桁架的最小高度为 9 m。

钢桁梁桥应具有必要的竖向刚度。挠度是衡量竖向刚度的重要指标，挠度大，梁端的转角也大，影响行车的舒适性和安全性，节点刚性次应力和活载动力作用也大。主桁高度对钢梁桥的挠度影响很大，拟定主桁高度时，应对挠度进行初步验算。

2. 节间长度

节间长度指弦杆相邻节点之间的距离。对于纵横梁式桥面系来说，主桁架的节间长度直接影响纵梁的跨度，另外还会影响斜腹杆的倾角。节间长度变大，则纵梁的跨度大，纵梁用钢量多，横梁数量减少，横梁用钢量也减小。由于纵梁占桥面系用钢量的比值较大，因此纵梁跨度(节间长度)不宜过大。

中、小跨径上承式桁架的节间长度一般为 3～6 m，下承式桁架的节间长度一般为 6～10 m，跨径较大的下承式桁架节间可达 12～15 m。公路桥的节间长度可适当增大，因为公路桥面较轻，纵梁跨度增大对桥面总重量的增加比值不会很大。

3. 斜杆倾角

斜杆倾角由主桁高度与节间长度的比值决定，对腹杆用钢量和节点构造有很大影响。倾角过小，腹杆数少，但腹杆长度增大，而且腹杆内力很大。倾角过大，则腹杆内力小，但腹杆数量增多。此外，倾角过小或过大，均使斜杆无法伸入节点中心，节点板变得很长或很高，致使面外的刚度很差。有竖杆的桁架的合理倾角为 50°左右，无竖杆的桁架的合理倾角为 60°左右。斜杆倾角与桁架高度、节间长度有矛盾时，可采用加辅助竖杆的再分桁架法来进行调整。

4. 主桁架中心距

钢桁梁桥各片主桁架中心线的距离，主要由横向刚度和稳定性决定。

铁路钢桥中若主桁间距太小，会使钢桁梁的横向刚度不足，导致列车过桥时引起桥跨结构剧烈的横向振动，轻则影响旅客舒适度，重则导致列车脱轨。因此，钢桁梁主桁中心距与跨度之比应符合下列规定：下承式简支钢桁梁及连续钢桁梁边跨不宜小于 1/20，连续钢桁梁除边跨外其余各跨不宜小于 1/25，上承式钢桁梁应通过专门的列车桥梁耦合振动计算分析后再来确定。

下承式钢桁梁桥的主桁中心距还应满足桥梁建筑限界的要求，单线桥主桁中心距至少 5.5 m，双线桥至少另加 4 m。上承式桁梁桥的主桁中心距还要考虑横向倾覆稳定性的要求，抗倾覆稳定安全系数不得小于 1.3。

我国铁路从 1958 年开始制定自己的设计标准，如下承式桁梁跨度有 48 m、64 m、80 m 等三种，全部采用三角形桁架，桁架高度 11 m，节间长度 8 m，主桁中心距 5.75 m。提速后这些桥梁在货物列车过桥时横向振动激烈，桥梁的横向刚度明显不足，2000 年后主桁中心距改为 6.4 m。

在拟定上述尺寸时，考虑了标准化和模数化，目的在于使设计、制造、安装、养护和更换工作简化、方便。我国桥梁厂备有适应制造标准设计的整套设备，以满足工厂制造、工地安装的需要。标准设计中的纵梁、横梁、主桁和联结系杆件，以及节点板等部件的主要尺寸基本相同，以减少杆件类型；制造时只需较少的设备，就能控制产品质量和提高工效；运输时杆件编号少，便于装运和存放；安装时同类杆件可以互换，加快了安装速度；运营期间如遇个别杆件损坏，可用备用杆件换上，对养护、战备都有利。

4.3.3 主桁架杆件内力计算

根据钢桁梁平面结构简化分析方法，主桁杆件内力的计算图式可简化为由主桁各杆件的轴线所形成的平面铰接桁架，如图 4.13 所示。对于铁路钢桁梁桥，作用在主桁架的主力是恒载、基础变位的影响、列车竖向活载(指列车竖向静活载＋列车竖向动力作用)、列车摇摆力、弯道桥上还包括离心力等。作用在主桁架上的附加力包括风力、制动力或牵引力、温度变化的作用等。根据荷载作用的方向，将荷载分为竖向、横向、纵向等三类荷载来分别说明其在主桁杆件中的内力计算方法。

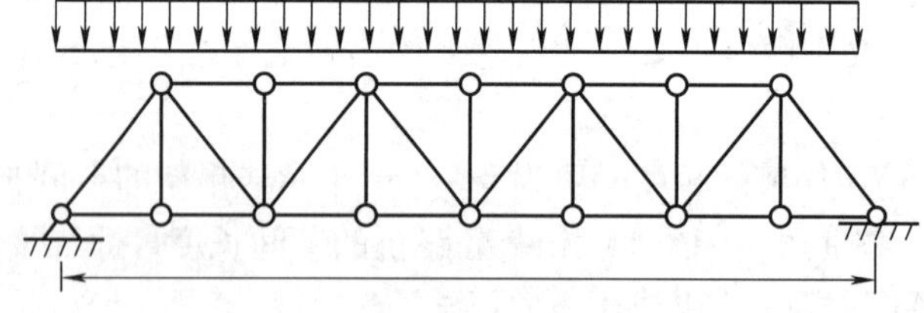

图 4.13 主桁杆件内力的计算图式

1. 竖向荷载作用下的内力计算

恒载、列车竖向活载作用在主桁架平面内，是桥跨结构承受的主要荷载。

(1)恒载的假定

恒载又包括桥跨结构(主桁、桥面系和联结系等)的自重和桥面重量。开始计算前，需估计作用在桥跨结构上的恒载，恒载的计算通常采用一些近似方法，当计算出恒载内力和活载内力后进行截面设计，然后计算出桁架桥的实际恒载，实际恒载与近似方法计算的恒载比较接近才行，否则按实际恒载计算杆件内力重新进行设计。

①桥跨自重 p_s

通常根据已有的设计资料估算恒载,若设计中采用的活载等级和钢材的容许应力与原设计不同,则桥跨结构的自重 p_s,可近似地按其与活载等级成正比,而与容许应力成反比去推算:

$$p_s = p_j \frac{k_s[\sigma_j]}{k_j[\sigma_s]} \tag{4.9}$$

式中　$p_s, k_s, [\sigma_s]$——拟设计的桥跨结构的自重、活载等级及材料基本容许应力;

$p_j, k_j, [\sigma_j]$——原设计中相同跨度的桥跨结构的自重、活载等级及材料基本容许应力。

②桥面重量 p_m

桥面重量 p_m 可根据经验取值,对于铁路明桥面,当用钢筋混凝土人行步板时,$p_m=10$ kN/m (单线)或 $p_m=17$ kN/m (双线),则每片桁架所受恒载集度为

$$p = \frac{1}{2}(p_s + p_m)\,\text{kN/m} \tag{4.10}$$

注意,恒载 p 仅用于杆件内力初步估算时采用。当主桁架杆件截面初步确定后,必须根据拟采用杆件截面尺寸和实际采用桥面的准确荷载,计算主桁架的实际恒载,再重新进行杆件内力计算、截面复核。

(2)列车竖向活载

高速铁路、城际铁路、客货共线铁路、重载铁路的列车荷载图式按表 2.20 取用。由于列车荷载图式比公路桥梁的车道荷载图式要复杂,当已知主桁杆件的内力影响线后,手算求解列车竖向活载的最不利内力还有一定困难,一般还需采用专门的影响线加载电算程序来完成。对于三角形分布的内力影响线,可采用列车活载的换算均布活载 k_α 来实现手算求解结构的最不利内力。

每线 ZKH 活载和 ZK 活载的换算均布活载 k_α 值分别见表 4.1～表 4.2,按影响线顶点位置 α 和加载长度 l 来确定,如图 4.14 所示。ZC 活载的换算均布荷载可按 ZK 活载的 0.75 倍取值,ZH 活载的换算均布荷载可按 ZKH 活载的 z 倍取值。

表 4.1　ZKH 活载的换算均布荷载值(kN/m,每线)

l(m)	k_α			
	$\alpha=0$	$\alpha=0.125$	$\alpha=0.25$	$\alpha=0.5$
1	503.400	500.546	500.000	500.000
2	325.000	300.000	266.667	251.700
3	266.667	244.444	229.630	188.889
4	243.750	225.000	200.000	200.000
5	232.000	208.000	188.000	188.000
6	216.667	200.000	177.778	177.778
7	200.000	187.755	171.429	171.429
8	184.375	175.000	162.500	162.500
9	175.094	162.963	153.886	153.086
10	168.456	156.159	149.917	149.192
12	157.511	147.083	142.748	142.244

续上表

l(m)	k_α			
	α=0	α=0.125	α=0.25	α=0.5
14	148.967	139.918	136.733	136.363
16	142.163	134.171	131.733	131.450
18	136.635	129.481	127.555	127.331
20	132.064	125.590	124.029	123.848
24	124.961	119.521	118.437	118.311
25	123.505	118.273	117.275	117.159
30	117.562	113.173	112.480	112.399
32	115.666	111.543	110.933	110.863
35	113.200	109.421	108.912	108.852
40	109.866	106.547	106.157	106.112
45	107.235	104.277	103.969	103.933
48	105.907	103.130	102.859	102.828
50	105.106	102.438	102.189	102.160
60	101.874	99.643	99.470	99.450
64	100.854	98.761	98.608	98.591
70	99.536	97.620	97.492	97.477
80	97.767	96.087	95.989	95.978
90	96.381	94.886	94.809	94.800
100	95.267	93.920	93.857	93.850
110	94.351	93.125	93.074	93.068
120	93.585	92.461	92.417	92.412
140	92.377	91.412	91.380	91.376
160	91.467	90.622	90.597	90.594
180	90.756	90.005	89.986	89.983
200	90.187	89.510	89.494	89.492

注：1. 表列数值适用于三角形影响线，中间数值可以内插。

2. 表列数值已包括特种荷载。

表 4.2 ZK 活载的换算均布荷载值(kN/m，每线)

l(m)	k_α			
	α=0	α=0.125	α=0.25	α=0.5
2.0	240.00	217.14	210.45	201.28
4.0	180.00	182.88	148.59	140.00
6.0	160.28	144.76	132.37	130.18
8.0	145.76	133.99	125.97	125.12
10.0	133.99	124.41	119.28	118.73
12.0	124.87	116.79	113.23	112.85

续上表

l(m)	k_α			
	α=0	α=0.125	α=0.25	α=0.5
14.0	117.73	110.76	108.14	107.86
16.0	112.04	105.90	103.89	103.68
18.0	107.41	101.92	100.34	100.17
20.0	103.58	98.62	97.34	97.20
24.0	97.62	93.47	92.57	92.48
28.0	93.20	89.63	88.98	88.91
32.0	89.81	86.67	86.17	86.12
36.0	87.12	84.33	83.93	83.89
40.0	84.93	82.42	82.09	82.06
44.0	83.13	80.83	80.57	80.54
48.0	81.60	79.50	79.28	79.25
52.0	80.31	78.36	78.17	78.15
56.0	79.19	77.38	77.22	77.20
60.0	78.21	76.52	76.38	76.36
64.0	77.35	75.77	75.64	75.63
68.0	76.59	75.10	74.99	74.98
72.0	75.91	74.50	74.40	74.39
76.0	75.30	73.97	73.88	73.87
80.0	74.75	73.48	73.40	73.40
84.0	74.25	73.04	72.97	72.96
88.0	73.80	72.64	72.58	72.57
92.0	73.38	72.28	72.22	72.21
96.0	73.00	71.94	71.89	71.88
102.0	72.48	71.49	71.44	71.43
128.0	70.79	69.99	69.96	69.96
160.0	69.45	68.81	68.79	68.79
180.0	68.85	68.28	68.27	68.27
200.0	68.37	67.86	67.85	67.85

注:1. 表列数值适用于三角形影响线,中间数值可以内插。
　2. 表列数值已包括特种荷载。

(3)主桁杆件轴力影响线

下承简支桁梁桥有竖杆三角形主桁架的弦杆、斜杆、挂杆的轴力影响线和支座反力影响线,以及影响线面积、斜杆加载长度、影响线顶点位置 α 的计算公式如图 4.14 所示。应用时公式前应带上根据实际情况确定的正号或负号,取受拉为正,受压为负。例如:下承简支桁梁上弦杆受压力,应带上负号;上弦杆受拉力,应带上正号。三角形桁架的立柱不承受竖向荷载,但可减少上弦压杆桁架平面内的自由长度,应以该压杆内力的 3%为抗力,予以检算。

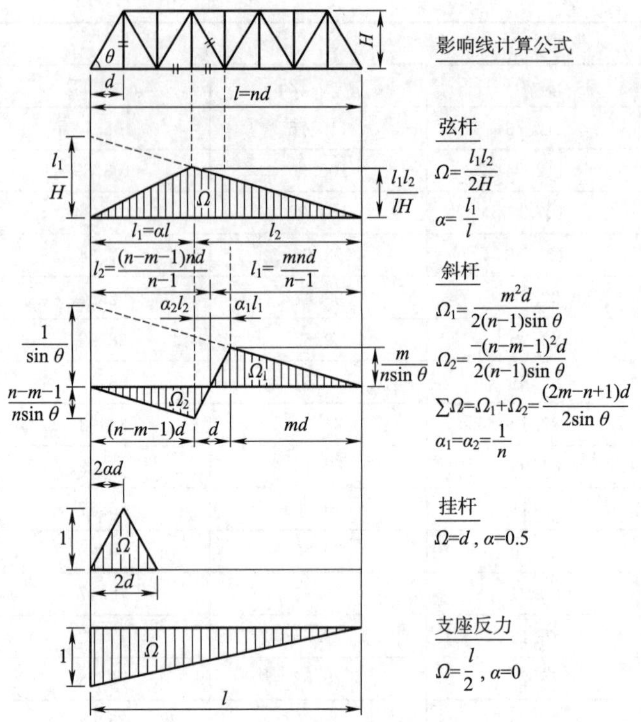

图 4.14 三角形简支桁架主桁杆件轴力和支座反力影响线

(4)恒载和列车竖向活载作用下的杆件内力

由于恒载和换算后的活载均可视为均布荷载，因此可以采用结构力学的影响线面积法求主桁杆件内力。恒载和列车竖向活载分别进行计算，再考虑活载发展均衡系数 η，最后可得主桁杆件的内力计算公式为

$$N=N_{p}+\eta(1+\mu)N_{k} \tag{4.11}$$

式中 $1+\mu$——活载的动力系数，钢桁梁桥按式(2.2)计算；

N_{p}——恒载产生的内力，$N_{p}=p\sum\Omega$；

N_{k}——列车竖向静活载产生的内力，$N_{k}=k\Omega$；

p——一片主桁架承受的恒载；

k——一片主桁架承受的静活载(即换算均布活载)；

$\sum\Omega$——恒载加载区段的影响线面积之和；

Ω——活载加载区段的影响线面积，当影响线面积有正有负时，正负面积要分别加载，以求出符号相反的两个 N_{k} 值。

2. 横向荷载作用下的内力计算

钢桁梁桥是一个空间结构，主桁架的弦杆同时又是平纵联的弦杆。在计算主弦杆内力时，除考虑竖向荷载的作用外，必须同时考虑横向力的作用。横向力既包括主力中的列车摇摆力、弯道桥上的离心力，还包括附加力中的横向风力。当平纵联受到列车摇摆力或横向风力作用时，也将在主桁弦杆中产生内力，同时也在平纵联斜撑和横撑中产生内力。另外，由于上平纵联的两端联结在桥门架上，上平纵联将它所受的横向力通过桥门架传递给下弦端节点，从而使主桁端斜杆和下弦杆也产生附加内力，这种现象称为桥门架效应。

(1)平纵联计算图式

在计算平纵联弦杆的内力时,可将平纵联看作水平放置的桁架,两端简支在桥门架上,下平纵联的计算跨度等于主桁跨度 L,上平纵联的计算跨度等于主桁上弦两端节点间的距离 L_1,计算图示如图 4.15 所示。

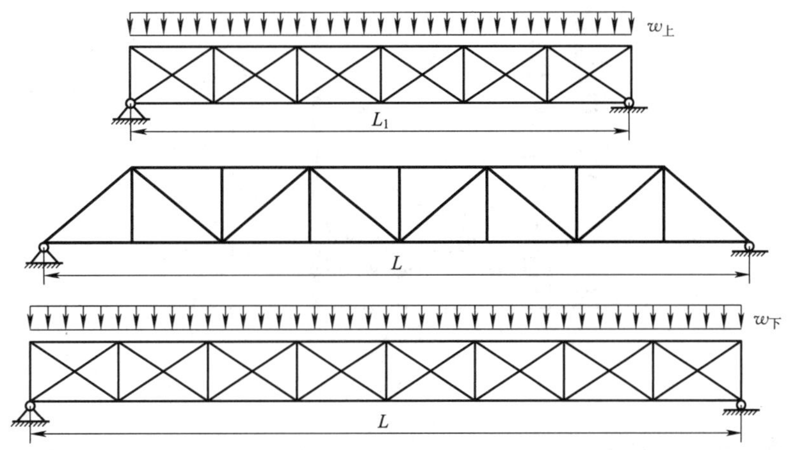

图 4.15　平纵联弦杆内力计算图示

(2)横向风力的确定

《铁路桥涵设计规范》(TB 10002—2017)规定:作用在钢桁梁桥上的风力强度可按表 4.3 计算。其中 K_1 为风载体型系数,K_2 为风压高度系数,K_3 为地理地形条件系数。在计算中,两片主桁架的受风面积按一片桁架在纵向竖直面内的杆件中心线轮廓面积乘以填充系数计算,桁架的填充系数为 0.4。列车及桥面系的受风面积按其侧向面积计,但它们和主桁架的填充面积有重复,计算时应减去被主桁填充面积挡住的部分。

弦杆计算内力一般由桥上有车时的荷载情况决定,故风力强度应取桥上有车时的值。

表 4.3　单位面积上的风荷载强度(Pa)

设计类型	桥上无车时风压	桥上有车时风压
非标准设计	$W_w=K_1K_2K_3W_0$	$W_y=0.8K_1K_2K_3W_0$ 且不超过 1 250 Pa
标准设计	$W_w=K_1K_2\times 1\,400$	$W_y=K_1K_2\times 800$ 且不超过 1 250 Pa

横向力在上、下平纵联的分配考虑了钢桁梁在横向力作用下的空间作用,横向力在上、下平纵联的分配系数见表 4.4。

表 4.4　横向力在上、下平纵联的分配系数

横 向 力	桥面系所在纵联	另 一 纵 联
主桁上的风力	0.5	0.5
桥面、桥面系及列车上的风力、摇摆力、离心力	1.0	0.2

下承桁梁的上、下平纵联承受的有车时单位长度风荷载分别为

$$w_上=[0.5\times 0.4\times H+(1-0.4)\times 0.2\times (h_1+h_2+h_3)]\times W_y\quad (\text{kN/m})\qquad(4.12)$$

$$w_下=[0.5\times 0.4\times H+(1-0.4)\times 1.0\times (h_1+h_2+h_3)]\times W_y\quad (\text{kN/m})\qquad(4.13)$$

式中　h_1,h_2,h_3——纵梁、桥面、列车的高度,如图 4.16 所示。

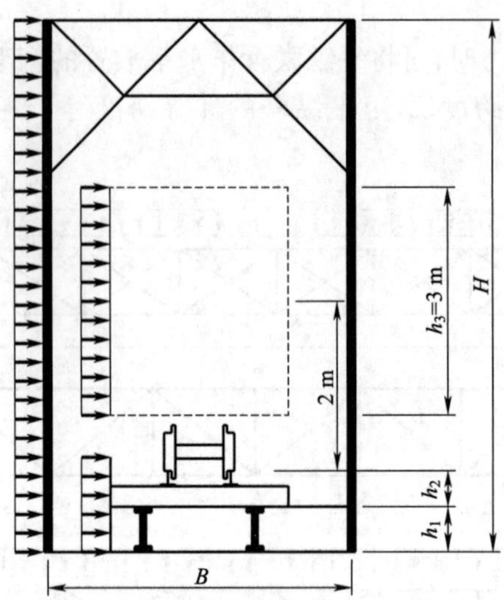

图 4.16 钢桁梁横向风荷载示意图

(3)横向风力作用下的弦杆内力

当平纵联为交叉型腹杆体系时，属于内部超静定结构，这时，一般可近似按静定结构计算，即假定弦杆影响线仍为三角形，其顶点取弦杆所在节间两斜撑的交点，如图 4.17 所示，故平纵联弦杆轴力影响线面积及内力为

影响线面积
$$\Omega_w \approx \frac{l_1 l_2}{2B} \tag{4.14}$$

弦杆内力
$$N_w = w\Omega_w \tag{4.15}$$

式中 B——主桁宽度。随着风向的改变，同一杆件的内力可为拉力(正值)亦可为压力(负值)。

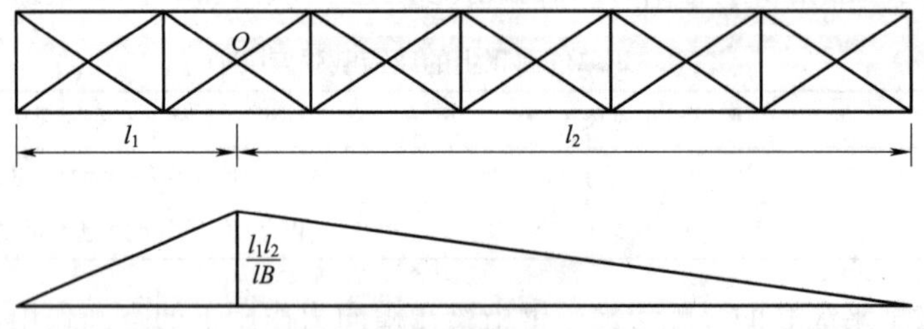

图 4.17 平纵联弦杆轴力影响线

(4)列车摇摆力作用下的弦杆内力

列车横向摇摆力 F_y 作为一个集中荷载取最不利位置，以水平方向垂直线路中心线作用于钢轨顶面。横向摇摆力按表 2.22 取值，多线桥梁可仅计算任一线上的横向摇摆力。下承桁梁上、下平纵联承受的列车摇摆力分别为

$$F_上 = 0.2 \cdot F_y \tag{4.16}$$

$$F_下 = 1.0 \cdot F_y \tag{4.17}$$

显然，将列车摇摆力作用在弦杆轴力影响线最大值处，即可求解弦杆的最不利内力。

$$N_y = F\frac{l_1 l_2}{(l_1 + l_2)B} \tag{4.18}$$

同理，随着摇摆力方向的改变，同一杆件的内力可为拉力（正值）亦可为压力（负值）。

（5）桥门架效应

对于桥门架斜置的下承式桁架桥，上平纵联所受的横向力经由两端的桥门架传至下弦端节点，使端斜杆和下弦杆产生附加内力。

计算时，把上平纵联当作简支桁架，跨长等于上弦两端节点间的距离 l_1+l_2，如图 4.17 所示。在均布的横向风力 $w_上$ 和摇摆力集中荷载作用下，其支点反力即作用在桥门架上的水平力分别为

$$H_w=\frac{1}{2}(l_1+l_2)w_上 \tag{4.19}$$

$$H_y=F_上 \tag{4.20}$$

在摇摆力作用下的支点反力应按摇摆力恰好作用在桥门架处考虑。

桥门架的计算图式是刚架，其腿杆（即主桁端斜杆）下端可假定为嵌固在下弦端节点。在水平力作用下，刚架作水平位移，如图 4.18 所示。刚架腿杆的反弯点至下端的距离为

$$l_0=\frac{c}{2}\cdot\frac{2l+c}{2c+l} \tag{4.21}$$

式中　l——近似取端斜杆的理论长度；

　　c——楣杆端点至端斜杆下端的距离。

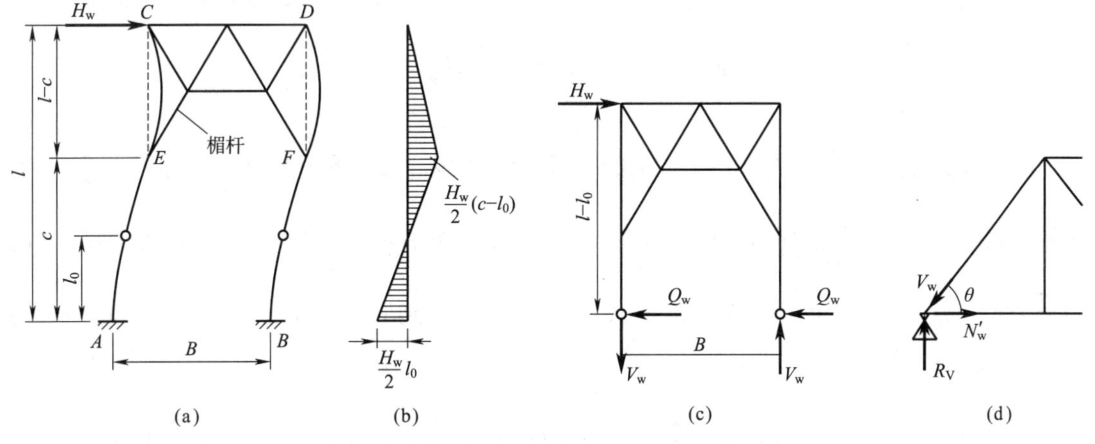

图 4.18　桥门架计算图式

对于风荷载，取桥门架反弯点以上的部分为分离体，如图 4.18(c)所示，根据静力平衡方程可得反弯点处的水平反力 Q_w 和端斜杆附加轴力 V_w 分别为

$$Q_w=\frac{H_w}{2} \tag{4.22}$$

$$V_w=\frac{H_w(l-l_0)}{B} \tag{4.23}$$

水平反力 Q_w 使端斜杆产生附加弯矩，端斜杆附加轴力 V_w 通过端斜杆传至下弦端节点上，从而又使下弦杆产生附加力 $N'_w=V_w\cos\theta$。同时也使支座产生竖向附加反力 R_V，如图 4.18(d)所示。

在桁架桥背风侧的主桁端斜杆，V_w 是压力，N'_w是拉力，在计算端斜杆和下弦杆的附加轴向力时应分别计入。端斜杆和下弦杆主要承受恒载和列车竖向活载产生的内力，故 H_w 应按

有车时风力强度计算。

同理,对于摇摆力产生的桥门架效应,与风荷载的计算类似,只要用 H_y 代替 H_w,即可方便求解出在端斜杆中产生的附加压力 V_y 和在下弦杆中产生的附加拉力 N'_y。

3. 纵向荷载作用下的内力计算

铁路桥梁由于列车在桥上行驶时因制动或启动而产生的制动力或牵引力,是纵向荷载。制动力通过桥面作用在桥面系纵梁上,然后由纵梁传递到制动联接系(又称制动撑架)上,再由制动联接系传递到平纵联斜杆上,并进而传递到主桁节点上,使主桁下弦杆产生附加内力。可见,纵向制动力使桥面系纵梁、制动联接系杆件、制动联接系所在节间的平纵联斜杆及主桁下弦杆等均产生附加内力 N_T。

制动力 T 的取值见 2.3.2 节,并假设作用在纵梁与制动联接系的节点处。如图 4.19 所示,节点 E_0 为活动支座,节点 E'_0 为固定支座,制动力或牵引力通过固定支座传递给墩台。

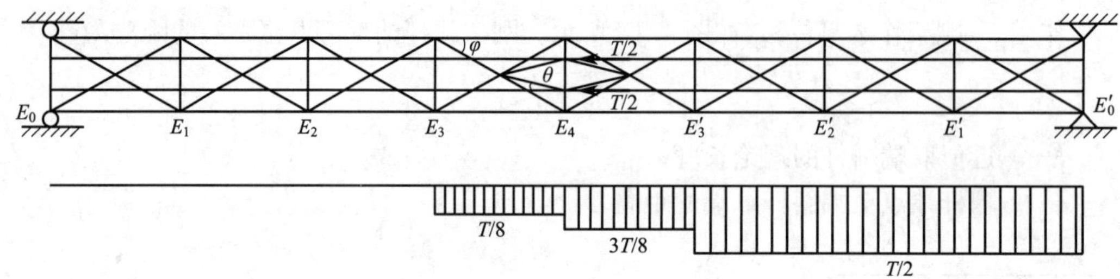

图 4.19　制动力所产生的弦杆内力

在制动力或牵引力 T 的作用下,相关杆件所产生的内力为:单个纵梁的内力为 $\pm\frac{T}{2}$;制动撑杆的内力为 $\pm\frac{T}{4}\frac{1}{\cos\theta}$;制动联接系所在节间的平纵联斜杆的内力为 $\pm\frac{T}{8}\frac{1}{\cos\varphi}$;弦杆 E_3E_4 的内力为 $\pm\frac{T}{8}$;弦杆 $E_4E'_3$ 的内力为 $\pm3\times\frac{T}{8}$;弦杆 $E'_3E'_2$ 以及到固定支座之间的所有弦杆内力均为 $\pm4\times\frac{T}{8}=\pm\frac{T}{2}$。

正负号表示由于列车在桥上行驶的方向不同,制动力或牵引力产生的内力有拉力或压力,对下弦杆来说拉力是最不利的,因而计算中取正号。

4. 主桁内力组合及主桁杆件计算内力的确定

计算得到了各种荷载作用下的主桁架杆件内力后,再进行各种内力组合,主要以主力、主力+附加力进行组合,取最不利组合进行控制。主力一般只跟一个方向的附加力进行组合,主要有以下三种形式:

(1)主力单独作用:内力为 N_{I},设计容许应力为$[\sigma]$;

(2)主力+横向附加力(风荷载):$N_{\mathrm{II}}=N_{\mathrm{I}}+N_w$,设计容许应力为 $1.30[\sigma]$;

(3)主力+纵向附加力(制动力):$N_{\mathrm{III}}=N_{\mathrm{I}}+N_T$,设计容许应力为 $1.30[\sigma]$。

为了便于比较,将第(2)种和第(3)种内力换算为相应于基本容许应力$[\sigma]$的内力:

$$N'_{\mathrm{II}}=\frac{1}{1.3}(N_{\mathrm{I}}+N_w)\text{和}N'_{\mathrm{III}}=\frac{1}{1.3}(N_{\mathrm{I}}+N_T)$$

这样,主桁杆件的计算内力为 N_{I}、N'_{II}、N'_{III} 三者中的最大值。

5. 主桁杆件疲劳内力的确定

疲劳荷载只考虑列车竖向静荷载、运营动力系数和离心力的作用。考虑列车竖向活载的动力作用时，应将列车竖向静荷载乘以运营动力系数$(1+\mu)_s$，对于钢结构桥梁，运营动力系数按式(2.43)计算。则单线铁路桥主桁杆件疲劳内力 N_F 为

$$N_F = N_p + (1+\mu)_s N_k$$

多线铁路桥主桁(或主梁)构件检算疲劳时，按一线偏心加载并以杠杆原理分配于主桁(或主梁)，作用于横向最不利位置，并以多线系数修正；横梁及承受局部荷载的主桁挂杆，按一线最大荷载，其他线为荷载图式中的均布荷载加载，计算疲劳应力。虽然设计加载时，列车荷载图式一般是可以任意截取，但疲劳验算时异符号影响线区段长度内均应按列车荷载图式中的均布荷载加载。

4.3.4　主桁杆件截面设计

1. 主桁杆件的截面

桥梁主桁为重型桁架，杆件截面较大，故一般均采用双壁式截面。杆件的截面积主要集中于两个平行的竖肢上。交汇于节点的相邻杆件，其两竖肢连接在两块平行的节点板上。与轻型桁架(如联结系或屋架)的单壁式截面相比，双壁式截面可以扩充得很大，两块平行的节点板上可以布置较多的连接螺栓，而且在桁架平面外有较大的刚性。焊接杆件截面由钢板焊接而成，铆接杆件截面由角钢和钢板铆接组成。

双壁式截面的组成形式有 H 形截面与箱形截面，如图 4.20 所示。

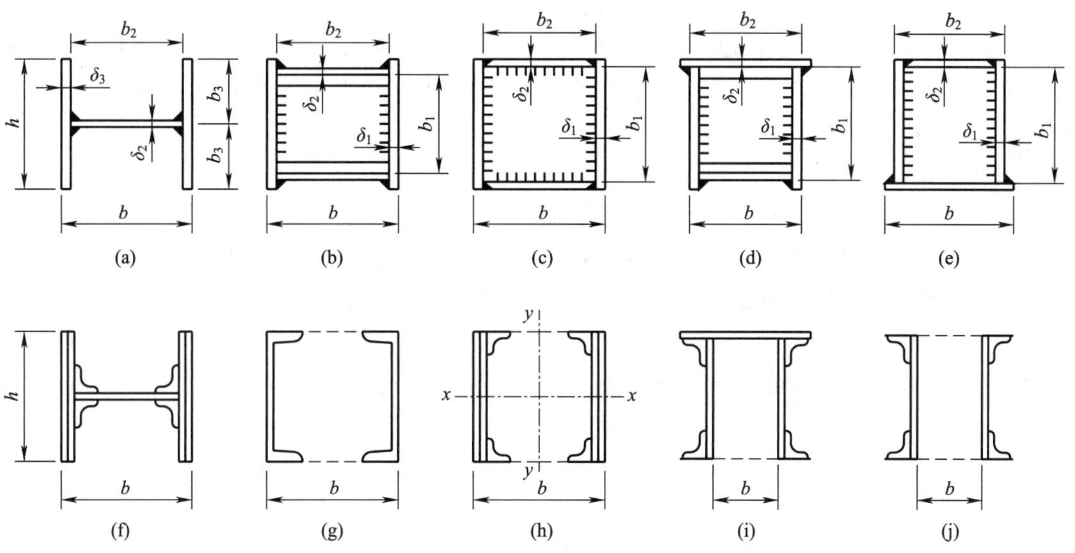

图 4.20　外贴式节点主桁杆件的截面形式

焊接 H 形截面由两块竖板(也称翼板)与一块水平板(也称腹板)组成。其优点为：组装工作简单，组合焊缝不用开坡口，便于采用全自动焊，矫正焊接变形较容易，工地连接螺栓安装方便，因此我国钢桁梁杆件广泛采用 H 形截面。H 形截面的主要缺点是截面绕 x 轴的刚度小，用作压杆时不太经济。此外，当 H 形杆件平置时，腹板上必须开泄水孔。

焊接箱形截面由两块竖板与两块平板(也称顶板、底板)组成，腹腔内设有间距不大于 3 m 的隔板，为防止腹腔内壁在运营期间锈蚀，端隔板必须密封焊接。箱形杆件的优点是截面对

y 轴与 x 轴都有较大的惯性矩，由于截面用四块板组成，板厚相对于 H 形截面可以薄一些。故箱形截面适用于内力和长度较大的压杆。箱形截面的组装、焊接、矫正焊接变形和在工地安装连接螺栓都比 H 形截面费工费时。

图 4.20(d)、图 4.20(e)所示截面适用于工厂焊制的上弦、下弦杆件。由于截面对 x 轴不对称，相邻弦杆在节点中心有偏心，产生偏心力矩，使设计复杂化。图 4.20(b)、图 4.20(c)所示截面则可以通用于各种杆件，但图 4.20(b)式顶板易积水生锈。当杆件的板有悬伸于另一板之外的边缘时，为使角焊缝施焊方便，悬伸宽度至少是 30 mm；若在悬伸范围内要布置一列钉、栓，则悬伸宽度可取 100 mm。当板件不设悬伸边缘时，如图 4.20(c)所示截面，则对板件之一开坡口并留钝边，进行坡口焊，以保证其熔深。为预防烧穿，有时需在坡口自动焊之前，在另一侧进行封底贴角焊。

图 4.20(i)、图 4.20(j)所示截面适用于铆接上、下弦杆，节点板应插入杆件之内，贴在其竖板内侧，没有水平盖板的一面应设置缀条和缀板(在图中虚线所示位置)。图 4.20(g)、图 4.20(h)所示截面适用于铆接的下弦杆和腹杆，节点板是贴于其竖板外侧。

铆接杆件比焊接杆件构造复杂，费工费料。随着焊接技术的提高，铆接杆件已很少采用，这样可省去较多的组合铆钉，使杆件更轻。

2. 主桁杆件外廓尺寸

主桁杆件的外廓尺寸对主桁的技术经济指标有重要影响。外廓尺寸过小，杆件的刚度小，如果是压杆，则总体稳定性差，截面设计不经济。外廓尺寸过大，总体稳定虽然改善，但分肢的板薄，局部稳定性差。故应兼顾两者的要求。对于压杆，确定弦杆高宽时应使它在主桁平面内外两个方向的长细比相近。弦杆轮廓尺寸的确定还要适当考虑小杆件，小杆件的截面面积不是内力控制，而是局部稳定控制，高宽尺寸决定板厚。目前钢桁梁节点主要有两种形式：一种是外贴式节点，一种是整体式节点。这两类节点构造对主桁杆件的外廓尺寸要求也不完全相同。

1)外贴式节点

(1)同一主桁中各杆件的宽度 b(指两竖板外到外间距)必须一致，使各杆件在节点处能用两块节点板相连。外贴式节点都是控制杆件外宽，所有拼接板(不管有几块)都加在内侧，避免了弦杆竖板厚度变化对横向部件(横隔板、横梁、平纵联横联)的影响。

(2)上、下弦杆在各节间的高度应尽可能一致。杆件高度 h 过小，杆端在节点板上的连接螺栓的纵向行数少，横向列数增多，节点板尺寸势必加大；杆件高度 h 过大，则主桁节点刚性次应力加大。

(3)拟定 H 形截面的宽度 b 和高度 h 时，应考虑能容纳自动电焊机小车在竖板形成的槽形空间内行车。

(4)根据工厂组装胎型和机器样板的标准栓线网格布置，我国钢桁梁主桁杆件的宽度 b 有 460 mm、600 mm、720 mm 等三种；高度 h 有 260 mm、440～460 mm、600 mm、760 mm、920 mm、1 100 mm 等多种。

2)整体式节点

(1)同一主桁中各杆件箱形截面的内宽 b(两竖板内边缘到内边缘间距)必须一致，如图 4.21 所示。与外贴式节点不同，整体式节点都是控制杆件内宽。主要原因是：①节点板厚度变化时，让节点板向杆件外侧加厚或减薄，使夹在竖板中间的翼缘板宽不变，其角焊缝可以保持顺直。只有顺直的角焊缝才可使用自动焊，这一点对于方便制造和提高焊缝质量是非常重要的。②竖板和水平板厚度变化时，可以互不干扰。③杆件内的隔板宽度不会变化。④安装时，竖板拼接段的填板在外侧，方便操作。⑤至于由此引起的横梁、横联、平联等的横截面尺寸变化，可以通过改变它们的连接部件尺寸来适应，横向构件本身的尺寸仍然保持不变。

(2)弦杆采用箱形截面时，如图 4.21(a)、图 4.21(b)所示，竖板在节点范围内可以很方便地加厚、加高成为整体节点板。弦杆平板伸出部分为连接横向联结系横梁及上、下平联提供了方便，下平板易与支座连接。

(3)上、下弦杆在各节间的箱形截面内高 h(两平板内边缘到内边缘间距)应尽可能一致。主要原因是：①对于整体桥面，使翼缘板与桥面板底面对齐，便于与桥面板焊接。②上下平板向上(及向下)加厚对其他构件没有影响。③杆件内的隔板高度不会变化。④弦杆拼接时，水平板拼接段的填板布置在外侧，方便操作。

(4)腹杆应尽可能使用 H 形截面，如图 4.21 (c)所示。杆件竖板外宽与节点板内宽间应各留 1 mm 间隙，即杆件的宽度要比节点板内宽少 2 mm，可方便腹杆直接插入整体节点板内，并达到设计位置，方便节点连接。如果杆件外宽与节点板内宽相同，当杆件外宽为正公差或者节点板内宽为负公差时，腹杆则无法插入。当拟定 H 形截面尺寸时，亦要满足自动电焊机小车行车的需要。

(5)对于内力较大的腹杆，特别是支点处的竖杆和斜杆，则考虑采用箱形截面。使用如图 4.21(d)所示的斜腹杆时，会使安装产生困难，上平板易积水生锈。它的主要优点是可全部使用普通角焊缝。很显然，它不适用于弦杆，因为它与横向构件、支座的连接都不太方便。使用如图 4.21(e)所示的斜腹杆时，只是将普通角焊缝改成了棱角焊缝，其他基本相同，棱角焊需要开坡口，进行坡口焊，以保证其熔深。

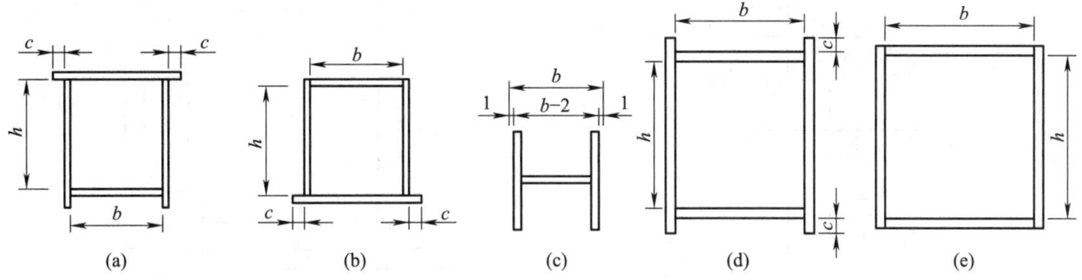

图 4.21　整体式节点主桁杆件的截面形式(单位：mm)

(6)弦杆高、宽尺寸还要兼顾螺栓布置，照顾螺栓排列的间距，安排合理的隅角尺寸，避免隅角处的各种干扰，如图 4.22 所示。d 是螺栓间距、k 是角焊缝正边高度、a_1 和 a_2 是焊缝和拼接板边沿间的空隙、e 是拼接板的边距，隅角处和纵向加劲肋两边的尺寸 c_1 和 c_2，既要紧凑，又要留下必需的间距，需合理确定，这些尺寸之间的关系可参考图 4.22(b)。此外，对于特大型钢梁，拼接板可能很厚，有可能造成两边拼接板相互碰撞，所以又建议了拼接板厚 t 与 a、k 的关系。

隅角处两个螺栓间的尺寸关系，如图 4.23 所示。内侧所示两边螺栓的 10 mm 间隙只能满足穿螺栓需要，电动扳手需在外侧施拧。如果需要在内侧施拧的话，此间隙需满足电动扳手套进螺帽的尺寸需要，应根据扳手头部尺寸确定。

由于隅角里面有拼接板和螺栓需要安装操作，隅角附近的纵肋布置除需注意螺栓和拼接板不要互相干扰外，还要注意隅角两边的纵肋外侧边沿不要靠得太近。安装操作的必要条件

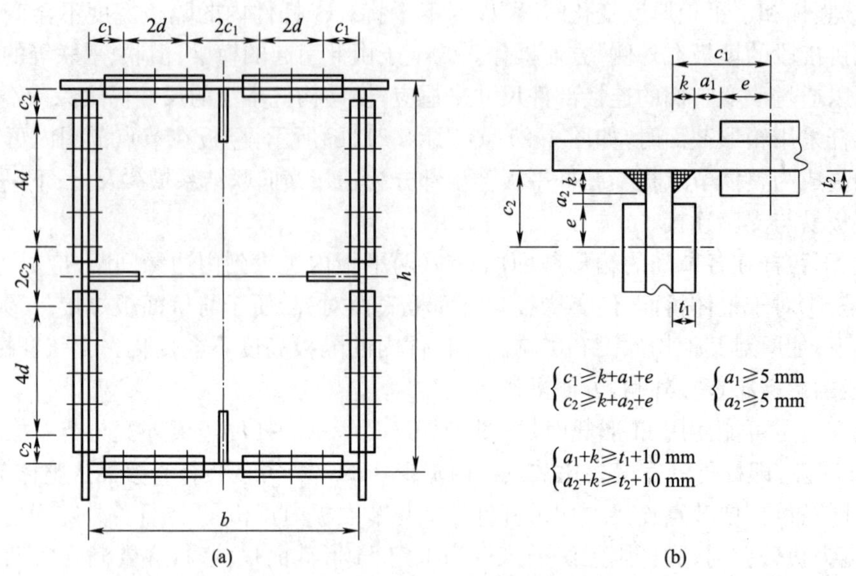

图 4.22　杆件轮廓尺寸与螺栓排列的关系

是既要看得见，又要手能伸进去。建议纵肋边沿间的净距不要少于 300 mm，如图 4.24 所示。

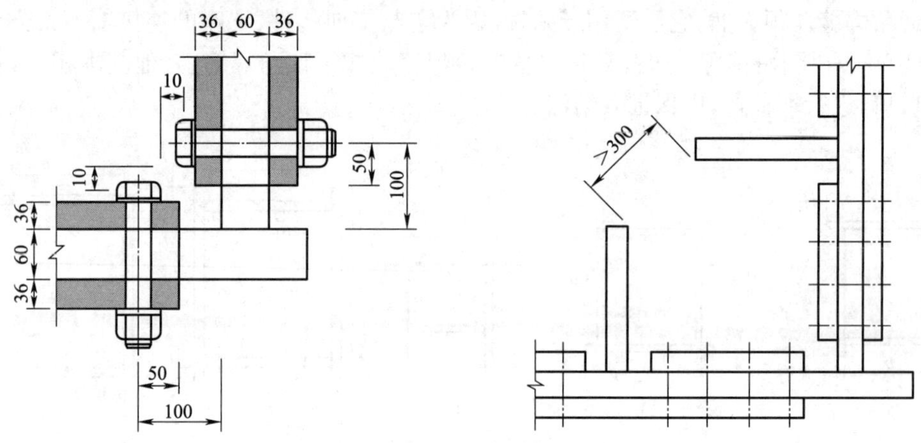

图 4.23　隅角处螺栓尺寸控制示意（单位：mm）　　图 4.24　隅角处纵肋位置示意（单位：mm）

3. 主桁杆件截面分肢的板厚

(1)过薄的钢板在运营期间因锈蚀而导致截面的相对损耗大，且在制造、运输和安装时容易变形，故《铁路桥梁钢结构设计规范》(TB 10091—2017)要求主桁杆件板厚不得小于 10 mm，挂杆受力比较复杂，应力分布很不均匀，其翼板厚度不得小于 12 mm；板梁腹板较宽其厚度过小，焊接时变形不易控制，故当跨度不小于 16 m 时，要求其厚度不得小于 12 mm，见表 4.5。

表 4.5　截面容许最小尺寸

构　件		最小厚度或尺寸(mm)
钢板	吊杆翼板；焊接板梁的腹板	12
	填板	4
	其他	10

续上表

构　　件	最小厚度或尺寸(mm)
联结系角钢肢厚度	10
纵梁与横梁、横梁与主桁(主梁)的连接角钢	∠100×100×12

(2)H 形杆件只有翼板与节点板连接,腹板应力靠翼板间接传递给节点板,在节点附近,其应力低于整个截面的平均应力,材料不能充分利用,故杆件截面应尽量集中于翼板,如果翼板很厚而腹板很薄,腹板的临界应力远低于翼板的临界应力,则截面也不能很好地整体工作。故《铁路桥梁钢结构设计规范》(TB 10091—2017)要求 H 形压杆的腹板厚度,对于铆接杆不宜小于 0.4δ(δ 为翼板厚);对于焊接杆当 δ 大于等于 24 mm 时不宜小于 0.5δ,当 δ 小于 24 mm 时不宜小于 0.6δ。

(3)焊接杆件的最大板厚应考虑供货条件。铆接杆件板束总厚度应考虑铆钉的容许握距。一般情况下薄板的质量比厚板更有保证。

(4)压杆各分肢钢板或板束宽厚比 b_i/δ_i 应满足局部稳定的要求,见表 2.33。

4. 主桁杆件的刚度要求

杆件刚度不足时,在自重作用下会产生较大的挠曲,在活载作用下容易发生较大的振动,导致连接松动和疲劳强度降低,在运输安装过程中也容易发生变形。故《铁路桥梁钢结构设计规范》(TB 10091—2017)对杆件的长细比 λ 进行限制,见表 4.6。当 H 形压杆的高度较小时,刚度要求有时很难通过,则允许当 H 形杆件计算面积不包括腹板,计算长细比时也可不考虑腹板,这样算出的刚度会大一些。各杆件的计算长度见表 4.7。《公路钢结构桥梁设计规范》(JTG D64—2015)也有类似的规定,限值稍宽松一些。

表 4.6　杆件最大长细比

杆　　件			长细比 λ
主桁杆件	弦杆受压或受反复应力的杆件		100
	不受活载的腹杆		150
	仅受拉力的腹杆	长度≤16 m	180
		长度>16 m	150
联结系杆件	纵向联结系 支点处横向联结系		单线 110 双线 130
	制动联结系		130
	中间横向联结系		150

注:整体式截面的构件,其计算长细比等于计算长度与相应回转半径之比。

表 4.7　杆件计算长度

杆　　件			弯曲平面	计算长度
主桁	弦　杆		面内及面外	l_0
	端斜杆、端立杆、连续梁中间支点处立柱或斜杆作为桥门架时		面内	* $0.9l_0$
			面外	l_0
	桁架的腹杆	无相交和无交叉	面内	* $0.8l_0$
			面外	l_0

续上表

<table>
<tr><th colspan="3">杆　件</th><th>弯曲平面</th><th>计算长度</th></tr>
<tr><td rowspan="4">主桁</td><td rowspan="4">桁架的腹杆</td><td rowspan="2">与杆件相交或相交叉(不包括与拉杆相交叉)</td><td>面内</td><td>l_1</td></tr>
<tr><td>面外</td><td>l_0</td></tr>
<tr><td rowspan="2">与拉杆相交叉</td><td>面内</td><td>l_1</td></tr>
<tr><td>面外</td><td>$0.7l_0$</td></tr>
<tr><td rowspan="5">纵向及横向联结系</td><td colspan="2">无交叉</td><td>面内及面外</td><td>l_2</td></tr>
<tr><td colspan="2" rowspan="2">与拉杆相交叉</td><td>面内</td><td>l_1</td></tr>
<tr><td>面外</td><td>$0.7l_2$</td></tr>
<tr><td colspan="2" rowspan="2">与杆件相交或相交叉(不包括与拉杆相交叉)</td><td>面内</td><td>l_1</td></tr>
<tr><td>面外</td><td>l_2</td></tr>
</table>

注:1. * 与该腹杆交会的主桁受拉弦杆,其长细比应不大于 100,否则其计算长度应另行计算。

2. 当杆件两端均与受压杆件相连接时,其计算长度不小于该杆件两端连接栓群中心的距离。

3. l_0 为主桁各杆件的几何长度(即杆端节点中距),如杆件全长被横向结构分割时,则取其较长的一段长度。

4. l_1 为从相交点至杆端节点较长的一段长度。

5. l_2 为纵向(横向)联结系系统线与节点板连在主桁杆件的固着线交点的距离。

5. 箱形杆件中的隔板

隔板是箱形杆件和节点中的重要板件,它的作用主要有两个:

(1)保证杆件截面形状和板间距离。隔板尺寸精度很高,宽度容许误差:±0.5 mm。在加工隔板宽度之前,先要测量两侧竖板的实际厚度,根据竖板的板厚误差来决定隔板的加工宽度。

(2)在有横梁连接的节点内,将横梁端部的竖向剪力向外侧节点板传递,使内外侧节点板的竖向力达到均衡。在整体桥面中,如果节点之间的小横梁与弦杆相连的话,小横梁端部也需设横隔板,使之向外侧传递小横梁端部的竖向剪力。

杆件两端和变截面处,都必须设置隔板。对于内侧密封防锈的杆件,端隔板需在外侧四边焊接。杆件中部的隔板由于制造组装顺序的关系,只能三边焊接。但是与弦杆竖板(腹板)是必须焊接的,上下水平板(顶底板)只焊一条即可。

6. 确定主桁杆件截面尺寸的主要步骤

(1)初步计算主桁杆件的控制内力或疲劳内力。对于简支钢桁梁,由于主桁架假定为平面铰接结构,属于静定结构,其杆件内力只与主桁架几何尺寸和荷载大小有关,而与杆件的具体截面尺寸无关,可方便直接计算主桁杆件的控制内力。对于连续钢桁梁,即使主桁架假定为平面铰接结构,也属于超静定结构,其杆件内力不仅与主桁架几何尺寸和荷载大小有关,还与杆件的具体截面尺寸有关。通常可假定主桁杆件长度 l 与其毛截面面积 A 的比值 l/A 为一常数 K,然后直接计算主桁杆件的控制内力。

(2)参考内力性质及大小、杆长及截面式样、材料和连接方式等相近的已有设计资料,初步拟定杆件截面尺寸。

(3)根据初步拟定的截面尺寸,计算其截面几何特征数据。

(4)对于各类杆件,均应进行强度和刚度检算;对于压杆,还应进行总体稳定和局部稳定检算;对于出现拉应力的受循环荷载杆件,还应进行疲劳检算。如初选截面不合适,则进行修改,重新检算,直至满意为止。

为了减少杆件类型以简化制造,便于互换和管理,同一组设计中同类杆件内力相差不大者，尽量采用相同的截面。这样虽然多用一些钢材，但总的经济效益有所提高。这也是截面检算时有些杆件应力有较大富裕的原因。

4.4 桥 面 系

铁路钢桥明桥面由于质量轻，施工简便，过去在中小跨度钢桁梁桥中得到了广泛采用，亦称为纵横梁式桥面系。随着列车车速的提高，采用明桥面的桥梁动力性能较差，噪声大，《铁路桥梁钢结构设计规范》（TB 10091—2017）明确了明桥面的适用范围，仅在时速160 km 及以下客货共线及重载铁路可采用明桥面。钢桥宜采用整体桥面，其整体性好，刚度大，动力性能好，建筑高度低，也适用于大跨度钢桥。

4.4.1 纵横梁式桥面系构造

纵横梁式桥面系一般由纵梁、横梁及纵梁之间的联结系组成，主要应用在铁路钢桁梁中。我国铁路下承式各种跨度的栓焊钢桁梁标准设计，其桥面系采用统一布置及统一尺寸，如图 4.25～图 4.28 所示。

1. 纵梁和横梁

纵梁与横梁一般均为板梁。当跨度小于 6 m 时，纵梁也有用大号工字钢做成的。

铁路桥纵梁上翼缘直接承受桥枕压力，纵梁的上翼缘宽度不宜小于 240 mm，焊接纵梁上翼缘伸出肢的宽厚比不得超过 10。

铁路桥的纵、横梁翼缘与腹板的厚度至少是 10 mm，公路桥至少是 8 mm。

纵、横梁的腹板应根据板的局部稳定需要设置加劲肋。由于受拉翼缘上的焊缝会降低疲劳强度，加劲肋顶端不得焊在梁的受拉翼缘上，但可焊在受压翼缘上。在图 4.25 中，纵梁加劲肋上端焊在上翼缘上，以帮助翼缘支承桥枕。在图 4.26 中，横梁在剪力作用的区段也设有加劲肋，但不必焊在翼缘上。端横梁又是起重横梁，在准备放千斤顶处要设置支承加劲肋和千斤顶座板。支承加劲肋与横梁下翼缘必须顶紧，以便传力，但不得焊接。

为了线路的平顺和降低横联刚架作用在竖杆中引起的附加应力，纵梁与横梁的高度宜大一些。铁路桥纵梁的高度一般是其跨度的 1/8～1/7，横梁的高度一般是其跨度的 1/6～1/4。公路活载比铁路小，纵、横梁高跨比分别为 1/10～1/8、1/8～1/6。

2. 纵梁间的联结系

纵梁的间距一般是 2 m，纵梁的跨度一般是 6～10 m。因此纵梁一般只需设上平纵联和一个中横联，如图 4.25 和图 4.27 所示，纵梁上平纵联的作用是承受横向风力及支撑受压翼缘，减小其侧向自由长度。为避免桥枕翘曲时压在平纵联的腹杆上，可在纵联节点板与纵梁上翼缘间垫以一定厚度的填板。

3. 纵梁与主桁纵联的连接

主桁纵联斜撑内力较小，其截面常由刚度控制。为了减少斜撑在平面外的自由长度，可将斜撑交点通过一块吊板吊在纵梁中横联交叉撑交点的节点板上，如图 4.27 所示，由于吊板在纵向很柔软，其上、下端在纵向可以自由移动，故能在吊住主桁纵联斜撑的同时，又不妨碍纵梁与主桁纵联产生纵向相对变位。吊板相当于一上、下端铰接的链杆，故又称“板铰”。

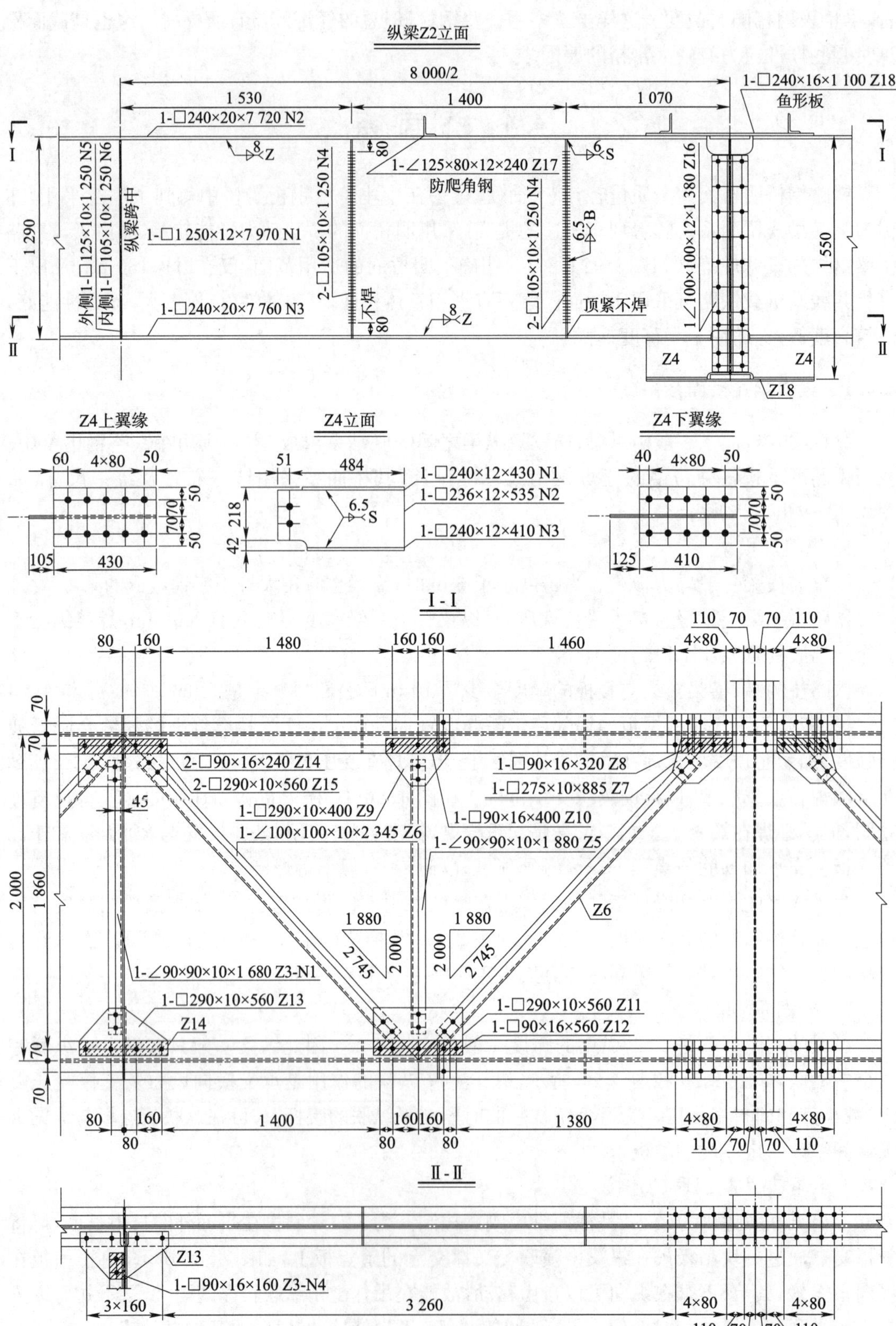

图 4.25 铁路标准设计焊接纵梁立面及平面(单位:mm)

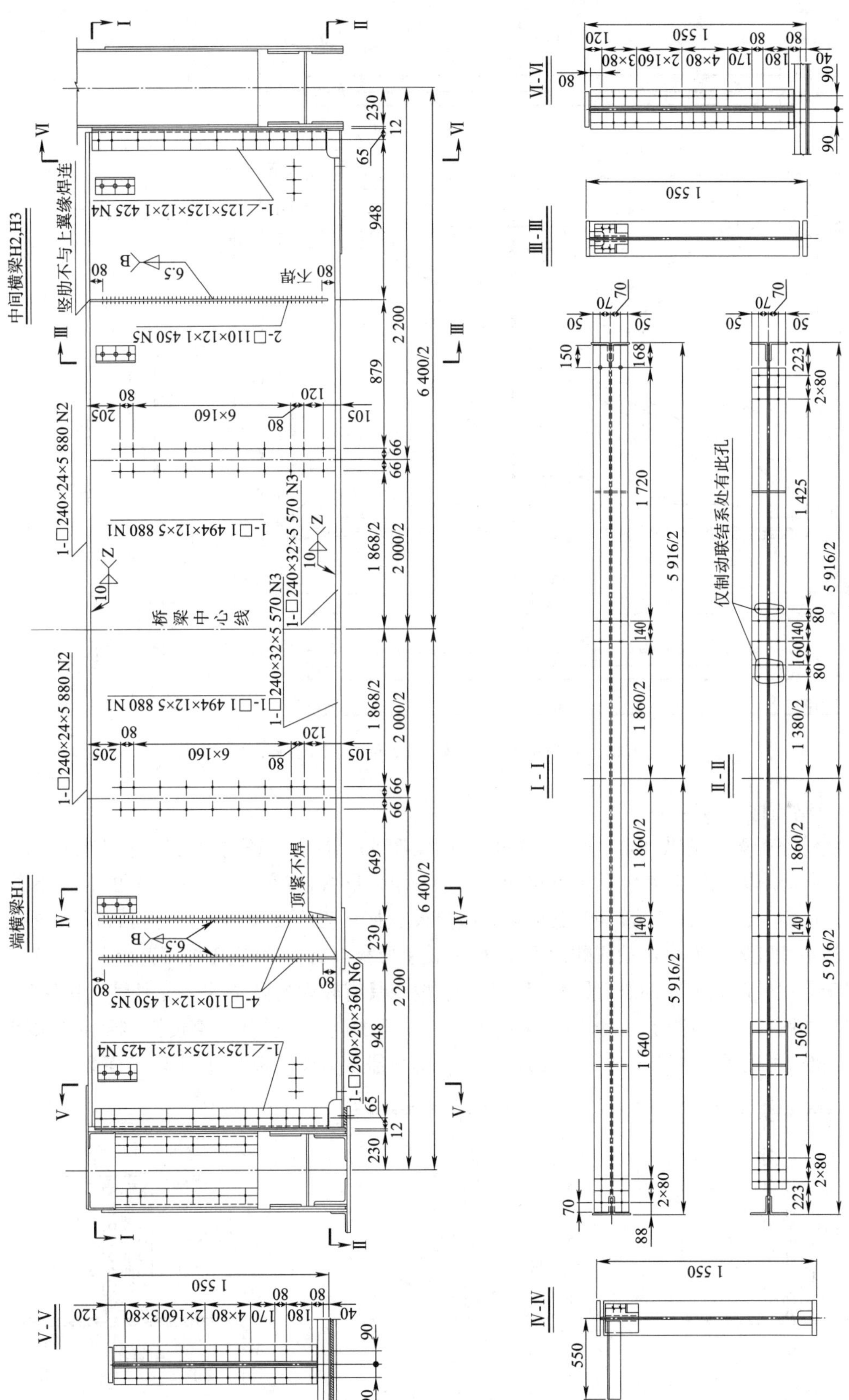

图 4.26　铁路标准设计焊接横梁(单位：mm)

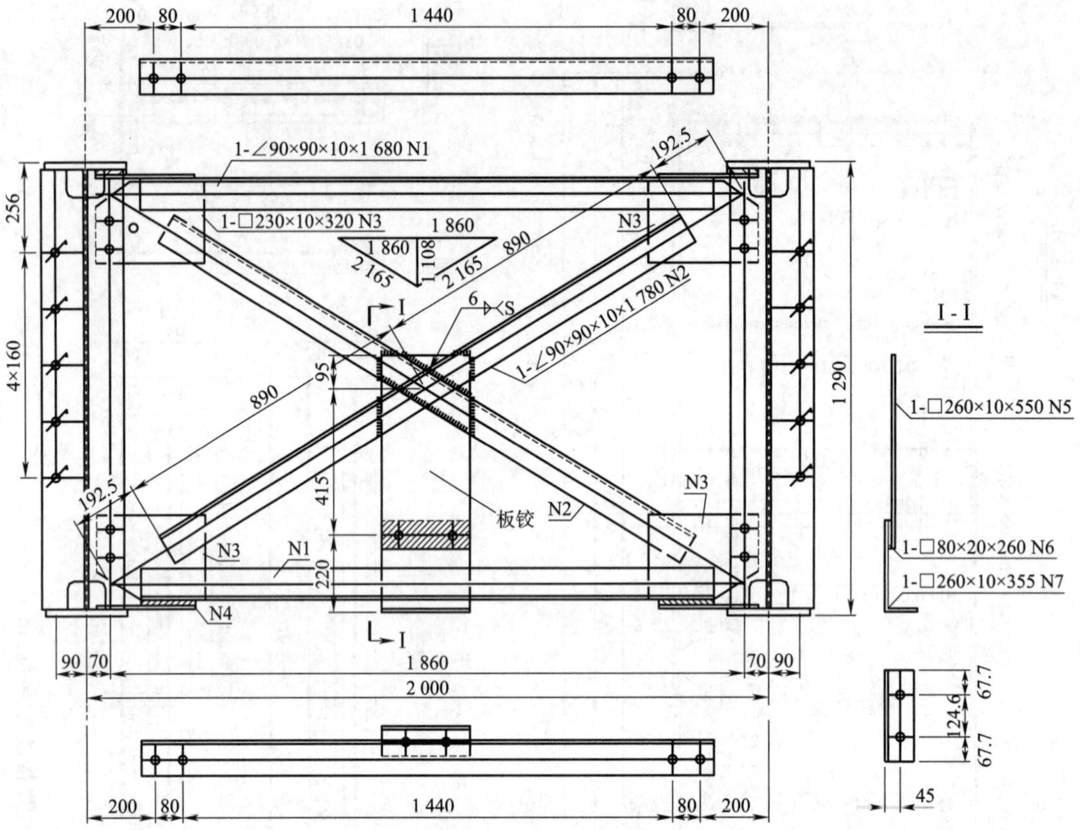

图 4.27 铁路标准设计焊接纵梁剖面(单位:mm)

4. 纵梁与横梁的连接

单线铁路桁梁常把纵、横梁做成一样高,如图 4.28(a)所示。只需在纵梁腹板上设一对连接角钢,与横梁腹板相连;在纵梁上下翼缘上各设一块鱼形板,与横梁及相邻纵梁的翼缘相连,这种构造简单,传力好。实践证明:若纵梁梁端只设连接角钢而无鱼形板,连接角钢与螺栓在运营过程中往往容易发生松动或断裂现象,但加设鱼形板以后,此种现象即可避免。

对于双线铁路或公路桥梁,其横梁跨度较大,要求具有较大的梁高,纵、横梁常采用不等高的形式。如图 4.28(b)所示,可将纵梁梁端向下方局部加高。当受建筑高度限制而必须降低纵梁标高时,可采用图 4.28 (c)所示形式,但上鱼形板需从横梁腹板穿过,削弱了横梁截面。

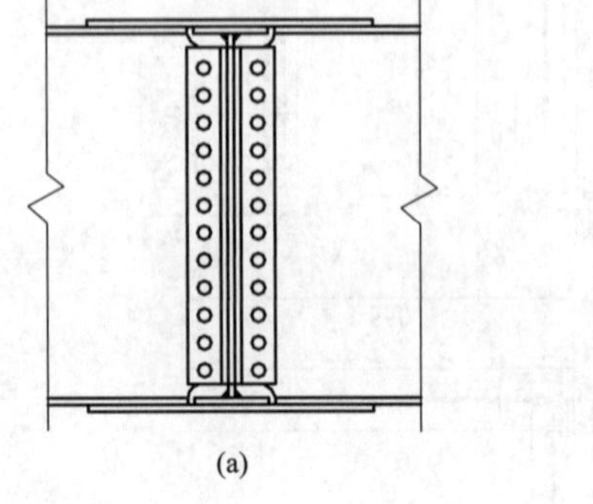

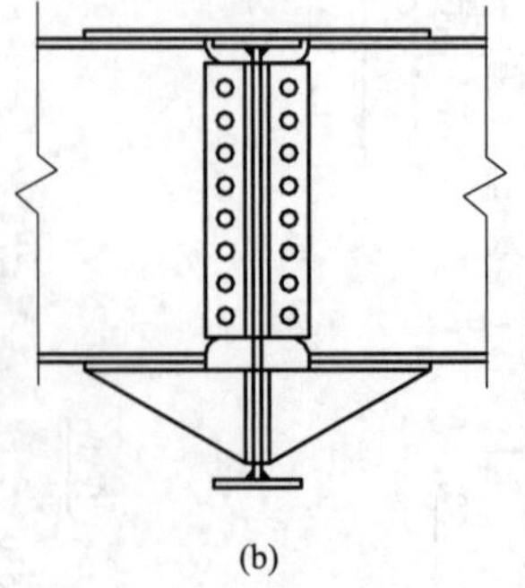

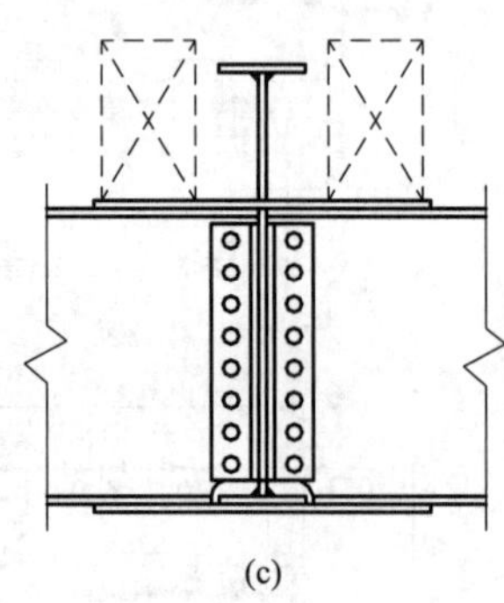

图 4.28 纵、横梁的连接形式

5. 纵梁的断缝

在竖向荷载作用下，桁梁桥主桁弦杆变形时，由于钢桁梁的空间作用，桥面系跟随弦杆一起变形。此时纵梁受到一定的轴力作用，横梁则产生较大的水平弯矩。此项附加力随主桁跨度的增大而增加，因此对于跨度大于 80 m 的简支桁梁，应设有纵梁断缝。一般纵梁断缝设置在跨中的一个节间内，如图 4.29 所示。纵梁的活动端通过一对特制的支座支承于短伸臂上。纵梁活动端可以纵向滑动，也可转动。为了避免行车时纵梁活动端上下跳动，特设一块铰板，把纵梁活动端连到短伸臂上。在安装架设钢梁时，活动纵梁与短伸臂应临时连成一体。

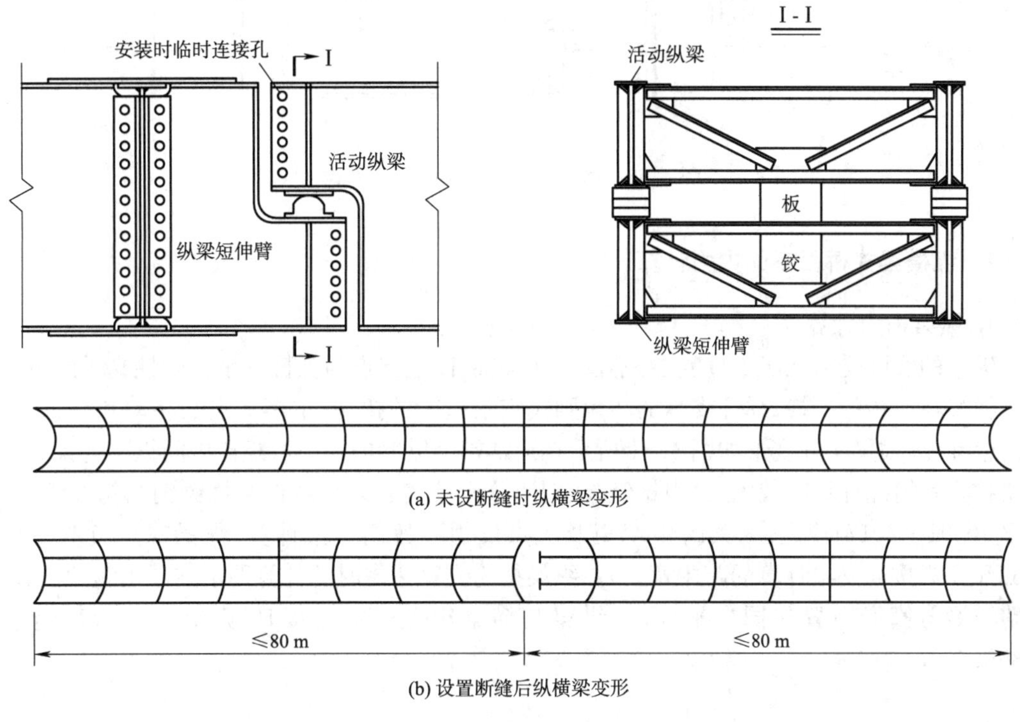

图 4.29　纵梁断缝

6. 横梁与主桁的连接

横梁的支点反力通过一对连接角钢传给主桁节点。连接角钢与横梁腹板及与主桁节点分别用高强度螺栓连接。当纵、横梁等高时，一般将横梁下翼缘与主桁下弦中心平齐，如图 4.30 (a) 所示。如不等高，应让纵梁下翼缘与主桁下弦中心平齐，使主桁下平纵联的斜撑得以从纵梁下方通过，由于此时横梁下翼缘降至下弦中心平面以下，故下平纵联的水平节点板要被横梁腹板隔开，如图 4.30(b)所示。当连接角钢上排不下计算所需的连接螺栓时，可在横梁的端部加接肱板，使连接角钢得以加长，如图 4.30(c)所示。

桥门架在横向力及竖向力作用下使端横梁梁端产生较大的负弯矩，端横梁梁端除设有连接角钢外，还设有一块盖板，将横梁上翼缘与两块主桁节点板相连，以便承受梁端负弯矩(图 4.26）。

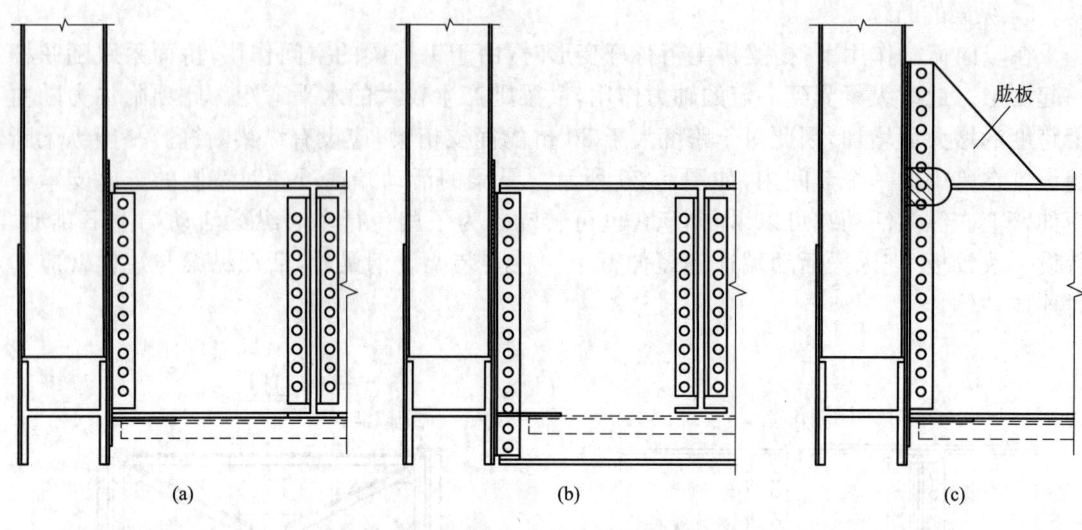

图 4.30 横梁与主桁连接的几种方式

4.4.2 纵横梁式桥面系的内力计算

1. 纵梁内力计算

纵梁的实际受力状况十分复杂，不仅为连续梁，而且支点为弹性支承。弹性支承的下沉决定于横梁与主桁的下挠；弹性支承的转角则决定于横梁的扭转、主桁节点的转动和纵、横梁连接的松动，纵横梁实际变形如图 4.31 所示。通常端部纵梁的跨中弯矩比中间纵梁的大。由于纵梁按实际情况计算时较困难，根据经验、理论分析及实验研究，《铁路桥梁钢结构设计规范》(TB 10091—2017)规定：纵梁跨中弯矩及支点反力可按简支梁计算；纵梁支点负弯矩取为 0.6M(M 为按简支梁计算的跨中弯矩)。纵梁按简支梁考虑时的计算图示如图 4.32 所示。当铁路纵梁与横梁布置在同一平面，且纵梁与横梁用鱼形板连接时，则纵梁跨中弯矩可按 0.85M 计算。

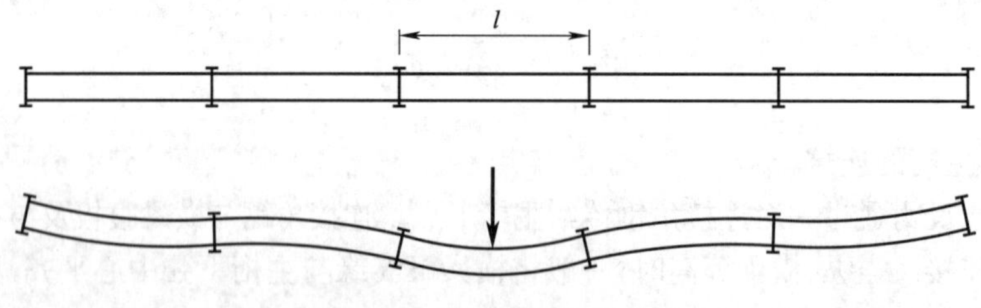

图 4.31 纵横梁实际变形图

根据以上假定，纵梁的计算内力为

跨中弯矩 $$M=M_p+\eta(1+\mu)M_k \quad (4.24)$$

梁端弯矩 $$M_0=0.6M \quad (4.25)$$

梁端剪力 $$Q=Q_p+\eta(1+\mu)Q_k \quad (4.26)$$

式中 M_p——恒载跨中弯矩，$M_p=p\Omega_M=\frac{1}{8}pl^2$，其中，$p$ 为每片纵梁的计算恒载；

M_k——静活载跨中弯矩，$M_k=k_{0.5}\Omega_M=\frac{1}{8}k_{0.5}l^2$，其中，$k_0$，$k_{0.5}$ 为每片纵梁承受的换算匀

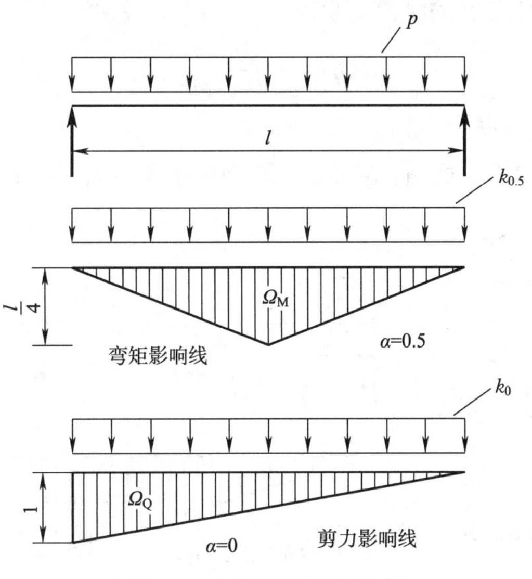

图 4.32　纵梁的计算图式

布活载(影响线长度取纵梁跨长 l,顶点位置分别为 0、0.5 处);

Q_p——恒载梁端剪力,$Q_p=p\Omega_Q=\frac{1}{2}pl$;

Q_k——静活载梁端剪力,$Q_k=k_0\Omega_Q=\frac{1}{2}k_0 l$;

$1+\mu$——动力系数,按式(2.2)计算,其中 L 取纵梁跨长;

η——活载发展均衡系数,按式(4.8)计算,其中 a_{max} 取钢桥中所有杆件中的最大值,对于 a

计算弯矩时

$$a=\frac{M_p}{(1+\mu)M_k} \tag{4.27}$$

计算剪力时

$$a=\frac{Q_p}{(1+\mu)Q_k} \tag{4.28}$$

2. 中间横梁的内力计算

横梁是横联闭合刚架的一个组成构件,承受由纵梁传来的集中荷载 D 和横梁自重,后者相对于 D 很小,常略去不计。横梁跨中正弯矩较按简支梁计算略小,但由于纵梁为连续梁,横梁所受集中荷载 D 较纵梁按简支梁计算又略大,故《铁路桥梁钢结构设计规范》(TB 10091—2017)规定横梁近似按简支梁计算,跨度等于主桁中心距,横梁的计算图示如图 4.33 所示。

以单线铁路下承式桁梁桥的桥面系为例,纵梁传来的集中荷载 D,其值等于左右双孔纵梁反力之和,如图 4.34 所示如果不计横梁自重,横梁的计算内力为

支点反力

$$D=D_p+\eta(1+\mu)D_k \tag{4.29}$$

最大弯矩

$$M=Da \tag{4.30}$$

式中　D_p——单片纵梁双孔恒载反力,$D_p=p\Omega_D=pl$;

D_k——单片纵梁双孔活载反力,$D_k=k_{0.5}\Omega_D=k_{0.5}l$;

$k_{0.5}$——每片纵梁承受的换算匀布活载(影响线长度取两倍纵梁跨长,顶点位置为 0.5);

$1+\mu$——动力系数,用式(2.2)计算,公式中 L 应为两倍纵梁跨长;

a ——纵梁至横梁支点的距离，其中

$$a=\frac{D_{\mathrm{p}}}{(1+\mu)D_{\mathrm{k}}} \tag{4.31}$$

p ——每片纵梁的计算恒载；

η——活载发展均衡系数，计算时 a_{max} 取钢桥中所有杆件中的最大值，式中

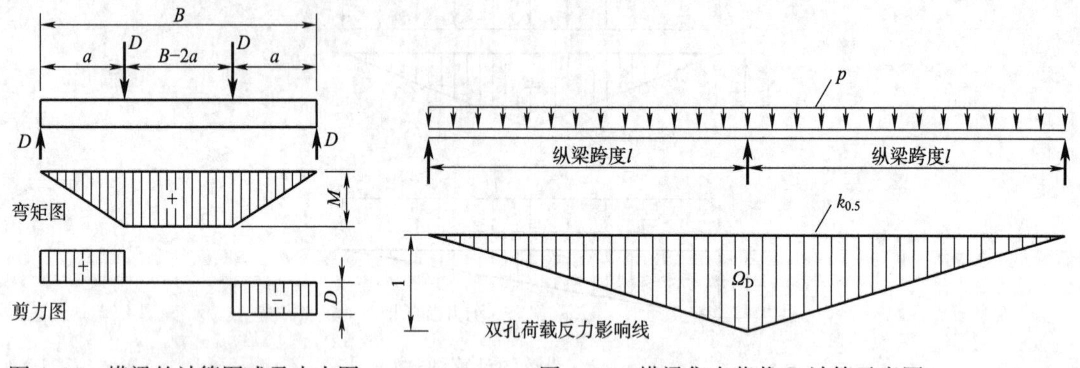

图 4.33　横梁的计算图式及内力图　　　　图 4.34　横梁集中荷载 D 计算示意图

3. 端横梁(起重横梁)的内力计算

为了减少截面类型，端横梁一般可采用与中间横梁相等的截面。但端横梁只承受一孔纵梁的荷载，其内力较中间横梁小，故此项内力不必检算。

在安装和维修工作中，有时需将钢梁顶起。在下承式钢梁中常利用端横梁作为起重横梁。起重千斤顶成对置于横梁下方(图 4.35)，因此端横梁需按起重横梁检算。起重横梁所受荷载按起顶重量 P 超载 30％计算。故千斤顶荷载 D 及起重横梁最大弯矩应分别为

$$D=\frac{1.3P}{4} \tag{4.32}$$

$$M=Da \tag{4.33}$$

式中　a——千斤顶中心至主桁中心的距离。

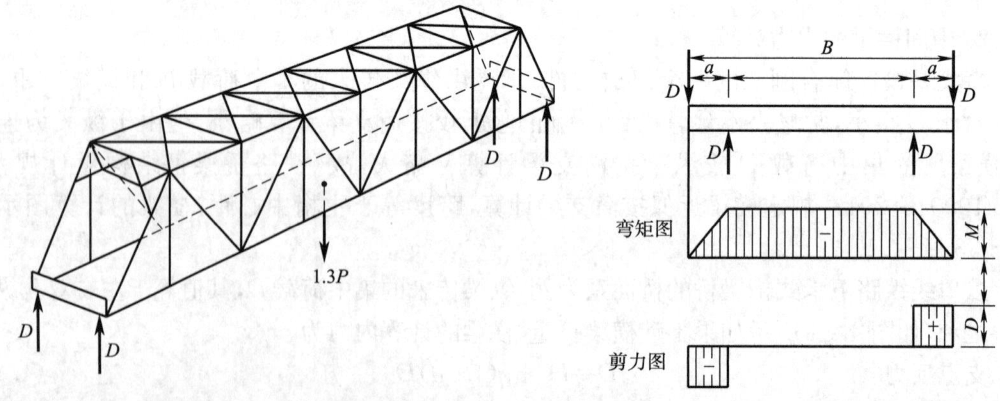

图 4.35　端横梁的计算图式

4. 纵梁与横梁的连接计算

当纵梁梁端采用鱼形板时，假定全部支点负弯矩由鱼形板承受。当需考虑图 4.9 所示空间作用在纵梁中产生的附加轴力时，亦应由鱼形板承担。纵梁的梁端剪力则由连接到横梁上

的竖向角钢上的螺栓承受。考虑到纵梁是连续梁，其实际梁端剪力比按式(4.26)算出的剪力大，故《铁路桥规》规定：竖向角钢上承受梁端剪力的螺栓数要比按简支梁梁端剪力算出的数字增加 10%。

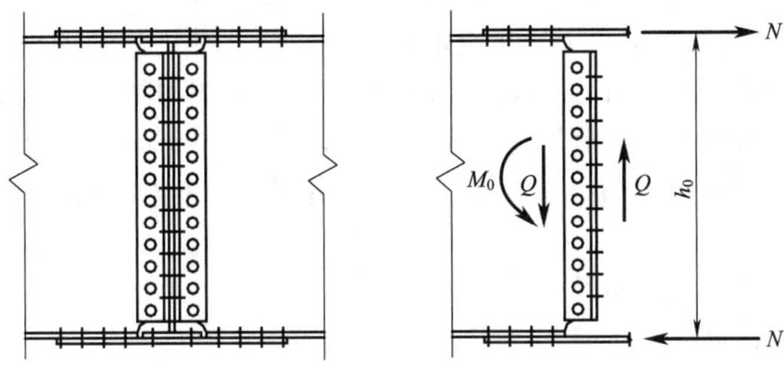

图 4.36　纵梁与横梁的连接计算

根据以上规定，在图 4.36 中竖向连接角钢上所需高强螺栓数 n 应为

在纵梁腹板上 $$n=\frac{1.1Q}{[T_2]} \tag{4.34}$$

在横梁腹板上 $$n=\frac{1.1Q}{[T_1]} \tag{4.35}$$

式中　Q——纵梁按简支梁用式(4.26)计算的梁端反力；

$[T_1]$，$[T_2]$——单摩擦面与双摩擦面高强螺栓的承载力。

如果纵梁梁端没有能承受支点弯矩的构造(鱼形板)，则纵横梁腹板上的螺栓，除承受支点反力外，还要承受弯矩，此项弯矩因对横梁腹板上的连接螺栓产生拔力而尤为不利，故《铁路桥梁钢结构设计规范规》(TB 10091—2017)规定其数量应相应增加：在纵梁腹板上的，按简支梁反力增加 20%；在横梁腹板上的，按简支梁反力增加 40%。

鱼形板所承受的轴力 N、其所需净面积 A_j 和一端所需连接螺栓数 n 应分别为

鱼形板所受轴力 $$N=\frac{M_0}{h_0} \tag{4.36}$$

鱼形板所需净面积 $$A_j \geqslant \frac{N}{[\sigma]} \tag{4.37}$$

鱼形板一端螺栓数 $$n=\frac{A_j[\sigma]}{[T_1]} \tag{4.38}$$

式中　M_0——纵梁支点负弯矩，按式(4.25)算出；

h_0——上、下鱼形板中心线距离；

$[\sigma]$——鱼形板的容许应力。

5. 横梁与主桁的连接计算

当横梁端部有承受支点弯矩的构造时，支点弯矩由该构造承受。支点反力则由竖向连接角钢上的螺栓承受。考虑到纵梁按简支梁算出的计算集中荷载较按实际连续梁算出的偏小，《铁路桥规》规定：竖向角钢上的螺栓数应按简支梁反力所算出的螺栓数增加 10%计算。根据以上规定，竖向连接角钢上的高强螺栓数 n 应为

在横梁腹板上 $$n=\frac{1.1D}{[T_2]} \tag{4.39}$$

在主桁上　$$n=\frac{1.2D}{[T_1]} \tag{4.40}$$

式中　D ——横梁支点反力，按式(4.29)算出。

横梁梁端负弯矩一般较小，故当横梁端部无承受支点弯矩的构造时，《铁路桥规》规定：横梁腹板上的螺栓数仍按简支梁反力算出者增加 10%。至于主桁上的螺栓，由于要受到拔力，高强螺栓栓杆的负荷增加(紧固力加拔力)而承载力降低(摩擦力降低)，故《铁路桥规》规定，当结构不能承受支点弯矩时，主桁上的连接螺栓数：单线桥增加 20%；双线桥及公铁两用桥(公路桥面设在主桁外侧的悬臂横梁上)，因此项支点弯矩甚大，应根据实际支点反力与支点弯矩的大小，通过计算确定。

6. 桥面系纵、横梁的设计计算

(1)纵梁的设计计算

纵梁每节间长度为 8 m，截面尺寸的拟定方法可参考钢板梁的设计方法，铁路纵、横梁的截面通常采用工字形，纵梁跨中截面尺寸如图 4.37 所示，其组成为

翼缘板：2—□240 mm×14 mm；

腹板：1—□1 362 mm×10 mm；

则纵梁梁高为 1 390 mm，计算纵梁的内力时，近似地简化为简支梁计算，跨度为 8 m。

①纵梁内力计算：纵梁内力计算采用影响线面积法。

跨中截面弯矩影响线面积：$\Omega_M=\frac{1}{8}l^2=8(m^2)$

梁端截面剪力影响线面积：$\Omega_Q=\frac{1}{2}l=4(m)$

桥面为明桥面，采用钢筋混凝土人行道板，桥面重 10 kN/m，每片纵梁支承桥面重 5 kN/m，纵梁自重 2.5 kN/m。

恒载　$p=5+2.5=7.5(kN/m)$

跨中恒载弯矩：$M_p=p\times\Omega_M-7.5\times8-60(kN\cdot m)$

梁端恒载剪力：$Q_p=p\times\Omega_Q=7.5\times4=30(kN)$

对跨中截面弯矩影响线：$\alpha=0.5$，$l=8$ m，查表得每片纵梁的换算均布荷载

$$k_{0.5}=\frac{1}{2}\times162.50=81.25(kN/m)$$

对梁端截面剪力影响线：$\alpha=0$，$l=8$ m，查表得每片纵梁的换算均布荷载

$$k_0=\frac{1}{2}\times184.38=92.19(kN/m)$$

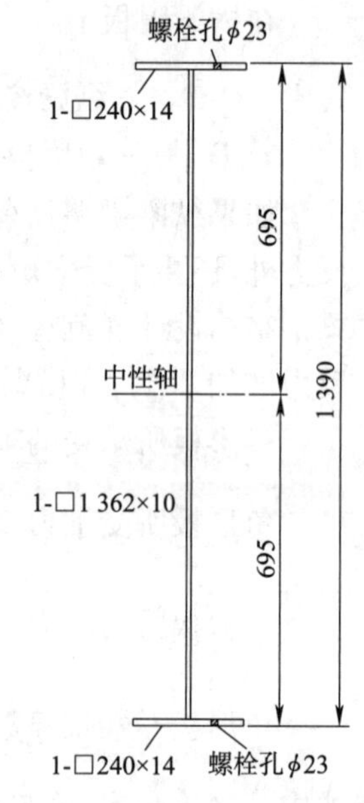

图 4.37　纵梁跨中截面(单位：mm)

跨中静活载弯矩：$M_k=k_{0.5}\Omega_M=81.25\times8=650.0(kN\cdot m)$

梁端静活载剪力：$Q_k=k_0\Omega_Q=92.19\times4=368.8(kN)$

动力系数：　$$1+\mu=1+\frac{28}{40+l}=1+\frac{28}{40+8}=1.583$$

活载发展均衡系数：

对跨中弯矩　$$a=\frac{M_p}{(1+\mu)M_k}=\frac{60}{1.583\times650.0}=0.058$$

$$a_{max}=0.288(\text{与主桁杆件的 }a_{max}\text{相同})$$

$$\eta=1+\frac{1}{6}\times(0.288-0.058)=1.038$$

对梁端剪力
$$a=\frac{Q_p}{(1+\mu)Q_k}=\frac{30}{1.583\times368.8}=0.051$$

$$\eta=1+\frac{1}{6}\times(0.288-0.051)=1.039$$

跨中弯矩：

$$M=M_p+\eta(1+\mu)M_k=60+1.038\times1.583\times650.0=1\,128.05(\text{kN}\cdot\text{m})$$

梁端剪力：

$$Q=Q_p+\eta(1+\mu)Q_k=30+1.039\times1.583\times368.8=636.6(\text{kN})$$

②纵梁的应力检算

a. 跨中弯曲应力

毛截面惯性矩：

$$I_m=2\times(240\times14\times688^2)+\frac{1}{12}\times10\times1\,362^3=5.286\,3\times10^9(\text{mm}^4)$$

栓孔惯性矩：　$\Delta I=2\times14\times23\times688^2=3.048\times10^8(\text{mm}^4)$

净截面惯性矩：　$I_j=I_m-\Delta I=4.981\,5\times10^9(\text{mm}^4)$

净截面抵抗矩：　$W_j=\dfrac{I_j}{y}=\dfrac{4.981\,5\times10^9}{\frac{1}{2}\times1\,390}=7.167\,6\times10^6(\text{mm}^3)$

$$\sigma_{max}=\frac{0.85M}{W_j}=\frac{0.85\times1\,128.05\times10^6}{7.167\,6\times10^6}=133.77(\text{MPa})<200\text{ MPa(可)}$$

$$\sigma_{min}=\frac{0.85M_p}{W_j}=\frac{0.85\times60\times10^6}{7.167\,6\times10^6}=7.12(\text{MPa})$$

近似地按上述计算的最大应力幅验算疲劳强度(偏安全)：

$$\gamma_d\gamma_n(\sigma_{max}-\sigma_{min})=133.77-7.12=126.65(\text{MPa})<\gamma_t[\sigma_0]=130.7\text{ MPa(可)}$$

b. 梁端剪应力

$$\tau_0=\frac{Q}{h\delta}=\frac{636.6\times10^3}{1\,362\times10}=46.74(\text{MPa})$$

$$\tau_{max}=\frac{3}{2}\cdot\frac{Q}{\delta h}=\frac{3}{2}\times\frac{636.6\times10^3}{10\times1\,362}=70.11(\text{MPa})$$

由
$$\frac{\tau_{max}}{\tau_0}=1.5,C_\tau=1.25$$

$$\tau_{max}=70.11\text{ MPa}\leqslant C_\tau[\tau]=1.25\times120=150(\text{MPa})$$

③纵梁的总体稳定与局部稳定检算

a. 纵梁总体稳定检算

纵梁的自由长度 $l_0=1\,880$ mm，梁高 $h=1\,390$ mm。

对水平轴 y、竖直轴 x 回转半径：

$$r_y=\sqrt{\frac{I_m}{A_m}}=\sqrt{\frac{5.286\,3\times10^9}{20\,340}}=509.81(\text{mm})$$

$$r_x=\sqrt{\frac{I_{mx}}{A_m}}=\sqrt{\frac{1}{20\,340}\times\left(\frac{2}{12}\times14\times240^3+\frac{1\,362}{12}\times10^3\right)}=39.89(\text{mm})$$

梁的换算长细比 $\lambda_e=\frac{\alpha l_0 r_y}{h r_x}=\frac{1.8\times 1\,880\times 509.81}{1\,390\times 39.89}=31.11$，查表得 $\varphi=0.891$，

$$\sigma=\frac{M}{W_m}=\frac{1\,128.05\times 10^6}{\frac{5.286\,3\times 10^9\times 2}{1\,390}}=148.31(\text{MPa})<\varphi[\sigma]=178.29\ \text{MPa}(可)$$

b. 纵梁翼缘板局部稳定检算

当 $\lambda<50$ 时，$\left[\frac{b}{\delta}\right]=12$，则

$$\frac{b}{\delta}=\frac{240-10}{2\times 14}=8.21<\left[\frac{b}{\delta}\right]=12(可)$$

④纵梁梁端的连接计算：选用 2—∠100 mm×100 mm×12 mm 的连接角钢。

a. 连接角钢上的螺栓数计算

选取 $M22$ 的高强度螺栓，其孔径 $d_0=23$ mm，其预拉力 $P=200$kN，连接处钢材表面的抗滑移系数 $f=0.45$，安全系数 $K=1.7$，单个高强螺栓的容许滑移承载力：

$$[T_1]=\frac{P\cdot f\cdot m}{1.7}=\frac{200\times 0.45\times 1}{1.7}=52.94(\text{kN})(单抗滑面)$$

$$[T_2]=\frac{P\cdot f\cdot m}{1.7}=\frac{200\times 0.45\times 2}{1.7}=105.88(\text{kN})(双抗滑面)$$

连接角钢与纵梁腹板连接的螺栓数：$n_1=\frac{1.1Q}{[T_2]}=\frac{1.1\times 636.6}{105.88}=6.61$(个)

实际采用 7 个。

连接角钢与横梁腹板连接的螺栓数：$n_2=\frac{1.1Q}{[T_1]}=\frac{1.1\times 636.6}{52.94}=13.23$(个)

实际采用 16 个。

b. 鱼形板计算

每块鱼形板所受的力：

$$N_0=\frac{M_0}{h_0}=\frac{0.6\times 1\,128.05\times 10^3}{1\,390}=486.93(\text{kN})$$

每块鱼形板与纵梁翼缘连接所需螺栓数：$n=\frac{N_0}{[T_1]}=\frac{486.93}{52.94}=9.20$(个)

实际采用 10 个。

鱼形板所需净面积：$A_{j0}\geqslant\frac{N_0}{[\sigma]}=\frac{486.93\times 10^3}{200}=2\,434.65(\text{mm}^2)$

拟定鱼形板尺寸 1—□240 mm×20 mm，净面积：

$$A_{j0}=240\times 20-2\times 23\times 20=3\,880(\text{mm}^2)>2\,624.45\ \text{mm}^2(可)$$

$$\sigma_{max}=\frac{N_{0max}}{A_{j0}}=\frac{0.6M}{A_{j0}h_0}=\frac{0.6\times 1\,128.5\times 10^6}{3\,880\times 1\,390}=125.547(\text{MPa})$$

$$\sigma_{min}=\frac{N_{0min}}{A_{j0}}=\frac{0.6M_p}{A_{j0}h_0}=\frac{0.6\times 60\times 10^6}{3\,880\times 1\,390}=6.675(\text{MPa})$$

$$\gamma_d\gamma_n(\sigma_{max}-\sigma_{min})=1.0\times 1.0\times(125.547-6.675)=118.872(\text{MPa})<\gamma_t[\sigma_0]=130.7\ \text{MPa}(可)$$

(2) 横梁的设计计算

中横梁的截面尺寸一般比纵梁的大，如图 4.38 所示，其组成为：

翼缘板：2—□240 mm×26 mm；

腹板：1—□1 338 mm×12 mm。

①横梁内力计算

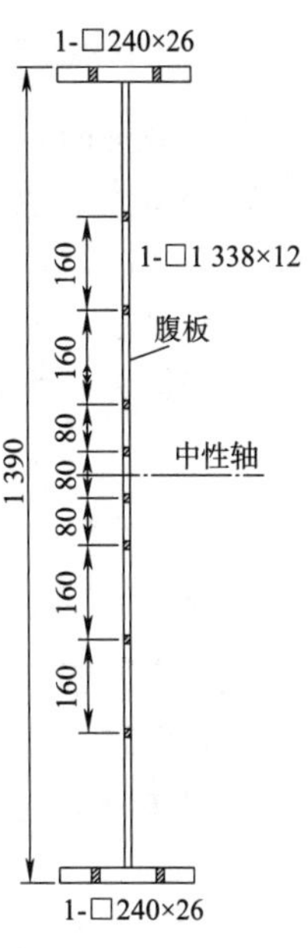

图 4.38　与纵梁连接处横梁截面（单位：mm）

横梁的内力按简支梁进行计算，跨度 $B=5.75$ m，其中 D 为左右两纵梁的反力之和，D 的影响线面积：

$$\Omega_{\mathrm{D}}=\frac{1}{2}\cdot 2l\times 1=l=8(\mathrm{m})$$

纵梁单位长度上的恒载：$p=7.5$ kN/m

换算均布荷载按 D 的影响线顶点位置 $\alpha=0.5$ 及加载长度为 16 m 查表求得

$$k_{0.5}=\frac{1}{2}\times 131.45=65.73(\mathrm{kN/m})$$

恒载产生的反力：$D_{\mathrm{p}}=p\cdot\Omega_{\mathrm{D}}=7.5\times 8=60(\mathrm{KN})$

横梁跨中的恒载弯矩：

$$M_{\mathrm{p}}=D_{\mathrm{p}}\left(\frac{B-a}{2}\right)=60\times\frac{5.75-2}{2}=112.5(\mathrm{kN\cdot m})$$

横梁梁端的恒载剪力：$Q_{\mathrm{p}}=D_{\mathrm{p}}=60(\mathrm{kN})$

静活载产生的反力：$D_{\mathrm{k}}=k_{0.5}\cdot\Omega_{\mathrm{D}}=65.73\times 8=525.8(\mathrm{kN})$

横梁跨中的静活载弯矩：

$$M_{\mathrm{k}}=D_{\mathrm{k}}\left(\frac{B-a}{2}\right)=525.8\times\frac{5.75-2}{2}=985.9(\mathrm{kN\cdot m})$$

横梁梁端的静活载剪力：　　$Q_{\mathrm{k}}=D_{\mathrm{k}}=525.8(\mathrm{kN})$

动力系数：　　$1+\mu=1+\dfrac{28}{40+L}=1+\dfrac{28}{40+16}=1.5$

对横梁 $a=\dfrac{D_{\mathrm{p}}}{D_{\mathrm{k}}(1+\mu)}=\dfrac{60}{525.8\times 1.5}=0.076$，$a_{\max}$与主桁杆件的相同，即 $a_{\max}=0.288$。

活载发展均衡系数：

$$\eta=1+\frac{1}{6}(a_{\max}-a)=1+\frac{1}{6}\times(0.288-0.076)=1.035$$

横梁跨中弯矩：

$$M=M_{\mathrm{p}}+\eta(1+\mu)M_{\mathrm{k}}=112.5+1.035\times 1.5\times 985.9=1\ 643.1(\mathrm{kN\cdot m})$$

横梁梁端剪力：

$$Q=Q_{\mathrm{p}}+\eta(1+\mu)Q_{\mathrm{k}}=60+1.035\times 1.5\times 525.8=876.3(\mathrm{kN})$$

②横梁应力检算

a. 弯曲应力：横梁在两纵梁之间的部分弯矩相等，由于横梁在与纵梁连接处的横截面上有栓孔削弱，故应检算此处的弯曲应力。

横梁的毛截面惯性矩：

$$I_{\mathrm{m}}=\frac{1}{12}\times 240\times 1\ 390^3-2\times\frac{1}{12}\times\frac{240-12}{2}\times(1\ 390-2\times 26)^3=8.200\ 8\times 10^9(\mathrm{mm}^4)$$

栓孔惯性矩：

$$\Delta I=4\times 26\times 23\times 682^2+2\times 12\times 23\times(40^2+120^2+280^2+440^2)=1.271\ 6\times 10^9(\mathrm{mm}^4)$$

净截面惯性矩：

$$I_{\mathrm{j}}=I_{\mathrm{m}}-\Delta I=8.200\ 8\times 10^9-1.271\ 6\times 10^9=6.929\ 2\times 10^9(\mathrm{mm}^4)$$

$$\sigma_{max}=\frac{M\times h/2}{I_j}=\frac{1\ 643.1\times10^6\times695}{6.929\ 2\times10^9}=164.8(\text{MPa})<200\ \text{MPa}(可)$$

检算疲劳时，不考虑活载发展均衡系数，且采用动力运营系数$(1+\mu)_s=1.321$。

疲劳最大弯矩：

$$M_{max}=M_p+(1+\mu)_s M_k=112.5+1.321\times985.9=1\ 414.9(\text{kN}\cdot\text{m})$$

疲劳最小弯矩： $$M_{min}=M_p=112.5(\text{kN}\cdot\text{m})$$

疲劳最大应力：

$$\sigma_{max}=\frac{M_{max}\times h/2}{I_j}=\frac{1\ 414.9\times10^6\times695}{6.929\ 2\times10^9}=141.95(\text{MPa})$$

疲劳最小应力：$\sigma_{min}=\dfrac{M_{min}\times h/2}{I_j}=\dfrac{112.5\times10^6\times695}{6.929\ 2\times10^9}=11.28(\text{MPa})$

疲劳应力幅：

$$\gamma_d\gamma_n(\sigma_{max}-\sigma_{min})=141.95-11.28=130.67(\text{MPa})<\gamma_t[\sigma_0]=130.7\ \text{MPa}(可)$$

b. 梁端剪应力

$$\tau_{max}=\frac{3}{2}\cdot\frac{Q}{h\delta}=\frac{3}{2}\times\frac{876.3\times10^3}{1\ 338\times12}=81.87(\text{MPa})<1.25\times120=150(\text{MPa})(可)$$

c. 换算应力

翼缘与腹板相交处的弯曲正应力：

$$\sigma=\frac{695-26}{695}\times164.8=158.63(\text{MPa})$$

翼缘与腹板相交处的剪应力：

$$\tau=\frac{QS}{I_m\delta}=\frac{876.3\times10^3\times[240\times26\times(695-13)]}{8.200\ 8\times10^9\times12}=37.90(\text{MPa})$$

换算应力：

$$\sqrt{\sigma^2+3\tau^2}=\sqrt{158.63^2+3\times37.90^2}=171.68(\text{MPa})<1.1[\sigma]=220\ \text{MPa}(可)$$

③横梁的总体稳定与局部稳定检算

a. 横梁总体稳定检算

横梁的自由长度 $l_0=2\ 000$ mm，梁高 $h=1\ 390$ mm。

对水平轴 y、竖直轴 x 回转半径：$r_y=\sqrt{\dfrac{I_m}{A_m}}=\sqrt{\dfrac{8.200\ 8\times10^9}{28\ 536}}=536.08(\text{mm})$

$$r_x=\sqrt{\frac{I_{mx}}{A_m}}=\sqrt{\frac{1}{28\ 536}\times\left(\frac{2}{12}\times26\times240^3+\frac{1\ 338}{12}\times12^3\right)}$$
$$=45.89(\text{mm})$$

梁的换算长细比 $\lambda_e=\dfrac{\alpha l_0 r_y}{h r_x}=\dfrac{1.8\times2\ 000\times536.08}{1\ 390\times45.89}=30.25$，查表得 $\varphi=0.898$，

$$\sigma=\frac{M}{W_m}=\frac{1\ 643.5\times10^6}{\dfrac{8.200\ 8\times10^9\times2}{1\ 390}}=139.28(\text{MPa})<\varphi[\sigma]=179.61\ \text{MPa}(可)$$

b. 横梁翼缘板局部稳定检算

当 $\lambda<50$ 时，$\left[\dfrac{b}{\delta}\right]=12$，则

$$\frac{b}{\delta}=\frac{240-12}{2\times26}=4.38<\left[\frac{b}{\delta}\right]=12(可)$$

④横梁梁端连接计算：

选用 2—∠125 mm×125 mm×12 mm 作为连接角钢。

横梁梁端连接角钢与横梁腹板连接的螺栓数：

$$n_1=\frac{Q}{[T_2]}\times1.1=\frac{876.3}{105.88}\times1.1=9.1(个)$$

实际采用 14 个。

横梁梁端连接角钢与主桁连接的螺栓数：

$$n_2=\frac{Q}{[T_1]}\times1.2=\frac{876.3}{52.94}\times1.2=19.9(个)$$

实际采用 26 个。

4.4.3　正交异性板式整体桥面系构造

早期的桁架桥设计，通常是在弦杆节点设置横梁，通过横梁将桥面荷载传给主桁，桥面作为荷载施加在主桁上，不考虑其参与主桁受力。但是，实际中桥面板在桥梁纵向具有较大的刚度，约束了弦杆的变形。对于特别大型的钢桥，若桥面板不参与主桁受力将使杆件截面设计出现很大困难。另外，当钢梁连续长度很长时，横梁受主桁变形影响将产生很大的横向弯曲，需设多处伸缩纵梁才能缓解，桥面的整体性难免受到影响，这对高速铁路桥梁尤其不利。为了利用桥面板的刚度，可以将钢桁架弦杆与桥面板结合在一起共同受力，将横梁上翼缘与桥面板连成一个整体，使得横梁面外弯曲不能产生。整体桥面的优势为发展大跨度钢梁创造了有利条件，使桁架桥具有更好的合理性和经济性。

以重载铁路 $L=108$ m 下承式双线简支钢桁梁为例，主桁架采用无竖杆整体节点平行弦三角桁架，节间长度为 12 m，桁高 12 m，如图 4.39 所示。两片桁间距 13.6 m，道砟槽内宽 8.5 m，双线有砟铁路，线间距 4.0 m，人行道置于主桁内侧，宽 0.9 m，如图 4.3 所示。正交异性板式整体桥面系由桥面板、横梁及横肋、纵肋四个部分组成。桥面板全桥纵、横向连续，纵向与下弦顶板伸出肢焊接，横向分段焊接，如图 4.40 所示。道砟范围内钢桥面板采用 3 mm 厚的毛面(毛面外露)不锈钢复层 321 及 14 mm 厚的 Q345qE 桥梁结构钢基层组成，在钢桥面顶铺有 3 mm 厚 MMA 防水层。

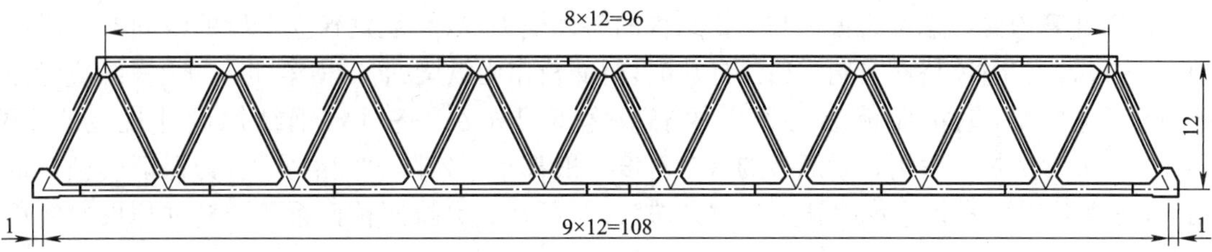

图 4.39　主桁架立面图(单位：m)

钢桥面系横向设置横梁和横肋。横梁间距 12 m，采用倒 T 形截面，高 1 250～1 370 mm，腹板厚 16 mm，底板宽 740 mm，厚 28 mm，上翼板与主桁伸出肢焊接，腹板及底板与主桁伸出肢栓接。两道横梁之间设 3 道横肋，间距 3 000 mm，采用倒 T 形截面，高 1 250～1 370 mm，腹板厚 14 mm，底板宽 580 mm，厚 28 mm，上翼板与主桁伸出肢焊接，腹板及底板与主桁伸出肢栓接。

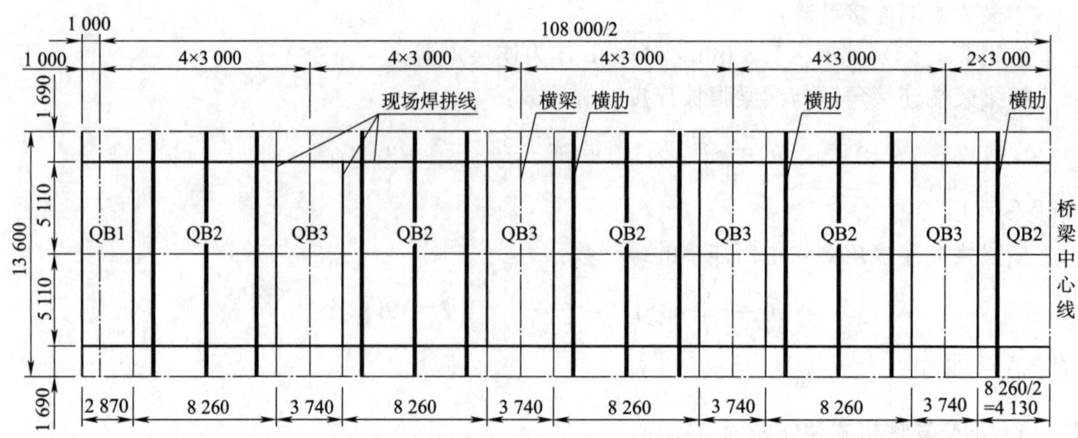

图 4.40 1/2 桥面系平面图(单位:mm)

钢桥面系纵向仅设U肋和I肋,不设纵梁,如图 4.41 所示。钢桥面板在道砟槽范围之内共设置了 16 道U肋,两侧挡砟墙外侧各设 2 道I肋。U肋高度 280 mm,厚 8 mm,间距 600 mm,I肋高度 150 mm,厚 12 mm。纵肋全桥连续,遇横梁、横肋腹板则开孔穿过。

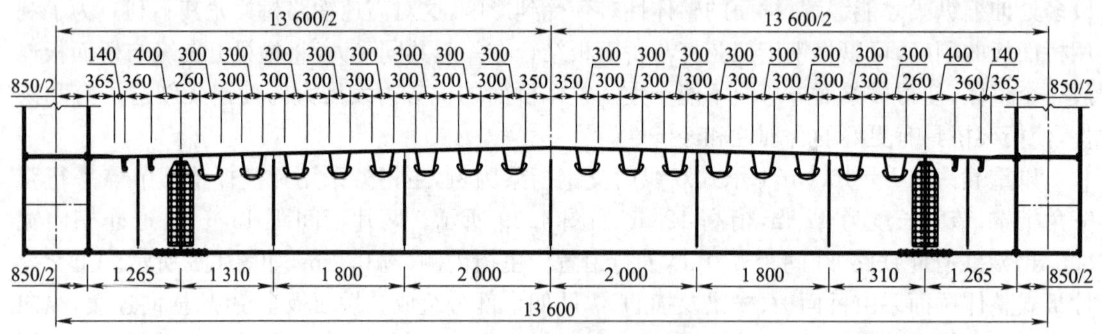

图 4.41 横梁一般截面图(单位:mm)

4.4.4 正交异性板式整体桥面系的内力计算

由于计算中要考虑桥面板参与主桁结构的整体受力,故一般是建立全桥的空间有限元模型进行分析。当整体桥面采用梁格法计算时,桥面板作为纵梁(肋)、横梁(肋)的上翼缘应考虑剪力滞后的影响,钢桥面板参与作用的有效宽度可按《铁路桥梁钢结构设计规范》(TB 10091—2017)的规定采用。桥面板的有效宽度一般都小于实际分配的宽度,为保证模型自重相等,需要对桥面荷载等效计算。等效方法为:桥面板重量按照桥面系各个杆件顶板的面积分配。

仍以重载铁路 $L=108$ m 下承式双线简支钢桁梁为例,其横梁、横肋、U肋和I肋的上翼缘板有效宽度如图 4.42 所示。

主桁杆件和上平纵联杆件均采用空间梁元模拟,整体桥面系采用梁格法模拟,可方便建立 $L=108$ m 下承式双线简支钢桁梁桥的空间杆系有限元分析模型,如图 4.43 所示。限于篇幅,具体计算结果略。

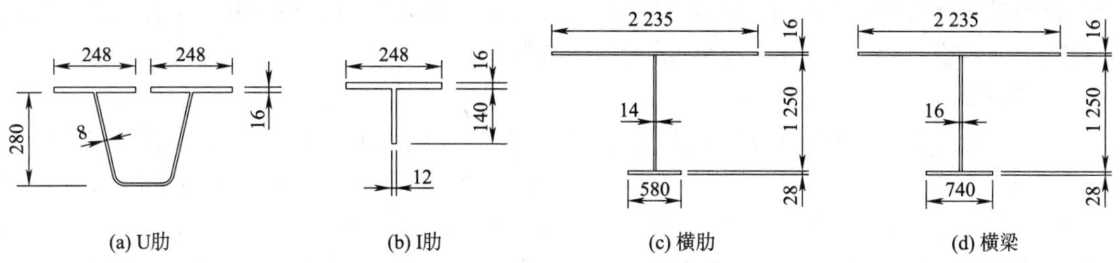

图 4.42　整体桥面系横梁、横肋、U 肋和 I 肋有效截面示意图(单位:mm)

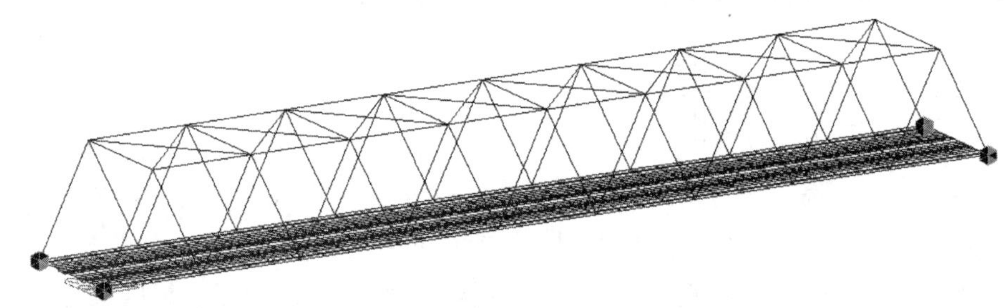

图 4.43　全桥空间计算模型

4.5 联结系

联结系有纵向和横向两种。它与主桁一起使桥跨结构形成稳定的空间结构,可承受各种纵、横向荷载。

4.5.1　纵向联结系

1. 纵联的几何图式

纵向联结系是指同一平面两弦杆之间的联结杆件,即斜撑与横撑。

纵联杆件内力不大,截面较小,截面尺寸往往由刚度要求控制。在选择其图式时,应使杆件不要过长,以保证杆件有较大的刚度和作为压杆时使容许应力的折减不至太大。纵联常用的几种图式,如图 4.44 所示。

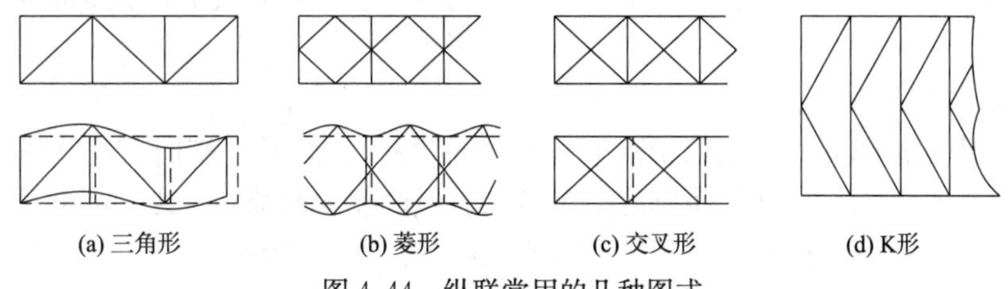

图 4.44　纵联常用的几种图式

三角形纵联斜撑自由长度较大,一般只用于主梁中心距不大的小跨度上承式钢板梁及桥面系纵梁。交叉形和菱形纵联斜撑较短,多用于中等以上跨度的钢桁梁。

在竖向荷载作用下,由于空间作用,主桁弦杆变形时会带动纵联一起变形,在纵联杆件中产生内力。三角形与菱形纵联的横撑内力使弦杆受到附加弯矩。当横撑是桥面系横梁时,此项附加弯矩更大,故最好不要采用这两种式样。交叉形纵联没有这个缺点,使用较为广泛,我国铁路桁梁桥标准设计都采用交叉形纵联形式。K形纵联在竖向荷载作用下，弦杆变形引起的腹杆附加力很小，自由长度又较小，适合用于宽桥。

2. 纵联的构造

联结系杆件常用的截面形式，有单壁式[图4.45(a)～图4.45(f)]与双壁式[图4.45(g)～图4.45(i)]两类。桥面系纵联杆件短小，一般用单个角钢[图4.45(a)]。窄桥的纵联一般用双角钢或焊接T形截面[图4.45(b)、图4.45(c)]，与主桁弦杆以单节点板连接。宽桥，特别是与桥面系不在同一平面的纵联，联结系杆件向面外的自由长度较大，多半采用在面外有较大刚度的槽形或工字形双壁截面，与主桁弦杆用双节点板连接。

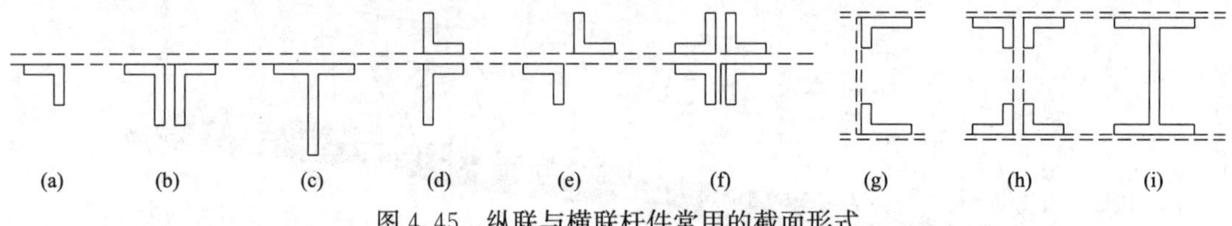

图4.45　纵联与横联杆件常用的截面形式

我国铁路单线64 m栓焊桁梁上、下平纵联的构造，如图4.46所示。纵联采用交叉形，杆件截面全部采用工形，与主桁弦杆用双节点板相连。此外，上、下平纵联各自斜撑的交点与主桁弦杆中心线采用偏心连接，偏心距为225 mm，这样做是使节点板不至过长。由于平纵联斜撑内力不大，在节点中相邻斜撑的纵向分力与弦杆轴力形成的偏心矩也不大。此项偏心矩大部分由刚度较大的弦杆承受，因此在计算中对纵联与弦杆的影响都很小。

纵联节点板由水平板与竖板焊成2片L形。斜撑与横撑上下翼缘分别连接在2片水平板上，并通过L形板中竖板连接在弦杆上。在主桁小节点上，竖板与主桁弦杆直接相连，竖板外壁与纵联几何图形的弦杆线相距5 mm。在主桁大节点上，竖板与主桁弦杆隔着主桁内节点板相连，故竖板外壁距纵联几何图形的弦杆线为17 mm，即增加了一块内节点板的厚度12 mm。

为避免交叉斜撑在交点冲突，上、下平纵联中有一根斜撑在交叉处中断，通过上、下两板节点板(如上平纵联L10)实现交叉相连。在设有制动撑架的节点，斜撑交点尚有制动撑杆交汇，故用了两块较大的节点板。为缩短下平纵联斜撑在面外的自由长度，在斜撑交叉点处通过L形部件吊在纵梁中横联的板铰上(图4.27)。

上平纵联横撑同时也是中横联的楣杆，采用工字形截面，通过节点板L7、节点板L8与上弦相连，其节点板由两块板组成L，兼作中横联的竖节点板。下平纵联的横撑即为桥面系横梁的下翼缘。

3. 纵联的计算

由于纵联中的横撑和斜撑是属于水平桁架内的腹杆，主要承受横向荷载和纵向荷载的作用，内力相对较小，截面尺寸往往由刚度要求控制。纵联在横向荷载和纵向荷载作用下的计算模型如图4.15和图4.19所示。其斜撑轴力影响线如图3.36所示。

考虑到平纵联、主桁和横梁共同工作时，当主桁在竖向荷载作用下其弦杆会与平纵联一起变形，使平纵联的斜撑和横撑中产生附加应力。由于主桁弦杆和横梁变形引起的纵向联结系杆件附加内力可按下列公式计算：

(1)交叉形纵向联结系斜杆内力可按式(4.41)计算：

$$N_d=\frac{N}{A}\times\frac{A_d\cos^2\alpha}{1+2\dfrac{A_d}{A_p}\sin^3\alpha+\dfrac{A_d}{A}\cos^3\alpha} \tag{4.41}$$

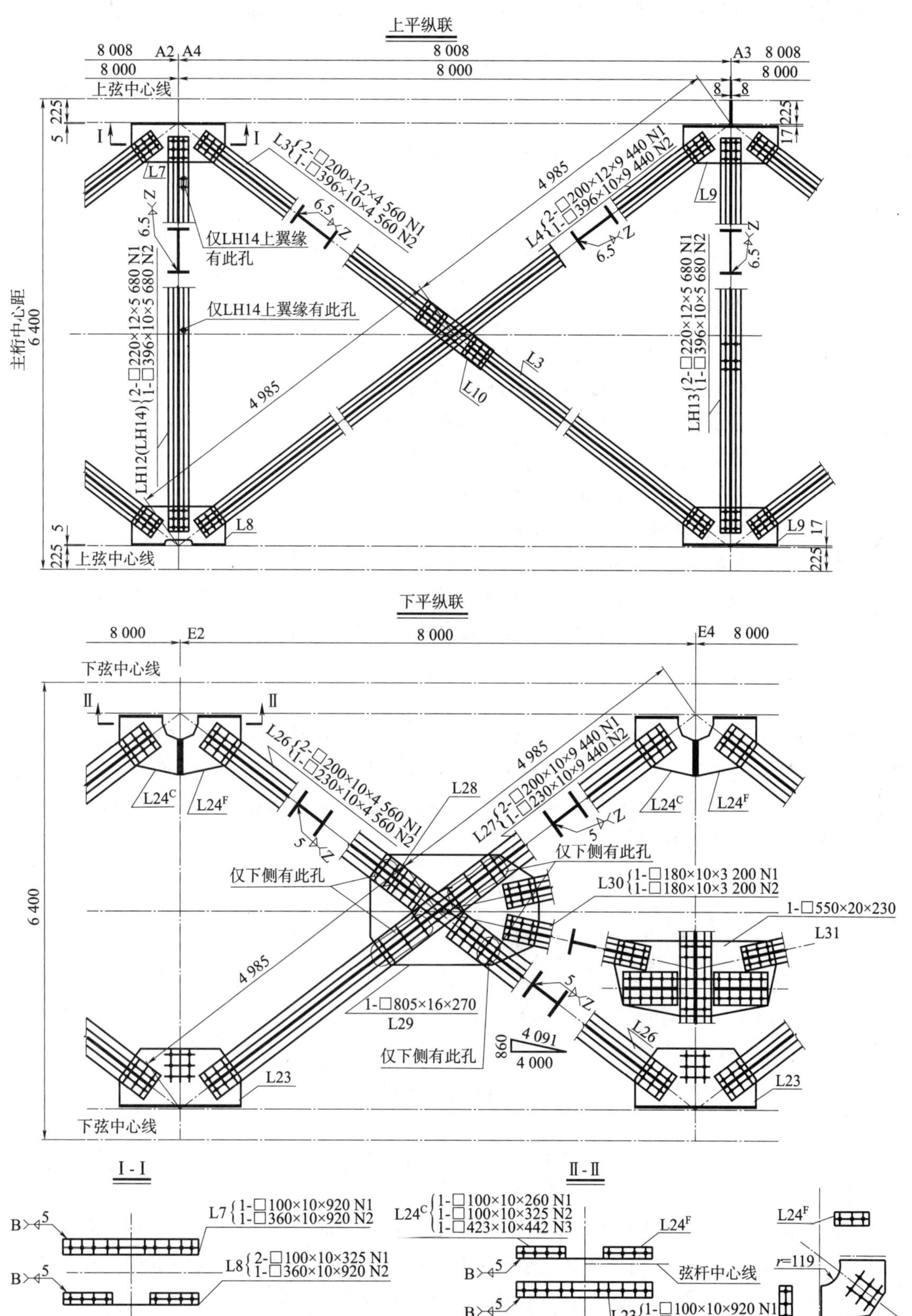

图 4.46　64 m 下承式栓焊桁梁纵向联结系构造图(单位:mm)

(2)交叉形且横梁兼作撑杆时联结系斜杆内力可按式(4.42)计算：

$$N_{\mathrm{d}}=\frac{A_{\mathrm{d}}\left(\dfrac{N}{A}\cos^2\alpha+0.6\sigma_{\mathrm{b}}\sin^2\alpha\right)}{1+4\dfrac{A_{\mathrm{d}}}{A_{\mathrm{b}}}\sin^3\alpha+\dfrac{A_{\mathrm{d}}}{A}\cos^3\alpha} \tag{4.42}$$

(3)菱形纵向联结系斜杆内力可按式(4.43)计算：

$$N_{\mathrm{d}}=\frac{N}{A}\times\frac{A_{\mathrm{d}}\cos^2\alpha}{1+2\dfrac{A_{\mathrm{d}}}{A_{\mathrm{p}}}\sin^3\alpha+\dfrac{A_{\mathrm{d}}}{48I}B^2\cos^3\alpha+\dfrac{A_{\mathrm{d}}}{A}\cos^3\alpha} \tag{4.43}$$

(4)交叉形、菱形纵向联结系撑杆内力可按式(4.44)计算：

$$N_{\mathrm{p}}=(N_{\mathrm{d}}^{左}+N_{\mathrm{d}}^{右})\sin\alpha \tag{4.44}$$

式中 N,A——弦杆的内力(MN)、毛截面积(m^2)；

$N_{\mathrm{d}},A_{\mathrm{d}}$——联结系斜杆的内力(MN)、毛截面积($\mathrm{m}^2$)；

$N_{\mathrm{p}},A_{\mathrm{p}}$——联结系撑杆的内力(MN)、毛截面积($\mathrm{m}^2$)；

A_{b}——横梁毛截面积(m^2)；

I——弦杆对竖轴的毛截面惯性矩(m^4)；

α——联结系斜杆与弦杆的交角；

B——主桁中心距(m)；

σ_{b}——横梁按竖向荷载和毛截面计算的最大纤维应力(MPa)，当 σ_{b} 和 N 的符号相反时，可按不利的内力组合，假定式(4.42)中的 σ_{b} 或 N 为零。

4.5.2 横向联结系

布置桥门架和横向联结系图式的原则与纵向联结系相同，即应使联结系杆件不要太长，斜撑倾角以接近45°为宜。图4.47为不同桁高与桁宽时，上承式桥与下承式桥横联的几种图式。下承式桥的桥门架和中横联，应尽可能使楣杆的下端逼近桥梁建筑限界，腿杆的自由长度可以短些，以增强闭合框架的刚度。

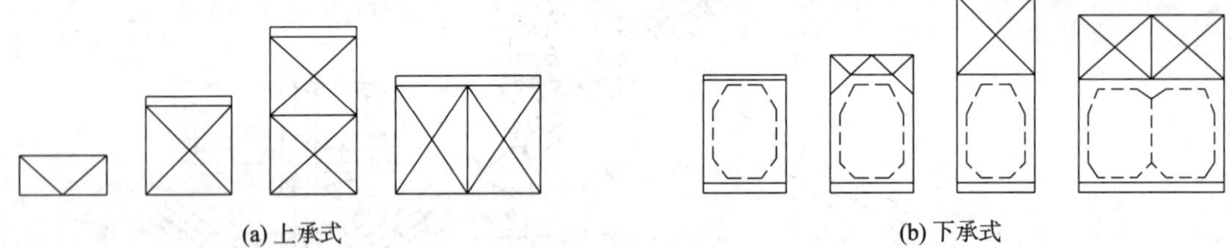

(a) 上承式　　(b) 下承式

图4.47 桥门架与横联的几种图式

横联杆件截面较小，多半采用图4.45所示的单壁式截面。桥门架楣杆内力较大时，有时也采用双壁式截面。

新建铁路桥梁横向联结系通常采用板式结构，如孙口黄河桥桥门架，在上平联I形横撑下叠焊桥门(或横联)构件，桥门架和横联也是I形。这种结构横向刚度大，新颖美观，安装方便。

横向联结系主要承受横向荷载作用，其计算图示参见图4.18。

4.5.3　制动联结系

列车在桥上行驶时因变速所产生的制动力或牵引力经由钢轨和桥枕传给纵梁，由纵梁传给横梁，横梁会出现过大的水平挠曲。为使这种纵向力水平力直接传给主桁节点，通过主桁弦杆传往固定支座，以减少横梁所受的水平弯矩，需要设置制动联结系。制动联结系一般宜设在跨中(或在纵梁断开点与桥梁支点间的中部)。因为在该处横梁在弦杆变形时不发生弯曲，其相邻节间的纵梁与纵向联结系斜杆的纵向相对位移也较小，在该处设置制动联结系，可以减少制动联结系参与桥面系和弦杆的共同作用。

制动联结系往往在纵横梁交点及纵向联结系斜杆交点间加设四根短斜杆即可形成制动联结系，如图 4.46 所示。制动联结系主要承受纵向荷载作用，其计算图示参见图 4.19。

公路钢桥车辆在桥上刹车的纵向力比起列车的刹车纵向力要小得多，常可不设制动联结系。

4.6　钢桁梁节点

4.6.1　节点设计基本要求

钢桁梁的节点既是主桁杆件交汇的地方，也是纵、横联杆件及横梁连接于主桁的地方，它连结位于主桁、纵联、横联三个正交平面内的杆件。这些杆件的内力通过节点取得平衡。节点是钢桁梁的重要组成部分，构造和计算都比较复杂。

1. 受力方面的要求

(1)各杆件截面重心线应尽量在节点处交于一点，以免产生节点偏心的附加应力。如有偏心，应计算偏心影响；杆端连接螺栓群的合力线也应尽量与杆件的截面重心线重合。这对于联结系杆件较难做到，由于其节点偏心与连接偏心对结构影响不大，一般可不予考虑。

(2)主桁杆件所需的连接螺栓个数应按杆件的承载力计算。联结系杆件内力受活载影响不大，其所需连接螺栓个数，可按杆件内力计算。

(3)杆件进入节点板的第一排螺栓数，有条件时可适当少布置几个，以减少杆件的截面削弱。

(4)外贴式节点的弦杆在节点中心中断时，单靠节点板来连接弦杆，多半强度不够，一般均需在竖板内侧添设弦杆拼接板。对于整体式节点，常将弦杆接头布置在节点板以外，使节点构造简单。

(5)所有杆件应尽量向节点中心靠拢，连接螺栓应布置紧凑，这样可使节点板平面尺寸小些，也有利于降低节点刚性次应力和增加节点板在面外的刚度。外贴式节点两弦杆之间应尽量靠拢，考虑到拼接的方便及设置预拱度的需要，中小跨度标准下承桁梁两弦杆杆端之间留有宽 60 mm 的缝隙。竖杆应尽量靠近弦杆，竖杆端与弦杆边缘之间也仅留出 60 mm。斜杆也应尽量伸入节点，但需注意斜杆端角与弦杆、竖杆边缘之间亦要留有一定的缝隙(10～30 mm)，不要靠得过紧，以致有碍安装。

(6)为了加强节点板在面外的刚度、屈曲稳定和抗碰撞能力，必要时要在节点板的自由地段设置加劲角钢或隔板。用缀板连接的组合杆件，端缀板应尽量伸入节点板。

2. 制造、安装和养护方面的要求

(1)节点板形状应简单端正,不得有凹角。这是因为凹角不便剪切,且有应力集中。必要时可适当放大节点板尺寸,增加一些螺栓。多于计算要求的螺栓时,可按最大栓距排列。

(2)标准设计简支钢桁梁的节点板,螺栓位置必须按机器样板的固定栓线网格布置。所谓机器样板,就是在厚 12～20 mm 的钢板上,按孔眼设计位置,精确地嵌入经过渗碳淬火处理的钢质钻孔套。钻孔套是旋制的,硬度比钻头大 2° ～ 3°洛氏硬度级。钻孔套直径公差只有±0.05 mm,孔心距公差为±0.25 mm。钻孔时将机器样板覆盖在要加工的部件上,用卡具夹紧。钻头通过钻孔套钻制加工部件上的安装孔;用机器样板钻出的孔,精度高且统一,并可省去号孔工作。图 4.48 为主桁节点板所用机器样板的栓孔布置。

(3)同一杆件两端的螺栓排列应尽量一致,以减少部件的类型,便于安装时的互换。

(4)应避免不同平面内的栓钉钉头发生冲突。所有工地安装螺栓的位置,均应考虑施工时螺栓扳手工作的空间。

(5)立柱与上弦杆的连接要考虑拼装吊机在上弦工作时的荷载,端节点的构造要考虑悬臂拼装和连续拖拉多孔钢桁梁时,相邻两孔钢桁梁之间临时连接杆件的设置。

(6)节点内不得有积水、积尘的死角及难于油漆和检查的地方。

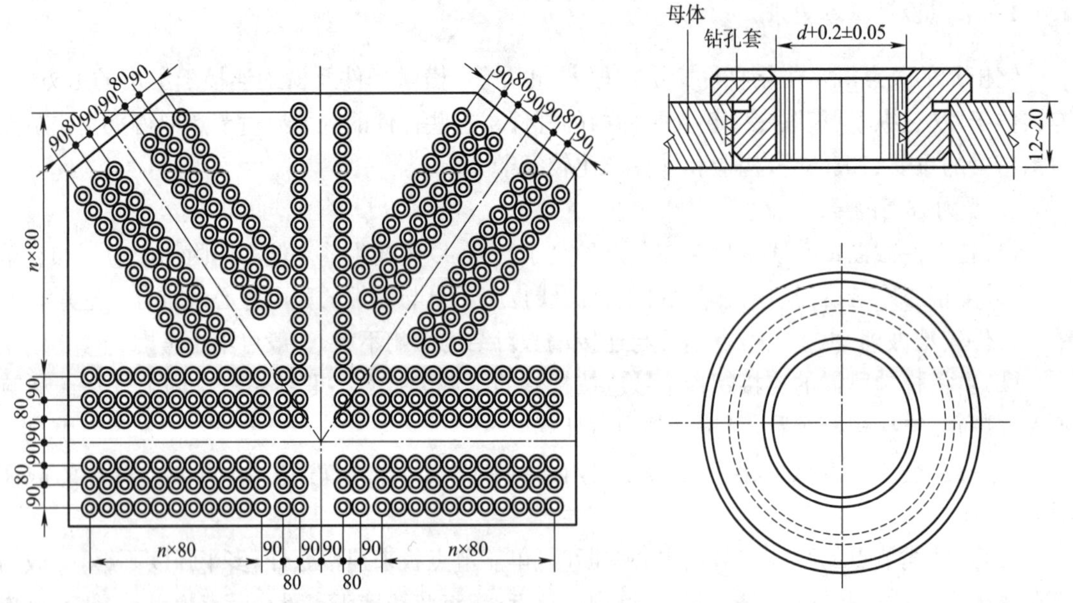

图 4.48　主桁节点板机器样板栓孔布置图(单位:mm)

4.6.2　节点构造

1. 外贴式节点

外贴式节点的杆件全部采用焊接组成,在杆件两侧放节点板,然后用铆钉或高强螺栓把杆件连接起来。弦杆可以连续不断地通过节点,这类节点构造简单,应用较多,铁路钢桁梁桥的标准设计均采用这种方式。

L=64 m 单线铁路下承式栓焊桁梁的下弦节点 E_0、E_1、E_2、E_3 和上弦节点 A_1、A_2、A_3 的一般构造图,如图 4.49～图 4.52 所示,这是较常见的外贴式节点板联结形式。

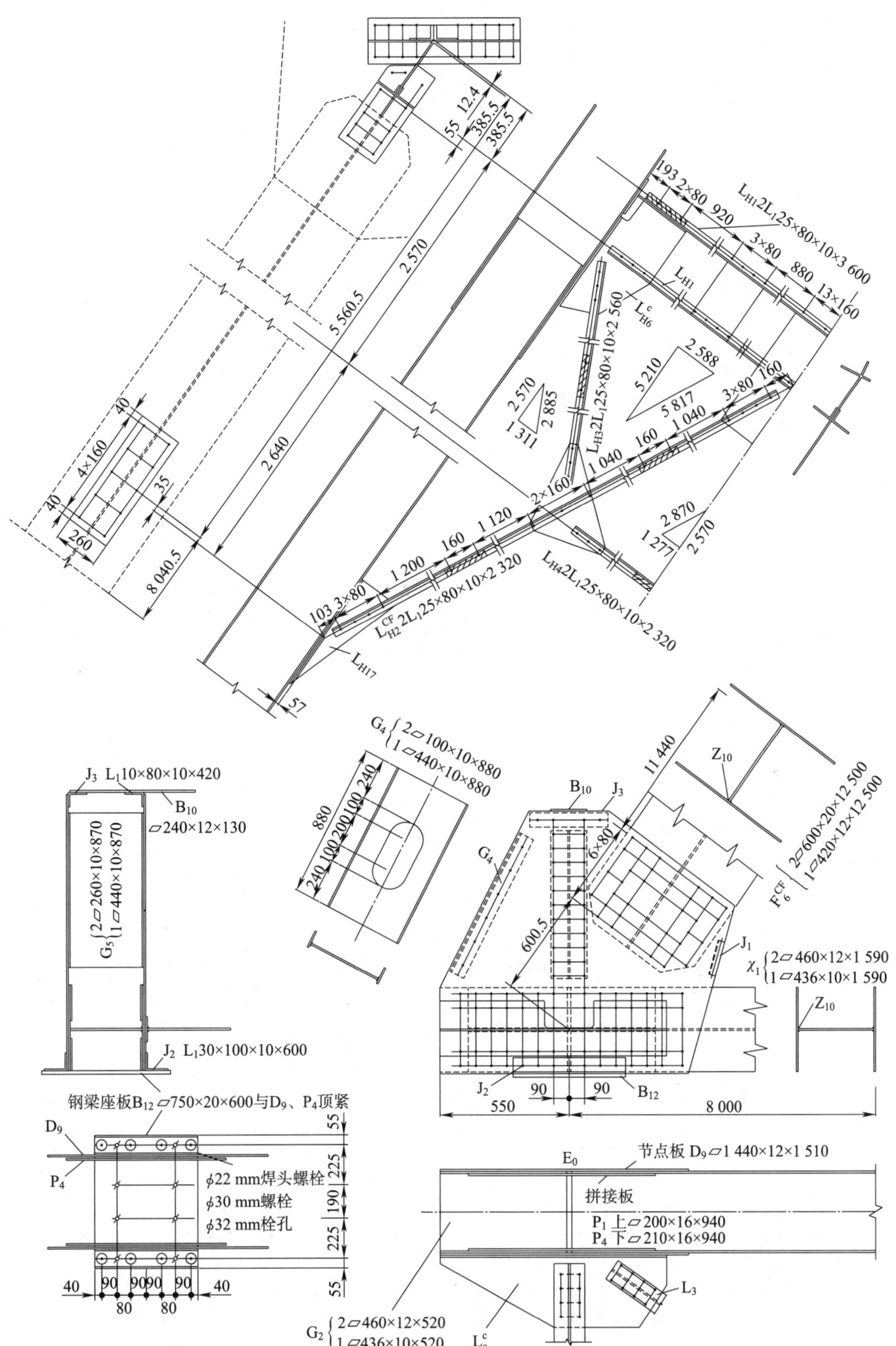

图 4.49　$L=64$ m 栓焊桁梁下弦端节点 E_0 与桥门架的构造（单位：mm）

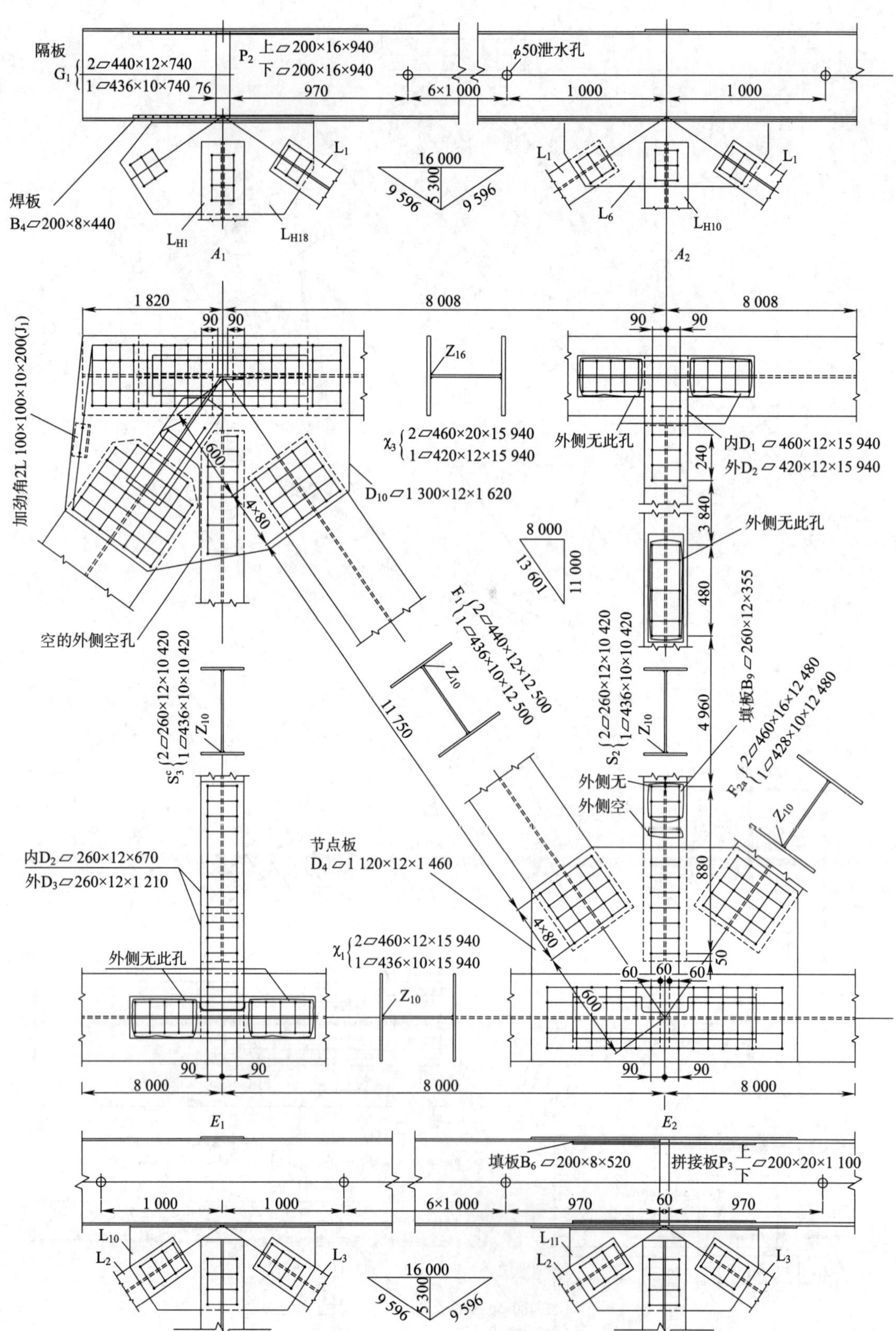

图 4.50　L=64 m 栓焊桁梁上弦端节点 A_1 与中间节点 E_1、E_2、A_2 的构造（单位:mm）

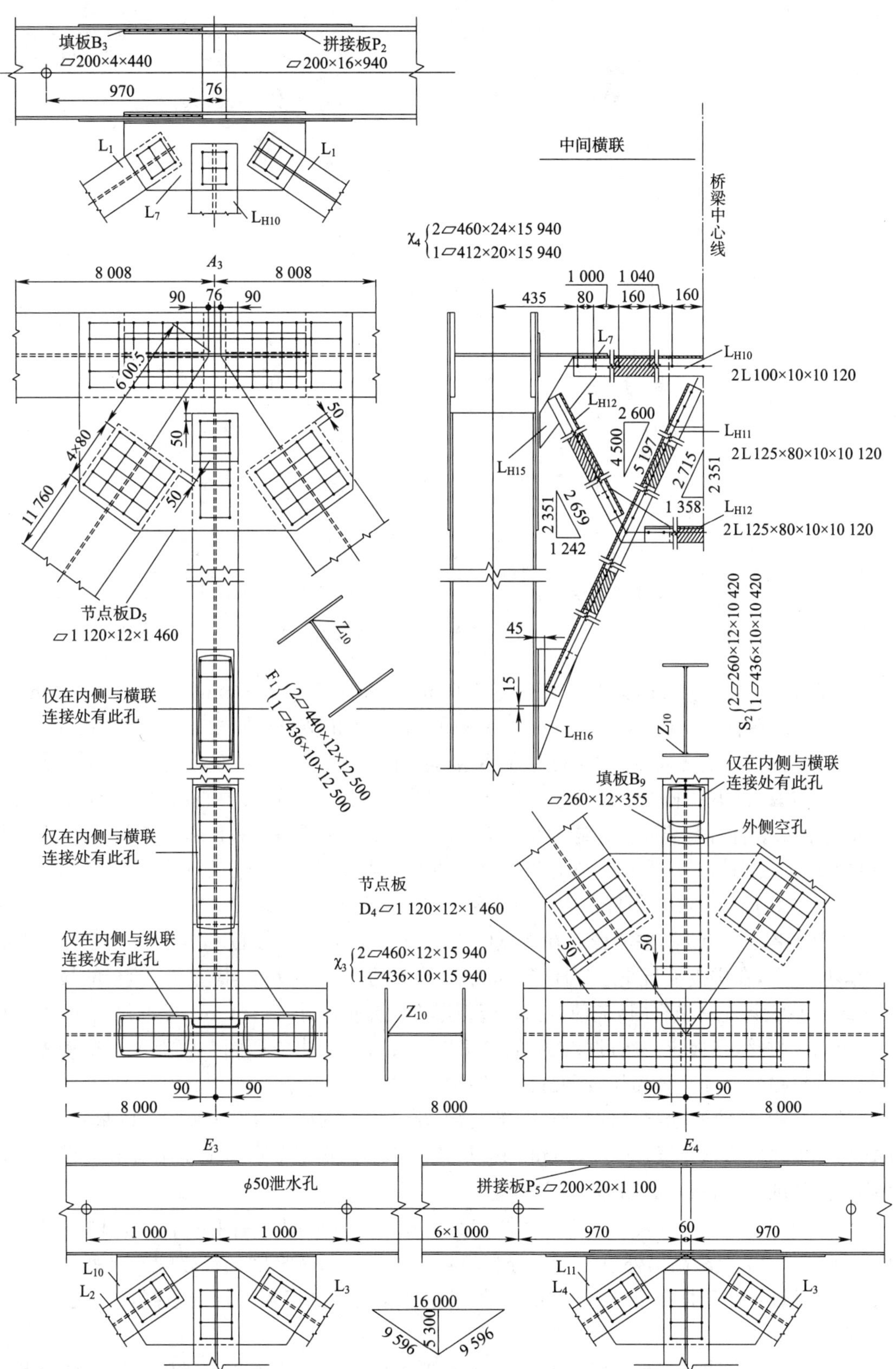

图 4.51　L=64 m栓焊桁梁中间节点 A_3、E_3、E_4 与中横联的构造（单位:mm）

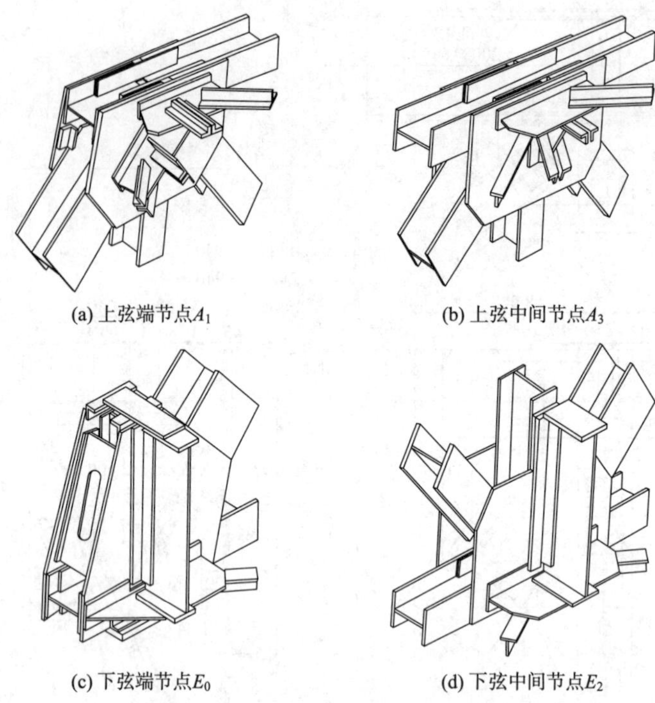

(a) 上弦端节点A_1　(b) 上弦中间节点A_3

(c) 下弦端节点E_0　(d) 下弦中间节点E_2

图 4.52　L=64 m 栓焊桁梁部分节点构造透视图

主桁杆件全部采用 H 形截面，杆件宽 460 mm。杆件高有 260 mm（竖杆）、440 mm（斜杆）、460 mm（弦杆及斜杆）及 600 mm（端斜杆）四种。主桁节点板厚 12 mm，联结系节点板厚 10 mm。弦杆接头设在大节点中心。弦杆拼接板一律设于 H 形杆件竖板内侧，以保证各横梁的长度一致。上、下弦杆全长均为 15.94 m。这样，在下弦大节点中心，相邻弦杆顶端留有 60 mm 间隙，竖杆杆端离弦杆边缘亦留有 60 mm 间隙，以免顶住，在上弦大节点中心，根据预拱度的要求，使相邻斜杆重心线与上弦杆重心线的交点拉开 16 mm，故上弦杆顶端间隙增大至 76 mm。桥门架设在端斜杆面内。所有竖杆平面均设有中间横联。

对于下弦大节点 E_2，左右弦杆在节点中心中断后，用四块拼接板 P_5 连接。由于左右弦杆竖板厚度不等，在拼接板与左边弦杆竖板间有 8 mm 的空隙，用填板 B_5 垫平，填板的最小厚度是 4 mm，故设计左右弦杆时，应使两弦杆竖板厚度的差值不小于 4 mm。标准设计 H 形弦杆的腹板均未拼接，腹板应力通过竖板上的拼接板间接传递。主要原因是腹板水平拼接板上的螺栓或铆钉被斜杆和竖杆挡住，不便打铆钉或拧螺栓。

横梁共用 24 个螺栓与竖杆相连，横梁上翼缘高出节点板上缘部分用填板 B_8 垫平，横梁的下翼缘与下平纵联斜撑通过水平节点板 L_{11} 与弦杆相连。水平节点板上半个竖肢被横梁连接角钢所挡住的部分，被挖成凹形。

对于下弦小节点 E_1，只有竖杆与弦杆相交。竖杆与弦杆间分别用内节点板 D_3 与外节点板 D_2 连接。内节点板高出外节点板部分当填板用。横梁与弦杆间的连接螺栓排列与大节点一致。标准设计的弦杆在小节点不中断。如果弦杆长度受到运输条件的限制，弦杆也可在小节点切断。

对于上弦大节点 A_3，与下弦大节点 E_2 的主要不同是要考虑主桁预拱度的设置以及与横联的连接。为了形成主桁预拱度，所有上弦大节点左右弦杆的螺栓线网格均自节点中心分别向左右后退 8 mm，而使上弦杆的长度仍与下弦杆一致，保持为 15.94 m，横联则通过横向节点板 L_{H15} 与 L_{H16} 与竖杆相连。

对于下弦端节点 E_0，只有 E_0E_2 与 E_0A_1 两根杆件相交，节点下为支座。端弦杆通过与其截面相同的隔板 G_2 向前延伸 550 mm，并用拼接板 P_1 与 P_4 彼此连牢。此延伸段的作用有三：(1)提供设置支座的位置；(2)保证节点中心竖直截面具有足够的强度，以承受端斜杆水平分力与弦杆水平力所形成的拉力；(3)多孔梁悬臂拼装或连续拖拉架设时，能在相邻端节点间设置临时连接杆。

为了使端横梁反力传至外节点板，在两块节点板间的横梁腹板延长面内设有隔板 G_5。端横梁的上翼缘通过水平板 B_{10} 与连接角钢 J_3 与节点板相连，以传递节点负弯矩。节点板与下拼接板 P_4 的下缘磨光顶紧在座板 B_{12} 上，以传递支座反力。座板与连接角钢 J_3 用 8 个 ϕ22 mm 单面埋头螺栓相连。座板上开有 ϕ32 mm 栓孔 8 个，与支座上摆相连，如图 4.49 所示。为了增加节点板在面外的刚性，在节点板的前后缘设置了隔板 G_{14} 与加劲肋 J_1。

对于上弦端节点 A_1，与下弦端节点类似，在上弦杆前方用 H 形截面的隔板 G_1 向前延伸 1 820 mm，并用拼接板 P_2 与弦杆连接。采用悬臂法或连续拖拉法安装钢梁时，卸去 G_1，装上相邻两孔钢桁梁上弦端节点间的临时连接杆。安装就位后再恢复原状。上平纵联端部水平节点板左边的栓孔则是供安装相邻两孔钢梁间的纵联斜撑用的。端斜杆上设有斜节点板 L_{H18}，供连接桥门架楣部杆件用。主桁节点板前缘并设有加劲角钢 J_1。主桁外节点板上的空孔是为使内外节点板的栓孔布置一致而留下的。但应注意空孔会降低钢材的疲劳强度。

外贴式节点主要特点是在工厂制造零部件，运到工地组拼后再上桥安装，在节点中心拼接。这种结构形式的主要缺点是，制造时散件太多，工地组拼工作量大，不容易安装，而且高强度螺栓用量很大。后来发展了新的整体节点焊接结构。

2. 整体式节点

整体式节点是将节点板与弦杆的竖板预先在工厂用坡口焊缝焊成整体，相邻弦杆在工地用高强度螺栓在节点范围外拼接，桁架的腹杆在节点范围内拼接。这样一方面可以减少工地的预拼工作量及高强度螺栓的用量，另一方面由于弦杆的整体密封性好，对后期的防腐较为有利，适用于大跨度桁梁。整体式节点是目前采用的一种主要节点形式。整体式节点也有一定的缺点，一方面工厂的焊接工作量大，制孔工件大，使工厂的加工成本有所增加，另一方面厚板节点板在焊接时产生的不可矫正的残余变形会使插入式斜杆、竖杆在现场拼装时高强度螺栓夹紧困难。

仍以重载铁路 L=108 m 下承式双线简支钢桁梁为例来说明整体节点构造特点，其主桁架采用无竖杆整体节点平行弦三角桁架，主桁架立面如图 4.39 所示，采用正交异性板道砟桥面如图 4.4 所示。列车采用重载铁路 ZH 活载，荷载系数 z 取 1.2。下弦整体节点 E_2、E_0 和上弦整体节点 A_3、A_1 的构造详图如图 4.53～图 4.60(图 4.53～图 4.60 见书后插页)所示。

主桁上、下弦杆及端斜杆均采用焊接箱形截面，上弦杆及端斜杆内宽 850 mm，内高 1 000 mm，板厚 28～44 mm；下弦杆内宽 850 mm，内高 1 250 mm，板厚 28～44 mm。主桁斜腹杆采用焊接箱形截面与工字形截面，其中箱形截面内宽 850 mm，内高 950 mm，板厚 24～36 mm；H 形截面竖板高 900 mm，外宽 848 mm，最大板厚 40 mm。

主桁连接采用焊接整体节点，箱形截面弦杆均在节点外四面拼接，H 形截面腹杆与节点采用插入式连接，箱形截面腹杆与节点采用双拼对接。主桁杆件与节点之间采用 M30 高强螺栓连接，箱形杆件下水平板需设置手孔，手孔位于拼接缝中心处，宽 200 mm。

(1)下弦整体节点 E_2

下弦整体节点 E_2 有两根下弦杆和两根斜腹杆共 4 根杆件相交,构造复杂。箱形截面弦杆沿杆长方向的变化要比外贴式节点复杂。由于弦杆是在节点外拼接,从杆件传力看,当节点左右弦杆截面不等时,应将截面较大的弦杆伸过节点,将焊接接头设在截面较小的弦杆所处的节间内。左弦杆 E_1E_2 顶、底板(N_5 和 N_6)分别在节点中心线左侧 0.5 m 和 0.9 m 处将厚度由 36 mm 增大为 40 mm,并采用熔透对接焊缝连接,以避免弦杆在同一横截面连接。变厚度时采用 1∶10 的坡度以减小截面突变引起的应力集中。左弦杆 E_1E_2 竖板(E_3 或 E_{3a})与右弦杆 E_2E_3 竖板(E_4 或 E_{4a})的厚度分别为 36 mm 和 40 mm,整体节点 E_2 的节点板(N_1 或 N_{1a})是由两侧弦杆竖板加高加厚而来,由于节点板的受力比较复杂,故节点板厚度一般要比左、右弦杆的竖板要更厚一些,E_2 节点板的板厚、长度分别为 48 mm、4 200 mm,在节点中心线左侧 2.1 m 处将 E_1E_2 竖板厚度由 36 mm 增大为 48 mm,在节点中心线右侧 2.1 m 处将节点板厚 48 mm 又恢复到 E_2E_3 竖板厚度 40 mm。为连接腹杆的方便,节点板高度最大可提高到 2 765 mm。节点板与弦杆竖板均采用熔透对接焊缝连接,最终形成了将节点内零部件、横向构件相连的接头件、一根弦杆都焊在一起的整体节点。

左弦杆 E_1E_2 与右弦杆 E_2E_3 在节点外(中心线右侧 4 m)进行弦杆拼接,相邻弦杆顶端留有 20 mm 间隙以免顶住,实际下弦杆长度为 11 980 mm。在节点外进行弦杆拼接时,对顶、底平板分别采用两块拼接板 P_2、P_3 进行拼接,由于弦杆竖板内侧设置了纵向加劲肋 N_{18},对于竖板内、外侧分别采用两块内拼接板 P_9 和一块外拼接板 P_1 进行拼接。螺栓排列相对于弦杆断缝中心线两侧是对称布置的,这是因为弦杆一侧的内力将全部通过拼接板传给另一侧的弦杆,而断缝两侧的弦杆属于同一个节间,两侧弦杆内力相近。由于拼接段螺栓施工需要进入杆件内部操作,应在杆件底板布置人孔以避免雨水进入杆件内部。人孔的位置一般布置在拼接缝处,并利用拼接板补强,同时需要操作的螺栓就在人孔周围,十分方便。

斜腹杆 A_2E_2 为箱形截面,与节点板采用对接连接。即设置两道连接板(N_{15} 和 N_{15a})与斜杆箱形截面的顶板、底板对接,连接板厚度与其对接的顶、底板厚度相同,斜杆的竖板与节点板对接,在节点板边形成四面对接。斜杆顶板、底板与连接板分别采用两块拼接板 P_5 和 P_6 直接进行拼接,人孔也布置在较低的底板上。由于节点板比斜杆竖板厚 16 mm,故在斜杆竖板外侧需加填板 T_1 来垫平,再用拼接板 P_4 将斜杆竖板与节点板进行拼接。箱形截面腹杆与节点连接时,类似于弦杆拼接,为安装方便,腹杆与节点板之间也留有 20 mm 的断缝,螺栓排列相对于腹杆断缝中心线两侧也是对称布置的。

斜腹杆 E_2A_3 为 H 形截面,与节点板采用插入连接。由于 H 形腹杆的外宽比节点内宽小 2 mm,故 H 形杆件可直接插入到两块节点板内,使竖板与节点板直接搭接,再通过布置单摩擦面的高强度螺栓来将腹杆内力传递给节点。考虑到节点板需要同时与两根倾角相同的斜腹杆相连,故节点板的形状沿节点中心线是大致对称的,由于 H 形截面腹杆只有两块竖板进行传力,而且布置的是单摩擦面高强度螺栓,故布置的螺栓排数有可能较多,当竖板与节点板的搭接长度不够时,可通过加设与节点板等厚的填板 T_1 和外拼接板 P_7 来延长二者的搭接长度。这样,既可保证节点板的总体外形基本不变,也可布置更多的螺栓来满足斜杆的传力要求。进入拼接段后,腹杆水平板轴向应力通过高强度螺栓向节点板转移,杆件端部水平板应力逐步减少到零,因此可以适当切去,这对拼接强度没有影响,还可增加杆端柔性。

为保证节点板的面外刚度,应设置加劲板 N_2,同时箱形截面斜腹杆的连接板,插入到节点中心来的 H 形截面斜腹杆均可增大节点板的面外刚度。

在节点中心（弦杆与斜杆中心线交点）的弦杆内都必须设置横隔板 N_7，这对于确保节点的整体性和弦杆几何尺寸有不可替代的作用。同时，可将横梁端部的竖向剪力向外侧节点板传递。由于节点之间的 4 个小横梁也与弦杆相连，在小横梁腹板延长面内也需设横隔板 N_8，使其向外侧传递小横梁端部的竖向剪力。在弦杆拼接附近也应加设横隔板（N_{8a}）。

(2)下弦端节点 E_0

下弦端节点 E_0 只有 E_0E_1 与 E_0A_1 两根杆件相交，节点下为支座。端弦杆通过与其截面相同的截面向前延伸 1 000 mm，此延伸段的作用与外贴式节点类似。在节点中心线处，弦杆底板 N_5 下方设置了支座垫板 N_{14}，除了在节点中心线设置了横隔板 N_7 外，还在其两侧 280 mm 处各加设了一道横隔板 N_6 和 N_{7a}，节点板外侧还设置了 5 道支承加劲肋 N_{16}，并与弦杆扩大的弦杆底板磨光顶紧，以满足支座的传力要求。在安装和维修工作中，有时需要将钢桁梁顶起，设置了起顶垫板 N_{15} 和相应的两道横隔板 N_{7a} 和 4 道支承加劲肋 N_{16a}。为了增加节点板在面外的刚性，在节点板之间设置了加劲板 N_2 和 N_7。

(3)上弦整体节点 A_3

上弦整体节点 A_3 有两根上弦杆和两根斜腹杆共 4 根杆件相交，构造复杂。由于简支桁梁上弦杆主要承受压力，为保证箱形杆件局部稳定的要求，在弦杆顶板、底板和竖板侧均设置了加劲肋（N_{10} 和 N_{11}），由于弦杆 A_2A_3 的内力比 A_3A_4 的小，弦杆顶板、底板分别在节点中心线左侧 1.5 m 和 1.3 m 处开始将板厚从 36 mm 增大到 40 mm，至于弦杆竖板在节点中心线左侧 2.0 m 处开始将板厚从 36 mm 直接增大到节点板厚 48 mm，均采用熔透对接焊缝连接，整体节点 A_3 的节点板（N_1 或 N_{1a}）是由两侧弦杆竖板加高加厚而来，节点板的长度、高度分别为 4 130 mm 和 2 440 mm。

左弦杆 A_2A_3 与右弦杆 A_3A_4 在节点外（中心线右侧 2.13 m）进行弦杆拼接，为考虑设置桁梁预拱度的需要，将相邻弦杆顶端正常的 20 mm 间隙再增大 14 mm，变为 34 mm，而上弦杆实际长度仍保持为 11 980 mm。在节点外进行弦杆拼接时，由于弦杆竖板内侧设置了加劲肋，对于竖板内侧、外侧分别采用两块内拼接板 P_2 和一块外拼接板 P_1 进行拼接，考虑到节点板比弦杆竖板厚 8 mm，故在弦杆竖板外侧需加填板 T_1 来垫平。而对于弦杆顶板采用两块内拼接板 P_4 和一块外拼接板 P_3 进行拼接，弦杆底板则采用两块内拼接板 P_6 和一块外拼接板 P_5 进行拼接。螺栓排列相对于弦杆断缝中心线两侧是对称布置的。由于拼接段螺栓施工需要避免雨水进入，应在下弦杆底板布置人孔。

斜腹杆 E_2A_3 为 H 形截面，与节点板采用插入连接。而斜腹杆 E_3A_3 为箱形截面，则通过在节点板间增设两块连接板 N_9 和 N_{9a}，与节点板采用对接连接。为保证节点的整体性和弦杆的几何尺寸，在节点中心设置了横隔板 N_{5b}，还在弦杆拼接附近、弦杆变截面附近均设置了横隔板 N_5 和 N_{5a}。为保证节点板面外刚度，还设置了加劲板 N_2。为方便与上平纵联工字形横撑、斜撑连接，在节点竖板靠近平联一侧，设置了两块水平连接板。上平纵联两斜撑中心线与弦杆中心线的交点与节点中心线各自退后了 7 mm，这是由于上弦杆断缝增大了 14 mm 所致。

(4)上弦端节点 A_1

上弦端节点 A_1，有上弦杆 A_1A_2 与斜腹杆 E_0A_1、E_1A_1 三根杆件相交，为方便端节点与端斜杆连接，在上弦杆前方将弦杆 A_1A_2 的顶底板均向前延伸 1 350 mm。A_1 两块节点板厚为 36 mm，比弦杆 A_1A_2 竖板加厚了 8 mm。节点板长度、高度分别为 3 480 mm、2 458 mm。为考虑设置桁梁预拱度的需要，将弦杆顶端的间隙也同样增大 14 mm，变为 34 mm，而弦杆本身长度仍保持不变。弦杆拼接时，考虑到节点板比弦杆竖板厚 8 mm，故在弦杆竖板外侧需加填

板 T_1 来垫平后，再用拼接板 P_1 和 P_2 直接拼接。而对于弦杆顶板、底板由于断缝两侧厚度相同，故直接采用拼接板拼接即可。螺栓排列相对于弦杆断缝中心线两侧是对称布置，在下弦杆底板布置人孔。斜腹杆 E_0A_1 和 E_1A_1 都是箱形截面，通过在节点板之间增设两块连接板（N_8、N_{8a} 和 N_9、N_{9a}），与节点板采用对接连接。为保证节点整体性和弦杆的几何尺寸，在节点范围内共设置了两块横隔板 N_5 和一块横隔板 N_{5a}。为保证节点板面外刚度，还设置了加劲板 N_2。为方便与上平纵联工字形横撑、斜撑连接，在节点竖板靠近平联一侧，也设置了两块水平连接板。

4.6.3　节点计算

1. 杆端连接螺栓个数的计算

杆端连接螺栓的作用是将杆件的内力传递给节点板或拼接板。根据杆件受力性质的不同，杆端连接螺栓有以下两种不同的计算原则：

(1)按杆件的承载能力计算

对于承受活载的杆件，为了保证活载发展或遇到特种超重列车时，杆件的承载力能充分发挥，应使其连接部分与杆件有同等的承载力，这就是按承载力计算，又称等强度原则，这适合于主桁杆件设计。

受拉杆件的承载力：
$$[N]=A_j[\sigma] \tag{4.45}$$
受压杆件的承载力：
$$[N]=A_m\varphi_1[\sigma] \tag{4.46}$$
杆件所需的单摩擦面螺栓数：
$$n\geqslant\frac{[N]}{[T_1]} \tag{4.47}$$

式中　$[T_1]$——单摩擦面螺栓的承载力。

一个双摩擦面的螺栓按两个单摩擦面的螺栓计算。主桁腹杆当其内力较小时，其截面尺寸往往由构造要求的最小尺寸控制。其承载力远远大于内力。如按承载力计算连接螺栓，数量过多，不尽合理，其连接螺栓数可取 1.1 倍杆件内力与 75%杆件承载力二者中较大值进行计算。

(2)按杆件的内力计算

对联结系等不承受活载的杆件以及受活载影响较小的次要杆件，连接螺栓数按杆件内力 N 计算。

$$n\geqslant\frac{N}{[T_1]} \tag{4.48}$$

2. 弦杆拼接计算

由于受轧制钢材供货长度及装卸、运送、安装条件对杆件质量及长度的限制，钢桥杆件特别是弦杆，常要拼接。接头可在工厂做好，称工厂接头；接头也可在工地拼接，称工地接头。弦杆拼接计算包括确定拼接板截面尺寸及所需螺栓数。

(1)弦杆拼接板截面尺寸

对于外贴式节点，弦杆一般在节点内拼接，为施工方便，H 形截面弦杆只在两块竖板处拼接，节点板与弦杆竖板等高部分的截面作为外拼接板，在竖板内侧再另设弦杆拼接板。对于整体式节点，弦杆在节点中心外拼接，箱形截面弦杆顶板、底板及两侧竖板则需全断面进行拼接。当被拼接的两弦杆截面不等时，应按较大者计算。

对于受拉杆件，不论在节点中心或节点外拼接：

$$A_j'\geqslant 1.1A_j \tag{4.49}$$

对于受压杆件：

在节点中心拼接时：$\varphi_1' A_m' \geqslant 1.1\varphi_1 A_m \quad \varphi_1' = 0.9$ (4.50)

在节点外拼接时：$A_m' \geqslant 1.1A_m$ (4.51)

磨光顶紧时：$A_m' \geqslant 0.5\varphi_1 A_m$ （节点中心） (4.52)

$A_m' \geqslant 0.5A_m$ （节点外） (4.53)

式中　A_m'——拼接板的毛面积；

A_j'——拼接板的净面积。

式(4.51)中将拼接板面积增加 10%，是考虑拼接处构件有应力集中及局部偏心现象，节点板应力比较复杂。确定拼接板的截面积后，对于外贴式节点，根据 H 形弦杆竖板内壁提供的高度，首先决定拼接板的宽度，再决定拼接板的厚度，如所得厚度超出钢板供货厚度，可采用多层拼接板。采用多层拼接板除可节省拼接板材料外，也有利于被拼接板至拼接板间力的匀缓过渡。

(2)弦杆拼接板螺栓数

栓焊桁梁 H 形截面弦杆采用对接接头，当弦杆在节点中心拼接时，外拼接板 A_1' 为与弦杆竖板等高范围内的节点板截面，内拼接板厚度假定超出钢板供货厚度，则采用两层拼接板（A_2'、A_3'），计算时可取弦杆的一半面积作为被拼接板截面 A，如图 4.61 所示。拼板接截面积可按以下要求确定：

受拉杆件　$A_{1j}' + A_{2j}' + A_{3j}' \geqslant 1.1A_j$ (4.54)

受压杆件　$0.9(A_{1m}' + A_{2m}' + A_{3m}') \geqslant 1.1\varphi_1 A_m$ (4.55)

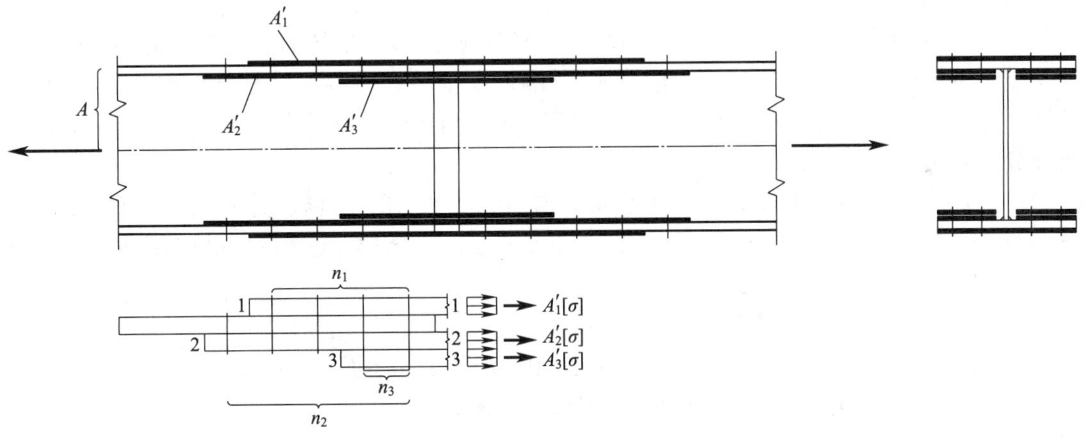

图 4.61　对接接头的螺栓拼接计算

由于拼接板上的螺栓数量一律按拼接板的承载计算，则各层拼接板上所需的拼接螺栓个数分别为：

受拉杆件：　1-1 截面　$n_1 \geqslant \dfrac{A_{1j}'[\sigma]}{[T_1]}$ (4.56)

2-2 截面　$n_2 \geqslant \dfrac{(A_{2j}' + A_{3j}')[\sigma]}{[T_1]}$ (4.57)

3-3 截面　$n_3 \geqslant \dfrac{A_{3j}'[\sigma]}{[T_1]}$ (4.58)

受压杆件：　1-1 截面　$n_1 \geqslant \dfrac{0.9A_{1m}'[\sigma]}{[T_1]}$ (4.59)

$$2\text{-}2\text{ 截面}\quad n_2 \geqslant \frac{0.9(A'_{2m}+A'_{3m})[\sigma]}{[T_1]} \tag{4.60}$$

$$3\text{-}3\text{ 截面}\quad n_3 \geqslant \frac{0.9A'_{3m}[\sigma]}{[T_1]} \tag{4.61}$$

式中，n_1、n_2、n_3 分别为弦杆竖板外拼接板和两块内拼接板布置的单摩擦面高强度螺栓的个数。各拼接板上的螺栓数确定后，再根据其排列，即可决定各层拼接板的长度。

在被拼接构件的同一侧，越靠近被拼接构件的拼接板螺栓数越多($n_2>n_3$)，拼接板长度也越长。因此，在同一侧采用多块拼接板时，虽不会改变最靠近被拼接构件的拼接板长度和螺栓数 n_2，但外侧拼接板的长度变短了，可节省拼接板材料，也有利于被拼接构件至拼接板间传力匀缓过渡。不论内侧拼接板有几块，对于弦杆自身来说，都是布置了(n_1+n_2)个单摩擦面的高强度螺栓。对于弦杆一侧实际使用的螺栓个数为 $\max\{n_1,n_2\}$。为了充分发挥每个高强度螺栓的作用，可让杆件两侧布置的螺栓数 n_1、n_2 相近。

3. 节点板强度检算

节点板是腹杆与弦杆交汇的地方，并承受各交汇杆件的作用力，其截面应力状态比较复杂，既有拉应力，也有压应力，还有剪应力，应力分布也极不均匀。目前对节点板计算，尚无比较简便的精确计算方法。在设计节点板时，首先按照经验确定节点板的厚度，再根据钉孔布置确定节点板的外形及尺寸，最后采用近似方法检算。对于主桁外贴式节点，当采用节点中心进行弦杆拼接时，由于弦杆螺栓布置对节点板有了更大的削弱，故特以外贴式节点板为例，针对可能的破坏形式分别介绍近似的检算式。

(1)节点板撕破强度的检算

《铁路桥梁钢结构设计规范》(TB 10091—2017)规定：节点板任何连接截面的撕破强度应较各被连接杆件的强度大10%。在检算时，其净面积上的容许应力应符合下列规定：垂直于被连接杆件中线的截面部分应采用基本容许应力$[\sigma]$；与被连接杆件中线倾斜相交或平行的截面部分应采用0.75$[\sigma]$。

以下弦节点 E_2 为例(图4.62)，节点板在腹杆外力作用下的撕破方式较多，可能沿图示1-2-3-4或1-2-3-5截面撕破外，还可能沿1-2-3-6-7截面撕破，均应进行撕破强度检算。以截面1-2-3-4为例，其检算要求为

$$0.75[\sigma](A'_{j1-2}+A'_{j3-4})+[\sigma]A'_{j2-3}\geqslant 1.1[N] \tag{4.62}$$

式中 A'_{j1-2}、A'_{j2-3}、A'_{j3-4}——1-2、2-3、3-4截面扣除栓孔后的净面积，应包括两块节点板；

$[N]$——被连接杆件的强度(或承载力)。

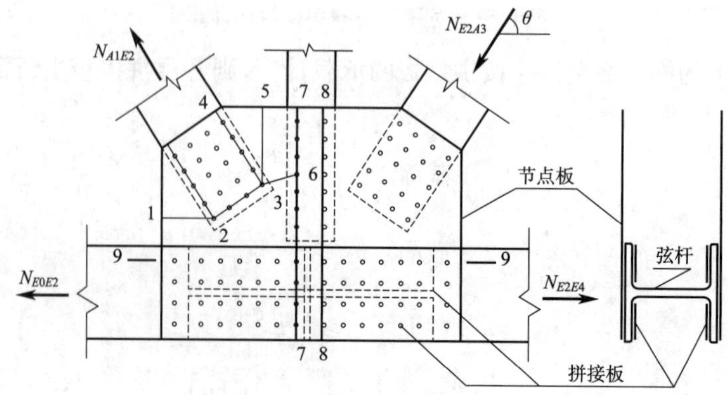

图4.62 节点板 E_2 的撕破形式及检算

(2)节点板法向应力和剪应力检算

《铁路桥梁钢结构设计规范》(TB 10091—2017)规定：主桁节点板应检算在主力作用下的法向应力和剪应力，容许应力分别为$[\sigma]$及 $0.75[\sigma]$，可近似地按偏心受拉或偏心受压进行计算。

①节点板中心竖直截面的法向应力和剪应力检算

在主力的作用下，节点板中心竖直截面产生法向力 N 和剪力 Q，对于图 4.62 所示 E_2 节点，节点板可能沿中部竖直最弱截面 7-7 或 8-8 破坏。由于弦杆在该截面处已中断，故其面积均只包括节点板与拼接板的面积。由于截面 7-7 与 8-8 所受剪力 Q 不一样，应选择剪力较大的截面进行检算。根据平衡条件，该截面的法向力 N 和剪力 Q(图 4.63)分别为

$$N = N_{E0E2} + N_{A1E2}\cos\theta = N_{A1A3} \tag{4.63}$$

$$Q = N_{A1E2}\sin\theta \tag{4.64}$$

节点板外缘法向应力：
$$\sigma_1 = \frac{N}{A'_j} + \frac{Ne}{I'_j}y_1 \leqslant [\sigma] \tag{4.65}$$

节点板内缘法向应力：
$$\sigma_2 = \frac{N}{A'_m} - \frac{Ne}{I'_m}y_2 \leqslant [\sigma] \tag{4.66}$$

中性轴处最大剪应力：
$$\tau_{max} = \frac{QS'_m}{2I'_m\delta} \leqslant 0.75[\sigma] \tag{4.67}$$

式中　A'_m, A'_j——节点板与拼接板的毛面积与净截面；

I'_m, I'_j——节点板与拼接板对中性轴的毛惯性矩与净惯性矩；

S'_m——中性轴以外的毛截面对中性轴的面积矩；

e——法向力对检算截面中性轴的偏心距；

y_1, y_2——节点板的外、内边缘至中性轴的距离；

δ——一块节点板的厚度。

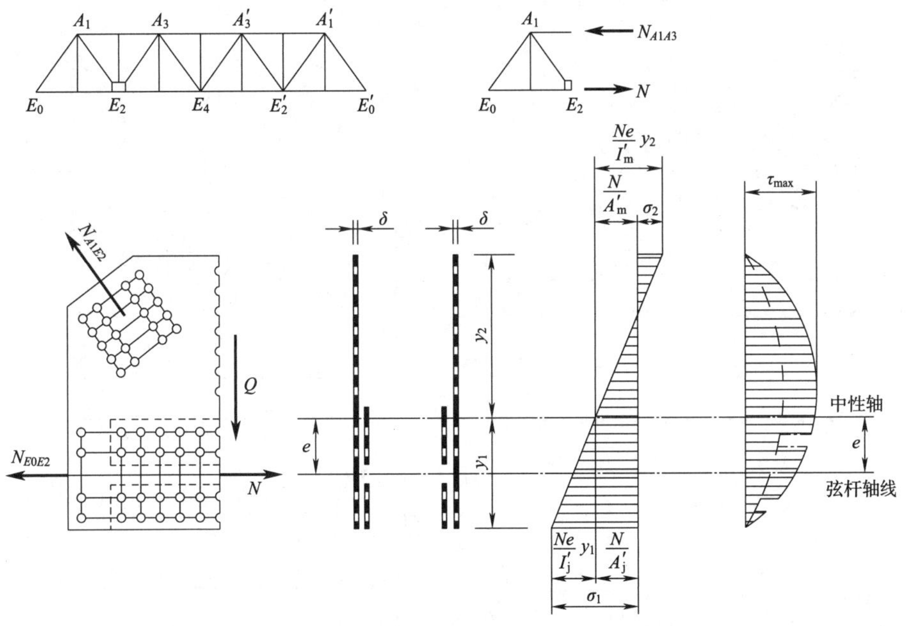

图 4.63　节点板竖直最弱截面法向应力与剪应力检算

对于下弦节点，节点板外缘法向应力为拉力，采用净截面计算；节点板内缘法向应力为压力，采用毛截面计算。而对于上弦节点，则恰好相反。无论是上弦节点还是下弦节点，最大法

向应力都出现在节点板外缘侧。

还应指出:《铁路桥梁钢结构设计规范》(TB 10091—2017)规定按主力作用检算法向应力和剪应力,这一规定不能保证检算截面与被连接杆件具有等强度。这与对拼接板及节点板撕破强度的规定原则显然不一致。因此法向力 N 和剪力 Q 宜按相应杆件承载力的1.1倍计算更为合理。

②腹杆与弦杆间节点板水平截面的法向应力与剪应力检算

相邻斜杆内力的水平分力(等于左右弦杆内力之差),在腹杆与弦杆间的节点板水平截面产生剪力 T。在剪力 T 的作用下,节点板可能沿最弱截面 9-9 破坏(图 4.62)。故应对该截面进行强度检算,该截面只包括两块节点板。由于弦杆内力 N_{E2E4}、N_{E0E2} 及斜杆内力 N_{A1E2}、N_{E2A3} 的最不利内力都不是根据同一种荷载情况算出的,故一般不能按式(4.68)和式(4.69)直接相加或相减,按两式算出的剪力 T 也不会相等,可按此剪力偏安全进行检算。实际的剪力 T 应根据其本身的影响线加载计算,可用左右弦杆的内力影响线相减求解,如图 4.64 所示。由于剪力 T 作用于节点中心,故对 9-9 截面除产生剪应力外,还有偏心力矩 Te 所产生的法向应力,水平检算截面的法向应力一般都很小,通常可免于计算。

$$T = N_{E2E4} - N_{E0E2} \tag{4.68}$$

$$T = (N_{A1E2} + N_{E2A3})\cos\theta \tag{4.69}$$

$$\tau_{\max} = \frac{1.5T}{A'_{\mathrm{m}}} \leqslant 0.75[\sigma] \tag{4.70}$$

$$\sigma_{\max} = \frac{Te}{W'_{\mathrm{j}}} \leqslant [\sigma] \tag{4.71}$$

式中 A'_{m}——水平检算截面的毛截面积;

W'_{j}——净截面抵抗矩;

e——节点中心至检算截面的距离。

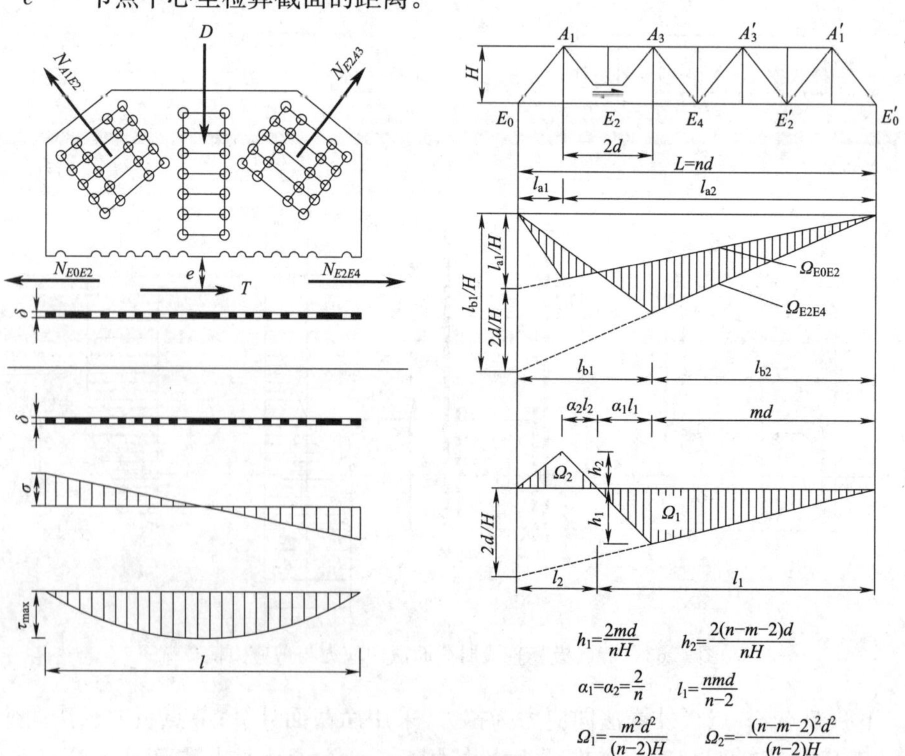

图 4.64 节点板水平最弱截面剪应力与法向应力的验算

对于整体式节点，多在节点中心外进行弦杆拼接，节点板范围内弦杆本身是不断开的，对于节点板中心竖直截面、腹杆与弦杆间节点板水平截面等一般不存在栓钉削弱，弦杆在节点中心也能全截面参与受力，故节点板在主力作用下的法向应力和剪应力一般不控制设计。当然，节点板与腹杆相连时，若在节点板处存在栓钉削弱，故同样应进行节点板撕破强度检算。

4.7　钢桁梁的刚度与预拱度

4.7.1　竖向刚度

挠度是衡量钢梁竖向刚度的指标。当挠度过大时有以下不利影响：

(1)线路在相邻桥跨衔接处形成很大折角，引起列车较大的振动，影响行车安全性和舒适性；

(2)高速行车时加大活载的动力作用；

(3)相邻桥跨衔接处的钢轨产生很大的弯曲应力；

(4)增大桁梁杆件节点刚性次应力。

《铁路桥梁钢结构设计规范》(TB 10091—2017)规定：对于梁桥在列车静荷载作用下，梁体的竖向挠度、梁端竖向转角均应满足规范限值要求。梁体的竖向挠度限值见表 2.34，桥梁梁端竖向转角限值见表 2.35～表 2.37。

简支桁梁在列车静活载作用下的跨中挠度可用结构力学方法计算：

$$f_k = k_{0.5} \sum \frac{N_1 N_0 l}{EA} \tag{4.72}$$

式中　N_1——单位荷载作用在跨中时主桁各杆内力；

N_0——全跨布满 1.0 kN/m 的均布荷载时，使各杆件所产生的内力；

l,A——主桁各杆件的长度和毛面积；

E——钢材的弹性模量；

$k_{0.5}$——每片主桁承受的换算均布活载，按影响线加载长度为跨度 L，顶点位置 $\alpha=0.5$ 查表求得。

4.7.2　预 拱 度

对桁梁挠度的限制可以改善线路的运行质量，但挠度限制过严会给桁梁设计带来困难，同时也会使高强度钢材的使用受到限制。如果在限制挠度的同时，再把桁梁预先做成向上拱的曲线，则可使列车过桥时线路转折角小，线路平顺、旅客舒适。

1. 预拱度大小

钢桁梁桥一般应设预拱度，其预拱度曲线应与恒载和一半静活载所产生的挠度曲线基本相同，而方向则相反。当恒载和静活载所引起的竖向挠度不大于桥梁跨度的 1/1 600 时，可不设置预拱度。

$$f = f_p + 0.5 f_k \tag{4.73}$$

式中　f_p——恒载所产生的挠度；

f_k——静活载所产生的挠度。

显然，在钢桁梁架设后，恒载预拱度将因恒载的作用而消失，钢梁在无活载及满跨静活载作用时，跨中的挠曲值均为 $f_k/2$(预拱或下挠)。对于多跨简支梁桥，当列车从一孔进入另一孔时，相邻桥跨衔接处的线路没有转角。即使相邻孔都有列车时，其衔接处的转角也比不设预拱度减少一半,从而提高了线路的运行质量。

2. 预拱度设置方法

(1)简支钢桁梁

预拱度可做成圆弧形。在铁路下承式栓焊梁标准设计中,为了简化制造和安装工作,并兼顾到不同跨度的桁架桥需设的理论预拱度值[按式(4.73)计算值]。设计时下弦杆和腹杆的实际长度均保持不变,而只让上弦杆的理论长度每两个节长 $2d=16$ m 均伸长 $2\Delta=2\times 8$ mm,如图 4.65 所示。由几何关系可知:

$$\frac{R}{d}=\frac{R+H}{d+\Delta} \tag{4.74}$$

$$R=\frac{d\cdot H}{\Delta} \tag{4.75}$$

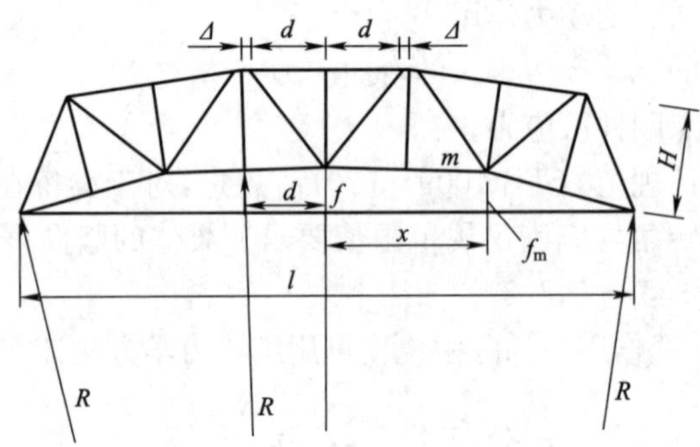

图 4.65 钢桁梁桥预拱度

由此即可求得预拱度圆弧曲线半径。

$$R=\frac{d\cdot H}{\Delta}=\frac{8\times 11}{0.008}=11\ 000\ (\text{m})$$

在确定了半径 R 之值后,不同桁架桥跨中的实设预拱度 f 可用式(4.76)求得。

$$f=\frac{l^2}{8R} \tag{4.76}$$

式中 l——主桁跨度。

下弦任一节点 m 的预拱度为

$$f_m=f-(R-\sqrt{R^2-x^2}) \tag{4.77}$$

上弦杆理论长度的伸长如图 4.66 所示。其实上弦杆的实际长度未变,只是将相邻弦杆间隙增大了 2Δ,让上弦节点板第一排螺栓孔轴线至竖杆中心线的距离较未设预拱度时的距离增大 Δ。如:未设预拱度时,弦杆、斜杆、竖杆的中线相交于 O 点,弦杆端部第一排栓孔与竖杆中线的距离为 a(标准设计用 90 mm);设预拱度后,其距离增大为 $a+\Delta=90+8=98$(mm),此时两斜杆中线不再相交于 O 点。

对于整体式节点,采用节点中心外进行弦杆拼接时,也是保持上弦杆的实际长度不变,再通过改变弦杆杆端的间隙来实现,当然节点板或拼接板上螺栓孔的位置也应做相应的变化。

(2)连续钢桁梁

和简支桁梁一样,为使列车通过桥梁时所遇到的线路转折角尽可能小,连续桁梁桥也必须设置预拱度。预设的预拱度值仍为恒载和一半静活载所产生的挠度。为了做成所需要的预拱度,设计时通常是使下弦杆和腹杆的长度不变,而只使上弦杆的理论长度伸长或缩短。当弦杆

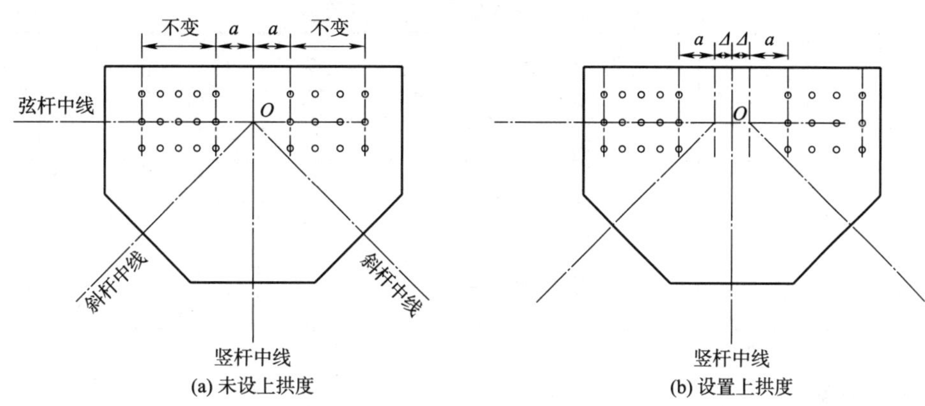

(a) 未设上拱度　(b) 设置上拱度

图 4.66　上弦杆理论长度的伸长示意图

理论长度的伸长或缩短给定后，可按几何方法计算实设预拱度。当节点中心两侧上弦杆的第一排螺栓孔的起线各增大 Δ_1，如图 4.67 所示，则杆端将下降，若将下降值积累在节点中心的一侧，B 端不降低，则 D 端下降值可按几何关系求出：

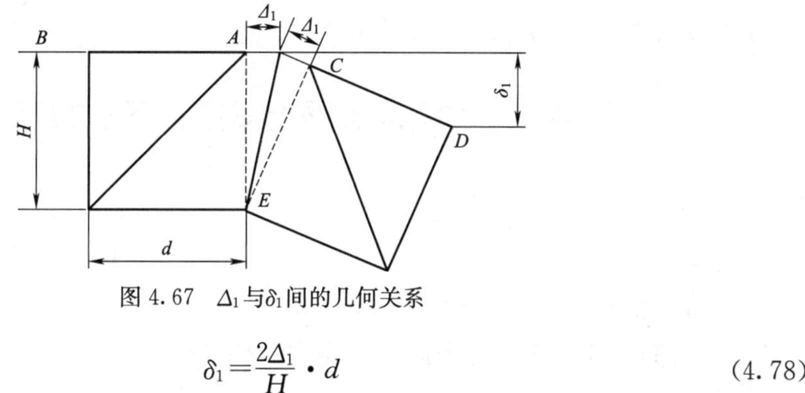

图 4.67　Δ_1 与 δ_1 间的几何关系

$$\delta_1=\frac{2\Delta_1}{H}\cdot d \tag{4.78}$$

式中　H——主桁高度；

d——节间长度。

某两跨连续钢桁梁桥(图 4.68)的预拱度应对称于中间支点 E_8。以左半跨为例，若以 A_7-A_7' 水平线为基线，当节点 A_7 的螺栓孔起线缩短 $2\Delta_2$ 时，节点 A_6、A_5、A_4 等相应的上升 δ_2、$2\delta_2$、$3\delta_2$，以此类推。当节点 A_5 的螺栓孔起线增大 $2\Delta_1$ 时，节点 A_4、A_3、A_2 等相应的下降 δ_1、$2\delta_1$、$3\delta_1$，以此类推。进一步假定节点 A_3、A_1 的螺栓孔起线也分别增大 $2\Delta_1$ 时，最后可求解各节点上升及下降值的代数和(表 4.8)。根据实设预拱度曲线与理论预拱度曲线尽可能相近，来求解 δ_1、δ_2。进而确定 Δ_1、Δ_2。为使实际预拱度与理论预拱度相近，设计时也可让某些大节点处既不伸长，也不缩短。

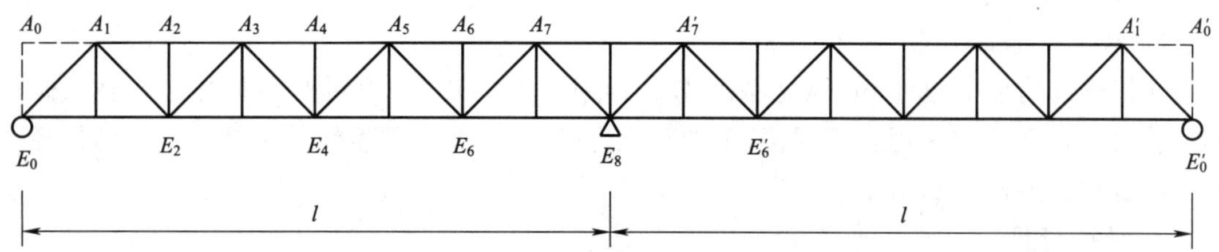

图 4.68　两跨连续钢桁梁桥节点示意图

表 4.8　左半跨实设预拱度计算表

节　点	A_7	A_6	A_5	A_4	A_3	A_2	A_1	A_0
实设预拱度	0	δ_2	$2\delta_2$	$3\delta_2$	$4\delta_2$	$5\delta_2$	$6\delta_2$	$7\delta_2$
	—	—	0	$-\delta_1$	$-2\delta_1$	$-3\delta_1$	$-4\delta_1$	$-5\delta_1$
	—	—	—	—	0	$-\delta_1$	$-2\delta_1$	$-3\delta_1$
	—	—	—	—	—	—	0	$-\delta_1$
合　计	0	$+\delta_2$	$+2\delta_2$	$+3\delta_2$	$+4\delta_2$	$+5\delta_2$	$+6\delta_2$	$+7\delta_2$
				$-\delta_1$	$-2\delta_1$	$-4\delta_1$	$-6\delta_1$	$-9\delta_1$

4.7.3　横向刚度

桥跨结构应具有必要的横向刚度，以避免列车通过桥梁时发生巨大的振动，影响列车的舒适性和安全性。桥跨的横向刚度与桥宽密切相关。根据以往钢梁运营的经验，《铁路桥梁钢结构设计规范》(TB 10091—2017)要求：简支桁梁及连续桁梁的边跨，其宽度与跨度之比不宜小于 1/20，连续桁梁中跨的宽跨比不宜小于 1/25。对于特殊大跨钢桥横向刚度问题，还需要进行专门的车桥耦合动力分析进行深入研究。

4.8　铁路简支钢桁梁主桁架计算示例

4.8.1　设计资料

1. 设计依据

(1)《铁路桥涵设计规范》(TB 10002—2017)。

(2)《铁路桥梁钢结构设计规范》(TB 10091—2017)；

2. 结构主要尺寸

计算跨度 L=64 m；桥跨全长 L_0=65.10 m；节间长度 d=8 m；主桁节间数 n=8；主桁架中心距 B=5.75 m；主桁架高度 H=11 m，如图 4.69 所示。

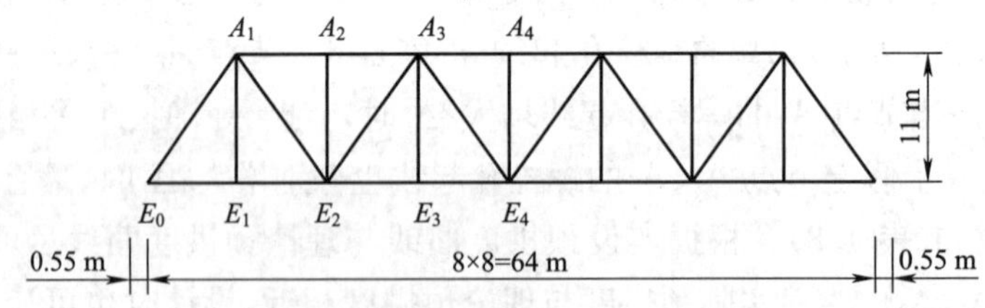

图 4.69　主桁架几何图式及主要尺寸

3. 钢材及连接方式

主桁杆件均采用 Q345qE 钢材，高强度螺栓用 20MnTiB 钢；螺母及垫圈用 45 号优质碳素钢。桁梁杆件及构件采用工厂焊接，工地高强度螺栓连接；高强度螺栓和精制螺栓的杆径为 ϕ22 mm，孔径为 d_0=23 mm。

4. 计算荷载

主桁架、桥面系、桥面恒载分别为 14.2 kN/m、7.1 kN/m、1.0 kN/m，联结系、高强度螺栓、检查设备恒载分别为 2.8 kN/m、0.5 kN/m、1.0 kN/m，每片主桁承受的恒载为：$p=(14.2+7.1+10+2.8+0.5+1.0)/2=17.8(\text{kN/m})$，近似取为 18.0 kN/m。列车活载采用 ZKH 活载。

4.8.2　主桁杆件内力计算

根据主桁架几何尺寸和所受荷载情况，计算了各主桁杆件的控制内力，见表 4.9。以下弦杆 E_2E_4、上弦杆 A_1A_3、端斜杆 E_0A_1、斜杆 E_2A_1、竖杆 A_1E_1 为例，详细介绍了主桁杆件控制内力的具体计算过程。

(1)下弦杆 E_2E_4

①竖向荷载作用

按 $\alpha=0.375$，加载长度 $l=64$ m，查得换算均布荷载：

$$k=\frac{98.600}{2}=49.300(\text{kN/m})$$

影响线面积：
$$\sum\Omega=\frac{l_1l_2}{2H}=\frac{24\times40}{2\times11}=43.64(\text{m})$$

恒载内力：
$$N_{\text{p}}=p\sum\Omega=18.0\times43.64=785.45(\text{kN})$$

列车竖向静活载内力：

$$N_{\text{k}}=k\sum\Omega=49.300\times43.64=2\ 151.45(\text{kN})$$

动力系数：
$$1+\mu=1+\frac{28}{40+L}=1+\frac{28}{40+64}=1.269$$

$$a=\frac{N_{\text{p}}}{(1+\mu)N_{\text{k}}}=\frac{785.45}{1.269\times2\ 151.45}=0.288$$

其余各杆的 a 值计算结果见表 4.9，其中最大的 $a_{\max}$ 为 0.288。

活载发展均衡系数：

$$\eta=1+\frac{1}{6}(a_{\max}-a)=1+\frac{1}{6}(0.288-0.288)=1$$

②横向荷载作用

a. 列车摇摆力

作用在上平纵联上的列车摇摆力：

$$F_{\text{上}}=0.2F_{\text{y}}=0.2\times100=20(\text{kN})$$

作用在下平纵联上的列车摇摆力：

$$F_{\text{下}}=1.0F_{\text{y}}=1.0\times100=100(\text{kN})$$

显然，将列车摇摆力作用在弦杆 E_2E_4 轴力影响线最大值处，即可求解弦杆的内力：

$$N_{\text{y}}=\pm F_{\text{下}}\cdot\frac{l_1\cdot l_2}{(l_1+l_2)\cdot B}=\pm100\times\frac{28\times36}{64\times5.75}=\pm273.91(\text{kN})$$

b. 风力

考虑到横向附加力风力要与主力组合，而主力包含列车活载内力，故这里只考虑桥上有车的情况。由表 4.3 可知，现取桥上无车时风压 $W_{\text{w}}=1\ 250$ Pa，桥上有车时风压 $W_{\text{y}}=0.8W_{\text{w}}=0.8\times1\ 250=1\ 000$ Pa。

桥上有车时，由式(4.12)与式(4.13)可知下承桁梁的上、下平纵联承受的单位长度风荷载：

$$w_{上}=[0.5\times0.4\times11+(1-0.4)\times0.2\times(1.29+0.4+3.0)]\times1\,000=2\,762.8(\text{N/m})\approx2.763\text{ kN/m}$$

$$w_{下}=[0.5\times0.4\times11+(1-0.4)\times1.0\times(1.29+0.4+3.0)]\times1\,000=5\,014(\text{N/m})=5.014\text{ kN/m}$$

影响线面积：
$$\Omega_w\approx\frac{l_1\cdot l_2}{2B}=\frac{28\times36}{2\times5.75}=87.65(\text{m})$$

风力作用下的内力：

$$N_w=\pm w_{下}\cdot\Omega_w=\pm5.014\times87.65=\pm439.49(\text{kN})$$

c. 桥门架效应

在均布的横向风力 $w_{上}$ 和摇摆力集中荷载作用下，其支点反力即作用在桥门架上的水平力：$H_W=\frac{1}{2}(l_1+l_2)w_{上}=\frac{1}{2}\times48\times2.763=66.31(\text{kN})$，$H_y=F_{上}=20$ kN。

腿杆反弯点位置：$l_0=\frac{c}{2}\cdot\frac{c+2l}{2c+l}=\frac{8.04}{2}\times\frac{8.04+2\times13.6}{2\times8.04+13.6}=4.77(\text{m})$

对于风力产生的桥门架效应：

腿杆的水平剪力：
$$Q_w=\frac{H_w}{2}=\frac{66.31}{2}=33.16(\text{kN})$$

端斜杆附加轴力：

$$V_w=\pm\frac{H_w(l-l_0)}{B}=\pm\frac{66.31\times(13.6-4.77)}{5.75}=\pm101.79(\text{kN})$$

端斜杆附加弯矩：

由于
$$c-l_0=8.04-4.77=3.27<l_0$$

故
$$M_w=\pm\frac{H_w}{2}l_0=\pm\frac{66.31}{2}\times4.77=\pm158.25(\text{kN}\cdot\text{m})$$

下弦杆附加力：$N'_w=\pm V_w\cos\theta=\pm101.79\times\frac{8.0}{13.6}=\pm59.87(\text{kN})$

对于列车摇摆力产生的桥门架效应：

腿杆的水平剪力：
$$Q_y=\frac{H_y}{2}=\frac{20}{2}=10(\text{kN})$$

端斜杆附加轴力：

$$V_y=\pm\frac{H_y(l-l_0)}{B}=\pm\frac{20\times(13.6-4.77)}{5.75}=\pm30.71(\text{kN})$$

端斜杆附加弯矩：

由于 $c-l_0=8.04-4.77=3.27<l_0$，故 $M_y=\pm\frac{H_y}{2}l_0=\pm\frac{20}{2}\times4.77=\pm47.73(\text{kN}\cdot\text{m})$

下弦杆附加力：$N'_y=\pm V_y\cos\theta=\pm30.71\times\frac{8.0}{13.6}=\pm18.06(\text{kN})$

③纵向制动力作用

按列车活载全跨满布且4个集中力需布置在桥上，则

$$W=4\times250+85\times(l-1.6\times4)=5\,896.0(\text{kN})$$

与列车竖向动力作用同时计算时，制动力应按计算长度内列车竖向静活载的7%计算，故

制动力为

$$T=5\ 896\times\frac{7}{100}=412.72(\text{kN})$$

制动力 T 作用下，下弦杆 E_2E_4 的内力为

$$N_\text{T}=\pm\frac{T}{2}=\pm\frac{412.72}{2}=\pm 206.36(\text{kN})$$

④内力组合及计算内力的确定

主力：

$$N_\text{I}=N_\text{p}+\eta(1+\mu)N_\text{k}+N_\text{y}+N'_\text{y}=785.45+1.0\times 1.269\times 2\ 151.45+273.91+18.06=3\ 807.61(\text{kN})$$

主力＋附加力(风力)：

$$N_\text{II}=N_\text{I}+N_\text{w}+N'_\text{w}=3\ 807.61+439.49+59.87=4\ 306.97(\text{kN})$$

$$N'_\text{II}=\frac{N_\text{II}}{1.3}=\frac{4\ 306.97}{1.3}=3\ 313.05(\text{kN})<3\ 807.61\ \text{kN}(\text{主力控制})$$

主力＋附加力(制动力)：

$$N_\text{III}=N_\text{I}+N_\text{T}=3\ 807.61+206.36=4\ 013.97(\text{kN})$$

$$N'_\text{III}=\frac{N_\text{III}}{1.3}=\frac{4\ 013.97}{1.3}=3\ 087.67(\text{kN})<3\ 807.61\ \text{kN}(\text{主力控制})$$

计算控制内力为：　$N=\max\{N_\text{I},N'_\text{II},N'_\text{III}\}=3\ 807.61\ \text{kN}$

⑤疲劳内力的确定

计算疲劳时，应采用动力运营系数，$(1+\mu)_\text{s}=1+\frac{18}{40+L}=1+\frac{18}{40+64}=1.173$，且不考虑活载发展均衡系数。疲劳最小内力 $N_{\min}$ 和疲劳最大内力 $N_{\max}$ 分别为

$$N_{\min}=N_\text{p}=785.45\ \text{kN}$$

$$N_{\max}=N_\text{p}+(1+\mu)_\text{s}N_\text{k}=785.45+1.173\times 2\ 151.45=3\ 309.10(\text{kN})$$

(2)上弦杆 A_1A_3

①竖向荷载作用

按 $\alpha=0.25$，加载长度 $l=64$ m，查表 4.1 得换算均布荷载：

$$k=\frac{98.608}{2}=49.304(\text{kN/m})$$

影响线面积：　$\Omega=-\frac{l_1l_2}{2H}=-\frac{16\times 48}{2\times 11}=-34.91(\text{m})$

恒载内力：　$N_\text{p}=p\sum\Omega=18.0\times(-34.91)=-628.36(\text{kN})$

列车竖向静活载内力：　$N_\text{k}=k\Omega=49.30\times(-34.91)=-1\ 721.16(\text{kN})$

动力系数：　$1+\mu=1+\frac{28}{40+L}=1+\frac{28}{40+64}=1.269$

$$a=\frac{N_\text{p}}{(1+\mu)N_\text{k}}=\frac{-628.36}{1.269\times(-1\ 721.16)}=0.288$$

活载发展均衡系数：

$$\eta=1+\frac{1}{6}(a_{\max}-a)=1+\frac{1}{6}(0.288-0.288)=1$$

②横向荷载作用

a. 列车摇摆力

显然，将列车摇摆力作用在弦杆轴力影响线最大值处，即可求解弦杆的内力：

$$N_y=\pm F_{上}\cdot\frac{l_1\cdot l_2}{(l_1+l_2)\cdot B}=\pm 20\times\frac{12\times 36}{48\times 5.75}=\pm 31.30(\mathrm{kN})$$

b. 风力

影响线面积：$$\Omega_w\approx\frac{l_1\cdot l_2}{2B}=\frac{12\times 36}{2\times 5.75}=37.57(\mathrm{m})$$

风力作用下的内力：

$$N_w=\pm w_{上}\cdot\Omega_w=\pm 2.763\times 37.57=\pm 103.79(\mathrm{kN})$$

③内力组合及计算内力的确定

主力：

$$N_{\mathrm{I}}=N_p+\eta(1+\mu)N_k+N_y=-628.36+1.0\times 1.269\times(-1\,721.16)+(-31.30)=-2\,844.23(\mathrm{kN})$$

主力＋附加力(风力)：

$$N_{\mathrm{II}}=N_{\mathrm{I}}+N_w=-2\,844.23-103.79=-2\,948.02(\mathrm{kN})$$

$$N'_{\mathrm{II}}=\frac{N_{\mathrm{II}}}{1.3}=\frac{-2\,948.02}{1.3}=-2\,267.71(\mathrm{kN})>-2\,844.23\ \mathrm{kN}(\text{主力控制})$$

④疲劳内力的确定

动力运营系数：$$(1+\mu)_s=1+\frac{18}{40+L}=1+\frac{18}{40+64}=1.173$$

疲劳最小内力：$$N_{\min}=N_p=-628.36\ \mathrm{kN}$$

疲劳最大内力：

$$N_{\max}=N_p+(1+\mu)_sN_k=-628.36+1.173\times(-1\,721.16)=-2\,647.41(\mathrm{kN})$$

由于上弦杆 A_1A_3 的疲劳最小内力和最大内力均为压力，则无需开展进一步疲劳检算。

(3)端斜杆 E_0A_1

①竖向荷载作用

按 $\alpha=0.125$，加载长度 $l=64$ m，查表 4.1 得换算均布荷载：

$$k=\frac{98.761}{2}=49.38(\mathrm{kN/m})$$

影响线面积：$$\Omega=-\frac{(n-m-1)^2d}{2(n-1)\sin\theta}=-\frac{(8-0-1)^2\times 8}{2\times(8-1)\times\frac{11}{13.6}}=-34.62(\mathrm{m})$$

恒载内力：$$N_p=p\sum\Omega=18.0\times(-34.62)=-623.16(\mathrm{kN})$$

列车竖向静活载内力：$N_k=k\Omega=49.38\times(-34.62)=-1\,709.54(\mathrm{kN})$

动力系数：$$1+\mu=1+\frac{28}{40+L}=1+\frac{28}{40+64}=1.269$$

$$a=\frac{N_p}{(1+\mu)N_k}=\frac{-623.16}{1.269\times(-1\,709.54)}=0.287$$

活载发展均衡系数：

$$\eta=1+\frac{1}{6}(a_{\max}-a)=1+\frac{1}{6}(0.288-0.287)=1.000$$

②桥门架效应

在弦杆 E_2E_4 内力计算中，已计算风力产生的桥门架效应为：

端斜杆附加轴力：　$V_w=\pm 101.79(\mathrm{kN})$

端斜杆附加弯矩：　$M_w=\pm 158.25(\mathrm{kN\cdot m})$

已计算摇摆力产生的桥门架效应为：

端斜杆附加轴力：　$V_y=\pm 30.71(\mathrm{kN})$

端斜杆附加弯矩：　$M_y=\pm 47.73(\mathrm{kN\cdot m})$

③内力组合及计算内力的确定

主力：

$$N_{\mathrm{I}}=N_p+\eta(1+\mu)N_k+V_y=-623.16+1.000\times 1.269\times(-1\,709.54)+(-30.71)$$
$$=-2\,823.28(\mathrm{kN})$$

$$M_{\mathrm{I}}=M_y=47.73\ \mathrm{kN\cdot m}$$

主力＋附加力(风力)：

$$N_{\mathrm{II}}=N_{\mathrm{I}}+V_w=-2\,823.28-101.79=-2\,925.07(\mathrm{kN})$$
$$M_{\mathrm{II}}=M_{\mathrm{I}}+M_w=47.73+158.25=205.98(\mathrm{kN\cdot m})$$

$$N'_{\mathrm{II}}=\frac{N_{\mathrm{II}}}{1.3}=\frac{-2\,925.07}{1.3}=-2\,250.04(\mathrm{kN})>-2\,823.28\ \mathrm{kN}\quad(\text{主力控制})$$

$$M'_{\mathrm{II}}=\frac{M_{\mathrm{II}}}{1.3}=\frac{205.98}{1.3}=158.45(\mathrm{kN\cdot m})>47.73(\mathrm{kN\cdot m})\quad[\text{主力＋附加力(风力)控制}]$$

由于端斜杆同时承受轴力和弯矩，且控制工况不一致，故应同时采用这两种控制内力分别进行结构检算。

④疲劳内力的确定

动力运营系数：　$(1+\mu)_s=1+\dfrac{18}{40+L}=1+\dfrac{18}{40+64}=1.173$

疲劳最小内力：　$N_{\min}=N_p=-623.16\ \mathrm{kN}$

疲劳最大内力：

$$N_{\max}=N_p+(1+\mu)_sN_k=-623.16+1.173\times(-1\,709.54)=-2\,628.45(\mathrm{kN})$$

(4)斜杆 E_2A_1

①竖向荷载作用

换算均布荷载：

$$\alpha_1=0.125,l_1=\frac{mnd}{n-1}=\frac{6\times 8\times 8}{8-1}=54.86(\mathrm{m}),k_1=\frac{101.080}{2}=50.54(\mathrm{kN/m})(\text{用内插法求得})$$

$$\alpha_2=0.125,l_2=l-l_1=64-54.86=9.14(\mathrm{m}),k_2=\frac{162.010}{2}=81.00(\mathrm{kN/m})$$

正影响线面积：$\Omega_1=\dfrac{m^2d}{2(n-1)\sin\theta}=\dfrac{6^2\times 8}{2\times(8-1)\times\dfrac{11}{13.6}}=25.44(\mathrm{m})$

负影响线面积：$\Omega_2=-\frac{(n-m-1)^2 d}{2(n-1)\sin\theta}=-\frac{(8-6-1)^2\times 8}{2\times(8-1)\times\frac{11}{13.6}}=-0.71(\text{m})$

正、负影响线面积之代数和：

$$\sum\Omega=\Omega_1+\Omega_2=25.44-0.71=24.73(\text{m})$$

恒载内力：$N_p=p\sum\Omega=18.0\times 24.73=445.14(\text{kN})$

活载内力也按影响线正、负面积分别计算。

正面积部分：

列车竖向静活载内力：$N_{k1}=k_1\Omega_1=50.54\times 25.44=1\,285.57(\text{kN})$

动力系数：$1+\mu=1+\frac{28}{40+L}=1+\frac{28}{40+54.86}=1.295$

$$a_1=\frac{N_p}{(1+\mu)N_{k1}}=\frac{445.14}{1.30\times 1\,285.57}=0.267$$

活载发展均衡系数：

$$\eta_1=1+\frac{1}{6}(a_{max}-a_1)=1+\frac{1}{6}(0.288-0.267)=1.003$$

负面积部分：

列车竖向静活载内力：$N_{k2}=k_2\Omega_2=81.00\times(-0.71)=-57.23(\text{kN})$

动力系数：$1+\mu=1+\frac{28}{40+L}=1+\frac{28}{40+9.14}=1.57$

$$a_2=\frac{N_p}{(1+\mu)N_{k2}}=\frac{445.14}{1.57\times(-57.23)}=-4.955$$

活载发展均衡系数：

$$\eta_2=1+\frac{1}{6}(a_{max}-a_2)=1+\frac{1}{6}(0.288+4.955)=1.874$$

②内力组合及计算内力的确定

主力：

最大值：

$$N_{\text{I}\,max}=N_p+\eta_1(1+\mu)N_{k1}=445.14+1.003\times 1.295\times 1\,285.57=2\,114.95(\text{kN})$$

最小值：

$$N_{\text{I}\,min}=N_p+\eta_2(1+\mu)N_{k2}=445.14+1.874\times 1.57\times(-57.23)=276.81(\text{kN})$$

③疲劳内力的确定

动力运营系数：$(1+\mu)_s=1+\frac{18}{40+L}=1+\frac{18}{40+9.14}=1.366$

疲劳最小内力：

$$N_{min}=N_p+(1+\mu)_s N_{k2}=445.14+1.366\times(-57.23)=366.95(\text{kN})$$

动力运营系数：$(1+\mu)_s=1+\frac{18}{40+L}=1+\frac{18}{40+54.86}=1.190$

疲劳最大内力：

$$N_{max}=N_p+(1+\mu)_s N_{k1}=445.14+1.190\times 1\,285.57=1\,974.65(\text{kN})$$

(5)竖杆 A_1E_1

①竖向荷载作用

按 $\alpha=0.5$,加载长度 $l=16$ m,查表 4.1 得换算均布荷载:

$$k=\frac{131.450}{2}=65.73(\text{kN/m})$$

影响线面积:
$$\Omega=\frac{1}{2}\times1\times16=8(\text{m})$$

恒载内力:
$$N_p=p\sum\Omega=18.0\times8=144(\text{kN})$$

列车竖向静活载内力: $N_k=k\Omega=65.73\times8=525.80(\text{kN})$

动力系数:
$$1+\mu=1+\frac{28}{40+L}=1+\frac{28}{40+16}=1.50$$

$$a=\frac{N_p}{(1+\mu)N_k}=\frac{144}{1.50\times525.80}=0.183$$

活载发展均衡系数:

$$\eta=1+\frac{1}{6}(a_{max}-a)=1+\frac{1}{6}(0.288-0.183)=1.018$$

②内力组合及计算内力的确定

主力: $N_{\text{I}}=N_p+\eta(1+\mu)N_k=144+1.018\times1.50\times525.80=946.52(\text{kN})$

③疲劳内力的确定

动力运营系数:
$$(1+\mu)_s=1+\frac{18}{40+L}=1+\frac{18}{40+16}=1.321$$

疲劳最小内力:
$$N_{min}=N_p=144\text{ kN}$$

疲劳最大内力:

$$N_{max}=N_p+(1+\mu)_sN_k=144+1.321\times525.80=838.58(\text{kN})$$

4.8.3 主桁杆件截面设计

根据主桁架杆件的控制内力,初步选定了主桁杆件的截面尺寸,其截面几何特征见表 4.10,对各主桁杆件分别进行了刚度、整体稳定、局部稳定、强度、疲劳强度检算,主要计算结果见表 4.11。以下弦杆 E_2E_4、上弦杆 A_1A_3、端斜杆 E_0A_1、斜腹杆 E_4A_3、竖杆 A_1E_1 为例,详细介绍了主桁杆件截面检算的具体计算步骤。

(1)下弦杆 E_2E_4

设计最大内力:3 807.61 kN;设计疲劳内力:$N_{max}=3\ 309.10$ kN,$N_{min}=785.45$ kN。

铁路简支钢桁架桥的主桁下弦杆都是受拉杆件,内力较大且反复变化,一般由疲劳强度控制设计。

①计算所需的净截面积

按强度条件:
$$A_j\geqslant\frac{N}{[\sigma]}=\frac{3\ 807.61\times10^3}{200}=19\ 038.05(\text{mm}^2)$$

按疲劳强度条件:

$$A_j\geqslant\gamma_d\gamma_n\frac{N_{max}-N_{min}}{\gamma_t[\sigma_0]}=1.0\times1.0\times\frac{(3\ 309.10-785.45)\times10^3}{1.0\times130.7}=19\ 308.72(\text{mm}^2)$$

表 4.9　主桁杆件控制内力计算表

杆件		影响线性质		恒载内力 $N_p=p\Sigma\Omega$ (kN)	换算均布荷载 k (kN/m)	活载内力 $N_k=k\Omega$ (kN)	动力系数 $1+\mu$	运营动力系数 $(1+\mu)_s$	$a=\frac{N_p}{(1+\mu)N_k}$	活载发展均衡系数 $\eta=1+\frac{1}{6}(a_{max}-a)$	列车横向摇摆力产生内 N_y(kN)	摇摆力桥门架效应	
		面积 Ω (m)	总面积 $\Sigma\Omega$ (m)									轴力 $N_y'(V_y)$ (kN)	弯矩 M_y (kN·m)
下弦	E_0E_2	20.36	20.36	366.55	49.38	1 005.57	1.269	1.173	0.287	1.000	±169.57	±18.06	
	E_2E_4	43.64	43.64	785.45	49.30	2 151.45	1.269	1.173	0.288	1.000	±273.91	±18.06	
上弦	A_1A_3	−34.91	−34.91	−628.36	49.30	−1 721.16	1.269	1.173	0.288	1.000	±31.30		
	A_3A_3'	−46.55	−46.55	−837.82	49.30	−2 294.48	1.269	1.173	0.288	1.000	±40.58		
斜杆	E_0A_1	−34.62	−34.62	−623.16	49.38	−1 709.54	1.269	1.173	0.287	1.000		±30.71	±47.73
	E_2A_1	25.44	24.73	445.14	50.54	1 285.57	1.295	1.190	0.267	1.003			
		−0.71			81.00	−57.23	1.570	1.366	−4.955	1.874			
	E_2A_3	2.83	−14.83	−267.08	64.46	182.19	1.480	1.309	−0.990	1.213			
		−17.66			52.00	−918.58	1.327	1.210	0.219	1.011			
	E_4A_3	11.31	4.94	89.03	54.26	613.40	1.366	1.235	0.106	1.030			
		−6.36			57.90	−368.18	1.415	1.267	−0.171	1.076			
挂杆	E_1A_1	8.00	8.00	144.00	65.73	525.80	1.500	1.321	0.183	1.018			

续上表

杆件		风力产生内力 N_w (kN)	风力桥门架效应		制动力产生内力 N_T (kN)	主力 $N_Ⅰ=N_p+(1+\mu)N_k+N_y+N'_y$ (kN)	主力＋附加力（风力）$N_Ⅱ=N_Ⅰ+N_w+N'_w$ (kN)	主力＋附加力（制动力）$N_Ⅲ=N_Ⅰ+N_T$ (kN)	疲劳内力		设计内力 (kN)
			轴力 $N'_w(V_w)$ (kN)	弯矩 M_w (kN·m)					最小 N_{min} (kN)	最大 N_{max} (kN)	
下弦	E_0E_2	±272.06	±59.87		±206.36	1 830.57	2 162.50	2 036.93	366.55	1 545.79	1 830.57
	E_2E_4	±439.49	±59.87		±206.36	3 807.61	4 306.97	4 013.97	785.45	3 309.10	3 807.61
上弦	A_1A_3	±103.79				−2 844.23	−2 948.02		−628.36	−2 647.41	−2 844.23
	A_3A_3'	±134.54				−3 790.62	−3 925.16		−837.82	−3 529.84	−3 790.62
斜杆	E_0A_1		±101.79	±158.25		−2 823.28	−2 925.07		−623.16	−2 628.45	−2 823.28
	E_2A_1					2 114.95			366.948	1 974.654	2 114.95
						276.81					276.81
	E_2A_3					60.07			−28.63	−1 378.56	60.07
						−1 499.65					−1 499.64
	E_4A_3					952.06			−377.4	846.6	952.06
						−471.90					−471.90
挂杆	E_1A_1					946.52			144.00	838.58	946.52

根据设计经验，估计杆件的毛截面面积：

$$A_m=\frac{A_j}{0.85}=\frac{19\ 308.72}{0.85}=22\ 716.14(\mathrm{mm}^2)$$

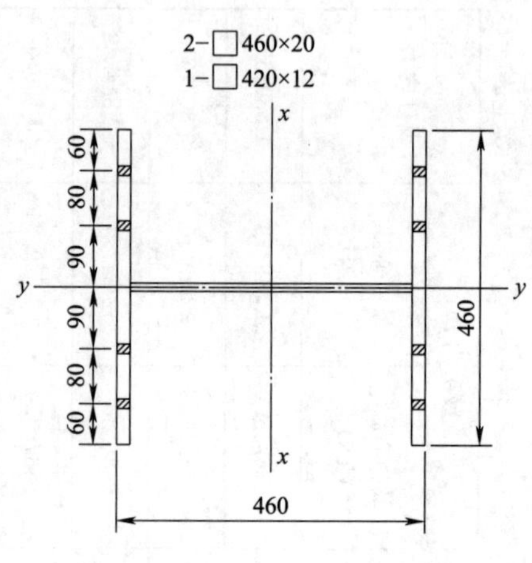

图 4.70 E_2E_4 与 A_1A_3 杆截面（单位：mm）

②选取截面形式为 H 形，截面组成为：

竖板：2—□460 mm×20 mm；

水平板：1—□420 mm×12 mm；

每侧竖板高 460 mm，可分别布置 4 排 $M22$ 的高强度螺栓，如图 4.70 所示，孔径 $d_0=23$ mm；

提供毛截面面积：$A_m=2\times460\times20+420\times12=23\ 440(\mathrm{mm}^2)$

栓孔削弱的面积：$\Delta A=2\times4\times20\times23=3\ 680(\mathrm{mm}^2)$

净截面面积：

$$\begin{aligned}A_j&=A_m-\Delta A=23\ 440-3\ 680\\&=19\ 760(\mathrm{mm}^2)>19\ 308.72\ \mathrm{mm}^2(\text{可})\end{aligned}$$

截面惯性矩：　　$I_x=9.652\ 6\times10^8\ \mathrm{mm}^4, I_y=3.244\ 5\times10^8\ \mathrm{mm}^4$

截面回转半径：　　$r_x=202.93\ \mathrm{mm}, r_y=117.65\ \mathrm{mm}$

③刚度检算

$$\lambda_x=\frac{l_{ox}}{r_x}=\frac{8\ 000}{202.93}=39.42<[\lambda]=100,\lambda_y=\frac{l_{oy}}{r_y}=\frac{8\ 000}{117.65}=68.00<[\lambda]=100(\text{可})$$

④强度检算

$$\sigma=\frac{N}{A_j}=\frac{3\ 807.61\times10^3}{19\ 760}=192.69(\mathrm{MPa})<200\ \mathrm{MPa}(\text{可})$$

⑤疲劳强度检算

$$\sigma_{max}=\frac{N_{max}}{A_j}=\frac{3\ 309.10\times10^3}{19\ 760}=167.47(\mathrm{MPa})$$

$$\sigma_{min}=\frac{N_{min}}{A_j}=\frac{785.45\times10^3}{19\ 760}=39.75(\mathrm{MPa})$$

$$\gamma_d\gamma_n(\sigma_{max}-\sigma_{min})=1.0\times1.0\times(167.47-39.75)=127.72(\mathrm{MPa})<\gamma_t[\sigma_0]=130.7\ \mathrm{MPa}(\text{可})$$

(2)上弦杆 A_1A_3

设计最大内力：−2 844.23 kN。

上弦杆 A_1A_3 为受压杆件，由整体稳定控制设计。

①计算所需的毛截面面积

选定 H 形截面，并假定杆件的长细比 $\lambda=60$，查表得整体稳定容许应力折减系数 $\varphi_1=0.677$，则所需的毛截面面积：

$$A_m=\frac{N}{\varphi_1[\sigma]}=\frac{2\ 844.23\times10^3}{0.677\times200}=21\ 006.1\ \mathrm{mm}^2$$

②截面组成为：

竖板：2—□460 mm×20 mm；

水平板：1—□420 mm×12 mm；

每侧竖板高 460 mm，可分别布置 4 排 $M22$ 的高强度螺栓，如图 4.70 所示，孔径 $d_0=23$ mm；

提供毛截面面积：

$$A_m=2\times460\times20+420\times12=23\ 440(mm^2)>21\ 006.1\ mm^2(可)$$

栓孔削弱的面积：　$\Delta A=2\times4\times20\times23=3\ 680(mm^2)$

净截面面积：　$A_j=A_m-\Delta A=23\ 440-3\ 680=19\ 760(mm^2)$

截面惯性矩：　$I_x=9.652\ 6\times10^8\ mm^4, I_y=3.244\ 5\times10^8\ mm^4$

截面回转半径：　$r_x=202.93\ mm, r_y=117.65\ mm$

③刚度检算

$$\lambda_x=\frac{l_{ox}}{r_x}=\frac{8\ 000}{202.93}=39.42<[\lambda]=100,\lambda_y=\frac{l_{oy}}{r_y}=\frac{8\ 000}{117.65}=68.00<[\lambda]=100(可)$$

④整体稳定检算

由 $\lambda=68.00$，查表得 $\varphi_1=0.623$，则

$$\sigma=\frac{N}{A_m}=\frac{2\ 844.23\times10^3}{23\ 440}=121.34(MPa)<\varphi_1[\sigma]=124.60\ MPa(可)$$

⑤局部稳定检算

竖板：当杆件的长细比 $\lambda\geqslant50$ 时，要求板件的宽厚比 $\frac{b}{\delta}\leqslant0.14\lambda+5$，则

$$\frac{b}{\delta}=\frac{460-12}{2\times20}=11.20\leqslant0.14\lambda+5=0.14\times68.00+5=14.52(可)$$

水平板：当杆件的长细比 $\lambda\geqslant50$ 时，要求板件的宽厚比 $\frac{b}{\delta}\leqslant0.4\lambda+10$，则

$$\frac{b}{\delta}=\frac{420}{12}=35.00\leqslant0.4\lambda+10=0.4\times68.00+10=37.20(可)$$

(3)端斜杆 E_0A_1

设计最大内力：$-2\ 823.28$ kN；摇摆力产生的端斜杆附加弯矩 $M_y=47.73$ kN·m；主＋风内力：$-2\ 925.07$ kN；风力产生的端斜杆附加弯矩 $M_w=158.25$ kN·m。

端斜杆 E_0A_1 为压弯构件，先按主力作用下的轴心压杆设计截面，然后按压弯构件进行各项检算。

①计算所需的净截面面积

选定 H 形截面，并假定杆件的长细比 $\lambda=60$，查表得整体稳定容许应力折减系数 $\varphi_1=0.677$，则所需的毛截面面积：

$$A_m=\frac{N}{\varphi_1[\sigma]}=\frac{2\ 823.26\times10^3}{0.677\times200}=20\ 851.3(mm^2)$$

②截面组成为：

竖板：2—□600 mm×22 mm；

水平板：1—□416 mm×12 mm；

每侧竖板高 600 mm，可分别布置 6 排 $M22$ 的高强度螺栓，如图 4.71 所示，孔径 $d_0=23$ mm；

提供毛截面面积：

$$A_m=2\times600\times22+416\times12=31\ 392(mm^2)>20\ 851.3\ mm^2(可)$$

栓孔削弱的面积：$\Delta A=6\times23\times22\times2=6\ 072(mm^2)$

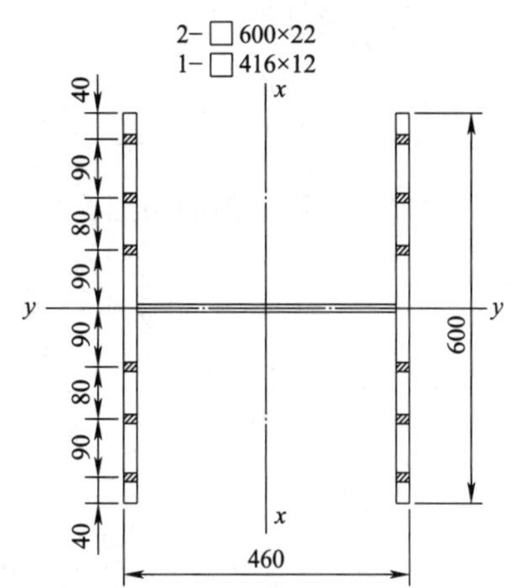

图 4.71　E_0A_1 杆截面
（单位：mm）

净截面面积： $A_j=A_m-\Delta A=31\ 392-6\ 072=25\ 320(\text{mm}^2)$

截面惯性矩： $I_x=1.339\ 2\times10^9\ \text{mm}^4, I_y=7.920\ 0\times10^8\ \text{mm}^4$

截面回转半径： $r_x=206.55\ \text{mm}, r_y=158.84\ \text{mm}$

③刚度检算

$$\lambda_x=\frac{l_{ox}}{r_x}=\frac{13\ 600}{206.55}=65.84<[\lambda]=100,\lambda_y=\frac{l_{oy}}{r_y}=\frac{0.9\times13\ 600}{158.84}=77.06<[\lambda]=100(\text{可})$$

④整体稳定检算

检算公式：
$$\frac{N}{A_m}+\frac{\varphi_1}{\mu_1\varphi_2}\frac{M}{W_m}\leqslant\varphi_1[\sigma]$$

由 $\lambda=77.06$，查表得 $\varphi_1=0.563$。

换算长细比 $\lambda_e=\alpha\cdot\dfrac{l_0r_x}{hr_y}=1.8\times\dfrac{12\ 240\times206.55}{460\times158.84}=62.28$，查表得 $\varphi_2=0.661$。

因 $\dfrac{N}{A_m}=\dfrac{2\ 823.28\times10^3}{31\ 392}=89.94(\text{MPa})>0.15\varphi_1[\sigma]=0.15\times0.563\times200=16.89(\text{MPa})$

所以对主力：$\mu_1=1-\dfrac{n_1N\lambda^2}{\pi^2EA_m}=1-\dfrac{1.7\times2\ 823.28\times10^3\times65.84^2}{\pi^2\times2.1\times10^5\times31\ 392}=0.680$

$$\frac{N}{A_m}+\frac{\varphi_1}{\mu_1\varphi_2}\frac{M}{W_m}=\frac{2\ 823.28\times10^3}{31\ 392}+\frac{0.563}{0.680\times0.661}\times\frac{47.73\times10^6}{\dfrac{1.339\ 2\times10^9}{230}}$$

$$=100.20(\text{MPa})<0.563\times200=112.6(\text{MPa})(\text{可})$$

对主+风：$\mu_1=1-\dfrac{n_1N\lambda^2}{\pi^2EA_m}=1-\dfrac{1.4\times2\ 823.28\times10^3\times65.84^2}{\pi^2\times2.1\times10^5\times31\ 392}=0.737$

$$\frac{N}{A_m}+\frac{\varphi_1}{\mu_1\varphi_2}\frac{M}{W_m}=\frac{\dfrac{2\ 925.07}{1.3}\times10^3}{31\ 392}+\frac{0.563}{0.737\times0.661}\times\frac{\dfrac{158.25+47.73}{1.3}\times10^6}{\dfrac{1.339\ 2\times10^9}{230}}$$

$$=103.12(\text{MPa})<0.563\times200=112.6(\text{MPa})(\text{可})$$

⑤局部稳定检算

竖板：当杆件的长细比 $\lambda\geqslant50$ 时，要求板件的宽厚比 $\dfrac{b}{\delta}\leqslant0.14\lambda+5$，则

$$\frac{b}{\delta}=\frac{600-12}{2\times22}=13.36\leqslant0.14\lambda+5=0.14\times77.06+5=15.79(\text{可})$$

水平板：当杆件的长细比 $\lambda\geqslant50$ 时，要求板件的宽厚比 $\dfrac{b}{\delta}\leqslant0.4\lambda+10$，则

$$\frac{b}{\delta}=\frac{416}{12}=34.67\leqslant0.4\lambda+10=0.4\times77.06+10=40.82(\text{可})$$

⑥强度检算

主：
$$\sigma=\frac{N}{A_m}+\frac{M}{W_m}=\frac{2\ 823.28\times10^3}{31\ 392}+\frac{47.73\times10^6}{\dfrac{1.339\ 2\times10^9}{230}}$$

$$=98.13(\text{MPa})\leqslant200\ \text{MPa}(\text{可})$$

主+风：
$$\sigma=\frac{N}{A_m}+\frac{M}{W_m}=\frac{2\ 925.07\times10^3}{31\ 392}+\frac{(158.25+47.73)\times10^6}{\dfrac{1.339\ 2\times10^9}{230}}$$

$$=128.55(\text{MPa})\leqslant1.3\times200=260(\text{MPa})(\text{可})$$

(4)斜腹杆 E_4A_3

设计内力：952.06 kN，−471.9 kN；设计疲劳内力：$N_{max}=846.6$ kN，$N_{min}=-377.4$ kN；杆件几何长度：13.6 m。

该斜杆是受拉兼受压杆件，应分别开展疲劳强度和整体稳定检算。

①计算所需的净截面积

按疲劳强度条件：

$$A_j \geqslant \gamma_d \gamma_n \frac{N_{max}-N_{min}}{\gamma_t[\sigma_0]}=1.0\times 1.0\frac{(846.6+377.4)\times 10^3}{1.0\times 130.7}=9\ 365.0(\text{mm}^2)$$

②选取截面形式为 H 形，截面组成为：

竖板：2—□440 mm×16 mm；

水平板：1—□428 mm×10 mm；

每侧竖板高 440 mm，可分别布置 4 排 M22 的高强度螺栓，如图 4.72 所示，孔径 $d_0=23$ mm；

提供毛截面面积：

$$A_m=2\times 440\times 16+428\times 10=18\ 360(\text{mm}^2)$$

栓孔削弱的面积：

$$\Delta A=2\times 4\times 16\times 23=2\ 944(\text{mm}^2)$$

净截面面积：

$$A_j=A_m-\Delta A=18\ 360-2\ 944=15\ 416(\text{mm}^2)>9\ 365.0\ \text{mm}^2(\text{可})$$

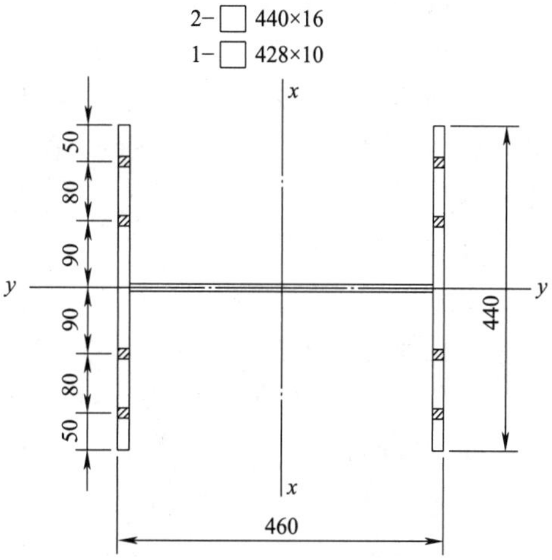

截面惯性矩：

$$I_x=7.595\ 5\times 10^8\ \text{mm}^4,I_y=2.271\ 6\times 10^8\ \text{mm}^4$$

图 4.72　E_4A_3 杆截面
(单位：mm)

截面回转半径：　$r_x=203.40$ mm，$r_y=111.23$ mm

③刚度检算

$$\lambda_x=\frac{l_{ox}}{r_x}=\frac{13\ 600}{203.40}=66.86<[\lambda]=100,\lambda_y=\frac{l_{oy}}{r_y}=\frac{0.8\times 13\ 600}{111.23}=97.81<[\lambda]=100(\text{可})$$

④强度检算

$$\sigma=\frac{N}{A_j}=\frac{952.06\times 10^3}{15\ 416}=61.76(\text{MPa})<200\ \text{MPa}(\text{可})$$

⑤整体稳定检算

由 $\lambda=97.81$，查表得 $\varphi_1=0.437$，

$$\sigma=\frac{N}{A_m}=\frac{471.9\times 10^3}{18\ 360}=25.70(\text{MPa})<\varphi_1[\sigma]=87.4\ \text{MPa}(\text{可})$$

⑥疲劳强度检算

$$\sigma_{max}=\frac{N_{max}}{A_j}=\frac{846.6\times 10^3}{15\ 416}=54.92(\text{MPa})$$

$$\sigma_{min}=\frac{N_{min}}{A_j}=\frac{-377.4\times 10^3}{15\ 416}=-24.48(\text{MPa})$$

$$\gamma_d\gamma_n(\sigma_{max}-\sigma_{min})=1.0\times 1.0\times(54.92+24.48)=79.40(\text{MPa})<\gamma_t[\sigma_0]=130.7\ \text{MPa}(\text{可})$$

(5)竖杆 A_1E_1

设计内力：946.52 kN；设计疲劳内力：$N_{max}=838.58$ kN，$N_{min}=144.0$ kN；杆件几何长度：11 m。

该杆除承受主力外，还要承受因横向框架作用效应而产生的附加弯矩，附加弯矩的简要计算方法参见《铁路桥梁钢结构设计规范》(TB 10091—2017)附录 B，属于拉—弯构件。设计时先按轴心拉杆确定截面尺寸，然后按拉—弯构件进行检算。

①计算所需的净截面积

按疲劳强度条件：

$$A_j \geqslant \gamma_d \gamma_n \frac{N_{max}-N_{min}}{\gamma_t[\sigma_0]}=1.0\times1.0\times\frac{(838.58-144.0)\times10^3}{1.0\times130.7}=5\ 314.3(\text{mm}^2)$$

②选取截面形式为 H 形，截面组成为：

竖板：2—□260 mm×12 mm；

水平板：1—□436 mm×10 mm；

每侧竖板高 260 mm，可分别布置 2 排 M22 的高强度螺栓，如图 4.73 所示，孔径 $d_0=23$ mm；

提供毛截面面积：

$A_m=2\times260\times12+436\times10=10\ 600(\text{mm}^2)$

栓孔削弱的面积：

$\Delta A=2\times2\times12\times23=1\ 104(\text{mm}^2)$

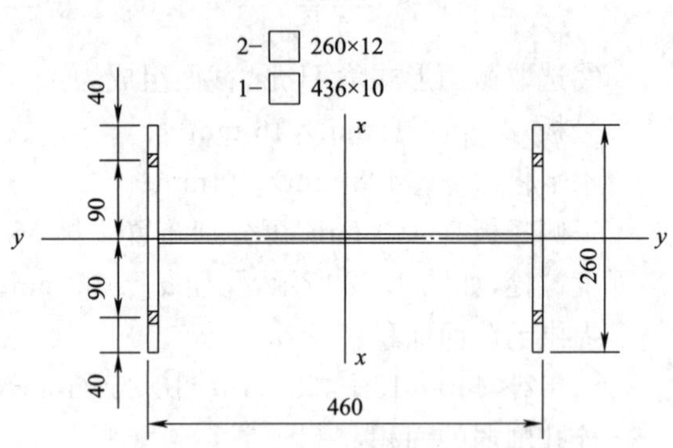

图 4.73　A_1E_1 杆截面

(单位：mm)

净截面面积：

$$A_j=A_m-\Delta A=10\ 600-1\ 104=9\ 496(\text{mm}^2)>5\ 314.3\ \text{mm}^2(\text{可})$$

截面惯性矩：　$I_x=3.822\times10^8\ \text{mm}^4, I_y=3.515\times10^7\ \text{mm}^4$

截面回转半径：　$r_x=189.90\ \text{mm}, r_y=57.59\ \text{mm}$

③刚度检算

$$\lambda_x=\frac{l_{ox}}{r_x}=\frac{11\ 000}{189.90}=57.93<[\lambda]=180,$$

$$\lambda_y=\frac{l_{oy}}{r_y}=\frac{0.8\times11\ 000}{57.59}=152.81<[\lambda]=180(\text{可})$$

④疲劳强度检算

横梁在框架面内的截面惯性矩 $I_b=820\ 080\ \text{cm}^4, i_b=EI_b/B, B=5.75$ m

竖杆在框架面内的截面惯性矩 $I_s=38\ 220\ \text{cm}^4, i_s=EI_s/L, L=10.305-4.50=5.805$(m)

竖杆下端附加弯矩 $M_B=-\dfrac{3}{(2-0.5\beta)\dfrac{i_b}{i_s}+3}\mu M$。式中 $\beta=5.805/10.305=0.563$，$\mu=0.674$，横梁按简支计算的跨中最大弯矩 $M=1\ 643.1$ kN·m，则

$$M_B=-\frac{3}{(2-0.5\times0.563)\times21.66+3}\times0.674\times1\ 643.1=82.60(\text{kN}\cdot\text{m})$$

截面净惯性矩：

$$I_{jx}=I_{mx}-\Delta I=3.822\ 4\times10^8-2\times2\times12\times23\times\left(\frac{460-12}{2}\right)^2=3.268\ 5\times10^8(\text{mm}^4)$$

$$\sigma_{max}=\frac{N_{max}}{A_j}+\frac{M_B}{W_j}=\frac{838.58\times10^3}{9\ 496}+\frac{82.60\times10^6}{\dfrac{3.268\ 5\times10^8}{230}}=146.43(\text{MPa})$$

表 4.10　主桁杆件截面几何特征

杆件		截面组成（mm×mm）	毛面积 A_m（mm^2）	净面积 A_j（mm^2）	毛惯性矩（mm^4）		净惯性矩（mm^4）		回转半径（mm）		自由长度（mm）		长细比	
					I_{mx}	I_{my}	I_{jx}	I_{jy}	r_x	r_y	l_{ox}	l_{oy}	λ_x	λ_y
下弦	E_0E_2	2—□460×12 1—□436×10	15 400	13 192	6.231×10^8	1.947×10^8	5.124×10^8	1.538×10^8	201.16	112.43	8 000	8 000	39.77	71.15
	E_2E_4	2—□460×20 1—□420×12	23 440	19 760	9.653×10^8	3.245×10^8	7.871×10^8	2.564×10^8	202.93	117.65	8 000	8 000	39.42	68.00
上弦	A_1A_3	2—□460×20 1—□420×12	23 440	19 760	9.653×10^8	3.245×10^8	7.871×10^8	2.564×10^8	202.93	117.65	8 000	8 000	39.42	68.00
	A_3A_3'	2—□460×26 1—□408×20	32 080	27 296	1.241×10^9	4.218×10^8	1.016×10^9	3.333×10^8	196.68	114.66	8 000	8 000	4 0.68	69.77
斜杆	E_0A_1	2—□600×22 1—□416×12	31 392	25 320	1.339×10^9	7.920×10^8	1.048×10^9	5.803×10^8	206.55	158.84	13 600	12 240	65.84	77.06
	E_2A_1	2—□440×12 1—□436×10	14 920	12 712	5.991×10^8	1.704×10^8	4.883×10^8	1.295×10^8	200.38	106.86	13 600	10 880	67.87	101.82
	E_2A_3	2—□440×16 1—□428×10	18 360	15 416	7.596×10^8	2.272×10^8	6.145×10^8	1.727×10^8	203.40	111.23	13 600	10 880	66.86	97.81
	E_4A_3	2—□440×16 1—□428×10	18 360	15 416	7.596×10^8	2.272×10^8	6.145×10^8	1.727×10^8	203.40	111.23	13 600	10 880	66.86	97.81
挂杆	E_1A_1	2—□260×12 1—□436×10	10 600	9 496	3.822×10^8	3.515×10^7	3.269×10^8	2.621×10^7	189.90	57.59	11 000	8 800	57.93	152.81

$$\sigma_{\min}=\frac{N_{\min}}{A_j}=\frac{144.0\times10^3}{9\ 496}=15.16(\text{MPa})$$

$$\gamma_d\gamma_n(\sigma_{\max}-\sigma_{\min})=1.0\times1.0\times(146.43-15.16)$$
$$=131.27(\text{MPa})\approx\gamma_t[\sigma_0]=130.7(\text{MPa})\text{(超出 1\%以内,可)}$$

⑤强度检算

$$\sigma=\frac{N}{A_j}+\frac{M_B}{W_j}=\frac{946.52\times10^3}{9\ 496}+\frac{82.60\times10^6}{\frac{3.268\ 5\times10^8}{230}}=157.80(\text{MPa})<200(\text{MPa})\text{(可)}$$

表 4.11 主桁杆件截面检算表

杆件		刚度		局部稳定				总体稳定(MPa)		强度(MPa)		疲劳强度(MPa)	
		λ_{max}	[λ]	水平板 b/δ	水平板 [b/δ]	竖板 b/δ	竖板 [b/δ]	σ	$\varphi_1[\sigma]$	σ	[σ]	$\Delta\sigma$	[σ_0]
下弦	E_0E_2	71.15	100.00							138.76	200.00	89.42	130.70
	E_2E_4	68.00	100.00							192.69	200.00	127.72	130.70
上弦	A_1A_3	68.00	100.00	35.00	37.20	11.20	14.52	121.34	124.60	143.94	200.00		
	A_3A_3'	69.77	100.00	20.40	37.91	8.46	14.77	118.16	122.11	138.87	200.00		
斜杆	E_0A_1	77.06	100.00	34.67	40.82	13.36	15.79	103.12	112.60	98.13	200.00		
	E_2A_1	101.82	180.00							166.44	200.00	126.47	130.70
	E_2A_3	97.81	100.00	42.80	49.13	13.44	18.69	81.68	87.40	97.28	200.00	87.57	130.70
	E_4A_3	97.81	100.00	42.80	49.13	13.44	18.69	25.70	87.40	61.76	200.00	79.40	130.70
挂杆	E_1A_1	152.81	180.00							157.80	200.00	131.27	130.70

4.8.4 钢桁梁节点

以钢桁梁下弦大节点 E_2 为例,对弦杆拼接与节点板设计分别进行验算。

1. 弦杆拼接计算

初步拟定节点板厚 δ 为 14 mm,采用 $M22$ 型高强度螺栓连接,孔径为 23 mm。单个摩擦型螺栓承载力为 52.94 kN。由于杆件对称,仅选取杆件的一半,进行弦杆的拼接计算。

E_0E_2 杆半净面积: $A_{j1}=13\ 192\times\frac{1}{2}=6\ 596(\text{mm}^2)$

E_2E_4 杆半净面积: $A_{j2}=19\ 760\times\frac{1}{2}=9\ 880(\text{mm}^2)$

节点板已提供拼接面积:

$$A'_{p1}=460\times14-4\times23\times14=5\ 152(\text{mm}^2)$$

拼接板与节点板共需净面积:

$$A'_p=A'_{p1}+A'_{p2}\geqslant1.1A_{j2}=1.1\times9\ 880=10\ 868(\text{mm}^2)$$

拼接板需要净面积:$A'_{p2}\geqslant1.1A'_{j2}-A'_{p1}=10\ 868-5\ 152=5\ 716(\text{mm}^2)$

选用 2—□200 mm×20 mm 作内拼接板,供给净面积:

$$A'_{p2}=2\times200\times20-4\times23\times20=6\ 160(\text{mm}^2)$$

拼接板的承载力按杆件基本容许应力[σ]=200 MPa 确定。

节点板每端需要高强度螺栓数:

$$n_1=\frac{A'_{p1}[\sigma]}{[T_1]}=\frac{5\ 152\times10^{-6}\times200\times10^3}{52.94}=19.5(个)$$

上、下内拼接板每端共需要高强度螺栓数：

$$n_2=\frac{A'_{p2}[\sigma]}{[T_1]}=\frac{6\ 160\times10^{-6}\times200\times10^3}{52.94}=23.3(个)$$

内拼接板实际用 24 个螺栓，排成 4 排 6 列，端距采用 50 mm，间距按节点板机器样板栓孔布置(图 4.48)，可以得出内拼接板长度：$l=2\times(90+80+90+3\times80+50)=1\ 100$(mm)。

2. 节点板设计

节点板的平面尺寸先根据杆端连接螺栓排列需要并考虑外形方整、裁制简便等原则拟定，再根据强度检算来复核。节点设计主要过程如下：(1)先绘制节点各杆件中心线，并交于一点，按照竖板高度绘制各杆件外轮廓线。(2)各杆件尽量往节点中心靠拢。根据相邻杆件边缘保持 10～30 mm 的原则确定节点中心到各杆件第 1 列栓孔线的距离。(3)按照节点板机器样板栓孔布置（见图 4.48)和杆件竖板高度先确定螺栓布置排数及位置，再结合杆件螺栓数来确定螺栓布置列数及位置。(4)弦杆螺栓布置影响节点板长度，斜杆螺栓布置影响节点板长度和高度，竖杆受力较小，一般不控制节点板形状。综合考虑弦杆和斜杆的要求后确定节点板形状，当两边斜杆倾角相同且受力相差不大时，节点板宜尽量对称布置。(5) 对节点板分别进行撕裂强度检算、竖直最弱截面强度检算、水平最弱截面强度检算。

以 E_2 节点板为例，如图 4.74 所示。根据杆件外轮廓并尽量向节点中心靠拢原则，确定节点中心到斜杆、竖杆、弦杆第 1 列栓孔线的距离分别为 600 mm、340 mm、90 mm。根据杆件竖板高度，确定斜杆、竖杆、弦杆螺栓分别布置为 4 排、2 排、4 排。弦杆中 E_2E_4 受力较大，根据弦杆拼接计算结果，由于拼接板侧所需螺栓数较多，在拼接板侧和节点板侧各布置 4 排 6 列共 24 个单摩擦面螺栓，就能满足受力要求，因此初步拟定节点板长度为 1 100 mm。斜杆中 A_1E_2 受力较大，实际布置 5 列，考虑螺栓端距要求后再往外推可得节点板外廓线，因此初步拟定节点板长度为 1 460 mm，高度为 1 120 mm。综合比选后，确定按斜杆的螺栓布置确定节点板形状，由于节点板实际比拼接板每侧各长出 180 mm，按最小间距 80 mm 需增加 2 列螺栓，也可按构造采用较大间距 160 mm 增加 1 列螺栓(因为节点板侧原 24 个单摩擦面螺栓已满足受力要求)，单块节点板侧实际只增加 1 列螺栓，共布置 4 排 7 列共 28 个单摩擦面螺栓。对于弦杆 E_2E_4 来说，已布置 28+24=52 个按单摩擦面计算的螺栓，其中在拼接板长度范围内为 24 个双摩擦面螺栓，超出拼接板长度外为 4 个单摩擦面螺栓，真正使用的螺栓个数为 28 个。E_2 节点各杆件、节点板和拼接板上计算所需和实际采用的按单摩擦面计算的螺栓个数，见表 4.12。

表 4.12　E_2 节点处按单摩擦面计算的螺栓个数(按单块节点板计)

螺栓位置		节点板上				拼接板上
		E_0E_2		E_2E_4		
个数	需要	19.5		19.5		23.3
	实际	28		28		24
螺栓位置		杆件上				
		E_0E_2	E_2E_4	A_1E_2	E_2A_3	横梁
个数	需要	24.9	37.3	24.0	15.2	19.9
	实际	52	52	20*	20	26

注：* 标准设计中为便于杆件互换，A_1E_2 杆高强度螺栓实际使用数较需要数少，但大于内力需要数(19.98 个)。

①斜杆引起的节点板撕裂强度检算

斜杆 A_1E_2 与 E_2A_3 分别以受拉、受压为主，故承载力分别为：

A_1E_2 杆： $[N]=A_j[\sigma]=12\ 712\times10^{-6}\times200\times10^3=2\ 542.4(\text{kN})$

E_2A_3 杆： $[N]=A_m\varphi_1[\sigma]=18\ 360\times10^{-6}\times87.40\times10^3=1\ 604.7(\text{kN})$

E_2 节点板斜杆引起的可能破坏形式主要为沿撕裂面 5-2-3-6、1-2-3-6、1-2-3-4 或 1-2-3-7-8 等破坏，如图 4.74 所示。对于每一个可能的撕裂面均需进行撕裂强度检算。撕裂面的强度应满足 $2\delta\sum l_i[\sigma_i]\geqslant1.1[N]$。

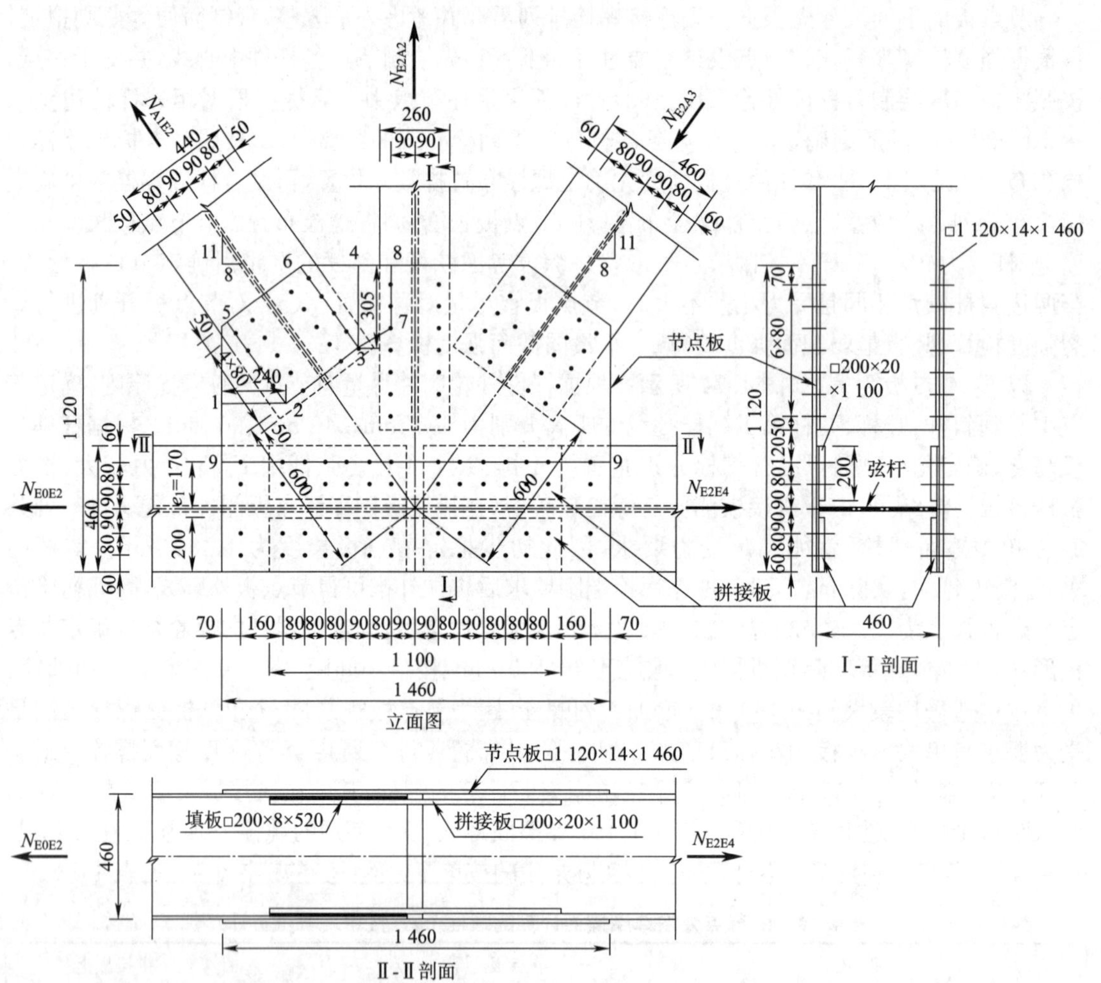

图 4.74 E_2 节点与破坏方式示意图(单位:mm)

仅以撕裂面 1-2-3-4 为例，计算如下：

$$
\begin{aligned}
2\delta\sum l_i[\sigma_i]&=2\delta\{(l_1-n_1d)0.75[\sigma]+(l_2-n_2d)[\sigma]+(l_3-n_3d)0.75[\sigma]\}\\
&=2\times14\times10^{-6}\times\{(240-0.5\times23)\times0.75\times200\times10^3+(340-3\times23)\times\\
&\quad 200\times10^3+(305-0.5\times23)\times0.75\times200\times10^3\}\\
&=3\ 710(\text{kN})>1.1[N]
\end{aligned}
$$

②节点板竖直最弱截面强度检算

法向力 N 和剪力 Q 宜按杆件承载力的 1.1 倍计算：

$$N=1.1[N_{A_1A_3}]=1.1\times 2\ 921.6=3\ 213.76(\text{kN})$$

$$Q=1.1[N_{A_1E_2}]\sin\theta=1.1\times 2\ 542.4\times 0.808\ 7=2\ 261.6(\text{kN})$$

由于弦杆在 E_2 节点中断，竖直最弱截面只包括节点板与拼接板，如图 4.75 所示，面积计算见表 4.13。

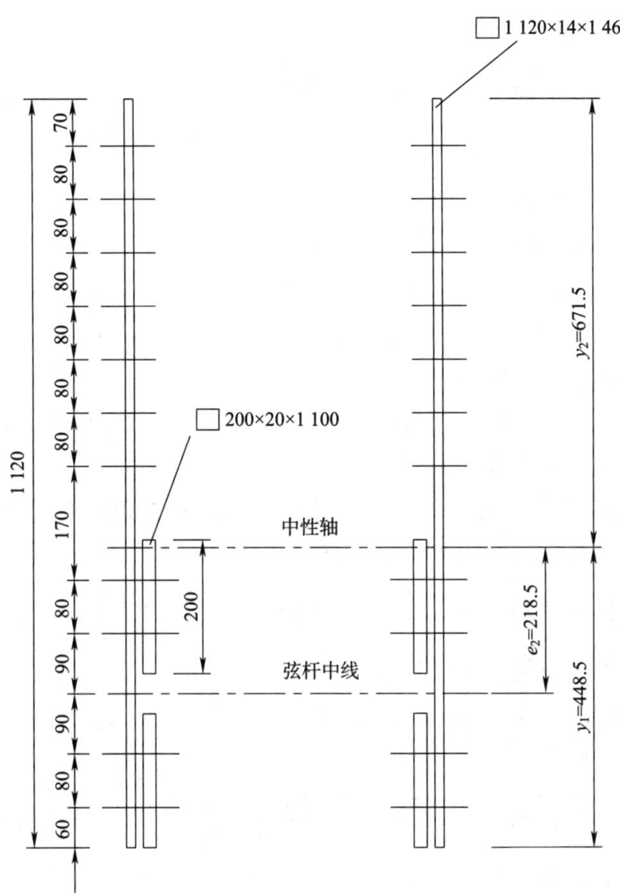

图 4.75　E_2 节点竖向最弱截面示意图(单位：mm)

表 4.13　E_2 节点竖直截面面积计算

截 面 组 成	毛截面积 A'_m(mm²)	扣孔面积 $\Delta A'$(mm²)	净截面积 A'_j(mm²)
2—□1 120×14	31 360	7 084	24 276
4—□200×20	16 000	3 680	12 320
合计	47 360	10 764	36 596

检算截面中性轴至弦杆中线的距离：

$$e_2=\frac{\sum A'_{mi}y_{ih}}{A'_m}=\frac{[(1\ 120-460)\times 2\times 14]\times\left[\frac{1}{2}\times(1\ 120-460)+\frac{1}{2}\times 460\right]}{47\ 360}=218.5(\text{mm})$$

检算毛截面对弦杆中线的惯性矩：

$$I'_m=\left[2\times\frac{14}{12}\times1\ 120^3+31\ 360\times\left(\frac{1}{2}\times1\ 120-230\right)^2\right]+\left(4\times\frac{20}{12}\times200^3+16\ 000\times130^2\right)$$
$$=7.017\times10^9(\text{mm}^4)$$

螺栓孔对弦杆中线的惯性矩：

$$\Delta I'_k=\left[\left(2\times11\times\frac{1}{12}\times14\times23^3\right)+2\times14\times23\times(2\times90^2+2\times170^2+340^2+420^2+500^2+580^2+660^2+740^2+820^2)\right]+\left[2\times4\times\frac{20}{12}\times23^3+4\times20\times23\times(90^2+170^2)\right]$$
$$=1.748\ 1\times10^9(\text{mm}^4)$$

检算净截面对弦杆中线的惯性矩：

$$I'_j=I'_m-\Delta I'_k=7.017\times10^9-1.748\ 1\times10^9=5.232\ 9\times10^9(\text{mm}^4)$$
$$A'_me_2^2=47\ 360\times218.5^2=2.261\ 1\times10^9(\text{mm}^4)$$
$$A'_je_2^2=36\ 596\times218.5^2=1.747\ 2\times10^9(\text{mm}^4)$$

检算毛截面对中性轴的惯性矩：

$$I'_{mx}=I'_m-A'_me_2^2=7.017\times10^9-2.261\ 1\times10^9=4.755\ 9\times10^9(\text{mm}^4)$$

检算净截面对中性轴的惯性矩：

$$I'_{jx}=I'_j-A'_je_2^2=5.232\ 9\times10^9-1.747\ 2\times10^9=3.485\ 7\times10^9(\text{mm}^4)$$

中性轴以上检算毛截面的面积矩(忽略内拼接板)：

$$S'_{mx}=2\times14(1\ 120-230-218.5)\left[\frac{1}{2}(1\ 120-230-218.5)\right]=6.312\ 8\times10^6(\text{mm}^3)$$

中性轴至节点板下边缘与上边缘距离 y_1、y_2：

$$y_1=e_2+230=218.5+230=448.5(\text{mm}),\ y_2=1\ 120-y_1=1\ 120-448.5=671.5(\text{mm})$$

节点板下边缘法向应力：

$$\sigma_1=\frac{N}{A'_j}+\frac{Ne_2}{I'_{jx}}y_1=\frac{3\ 213.76\times10^3}{36\ 596}+\frac{3\ 213.76\times10^3\times218.5\times448.5}{3.485\ 7\times10^9}=178.17(\text{MPa})<[\sigma]$$

节点板上边缘法向应力：

$$\sigma_2=\frac{N}{A'_m}-\frac{Ne_2}{I'_{mx}}y_2=\frac{3\ 213.76\times10^3}{47\ 360}-\frac{3\ 213.76\times10^3\times218.5\times671.5}{4.755\ 9\times10^9}=-31.29(\text{MPa})<[\sigma]$$

中性轴处最大剪应力：

$$\tau=\frac{QS'_{mx}}{2I'_{mx}\delta}=\frac{2\ 261.6\times10^3\times6.312\ 8\times10^6}{2\times4.755\ 9\times10^9\times14}=107.2(\text{MPa})<0.75[\sigma]$$

③节点板水平最弱截面强度检算

由于各杆件荷载情况不同，节点板剪力 T 不能从节点平衡条件求得，而应直接用其自身影响线计算，对于 E_2 节点 $n=8$，$m=5$。

$$l_1=\frac{nmd}{n-2}=\frac{8\times5\times8}{8-2}=53.33(\text{m})$$
$$l_2=L-l_1=64-53.33=10.67(\text{m})$$
$$\alpha_1=\alpha_2=\frac{2}{n}=0.25$$
$$\Omega_1=\frac{m^2d^2}{(n-2)H}=\frac{5^2\times8^2}{(8-2)\times11}=24.24\ (\text{m})$$

$$\Omega_2=\frac{-(n-m-2)^2d^2}{(n-2)H}=\frac{-(8-5-2)^2\times 8^2}{(8-2)\times 11}=-0.97(\mathrm{m})$$

$$\sum\Omega=\Omega_1+\Omega_2=24.24-0.97=23.27(\mathrm{m})$$

恒载 $p=18$ kN/m，动力系数 $1+\mu=1.269$，$l_1=53.33$ m，$\alpha_1=0.25$

查表得
$$k=\frac{1}{2}\times 101.28=50.64(\mathrm{kN/m})$$

$$T_{\mathrm{p}}=p\sum\Omega=18\times 23.27=418.9(\mathrm{kN})$$

$$T_{\mathrm{k}}=k\Omega_1=50.64\times 24.24=1\ 227.5(\mathrm{kN})$$

$$(1+\mu)T_{\mathrm{k}}=1.269\times 1\ 227.5=1\ 557.7(\mathrm{kN})$$

$$a=\frac{T_{\mathrm{p}}}{(1+\mu)T_{\mathrm{k}}}=\frac{418.9}{1\ 561.8}=0.268$$

$$\eta=1+\frac{1}{6}(a_{\max}-a)=1+\frac{1}{6}\times(0.288-0.268)=1.003\ 3$$

与节点板撕破强度检算保持一致，T 按最不利内力的 1.1 倍计算：

$$T=1.1[T_{\mathrm{p}}+\eta(1+\mu)T_{\mathrm{k}}]=1.1\times(418.9+1.003\ 3\times 1\ 557.7)=2\ 179.9(\mathrm{kN})$$

截面毛面积：
$$A'_{\mathrm{m}}=2\delta l=2\times 14\times 1\ 460=40\ 880(\mathrm{mm}^2)$$

毛截面惯性矩：
$$I'_{\mathrm{m}}=2\times\frac{1}{12}\times 14\times 1\ 460^3=7.261\ 7\times 10^9(\mathrm{mm}^4)$$

螺栓孔对中性轴的惯性矩：

$$\Delta I'=14\times\frac{1}{12}\times 2\times 14\times 23^3+2\times 2\times 14\times 23(90^2+170^2+260^2+340^2+420^2+500^2+660^2)$$

$$=1.394\ 3\times 10^9(\mathrm{mm}^4)$$

净截面惯性矩：

$$I'_{\mathrm{j}}=I'_{\mathrm{m}}-\Delta I'=7.261\ 7\times 10^9-1.394\ 3\times 10^9=5.867\ 4\times 10^9(\mathrm{mm}^4)$$

净截面抵抗矩：

$$W'_{\mathrm{j}}=\frac{2I'_{\mathrm{j}}}{l}=\frac{2\times 5.867\ 4\times 10^9}{1\ 460}=8.037\ 5\times 10^6(\mathrm{mm}^3)$$

截面边缘法向应力：

$$\sigma_{\max}=\frac{Te_1}{W'_{\mathrm{j}}}=\frac{2\ 179.9\times 10^3\times 170}{8.037\ 5\times 10^6}=46.1(\mathrm{MPa})<[\sigma]=200\ \mathrm{MPa}$$

截面最大剪应力：

$$\tau_{\max}=\frac{1.5T}{A'_{\mathrm{m}}}=\frac{1.5\times 2\ 179.9\times 10^3}{40\ 880}=80.0(\mathrm{MPa})<0.75[\sigma]=150\ \mathrm{MPa}$$

思 考 题

4-1 简述钢桁梁桥各部分组成及作用。

4-2 主桁架各节点如何区分大节点和小节点？其受力和构造有什么不同？

4-3 主桁架的几何图示有哪些？各有何特点？主桁架的几何尺寸有哪些？分别是如何确定的？

4-4 主桁架作为空间刚接结构被简化为平面铰接结构计算,会带来哪些计算偏差？具体如何处理?

4-5 桥面系主要有哪两种类型？各有什么特点?

4-6 联结系有哪几类？有哪几种图示？其各自的主要作用是什么?

4-7 简述钢桁梁节点设计的基本要求。

4-8 简述外贴式节点与整体式节点的构造要求有何异同。

4-9 简述外贴式节点板检算的主要内容。

4-10 钢桁梁什么情况下设置预拱度？理论预拱度值是如何确定的？简支钢桁梁预拱度一般是如何实现的?

第5章 钢箱梁桥

5.1 概 述

钢箱梁桥是指由薄壁连续板件形成闭口截面主梁的梁桥总称。它可由不同牌号的钢材组成，以达到充分利用材料性能的目的。与钢板梁桥类似，钢箱梁桥也是充分利用薄壁板件显著的面内抗弯剪性能将外荷载传递到支座，而钢箱梁桥性能优势集中体现在，无论是承受竖直荷载还是水平荷载，都能作为一个空间整体来抵抗外荷载，从而发挥各连续板件的面内力学性能，没有主、次要受力构件之分。钢板梁桥在承受竖直荷载时，认为平纵联和横联是次要受力部件，而承受水平荷载时，相比平纵联，板梁横向抗弯贡献可以忽略不计。很明显，钢板梁桥的平面结构单元，仅抵抗作用在平面内的外荷载。在外荷载向基础传递的过程中，可把位于不同平面的结构单元分割开来进行分析，即钢板梁桥可看成是各平面结构的集合体，忽略平面结构间微弱的力学协同作用。与此相反，钢箱梁桥在空间荷载作用下，各板件按空间组成分担作用力，使得在用钢量接近的前提下，钢箱梁桥相比钢板梁桥具有更大的跨越能力。

5.1.1 基本组成及受力特性

为满足使用功能(桥宽)和受力需要，钢箱梁桥可以采用单箱[图 5.1(a)、(c)、(f)]、双箱[图 5.1(b)、(d)、(e)，又称为并列钢箱梁桥]，甚至多箱主梁(目前已很少采用，可将上下行车道分幅建设，以简化截面形式)。从图 5.2(a)可以看出，钢箱梁的基本组成单元是上、下翼缘和两侧腹板。由这 4 块连续薄板形成的闭口截面来抵抗弯矩、剪力和扭矩。由于上述板件均使用薄板，当未加劲箱梁承受竖直荷载时，在集中荷载作用点附近的腹板处将发生压皱破坏，而承受较大面内压应力作用的上翼缘则出现局部屈曲，如图 5.2(b)所示。承受弯矩 M 作用的未加劲箱梁，由于薄板面外刚度较弱，容易在压应力作用下发生局部屈曲，导致横截面趋于扁平，引起截面抗弯惯性矩迅速下降，使得截面完全丧失抵抗能力发生弯折破坏，如图 5.2 (c)所示。当扭矩 T 作用时，未加劲箱梁横截面不能维持原始形状，如图 5.2(d)所示，这是由于板件面外刚度较弱引起。为了防止钢箱梁截面畸变，必须设置如图 5.2(e)所示的实体横隔板或者十分刚劲的横向框架或者横向支撑。为防止受压翼缘、腹板的局部屈曲，可设置如图 5.2(f)所示的纵向(顺桥向)和横向(垂直于桥轴线方向)加劲肋。图 5.2(g)表示由上翼缘(顶板)、下翼缘(底板)、腹板、横隔板、纵向与横向加劲肋组成的典型钢箱梁构造图。

对于多箱断面钢箱梁桥，当钢箱梁的横向间距较大时，需要设置箱间横梁或者横向联结系，促进钢箱梁协同工作，同时，可与纵梁形成桥面系梁格，支撑钢桥面板。

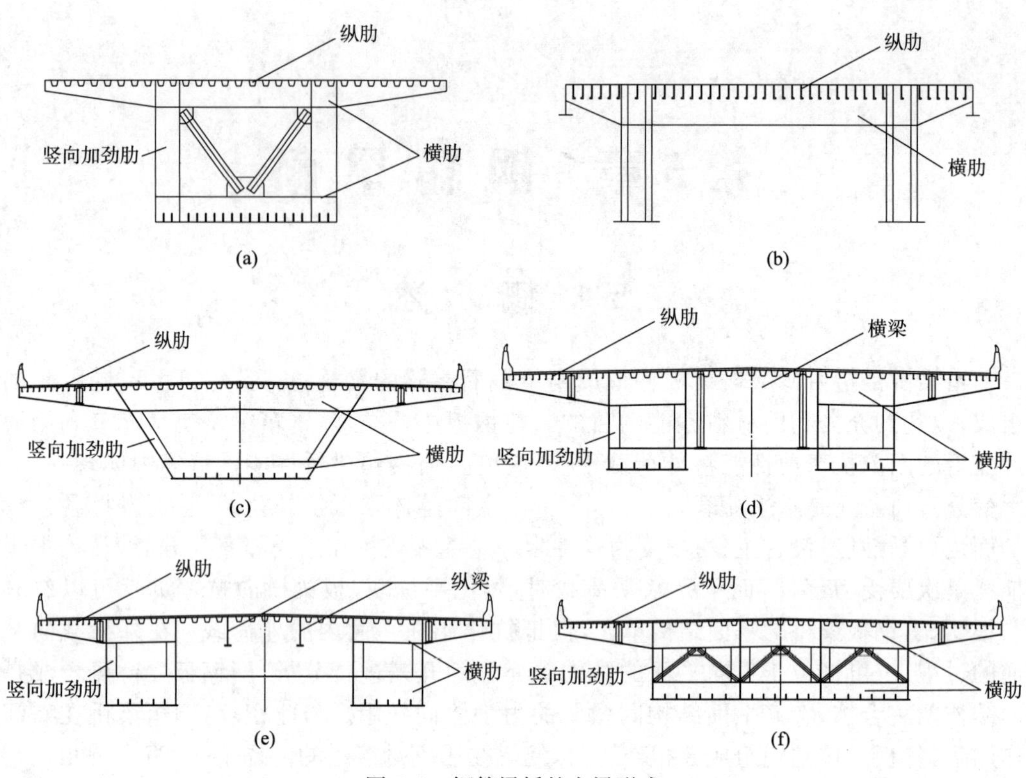

图 5.1　钢箱梁桥的主梁形式

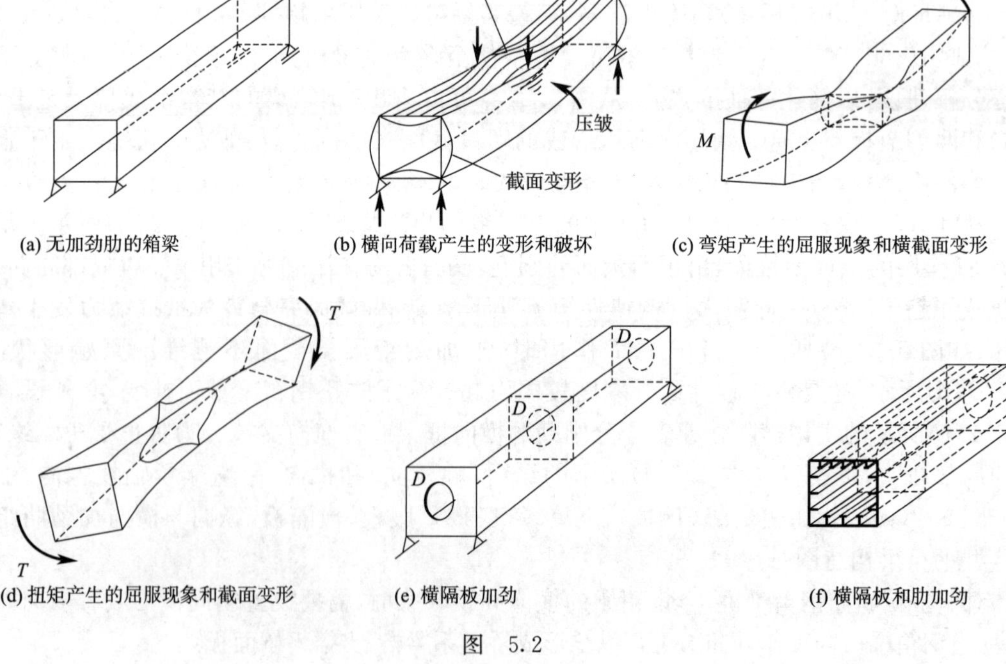

图　5.2

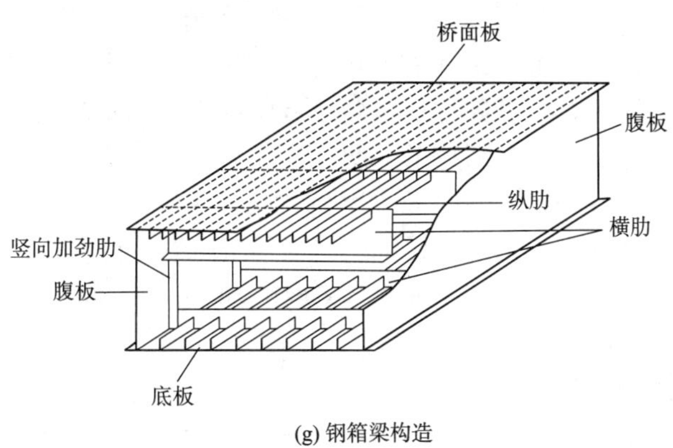

(g) 钢箱梁构造

图 5.2　钢箱梁的受力形态及构成

5.1.2　结构特点

钢箱梁使用十分广泛，不仅是钢箱梁桥和组合箱梁桥的主梁，还可作为大跨度桥梁(钢拱桥、斜拉桥和悬索桥)的加劲梁。这是因为钢箱梁具有以下结构优势：

(1)材尽其用，自重轻。钢箱梁通过空间效应来抵抗外荷载，能充分发挥各板件的力学性能。同时，随着上部结构自重减轻，桥梁下部结构的造价也会相应降低。

(2)翼缘宽度大，抗弯性能好。钢箱梁翼缘宽度比钢板梁大得多。即使采用较薄的翼缘板也能很好地抵抗双向弯曲应力。而钢板梁桥随着跨度增加，翼缘板需要加厚，或者采用高强钢材，从而增加构件连接难度。

(3)抗扭刚度大，适用于弯桥。钢箱梁桥闭口截面主梁自由扭转刚度与封闭区域面积的平方成正比，通过发挥各板件面内力学性能以及相对位置关系抵抗外扭矩，特别适用于弯桥和承受较大偏心荷载的直线桥。

(4)荷载横向分配好，受力合理。在偏心荷载作用下，单箱单室主梁两侧腹板正应力差异很小(左右腹板上荷载分配比为 0.53∶0.47)，当偏心荷载沿横向移动时，腹板上正应力几乎没有变化，如图 5.3(a)所示。在双主梁钢板梁桥中，当主梁间距较宽且横向联系较弱时，仅左侧腹板上作用有荷载时，右侧腹板应力很小，左右腹板上荷载分配比接近于 1∶0，如图 5.3(c)所示。双箱主梁截面由于相邻主梁间钢桥面板面外刚度较弱，左右箱室荷载分配比介于二者之间，如图 5.3(b)所示。因此，即使承受较大偏心荷载，钢箱梁桥的力学性能良好。

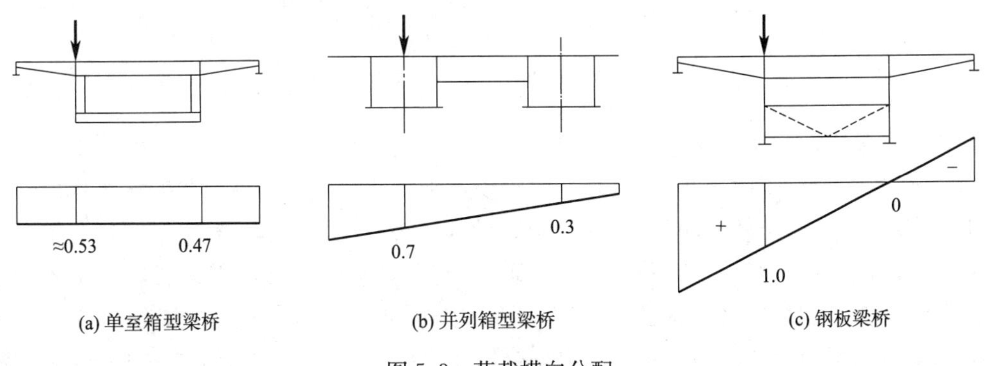

(a) 单室箱型梁桥　　(b) 并列箱型梁桥　　(c) 钢板梁桥

图 5.3　荷载横向分配

(5)安装快速,自动化程度高。近年来,我国钢箱梁制造技术得到了快速发展:板单元实现了机械化、自动化生产;钢箱梁节段实现了车间化、大型化制造,从而提高了制造效率和加工质量,也减少了工地连接螺栓数量。同时,钢箱梁大节段便于纵向拖拉或用顶推法架设,极大地简化了现场施工,提高了架设效率,缩短了工期。

(6)功能多样,适应性好。箱梁内部可作为桥梁维修管理通道,不需要脚手架即可进行内部观察、涂装和修补作业。同时,电缆、水管、燃气管等附属设备很容易在箱梁内部通过。

(7)整体密闭,抗锈蚀能力强。箱梁内部是密封的,可切断外部水汽、氯离子、硫化物、氢氧化物等电解质,有利于防腐蚀并延长涂装寿命。

(8)外观轻巧、线条流畅。加劲肋、横隔板、横梁全部设置在箱内,箱梁外部非常平滑,显得轻巧美观。特别是大跨度桥梁钢箱主梁,具有扁平流线型外观,还能取得更好的抗风效果。同时,维修管理、涂装作业都很容易,灰尘难以滞留。

5.2 钢箱梁桥总体布置

5.2.1 立面布置

钢箱梁为薄壁结构,桥梁自重轻,跨径选择上应力求满足刚度要求,同时兼顾边中跨比例协调、施工设备现状和边墩支座不出现负反力。因此,钢箱梁桥的跨径布置弹性很大,根据我国已建成连续钢箱梁桥设计资料统计分析,边中跨比分布在 0.5～1.0 的较大范围,主要集中在 0.6～0.8 区间,这与德国及日本部分连续钢箱梁桥统计结果(边中跨比多在0.45～0.8 范围内)较接近,如图 5.4 所示。

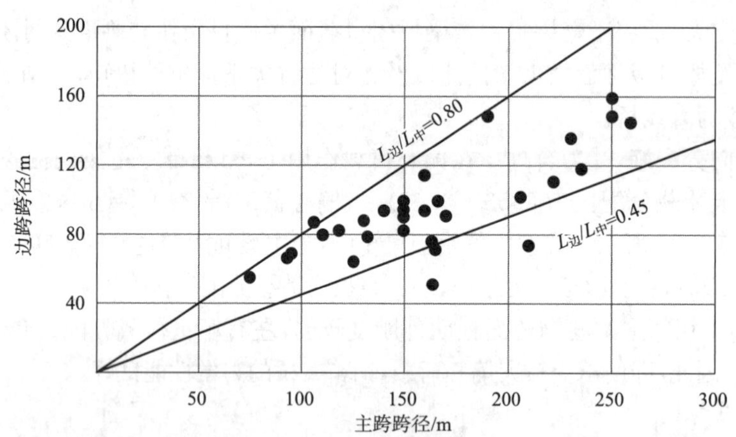

图 5.4 德国及日本部分连续钢箱梁桥的边中跨比

钢箱梁桥采用双主梁或多主梁时,沿桥梁纵向以一定间距设置了横向联结系,把各个主梁连接成整体,使得荷载横向分布更均匀,同时承受水平荷载与偏心荷载引起的扭矩作用。为了方便工厂模块化制造,全桥横向联结系的间距应尽可能相等。因此,钢箱梁桥跨径布置时应该尽可能保持跨度与横向联结系间距的倍数关系,特别是具有桥面支承横梁及加劲撑的大悬臂横断面钢箱梁桥,这对改善桥面板横向受力以及增强桥梁的美学效果尤为重要。

钢箱梁桥的截面抗弯能力决定了其更适合做成连续梁,增强跨越能力。采用连续梁桥时,钢箱梁可等高或变高度布置。等高度连续钢箱梁便于工厂化制造、运输与安装,适合顶推法施工,等高梁桥式布置如图 5.5(a)所示。

连续钢箱梁桥各跨均变高的结构形式也是常用的桥梁布置方式,梁底的变化曲线可以是抛物线或圆曲线,也可以是三次曲线或者直线。变高梁桥式布置如图 5.5(b)所示。

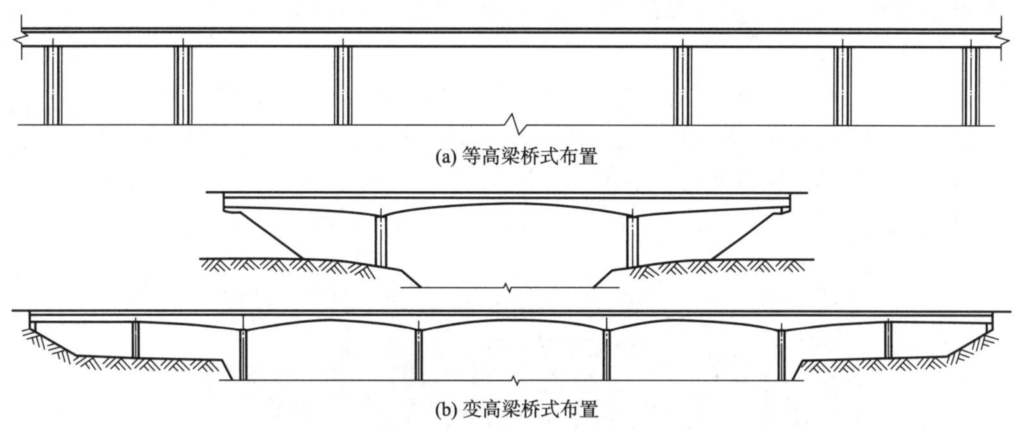

图 5.5　连续钢箱梁桥梁高布置示意图

钢箱梁桥的梁高与结构体系、跨径布置、横截面形式及施工方法等因素相关,图 5.6 给出了日本部分简支及等高连续钢箱梁桥梁高与跨径比。大量工程实例表明:简支梁梁高一般取为跨径的 1/25～1/20,单箱连续钢箱梁桥高跨比可按表 5.1 选取。

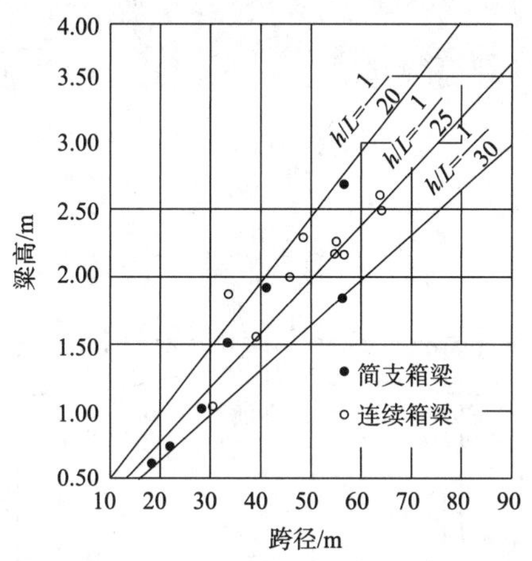

图 5.6　日本钢箱梁桥高跨比取值

表 5.1　单箱连续钢箱梁桥高跨比

等高度梁	变高度梁	
	中支点	跨　中
1/30～1/20	1/30～1/20	1/80～1/30

梁高的变化尽管会导致制造和安装的复杂化,但有利于同时满足结构受力、净空和建筑高度限制以及美观要求。除非特殊情况,变高梁不会采用顶推的施工方法。因此,在不适合顶推施工的条件下,大跨度连续钢箱梁桥采用变高梁的结构形式,可以有效减小钢材用量,降低总体造价。

5.2.2　横断面布置

1)主梁布置

根据主梁截面布置,可分为单箱单室(多室)和双箱(多箱)单室。

(1) 单箱单室(多室)

桥宽较小时(通常桥宽在三车道以内),可以采用单箱结构。当桥宽与跨径之比小于 1/8 时(考虑剪力滞折减不多),采用单箱结构形式较经济。例如,2011 年年底建成通车的崇启大桥是我国第一座大跨径变截面连续钢箱梁公路桥,跨径布置为 102 m+4×185 m+102 m,该桥采用单箱截面主梁,单幅桥梁宽度 16.1 m,钢箱梁宽 7.5 m,如图 5.7 所示。

(a) 桥跨结构

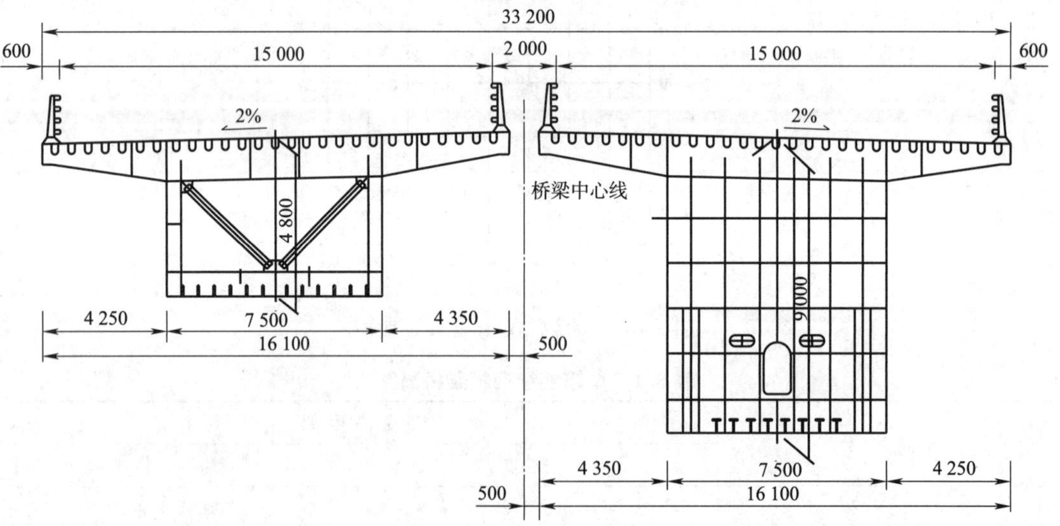

(b) 横截面(单位：mm)

图 5.7　崇启大桥

随着桥宽的增加，箱室两侧需要设置较大的悬臂，为了改善钢桥面板横向受力，可设置横肋及斜撑支撑桥面板悬臂部分(图 5.8)。或者采用倒梯形单箱，在满足桥面板受力要求的前提下，可以有效减小单箱主梁下翼缘宽度，从而减小桥墩及基础尺寸。也可以采用单箱多室的截面形式，中间腹板既能起到支撑钢桥面板的作用，也能避免单箱上、下翼缘宽度过度折减。然而，中间腹板对箱梁的扭转刚度贡献不大，且会增加钢材用量。出于有效利用顶、底板和降低用钢量考虑，单个箱室宽度不宜大于 6 m，不宜小于 3 m，小跨径桥梁箱室宽度可以小一些，大跨径桥梁箱室宽度稍大一些。采用单箱多室结构，既便于纵、横向分段分块后制作及运输，也有助于提升桥梁景观效果。

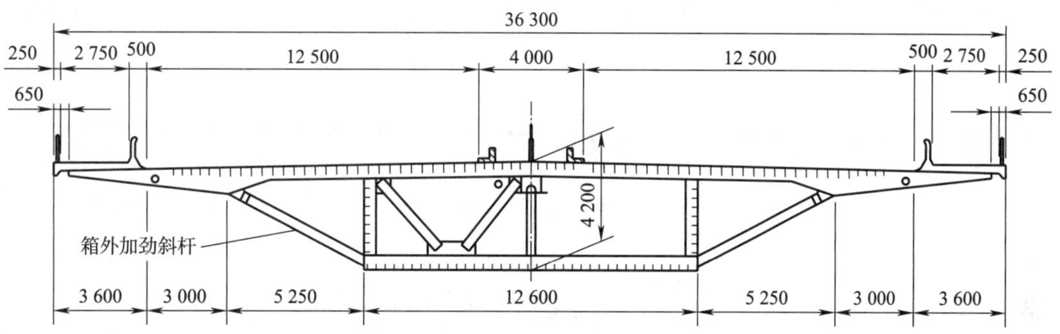

图 5.8　波恩北桥钢箱加劲梁(单位：mm)

(2) 双箱(多箱)单室

桥宽较大时，或者单箱结构尺寸过大，在制作、运输、安装与架设中有困难时，或者单箱有效宽度很小(剪力滞折减过多)时，采用双箱或多箱结构较为合理。目前世界跨度最大的连续钢箱梁桥是 1974 年巴西建成的里约—尼泰罗伊(Rio-Niterói)桥，主桥跨径布置为 200 m+300 m+200 m，桥梁全宽 25.9 m，采用双箱截面主梁，单箱宽 6.86 m，如图 5.9 所示。

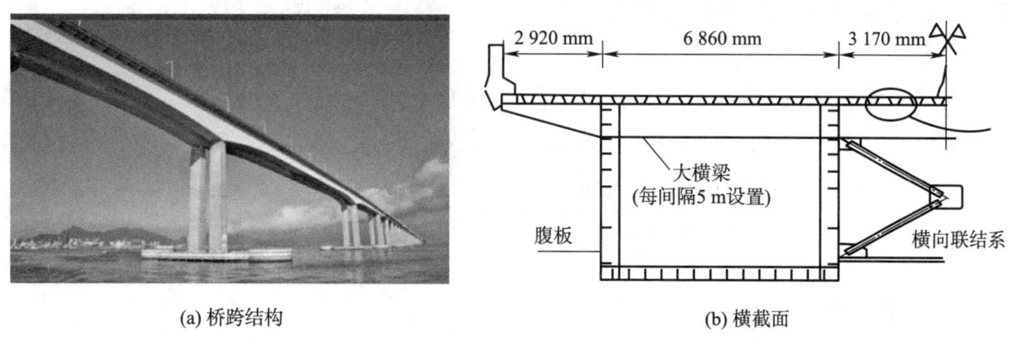

(a) 桥跨结构　(b) 横截面

图 5.9　Rio-Niterói 桥

多箱钢主梁桥的各箱室构造与双箱梁桥基本相同，只是多箱结构用钢量较大。为使各主梁受力均匀、改善桥面板的受力，主梁间需要设置横向联结系，且尽可能等间距布置。相比单箱多室结构，多箱钢主梁桥运输方便，吊装时箱室整体性、稳定性好，易于标准化、装配化施工。

2)横坡设置

钢箱梁桥横断面通常设有横坡，除非很窄的桥梁，桥面横坡一般都是通过结构来调整，而不是由桥面铺装的变厚度来调整。

当桥面为双向横坡时，箱梁底板为水平设置，而腹板和顶板两侧对称，通过调整顶板坡度实现横坡设置，如图 5.10 (a)所示。当桥面为单向横坡时，可以采用不同的设置方式：

(1) 截面整体斜置

结构具有对称的顶、底板和等高的腹板，结构可以水平制造，只需在成桥时旋转斜置，如图 5.10 (b)所示。对于桥面横坡较小的情况，只要辅助必备的抗扭构造。特殊情况下需要较大的桥面横坡时(通常指横坡超过 2.5%)，在安装斜置时需要采取保障措施。

(2) 非对称断面布置

可将箱梁横截面设计为底板水平、顶板与桥面同坡度、两侧腹板不等高的非对称箱形断面，如图 5.10(c)所示。这种箱梁断面的处理方式降低了安装难度，但设计时必须考虑腹板高度不同的影响，必要时两侧腹板采用不同的加劲构造。

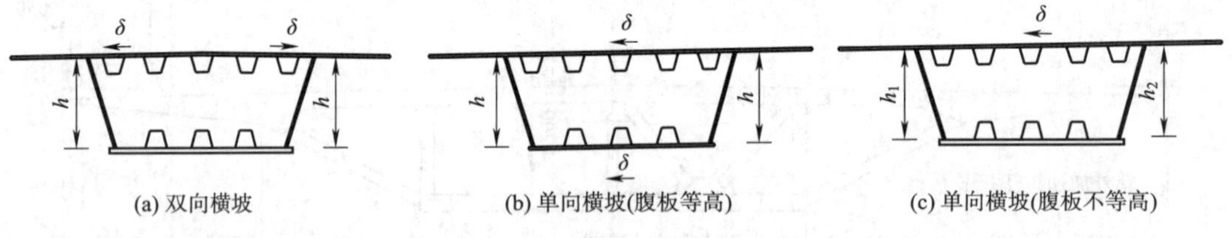

(a) 双向横坡　　(b) 单向横坡(腹板等高)　　(c) 单向横坡(腹板不等高)

图 5.10　不同横坡下的钢箱梁断面

3)桥面系设置

当采用双箱或多箱结构钢主梁时，为了提升桥梁受力整体性、改善钢桥面板受力，通常设置桥面系。桥面系由具有固定间距的纵、横梁组成。

(1) 横梁

当采用双箱或多箱结构钢主梁时，通常在主梁间设置中间横梁，达到确保钢箱梁桥各主梁受力均匀以及支承钢桥面板的目的。支承处应该设置端横梁来抵抗水平荷载和横向偏心荷载的扭转作用，同时能有效地分散支点反力，图 5.1 (d)给出了箱间横梁布置。

(2) 纵梁

当主梁间距较大时，为了提高钢桥面板的刚度，钢箱之间可设置纵梁，如图 5.1(e)所示。纵梁直接承受桥面荷载，再通过横梁传递给主梁。当横梁间距较小时，可以不设纵梁。

5.3　钢箱梁桥结构构造

5.3.1　钢桥面构造

钢桥面板是指由桥面盖板连同焊接于盖板下沿纵、横向布置的加劲肋所组成的共同承受桥面荷载的结构。一般纵肋截面尺寸较小、布置较密，而横肋截面尺寸较大、布置较疏。由于钢桥面板刚度在互相垂直的方向上不同，受力特性表现为各向异性。因此，钢桥面又称为正交异性钢桥面，如图 5.11 所示。

正交异性钢桥面板具有钢材利用率高、自重轻、承载能力大、建筑高度小等优点。由于结构性能优异且能节省材料，获得广泛应用。正交异性钢桥面板由轻质钢构件组成，局部刚度小，且构件一般采用焊接连接，如果构造细节处理不当，易出现内部疲劳裂纹并引起桥面铺装层的破坏。因此，应重点关注正交异性钢桥面构造细节。

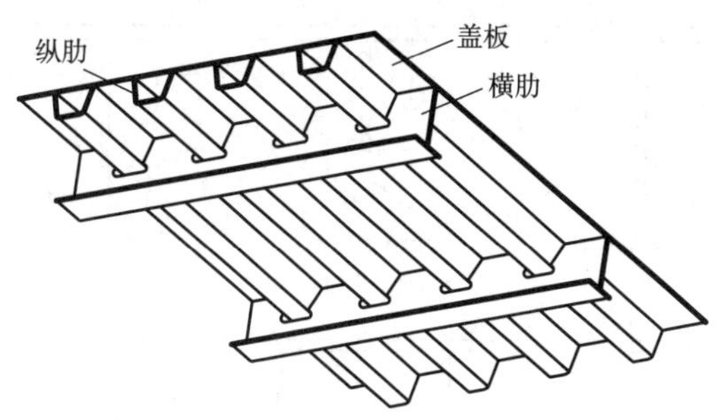

图 5.11　正交异性钢桥面板结构示意图

1)盖板

正交异性钢桥面板也是钢箱主梁的顶板,作为主梁的一部分承受外荷载。然而,从满足强度角度考虑,盖板只需 5～6 mm,但由于薄钢板刚度过小,在车辆集中轮压荷载下会产生过大的局部变形,且集中力作用位置附近出现局部应力高峰。考虑车轮的反复碾轧,若采用过薄盖板,则正交异性钢桥面板将出现疲劳裂纹和桥面铺装损坏。为了满足钢桥面板局部承载要求,桥面板应具有足够的刚度。《公路钢结构桥梁设计规范》(JTG D64—2015)规定:行车道部分的钢桥面板盖板厚度不应小于 14 mm,人行道部分的钢桥面板盖板厚度不应小于 10 mm。在车辆荷载作用下,盖板的挠跨比 D/L 不应大于 1/700,如图 5.12 所示。

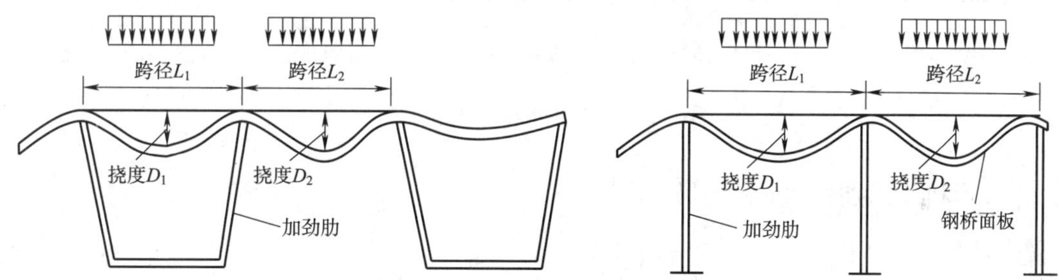

图 5.12　正交异性桥面板的挠跨比

2)加劲肋

钢桥面板加劲肋截面形式可分为开口式和闭口式两种,开口式可采用平钢板、正/偏球头钢板、不等边角钢和倒 T 形截面,如图 5.13(a)所示;闭口式则包括倒梯形、U 形和 V 形,如图 5.13(b)所示。开口肋构造简单,便于工厂制造和工地连接;闭口肋则具有较大的抗弯和抗扭刚度,受力性能好,且目前工厂已具备自动生产倒梯形闭口肋(又称为 U 肋,而 U 形肋因工地连接困难,已较少使用)的设备。正交异性钢桥面板纵向加劲肋宜采用闭口加劲肋。横向加劲肋一般采用倒 T 形截面形式,其间距是纵肋的跨径。

(1)加劲肋截面尺寸

加劲肋的最小板厚不应小于 8 mm。为避免加劲肋分担加劲板压力时发生局部失稳,加劲肋截面尺寸(图 5.14)应满足如下宽厚比要求。

①平钢板的宽厚比应满足

$$\frac{h_s}{t_s} \leqslant 12\sqrt{\frac{345}{f_y}} \tag{5.1}$$

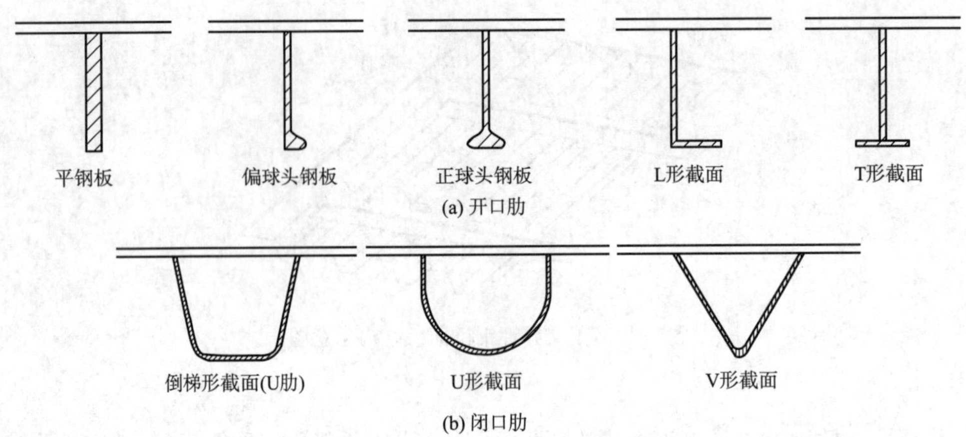

图 5.13 钢桥面板加劲肋截面的基本形式

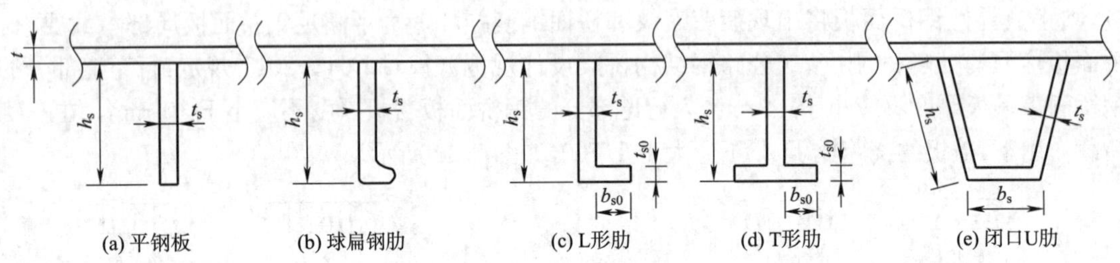

图 5.14 加劲肋截面尺寸符号

②L 形和 T 形加劲肋的截面尺寸应满足

$$\frac{b_{s0}}{t_{s0}} \leqslant 12\sqrt{\frac{345}{f_y}},\quad \frac{h_s}{t_s} \leqslant 30\sqrt{\frac{345}{f_y}} \tag{5.2}$$

③球扁钢加劲肋的截面尺寸应满足

$$\frac{h_s}{t_s} \leqslant 18\sqrt{\frac{345}{f_y}} \tag{5.3}$$

④闭口加劲肋的截面尺寸应满足

$$\frac{b_s}{t_s} \leqslant 30\sqrt{\frac{345}{f_y}},\quad \frac{h_s}{t_s} \leqslant 40\sqrt{\frac{345}{f_y}} \tag{5.4}$$

当纵向加劲肋采用闭口 U 肋时，为了避免 U 肋与盖板间过大的刚度差，改善加劲板应力集中程度，其截面尺寸(图 5.15)还应满足式(5.5)的要求：

$$\frac{t_r a^3}{t_f^3 h'} \leqslant 400 \tag{5.5}$$

(2)加劲肋间距

纵肋宜等间距布置；不得已时，最大间距不宜超过最小间距的 1.2 倍。纵肋间距显然不宜过大，否则在集中轮载作用下盖板可能发生局部失稳，同时盖板发生过大变形，从而影响桥面铺装的使用寿命。但是，纵肋的间距也不宜过小，间距太小不便于桥面板的制作与安装。通常，开口纵肋的间距为 300～400 mm，闭口纵肋的间距为 600～850 mm。

由于开口纵肋抵抗局部失稳的能力比闭口纵肋小，当采用开口纵肋时，横肋间距通常不大于 3 m；当采用闭口纵肋时，横肋间距通常不大于 4 m。

3）钢桥面板连接

钢桥面板连接分为工厂连接和工地连接。工厂连接是把盖板、纵肋和横肋连接成具有较大刚度的整体桥面板。因此，盖板和纵、横肋连接主要承受水平剪切应力，可以采用角焊缝连接。开口纵肋与桥面板之间一般采用双面角焊缝连接。由于闭口纵肋与桥面板在内侧施焊存在难以焊透的问题，较易引发角焊缝纵向疲劳裂纹以及桥面板贯通疲劳裂纹，如图 5.16 所示。为了改善钢桥面板与纵肋焊缝疲劳性能，可以采用近似全熔透焊缝代替角焊缝，但对施焊质量有较高要求，如图 5.17 所示。闭口纵肋与顶板焊接熔透深度不得小于纵肋厚度的 80%，焊缝有效喉高不得小于纵肋的厚度。

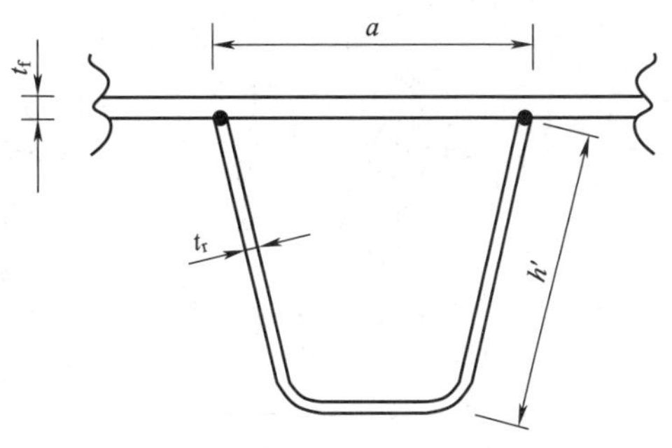

图 5.15　钢桥面板闭口纵肋截面形式

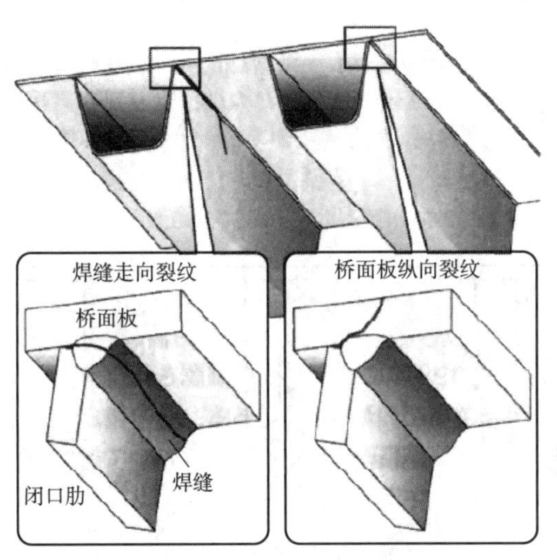

图 5.16　钢桥面板与纵肋连接角焊缝疲劳开裂

图 5.17　钢桥面板与纵肋熔透焊缝

钢桥面作为主梁的一部分，纵肋与盖板参与主梁共同受力，承受主梁的正应力和剪应力，通常要求纵肋具有较好的连续性。因此，当纵肋与横肋或横隔板交叉连接时，将横肋或横隔板开孔处理从而使纵肋连续通过，不同形式纵肋通过横肋的构造形式如图 5.18 所示。为了避免盖板与纵向 U 肋的焊缝与盖板与横肋腹板的焊缝发生交汇，通常在横肋腹板顶部角落设置过焊孔，由于此处直接承受轮载，局部变形严重，必须减小焊孔尺寸，但这导致不能绕焊，又产生了起、落弧薄弱环节，反而容易出现疲劳裂纹。因此，纵肋应连续通过横肋或横隔板，加劲肋与顶板焊缝的过焊孔宜采用堆焊填实。

图 5.19 所示为正交异性钢桥面板纵肋和横肋交叉处常用的连接方式。对于开口纵肋，图 5.19(a)适用于受拉区的纵横肋交叉连接，纵肋和横肋不连接，避免产生焊接残余应力和应力集中，减少焊接对纵肋疲劳的影响，这种形式构造简单，便于制作与安装。对于受压区则一般采用图 5.19(b)的连接形式，纵肋单侧与横肋腹板用角焊缝连接，可为防止纵肋屈曲提供有效支撑。对于闭口纵肋，一般采用图 5.19(c)的连接形式，闭口肋腹板焊接到横肋上，而底部

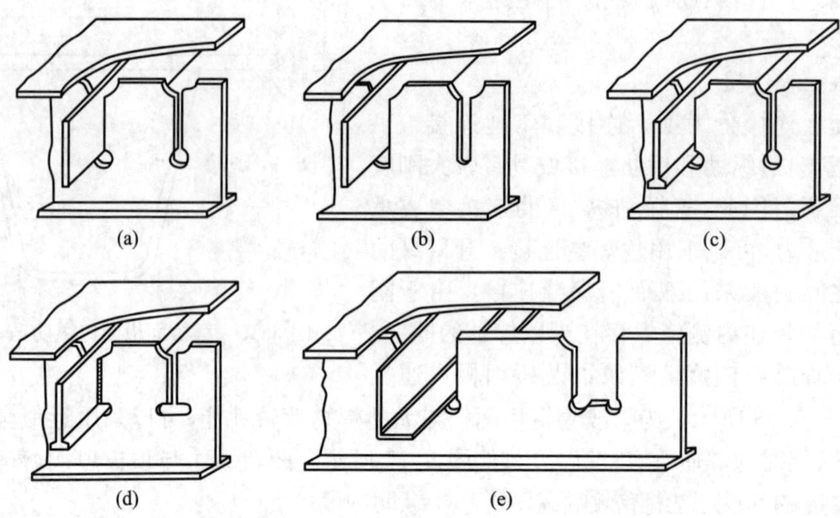

图 5.18 钢桥面板纵肋与横肋交叉处构造

为了避免区域疲劳裂纹，横肋的腹板切口必须足够大，从而容许焊缝折回，避免起落弧对焊缝质量的影响，且要有光滑的线形以减少应力集中。

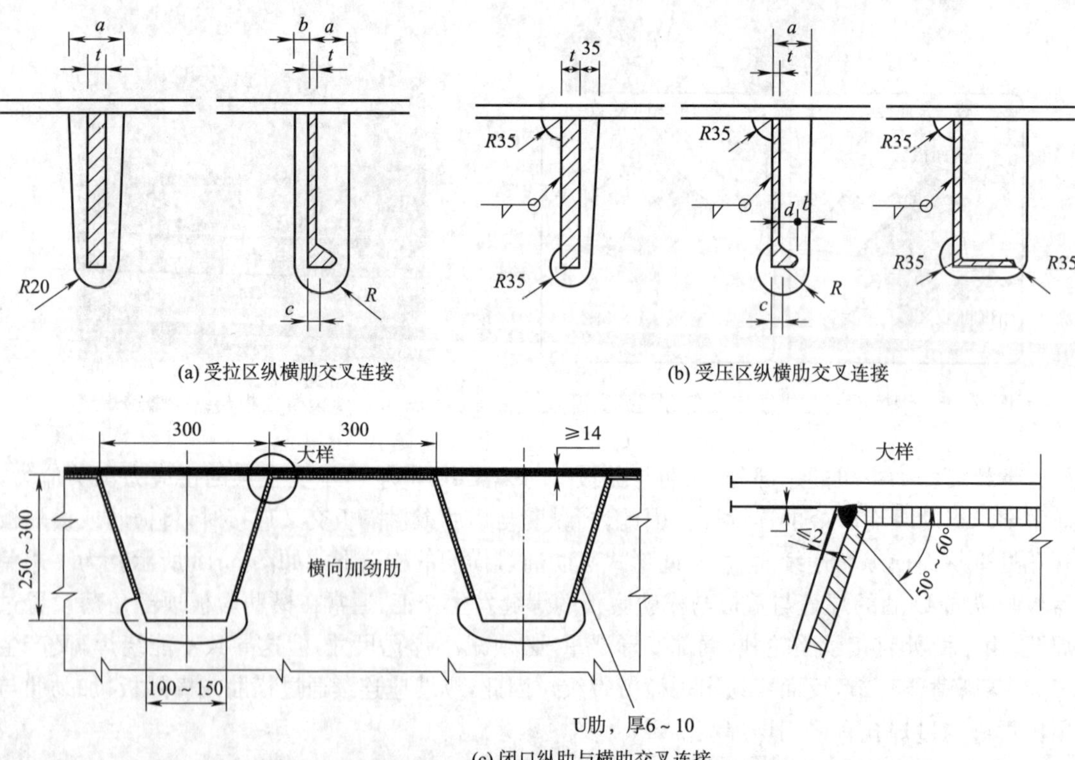

图 5.19 钢桥面板纵肋与横肋交叉连接构造(单位：mm)

图 5.20 所示为常用的开口纵肋工地连接构造，图 5.20(a)、(b)所示盖板和纵肋均采用螺栓连接，主要目的是改善现场焊接质量不易保证以及焊缝带来的疲劳开裂问题，如图 5.21 所

示。一般钢桥面板铺装层只有 5～7 cm，螺栓出头会使桥面铺装的刚度不均匀，容易破坏铺装层，盖板工地连接采用焊缝方式较多；图 5.20(c)、(d)所示盖板和纵肋均采用工地焊接，其中，图 5.20(c)为纵肋只设一道焊缝，焊缝连接处的误差调整相当困难，图 5.20(d)为纵肋设置两道焊缝，焊缝连接处的误差调整较容易，但工地焊接工作量会增加；图 5.20(e)、(f)所示盖板采用焊接，纵肋采用螺栓连接，其中，图 5.20(e)对接缝进行了加强，图 5.20 (f)的连接构造简单，是较为常用的连接方法，但应保证连接处的强度和刚度。

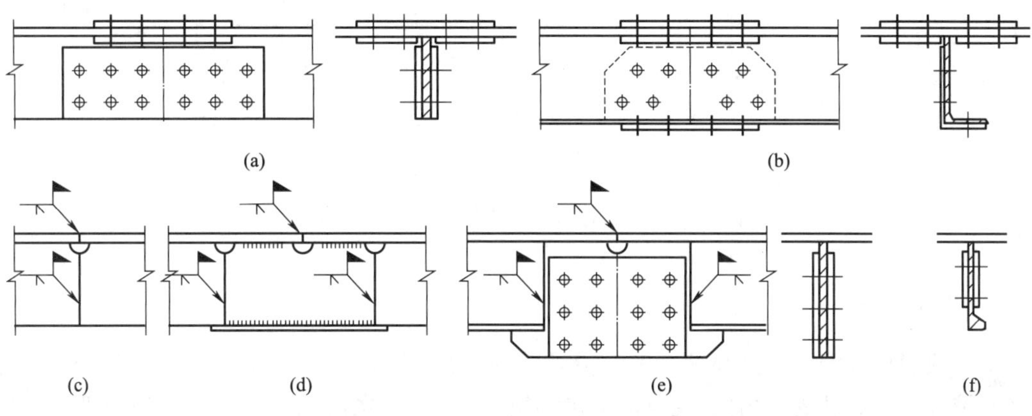

图 5.20　钢桥面板开口纵肋的工地连接构造

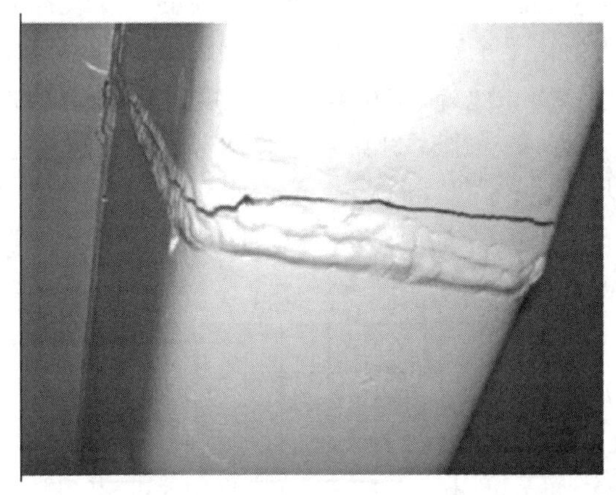

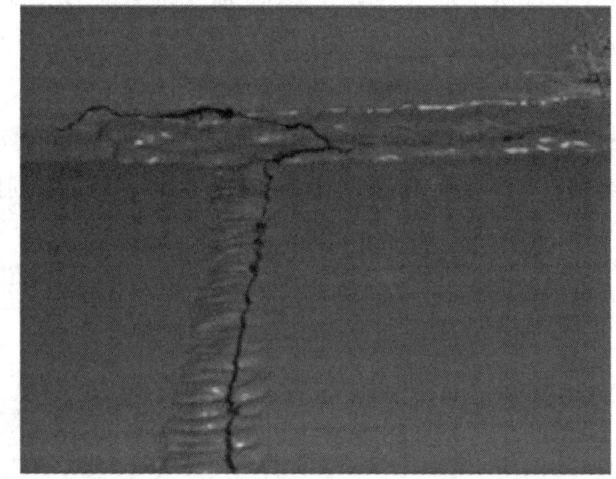

图 5.21　纵肋接长焊缝降低疲劳性能

图 5.22 所示为常用的闭口纵肋工地连接构造，图 5.22(a)、(b)所示盖板和纵肋均采用工地焊接，其中，图 5.22(a)纵肋接缝处夹一块厚钢板，可通过调整钢板的厚度来调整接缝处的施工误差；图 5.22(b)的盖板设置两道焊缝，先焊接纵肋然后焊盖板；图 5.22(c)先焊接盖板然后焊接一段连接用的纵肋。图 5.22(b)、(c)所示接缝处的误差容易调整，但工地焊接工作量较大。图 5.22(d)所示盖板和纵肋均采用螺栓连接，图 5.22 (e)所示盖板采用焊接而纵肋采用螺栓连接，这两种方法均需在纵肋下缘设置施拧螺栓的工作孔。为了确保连接处强度和刚度，可以加厚接缝处纵肋腹板。此外，闭口肋必须完全封闭，需要在邻近螺栓连接处使用密封板。

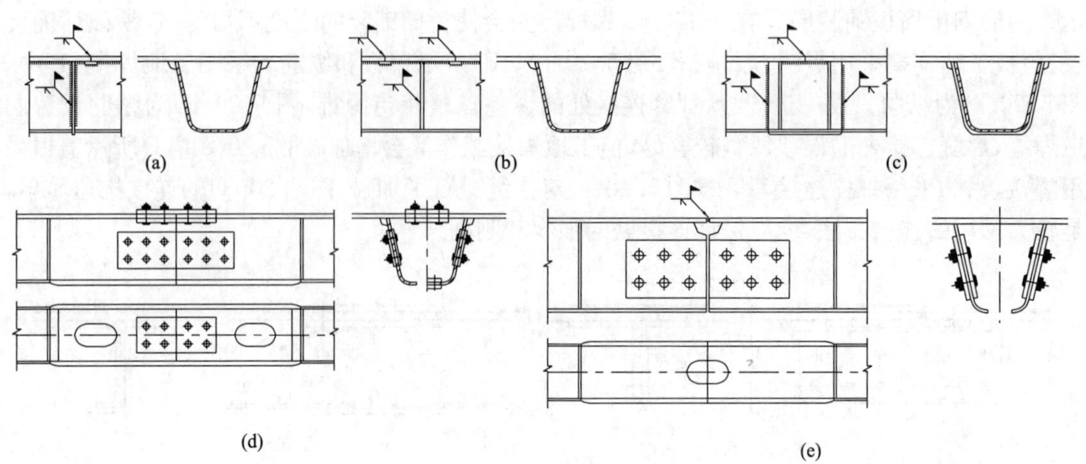

图 5.22 钢桥面板闭口纵肋的工地连接构造

5.3.2 主梁构造

主梁截面尺寸的确定必须综合考虑箱梁受力合理、用料经济,同时兼顾制作、运输、安装及维修养护等因素。从受力角度,主梁的高度与宽度之比(高宽比)很大时,侧向稳定性差,高宽比过大或过小都会使截面畸变和翘曲影响增大。为减小箱梁翼板剪力滞效应,提高材料利用率,也必须限制主梁顶底板和悬臂部分宽度,通常主梁腹板间距不大于等效跨径的 1/5 或者主梁的悬臂长度不大于等效跨径的 1/10 时,可以认为箱梁全宽有效(注:简支梁的等效跨径与其计算跨径一致,连续梁的等效跨径为反弯点间的距离)。此外,主梁高度及宽度还应保证人员和设备比较方便地进入箱内完成焊接、检查与防腐处理。图 5.23 统计了日本部分钢箱梁桥主梁高度与宽度,高宽比多数在 0.5~2.0 的范围内。

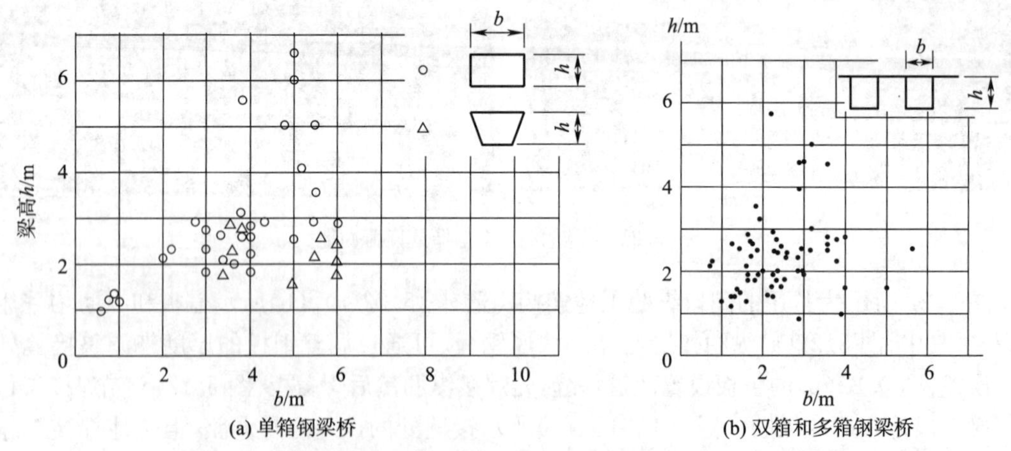

图 5.23 日本部分钢箱梁桥主梁截面尺寸

钢箱主梁的典型特征是围成封闭截面的各板件厚度与其宽度和高度的比值都非常小,是典型闭口薄壁结构,必须有一定数量的加劲构件确保其受力性能。下面介绍翼缘板、腹板、横隔板等设计的基本要求。

1)翼缘板

钢箱主梁的翼缘宽度分布可以从窄箱的 1 m 左右到宽箱的数米，悬臂部分宽度也根据钢箱梁桥截面形式不同出现较大幅度变化。

当腹板间距大于顶板厚度的 80 倍时，翼缘板必须设置纵肋。当箱梁悬臂部分受压时，倘若其宽度大于厚度的 12 倍，或者当悬臂部分受拉时，倘若其宽度大于厚度的 16 倍，钢箱梁悬臂部分应设加劲肋。受压翼缘纵肋间距应小于顶板厚度的 40 倍，应力很小和由构造控制设计时可放宽到80 倍。受拉翼缘纵肋间距应小于翼缘板厚的 80 倍。为了保证加劲肋的加劲效果，钢箱梁翼缘加劲肋宜按刚性加劲肋设计，由于钢箱主梁上翼缘是正交异性钢桥面板一部分，其加劲构造细节见 5.3.1 小节论述，本小节仅讨论下翼缘(底板)的加劲构造。

钢箱主梁底板通常是等宽的，也可根据支座布置需要，在桥梁支点处对底板局部加宽。底板宽度通常比腹板在下翼缘的间距略大一些，便于与腹板焊连，如图 5.24 所示。

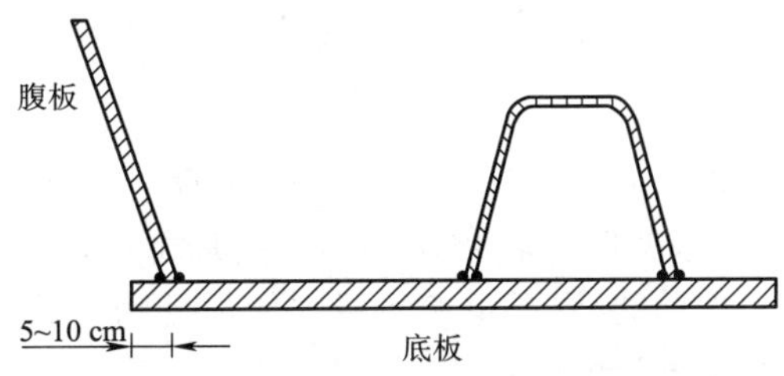

图 5.24　钢箱主梁底板与腹板连接

结合抗弯设计和节省钢料考虑，钢梁底板的板厚沿纵向通常是变化的，如图 5.25 所示，底板可以向箱内或向箱外变化厚度，前者施工方便且美观，后者可以使腹板以及横隔板的尺寸标准化。对于底板很宽、跨径较小的钢箱梁桥，受剪力滞效应的影响，底板中间区域应力远小于靠近腹板区域。底板可以选择两端为厚板、中间为薄板的构造，以充分利用材料。

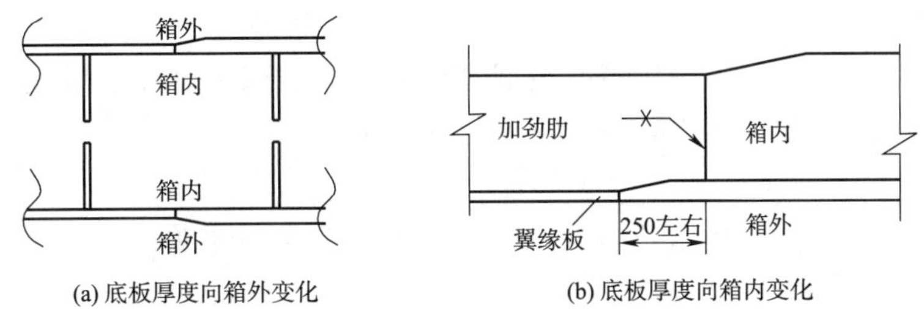

图 5.25　钢箱主梁底板变厚度构造(单位:mm)

底板纵肋与钢桥面板纵肋一样为连续设置，不仅在受压区起到防止底板失稳的作用，而且也在截面中发挥抗弯作用。对于小跨径钢箱梁，主梁底板可采用开口纵肋，中心间距为 0.4～0.5 m，如图 5.26(a)所示。对于中等跨径及以上钢箱梁，由于开口肋的惯性矩难以满足要求，底板纵肋则采用 U 肋，中心间距为 0.8～1.0 m，如图 5.26(b)所示。底板纵肋间距比钢桥面板纵肋间距略大。

对于曲线钢箱梁，底板很少采用 U 肋加劲，这是因为 U 肋具有较大的横向惯性矩，难以在弯曲后保持与主梁腹板平行，而曲线形式的开口纵肋施工相对简便。

底板纵肋截面尺寸需满足自身刚度要求[式(5.1)～式(5.4)]，其数量和位置还需考虑制

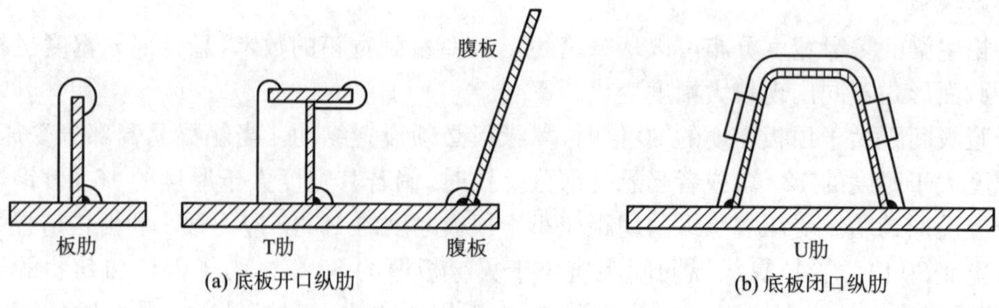

图 5.26 钢箱主梁底板纵肋

造、运输条件。当钢箱梁全截面运输时，底板纵肋数量可以是奇数或者偶数。当钢箱梁截面分两半运输时，加劲肋个数应为偶数，以避免在底板纵向焊缝处有加劲肋。

底板横肋是箱内横向联结系的一部分，主要满足横向受力需要、与纵肋共同防止底板发生压屈失稳。底板横肋与钢桥面板横肋均采用 T 形截面。

2)腹板

钢箱主梁腹板与钢板梁腹板的受力状态基本一致，构造基本相同。腹板满足强度设计要求的板厚较小，为防止腹板在弯剪应力联合作用下发生局部屈曲，需要设置一定数量的水平(纵向)加劲肋和竖向(横向)加劲肋，只是钢箱主梁腹板加劲肋仅设在内侧。腹板加劲肋位置及设计要求可参照第三章中钢板梁的腹板构造。

3)横隔板

钢箱主梁的横隔板分为跨间横隔板和支点横隔板，其作用是限制钢箱主梁的畸变和横向弯曲变形，为箱梁封闭周边板件提供弹性支承，防止板件发生屈曲，支点横隔板还将起到传递扭矩和分散支座反力的作用，受到比跨间横隔板更大的力。因此，跨间和支点横隔板的构造形式是不同的，但均需具有一定的刚度。横隔板对钢箱主梁整体约束刚度与其纵向间距和构造形式紧密相关。

(1) 横隔板间距

对跨径不大于 100 m 的普通钢箱梁，横隔板间距 L_D满足以下要求时，在偏心活载作用下，箱梁的翘曲应力与容许应力的比值在 0.02～0.06 之间。

$$\begin{aligned} &L_D \leqslant 6\ \text{m}, \quad (L \leqslant 50\ \text{m}) \\ &L_D \leqslant 0.14L-1 \text{ 且 } \leqslant 20\ \text{m}, \quad (L>50\ \text{m}) \end{aligned} \tag{5.6}$$

式中 L——桥梁等效跨径(m)。

(2) 跨间横隔板的构造形式

跨间横隔板根据挖空比率 ρ 的大小(图 5.27)分为实腹式、框架式和桁架式。挖空比率 ρ 定义为

$$\rho=\sqrt{\frac{A'}{A}}=\sqrt{\frac{bh}{BH}} \tag{5.7}$$

当 $\rho\leqslant 0.4$ 时，横隔板可视为实腹式，主要承受剪应力作用，如图 5.28 (a)所示；当 $\rho\geqslant 0.8$ 时，横隔板可视为桁架式，可简化为仅受轴力的杆件，如图 5.28 (c)所示；当 $0.4<\rho<0.8$ 时，横隔板受力性质介于实腹式和桁架式之间，视为框架处理，主要承受轴力和弯矩，如图 5.28 (b)所示。

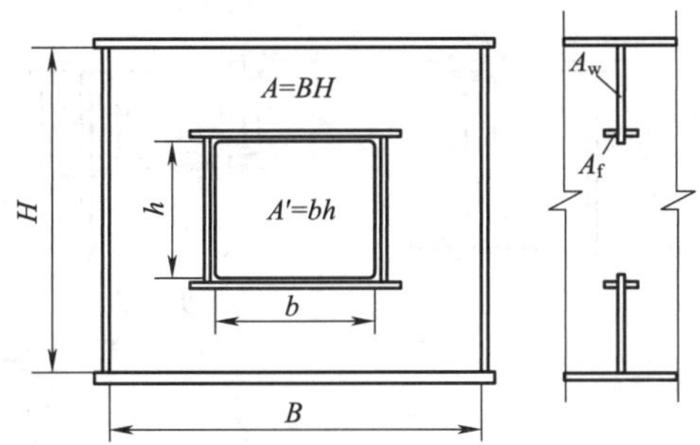

图 5.27　跨间横隔板挖空率

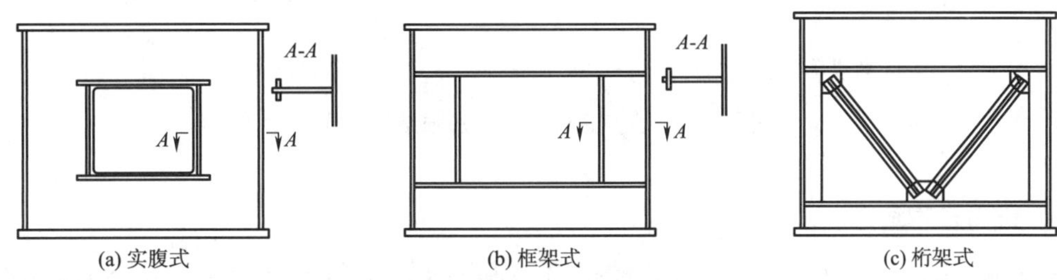

图 5.28　跨间横隔板构造形式

实腹式跨间横隔板适用于尺寸较小的主梁，制作简单，应用最广。当主梁尺寸较大时，实腹式横隔板用钢量大，导致结构自重增加。因此，此时采用桁架式或框架式横隔板可以减轻自重。

为便于钢箱主梁的制作与维护，通常箱梁跨间横隔板设置人孔。人孔宽度不宜小于 400 mm，高度不宜小于 600 mm。图 5.29(a)为加劲肋式结构，在开口周边焊接加劲肋；图 5.29(b)为包边式结构，在开口边缘翼缘形成 T 形截面。其中，加劲肋式结构简单，加工制作方便，是实腹式横隔板采用最多的结构形式。包边式结构焊接时焊接变形大，加工制作困难，故主要用于框架式横隔板。

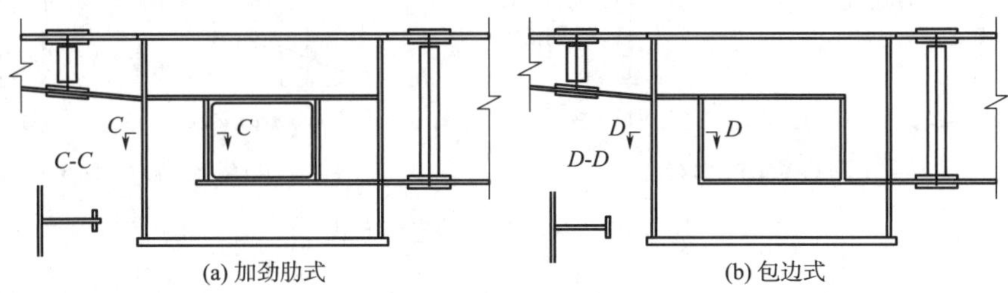

图 5.29　跨间横隔板开口加强结构形式

(3) 支点横隔板的构造形式

支点横隔板多数采用实腹式横隔板，目的是满足承受支点反力与有效传递扭矩的需要。支点横隔板厚度大于跨间横隔板，一般控制在 50 mm 以内，在放置支座和千斤顶的位置应成对设置支承加劲肋，以满足局部承压要求。横隔板以及加劲肋与底板的焊缝应完全熔透。实腹式支点横隔板也需要设置人孔，如图 5.30 所示，只是人孔设置在支座以外的部分。支点横隔板开口处也需要加强，一般采用外贴式结构，即在开口边缘焊接钢板增加板厚。

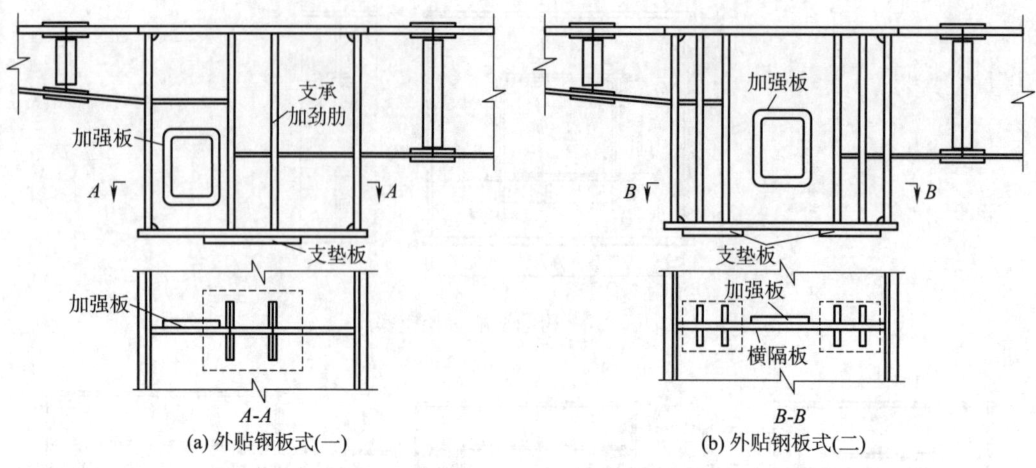

图 5.30 支点横隔板开口加强结构形式

5.3.3 桥面系构造

对于双箱或多箱结构钢主梁，桥面系纵、横梁既能改善钢桥面板受力，也能合理地将桥面荷载传递给主梁。由于横梁承受由纵梁传递的荷载，横梁的梁高一般高于纵梁梁高。图 5.31 给出了纵梁与横梁间常用连接构造，纵梁需要布置成可以传递弯矩的结构形式(相邻纵梁上下翼缘均用鱼形板相连，能更有效地传递弯矩)。

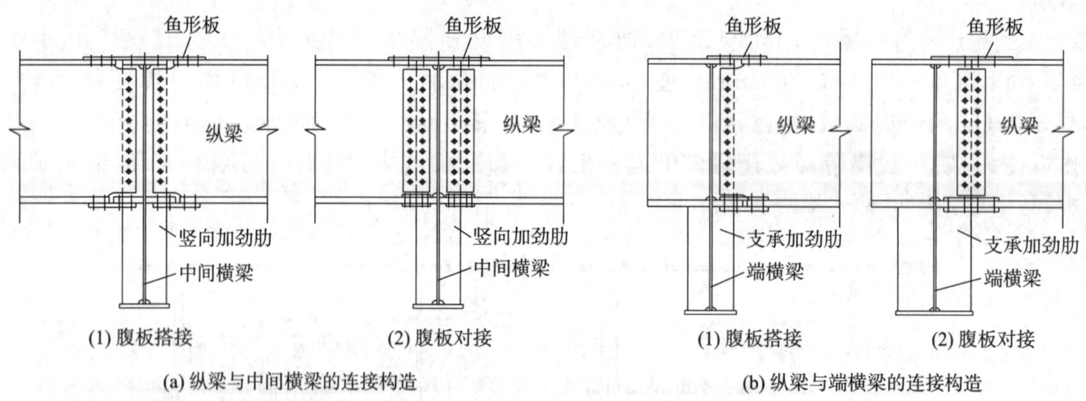

图 5.31 纵梁与横梁连接方式

当桥面系设置纵梁时，为了减小纵梁的跨径，横梁的间距不宜过大，通常不大于 6 m；没有纵梁时，横梁主要起到荷载横向分配的作用，此时横梁间距可以适当放宽，最大间距为 20 m，其中一道横梁应设置在主梁跨中。

为了使桥面系横梁有较好的荷载横向分配效果和支承纵梁，横梁应具备足够的刚度，通常采用如图 5.32 所示的实腹式结构。横梁梁高通常为主梁高度的 3/4～4/5，除特殊情况外不得小于主梁高度的 1/2。当横梁兼作桥面板的横向支承结构，横梁顶面与主梁同高。

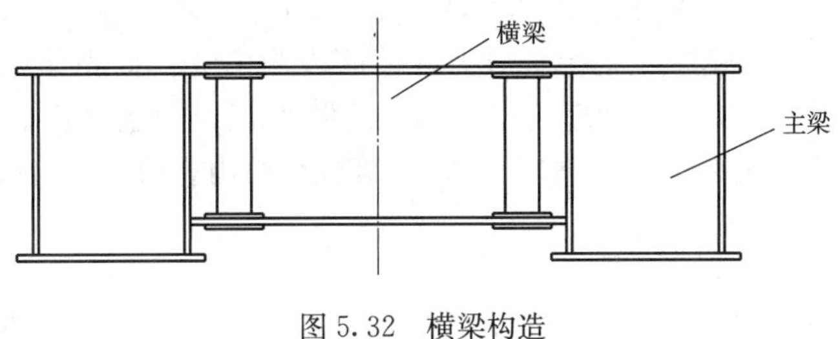

图 5.32　横梁构造

5.3.4　支座构造

单箱钢箱梁桥支承断面必须设置两个支座才能保证结构的稳定性，如图 5.33 (a)所示。从受力角度看，支座横向布置宜设在与腹板对中的位置，对支座反力的传递最为顺畅，支座横向布置间距也需要考虑结构抗倾覆要求。对于连续弯箱梁桥，中间支点可以采用单支座形式，且偏离主梁形心，设置在曲线半径较大的一侧，以减小箱梁恒载引起的偏心扭矩。

多箱钢箱梁桥各箱梁均需设置支座，多支座布置时，应注意支座高度设置误差对支座以及箱梁受力产生的不利影响，如图 5.33(b)所示。

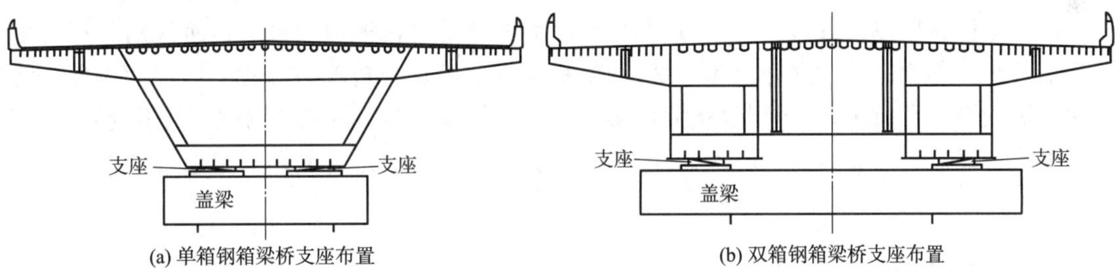

图 5.33　钢箱梁桥支座布置

5.4　钢箱梁桥结构分析

钢箱梁桥是由位于不同平面加劲薄钢板组成的空间结构，在外荷载作用下表现出复杂的空间受力特征：既有桥梁结构整体弯曲、扭转、剪切变形，又有箱梁板件局部变形(例如车轮集中荷载作用下钢桥面板的局部挠曲)。钢箱梁桥结构分析模型和基本假定，应能反映结构实际受力状态，其计算精度应能满足结构设计需要。现有箱形梁分析方法可以分成两大类：精细化有限元分析和叠加分析。本节首先简要介绍这两类方法的基本假定和特点，然后详细介绍叠加分析法的计算流程。

5.4.1　精细化有限元分析

钢箱梁桥精细化有限元分析旨在全面掌握钢箱梁桥各组成部件应力和变形，需要将钢箱梁桥的板件以及各板件加劲肋用板壳单元模拟，如图 5.34 (a)所示。其主要技术优势是能合理地描述钢箱梁桥部件真实变形以及各部件间相互作用，接近结构的实际受力状态。但是，当桥梁规模较大时，全桥采用精细化板壳单元模拟需要耗费大量计算机内存和计算时间，这在桥梁结构技术设计阶段是难以接受的。为了节约计算内存和计算时间，提高分析效率,国内外学者提出了多尺度结构建模思想,建立了钢箱梁桥的板壳—梁混合单元模型,如图 5.34(b)所示,将钢箱梁桥待求应力峰值区段用精细化板壳单元模拟,远离应力高峰区域则采用梁单元模拟,该思想建立在连续介质弹性理论中圣维南假定的基础上,既不影响结构控制区段应力及变形计算精度,又能显著减小结构有限元分析模型规模。

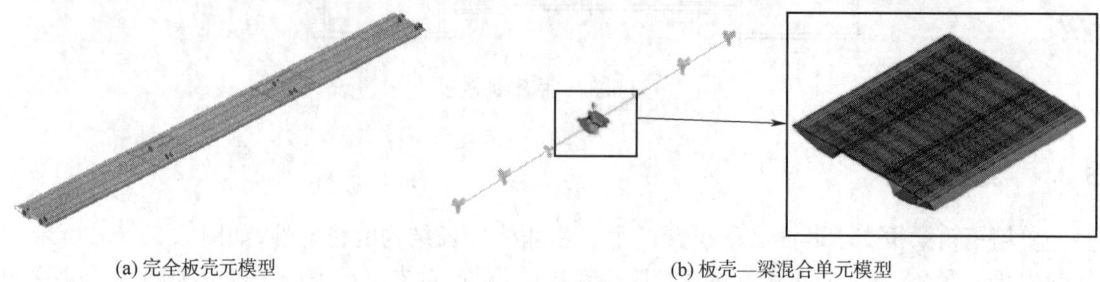

(a) 完全板壳元模型　　(b) 板壳—梁混合单元模型

图 5.34　连续钢箱梁桥精细化有限元模型

精细化有限元分析可求解桥梁关键部位的应力与变形,是一种最直接、准确的结构分析方法。现有结构有限元分析软件,如 ANSYS、MIDAS/CIVIL、SAP2000,均能开展上述分析。然而,通用有限元分析软件的"黑箱"操作特点,使得用户很难对典型荷载工况下钢箱梁桥整体与局部受力行为形成充分认识,特别是不利于理解钢箱梁桥整体与板件局部刚度对结构应力与变形分布的影响。为了弥补上述不足,钢箱梁桥近似简化分析——"叠加分析法"得以广泛应用于桥梁设计和教学,需分别建立钢箱梁总体与局部模型,再对各自计算结果进行叠加。该分析方法物理概念清晰,操作简便,对于静定钢箱梁桥甚至可通过手算快速求解结构应力与变形。

5.4.2　叠加分析法

叠加分析法的基本思想是,根据钢箱梁桥变形特征,将结构变位视为桥梁整体位移(截面保持刚性)和桥面板局部位移的叠加。在线弹性分析约定下,结构应力场可分解为整体位移产生的应力与桥面板局部变形应力。如图 5.35 所示,单箱钢箱梁在偏心荷载 F 作用下的截面位移可按超静定框架结构模型进行分析。假设箱梁框架截面"虚拟"刚性角支点上有反力 R_1、R_2 和 R_3,其中,R_1 和 R_2 为竖向反力,R_3 为一对大小相等方向相反的水平反力。上述支点反力与荷载构成了平衡力系,在它们的作用下,箱梁截面发生"框架"变形——横向弯曲变形。为了与原始荷载作用等效,根据叠加原理,将上述支点反力反向施加在箱梁截面框架上时,可称为角点荷载。竖向角点荷载 R_1 和 R_2 可以进一步分解为对称荷载$(R_1+R_2)/2$ 和反对称荷载$(R_1-R_2)/2$,水平角点荷载 R_3 本身就是反对称荷载。上述对称荷载会使结构发生竖向弯曲变形,而反对称荷载会使箱梁发生扭转与畸变变形。

如果钢箱梁内沿纵向设置相当数量的横隔板,则箱梁畸变变形显著削弱,畸变应力可忽略不计。在竖向偏心荷载 F 作用下,钢箱梁桥整体位移指顺桥向弯曲(截面发生竖向平动)和扭转(截面发生面内刚性转动),而板件局部位移指偏心荷载引起的钢桥面横向弯曲以及腹板和底板局部挠曲。因此,叠加分析法需要分别建立结构整体模型和桥面板局部模型,分别计算桥梁整体弯扭变形与内力以及桥面板局部挠曲与内力,二者叠加后得到最不利荷载工况下真实应力状态。

钢箱梁桥整体模型可采用空间梁单元模拟,但该模型无法考虑宽翼缘钢箱梁剪力滞效应

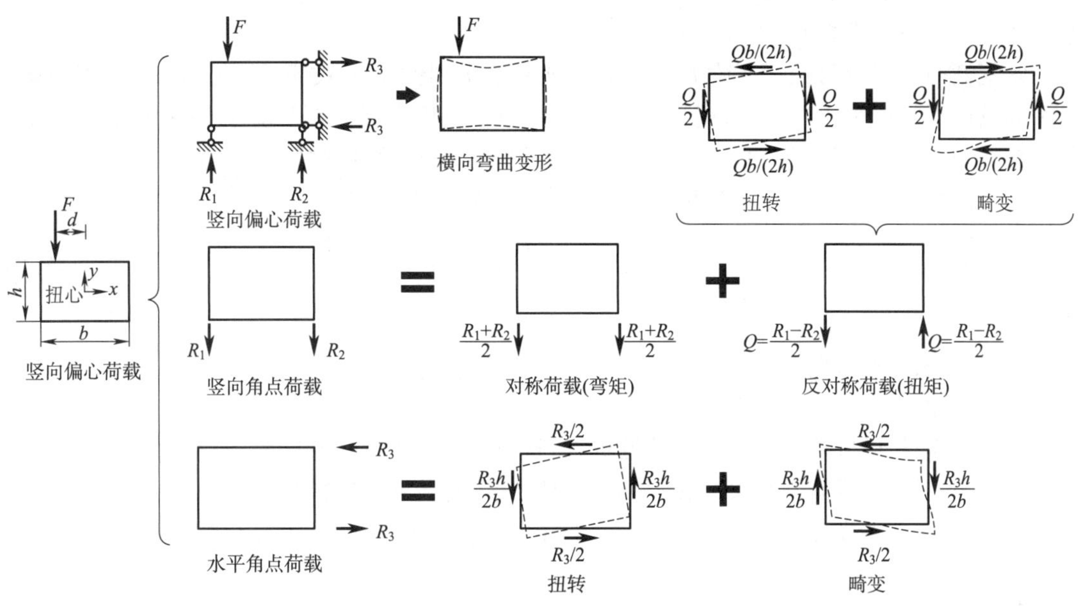

图 5.35　箱梁在偏心荷载下的变形特征

以及容许翼缘局部失稳后翘曲应力重分配。因此,需要基于桥梁原始截面先算出桥梁最不利加载内力,确定考虑剪力滞效应和翼缘局部失稳后强度的钢箱梁有效截面特性,再根据经典梁理论算出截面最大应力,这体现了整体模型的近似性。对于钢桥面板而言,整体模型计算考虑钢桥面板为钢箱梁翼缘板时其参与主梁受弯所引起的应力,因此这部分应力源自由盖板和纵肋组成的正交异性钢桥面板第一结构体系。

钢箱梁桥面板局部力学模型则选取相邻腹板和横隔板间加劲板为分析对象,假定加劲板边界满足特定约束条件(简支、弹性支承),运用解析法(构造正交异性板法、P. E. 法)或数值方法(梁格法、板壳元法)计算钢桥面板局部应力,这部分应力源自由盖板、横肋和纵肋组成的正交异性钢桥面板第二结构体系。支承于纵、横肋上的各向同性连续盖板,称为正交异性钢桥面板第三结构体系,直接承受作用于肋间的车轮荷载,并将车轮荷载传递至加劲肋上。由于薄膜应力效应,第三体系的应力往往忽略不计。

通过叠加钢箱梁桥整体模型和局部模型位移和应力结果,可得最不利活载工况下的真实变形和应力。叠加分析法忽略了桥梁整体位移和局部变形相互约束作用,使算得的结果偏于安全。下面分别介绍整体和局部模型结构分析的流程。

1)整体模型分析

整体模型分析包括结构内力分析、主梁有效截面确定和第一结构体系应力计算。

(1) 结构内力分析

钢箱梁桥整体弯曲分析(忽略剪力滞效应)在“材料力学”和“结构力学”等基础课程中已有详细论述,本节不再赘述。由于钢箱梁桥采用薄壁截面,其扭转将引起纵向翘曲,适用于弯曲分析的平截面假定不再成立。由薄壁结构刚性扭转理论可得钢箱梁桥截面任意点翘曲位移 u 为

$$u=-\omega\theta_x' \tag{5.8}$$

式中 ω——箱梁桥截面主扇性坐标(m^2)；

θ'_x——扭率(单位长度扭转角)。

常规截面尺寸及跨径钢箱梁的约束扭转剪应力可忽略不计,式(5.8)是适用的。但对于弯梁及高宽比很大或很小时,常采用乌曼斯基第二理论或板壳元分析计算板件翘曲位移。ω与截面扭转中心的位置和截面形式有关。如果截面翘曲受到约束,截面会产生附加翘曲正应力和剪应力。翘曲内力的显著程度取决于翘曲系数α,它由下式定义

$$\alpha = l\sqrt{\frac{GJ_d}{EI_\omega}} \tag{5.9}$$

式中 l——钢箱梁桥跨径(m)；

G——钢材的剪切模量；

E——钢材的弹性模量；

J_d——钢箱梁桥截面自由扭转惯性矩,反映截面抵抗刚性扭转的能力；

I_ω——钢箱梁桥截面约束扭转惯性矩,反映截面抵抗翘曲的能力。

对于如图5.36所示单箱主梁截面,J_d、I_ω和h_s分别由式(5.10)~式(5.12)给出

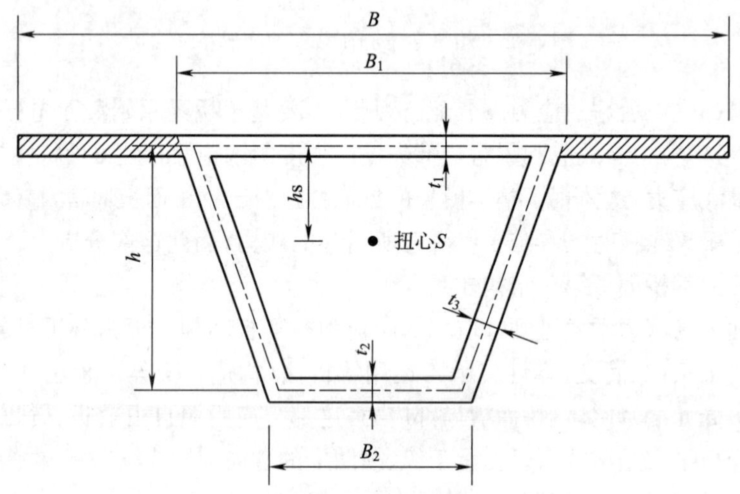

图5.36 单箱钢箱梁桥截面示意图

$$J_d = \frac{1}{\left(\frac{B_1}{t_1}+\frac{B_2}{t_2}+2\frac{h_1}{t_3}\right)}h^2\ (B_1+B_2)^2 + \frac{(B-B_1)}{3}t_1^3 \tag{5.10}$$

$$I_\omega = \int_A \omega^2 \mathrm{d}A \tag{5.11}$$

$$h_s = \frac{6h(B_1+B_2) - \frac{t_2 h B_2^2}{2}(3B_1+B_2) - t_3 h h_1 B_1(B_1+2B_2)}{t_2B_2^3 + t_1B^3 + 2t_3(B_1^2+B_1B_2+B_2^2)h_1} \frac{k}{\left(\frac{B_1}{t_1}+\frac{B_2}{t_2}+2\frac{h}{t_3}\right)} \tag{5.12}$$

$$h_1 = h\sqrt{1+\left(\frac{B_1-B_2}{2h}\right)^2}$$

$$k = \frac{B_2^3 - B_1^3}{12} + \frac{h_1}{2}\left[\frac{t_2B_2^2}{t_3} + \frac{t_3B_1(B_1+B_2)}{t_1}\right] + \frac{h_1^2}{3}(B_1+2B_2) + \frac{B_1}{4}\left(\frac{t_2B_2^2}{t_1}+B^2\right)$$

当 $\alpha \geqslant 10$ 时，可以忽略约束扭转产生的翘曲正应力，钢箱梁桥截面主要依靠自由扭转刚度抵抗扭转变形，短悬臂单箱钢箱梁桥就具有较大的翘曲系数，采用节点六自由度梁单元可以较好地模拟钢箱梁桥弯扭变形。否则，必须考虑箱梁的翘曲性能，例如长悬臂单箱截面或者双箱截面，采用节点七自由度梁单元模拟钢箱梁桥弯扭变形，如图 5.37 所示，相比传统节点六自由度空间梁单元，第七自由度就是扭率，轴向位移 u 及绕截面主轴转角(θ_y、θ_z)和截面形心有关，分别与轴力 N 和面内、外弯矩(M_y、M_z)对应；扭转角 θ_x、扭率 θ'_x 及沿截面主轴方向挠曲位移(v、w)和截面剪切中心有关，分别与扭矩 M_x、双力矩 M_ω 和面内、外剪力(V_y、V_z)对应。上述单元内力与节点自由度对应关系由式(5.13)给出

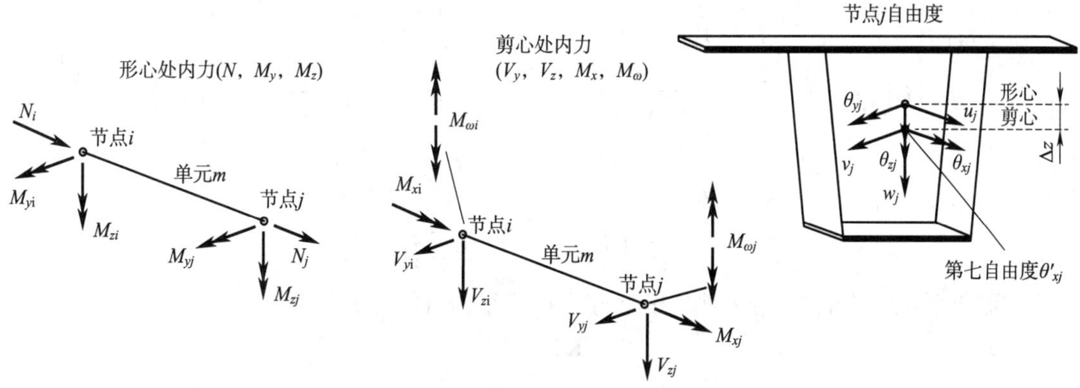

图 5.37　七自由度梁单元

$$\boldsymbol{F}=\boldsymbol{k}\boldsymbol{u} \tag{5.13}$$

式中　$\boldsymbol{F}$——单元内力列阵，$\boldsymbol{F}=\{N_i \quad V_{yi} \quad M_{zi} \quad V_{zi} \quad M_{yi} \quad M_{xi} \quad M_{\omega i} \quad N_j \quad V_{yj} \quad M_{zj} \quad V_{zj} \quad M_{yj} \quad M_{xj} \quad M_{\omega j}\}^{\mathrm{T}}$；

$\boldsymbol{u}$——单元位移列阵，$\boldsymbol{u}=\{u_i \quad v_i \quad \theta_{zi} \quad w_i \quad \theta_{yi} \quad \theta_{xi} \quad \theta'_{xi} \quad u_j \quad v_j \quad \theta_{zj} \quad w_j \quad \theta_{yj} \quad \theta_{xj} \quad \theta'_{xj}\}^{\mathrm{T}}$；

$\boldsymbol{k}$——梁单元刚度矩阵，

$$\boldsymbol{k}=\begin{bmatrix} \dfrac{EA}{L} & \boldsymbol{0}_{1\times4} & \boldsymbol{0}_{1\times2} & -\dfrac{EA}{L} & \boldsymbol{0}_{1\times4} & \boldsymbol{0}_{1\times2} \\ \boldsymbol{0}_{4\times1} & \boldsymbol{k}_{ii}^{\mathrm{b}} & \boldsymbol{0} & \boldsymbol{0}_{4\times1} & \boldsymbol{k}_{ij}^{\mathrm{b}} & \boldsymbol{0} \\ \boldsymbol{0}_{2\times1} & \boldsymbol{0} & \boldsymbol{k}_{ii}^{\mathrm{t}} & \boldsymbol{0}_{2\times1} & \boldsymbol{0} & \boldsymbol{k}_{ij}^{\mathrm{t}} \\ -\dfrac{EA}{L} & \boldsymbol{0}_{1\times4} & \boldsymbol{0}_{1\times2} & \dfrac{EA}{L} & \boldsymbol{0}_{1\times4} & \boldsymbol{0}_{1\times2} \\ \boldsymbol{0}_{4\times1} & \boldsymbol{k}_{ij}^{\mathrm{bT}} & \boldsymbol{0} & \boldsymbol{0}_{4\times1} & \boldsymbol{k}_{jj}^{\mathrm{b}} & \boldsymbol{0} \\ \boldsymbol{0}_{2\times1} & \boldsymbol{0} & \boldsymbol{k}_{ij}^{\mathrm{tT}} & \boldsymbol{0}_{2\times1} & \boldsymbol{0} & \boldsymbol{k}_{jj}^{\mathrm{t}} \end{bmatrix}$$

$$\boldsymbol{k}_{ii}^{\mathrm{b}}=\frac{E}{L}\begin{bmatrix} 12I_z/L^2 & 6I_z/L & 0 & 0 \\ 6I_z/L & 4I_z & 0 & 0 \\ 0 & 0 & 12I_y/L^2 & -6I_y/L \\ 0 & 0 & -6I_y/L & 4I_y \end{bmatrix}$$

$$\boldsymbol{k}_{ij}^{\mathrm{b}}=\frac{E}{L}\begin{bmatrix}-12I_z/L^2 & 6I_z/L & 0 & 0\\ -6I_z/L & 2I_z & 0 & 0\\ 0 & 0 & -12I_y/L^2 & -6I_y/L\\ 0 & 0 & 6I_y/L & 2I_y\end{bmatrix}$$

$$\boldsymbol{k}_{jj}^{\mathrm{b}}=\frac{E}{L}\begin{bmatrix}12I_z/L^2 & -6I_z/L & 0 & 0\\ -6I_z/L & 4I_z & 0 & 0\\ 0 & 0 & 12I_y/L^2 & 6I_y/L\\ 0 & 0 & 6I_y/L & 4I_y\end{bmatrix}$$

$$\boldsymbol{k}_{ii}^{\mathrm{t}}=\frac{GJ_{\mathrm{d}}}{L}\begin{bmatrix}\left(\frac{6}{5}+\frac{12}{\alpha^2}\right) & L\left(\frac{1}{10}+\frac{6}{\alpha^2}\right)\\ L\left(\frac{1}{10}+\frac{6}{\alpha^2}\right) & L^2\left(\frac{2}{15}+\frac{4}{\alpha^2}\right)\end{bmatrix},\quad \boldsymbol{k}_{jj}^{\mathrm{t}}=\frac{GJ_{\mathrm{d}}}{L}\begin{bmatrix}\left(\frac{6}{5}+\frac{12}{\alpha^2}\right) & -L\left(\frac{1}{10}+\frac{6}{\alpha^2}\right)\\ -L\left(\frac{1}{10}+\frac{6}{\alpha^2}\right) & L^2\left(\frac{2}{15}+\frac{4}{\alpha^2}\right)\end{bmatrix};$$

$$\boldsymbol{k}_{ij}^{\mathrm{t}}=\frac{GJ_{\mathrm{d}}}{L}\begin{bmatrix}-\left(\frac{6}{5}+\frac{12}{\alpha^2}\right) & L\left(\frac{1}{10}+\frac{6}{\alpha^2}\right)\\ -L\left(\frac{1}{10}+\frac{6}{\alpha^2}\right) & L^2\left(\frac{2}{\alpha^2}-\frac{1}{30}\right)\end{bmatrix}$$

按形成系统矩阵的“对号入座”法则，建立桥梁结构有限元方程如下：

$$\boldsymbol{KU}=\boldsymbol{P} \tag{5.14}$$

式中 $\boldsymbol{K}$——结构整体刚度矩阵。集成 n_e 个单元刚度贡献，得 $\boldsymbol{K}=\sum_{m=1}^{n_e}\boldsymbol{k}$；

$\boldsymbol{U}$——结构位移列阵；

$\boldsymbol{P}$——结构整体荷载列阵，集成 n_p 个集中荷载 F_i 和 n_q 个分布荷载 f_i，得 $\delta\boldsymbol{U}^{\mathrm{T}}\boldsymbol{P}=\sum_{i=1}^{n_p}\delta u_i^{\mathrm{T}}F_i+\sum_{i=1}^{n_q}\int_V\delta u_i^{\mathrm{T}}f_i\mathrm{d}V$。

引入边界条件，由式(5.14)解出所有节点位移，再代入式(5.13)，求得单元内力。

(2) 有效截面确定

当钢箱梁桥主梁间距或者主梁腹板间距较大时，钢箱梁整体弯曲引起的翼缘翘曲由板件面内剪切变形传递，导致翼缘翘曲正应力不均匀分布。为了充分利用钢材，与钢板梁设计(翼缘较窄)思路不同，钢箱梁设计容许翼缘板进入局部屈后状态，此时翼缘应力出现重分布。为了得到考虑剪力滞效应以及翼缘局部屈曲后强度的翘曲正应力峰值，需要定义翼缘板有效截面，下面介绍其计算方法。

①考虑剪力滞效应影响的翼缘有效宽度 $b_{\mathrm{e}}^{\mathrm{s}}$ 和有效面积 $A_{\mathrm{eff,s}}$ 计算

$$\begin{aligned} b_{\mathrm{e}}^{\mathrm{s}}&=\sum_{i=1}^{n_{\mathrm{s}}^{\mathrm{p}}}b_{\mathrm{e},i}^{\mathrm{s}}\\ A_{\mathrm{eff,s}}&=\sum_{i=1}^{n_{\mathrm{s}}^{\mathrm{p}}}b_{\mathrm{e},i}^{\mathrm{s}}t_i+\sum_{j=1}^{n_{\mathrm{s}}}A_{\mathrm{s},j}\end{aligned} \tag{5.15}$$

式中 $b_{\mathrm{e},i}^{\mathrm{s}}$——考虑剪力滞影响的翼缘第 i 块板段有效宽度，如图 5.38 所示；

t_i——第 i 块板段的厚度；

$A_{s,j}$——有效宽度内第 j 根加劲肋的面积；

n_s^p——翼缘板被腹板分割后的板段数；

n_s——有效宽度内的加劲肋数量。

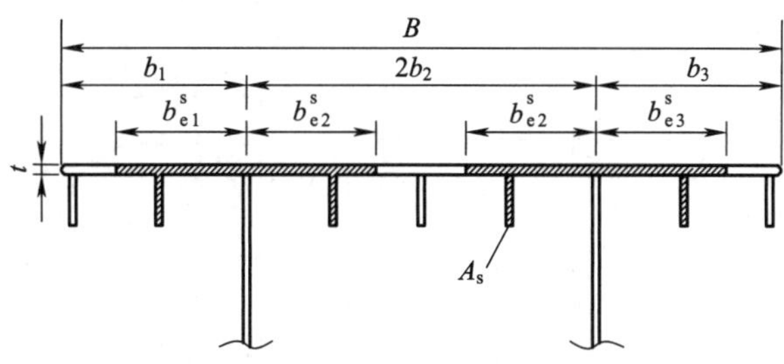

图 5.38　考虑剪力滞影响的翼缘有效宽度

翼缘各板段有效宽度 $b_{e,i}^s$ 与钢箱梁桥结构形式和截面位置有关。各桥跨跨中截面翼缘各板段有效宽度由式(5.16)进行计算，支点截面翼缘各板段有效宽度由式(5.17)进行计算，如果截面位于从跨中到支点的过渡区段，则翼缘各板段有效宽度依据式(5.16)和式(5.17)的结果进行线性插值。

$$\left.\begin{aligned}&b_{e,i}^s=b_i, && \frac{b_i}{l}\leqslant 0.05\\ &b_{e,i}^s=\left(1.1-2\frac{b_i}{l}\right)b_i, && 0.05<\frac{b_i}{l}<0.3\\ &b_{e,i}^s=0.15l, && \frac{b_i}{l}\geqslant 0.3\end{aligned}\right\} \tag{5.16}$$

$$\left.\begin{aligned}&b_{e,i}^s=b_i, && \frac{b_i}{l}\leqslant 0.02\\ &b_{e,i}^s=\left[1.06-3.2\frac{b_i}{l}+4.5\left(\frac{b_i}{l}\right)^2\right]b_i, && 0.02<\frac{b_i}{l}<0.3\\ &b_{e,i}^s=0.15l, && \frac{b_i}{l}\geqslant 0.3\end{aligned}\right\} \tag{5.17}$$

式中　b_i——腹板间距的 1/2，或翼缘外伸肢为伸臂部分的宽度，如图 5.38 所示；

l——等效跨径，与钢箱梁桥的结构形式有关，见表 5.2。

表 5.2　翼缘有效宽度计算的等效跨径

类别	梁段号	腹板单侧翼缘有效宽度计算			计算图示
		符号	适用公式	等效跨径 l	
简支梁	①	$b_{e,i,L}^s$	5.16	L	①；$b_{e,i,L}^s$ 有效宽度；主梁腹板中心线；L

续上表

类别	梁段号	腹板单侧翼缘有效宽度计算			计算图示
		符号	适用公式	等效跨径 l	
连续梁	①	b^{s}_{e,i,L_1}	5.16	$0.8L_1$	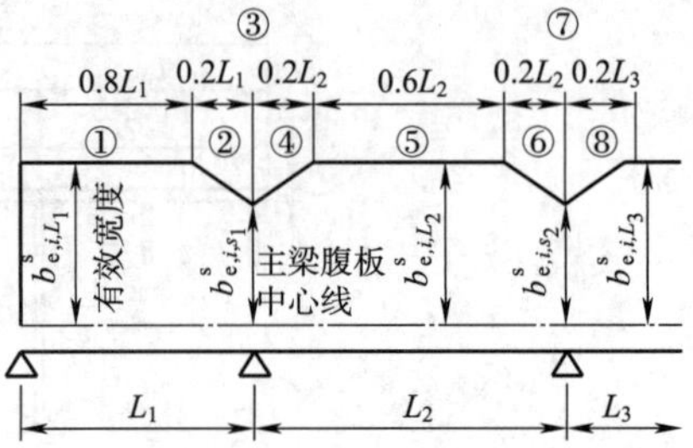
	⑤	b^{s}_{e,i,L_2}		$0.6L_2$	
	③	b^{s}_{e,i,S_1}	5.17	$0.2(L_1+L_2)$	
	⑦	b^{s}_{e,i,S_2}		$0.2(L_2+L_3)$	
	②④⑥⑧	线性插值			
悬臂梁	①	b^{s}_{e,i,L_1}	5.16	$2L_1$	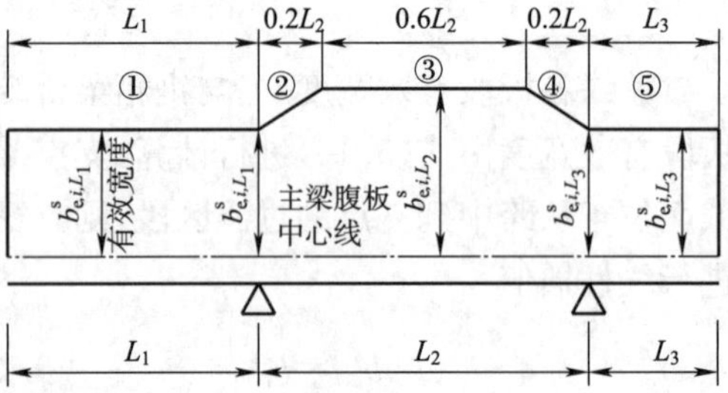
	③	b^{s}_{e,i,L_2}	5.16	$0.6L_2$	
	⑤	b^{s}_{e,i,L_3}	5.16	$2L_3$	
	②④	线性插值			

②考虑局部稳定影响的受压翼缘有效宽度 b_e^p 和有效截面面积 $A_{eff,c}$ 计算

加劲肋根据刚度大小可以分为刚性加劲肋和柔性加劲肋，当采用柔性加劲肋时，受压翼缘失稳状态下加劲肋与盖板共同变形，表现为正交异性板整体失稳；而受压翼缘失稳时会在刚性加劲肋处形成节线，表现为加劲肋间板件局部失稳。因此，正交异性板的承载能力与加劲肋的刚度有密切关系。为了充分发挥钢材性能，钢箱梁桥钢桥面加劲肋设计通常采用刚性加劲肋，即使肋间板件发生局部失稳，刚性加劲肋周围材料仍能继续承载，相比柔性加劲肋而言，受压翼缘失稳后的有效承载区域明显增加。钢箱梁桥钢桥面设计容许肋间板件发生局部失稳，以获得更好的设计经济性。

受压翼缘加劲肋的刚度可用相对刚度来衡量，纵向加劲肋的相对刚度 γ_l 为

$$\gamma_l=\frac{EI_l}{bD} \tag{5.18}$$

横向加劲肋的相对刚度 γ_t 为

$$\gamma_t=\frac{EI_t}{aD} \tag{5.19}$$

式中 I_l——单根纵肋对与盖板交线(Y-Y 轴)的抗弯惯性矩，如图 5.39 所示；

I_t——单根横肋对与盖板交线(Y-Y 轴)的抗弯惯性矩，如图 5.39 所示；

a——受压翼缘的计算长度(横隔板或刚性横肋的间距)，如图 5.40 所示；

b——受压翼缘的计算宽度(腹板或刚性纵肋的间距)，如图 5.40 所示；

D——单位宽度盖板的刚度，$D=\dfrac{Et^3}{12(1-\mu^2)}$；

t——盖板的厚度；

μ——钢材泊松比。

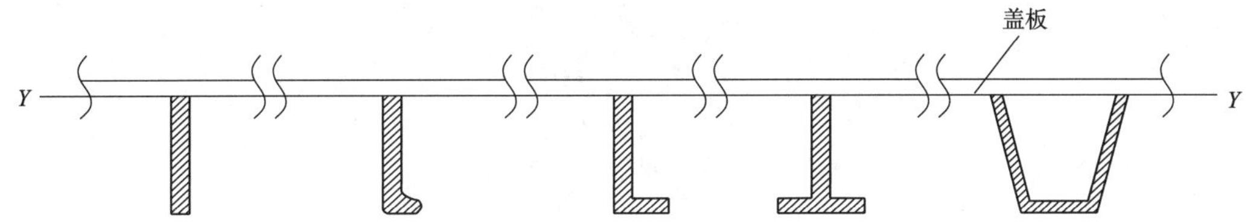

图 5.39　计算单侧加劲肋抗弯惯性矩的中性轴位置 Y-Y

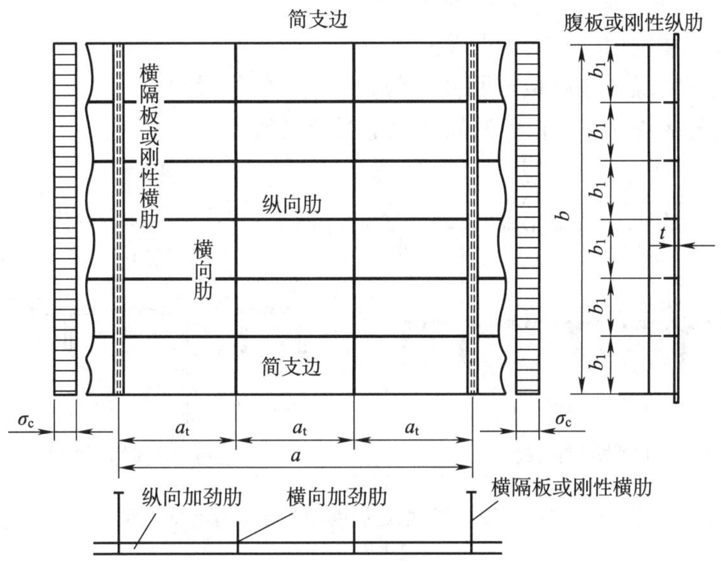

图 5.40　受压翼缘加劲板节段

当受压翼缘纵、横向加劲肋满足下列要求时，可认定为刚性加劲肋。

$$
\begin{aligned}
&\gamma_l \geqslant \gamma_l^* \\
&A_{s,l} \geqslant \frac{bt}{10n} \\
&\gamma_t \geqslant \frac{1+n\gamma_l^*}{4\left(\dfrac{a_t}{b}\right)^3}
\end{aligned}
\tag{5.20}
$$

式中　γ_l^*——纵向加劲肋的临界刚度，定义为

$$
\gamma_l^* = \begin{cases} \dfrac{1}{n}\left[4\,(n_l+1)^2\left(1+n_l\dfrac{A_{s,l}}{bt}+\dfrac{A_{s,l}}{bt}\right)\left(\dfrac{a}{b}\right)^2-\left[\left(\dfrac{a}{b}\right)^2+1\right]^2\right], & \dfrac{a}{b}\leqslant\sqrt[4]{1+(n_l+1)\gamma_l} \\ \dfrac{1}{n}\left\{\left[2\,(n_l+1)^2\left(1+n_l\dfrac{A_{s,l}}{bt}+\dfrac{A_{s,l}}{bt}\right)-1\right]^2-1\right\}, & \dfrac{a}{b}>\sqrt[4]{1+(n_l+1)\gamma_l} \end{cases};
$$

a_t——横向加劲肋的间距，如图 5.40 所示；

$A_{s,l}$——单根纵肋的截面积；

n_l——等间距布置纵肋的根数。

《公路钢结构桥梁设计规范》(JTG D64—2015)规定：考虑局部稳定影响的受压加劲板有效宽度 b_e^p 和有效截面面积 $A_{eff,c}$ 应按式(5.21)计算

$$b_{\rm e}^{\rm p}=\sum_{i=1}^{n_{\rm p}} b_{{\rm e},i}^{\rm p}=\sum_{i=1}^{n_{\rm p}} \rho_i b_i$$
$$A_{\rm eff,c}=\sum_{i=1}^{n_{\rm p}} b_{{\rm e},i}^{\rm p} t_i+\sum_{j=1}^{n} A_{{\rm s},j} \tag{5.21}$$

式中 $b_{{\rm e},i}^{\rm p}$——考虑局部稳定影响的受压翼缘第 i 块板段有效宽度，如图 5.41 所示；

b_i, t_i——受压翼缘第 i 块板段的宽度和厚度，如图 5.41 所示；

$A_{{\rm s},j}$——有效宽度内第 j 根加劲肋的面积；

n——有效宽度内的加劲肋数量；

$n_{\rm p}$——受压翼缘板被腹板或刚性加劲肋分割后的板段数；

ρ_i——受压翼缘第 i 块板段的局部稳定折减系数。

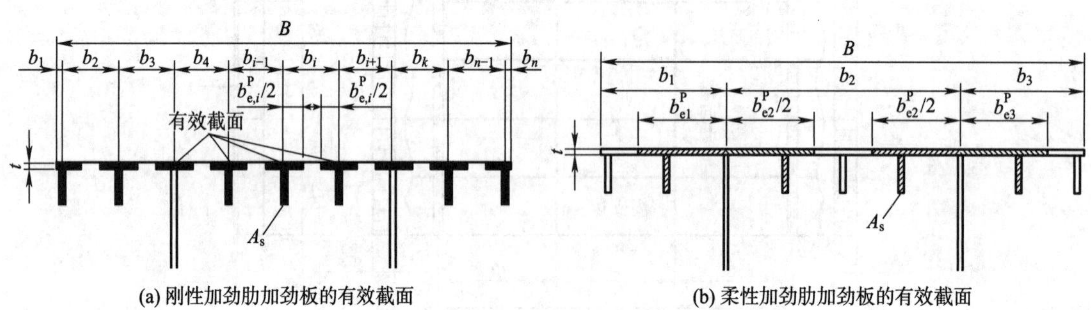

(a) 刚性加劲肋加劲板的有效截面 (b) 柔性加劲肋加劲板的有效截面

图 5.41 考虑局部稳定影响的受压翼缘有效宽度

受压翼缘板段的局部稳定折减系数 ρ 应按式(5.22)计算

$$\rho=\begin{cases}1, \bar{\lambda}_{\rm p}\leqslant 0.4\\ \dfrac{1}{2}\left\{1+\dfrac{1}{\bar{\lambda}_{\rm p}^2}(1+\varepsilon_0)-\sqrt{\left[1+\dfrac{1}{\bar{\lambda}_{\rm p}^2}(1+\varepsilon_0)\right]^2-\dfrac{4}{\bar{\lambda}_{\rm p}^2}}\right\}, \bar{\lambda}_{\rm p}>0.4\end{cases} \tag{5.22}$$

式中 $\bar{\lambda}_{\rm p}$——相对宽厚比，$\bar{\lambda}_{\rm p}=\sqrt{\dfrac{f_{\rm y}}{\sigma_{\rm cr}}}=1.05\left(\dfrac{b_{\rm p}}{t}\right)\sqrt{\dfrac{f_{\rm y}}{E}\left(\dfrac{1}{k}\right)}$；

ε_0——$\varepsilon_0=0.8(\bar{\lambda}_{\rm p}-0.4)$；

$f_{\rm y}$——钢材屈服强度；

$\sigma_{\rm cr}$——受压翼缘加劲板弹性屈曲临界应力；

$b_{\rm p}$——受压翼缘加劲板局部稳定计算宽度，对开口刚性加劲肋，按加劲肋的间距 b_i 计算，如图 5.41 (a)所示；对闭口刚性加劲肋，按加劲肋腹板间距计算；对柔性加劲肋，按腹板间距或腹板至悬臂端的宽度 b_i 计算，如图 5.41 (b)所示；

k——受压翼缘加劲板弹性屈曲系数，参考《公路钢结构桥梁设计规范》(JTG D64—2015)附录 B 的要求进行计算。

③同时考虑剪力滞和局部稳定影响的受压翼缘有效宽度 $b_{\rm e}$ 和有效截面面积 $A_{\rm eff}$ 计算

对于钢箱梁受压翼缘，当同时考虑剪力滞效应和局部屈曲后强度时，有效宽度 $b_{\rm e}$ 和有效截面面积 $A_{\rm eff}$ 可按式(5.23)计算。

$$
b_{\mathrm{e}} = \sum_{i=1}^{n_{\mathrm{s}}^{\mathrm{p}}} b_{\mathrm{e},i}
$$

$$
A_{\mathrm{eff}} = \sum_{i=1}^{n_{\mathrm{s}}^{\mathrm{p}}} b_{\mathrm{e},i} t_i + \sum_{j=1}^{n} A_{\mathrm{s},j} \tag{5.23}
$$

式中　$b_{\mathrm{e},i}$——考虑剪力滞和局部稳定影响的受压翼缘第 i 块板段有效宽度，$b_{\mathrm{e},i} = \dfrac{\sum b_{\mathrm{e},j}^{\mathrm{s}}}{b_i} b_{\mathrm{e},i}^{\mathrm{p}}$；

其中　$b_{\mathrm{e},i}^{\mathrm{p}}$——考虑局部稳定影响的受压翼缘第 i 块板段有效宽度；

$\sum b_{\mathrm{e},j}^{\mathrm{s}}$——考虑剪力滞影响的翼缘第 i 块板段有效宽度之和；

b_i——受压翼缘第 i 块板段的宽度和厚度；

t_i——受压翼缘第 i 块板段的厚度；

$A_{\mathrm{s},j}$——有效宽度内第 j 根加劲肋的面积；

n——有效宽度内的加劲肋数量；

$n_{\mathrm{s}}^{\mathrm{p}}$——受压翼缘被腹板分割后的板段数。

(3) 第一结构体系应力计算

①钢箱梁应力分析

如图 5.35 所示，当钢箱梁内设置足够的横隔板时，可忽略箱梁畸变与横向弯曲引起的应力。在偏心荷载作用下，横截面上的应力包括纵向弯曲产生的正应力 σ_{M} 和剪应力 τ_{M} 以及扭转产生的翘曲正应力 σ_{ω}、自由扭转剪应力 τ_{s} 和约束扭转剪应力 τ_{ω}。

基于初等梁理论的箱梁纵向弯曲应力计算在“材料力学”中有详细介绍，当考虑受拉和受压翼缘剪力滞效应以及受压翼缘局部稳定影响后，应依据截面最不利内力，按有效截面特性，重新计算截面最大应力。因此，箱梁纵向弯曲应力应按式(5.24)计算。

$$
\sigma_{\mathrm{M}} = \frac{M_y}{W_{y,\mathrm{eff}}}
$$

$$
\tau_{\mathrm{M}} = \begin{cases} \dfrac{V_z S_{\mathrm{eff}}}{I_{y,\mathrm{eff}} t}, & \text{开口截面} \\[2ex] \dfrac{V_z}{I_{y,\mathrm{eff}}} \left(\dfrac{S_{\mathrm{eff}}}{t} - \dfrac{\oint_{\mathrm{eff}} \dfrac{S_{\mathrm{eff}}}{t} \mathrm{d}s}{\oint_{\mathrm{eff}} \dfrac{\mathrm{d}s}{t}} \right), & \text{闭口截面} \end{cases} \tag{5.24}
$$

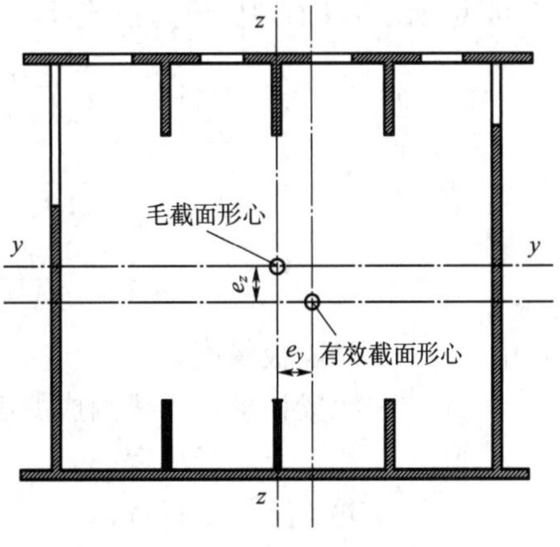

式中　M_y，V_z——箱梁截面最不利面内弯矩与剪力；

$W_{y,\mathrm{eff}}$，$I_{y,\mathrm{eff}}$——箱梁有效截面(阴影部分)几何特性，如图 5.42 所示；

S_{eff}——从开口截面自由端或闭口截面虚拟切口(剪应力零点)到计算点的有效截面静矩；

t——剪应力计算点所在板件的厚度。

图 5.42　钢箱梁有效截面示意图

箱梁自由扭转剪应力 τ_s 大小反映截面抵抗圣维南扭转的能力，与有效截面无关，故由式(5.25)计算。

$$\tau_s=\begin{cases}\dfrac{M_{xp}}{J_d}t, & \text{封闭区域以外}\\ \dfrac{M_{xp}}{2A_c t}, & \text{封闭周边}\end{cases} \tag{5.25}$$

式中 M_{xp}——箱梁截面最不利扭矩中的自由扭矩，$M_{xp}=GJ_d\theta'_x$；

A_c——钢箱梁封闭区域面积；

t——封闭区域以外板件厚度或者封闭周边最薄壁板厚度。

箱梁约束扭转正应力 σ_ω 及约束扭转剪应力 τ_ω 与箱梁翼缘剪力滞效应无关，仅考虑局部稳定影响，故有

$$\begin{aligned}\sigma_\omega&=\frac{M_\omega}{I^p_{\omega,\mathrm{eff}}}\omega_{\mathrm{eff}}\\ \tau_\omega&=\frac{(M_x-M_{xp})S_{\omega,\mathrm{eff}}}{I^p_{\omega,\mathrm{eff}}t}\end{aligned} \tag{5.26}$$

式中 M_ω——箱梁约束扭转双力矩；

M_x——箱梁截面最不利扭矩；

M_{xp}——总扭矩中的自由扭矩；

$I^p_{\omega,\mathrm{eff}}$——考虑受压板件局部稳定影响的有效截面约束扭转惯性矩；

ω_{eff}——考虑受压板件局部稳定影响的箱梁有效截面扇性坐标；

$S_{\omega,\mathrm{eff}}$——考虑受压板件局部稳定影响的箱梁有效截面扇性面积矩。

综上所述，钢箱梁整体模型截面正应力和剪应力应按式(5.27)计算。

$$\begin{cases}\sigma=\sigma_M+\sigma_\omega\\ \tau=\tau_M+\tau_\omega+\tau_s\end{cases} \tag{5.27}$$

②横隔板应力分析

根据箱梁横隔板结构形式的不同，横隔板应力状态有明显变化。对于实腹式横隔板，如图 5.43 所示，其面内剪应力按式(5.28)计算

$$\begin{cases}\tau_u=\dfrac{B_l}{B_u}\dfrac{M_x}{2A_c t_d}\\ \tau_h=\dfrac{M_x}{2A_c t_d}\\ \tau_l=\dfrac{B_u}{B_l}\dfrac{M_x}{2A_c t_d}\end{cases} \tag{5.28}$$

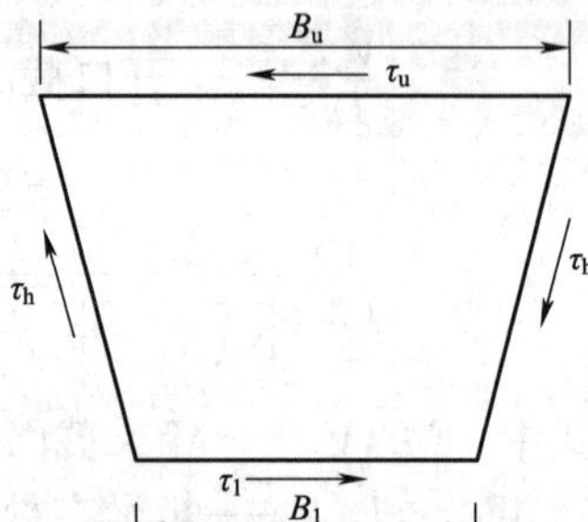

图 5.43 实腹式横隔板应力

式中 t_d——横隔板厚度；

A_c——箱梁板壁中心线围成的面积；

B_u——箱梁上翼缘板宽；

B_l——箱梁下翼缘板宽；

M_x——箱梁截面扭矩。

对于框架式横隔板，可简化为平面框架计算，如图 5.44 所示，作用于框架上横梁的水平力 P_1 代表上横梁承受面内剪切应力合力，由式(5.29)得

$$P_1=\tau_u t_d B_u=\frac{B_l}{(B_u+B_l)}\frac{M_x}{h}=\frac{M_x}{2h} \tag{5.29}$$

式中 h——上、下横梁中心线间距；

M_x——箱梁截面扭矩。

P_1 可用于确定框架式横隔板中横梁和立柱的应力，其计算模型如图 5.44(c)所示。当钢箱梁为分离式，箱梁间有横向联系时，框架立柱还必须考虑横联传来的集中力 P_2 产生的附加弯矩。当钢箱梁为单箱单室并带有悬臂板时，框架立柱也需考虑挑梁传来的集中力 P_2 产生的附加弯矩，其计算模型均如图 5.44(d)所示。

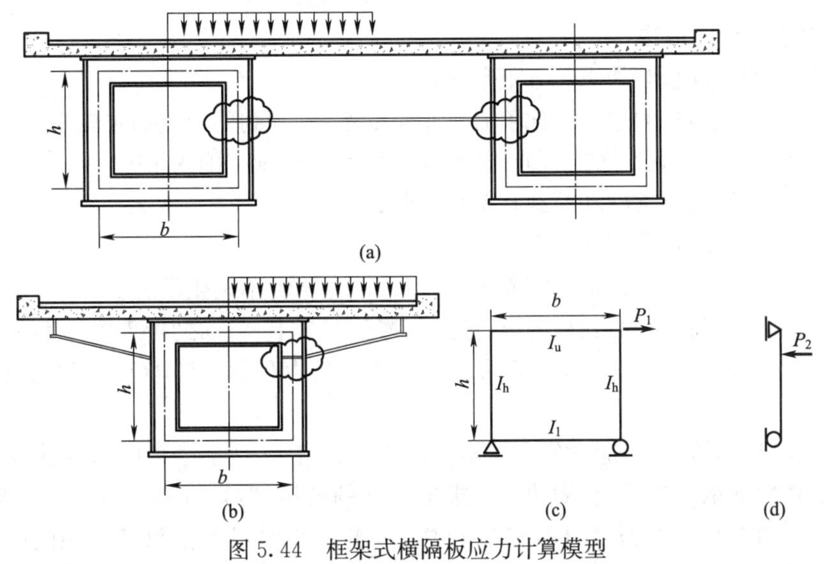

图 5.44　框架式横隔板应力计算模型

对于桁架式横隔板，则可以简化为由轴向受力构件组成的平面桁架进行计算，桁架斜腹杆应力按式(5.30)近似计算

$$\sigma_b=\begin{cases}\dfrac{M_x}{4A_cA_b}L_b, & \text{X 形桁架}\\[2ex] \dfrac{M_x}{2A_cA_b}L_b, & \text{V 形桁架}\end{cases}\tag{5.30}$$

式中　L_b——桁架式横隔板斜腹杆的长度，如图 5.45 所示；

A_b——单个斜腹杆的截面积，如图 5.45 所示；

A_c——箱梁板壁中心线围成的面积。

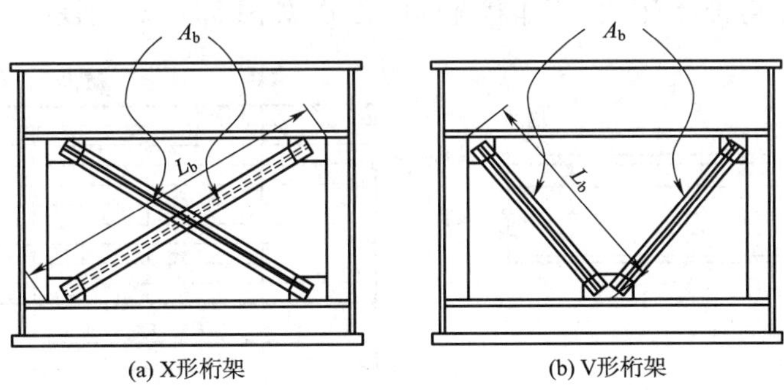

图 5.45　桁架式横隔板

③横向联结系应力分析

对于多箱钢箱梁桥，通常需要设置主梁间横向联结系，主要承受水平荷载与偏心荷载引起的扭矩作用，这与钢板梁桥主梁间横向联系的功能一致。关于钢箱梁桥横向联结系(横肋、横

梁)应力分析请参考第三章钢板梁桥。

2)局部模型分析

钢箱梁桥板件局部受力分析主要获得外荷载引起加劲板局部挠曲内力。局部受力分析手段包括解析法(比拟正交异性板法、P. E. 法)和数值法(梁格法、有限条法和有限元法)。上述方法各有优缺点,最终应结合荷载性质与加劲板结构布置来决定。

(1) 比拟正交异性板法

运用比拟正交异性板必须满足如下前提:

①加劲肋的间距与板的边长的比值必须足够的小,即加劲肋应当布置较密;

②纵、横肋布置都应是均布的,即板的刚度在宽度和长度范围内不变;

③板的刚度不随边界条件和荷载状况而变化;

④盖板和加劲肋的材质相同;

⑤盖板与加劲肋的连接边是密实而牢固的,即确保两者不发生滑移。

该方法的基本思路是把加劲板的纵、横肋分摊到盖板上,将加劲板理想化为一个无肋而等厚的构造性正交异性板,与各向同性板的分析思路一致,可建立竖向荷载下微元体平衡微分方程。

对于正交异性钢桥面板,通常假定腹板面内刚度无穷大,故加劲板的两条纵边可假定为简支,而横边则弹性支承在横隔板(横肋)上,求出挠度的解析解,再计算板件内力。当荷载作用在横肋上时,比拟正交异性板法计算精度较高,但当荷载作用在相邻横肋中间时,计算精度较差。

(2) Pelikan-Esslinger(P. E.)法

此法将纵肋均分到盖板上,把正交异性板看成简支支承在主梁(腹板)、按等间距 t 排列的弹性横肋上的正交异性连续板,如图 5.46 所示。先将横肋作为刚性支承,进行板件受力分析,再考虑横肋的弹性支承对板件变形及内力进行修正。使用 P. E. 法需要满足与比拟正交异性板法相同的前提条件。P. E. 法计算分为两个阶段。

第一阶段:假定横肋的刚度为无穷大,正交异性板刚性支承在横肋上,如图 5.47(a)所示,计算纵、横肋(均计及盖板的有效宽度)的最大弯矩值。

第二阶段:计算横肋的弹性变形所产生的附加弯矩,如图 5.47(b)所示,再修正第一阶段求得的弯矩,最终获得符合板实际工作状况的内力值,如图 5.47 (c)所示。

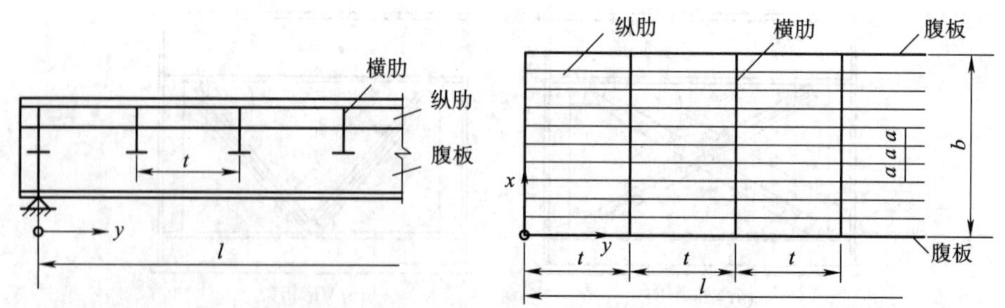

图 5.46 正交异性连续板

(3) 梁格法

该法的主要思路是把加劲板从肋的中间分开,并归并到纵、横肋上去,构成格子梁体系,如图 5.48 所示,最先由 H. Homberg 提出。梁格法主要局限是忽略了加劲板面内剪切变形。

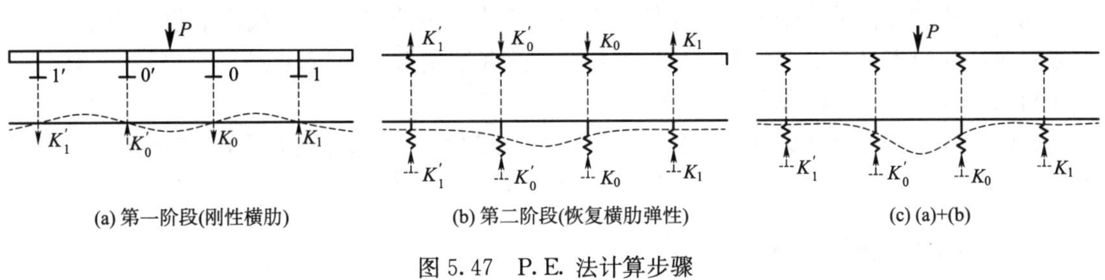

图 5.47　P.E. 法计算步骤

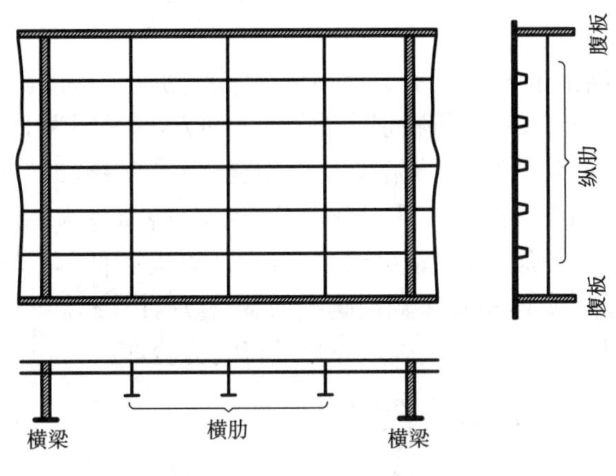

图 5.48　梁格法计算模型

梁格法是用一个支承于主梁和横隔板的等效梁格体系来代替正交异性连续板，只有梁格布置越密，梁格法的近似性越好，计算结果更符合实际。每根纵、横肋均采用与其中心线相重合的梁单元模拟，最后通过杆系结构有限元分析逼近加劲板弯曲应力和位移。

局部模型分析还可采用有限条法和有限元法等数值方法求解，其思路是根据连续盖板与纵、横向加劲肋的相对位置，采用板条、板块单元离散加劲板，再根据单元内力—位移关系，求得单元内任意点的内力，计算精度与使用的单元类型和数量密切相关。

通过叠加钢箱梁桥整体模型和加劲板局部模型的变形和应力结果，求得符合钢箱梁桥实际工作状态的最不利应力和位移。

5.5　钢箱梁桥设计检算

5.5.1　钢箱主梁验算

1)承载能力极限状态验算

根据 5.3 节所得钢箱梁整体模型最不利应力计算结果，参考《公路钢结构桥梁设计规范》(JTG D64—2015)、《铁路桥涵设计规范(极限状态法)》(Q/CR 9300—2018)等设计规范规定，需完成钢箱主梁承载能力极限状态设计检算。验算内容包括：钢箱主梁强度校核(弯曲正应力、剪应力、局部承压应力以及复合应力分析)，整体稳定、加劲板件局部稳定及抗倾覆性能验算，检算步骤可参考第 2 章 2.4.5 节和 2.4.6 节内容。

2)正常使用极限状态验算

钢箱梁桥应具备足够刚度。公路桥梁在不计冲击力的汽车车道荷载标准值作用下，钢箱主梁竖向挠度应满足表 2.30 的要求；铁路桥梁在列车静荷载作用下，梁体的竖向挠度、梁端竖向转角均应满足表 2.34～表 2.37 的要求。

铁路钢箱梁桥除静力设计外，可能还需要进行专门的车桥耦合动力计算，以满足列车运行安全性、货车平稳性和客车乘坐舒适性要求，具体要求参考第 2 章 2.4.6 节内容。

5.5.2 正交异性钢桥面验算

1)强度验算

正交异性钢桥面板强度验算时，需叠加整体与局部模型的应力来完成强度校核。

2)疲劳验算

无论是公路还是铁路钢箱梁桥，正交异性钢桥面板加劲肋、盖板以及横隔板相交位置疲劳荷载影响较大，是桥梁构造细节疲劳验算特别需要关注的地方，这是因为上述区域直接承受反复的轮压作用，将使钢桥面板在应力集中或缺陷处的微小裂纹不断扩展，最终导致疲劳损伤失效。

《公路钢结构桥梁设计规范》(JTG D64—2015)规定：桥面系构件疲劳验算应采用疲劳荷载计算模型Ⅲ进行计算。在确定疲劳应力时，应考虑计算模型Ⅲ车轮横向最不利加载位置概率。根据验算部位纵向影响线，进行车辆影响线加载，叠加计算整体模型和局部模型下应力水平，得到验算部位的应力幅 $\Delta\sigma$、$\Delta\tau$。按式(5.31)进行疲劳验算。

$$
\begin{aligned}
&\gamma_{\mathrm{Ff}}\Delta\sigma_{\mathrm{E2}}\leqslant\frac{k_{\mathrm{s}}\Delta\sigma_{\mathrm{c}}}{\gamma_{\mathrm{Mf}}}\\
&\gamma_{\mathrm{Ff}}\Delta\tau_{\mathrm{E2}}\leqslant\frac{\Delta\tau_{\mathrm{c}}}{\gamma_{\mathrm{Mf}}}\\
&\left(\frac{\gamma_{\mathrm{Ff}}\Delta\sigma_{\mathrm{E2}}\gamma_{\mathrm{Mf}}}{k_{\mathrm{s}}\Delta\sigma_{\mathrm{c}}}\right)^{3}+\left(\frac{\gamma_{\mathrm{Ff}}\Delta\tau_{\mathrm{E2}}\gamma_{\mathrm{Mf}}}{\Delta\tau_{\mathrm{c}}}\right)^{5}\leqslant 1\\
&\Delta\sigma_{\mathrm{E2}}=(1+\Delta\phi)\gamma\Delta\sigma\\
&\Delta\tau_{\mathrm{E2}}=(1+\Delta\phi)\gamma\Delta\tau
\end{aligned}
\tag{5.31}
$$

式中 $\Delta\phi$——伸缩缝附近材料疲劳荷载放大系数，与验算截面到伸缩缝的距离 D 有关，$\Delta\phi=\begin{cases}0.3\left(1-\dfrac{D}{6}\right), & D\leqslant 6\\ 0, & D>6\end{cases}$；

γ——损伤等效系数，请参考《公路钢结构桥梁设计规范》(JTG D64—2015)附录 D；

$\Delta\sigma_{\mathrm{c}}$，$\Delta\tau_{\mathrm{c}}$——疲劳细节类别，对应于 200 万次常幅疲劳循环的疲劳应力强度，请参考《公路钢结构桥梁设计规范》(JTG D64—2015)附录 C；

k_{s}——尺寸效应折减系数，请参考《公路钢结构桥梁设计规范》(JTG D64—2015)附录 C；

γ_{Ff}——疲劳荷载分项系数，取 1.0；

γ_{Mf}——疲劳抗力分项系数，重要构件取 1.35，次要构件取 1.15。

3)局部挠度验算

根据局部模型，计算钢桥面板盖板相对闭口纵肋腹板的最大挠度 $D_{\max}$，如图 5.12 所示，需满足挠跨比要求，即

$$
\frac{D_{\max}}{L}\leqslant\frac{1}{700}\tag{5.32}
$$

式中 L——钢桥面板闭口纵肋腹板间距。

5.5.3　横隔板验算

1)强度验算

偏心竖向活载引起钢箱梁桥扭转,使得主梁横隔板承受内力。根据式(5.28)和式(5.30)计算横隔板应力,如果应力小于强度设计值,则其满足强度要求。

2)刚度验算

为抵抗箱梁畸变,横隔板必须要有足够的刚度。横隔板的主要尺寸如图 5.49 所示,其刚度应满足式(5.33)要求:

$$K \geqslant 20\frac{EI_{\mathrm{dw}}}{L_{\mathrm{D}}^{3}} \tag{5.33}$$

$$I_{\mathrm{dw}}=\frac{1}{3}\left[\alpha_1^2F_{\mathrm{u}}\left(1+\frac{2b_1}{B_{\mathrm{u}}}\right)^2+\alpha_2^2F_l\left(1+\frac{2b_2}{B_l}\right)^2+2F_{\mathrm{h}}(\alpha_1^2-\alpha_1\alpha_2+\alpha_2^2)\right]$$

$$\alpha_1=\frac{e}{e+f}\frac{B_{\mathrm{u}}+B_l}{4}H,\quad \alpha_2=\frac{f}{e+f}\frac{B_{\mathrm{u}}+B_l}{4}H$$

$$e=\frac{I_{\mathrm{f}l}}{B_l}+\frac{B_{\mathrm{u}}+2B_l}{12}F_{\mathrm{h}},\quad f=\frac{I_{\mathrm{fu}}}{B_{\mathrm{u}}}+\frac{2B_{\mathrm{u}}+B_l}{12}F_{\mathrm{h}}$$

式中　L_D——横隔板间距,根据式(5.6)确定;

E——钢材弹性模量;

I_{dw}——箱梁截面主扇性惯性矩;

F_{u}——箱梁上翼缘截面面积(包括加劲肋);

F_l——箱梁下翼缘截面面积(包括加劲肋);

F_{h}——一个腹板的截面积;

I_{fu}——上翼缘对箱梁对称轴的惯性矩;

$I_{\mathrm{f}l}$——下翼缘对箱梁对称轴的惯性矩;

H——箱梁腹板长度。

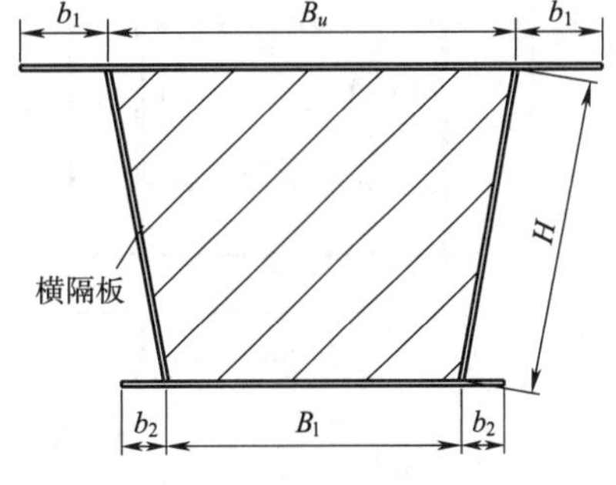

图 5.49　箱梁横隔板尺寸

(1) 实腹式横隔板

对于实腹式横隔板,刚度按式(5.34)计算

$$K=4GA_{\mathrm{c}}t_{\mathrm{D}} \tag{5.34}$$

式中　G——钢材剪切模量;

(2) 桁架式横隔板

对于 X 形桁架:

$$K=8EA_{\mathrm{c}}^2\frac{A_{\mathrm{b}}}{L_{\mathrm{b}}^3} \tag{5.35}$$

对于 V 形桁架:

$$K=2EA_{\mathrm{c}}^2\frac{A_{\mathrm{b}}}{L_{\mathrm{b}}^3} \tag{5.36}$$

式中　L_{b}——桁架式横隔板斜腹杆的长度,如图 5.45 所示;

A_{b}——单个斜腹杆的截面积,如图 5.45 所示。

A_{c}——箱梁板壁中心线围成的面积。

(3) 框架式横隔板

横隔板可简化为框架计算，如图 5.50(a)和图 5.50(b)所示。其中，横隔板的加强翼缘或加强加劲肋简化为框架截面的翼板，横隔简化为框架截面的腹板；分别取上、下翼缘和腹板厚度的 24 倍宽度作为框架截面的翼板有效宽度，如图 5.50 (c)所示。矩形框架式横隔板的刚度 K 由式(5.37)近似求得。

$$K=\beta K' \tag{5.37}$$

$$K'=\frac{48E\left(\dfrac{b}{I_{\mathrm{u}}}+\dfrac{b}{I_{l}}+\dfrac{6h}{I_{\mathrm{h}}}\right)}{\dfrac{b^{2}}{I_{\mathrm{u}}I_{l}}+\dfrac{2bh}{I_{\mathrm{u}}I_{\mathrm{h}}}+\dfrac{2bh}{I_{l}I_{\mathrm{h}}}+\dfrac{3h^{2}}{I_{\mathrm{h}}^{2}}} \tag{5.38}$$

式中　b——框架的宽度；

h——框架的高度；

$I_{\mathrm{u}}, I_{l}, I_{\mathrm{h}}$——上、下翼缘和腹板处横隔板简化为框架截面的惯性矩；

β——开口率修正系数，由图 5.51 查得。

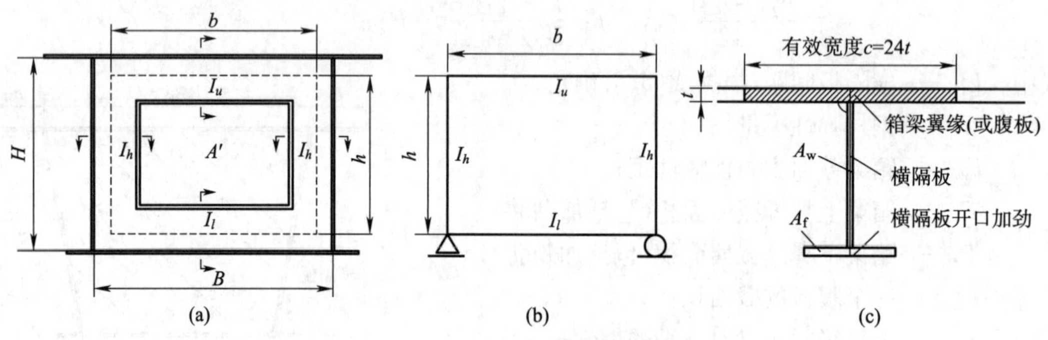

图 5.50　框架式横隔板

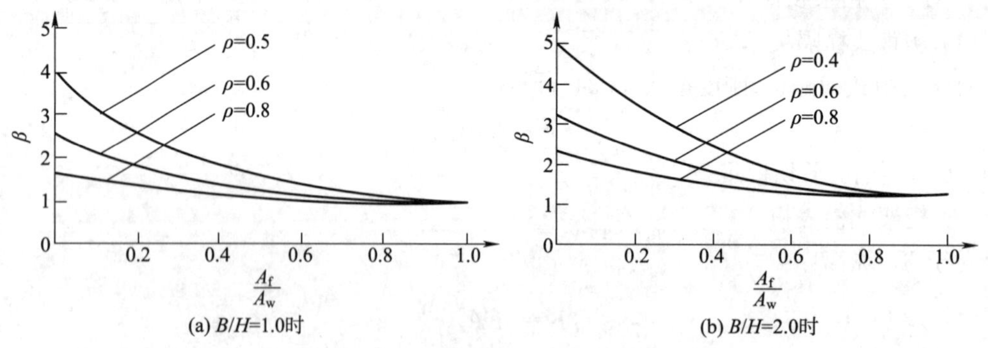

图 5.51　横隔板刚度修正系数

思考题

5-1 简述钢箱梁桥的组成以及各部分的作用。

5-2 正交异性钢桥面板加劲肋的布置原则是什么？如何进行设计检算？

5-3 正交异性钢桥面板出现疲劳开裂的原因是什么？易发生疲劳损伤的部位有哪些？

5-4 钢箱主梁根数与梁宽的确定应考虑哪些因素？

5-5 钢箱主梁的梁高是如何确定的？

5-6 钢箱梁桥有效截面的确定原理是什么？

5-7 钢箱梁为什么要设置横隔板？如何确定横隔板的结构形式呢？

5-8 钢箱梁桥结构分析方法有哪些？各自有什么优缺点？

5-9 同等跨径条件下，相比钢板梁桥与钢桁梁桥，钢箱梁桥有什么技术优势？

第6章　组合梁桥

6.1　组合梁桥的特点与类型

组合梁是指采用剪力连接件将钢梁与混凝土板组合成一个整体并共同承担外荷载的复合结构，如图6.1所示。普通混凝土材料具有较高的抗压强度，但其自重大、抗拉强度低，强度和裂缝宽度的限制往往控制了其应用范围；钢材具有强度高、韧性好的优点，为减轻自重并节省材料，钢结构常被设计为薄壁形式，这容易出现失稳破坏而导致材料利用率降低。为了充分发挥混凝土和钢材各自的特点，将这两种材料组合在一起共同工作，从而产生了组合结构这种新的结构形式。

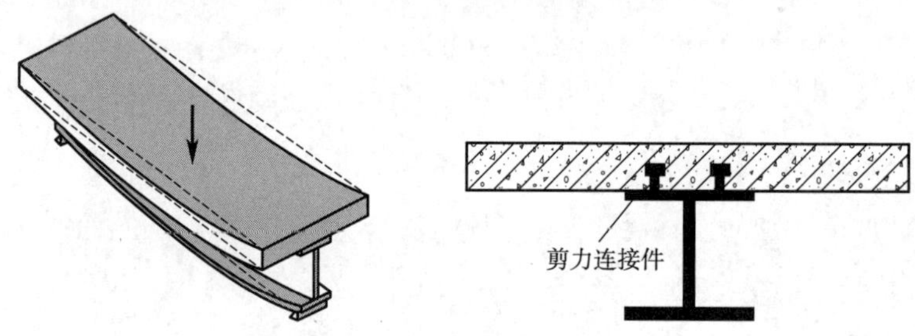

图6.1　组合梁构造示意

由于简支梁上缘受压、下缘受拉，通过在简支梁上翼缘布置适宜受压的混凝土板，下翼缘设置抗拉强度高的钢梁，既不会出现混凝土受拉开裂的问题，也不易使钢梁受压失稳，因此，简支梁是组合梁桥最常采用的结构形式。近年来，随着组合梁技术的不断进步，混凝土板不再仅限于设置在截面上缘，而是可根据需要在截面上、下缘设置；组合梁的钢梁也由钢板梁发展到钢箱梁、钢槽形梁、钢桁梁和波形钢腹板梁；超高性能混凝土、预应力技术也在组合梁中得到越来越多的应用。目前，组合梁桥的应用范围已从简支梁桥逐渐扩展到连续梁桥、拱桥和斜拉桥等多种复杂结构体系。

6.1.1　组合梁的特点

组合梁桥将钢梁和混凝土板联合在一起共同受力，可充分发挥两种材料的力学性能，与钢梁和混凝土梁相比，其构造和受力有如下特点：

(1)与钢筋混凝土梁相比，组合梁可以减小构件尺寸、减轻自重，提高结构的跨越能力和耐久性。可利用先架设的钢梁作为支架和模板，现场浇筑混凝土桥面板，加快施工速度，节省模板和支架数量。

(2)由于混凝土板与钢梁共同工作，与钢梁相比，组合梁可节省20%～40%的钢材。组合梁计算截面比钢梁大，可增大结构刚度。混凝土受压翼缘使得主梁截面中性轴上移，钢梁腹板大部分处于受拉区，可避免钢梁腹板发生局部失稳。

(3)剪力连接件是保证钢梁和混凝土板共同工作的前提，其构造形式、布置方式是组合梁设计计算的关键环节。

(4)混凝土的收缩和徐变变形将受到钢梁的约束，从而导致组合梁出现内力、应力重分布以及附加变形。

(5)组合梁桥常用的施工顺序是先架设钢梁，然后再施工混凝土板，此时，钢梁作为混凝土板的模板和支架单独受力。混凝土达到强度后，才作为主梁的翼缘板与钢梁形成组合截面，参与主梁共同工作。因此，钢梁和混凝土板参与受力的施工阶段不一致，钢梁和混凝土板的应力一般采用应力叠加法计算。

(6)组合梁施工工序较多，对施工要求较高，耐火性能比钢筋混凝土梁差。

6.1.2　组合梁的类型

按照钢主梁的形式，可将组合梁桥分成钢板组合梁、钢箱组合梁、钢桁组合梁、波形钢腹板组合梁等不同类型。

1)钢板组合梁

钢板组合梁采用轧制型钢或焊接工字形钢板梁与混凝土桥面板形成组合截面，钢板梁之间设置横向连接使各片梁共同受力。某钢板组合梁渲染效果如图 6.2 所示。

图 6.2　钢板组合梁

钢板组合梁可直接采用钢厂生产的热轧工字形型钢作钢梁，现场加工简单，施工安装方便。钢梁采用工字形型钢时，由于其自身截面尺寸小，承载能力有限，故一般只用于小跨径组合梁。由于混凝土桥面板作为组合梁翼缘承受荷载，组合钢板梁采用上、下翼缘不对称的钢梁截面形式对受力更为有利，上翼缘仅需满足布置剪力连接件的要求，下翼缘则可根据受力要求加大尺寸，因此特别适合焊接钢梁。对于轧制钢梁，也可在下翼缘贴焊钢板，但需注意钢梁疲劳强度降低的问题。

各片钢板组合梁通过横梁或横联进行连接以提高其整体性，如图 6.3 所示。其中横梁多用钢板梁形式，横联多用桁架式，通常不与混凝土桥面板连接，单跨简支钢板组合梁一般设置 3～5 道横梁或横联。

2)钢箱组合梁

钢箱组合梁由混凝土箱梁和钢箱梁发展而来，由于箱形截面抗扭刚度大，稳定性好，在城市桥梁及大型立交枢纽工程中应用广泛。

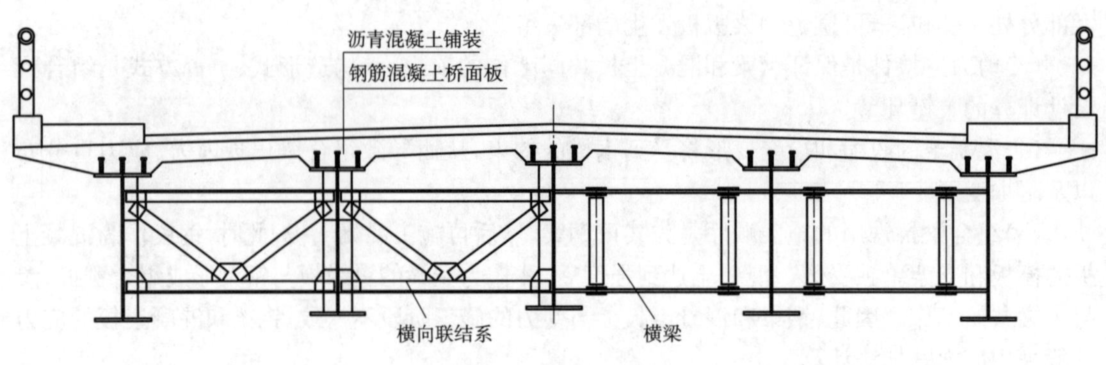

图 6.3 钢板组合梁

钢箱组合梁可分为开口的槽形钢箱梁[图 6.4(a)]和闭口钢箱梁[图 6.4(b)],两者的差别在于箱梁是否具有钢顶板。

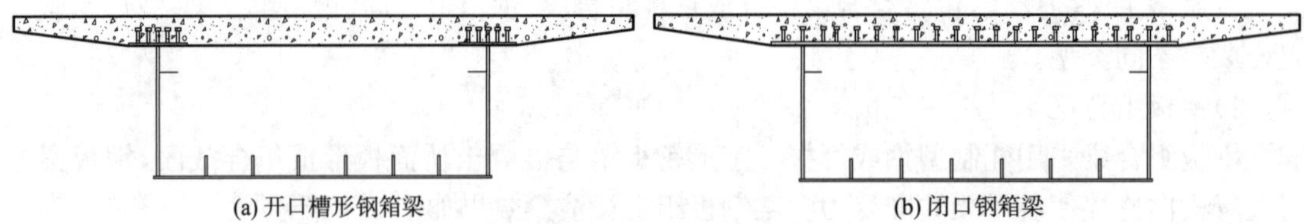

图 6.4 钢箱组合梁

槽形钢箱梁制作比较方便,用钢量少,但是在与混凝土桥面板形成组合截面之前,其抗扭刚度小,稳定性较差,需增加横隔板或斜撑以保证结构的稳定性。当桥面宽度较大时,可在箱内增加横隔板、斜向钢支撑,或者增加纵向腹板变成单箱多室断面以减小混凝土桥面板的厚度,也可以做成多箱多室截面,如图 6.5 所示。

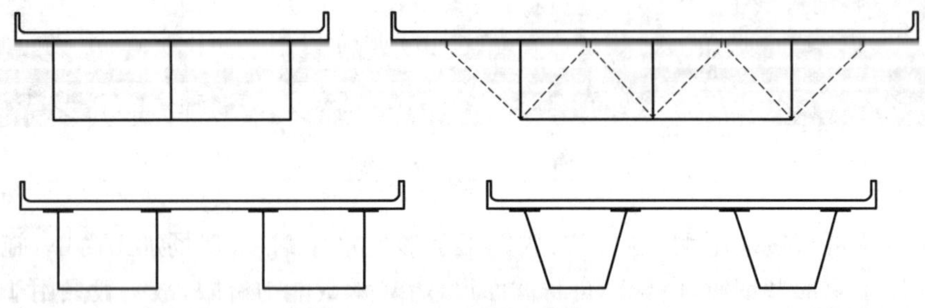

图 6.5 钢箱组合梁截面形式

相对于开口截面钢箱梁,闭口钢箱组合梁用钢量略高,但内部密闭性和施工时的稳定性更好,剪力连接件的布置空间也更宽裕。

3)钢桁组合梁

钢桁组合梁用钢桁架代替实腹钢梁并与混凝土桥面板相结合,如图 6.6 所示。钢桁组合梁在大跨度桥梁中具有良好的应用前景,我国芜湖长江大桥、天兴洲大桥等桥梁都采用了该结构形式。

钢桁组合梁以混凝土桥面板作为主桁架受压弦杆的一部分参与受力,可以节约钢材,有利于提高主桁的刚度和降低桁高;混凝土桥面板还可以起到平纵联的作用并参与主桁受剪,提高

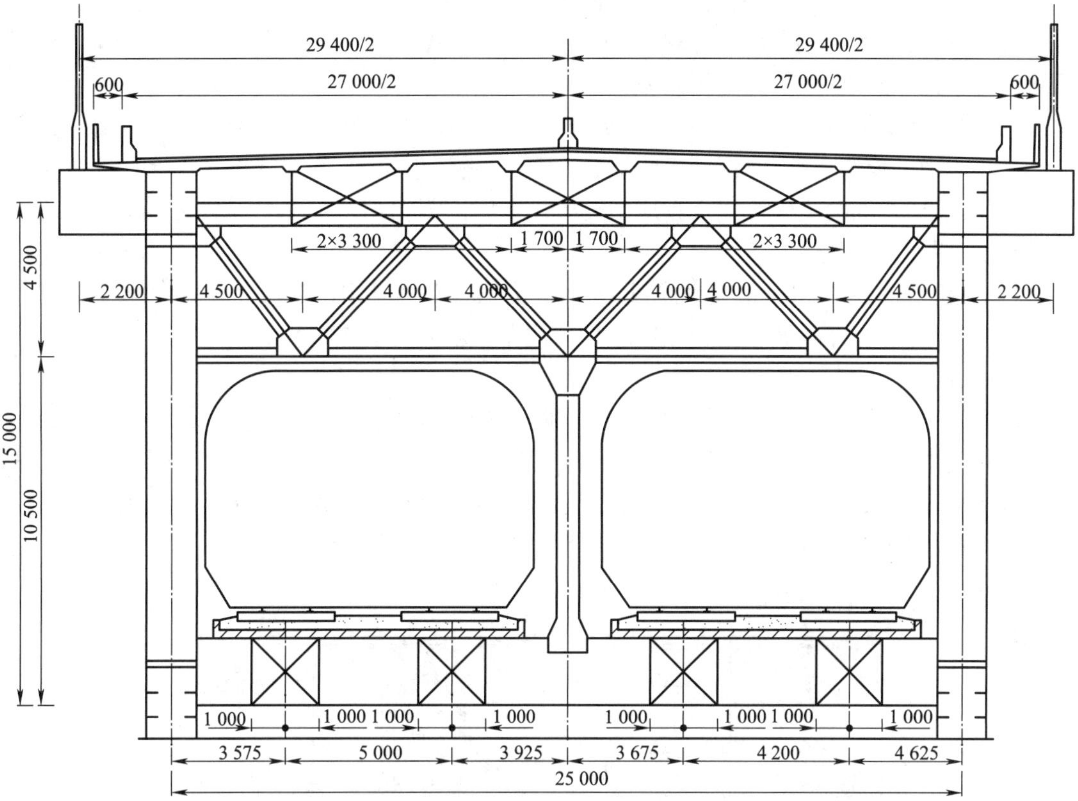

图 6.6　钢桁组合梁（单位：mm）

主桁的空间稳定性，改善主桁架的受力状况。

4)波形钢腹板组合梁

大跨度预应力混凝土梁桥腹板厚度较大且容易开裂，而波形钢板具有质量轻且纵向刚度小的特点，用波形钢板代替混凝土腹板，可以实现主梁的轻型化，有效提高纵向预应力的利用率，是一种具有推广价值的新型桥梁结构形式。波形钢腹板组合梁通常由混凝土顶板、混凝土底板和波形钢腹板组成，混凝土顶板和底板通过剪力连接件与波形钢腹板连成整体共同受力，如图 6.7 所示。

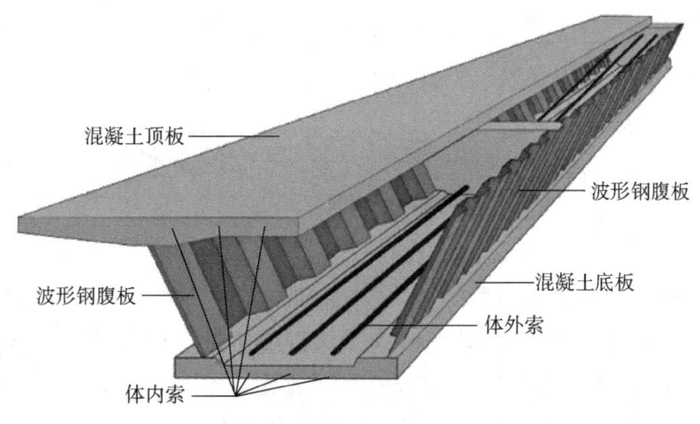

图 6.7　波形钢腹板组合梁

波形钢腹板沿桥梁纵向为折叠状,类似于手风琴,其受力特点如下:

(1)面积较大的上、下翼缘远离截面中性轴,利用混凝土上、下翼缘抵抗弯矩,波形钢腹板承受剪力,可以充分提高截面使用效率。

(2)波形钢腹板纵向刚度小,对顶底板施加纵向预应力时,腹板基本不参与预应力的分配,提高了预应力的使用效率;对混凝土收缩、徐变变形的约束小,有利于减小收缩徐变次效应。

(3)无法通过混凝土腹板实现预应力筋转向,往往采用体内、体外预应力筋混用的布置方式,施工工序相对烦琐。

(4)抗扭、抗剪刚度相对普通混凝土箱梁降低,为了减小截面畸变,提高抗扭刚度,并有利于体外预应力束的转向,波形钢腹板组合梁往往布置较多的横隔板数量。

5)混合梁

混合梁中的钢混结合段也是组合梁的一种特殊形式。混合梁一般指主梁采用两种以上的材料沿长度方向连接成整体的结构形式,如连续梁或斜拉桥的主跨采用质量较轻的钢箱梁,边跨则采用刚度较大的混凝土梁。混合梁的钢梁和混凝土梁之间要实现传力顺畅、刚度平稳过渡,需合理设置钢混结合段。目前,钢混结合段常用连接方式如图 6.8 所示。

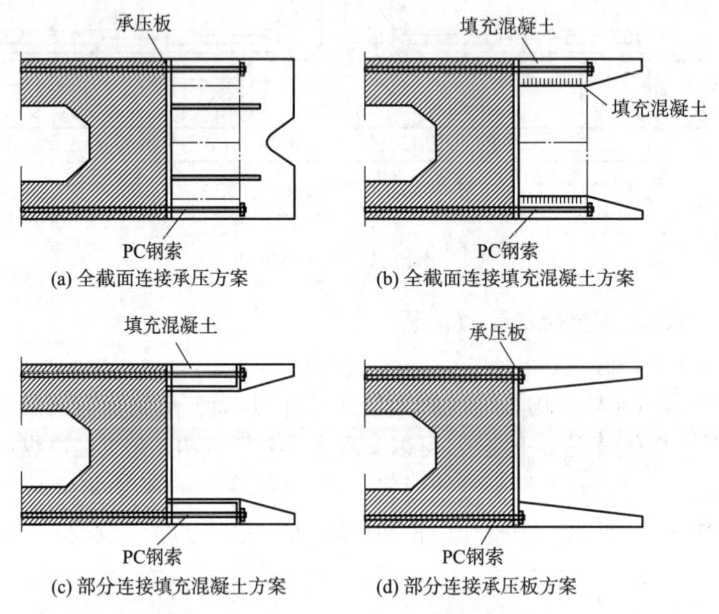

图 6.8 钢混结合段构造

6.2 组合梁桥的基本构造

6.2.1 剪力连接件的构造

剪力连接件可分为刚性和柔性两大类。刚性连接件自身刚度大,荷载作用下变形量很小,在受压侧混凝土内易引起应力集中,破坏时表现为混凝土被压碎或剪切破坏,容易导致脆性破坏。刚性连接件数量需按剪力图进行布置,可能造成设计施工不便,目前应用较少。柔性连接件自身刚度较小,在剪力作用下会发生变形,使得混凝土板和钢梁之间发生一定程度的滑移。由于柔性连接件的延性较好,变形后所能提供的抗剪承载力不会降低,可以使组合梁的界面剪力在承载力极限状态时发生重分布，剪跨内各剪力连接件的受力比较均匀，从而能够减少剪力连接件的数量并分段均匀布置，减小设计和施工难度。

刚性连接件的主要形式为方钢连接件[图 6.9(a)]、T 形钢[图 6.9(b)]、马蹄形钢[图 6.9(c)]、开孔板[图 6.9(d)]等；柔性连接件有圆柱头焊钉、槽钢、弯筋、角钢、L 形钢、锚环、摩擦型高强螺栓等形式[图 6.9(e)～(k)]。

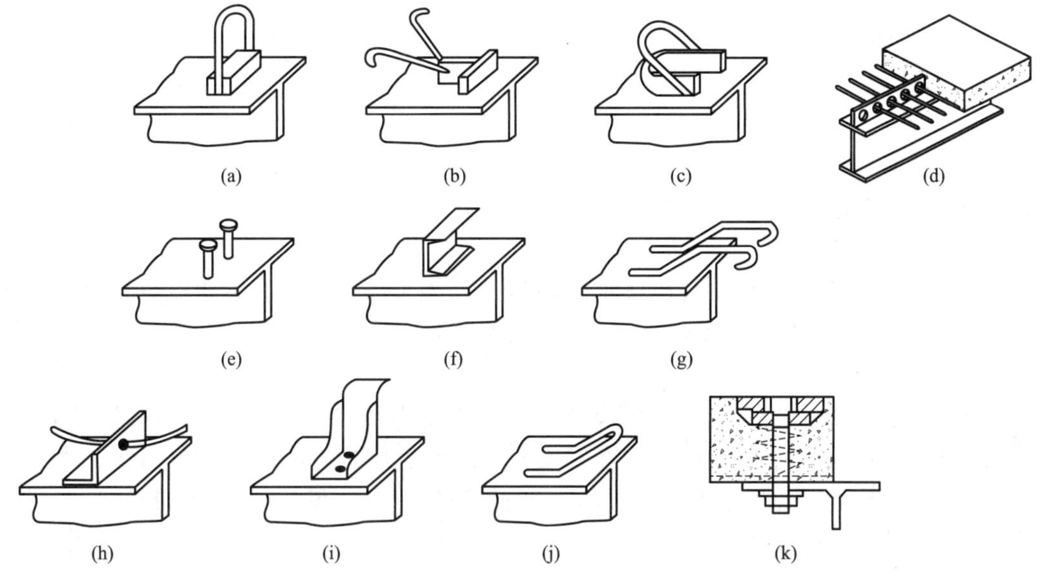

图 6.9　剪力连接件构造形式

圆柱头焊钉具有各向同性、抗剪承载力高、抗掀起性能好、施工方便等优点，是目前应用最广泛，综合性能最好的抗剪连接件。开孔板连接件(PBL 连接件)由沿钢梁纵向焊接的开孔竖向钢板构成，通过钢板孔内的混凝土来抵抗钢梁与混凝土间的纵向剪力和上拔力。连接件孔内可贯通横向钢筋，增加对孔内混凝土榫的横向约束作用，提高连接件的抗剪承载力。开孔板连接件刚度大，抗疲劳性能好，比较适合需要焊钉数量多或抗疲劳性能要求较高的情况。

6.2.2　混凝土桥面板的构造

组合梁常用的桥面板可分为现浇混凝土板、预制混凝土板、叠合桥面板以及钢板—混凝土组合桥面等。

1)现浇混凝土板

现浇混凝土板通过布置模板，浇筑混凝土将钢梁连接为整体共同受力，整体性好，容易满足桥面构造变化的需求，但现场湿作业工作量大，施工速度较慢[图 6.10(a)]。为适应桥面板所承受的横桥向弯矩变化和设置连接件的需要，可在混凝土板与钢梁的支承边缘设置承托，如图 6.10(b)所示。

现浇混凝土桥面板的收缩量较大，收缩时受到钢梁的约束使混凝土内产生拉应力，剪力连接件中也将出现较大的纵向剪力。采用微膨胀混凝土、纤维混凝土、活性粉末混凝土等不收缩或收缩量小的混凝土代替普通混凝土，降低混凝土中的水泥含量或水灰比，可以减小混凝土的收缩。加强养护措施，避免混凝土表面水分过快流失，也是抑制混凝土收缩的有效手段。采用无临时支撑的施工方式，可使钢梁承担大部分恒载，减小混凝土桥面板中的应力水平，可有效

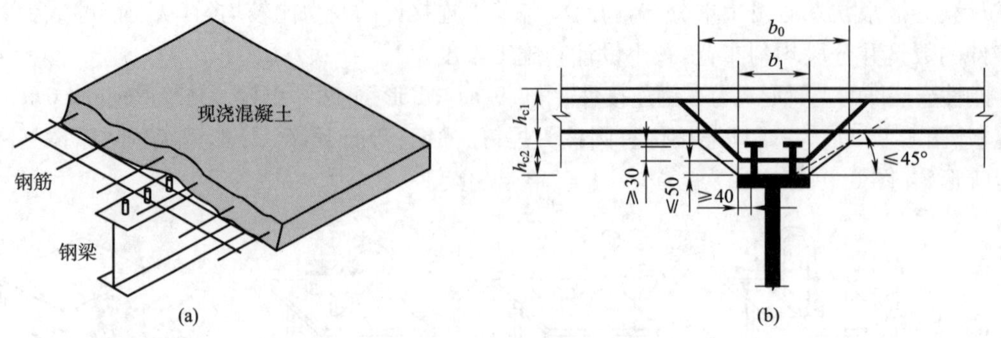

图 6.10　现浇混凝土桥面板(单位:mm)

减少混凝土的后期徐变变形。

2)预制混凝土板

组合梁在钢梁架设后,可安装预制混凝土桥面板,然后在预制板预留槽口浇筑混凝土,使钢梁与预制混凝土板连接成为整体。预制混凝土板现场湿作业量小,施工进度快,可降低混凝土收缩徐变产生的附加力。

预制混凝土桥面板通常垂直于桥梁纵向布置。对于多梁式结构的宽桥,中间行车道部分的预制板可支承在两根相邻钢梁上缘,在钢梁上翼缘设置连接件(或焊钉群)的部位,预留出10～30 cm 宽的混凝土现浇段[图 6.11(a)]。桥面宽度较小时,可在预制板内预留开孔,孔内布置剪力连接件并浇筑混凝土[图 6.11(b)]。

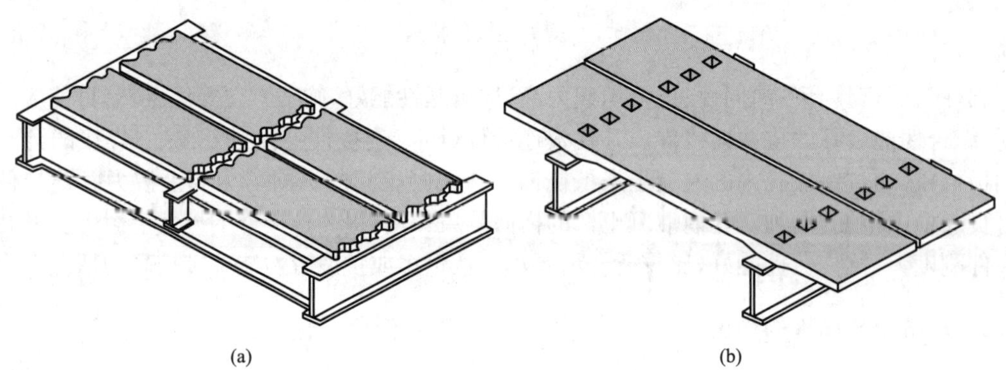

图 6.11　预制混凝土桥面板

相邻板端伸出的纵、横向钢筋应予以焊接或做成扣环接头,通过连接件和相互连接的钢筋将预制混凝土板与钢梁连接成整体。为防止钢梁上翼缘锈蚀,在钢梁与混凝土板之间应做砂浆垫层。混凝土预制板安装前宜存放 6 个月以上,以减小混凝土收缩、徐变带来的不利影响。

预制混凝土桥面板沿顺桥向的长度应根据横梁的间距和施工吊装能力,遵循方便施工和模数化的原则进行分块。对于主梁间距较大的组合梁桥,若翼板采用钢筋混凝土板,翼板混凝土会因钢梁横向间距过大而开裂。此时,可采用先张法预应力混凝土板作预制桥面板,以提高桥面板的抗裂性。

3)叠合桥面板

叠合桥面板是在钢梁上先设置一层较薄的预制板(或压型钢板、混凝土槽形板)兼作模板,然后在其上浇筑整体混凝土而形成组合混凝土桥面板,如图 6.12 所示。

为加强新旧混凝土之间的黏结，作为模板的预制混凝土板顶面可凿毛或做成凸凹不平的表面，在其上面设置竖向剪力钢筋，亦可在其表面涂抹有利于新旧混凝土黏结的界面剂。叠合桥面板构造简单，施工方便，上层现浇混凝土可与桥面铺装层混凝土一起浇筑，结构的整体性良好，也可减小混凝土的收缩、徐变效应，具有广泛的应用前景。

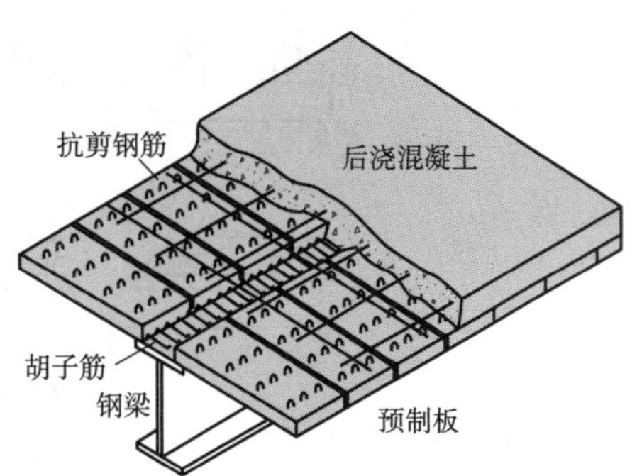

图 6.12　叠合混凝土桥面板

4)钢板—混凝土组合桥面

组合梁采用闭口钢箱梁时，钢梁上翼缘横向刚度较大，可与其上的混凝土板结合成为钢板—混凝土组合桥面共同受力，如图 6.13 所示。钢板—混凝土组合桥面具有刚度大、承载力高的特点，能抵抗各个方向的应力，非常适合于异形桥面。

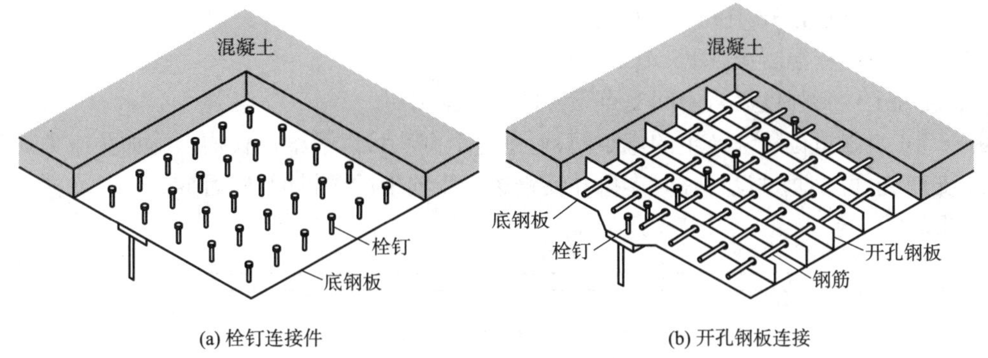

(a) 栓钉连接件　(b) 开孔钢板连接

图 6.13　钢板—混凝土组合桥面板

为了抵抗由局部荷载引起的应力，避免钢板的剥离和屈曲，降低腐蚀风险，钢板—混凝土组合桥面板的整个上翼缘均匀布置焊钉或开孔板等剪力连接件。

6.2.3　组合连续梁负弯矩区的构造

组合连续梁结构由于刚度大，自重轻，一般跨径超过 15 m 后，用钢量较相同跨径的简支组合梁低，而且其孔跨布置、施工方式更加灵活。因此当跨度较大时，采用连续梁方案将具有更好的受力和使用性能。组合连续梁中间支座附近为负弯矩区，由于上部的混凝土桥面板受拉而下部的钢梁受压，受力较为不利。采取适当的措施改善负弯矩区受力性能，确保负弯矩区的裂缝控制、钢梁下翼缘的受压稳定性是组合连续梁设计的重要内容。

1)预加荷载法

预加荷载法是钢梁施工完后，在正弯矩区段浇筑混凝土和施加一定的临时荷载，使得支点负弯矩区段钢梁产生预应力，然后浇筑负弯矩区段混凝土，等混凝土达到设计强度后，撤去临时荷载。由于正弯矩区段临时荷载的卸载，支点附近会产生反向的正弯矩，使得组合梁混凝土板产生一定的压应力，如图 6.14 所示。

2)强迫位移法

强迫位移法也是在组合梁中施加预应力的一种方式，主要的施工步骤为：

(1)架设钢梁[图 6.15(a)]；

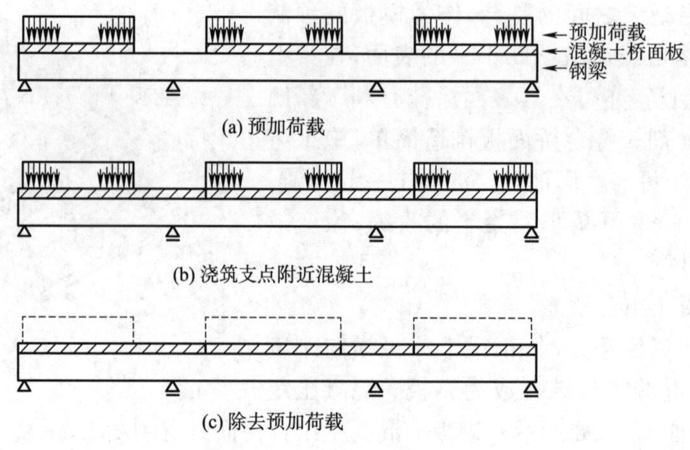

(a) 预加荷载

(b) 浇筑支点附近混凝土

(c) 除去预加荷载

图 6.14　预加荷载法施工顺序

(2)将中间支点顶升[图 6.15(b)]；

(3)浇筑桥面板混凝土[图 6.15(c)]；

(4)混凝土达到强度后将中间支点下降[图 6.15(d)]。

图 6.16 为强迫位移法产生的弯矩图，通过这个方法可以沿梁全长均匀施加预应力。除了顶升中支点，也可以通过设置临时支撑并使钢梁产生向上的预拱度，然后拆除临时支撑达到类似的效果。

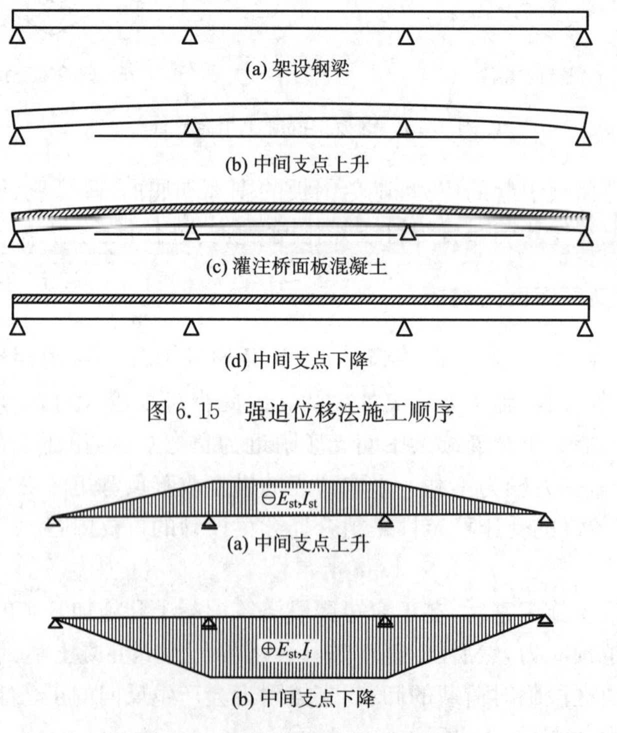

(a) 架设钢梁

(b) 中间支点上升

(c) 灌注桥面板混凝土

(d) 中间支点下降

图 6.15　强迫位移法施工顺序

(a) 中间支点上升

(b) 中间支点下降

图 6.16　强迫位移法产生的弯矩

3)施加预应力

在组合连续梁内施加预应力，可有效防止混凝土开裂。施加预应力的方式可以采用预应力粗钢筋或钢绞线进行直线配筋，也可以按照弯矩图形状布置钢绞线形成折线或曲线的体外预应力形式，如图 6.17 所示。

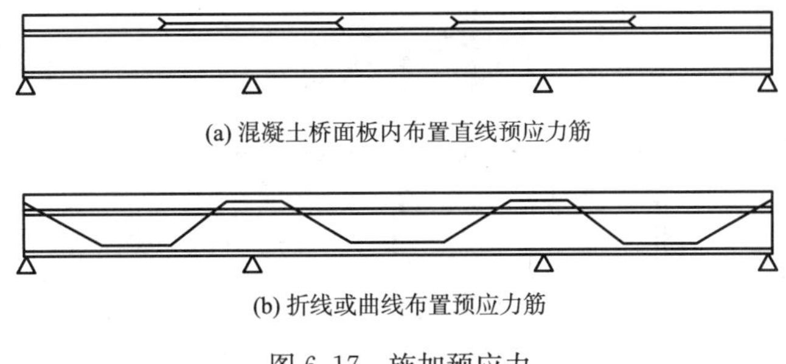

(a) 混凝土桥面板内布置直线预应力筋

(b) 折线或曲线布置预应力筋

图 6.17　施加预应力

4）提高负弯矩区配筋

实验表明，在混凝土板中配置足够的钢筋可以将混凝土板的裂缝宽度限制在容许值以内。钢筋应力在 100 MPa 以下时，裂缝宽度与周长率无关，只要配筋率在 1%以上，混凝土裂缝宽度可以限制在 0.2 mm 以下；钢筋应力在 180～200 MPa 时，配筋率在 1.5%以上，周长率在 0.04 cm/cm^2 以上，仍可将混凝土裂缝宽度限制在 0.2 mm 以下。上述配筋率指桥梁纵向钢筋截面总面积和混凝土板截面积之比；周长率指钢筋周长总和与混凝土板截面积之比。用该方法在计算应力时，对于正弯矩，可取混凝土板和钢梁合成的组合梁截面为抵抗截面；对于负弯矩，不计桥面板的混凝土，取纵向钢筋和钢梁组成的截面为抵抗截面。

此外，在连续梁负弯矩区截面下缘浇筑混凝土，形成双组合截面；在负弯矩区截面上缘设置抗拔不抗剪连接件等方法也是改善组合连续梁负弯矩区受力性能的有效措施。

6.3　组合梁桥整体计算方法

组合梁的分析方法可分为弹性分析方法和考虑截面塑性变形发展的塑性分析方法。目前，英国规范 BS5400、美国 AASHTO 规范、欧洲规范 4 和我国《钢结构设计标准》(GB 50017—2017)、《钢—混凝土组合桥梁设计规范》(GB 50917—2013)计算组合梁承载能力时对部分截面类型可考虑材料的塑性发展，而《公路钢结构桥梁设计规范》(JTG D64—2015)和《公路钢混组合桥梁设计与施工规范》(JTG/T D64-01—2015)在进行结构作用效应和抗力计算时采用弹性方法。

通常情况下，组合梁桥分阶段施工完成，施工期间存在结构体系转换，组合截面的钢梁和混凝土板也在不同施工阶段结合成为整体，计算时必须考虑不同施工阶段结构体系、受力截面的变化，还需考虑混凝土材料的徐变和收缩效应，以及由于混凝土板和钢梁导热性能不同而产生的温差效应。此外，剪力连接件将混凝土板和钢梁连接形成一个共同受力的整体，计算过程中将混凝土板和钢梁视为刚性连接，整体截面仍然满足平截面假定，因此，设计时必须充分保证剪力连接件的安全度。

6.3.1　组合梁的有效翼缘宽度

与钢梁和混凝土梁类似，组合梁在弯矩作用下也存在剪力滞效应，使得混凝土桥面板内的正应力呈现出腹板处大而向两侧翼缘逐渐减小的分布状态，因此，远离腹板的混凝土板不能有效地参与截面受力。桥梁设计中往往只需要得到截面的最大应力，因此，一般可采用翼缘的有效宽度代替实际宽度进行承载能力计算，如图 6.18 所示。

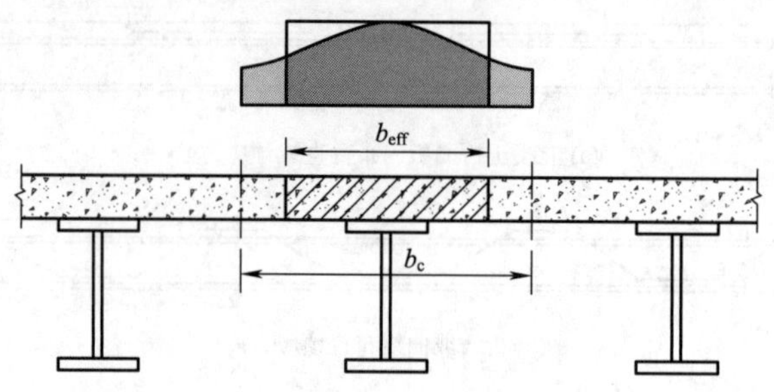

图 6.18 组合梁剪力滞效应

b_{eff}—翼缘有效宽度；b_c—梁肋间距

组合梁有效翼缘宽度与桥梁的结构形式、几何尺寸、荷载类型和约束条件等因素有关，为方便设计，各设计规范依据组合梁弹性阶段的应力分布状态，给出了比较简单的有效翼缘宽度计算方法。《公路钢结构桥梁设计规范》(JTG D64—2015)对组合梁翼缘有效宽度的计算规定如下：

(1)组合梁各跨跨中及中间支座处的混凝土板有效宽度 b_{eff} 按式(6.1)计算，且不应大于混凝土板实际宽度：

$$b_{eff} = b_0 + \sum b_{ef,i}$$

$$\sum b_{ef,i} = \frac{L_{e,i}}{6} \leqslant b_i \tag{6.1}$$

式中 b_0——钢梁腹板上方最外侧剪力件的中心间距，如图 6.19(c)所示；

$b_{ef,i}$——钢梁腹板一侧的混凝土板有效宽度，如图 6.19(c)所示；

b_i——最外侧剪力件的中心至相邻钢梁腹板上方的最外侧剪力件中心距离的一半或最外侧剪力件中心至混凝土板自由边的距离，如图 6.19(c)所示；

$L_{e,i}$——等效跨径，简支梁取计算跨径，连续梁按图 6.19(a)取。

(2)简支梁支点和连续梁边支点处的混凝土板有效宽度 b_{eff} 按式(6.2)计算。

$$b_{eff} = b_0 + \sum \beta_i b_{ef,i}$$

$$\beta_i = 0.55 + 0.025 \frac{L_{e,i}}{b_i} \leqslant 1.0 \tag{6.2}$$

式中 $L_{e,i}$——边跨的等效跨径(mm)[图 6.19(a)]。

(3)混凝土板有效宽度沿梁长的分布可假设为如图 6.19(b)所示。

(4)预应力组合梁在计算预加力引起的混凝土应力时，预加力作为轴向力产生的应力可按实际混凝土全宽计算；由预应力偏心引起的弯矩产生的应力可按混凝土板有效宽度计算。

(5)对超静定结构进行整体分析时，组合梁混凝土有效宽度可取实际宽度。

(6)混凝土板承受斜拉索、预应力束或剪力件等集中力作用时，可认为集中力从锚固点开始向两侧按扩散角 2×33°在混凝土板中传递。

6.3.2 组合梁截面的弹性分析

1)基本假定

采用弹性方法计算组合梁的作用效应和抗力时，可采用如下假定：

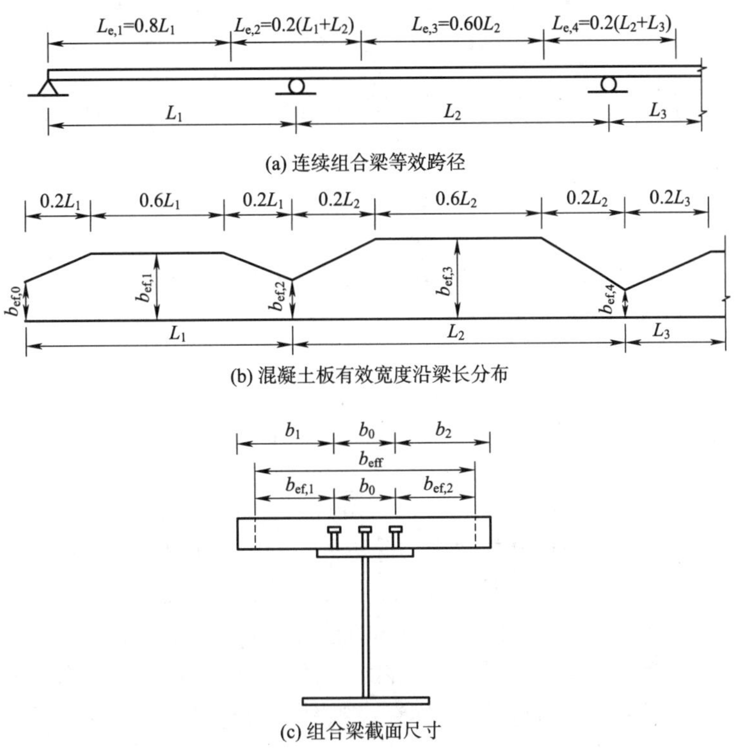

(a) 连续组合梁等效跨径

(b) 混凝土板有效宽度沿梁长分布

(c) 组合梁截面尺寸

图 6.19　组合梁等效跨径及混凝土板有效宽度计算

(1)钢材和混凝土均为理想线弹性材料；

(2)忽略混凝土板和钢梁之间的相对滑移，截面应变满足平截面假定；

(3)有效宽度范围内的混凝土板按实体面积计算，不扣除其中受拉开裂的部分，板托的面积可忽略不计；

(4)混凝土板内的纵向钢筋忽略不计。

假定(3)忽略板托面积主要是为了简化计算，由于弹性阶段混凝土板的应力水平通常较低，板托距截面中性轴比较近，对承载力和刚度的影响小，这种简化产生的误差一般很小。值得注意的是，《公路钢结构桥梁设计规范》(JTG D64—2015)规定，按混凝土是否开裂，组合梁截面的抗弯刚度分为未开裂截面刚度和开裂截面刚度，计算开裂截面刚度时，不计受拉区混凝土对刚度的影响，但应计入混凝土板内纵向钢筋的作用，这与上述假定(3)、(4)有所不同。

2)组合梁的换算截面

组合梁的应力计算可以利用材料力学公式，由于材料力学是针对单质连续弹性体，因此，组合梁截面需换算成同一种材料的截面，即换算截面。

设混凝土单元面积为 A_c、弹性模量为 E_c，在应力 σ_c 的情况下有应变 ε_c，根据合力不变及应变相同的条件，该混凝土单元可换算为弹性模量 E_s，应力为 σ_s 的钢材面积 A_s。

由合力大小不变的条件，有

$$A_c\sigma_c = A_s\sigma_s \tag{6.3}$$

得到

$$A_s = \frac{\sigma_c}{\sigma_s}A_c \tag{6.4}$$

或
$$\sigma_c=\frac{A_s}{A_c}\sigma_s \tag{6.5}$$

由应变相同条件，有
$$\frac{\sigma_c}{E_c}=\frac{\sigma_s}{E_s} \tag{6.6}$$

或
$$\frac{\sigma_c}{\sigma_s}=\frac{E_c}{E_s}=\frac{1}{\alpha_E} \tag{6.7}$$

式中　α_E——钢材弹性模量E_s与混凝土弹性模量E_c的比值。

由式(6.7)可知，
$$\sigma_c=\frac{\sigma_s}{\alpha_E} \tag{6.8}$$

将式(6.7)代入式(6.4)，则有
$$A_s=\frac{A_c}{\alpha_E} \tag{6.9}$$

由式(6.8)可知，将等效的钢材截面应力除以α_E，可以得到原来的混凝土应力；由式(6.9)可知，将混凝土单元的面积除以α_E，即可将混凝土截面换算成与之等效的钢材截面面积。

根据上述基本换算关系，可按图6.20所示方法将组合梁换算为与之等效的钢梁截面。为了保持组合梁截面中性轴高度不变，换算时混凝土翼缘厚度保持不变而仅改变其宽度。图中b_e为原截面中混凝土板的计算宽度，b_{eq}为换算成钢梁后的宽度。

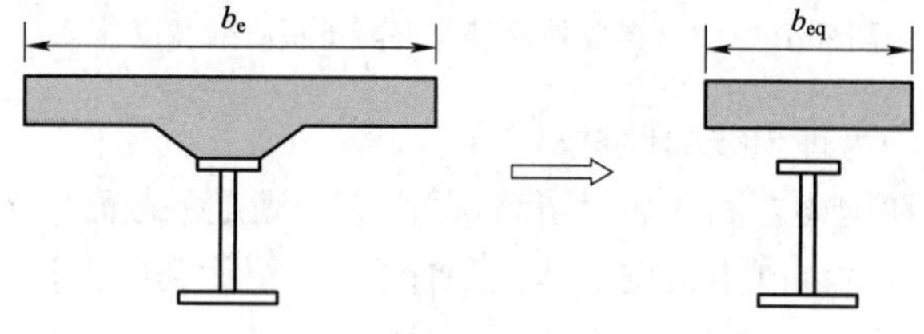

图6.20　组合梁换算截面

将组合梁截面换算成等效的钢梁截面后，就可以根据材料力学的方法计算截面中性轴位置、面积矩和惯性矩等几何特性。如果组合梁截面形状比较复杂，可将换算截面划分为若干单元，用求和的办法计算其截面几何特征。

在长期荷载作用下，混凝土发生徐变变形，在计算α_E值时应该用混凝土的割线模量。《公路钢结构桥梁设计规范》(JTG D64—2015)规定在进行组合梁整体分析时，可采用长期荷载作用下钢与混凝土的有效弹性模量比，按式(6.10)考虑混凝土徐变的影响。
$$\alpha_L=\alpha_E[1+\varphi_L\phi(t,t_0)] \tag{6.10}$$

式中　α_L——长期荷载作用下钢与混凝土的有效弹性模量比；

α_E——短期荷载作用下钢与混凝土的有效弹性模量比；

φ_L——根据荷载类型确定的徐变因子；

$\phi(t,t_0)$——加载龄期为t_0，计算龄期为t时的混凝土徐变系数。

长期荷载作用下钢与混凝土的有效弹性模量比逐渐加大，因此混凝土板的换算面积逐渐减小，整体截面刚度下降，钢梁部分承担的荷载增加。

3)组合梁的法向正应力

得到组合截面的换算截面后，组合梁的法向正应力可用材料力学公式求得。

钢梁应力为

$$\sigma_s=\frac{M_d y}{I_0} \tag{6.11}$$

式中　M_d——组合梁截面弯矩设计值；

y——应力计算点到换算截面中性轴的距离；

I_0——换算截面惯性矩。

混凝土板的应力为

$$\sigma_c=\frac{M_d y}{\alpha_E I_0} \tag{6.12}$$

计算组合梁法向正应力时，一般需根据施工进程在各施工阶段采用不同的设计内力和截面特性并进行叠加。钢梁应力按式(6.13)计算。

$$\sigma_s=\sum_{i=\mathrm{I}}^{\mathrm{II}}\frac{M_{d,i} y}{I_{0,i}} \tag{6.13}$$

式中　i——变量，表示不同的应力计算阶段；其中，$i=\mathrm{I}$ 表示未形成组合梁截面(只有钢梁)的应力计算阶段；$i=\mathrm{II}$ 表示形成组合梁截面之后的应力计算阶段；

$M_{d,i}$——对应不同应力计算阶段，作用于钢梁或组合梁截面的弯矩设计值；

$I_{0,i}$——对应不同应力计算阶段，钢梁或组合梁截面的抗弯惯性矩。

计算出组合梁的法向正应力后，即可按规范进行组合梁的抗弯承载力检算。

4)组合梁的抗剪计算

组合梁的剪应力也采用换算截面按材料力学公式计算：

对于钢梁

$$\tau_s=\frac{VS}{I_0 t} \tag{6.14}$$

对于混凝土

$$\tau_c=\frac{VS}{\alpha_E I_0 t} \tag{6.15}$$

式中　V——竖向剪力设计值；

S——剪应力计算点以上的换算截面对总换算截面中性轴的面积矩；

t——换算截面的腹板厚度；在钢梁区，等于钢梁腹板厚度；在混凝土区，等于该处的混凝土换算厚度。

在组合梁梁端和集中荷载作用的位置，需进行竖向抗剪验算。组合梁的抗剪承载能力由钢梁和混凝土板两个部分的抗剪能力组成，由于混凝土板对抗剪的贡献与材料间的相对滑移、混凝土开裂程度和抗剪连接件的布置有关，目前各主要设计规范均假定组合梁的抗剪承载力仅由钢梁腹板提供，因此计算结果偏于安全。

组合梁截面抗剪验算按式(6.16)计算。

$$\gamma_0 V_d \leqslant f_{vd}\cdot A_w \tag{6.16}$$

式中　γ_0——结构重要性系数；

V_d——组合梁截面的剪力设计值；

f_{vd}——钢材的抗剪强度设计值；

A_w——钢梁腹板的截面面积。

当组合梁承受弯、剪共同作用时，组合梁的抗剪承载力随截面所承受的弯矩增大而减小，此时可按式(6.17)验算最大折算应力以考虑组合梁的弯、剪耦合作用。

$$\gamma_0\sqrt{\left(\frac{\sigma_x}{f_d}\right)^2+\left(\frac{\tau}{f_{vd}}\right)^2}\leqslant 1 \tag{6.17}$$

式中　σ_x——组合梁截面检算点正应力；

τ——组合梁截面检算点剪应力；

f_d——钢材抗弯强度设计值。

6.3.3　组合梁温度效应

混凝土的温度线膨胀系数为 1.0×10^{-5}，钢的温度线膨胀系数为 1.2×10^{-5}，在均匀温度作用下，两者的变形基本协调，可以不计钢与混凝土之间变形差异而产生的附加应力。组合梁的温度应力主要来自钢梁和混凝土板之间的温度差异。钢的导热系数大、传热快，当环境温度变化时，钢材的温度很快就接近环境温度；混凝土的导热系数只有钢材的 1/50 左右，传热慢，对环境温度的反应时间长。因此，当环境温度变化或直接受热源作用的组合梁，截面混凝土板和钢梁之间的温差将导致温度自应力和附加变形产生。

简支组合梁温差应力可根据温度作用下截面轴力和弯矩为零的条件进行求解。为简化分析，也可假定同一截面混凝土板各位置间无温度梯度，钢梁各位置的温度也完全相同，但混凝土板和钢梁之间有温差 ΔT，两者的线膨胀系数均取为α_T，则温差应力可采用如下两个步骤进行计算：

第一步，假设混凝土板与钢梁之间没有连接，则混凝土板和钢梁能自由伸缩，两者之间的应变差为$\alpha_T\Delta T$。在混凝土板重心处施加一对假想平衡力P_T，使单位长度混凝土板的应变与温度产生的应变差相同，即$\alpha_T\Delta T$，则该平衡力为

$$P_T=\alpha_T\Delta T E_c A_c \tag{6.18}$$

该平衡力在钢梁中产生的应力为零，在混凝土板中产生的应力为

$$\sigma_c=\frac{\alpha_T\Delta T E_c A_c}{A_c}=\alpha_T\Delta T E_c \tag{6.19}$$

第二步，恢复混凝土板和钢梁之间的连接，释放施加的力P_T，即在混凝土板重心处作用反向力P_T，使组合梁处于偏心受力状态。设反向力P_T的作用点(混凝土板形心)与换算截面形心之间的距离为y_0，则P_T在组合梁中产生的应力为

钢梁：
$$\sigma_s=\frac{P_T}{A_0}+\frac{P_T y_0}{I_0}y \tag{6.20}$$

混凝土板：
$$\sigma_c=\frac{P_T}{A_0\alpha_E}+\frac{P_T y_0}{I_0\alpha_E}y \tag{6.21}$$

式中　A_0——换算截面面积；

I_0——换算截面惯性矩；

α_E——钢材与混凝土弹性模量比值；

y——应力计算点距换算截面形心轴的距离。

由于两个步骤中假想力方向相反，将两个步骤进行叠加，则组合梁中施加的外力合力为零，符合内力平衡和变形协调条件。钢梁在第一步中不产生应力，其总的应力即为式(6.20)，混凝土的应力可叠加式(6.19)和式(6.21)得到：

$$\sigma_c=-\alpha_T\Delta T E_c+\frac{P_T}{A_0\alpha_E}+\frac{P_T y_0}{I_0\alpha_E}y \tag{6.22}$$

对于连续梁等超静定结构，温度梯度作用下梁的挠曲变形受到支座约束，会产生次反力，可根据力法求解支座处的次反力，然后进行次内力和次应力计算。

6.3.4　组合梁的收缩、徐变效应

1）混凝土徐变特性

混凝土徐变是在荷载持续作用下混凝土塑性变形随时间增长的现象。影响混凝土徐变的主要影响因素有水泥用量、水灰比、环境温度与湿度、构件截面形状、混凝土加载龄期和应力大小等。

在不变的应力作用下，混凝土的应变随时间变化的曲线如图 6.21 所示。加载时，混凝土发生瞬时弹性应变ε_e。随时间的增长，变形逐渐增大，此逐渐增加的应变称为徐变应变ε_c。徐变应变在加载初期增长较快，经 5～15 年后趋于极限值ε_k。任意时刻混凝土的总应变为

$$\varepsilon_b=\varepsilon_e+\varepsilon_c \tag{6.23}$$

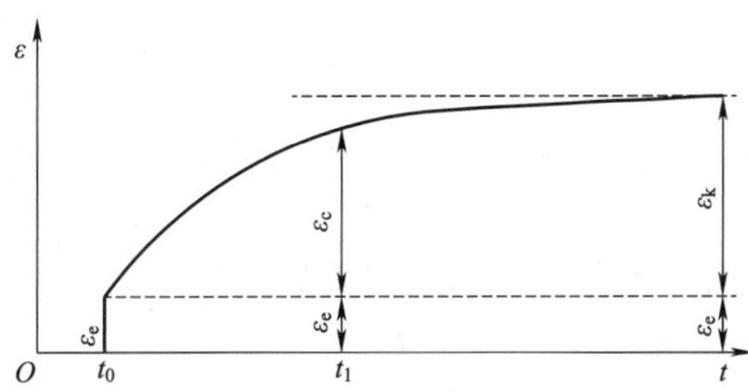

图 6.21　混凝土徐变应变曲线

试验表明，混凝土中的应力不超过其极限强度的 0.5 倍时，徐变变形与应力呈线性关系，称线性徐变；当应力超过此界限后，随着应力的增加，徐变变形增加得更快，呈非线性关系，称为非线性徐变。桥梁结构在正常使用情况下，混凝土的最大应力一般小于极限强度的 50%，属于线性徐变范畴。

通常用徐变应变与弹性应变的比值表示徐变变形的大小，称为徐变系数 φ：

$$\varphi(t,\tau)=\frac{\varepsilon_c(t,\tau)}{\varepsilon_e} \tag{6.24}$$

式中　$\varphi(t,\tau)$——加载龄期为 τ 时，t 时刻的徐变系数；

$\varepsilon_c(t,\tau)$——加载龄期为 τ 时，t 时刻的徐变应变；

ε_e——弹性应变。

$\varphi(t,\tau)$是时间的函数，随时间 t 的增加单调增加，随加载龄期 τ 的增加单调减小。目前国际上对于 $\varphi(t,\tau)$有多种表达式，其中，将狄辛格公式（Dischinger）用于老化理论得到的表达式在工程设计中被广泛应用：

$$\varphi(t,\tau)=\varphi(\infty,\tau)\left[1-\mathrm{e}^{-\beta(t-\tau)}\right] \tag{6.25}$$

式中　t,τ——计算龄期和加载龄期；

β——徐变速率；

$\varphi(\infty,\tau)$——加载龄期 τ 时的徐变系数终极值，或简称为徐变系数 φ，一般情况下，徐变系数终极值在 1～4 之间。

在持续荷载作用下，徐变应力与应变关系的微分形式可以表达为

$$\frac{\mathrm{d}\,\varepsilon_c(t)}{\mathrm{d}t}=\frac{\sigma_c(\tau)}{E_c}\frac{\mathrm{d}\varphi(t,\tau)}{\mathrm{d}t}+\frac{1}{E_c}\frac{\mathrm{d}\,\sigma_c(t,\tau)}{\mathrm{d}t} \tag{6.26}$$

式中 $\varepsilon_c(t)$——t 时刻的混凝土应变；

E_c——混凝土弹性模量；

$\sigma_c(t,\tau)$——时刻 t 的混凝土应力，$\sigma_c(\tau)$为荷载作用初始时刻 $t=\tau$ 的混凝土应力。

式(6.26)中右边第 1 项为混凝土初始应力产生的徐变应变增量，第 2 项为由徐变产生的应力变化引起的弹性应变增量。

混凝土的徐变应力与应变关系的代数形式可表示为

$$\varepsilon_c(t,\tau)=\frac{\sigma_c(\tau)}{E_c}+\frac{\sigma_c(\tau)}{E_c}\varphi(t,\tau)+\frac{\sigma_c(t,\tau)-\sigma_c(\tau)}{E_c}[1+\rho(t,\tau)\varphi(t,\tau)] \tag{6.27}$$

式中 $\rho(t,\tau)$——老化系数，反映后期加载时混凝土老化的性质，为徐变系数的函数，通常在 0.5～1.0 之间。徐变系数采用 Dischinger 法表达式时，老化系数的表达式为

$$\rho(t,\tau)=\frac{1}{1-\mathrm{e}^{-\varphi(t,\tau)}}-\frac{1}{\varphi(t,\tau)} \tag{6.28}$$

式(6.27)中第 1 项为混凝土弹性应变，第 2 项为初始应力产生的徐变应变，第 3 项为混凝土徐变应力增量产生的徐变应变。

结构处于线性徐变时，分批施加应力所产生的应变可以采用叠加原理。对于在时刻τ_0施加初应力$\sigma_c(\tau_0)$，又在不同时刻$\tau_i(i=1,2,\cdots,n)$分阶段施加应力增量 $\Delta\sigma_c(\tau_i)$的混凝土，在以后任何时刻 t 不考虑收缩应变的总应变可以表示为

$$\varepsilon_c(t,\tau_0)=\frac{\sigma_c(\tau_0)}{E_c(\tau_0)}[1+\varphi(t,\tau_0)]+\sum_{i=1}^{n}\frac{\Delta\sigma_c(\tau_i)}{E_c(\tau_i)}[1+\rho(t,\tau_i)\varphi(t,\tau_i)] \tag{6.29}$$

式中 $E_c(\tau_i)$——时刻τ_i的混凝土弹性模量。

2)混凝土徐变效应计算

组合梁的徐变效应可采用老化理论计算，但计算比较烦琐。各国规范一般基于有效弹性模量法或按龄期调整的有效弹性模量法，结合换算截面法来考虑混凝土的徐变效应。

有效弹性模量法采用对混凝土弹性模量E_c进行折减的方式近似计算，《公路钢结构桥梁设计规范》(JTG D64—2015)规定混凝土有效弹性模量$E_{c\varphi}$按式(6.30)计算。

$$E_{c\varphi}=\frac{E_c}{1+\psi_L\varphi(t,\tau)} \tag{6.30}$$

式中 ψ_L——根据荷载类型确定的徐变因子；

$\varphi(t,\tau)$——徐变系数。

混凝土徐变内力和应力计算时，组合梁的换算截面特性采用有效弹性模量$E_{c\varphi}$表示的有效弹性模量比n_L计算。

$$n_L=\frac{E_s}{E_{c\varphi}}=n_0[1+\psi_L\varphi(t,\tau)] \tag{6.31}$$

式中 n_0——短期荷载作用下钢与混凝土的弹性模量比。

与第 6.3.3 节温度效应计算类似，混凝土的徐变变形可换算为作用于混凝土板形心的换算荷载$P_{\varphi 0}$进行计算。如图 6.22 所示，假定混凝土板与钢梁之间可自由滑动，则在徐变作用下混凝土板与钢梁之间存在徐变变形差ε_{ct}。施加换算荷载$P_{\varphi 0}$使混凝土和钢梁变形一致，然后恢复两者之间的连接，并对组合梁施加反向荷载$P_{\varphi 0}$，以维持截面的内力平衡和变形协调，再叠加这两个步骤的应力即可求出混凝土板和钢梁的徐变应力。

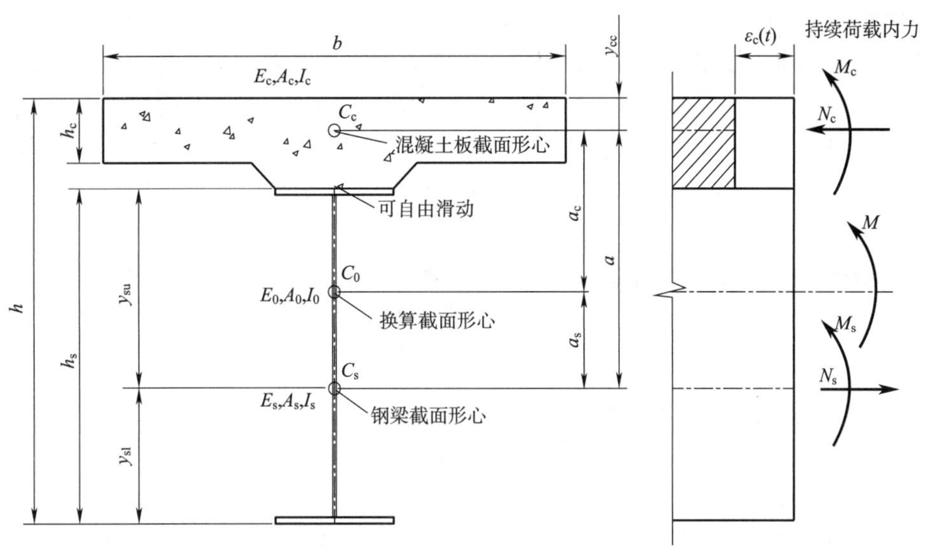

图 6.22　换算荷载

$P_{\varphi0}$按式(6.32)计算。

$$P_{\varphi0}=E_{c\varphi}\int_{A_c}\varepsilon_{ct}\mathrm{d}A=E_{c\varphi}A_c\varepsilon_{\varphi0}=E_{c\varphi}A_c\varepsilon_0\varphi(t,\tau) \tag{6.32}$$

该换算荷载对组合梁换算截面形心的偏心弯矩为

$$M_{\varphi0}\approx a_cP_{\varphi0} \tag{6.33}$$

式中　$\varepsilon_{\varphi0}$——组合梁混凝土桥面板形心处的徐变应变；

ε_0——组合梁混凝土桥面板形心处的初始应变。

对于连续梁等超静定结构，在换算荷载$P_{\varphi0}$作用下，由于内力的重分配，会产生附加力$P_{\varphi1}$，截面的实际换算荷载P_φ为$P_{\varphi0}$与$P_{\varphi1}$之和，即$P_\varphi=P_{\varphi0}+P_{\varphi1}$。

有效弹性模量法具体计算步骤如下：

①由式(6.30)和式(6.31)计算有效弹性模量$E_{c\varphi}$和有效弹性模量比n_L；

②用n_L计算组合截面的换算几何特性，如面积$A_{0\varphi}$、抗弯惯矩$I_{0\varphi}$等；

③根据组合梁混凝土桥面板形心处的初始应力σ_0计算徐变应变$\varepsilon_{\varphi0}$；

④由式(6.32)计算混凝土桥面板形心处的换算荷载$P_{\varphi0}$；

⑤求$P_{\varphi0}$作用下实际结构的轴力P_φ和弯矩M_φ(对于简支梁：$P_\varphi=P_{\varphi0}$；$M_\varphi=a_cP_{\varphi0}$)；

⑥由式(6.34)和式(6.35)计算混凝土徐变产生的混凝土与钢梁的应力：

$$\Delta\sigma_c=\frac{1}{n_L}\left(\frac{P_\varphi}{A_{0\varphi}}+\frac{M_\varphi}{I_{0\varphi}}y_c\right)-\frac{\varphi(t,\tau)}{1+\psi_L\varphi(t,\tau)}\sigma_{c0} \tag{6.34}$$

$$\Delta\sigma_s=\frac{P_\varphi}{A_{0\varphi}}+\frac{M_\varphi}{I_{0\varphi}}y_s \tag{6.35}$$

式中　y_c,y_s——根据n_L求得的换算截面形心至混凝土桥面板和钢梁边缘的距离；

σ_{c0}——混凝土板边缘的初始应力。

有效弹性模量法具有计算简单，概念明确的优点，对于简支组合梁桥的内力计算能够满足工程的精度要求。对于组合连续梁等超静定结构，实际换算荷载P_φ和M_φ可采用弹性荷载法或有限元法进行计算。

3)混凝土收缩特性

混凝土收缩是混凝土内部水泥凝胶体中游离水蒸发,使其体积减小的一种物理化学现象,是不依赖于荷载而与时间有关的一种变形。影响混凝土收缩的主要因素有用水量、水泥品种及用量、集料、环境及养护条件、构件的尺寸等。

混凝土收缩应变一般表示为收缩应变终极值与时间函数的乘积,《铁路桥涵混凝土结构设计规范》(TB 10092—2017)根据不同龄期和理论厚度,给出了收缩应变终极值。《公路钢筋混凝土及预应力混凝土桥涵设计规范》(JTG 3362—2018)的收缩应变计算公式为

$$\varepsilon_{cs}(t,t_s)=\varepsilon_{cso}(t,t_s)\cdot\beta_s(t-t_s) \tag{6.36}$$

式中 ε_{cso}——名义收缩系数;

β_s——收缩随时间发展的系数;

t,t_s——计算时刻的混凝土龄期和收缩开始的混凝土龄期。

4)组合梁收缩效应计算

混凝土收缩的影响可以近似用有效弹性模量法计算,其计算方法与徐变计算方法类似。由于从混凝土浇筑开始就会伴随着收缩的发生,混凝土收缩产生的附加内力会受到徐变的影响,计算中必须加以考虑。混凝土收缩产生的附加内力的加载龄期比恒载加载的时间短,徐变系数相对较大,欧洲规范 4 中规定,组合截面混凝土收缩附加内力计算的有效弹性模量徐变因子取$\psi_L=0.55$。

混凝土收缩附加内力和应力的计算只需将式(6.32)中的混凝土应变$\varepsilon_{\varphi0}$用收缩应变$\varepsilon_s(t,t_s)$代替,其他公式均可适用。设混凝土收缩计算时的徐变系数为φ_{st},则有效弹性模量比和混凝土收缩的换算荷载可以表达为

$$n_{s\varphi}=\frac{E_s}{E_{cs\varphi}}=(1+\psi_L\varphi_{st})n_0 \tag{6.37}$$

$$P_{s\varphi0}=E_{cs\varphi}\int_{A_c}\varepsilon_s\mathrm{d}A=E_{cs\varphi}A_c\,\varepsilon_s(t,t_s) \tag{6.38}$$

其他计算方法与徐变计算相同,只要用$P_{s\varphi0}$代替式(6.33)~式(6.35)中的$P_{\varphi0}$即可。

《公路钢混组合桥梁设计与施工规范》(JTG/T D64-01—2015)规定,无可靠技术资料作依据时,混凝土收缩也可以近似采用折算温度的方法计算。对整体现浇的钢筋混凝土桥面板,可按温度降低 15 ℃考虑。采用折算温度的方法计算时,计算方法与前述的温差内力相同,但是组合截面的几何特性,需要采用考虑徐变的有效弹性模量计算。

6.4 抗剪连接件计算方法

组合梁通过剪力连接件使钢梁与混凝土板形成一个整体截面共同工作,避免钢梁与混凝土板之间的纵向相对滑移,除了能够传递两者间的纵向剪力,还须抵抗一定的上拔力,避免混凝土板与钢梁的竖向分离。

6.4.1 剪力连接件承载力

1)焊钉连接件

影响焊钉连接件抗剪承载力的主要因素有混凝土抗压强度、焊钉截面积、焊钉抗拉强度和

焊钉长度。《公路钢结构桥梁设计规范》(JTG D64—2015)规定，圆柱头焊钉连接件的抗剪承载力V_{su}按式(6.39)计算。

$$V_{su}=\min\{0.43A_{su}\sqrt{E_c f_{cd}},0.7A_{su}f_{su}\} \tag{6.39}$$

式中　A_{su}——焊钉杆径的截面面积(mm^2)；

f_{cd}——混凝土轴心抗压强度设计值(MPa)；

f_{su}——焊钉材料的抗拉强度最小值(MPa)。

2)开孔板连接件

对于开孔板连接件，混凝土强度、钢板开孔大小和间距、横向贯通钢筋的直径和强度都是影响其承载力的因素。《公路钢结构桥梁设计规范》(JTG D64—2015)对开孔板连接件的单孔抗剪承载力V_{su}按式(6.40)计算。

$$V_{su}=1.4(d_p^2-d_s^2)f_{cd}+1.2d_s^2 f_{sd} \tag{6.40}$$

式中　d_p——开孔板的圆孔直径(mm)；

d_s——贯通钢筋直径(mm)；

f_{cd}——混凝土轴心抗压强度设计值(MPa)；

f_{sd}——贯通钢筋抗拉强度设计值(MPa)。

6.4.2　剪力连接件布置

1)界面纵向水平剪力

剪力连接件承受的纵向水平剪力由形成组合截面之后的永久作用和可变作用引起，如恒载、活载、预应力、混凝土收缩徐变、温差等。恒载与活载作用下，混凝土桥面板与钢梁结合面上单位长度纵向水平剪力V_{ld}可由式(6.41)计算。

$$V_{ld}=\frac{V_d S}{I_{un}} \tag{6.41}$$

式中　V_d——组合梁截面的剪力设计值(N)；

S——混凝土板对组合梁截面中和轴的面积矩(m^3)；

I_{un}——组合梁的未开裂截面惯性矩(m^4)。

施加于混凝土板中的预应力锚固力、混凝土收缩徐变和温差产生的组合梁连接处剪力主要集中在主梁端部，传递范围的计算长度为主梁间距 a 或主梁长度 L 的 1/10，剪力大小由梁端向跨中方向按三角形分布逐渐递减，如图 6.23 所示。

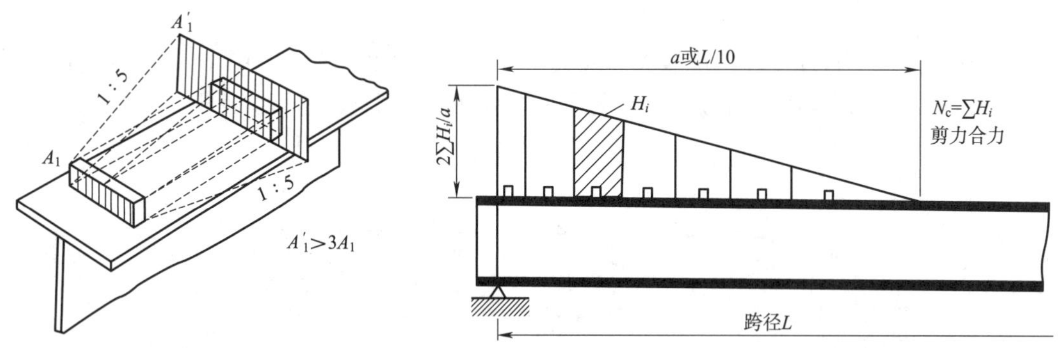

图 6.23　预应力、收缩和温差产生的组合梁连接处剪力的传递范围

组合梁结合面上单位长度最大剪力V_{ms}可由式(6.42)和式(6.43)计算。

在梁跨中间：
$$V_{ms}=\frac{V_s}{l_{cs}} \tag{6.42}$$

在梁端部：
$$V_{ms}=2\frac{V_s}{l_{cs}} \tag{6.43}$$

式中 V_s——预应力集中锚固力、混凝土收缩徐变或温差的初始效应在钢和混凝土结合面上产生的纵桥向水平剪力；

l_{cs}——预应力集中锚固力、混凝土收缩徐变或温差引起的纵桥向集中剪力在结合面上的水平传递长度，取主梁相邻腹板间距和主梁长度的 1/10 两者中的较小值。

2)抗剪连接件的数量与布置

(1)弹性设计方法

由于组合梁结合面上单位长度的剪力沿梁长为变值，连接件的间距也应沿梁长变化，这将给设计和施工带来很大不便。因此，可将剪力图分成若干区段，求出每个区段单位长度纵向剪力的平均值V_{ldi}(或该区段的最大值)和区段长度l_i，连接件在该区段内均匀布置，如图 6.24 所示。按区段单位长度纵向剪力平均值进行设计时，应保证单个连接件所受到的最大剪力不大于其抗剪承载力的 1.1 倍。每个区段内连接件的个数可由式(6.44)确定：

$$n_i=\frac{V_{ldi}l_i}{V_{su}} \tag{6.44}$$

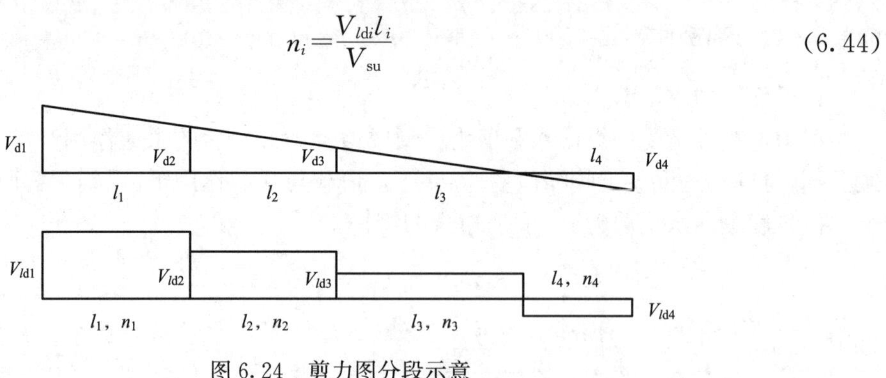

图 6.24 剪力图分段示意

(2)塑性设计方法

焊钉等柔性连接件在较大的荷载作用下会发生滑移变形，导致交界面上的剪力在各连接件之间发生重分布，界面剪力沿梁长方向分布趋于均匀。组合梁达到承载力极限状态时，各剪跨段内交界面上的各连接件受力基本相等，因此可在各段均匀布置剪力连接件，便于设计和施工。

一个剪跨区段内，连接件的承载能力应大于混凝土桥面板或钢梁的纵向受压或受拉承载能力。剪跨区的划分以弯矩绝对值最大点及弯矩零点为界限逐段进行，如图 6.25 所示。

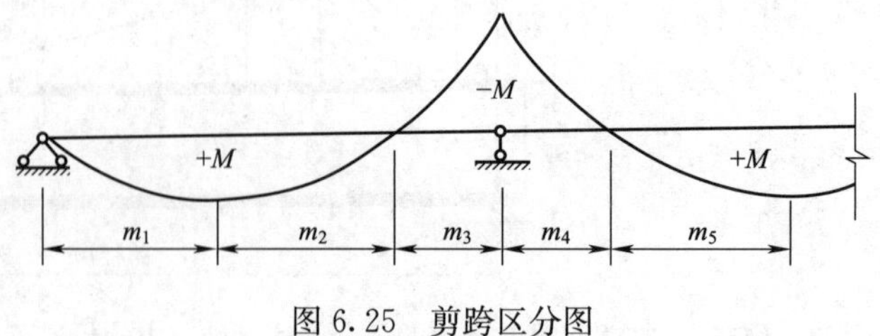

图 6.25 剪跨区分图

每个剪跨区段内抗剪连接件的数目n_f应满足式(6.45)要求：

$$n_f \geqslant \frac{V_s}{V_{su}} \tag{6.45}$$

式中　V_s——每个剪跨区段内钢梁与混凝土桥面板交界面的纵向剪力；

V_{su}——单个连接件的抗剪承载力设计值。

每个剪跨区段内钢梁与混凝土桥面板交界面的纵向剪力V_s按以下方法确定：

位于正弯矩区的剪跨：

$$V_s = \min\{A_s f_d, A_c f_{cd}\} \tag{6.46}$$

式中　A_s——钢梁的截面面积(mm^2)；

f_d——钢材的抗拉强度设计值(MPa)；

A_c——混凝土桥面板的截面面积(mm^2)；

f_{cd}——混凝土轴心抗压强度设计值(MPa)。

负弯矩区段内，混凝土桥面板处于受拉状态，连接件的纵向剪力仅考虑大于混凝土内的纵向钢筋受拉承载能力：

$$V_s = A_{rt} f_{sd} \tag{6.47}$$

式中　A_{rt}——负弯矩区混凝土桥面板有效宽度范围内的纵向钢筋截面面积(mm^2)；

f_{sd}——钢筋抗拉强度设计值(MPa)。

当采用栓钉和槽钢抗剪件时，可将剪跨区m_2和m_3、m_4和m_5分别合并为一个区配置抗剪连接件，合并为一个区段后的纵向剪力应符合式(6.48)规定：

$$V_s = A_c f_{cd} + A_{rt} f_{sd} \tag{6.48}$$

在负弯矩区段内，考虑连接件周围的混凝土约束程度由于开裂而降低，连接件的抗剪承载能力应予以折减，即中间支座两侧抗剪连接件的承载力应乘以折减系数 0.9，悬臂部分抗剪连接件的承载力乘以折减系数 0.8。

混凝土桥面板与钢梁连接的端部，在收缩、温差等作用下，通常有较大的纵向剪力，应按式(6.43)计入因预应力束集中锚固力、混凝土收缩变形和温差引起的纵向剪力的叠加。

此外，对于预制混凝土桥面板，为便于桥面板的预制施工以及灌注连接件区域的现浇混凝土，可将焊钉连接件布置为焊钉群的形式(图 6.26)，而不沿梁长均匀布置。

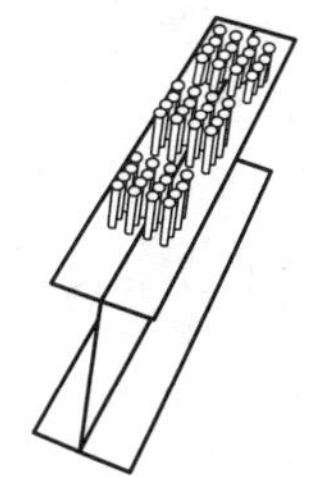

图 6.26　焊钉群布置图

6.4.3　混凝土桥面板纵向抗剪计算

剪力连接件的纵向剪力集中分布在钢梁上翼缘与混凝土桥面板相接的狭长范围内，可能导致混凝土板纵向剪切破坏，因此有必要对混凝土桥面板进行纵向抗剪验算。试验和分析均表明，混凝土桥面板的厚度和横向配筋率是影响其纵向抗剪性能的最主要因素，因此，纵向抗剪验算的重点在于保证桥面板厚度的条件下配置足够的横向钢筋满足纵向抗剪承载力的要求。

1)纵向剪切面的确定

《钢—混凝土组合桥梁设计规范》(GB 50917—2013)和《公路钢混组合桥梁设计与施工规范》(JTG/T D64-01—2015)对组合梁纵向剪切面的计算位置如图 6.27 中 *a-a*、*b-b*、*c-c*、*d-d* 所示。

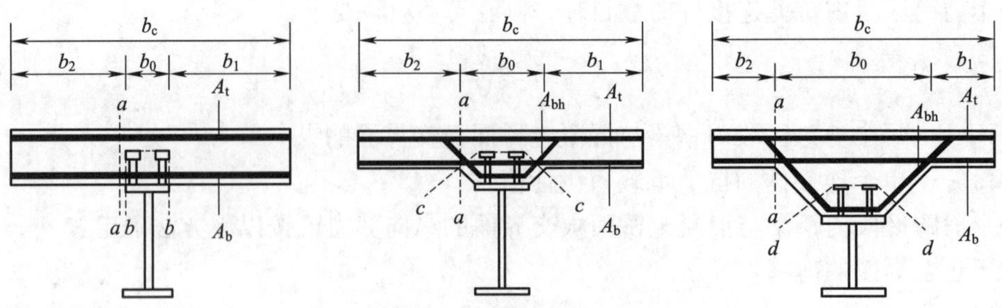

图 6.27 混凝土桥面板纵向受剪界面

图中，A_t——混凝土桥面板顶部单位长度内钢筋面积的总和(mm^2)；

A_b——混凝土桥面板底部单位长度内钢筋面积的总和(mm^2)；

A_{bh}——承托底板单位长度内钢筋面积的总和(mm^2)。

剪切面内的有效钢筋面积 A_e 计算方法见表 6.1。

表 6.1 单位长度横向钢筋的截面积 A_e

剪 切 面	a-a	b-b	c-c	d-d
A_e	A_b+A_t	$2A_b$	$2(A_b+A_{bh})$	$2A_{bh}$

单位梁长混凝土桥面板内钢筋总面积应满足式(6.49)要求：

$$A_e > 0.8\,L_s/f_{sd} \tag{6.49}$$

式中 A_e——单位长度混凝土桥面板内横向钢筋总面积(mm^2/mm)；

L_s——纵向受剪界面长度，按图 6.27 所示 a-a、b-b、c-c、d-d 连线在抗剪连接件以外的最短长度取值(mm)；

f_{sd}——横向钢筋的抗拉强度设计值(MPa)。

2)纵向剪力计算

单位梁长的界面计算纵向剪力V_{ld}可根据组合梁所受竖向剪力计算，并与所验算的剪切面有关。图 6.27 中各剪切面的的纵向剪力计算值分别为：

(1)单位梁长 a-a 截面的计算纵向剪力：

$$V_{ld}=\max\left\{V_1\frac{b_1}{b_c},V_1\frac{b_2}{b_c}\right\} \tag{6.50}$$

(2)单位梁长 b-b、c-c 及 d-d 纵向受剪界面的计算纵向剪力：

$$V_{ld}=V_1 \tag{6.51}$$

式中 b_c——混凝土桥面板的有效宽度(mm)，如图 6.27 所示；

b_1,b_2——混凝土桥面板左右两侧在 a-a 界面以外的有效宽度(mm)；

V_1——形成组合作用之后，单位梁长的钢梁与混凝土桥面板的截面纵向剪力(N/mm)，按式(6.41)～式(6.43)计算。

3)纵向抗剪强度检算

组合梁承托及混凝土桥面板的计算纵向剪力V_{ld}应符合式(6.52)要求：

$$V_{ld}\leqslant V_{lRd} \tag{6.52}$$

式中 V_{lRd}——单位梁长各纵向受剪界面受剪承载力设计值(N/mm)，取式(6.53)与式(6.54)中的较小值。

$$V_{lRd}=0.7L_s f_{td}+0.8A_e f_{sd} \tag{6.53}$$

$$V_{lRd}=0.25L_s f_{cd} \tag{6.54}$$

其中　f_{td}——混凝土轴心抗拉强度设计值(MPa)；

f_{cd}——混凝土轴心抗压强度设计值(MPa)。

6.5　波形钢腹板组合梁计算方法

6.5.1　抗弯性能

波形钢腹板轴向刚度很低,设计时可认为波形钢腹板不承受轴向力。弯曲计算忽略波形钢腹板的贡献,截面应变符合平截面假定,弯矩仅由顶板和底板合成的截面承担,按普通混凝土箱梁进行抗弯设计和检算。

《波形钢腹板组合梁桥技术标准》(CJJ/T 272—2017)规定,用单梁进行受力分析时,除组合腹板段和墩顶节段外,其他节段的顶板、底板有效宽度计算可按现行《公路钢筋混凝土及预应力混凝土桥涵设计规范》(JTG 3362—2018)执行。

6.5.2　抗剪性能

波形钢腹板组合梁设计时假定剪力仅由波形钢腹板承担,并且波形钢腹板剪应力沿高度方向均匀分布。为保证波形钢腹板的安全,需要满足强度和稳定性两方面的要求。

波形钢腹板的剪应力应同时计入剪力、扭矩以及预应力的竖向分力产生的效应,其中剪力应包括预应力的二次效应。波形钢腹板的抗剪强度可按式(6.55)计算:

$$\gamma_0(\tau_{md}+\tau_{td})\leqslant f_{vd} \tag{6.55}$$

式中　γ_0——结构重要性系数;

τ_{md}——剪力与预应力的竖向分力产生的剪应力设计值(MPa);

τ_{td}——扭矩产生的剪应力设计值(MPa);

f_{vd}——波形钢腹板抗剪强度设计值(MPa)。

在面内剪切荷载作用下,波形钢腹板的屈曲模式主要有:

(1)局部屈曲:当波形较稀疏、波高较大时,屈曲仅发生在波形钢板的某个子板[图 6.28(a)];

(2)整体屈曲:波形较密、波高较小时,屈曲跨越各子板,覆盖整个板面[图 6.28(b)];

(3)组合屈曲:介于局部屈曲与整体屈曲之间,虽有几个子板参与,但屈曲只发生在腹板一定高度范围内[图 6.28(c)]。

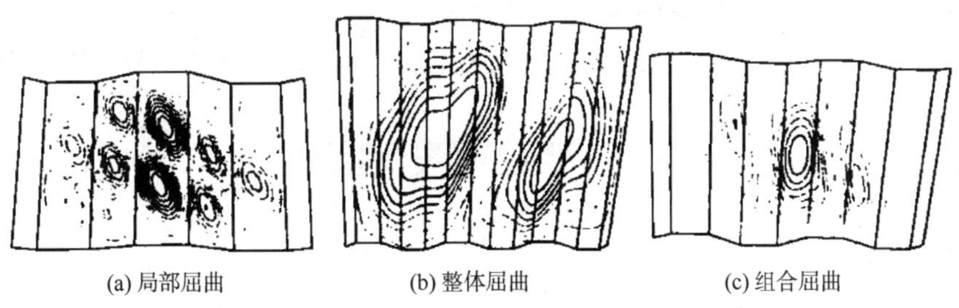

(a) 局部屈曲　(b) 整体屈曲　(c) 组合屈曲

图 6.28　波形钢板剪切屈曲模式

波形钢腹板的剪切稳定按式(6.56)和式(6.57)计算。

$$\gamma_0(\tau_{md}+\tau_{td})\leqslant\tau_{cr} \tag{6.56}$$

$$\tau_{cr}=\frac{1}{\left(\frac{1}{\tau_{cr,L}^4}+\frac{1}{\tau_{cr,G}^4}\right)^{\frac{1}{4}}} \tag{6.57}$$

式中 τ_{cr}——波形钢腹板组合屈曲临界剪应力(MPa)；

$\tau_{cr,L}$——波形钢腹板局部屈曲临界剪应力(MPa)；

$\tau_{cr,G}$——波形钢腹板整体屈曲临界剪应力(MPa)。

6.5.3 抗扭性能

日本规范建议按式(6.58)计算图 6.29 所示波形钢腹板组合箱梁的抗扭刚度。

$$GK=\frac{4G_cA_c^2}{\frac{b_1}{t_1(1-\alpha)}+\frac{b_2}{t_2(1-\alpha)}+\frac{b_3}{n_st_3(1+\alpha)}+\frac{b_4}{n_st_4(1+\alpha)}} \tag{6.58}$$

式中 A_c——图 6.29 中阴影部分面积；

n_s——波形钢板与混凝土的剪切模量比，$n_s=\frac{G_e}{G_c}$；

α——修正系数，$\alpha=0.4\left(\frac{b_1+b_2}{2h}\right)-0.06\geqslant0$。

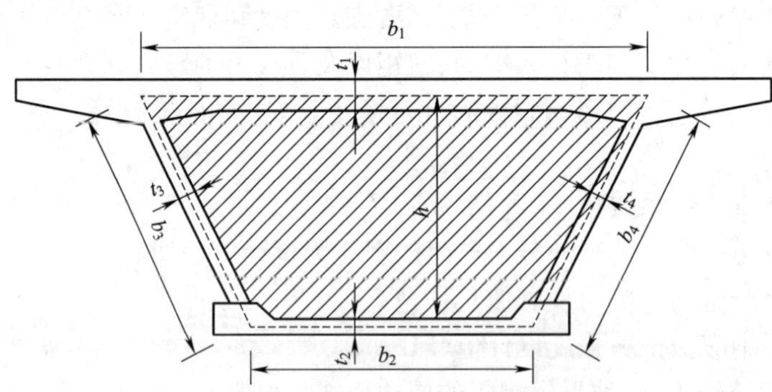

图 6.29 波形钢板剪切屈曲模式

与普通混凝土箱梁比，波形钢腹板箱梁腹板厚度小，腹板面内挠度刚度比顶、底板小得多，抑制截面横向变形的能力减弱，在偏心荷载作用下截面畸变较大，翘曲正应力也比普通混凝土箱梁大，对结构受力不利。《波形钢腹板组合梁桥技术标准》(CJJ/T 272—2017)规定波形钢腹板组合梁桥跨间应设置一定数量的横隔板，横隔板的合理间距标准为截面翘曲正应力与弯曲正应力的比值在 5%以内，在没有依据时，一般可取 10～25 m，对于弯桥应适当减小。

6.6 组合梁设计实例

6.6.1 工程概况

某 48.6 m 简支组合梁主梁采用槽形钢梁和预制混凝土桥面板的组合结构，桥面总宽 41 m，支点梁高 1.9 m，跨中梁高 2.4 m，横向布置 9 片槽形钢箱梁。箱梁立面及断面构造如图 6.30 所示。

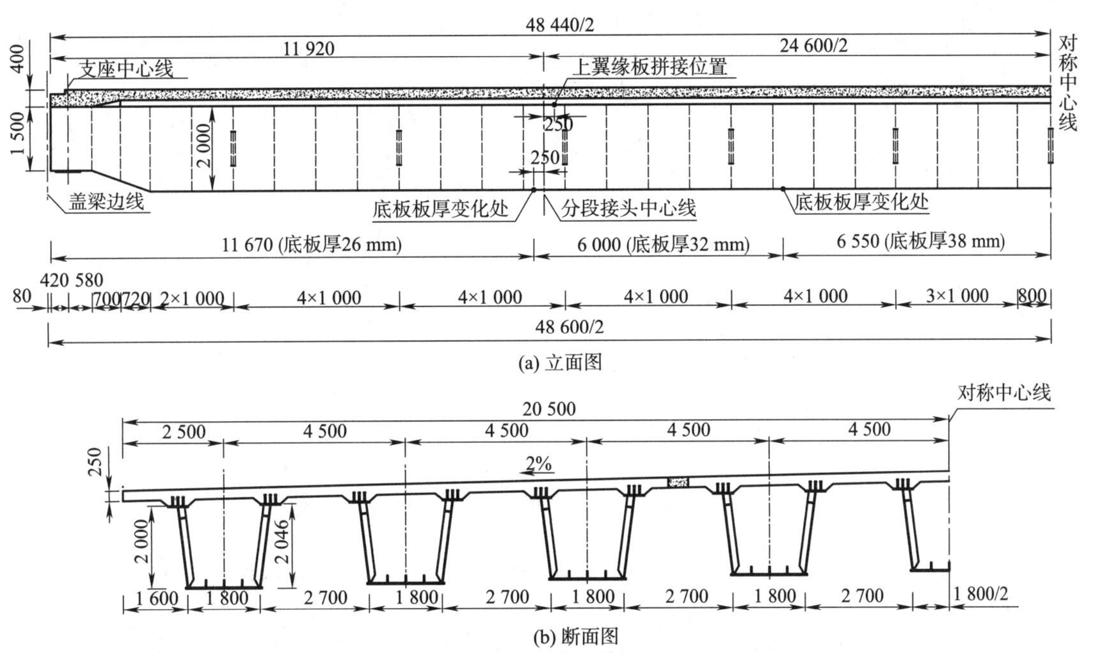

图 6.30　桥梁立面及断面构造(单位:mm)

混凝土桥面板厚 250 mm,在钢梁处增设腋脚至 400 mm;纵向每隔 3.5～4 m 设置 1 道横隔板,每 2 道横隔板设置 1 道钢梁间横向联结系。槽形钢梁在钢结构制造工厂加工成 3 个节段,运输至桥位。现场布置临时支墩,采用汽车吊架设钢梁节段,节段间及箱间横向联系均采用现场焊接;钢梁形成整体后,吊装预制桥面板,浇筑横向湿接缝,拆除临时支墩,施工附属设施等。

6.6.2　结构设计

1)钢梁

槽形钢梁主要由上翼缘板、腹板、腹板横向加劲肋、腹板纵向加劲肋、底板、底板纵向加劲肋、横隔板、横向联结系等组成。钢梁跨中梁高 2.0 m,为便于与引桥连接,支点处梁高为 1.5 m,上翼缘处腹板中心距 2.3 m,底板处腹板中心间距 1.8 m。底板及上翼缘钢板水平,顶板 2% 横坡由左右侧腹板高差实现。钢梁上、下翼缘板为内表面平齐,腹板为箱内对齐。钢梁截面如图 6.31 所示。

(1)节段划分:各片主梁沿全桥长度方向设置 3 个梁段,钢梁节段划分为 A 类(2 个节段)、B 类(1 个节段)共 2 种类型。

(2)上翼缘板:标准段宽度为 500 mm,全桥等厚,板厚 24 mm。

(3)底板:标准段宽度为 1 900 mm,在支点处梁高变小,宽度变为 2 622 mm。跨中 13.1 m 范围底板厚为 38 mm,其两侧 6 m 范围底板厚 32 mm,其余区域底板厚 26 mm,底板纵向加劲肋采用板肋,横向间距 450 mm。

(4)腹板:中间标准段厚度为 12 mm,近支点附近加厚至 14 mm,腹板上设置 1 道纵向加劲肋。腹板每隔 1 m 设置一道横向加劲肋,单侧布置。

(5)横隔板:钢梁内每隔 4 m 设置 1 道横隔板,板厚为 12 mm。横隔板上开设 1 000 mm(宽)×900 mm(高)矩形人孔。支点横隔板采用实腹式,板厚 20 mm。

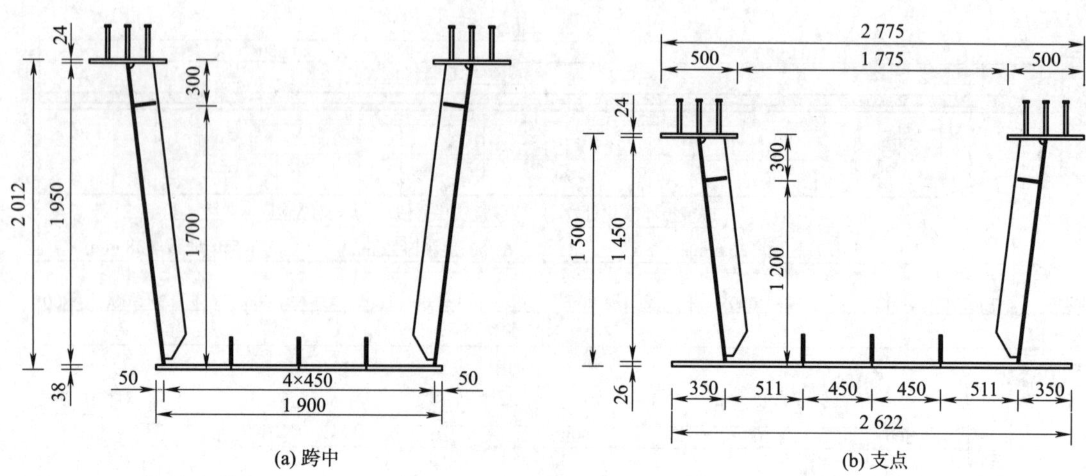

图 6.31　箱梁断面图(单位:mm)

(6)横向联结系:每 2 道横隔板设置 1 道箱间横向联结系,采用焊接现场连接。

2)混凝土板

桥面板采用预制结构,设置纵横向湿接缝,无现浇调平层。预制板标准厚度为 25 cm,在工字钢上翼缘处加承托,承托标准尺寸为 18 cm×15 cm,承托板全高 40 cm。预制板每道腹板位置处均预留 2 个群钉槽,尺寸为 75 cm(纵桥向)×36 cm(横桥向),群钉槽的纵向间距为 155 cm。群钉槽位置处钢梁上翼缘设置密集焊钉,现场后浇湿接缝补偿收缩自密实混凝土与钢梁连接。桥面板构造图如图 6.32 所示。

横向湿接缝宽 50 cm,采用补偿收缩自密实混凝土。为方便施工及钢筋搭接,相邻预制桥面板纵向钢筋预制时在横向须错开 1 个纵向钢筋直径的位置。纵向钢筋采用焊接连接,单面焊,焊接长度不小于钢筋直径的 10 倍。纵向湿接缝宽 50 cm,横向钢筋采用环形套箍连接。

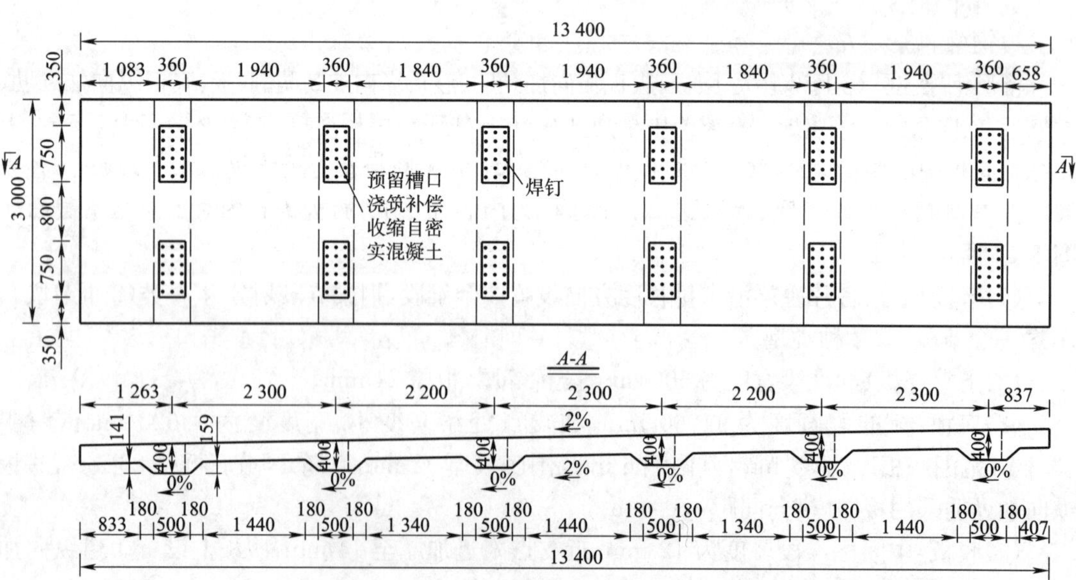

图 6.32　桥面板构造图(单位:mm)

3)焊钉

预制桥面板与钢梁之间通过焊钉连接,焊钉规格为 A22×220 mm。每个群钉槽中焊钉横向 3 列,间距 130 mm;纵向 6 排,间距 120 mm;湿接缝中焊钉排布为 3(横桥向)×4(顺桥向)=12 个,顺桥向间距 120 mm,横桥向间距 130 mm。

6.6.3　施工工序

主桥上部结构钢梁及桥面板均为预制构件,结构预制及安装流程如下:

(1)在工厂内制作钢梁节段(顶缘剪力钉在工厂内完成)及预制桥面板,其中预制桥面板存板至少 6 个月。

(2)施工桥墩及临时墩。

(3)钢梁及预制桥面板从工厂运输至桥位现场。

(4)吊装架设钢梁,钢梁节段之间焊接形成连续结构,钢箱间横向联结系现场焊接。

(5)从跨中向两侧吊装预制桥面板,并浇筑群钉槽及纵横向湿接缝混凝土至设计强度 90%。

(6)拆除临时支墩,完成支承体系转换。

(7)施工桥面铺装及其他附属设施。

思 考 题

6-1 组合梁桥与钢梁和混凝土梁相比,其构造和受力有什么不同之处?

6-2 组合梁桥有哪些类型? 各有何特点?

6-3 简述改善组合连续梁负弯矩区受力性能的主要措施。

6-4 组合梁截面的弹性分析时有哪些假定?

6-5 简述组合梁中混凝土徐变收缩和温差应力的计算方法。

6-6 简述波形钢腹板组合梁的计算方法。

第 7 章 大跨度钢桥

7.1 钢拱桥

7.1.1 组成与特点

拱桥主要由拱肋、吊杆、立柱、桥面系和联结系等组成，如图 7.1 所示。其中，桥面系为局部承载结构，直接承受车辆、人群等荷载；吊杆和立柱将桥面系承担的荷载传至拱肋，同时为桥面系提供支承；拱肋为主要的承载结构，承担桥梁的大部分荷载，并将其传至下部结构。拱肋间需设联结系，使拱桥成为稳定的空间结构。钢拱桥是以钢拱为主要承重构件的桥梁。

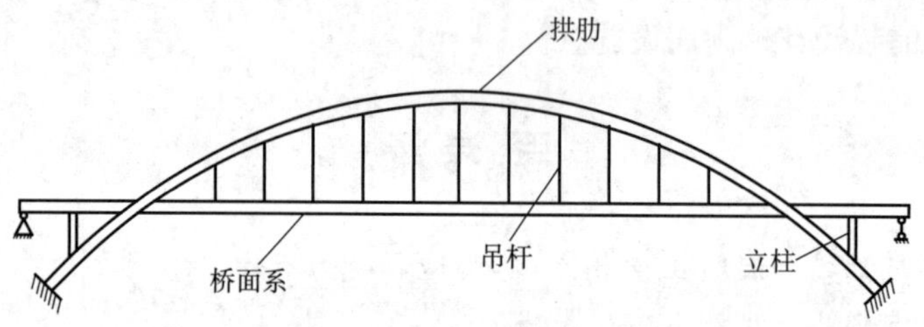

图 7.1 中承式拱桥示意图

拱肋结构在竖向荷载作用下，两端将产生水平推力。正是这个水平推力，使拱肋产生轴向压力，从而大大减小了拱肋的截面弯矩，使之成为偏心受压构件。拱肋截面上的应力分布与受弯梁的相比，较为均匀，如图 7.2 所示。若设计合理的拱轴线，拱肋将主要承受轴力，但弯矩、剪力均较小，可充分利用拱肋截面材料抗压强度，使跨越能力增大。

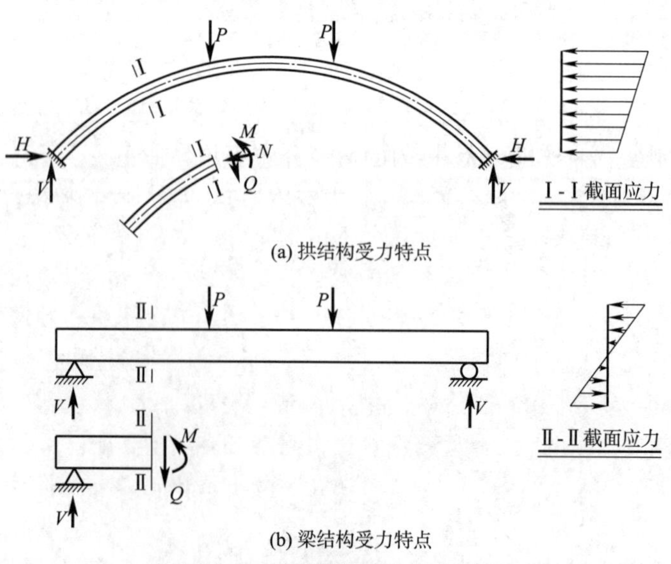

图 7.2 拱和梁的应力分布图

钢拱桥具有以下优点：①竖向平面内刚度大：拱肋以受压为主，弯曲应力较小，轴向刚度较大。②施工方法多样：支架施工法、悬臂拼装法、转体施工法、缆索吊装施工以及劲性骨架法等施工方法均适用于钢拱桥。③结构体系多样：钢拱桥可分为简单体系拱桥和组合体系拱桥，简单体系拱桥又可分为三铰拱、两铰拱和无铰拱，组合体系拱桥又可分为有推力拱和无推力拱等。④美学价值高：拱肋线条简洁明了、轮廓鲜明，是天然的力与美结合的典范，拱既具有结构的功能，又承载着建筑美的使命。

同时，拱桥也存在如下缺点：①自重较大，相应的水平推力也较大，增加了下部结构的工程量，当采用无铰拱时，对地基条件要求高。②由于拱桥水平推力较大，在连续多孔的大、中桥梁中，为防止一孔破坏而影响全桥的安全，需要采用较复杂的措施，例如设置单向推力墩，也会增加造价。③与梁式桥相比，上承式拱桥的建筑高度较高，当用于城市立交及平原地区时，因桥面高程提高，使两岸接线长度增长，或者使桥面纵坡增大，既增加了造价又对行车不利。不过，拱桥的缺点正在逐步得到改善和克服，在主跨 200～600 m 的范围内，拱桥仍然是悬索桥和斜拉桥的竞争桥型。

7.1.2　结构体系

1)简单体系拱桥

简单体系拱桥是指有推力的单跨拱桥，可以做成上承式、中承式和下承式。按照主拱的静定特性，简单体系拱桥包括三铰拱、两铰拱和无铰拱，如图 7.3 所示。

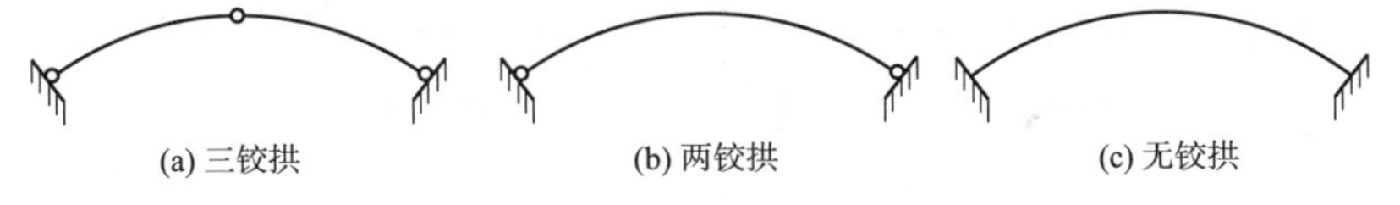

图 7.3　简单体系拱

三铰拱属于外部静定结构，由温度变化、支座沉降等作用引起的变形不会在拱内产生次内力，在基础条件较差的地区有较强的适应性。由于铰使结构构造复杂、施工困难，降低结构整体刚度，对行车不利，因此现已很少采用三铰拱。两铰拱属于外部一次超静定结构，与三铰拱相比，结构整体刚度更大；与无铰拱相比，基础位移、温度变化等引起的次内力更小。两铰拱桥的典型代表有狱门大桥、悉尼港湾大桥、贝永大桥和新河谷桥等，图 7.4 所示为悉尼港湾大桥铰构造。随着施工技术和计算手段的发展，无铰拱的修建数量越来越多。无铰拱属外部三次超静定结构，结构刚度较两铰拱更大，拱内的弯矩分布更均匀。无铰拱由于无需设铰，构造变得简单，施工更加方便，维护费用更少，在工程中应用最为广泛。由于超静定次数较多，由结构变形，特别是墩台位移而引起的附加内力较大，故无铰拱宜在地基良好的条件下修建。无铰拱的典型代表有大宁河特大桥、官塘大桥和肇庆西江大桥等。

2)组合体系拱桥

组合体系拱桥一般由拱肋、系杆(梁)、吊杆(或立柱)、行车道梁(板)及桥面系等组成。

组合体系拱桥将梁、拱、索基本结构组合起来，共同承受桥面荷载和水平推力，充分发挥梁受弯、拱受压、索受拉的结构特性及其组合作用，达到节省材料的目的。组合体系拱桥一般可划分为有推力和无推力两种类型。

无推力的组合体系拱，需设置系杆，是外部静定结构，兼有拱桥的较大跨越能力和简支梁桥对地基适应能力强的两大特点。系杆是一个承担拱的部分或全部推力的水平构件，以减小

(a) 悉尼港湾大桥

(b) 铰构造

图 7.4　悉尼港湾大桥与铰构造

墩台受力。根据拱肋和系杆(梁)相对刚度的大小及吊杆的布置形式,无推力的组合体系拱可分为:当系杆刚度远小于拱肋刚度($E_{肋}\ I_{肋}/E_{系}\ I_{系}>80$)时,具有竖直吊杆的柔性系杆刚性拱称为系杆拱[图 7.5(a)],系杆只承受轴向拉力,基本不承受弯矩;当拱肋刚度远小于系杆刚度($E_{肋}\ I_{肋}/E_{系}\ I_{系}<1/80$)时,具有竖直吊杆的刚性系杆柔性拱称为蓝格尔拱[图 7.5(b)],拱肋只分担小部分荷载,刚性系梁不仅承受拉力,还要承受弯矩,是拉弯构件,为主要承重结构;当拱肋刚度与系梁刚度比例适当,$E_{肋}\ I_{肋}/E_{系}\ I_{系}$在 1/80～80 之间时,具有竖直吊杆的刚性梁刚性拱称为洛泽拱[图 7.5 (c)],荷载引起的内力在拱肋和系杆之间按刚度分配。以上三种拱,当用斜吊杆来代替竖直吊杆时,称为尼尔森拱[图 7.5 (d)～(f)]。

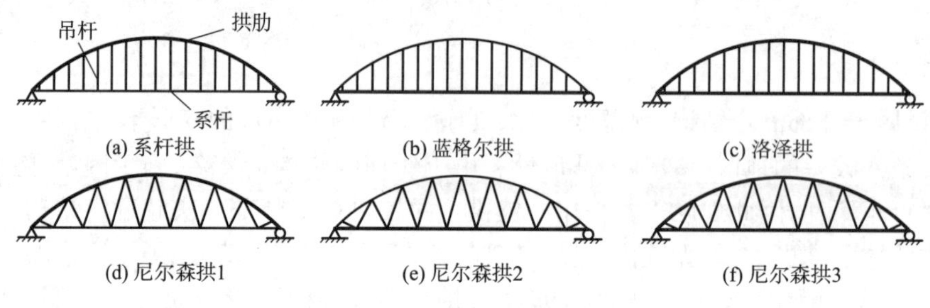

图 7.5　无推力组合体系拱

有推力的组合体系拱,没有系杆,由单独的梁和拱共同受力,拱的推力仍由墩台承受。图 7.6 (a)是刚性梁柔性拱(倒蓝格尔拱);图 7.6 (b)是刚性梁刚性拱(倒洛泽拱)。

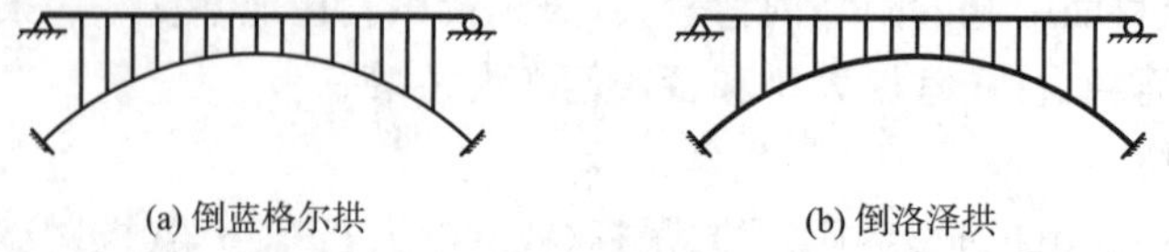

图 7.6　有推力组合体系拱

7.1.3　总体设计

拱桥总体设计的主要内容有:桥跨布置、拱肋布置、联结系布置、立柱布置、吊杆布置、桥面系布置等。

1)桥跨布置

钢拱桥可采用单跨或多跨布置。拱桥跨越深谷或河流时,采用单跨跨越河(谷)的情况较多。当采用单跨布置无法满足跨径需要或不经济时,可采用多跨布置,如图 7.7 所示。多跨布置分为等跨和不等跨布置。下承式拱桥可以采用等跨布置,一种方式是采用多个单跨系杆拱桥的布置形式,优点是各跨互不干扰、受力明确,缺点是要设置较多的伸缩缝,不利于行车。另一种方式是采用桥面连续或相邻拱肋的拱脚固结为一体,优点为桥面连续性好,甚至在多孔连续的情况下可以采用顶推法进行架设安装。等跨布置的典型代表桥梁有长沙市福元路湘江大桥和杭州九堡大桥等。在平坦地貌跨越河流时,大部分地质条件不适合采用有推力拱桥,这时可采用不等跨的中承式无推力或部分推力拱体系。对于多跨推力拱,应考虑合理的边中跨比,以保证边跨能够平衡中跨拱脚部分的水平推力。

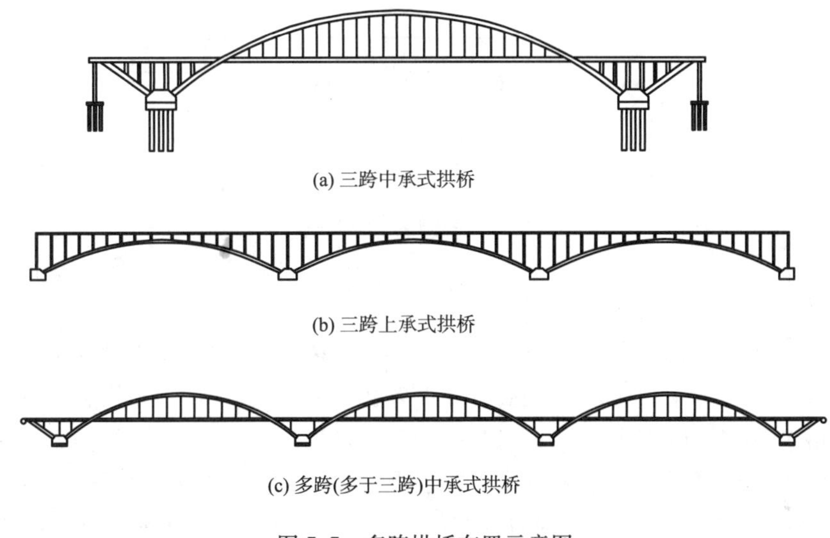

(a) 三跨中承式拱桥

(b) 三跨上承式拱桥

(c) 多跨(多于三跨)中承式拱桥

图 7.7　多跨拱桥布置示意图

2)拱肋布置

①矢跨比

矢跨比为拱桥矢高与跨径的比值,是拱桥重要的设计参数,对拱肋内力、材料用量等有较大的影响。受力方面,当矢跨比减小时,拱脚的水平推力增大,相应地在拱圈内产生的轴向力也增大,对拱圈自身的受力状况是有利的,但对墩台基础不利。弹性压缩、温度变化、混凝土收缩、墩台位移都会在无铰拱的拱圈内产生附加的内力,拱越坦(即矢跨比越小),附加内力越大。美观方面,矢跨比的选择将影响拱桥的外形美观性以及与周围景物的协调性。从已建成的钢拱桥来看,拱肋的矢跨比以 1/6～1/4 居多。

②拱轴线

拱轴线是拱肋截面形心的连线,也是拱桥重要的设计参数,对拱肋内力大小及其分布、材料用量等有较大的影响。理想的拱轴线是在各种荷载作用下拱圈截面只承受轴向压力,而无弯矩作用,这种拱轴线称为合理拱轴线,此拱轴线与拱的压力线重合,能充分利用圬工材料的抗压性能。但事实上是不可能获得这种拱轴线的,因为除结构自重外,拱圈还要受到活载、温度变化和材料弹塑性变形等因素的影响,导致压力线与拱轴线有偏离。考虑到拱桥的结构自重占全部荷载的比重较大,以结构自重压力线作为设计拱轴线,基本是适宜的。对于抗拉、拉压性能均较好的钢材,对拱轴线的要求相对较低。目前,拱轴线的设计多采用"五点重合法",即为满足拱肋上少数几个关键部位的压力线与拱轴线重合的方法。

拱轴线主要有圆弧线、悬链线和抛物线等。圆弧线适用于沿拱轴均匀分布的径向荷载(如水压力),如图 7.8(a)所示。这类拱桥线形简单,施工方便,由于圆弧线拱轴线与结构自重压力线偏离较大,导致拱圈各截面受力不够均匀,只适用于 20 m 以下小跨径拱桥。悬链线适用于沿拱轴线性分布的竖向荷载,实腹式拱桥的结构自重集度从拱顶向拱脚是线性增加的,这种荷载分布图式的拱圈压力线是一条悬链线,如图 7.8(b)所示。实腹式拱桥采用悬链线作拱轴线时,在结构自重作用下拱圈截面仅承受轴力。抛物线适用于沿拱轴均匀分布的竖向荷载,如图 7.8(c)所示。对于结构自重集度接近均布的拱桥,往往可以采用二次抛物线作为拱轴线。

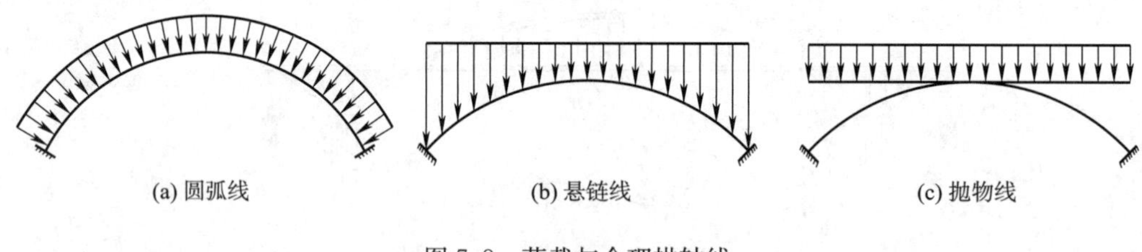

(a) 圆弧线　(b) 悬链线　(c) 抛物线

图 7.8　荷载与合理拱轴线

③拱肋高度

拱肋高度是垂直于拱肋轴线的截面高度,主要由拱桥跨度、净空等因素决定,对拱肋内力、材料用量等有较大的影响。通常,拱肋高度用高跨比来衡量,其中拱顶与拱脚处拱肋的高跨比是重要的衡量参数,它们的选择不仅要满足受力要求,同时也要考虑全桥的美观和谐。根据拱肋高度的变化,可分为等高度拱肋和变高度拱肋。通常,小跨径拱桥大多采用等高度拱肋,大跨径拱桥采用变高度拱肋以适应其内力分布,节约材料。国内大跨度钢拱桥在拱顶截面高跨比为 1/94～1/28,在拱脚截面高跨比为 1/69～1/7。

④横向布置

上承式拱桥由于不受桥面净空的影响,横向可采用双片拱肋或者多片拱肋的布置形式,如图 7.9(a)所示。中承式和下承式拱桥拱肋横向布置则要考虑桥面净空的影响,多采用双肋拱,如图 7.9(b)、(c)所示。拱肋通常采用平行布置形式,为了提高拱肋面外稳定性,可将拱肋向内倾斜形成提篮拱,内倾角度宜为 5°～12°,如长沙福元路大桥主拱跨径 188 m,内倾 12°,如图 7.9(c)所示。一些桥梁为了追求新颖、美观的造型,拱肋向外倾,即蝴蝶拱,如香港将军澳大桥(主跨 214 m,拱高 47 m,向外最大偏出 18 m),如图 7.9(d)所示。

3)联结系布置

联结系的布置应满足拱肋侧向刚度、面外稳定、桥面净空等要求,其中钢桁拱桥和钢箱拱桥的联结系布置有一定的差别。钢桁拱桥的联结系布置与钢桁梁桥相似,拱肋上、下弦杆平面内分别设上、下平纵联,横向平面内设横联。早期的钢箱拱桥的联结系布置与钢桁拱桥类似,靠近钢箱拱肋顶板、底板的位置分别设上、下平纵联,横向平面内设横联,现在的做法是将上、下平纵联合二为一。此外,对于桥面较宽而跨径较小的中下承式肋拱桥,出于经济和美观考虑,在保证结构横向稳定的情况下,可不设联结系。

(a) 上承式多肋拱

(b) 中承式双肋拱(平行拱)

(c) 下承式双肋拱(提篮拱)

(d) 中承式双肋拱(蝴蝶拱)

图 7.9　拱肋横向布置

4)立柱布置

立柱用于上承式拱桥和中承式拱桥的上承部分,宜采用等间距对称布置。大跨度钢拱桥立柱间距一般为 8～27 m,以确保拱上建筑既轻盈又安全可靠。

5)吊杆布置

中、下承式拱桥需要设置吊杆。根据相邻吊杆是否平行,将吊杆分为平行吊杆和斜吊杆,如图 7.5 所示。平行吊杆构造简单,整齐美观,计算简单,施工方便。斜吊杆可提高结构的纵向刚度,而对结构的横向刚度影响较小。需要注意的是斜吊杆的应力幅比平行吊杆大很多,疲劳问题更为突出。除布置形式之外,吊杆设计的关键参数是吊杆间距。吊杆间距影响拱肋受力、桥面系梁跨径等,进而影响结构的材料用量。吊杆宜采用等间距布置,间距多为 6～16 m,斜吊杆还需要考虑倾斜角度、交叉次数等。

6)桥面系布置

上承式拱桥可采用简支或连续体系的桥面系,中承式和下承式拱桥的悬吊桥面系必须采用连续体系。悬吊桥面系必须设置加劲纵梁,并应具有"一根横梁两端相对应的吊索失效后不落梁"的能力,主纵梁应满足 2 倍吊索跨度的承载能力要求。中承式和下承式拱桥的悬吊桥面系宜在拱梁相交处设置横向限位装置,同时应留有足够的间隙以适应桥面系横向位移。不承受水平拉力的悬吊桥面系的加劲纵梁不应与其端部结构或主拱固结。中承式拱桥桥面系肋间横梁的设置不应影响主拱结构的连续性。桥面系与拱肋之间的结构设计应防止因二者变形不同引起的结构损伤发生。伸缩缝附近的支座应具有可更换条件，且宜采取限位或固定等防止脱落的措施。对于中承式和下承式拱桥，行车道应布置在主拱肋之间，行车道与吊杆平面间应设防撞护栏，人行道宜布置在主拱肋之外。

7.1.4 主要构造

1)拱肋

钢拱肋截面形式有桁架式、箱式和管式。

桁架式拱肋的特点在于能够采用较小的材料截面取得较大的抗弯刚度，且杆件以承受轴向力为主，能够充分发挥材料性能，但杆件数量多、焊接与拼接工作量大。桁架杆件的截面形式主要有：H 形截面、箱形截面和圆管截面。钢桁拱桥的典型代表有南京大胜关大桥[三肋平行拱，主跨 336 m，见图 7.10(a)]和朝天门长江大桥[双肋平行拱，主跨 552 m，见图 7.10(b)]等。

(a) 南京大胜关大桥

(b) 重庆朝天门大桥

图 7.10 大跨度钢桁拱桥

箱式拱肋线条简洁，造型优美，可加工性强，为塑造抽象造型提供了便利。钢箱拱肋多采用空间造型，如上海卢浦大桥采用了拱肋内倾的提篮拱造型，南宁大桥采用了不对称的外倾拱肋。同时，与混凝土拱肋相比，钢拱肋质量较轻，为节段拼装施工提供了便利；但与钢管混凝土拱肋相比，箱形拱刚度大，使得拱肋拼装阶段的高程调整比较困难，拱肋节段拼装精度问题是钢箱拱桥施工中必须重视的问题。钢箱拱桥的典型代表有上海卢浦大桥(双肋提篮拱，主跨 550 m，见图 7.11)和广西官塘大桥(双肋提篮拱，主跨 450 m)等。

管式拱肋主要包括以下三种形式：钢管式、钢管混凝土式、钢管与钢管混凝土混合式。

钢管拱肋有单圆管、并列双圆管、三肢桁式和四肢桁式等四种形式。与钢管混凝土拱肋相比，钢管内没有充填混凝土。拱以受压为主，面内面外均存在稳定问题。圆管拱截面各向抗弯惯性矩大，相对长细比减少，有助于结构稳定性的提高。此外，对于宽跨比较小且处于风力较大的沿海或山谷地区的拱桥，圆形拱肋承受的横向风力较小，有利于提高拱的横向稳定性，瑞典阿斯克劳水道桥(双肋平行拱，主跨 278 m)、日本松岛大桥(主跨 126 m)和德国 Kaiserlei 桥(双肋平行拱，主跨 220 m)等桥采用钢管拱肋。

钢管混凝土拱肋由于受力合理、施工方便得到广泛应用。在受力方面，钢管拱合龙后，在其内填充混凝土，使两者共同工作，钢管对混凝土起到了套箍作用，提高了混凝土的抗压强度与延性，内填混凝土又提高了钢管壁受压稳定性及其抗腐蚀性。在施工方面，空心钢管作为劲

(a) 上海卢浦大桥

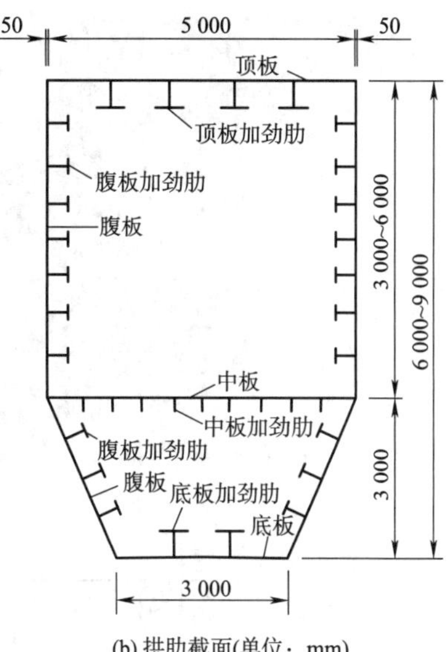

(b) 拱肋截面(单位：mm)

图 7.11　钢箱拱桥及拱肋截面

性骨架和模板，施工吊装质量轻，进度快，便于无支架吊装或转体施工。在结构方面，还可以形成内填外包混凝土结构，适用性强。严格来说，仅内填混凝土的拱桥称为钢管混凝土拱桥，内填外包混凝土拱桥称为钢管混凝土劲性骨架拱桥，后者钢管仅起到劲性骨架作用。由于施工的共同性，设计部门仍将它归为钢管混凝土拱桥。

钢管混凝土拱肋截面包括单肢圆管、双肢哑铃式、三肢桁式、四肢桁式、四肢双哑铃形、四肢梯形单哑铃形等，如图 7.12 所示。钢管混凝土拱桥的典型代表有广西平南三桥(主跨 575 m，双肋平行拱，拱肋截面为四肢桁式)、广东南海三山西大桥(双肋平行拱，主跨 200 m，拱肋截面为四肢双哑铃形)和河南安阳文峰路立交桥(双肋平行拱，主跨 136.97 m，拱肋截面为四肢梯形单哑铃形)等。广西天峨龙滩大桥是钢管混凝土劲性骨架拱桥(双肋平行拱，主跨 600 m)，如图 7.13 所示。

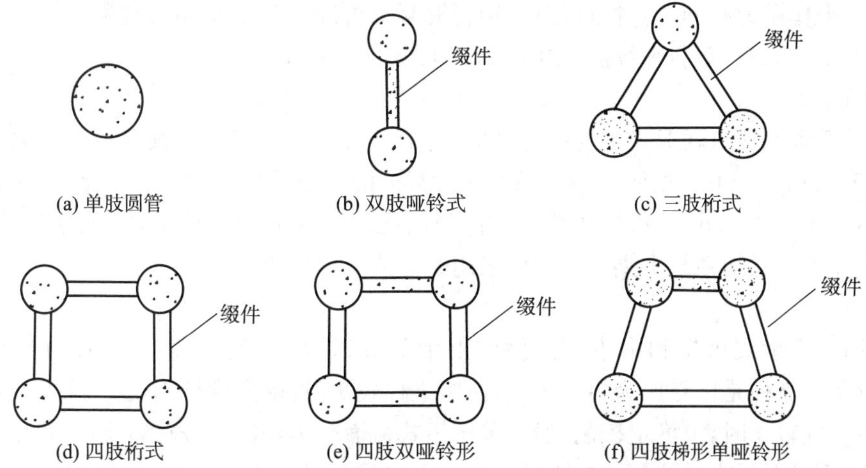

(a) 单肢圆管　(b) 双肢哑铃式　(c) 三肢桁式

(d) 四肢桁式　(e) 四肢双哑铃形　(f) 四肢梯形单哑铃形

图 7.12　钢管混凝土拱肋截面形式图

(a) 劲性骨架架设

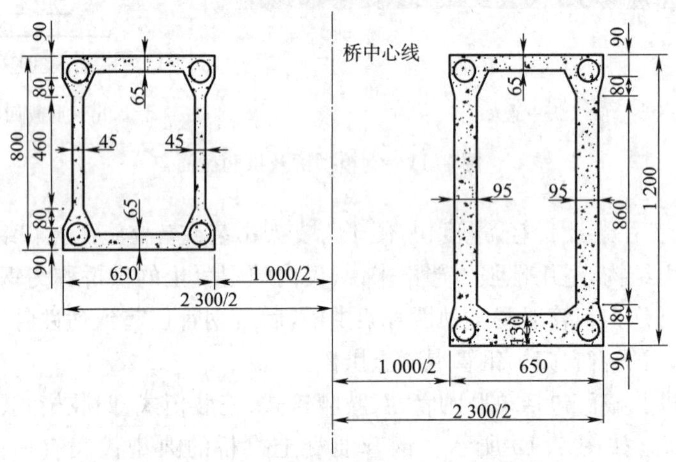

(b) 拱脚与拱顶截面图(单位：cm)

图 7.13　钢管混凝土劲性骨架拱桥拱肋截面形式(广西天峨龙滩大桥)

另外,我国近年来出现了一种钢管与钢管混凝土混合拱桥的桥型,其拱肋在拱脚段采用钢管混凝土,拱顶段采用空钢管。混合拱拱肋自重较小,重心降低,对提供拱肋的横向稳定性和减少横向地震作用力有利,同时可以避开钢管混凝土可能出现的拱顶段混凝土浇筑不密实问题。福鼎市山前大桥(双肋平行拱,主跨 80 m)即为此类桥型。

2)联结系

钢桁拱桥常见的纵联形式主要有交叉形、菱形、K 形和米字形等,横联形式主要有三角形和交叉形等,如图 7.14(a)所示。钢箱(管)拱桥常见的联结系形式主要有一字形、K 形和交叉形等,如图 7.14(b)～(d)所示。联结系杆件截面应与拱肋截面相适应,可采用工字形、圆管形、箱形截面等。联结系与主拱的接头可采用螺栓或焊接连接。

3)立柱

立柱用于上承式拱桥和中承式拱桥的上承部分,是桥面系与拱肋之间的传力构件,如图 7.15 所示。立柱是以受压为主的压弯构件,立柱较短时,由强度控制设计,采用实腹式截面较为经济;立柱较长时,由稳定控制设计,采用桁式截面较为经济。按材料不同,拱上立柱可采用钢立柱和钢管混凝土立柱等。在满足承载力等要求的基础上,立柱的结构形式和材料的选择应有利于拱上建筑实现轻型化。

(a) 米字形联结系(重庆朝天门大桥)

(b) 一字形联结系(上海卢浦大桥)

(c) X形联结系(九江长江大桥)

(d) K形联结系(广西平南三桥)

图 7.14　拱肋联结系布置形式

(a) 上承式拱桥立柱

(b) 中承式拱桥立柱

图 7.15　拱上立柱

4)吊杆

吊杆将桥面系荷载传递至拱肋,主要为轴心受拉构件。吊杆一般可分为刚性吊杆和柔性吊杆两种形式。柔性吊杆也称为吊索,采用平行钢丝成品索或钢绞线成品索(图 7.16),计算时视为受拉杆件,与拱肋和吊杆横梁连接视为铰接。使用柔性吊杆可以部分消除拱肋与桥面系之间的相互影响,施工方便,外形较好,且节省钢材。刚性吊杆多用钢管或型钢制成,一般情况下承受拉力,但在活载作用下也可能出现压力。用刚性吊杆对增强拱肋的横向刚度有利,但用钢量多,工艺较复杂。国内已建成的九江长江大桥,采用截面为 H 形的低应力钢制构件吊杆,为防止吊杆风致振动,采取了将吊杆开孔透风和安装阻尼器的措施,如图 7.14(c)所示。

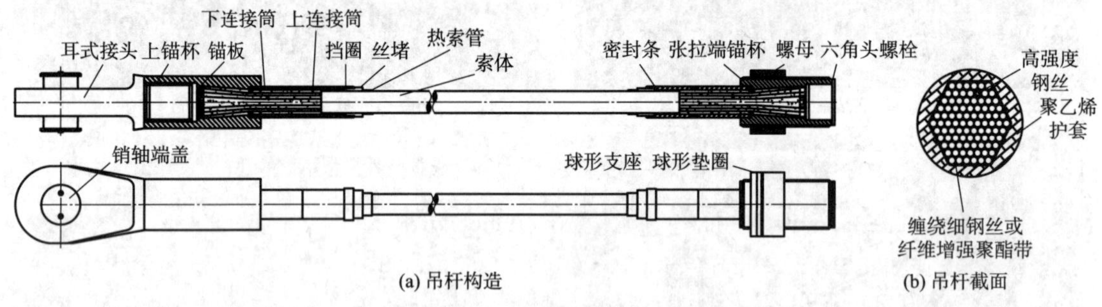

图 7.16 柔性吊杆构造

5)系杆(梁)

对于无推力拱桥,拱的水平推力全部由系杆承担,因此系杆主要承受轴向拉力。系杆一般可分为刚性系杆和柔性系杆,刚性系杆通常被称为系梁,柔性系杆被称为系索。系梁通常作为桥面系的一部分,参与桥面系共同受力,承受拉弯作用,通常采用箱形或型钢截面。系索仅承受拉力,通常采用钢绞线或平行钢丝索。当钢拱桥同时采用刚性系杆和柔性系杆时,柔性系杆的作用在于减小刚性系杆的内力,从而减小杆件规模和构造尺寸。

重庆朝天门大桥通过中跨上、下层桥面设置的系杆平衡拱的水平推力,使两座主墩不承受水平推力。该桥中跨布置有上、下两层系杆,其中心间距为 11.83 m,上系杆不贯通主桁,仅与拱肋下弦相连接,下系杆与加劲腿处中弦贯通。上层系杆采用 H 形截面钢结构构件,下层系杆采用“王”形截面构件+辅助系索的组合结构,钢结构系杆端部与拱肋下弦节点相连接,下层辅助索锚固于系杆端节点处。设置辅助系索的目的在于降低下层钢结构系杆轴力,使杆件设计尺寸及板厚控制在适当的范围之内,减少用钢量,取得较好的经济技术指标。上层系杆采用焊接 H 形构件截面:高 1 500 mm,宽 1 200 mm,板厚 50 mm;下层系杆采用焊接“王”形构件截面:高 1 700 mm,宽 1 600 mm,板厚 50 mm,系杆布置与系杆截面如图 7.17 所示。

7.1.5 实桥示例——南京大胜关长江大桥

1)工程概况

京沪高速铁路南京大胜关长江大桥位于原南京长江大桥上游约 20 km 处。航槽、岸线稳定,水文、地质条件较好,具备良好的建桥条件。该桥既是京沪高速铁路于南京跨越长江的越江通道,也是沪汉铁路于南京跨越长江的越江通道。

2)桥型方案

受下游 1.55 km 处的南京三桥限制,南京大胜关长江大桥在桥跨布置上需确保两桥间航路的顺畅与平顺衔接。通过通航技术要求专题论证,确定采用两个 336 m 主航道作为单孔双

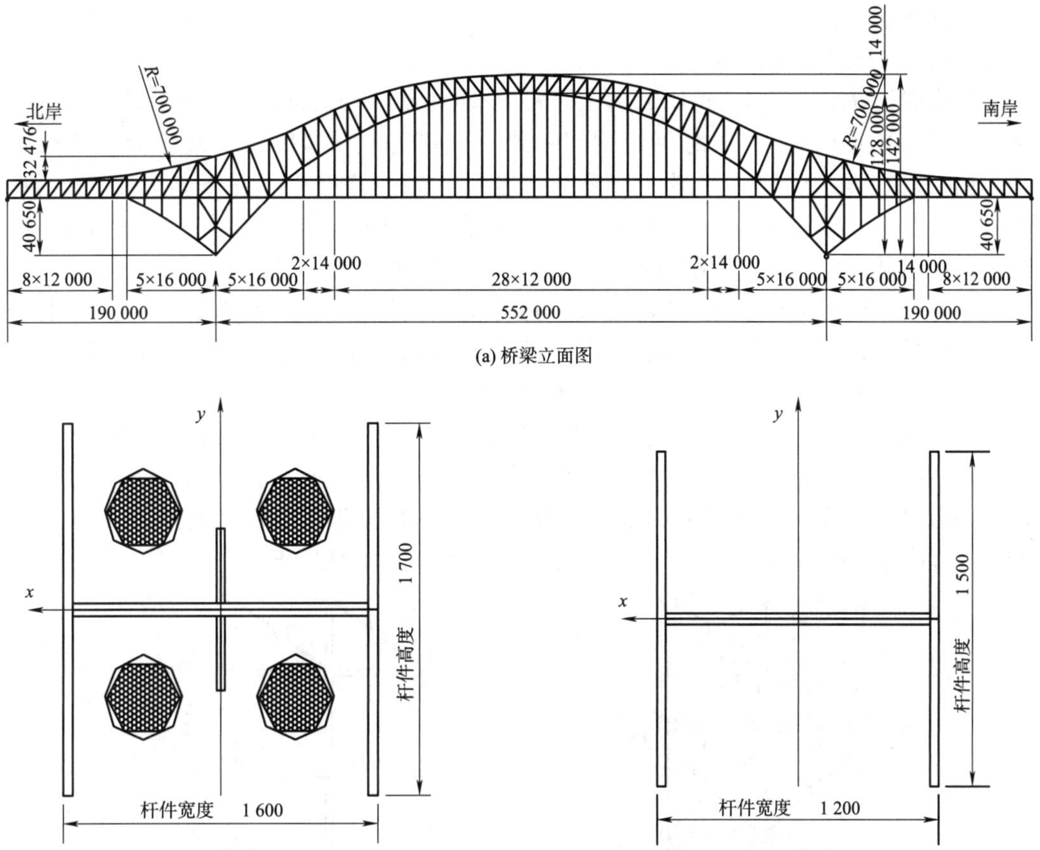

(a) 桥梁立面图

(b) 下系杆截面

(c) 上系杆截面

图 7.17　重庆朝天门大桥系杆布置及截面形式（单位：mm）

向通航孔、两个 192 m 的边孔作为辅助通航孔，与南京三桥 648 m 的双向通航主航道通航孔和两个 257 m 辅助通航孔相适应。按通航净空尺寸要求确定的中跨与边跨跨度分别为 336 m 与 192 m，边中跨之比为 0.571，远远超出一般斜拉桥的布置要求，尤其当采用 3 塔结构时其竖向刚度更差，难以满足铁路运行要求。该桥两个主通航孔采用竖向刚度较大的钢桁拱结构，两端与连续钢桁梁平顺连接，形成连续钢桁拱—桁梁组合结构，孔跨布置为(108＋192＋336＋336＋192＋108) m ＝1 272 m，如图 7.18 所示。可明显减小梁端转角，满足列车高速行车要求，方便施工安装，同时桥型流畅优美。

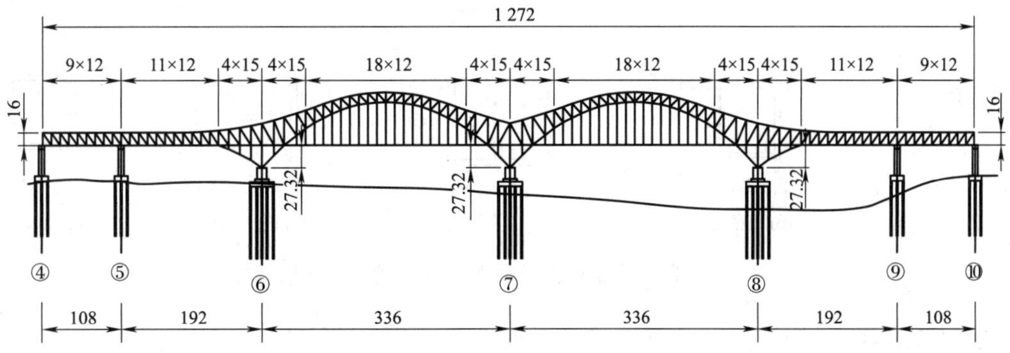

图 7.18　南京大胜关长江大桥立面图(单位：m)

3)结构体系

①钢桁拱—桁梁组合结构

主跨拱圈矢高 84.0 m,矢跨比 1/4,主跨跨中拱圈桁高 12 m、拱脚处拱圈桁高 47.9 m。拱圈桁架采用三角形桁式,与边跨钢桁梁相一致。平弦钢桁梁和拱圈桁架的标准节间距为 12 m,非标准节间距为 15 m,如图 7.18 所示。边跨 108 m+192 m 平弦部分桁高 16 m,高跨比分别为 1/6.75 与 1/12。布设 3 片主桁架,共同承载四线列车与两线轻轨列车荷载,可减小桥面横梁的承载跨度。3 片主桁间距 15.0 m,主桁全宽 30.0 m,如图 7.19 所示。

根据主桁结构不同部位的受力状况,选用变宽、变高杆件来适应结构内力变化。弦杆采用箱形和箱形带 4 条加劲肋截面,拱肋下部受力最大的箱形弦杆增加到 8 根加劲肋;杆力大的腹杆设计为箱形截面,杆力小的腹杆设计为 H 形截面,如图 7.20 所示。平弦桁架杆件截面宽度(内宽 b)为 1 000 mm,拱肋桁架杆件截面宽度为 1 400 mm,杆件截面高度 h 则从 1 000 mm 渐变到 1 820 mm。拱肋桁架构件采用箱形多肋截面,增加其承压面积,尽可能适应内力最大构件的截面布置。但是,对于设计轴力最大的钢桁拱拱肋,即使采用上述增大截面的方法,仍然有约 15%的构件需要采用较 Q370qE 更高强度等级的钢材(Q420qE)。

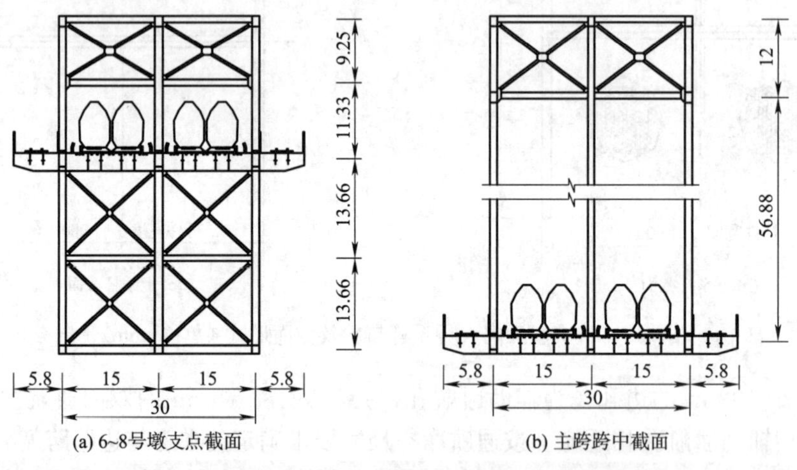

图 7.19 南京大胜关长江大桥横截面图(单位:m)

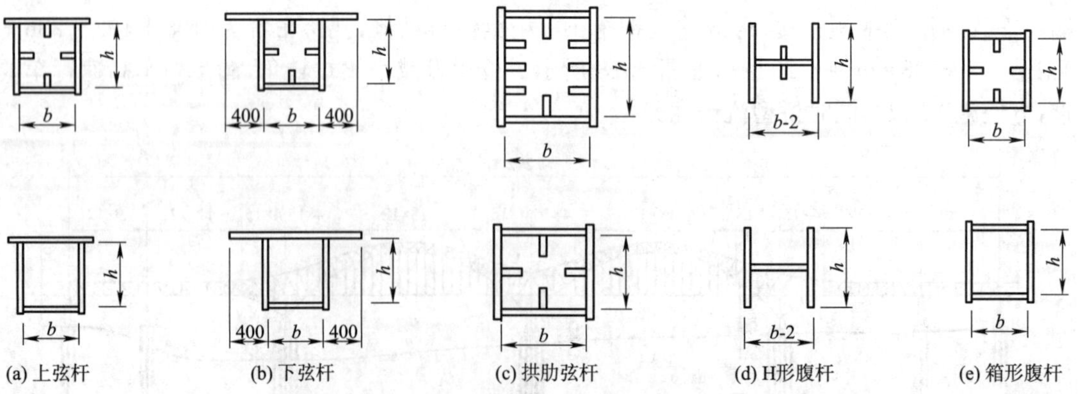

图 7.20 主桁杆件横截面示意图(单位:mm)

②支承体系

中桁中间支点设固定支座(7 号墩,见图 7.18),其余支点设纵向活动支座;边桁中间支点设横向活动支座,其余的边桁支点设多向活动支座。

③连接系

拱圈上下弦杆平面、平弦主桁上弦杆平面、加劲弦杆平面均设置纵向连接系,保证截面的整体性与拱圈的稳定。其中,主跨拱圈上弦杆平面 X 形纵向联结系,如图 7.21 所示。竖杆平面设置横向连接系,增加截面的抗扭转刚度。6～8 号墩支点截面和主跨跨中截面横向连接系布置如图 7.19 所示。横联和平纵联都采用刚度大、受力性能好的 X 形布置形式。横联杆件采用工形截面;平纵联撑杆采用箱形截面,其余杆件采用箱形和工形截面。

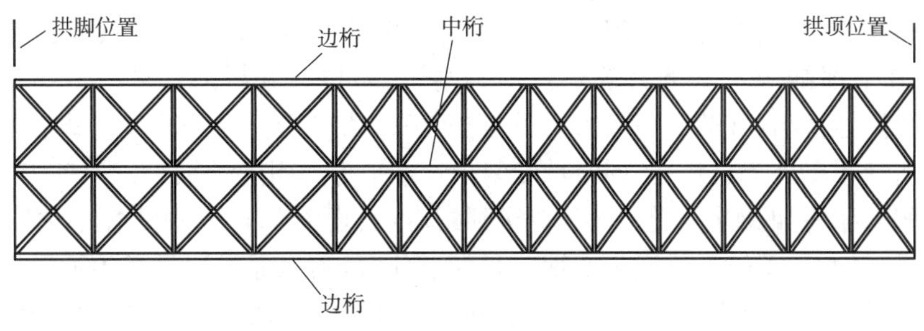

图 7.21　主跨拱圈上弦杆平面平纵联布置图

④桥面结构(系杆)

铁路桥面置于下弦平面,四线铁路并行。3 片主桁将桥面分隔,上游侧为双线沪汉铁路、下游侧为双线京沪高速铁路,并外挑轻轨托架。采用箱形下弦杆与正交异性板结合的整体桥面结构,除主桁节点处设置大横梁外,每节间中还设置 3 根小横梁,这些横梁也与主桁下弦杆相连,每线铁路下方仍设置两根纵梁。正交异性钢桥面板厚 16 mm,和伸过主桁内侧竖板的箱形弦杆的上水平板对接焊。正交异性板的钢桥面板和主桁的下弦杆组成共同受力的板桁组合结构,其上再安放混凝土道砟槽板,如图 7.22 所示。整体桥面结构与拱肋下弦节点相连接,于是整体桥面结构充当系杆的作用,拱肋的水平推力由其承担。

图 7.22　整体桥面布置

⑤吊杆

随着铁路钢桁拱桥的规模、跨度越来越大,吊杆长度也随之加大,传统的吊杆设计和抗风振措施已不能解决诸如低风速多风向的涡振、驰振、列车运营引起的振动问题,需要更多地考虑气动措施。多边形吊杆有较好的气动外形,其截面刚度大,对低应力钢杆件吊杆的抗风有利。南京大胜关长江大桥拱桥吊杆创造性地采用八边形截面解决了吊杆的风致振动难题,取得了良好效果,吊杆截面如图 7.23 所示。吊杆长为 7.1～52.5 m,分段制造,工地拼装。

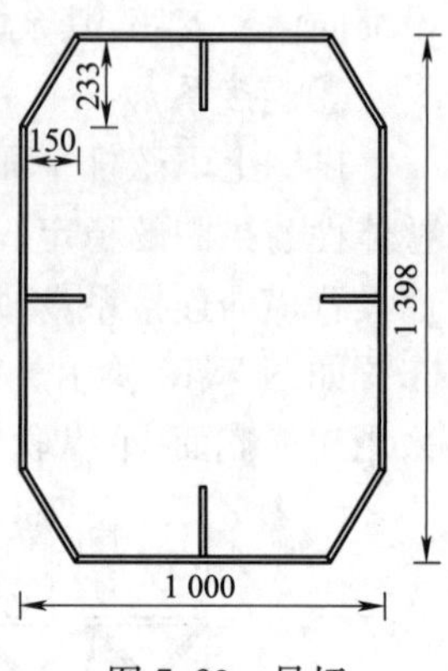

图 7.23 吊杆横断面(单位:mm)

7.2 钢斜拉桥

7.2.1 组成与特点

钢斜拉桥由钢主梁、斜拉索、桥塔、墩台和基础等部分构成,如图 7.24 所示。其上部结构主要承力部件包括钢主梁、斜拉索和桥塔。斜拉桥的传力路径清晰:外荷载→钢主梁→斜拉索→桥塔→墩台→基础。钢主梁直接承受外荷载作用,同时承受斜拉索水平分力引起的轴向力作用。斜拉索将加劲梁承受外荷载传递到索塔,表现为单向受拉状态。桥塔除承受自重引起的轴力外,还承受斜拉索传递来的轴向和水平分力,其内部产生显著的轴压力和弯矩,属于典型压弯构件。主墩及其基础承受绝大部分斜拉桥恒载与活载作用,边墩和辅助墩主要承受加劲梁传递的部分竖向力。

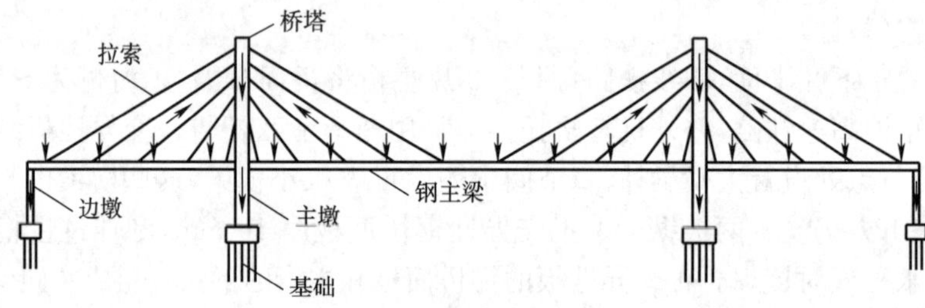

图 7.24 斜拉桥立面图

传统钢梁桥用于大跨度桥梁,主要依靠钢梁截面弯、剪变形抵抗外荷载,要求主梁必须具有较大刚性,需采用较大梁高,将显著增加构件制作成本和结构自重。因此,为增大桥梁跨越能力,有必要引入加劲构件,斜拉桥和悬索桥这类缆索承重结构即能有效满足跨越需求,尽管它们主要采用拉力构件(钢索、钢缆)传递荷载,由于抗拉构件布置方式不同,结构受力性能存在较大差异。悬索桥钢主缆一般张拉成抛物线形状,通过产生明显变形达到结构整体平衡。斜拉桥拉索按倾斜直线布置,受力前后变形量较小。因此,悬索桥用于中小跨度桥梁存在变形大、经济性差的问题,只有用于特大跨桥梁才能发挥主缆承载优势。相比悬索桥,斜拉桥整体刚度大,其力学特性突出表现为钢主梁一方面承受拉索水平分力产生的轴力作用,同时获得拉索多点竖向弹性支承,从而具有较强跨越能力,又能有效降低主梁自重,承载效率高。斜拉桥充分运用拉索的支承刚度,满足梁式桥与悬索桥之间跨径布置需要,具有广阔的适用性。钢斜拉桥主要技术优势表现在:

(1)通过调整斜拉索初始张力,可以承担大部分恒载,改善主梁恒载内力分布,从而减小梁高,由于钢主梁自重轻,使得钢斜拉桥具备更大承载与跨越能力,同时提高了设计经济性、美观和抗风稳定性。

(2)斜拉索预张拉极大提升了结构整体刚度,特别适用于大跨度铁路桥梁建造。而且,拉索对斜拉桥主梁多点支承使其具有较大构造阻尼,也对抗风稳定性有利。

(3)采用工厂预制、现场拼装的施工模式,便于施工过程控制及拼装误差调整,提高了现场作业效率。

(4)由于钢构件质量较轻,施工方法灵活,适用吊机分块、分节段,甚至大件整体吊装,特别适合采用悬臂拼装施工跨越山谷、江河、海峡大桥,能显著缩短施工周期。

(5)由于钢构件易于栓焊连接,能简化索梁锚固构造。

7.2.2　受力特征

斜拉桥索塔、主梁、斜拉索三者相互关联,共同构成了三角形受力结构。斜拉桥在恒载作用下的受力状态与运营活载及温度影响下的受力完全不同。

在恒载作用下,无论是施工阶段还是成桥运营阶段,通过主动调整斜拉索索力可以改变结构的受力状态。根据设定的成桥状态目标,通过索力优化可以将加劲梁弯矩分布调节为与以斜拉索和桥墩为支点的连续梁弯矩保持一致,图7.25给出三跨连续梁桥和双塔三跨式斜拉桥主梁恒载弯矩比较,可以发现加劲梁恒载弯矩峰值显著降低。与受弯为主的连续梁相比,无需通过加大梁高来抵抗外力,可以容许采用较柔主梁,既增强斜拉桥承载能力和跨越能力,又使其保持纤细外形而颇具美感。然而,主梁截面不能过度减小,必须具有一定刚度,才能避免主梁在桥面荷载作用下出现较大局部挠曲,并满足主梁横向受力、压屈稳定性以及拉索更换等要求。加劲梁承受斜拉索的水平分力作用,对于按对称双悬臂施工的加劲梁,越靠近索塔轴力越大。随着跨径的增大,梁体的轴向压力将成为设计的控制因素,并成为钢斜拉桥跨径进一步增大的限制条件。

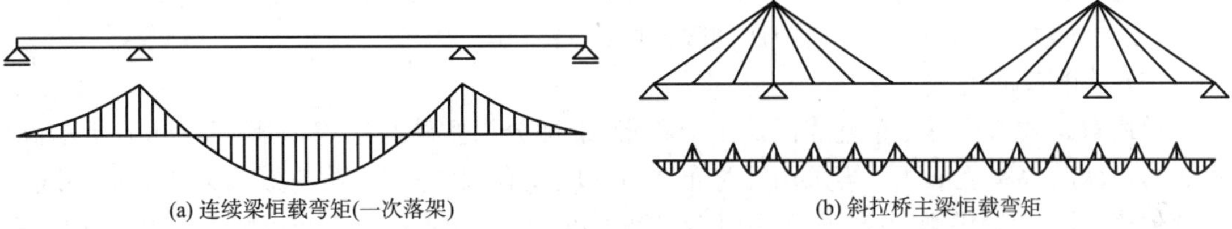

(a) 连续梁恒载弯矩(一次落架)　　(b) 斜拉桥主梁恒载弯矩

图7.25　连续梁和斜拉桥恒载弯矩比较

同样,对于中小跨度斜拉桥,可通过主动调整斜拉索索力,在一定范围内优化索塔恒载弯矩,例如双塔斜拉桥,通过调整索力使索塔在恒载状态下向边跨预偏,储备一定向边跨转动的弯矩,以降低最不利活载组合下桥塔的弯矩峰值。对于大跨度斜拉桥,控制桥塔设计的往往是极限静风荷载或地震作用,而不是正常运营状态,因此无须设置桥塔预偏量。

斜拉索是斜拉桥的主要传力构件,只能承受拉力。目前,普遍使用的斜拉索均为柔性索,柔性索在自重作用下有垂度,几何非线性问题比较突出。斜拉索承载效率与其抗拉刚度相关,而拉索抗拉刚度又取决于自身截面、自重和所受拉力。在同等斜拉桥索力控制标准下,钢加劲梁因自重较小,支承拉索恒/活载索力比值相对较小。对于大跨度铁路斜拉桥,可通过增大主梁自重(布置多线交通荷载),增大斜拉索支承刚度,达到提高结构总体刚度的目的。

在活载作用下,加劲梁和桥塔的受力主要是根据主梁、索塔和拉索刚度特征及塔梁内部约束来确定。活载产生的主要是弯矩作用,产生的轴力作用与恒载轴力相比较小。在活载和温度作用下,桥塔所受弯矩由上而下逐步增长,在柱底部达到最大值。因此,活载和温度作用产生的弯矩是桥塔受力的重要控制因素，而加劲梁的弯矩则在中跨靠近跨中区域及边跨辅助墩顶区域出现较大的峰值。对于大跨度斜拉桥，在边跨设置一个或多个辅助墩，可以改善成桥和施工状态下的静动力性能。此外，尽管单根斜拉索外观柔细，但斜拉索所受风荷载对斜拉桥而言不可忽视。千米级斜拉桥拉索风荷载引起全桥顺桥风荷载响应可达50%以上，横桥向风荷载响应可达75%以上。

7.2.3 总体设计

斜拉桥总体设计的主要内容有：孔跨布置、斜拉索布置、主梁布置、索塔布置、边跨斜拉索锚固方式、塔梁连接方式等。

1)孔跨布置

斜拉桥最典型孔跨布置是双塔三跨式和单塔双跨式，且在边跨内可根据需要设置若干辅助墩。特殊情况下，可布置成单塔单跨式、双塔单跨式、无塔单跨式以及多塔多跨式。

(1)双塔三跨式

双塔三跨式是一种最常见的斜拉桥孔跨布置方式，如图7.26(a)所示。中间孔跨称为主跨，其跨径较大，用于跨越主要障碍物。双塔三跨式斜拉桥既可以布置成两边跨跨径相等的对称形式，也可以布置成边跨跨径不等的非对称形式。工程实践中，根据地形、地质、水文条件需要，边跨可设置单个或多个中间辅助墩。从结构受力角度看，辅助墩可降低边跨外侧端锚索应力集中，减小边跨主梁弯矩以及提升结构整体刚度作用。此外，为了控制端锚索应力变幅，改善其疲劳寿命，需要控制双塔三跨式斜拉桥主跨与边跨比大于2。对于钢斜拉桥而言，通常主跨与边跨比为2.2～3.0，大多在2.5以上。当结构设计采用边跨部分长度内分散锚固锚索的方式，则端锚索效应不突出，中边跨比例限值可放宽。

(2) 单塔双跨式

单塔双跨式斜拉桥可布置成两跨不对称形式，即分为主跨与边跨，如图7.26(b)所示，也可布置成两跨等跨径形式。当采用等跨布置时一般没有端锚索，无法有效约束非对称加载下塔顶位移，需加大索塔刚度；当采用不等跨布置时，可在边跨侧设端锚索减小塔顶位移，比加大索塔刚度更加经济、有效。因此，工程上多采用两跨不对称形式，主跨与边跨之比一般为1.2～2.0，多数接近1.5。

(3) 多塔多跨式

多塔是指采用三塔或更多桥塔，多跨是指采用四跨及以上孔跨布置，如图7.26(c)所示。多塔斜拉桥的中间桥塔在活载作用下，由于没有边跨锚索的锚固作用，将发生较大的塔顶偏位并引起主梁挠度及自身弯矩过大问题。工程实践中通过设置中央辅助索(如中国香港汀九桥)、采用交叉索(如英国福斯三桥)以及采用刚性桥塔(如希腊Rion-Antirion桥)，改善结构受力性能。

孔跨布置时，边跨内的辅助墩可均匀布置(如法国诺曼底桥)，也可不均匀布置，以主跨向边跨方向逐步递减，以达到美学上的韵律感(如香港昂船洲桥)，工程经验表明，边跨内设置1～3个辅助墩较为适宜。辅助墩设置需综合考虑全桥刚度、结构受力、边孔通航、施工安全及经济要求，一般布设在边跨靠近端部0.2～0.6倍跨径处较好。

2)斜拉索布置

(1)斜拉索空间布置形式(索面位置)

斜拉索空间布置形式，即索面位置及数量，一般包括单索面、竖向双索面、斜向双索面以及

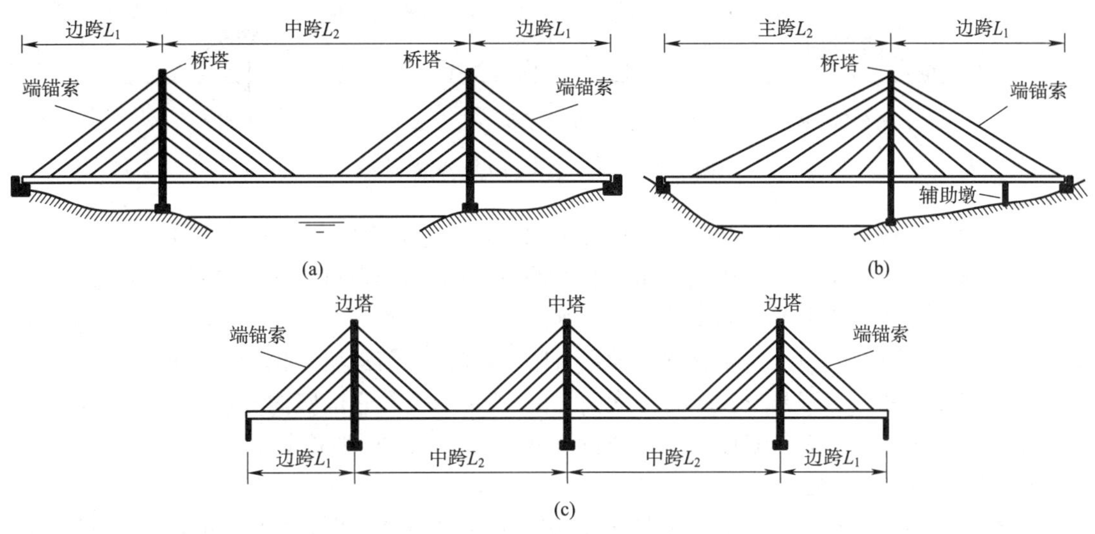

图 7.26　斜拉桥孔跨布置

多索面，如图 7.27 所示。拉索空间布置形式直接关系到主梁的构造与横向受力合理性，也关系到斜拉桥整体力学性能。

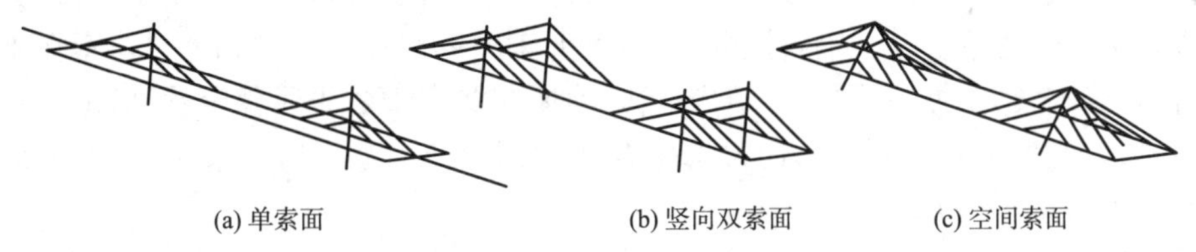

图 7.27　斜拉索空间布置形式

单索面斜拉桥往往可以使结构更加简洁，其下锚固点位于桥面宽度以内，桥面视野不受锚固构造阻碍，具有良好的美学效果。然而，主梁的扭转刚度将制约其适用的跨径范围。随着斜拉桥跨度的增加，主梁扭转变形加大，同时斜拉桥整体抗风能力迅速下降。为此，单索面斜拉桥一般采用抗扭刚度较大的钢箱梁。

双索面斜拉桥应用较广。相比单索面斜拉桥，作用于桥梁的扭矩可由斜拉索的轴力来抵抗，主梁抗扭刚度显著提高，满足主梁偏载受力及抗风需要。双索面通常在桥宽方向有两种布置方法，即索—梁锚固点位于桥宽之内（一般处于人行道位置）或位于桥面两侧外缘。前者存在锚固区宽度不能利用的问题，后者则必须设置伸臂向梁体传递横向剪力及弯矩。

多索面斜拉桥通常用于活载较大的公铁两用斜拉桥或分体式钢箱主梁斜拉桥，可有效改善加劲梁的横向受力，主要有三索面和四索面两种。比如三索面对应三片主桁的加劲梁（如沪通长江大桥）或三片工字梁的加劲梁，四索面则对应中间设有横梁连接的分体式加劲梁（如采用分体钢箱主梁的嘉绍大桥和芜湖长江二桥以及采用分体组合梁的汀九大桥）。

（2）斜拉索索面内布置形式

斜拉索在索面内布置形式主要有辐射形、竖琴形、扇形，如图 7.28 所示。

辐射形索面具有较好力学性能，表现在拉索与水平面的平均交角较大，拉索竖向分力对梁的支承效果较好，且对主梁产生轴力较小。拉索水平分力在塔顶基本平衡，索塔内弯矩较小。然而，辐射形索面的所有拉索集中锚固于塔顶，拉索竖向分力集中作用于塔顶，对索塔的稳定

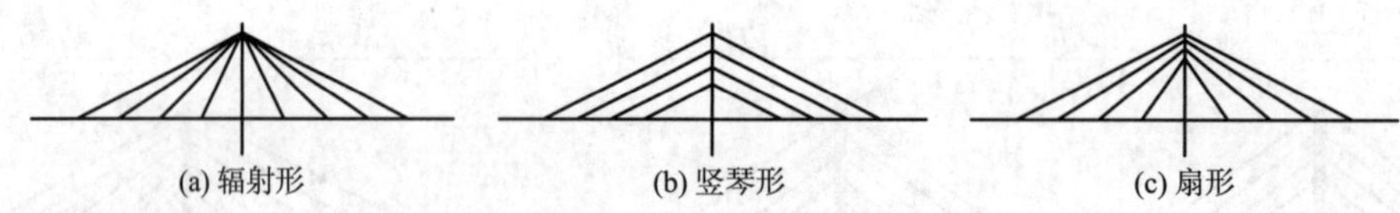

图 7.28　斜拉索索面内布置形式

性不利。此外，塔顶锚固构造细节较为复杂。因此，辐射形索面布置已较少采用。

竖琴形索面所有拉索具有相同倾角，且拉索与索塔的锚固点可以分散布置，能够简化与统一斜拉索在索塔和主梁上的锚固构造。从外观上看，竖琴形索面布置简洁美观。与辐射形索面相比，拉索倾角较小，拉索对主梁支承效果有限，承受同等荷载所需拉索用量较多。

扇形索面布置介于竖琴形和辐射形索面之间，既能提高拉索的竖向支承效率，又避免了拉索在塔顶的集中锚固。扇形索面是现代斜拉桥最常用的索面布置形式。

(3) 斜拉索间距布置

斜拉索在主梁和索塔上的索距布置，既对斜拉桥力学性能有明显影响，也关系到加劲梁的安装起吊能力需求和安装过程的受力安全。现代斜拉桥发展初期一般采用稀索体系，由于索距较大，外荷载主要通过主梁传递，要求主梁具备较大梁高，难以发挥拉索支承效能，限制了斜拉桥跨越能力的发展，同时也存在索—梁锚固区应力集中、构造复杂以及斜拉索后期更换困难等问题。此外，较大的索距必然导致较大的节段重量，增大了加劲梁安装难度。目前，斜拉桥设计基本采用密索体系。对于钢斜拉桥而言，梁上索距一般在 8～16 m。斜拉索在索塔上的索距布置，将影响索力、加劲梁轴力、结构位移、静风荷载和索塔压屈稳定性，塔上索距一般在 2～5 m。在塔跨比一定的条件下，通过选用合适的锚固结构减小塔上索距，可使加劲梁近塔区的恒载轴力减小 10%以上。

3)主梁布置

斜拉桥主梁布置主要考虑主梁纵向布置和梁高等。主梁纵向布置分为连续体系和非连续体系。目前的斜拉桥一般采用连续体系，即在斜拉桥的全长范围内，梁体保持连续。在某些场合由于结构受力需要，还可进一步将梁体连续延伸到斜拉桥以外部分，即斜拉桥主梁与引桥跨梁体相连，一方面可减小端锚索的应力集中，又能缓和端支点的负反力问题，但由于与前后引桥相连接的缘故，在地震时将增大水平惯性力。在早期斜拉桥建设阶段，为了减少结构超静定次数，较好地适应索塔基础发生不均匀沉降及缓解温度内力，采用跨中插入悬挂结构物或剪力铰的非连续体系。由于破坏了桥面的连续性和梁体整体性，且在施工养护上存在困难，故目前已较少采用。

大多数斜拉桥主梁高度是不变的，只有极少数斜拉桥主梁在邻近桥塔处梁高逐渐变大(例如德国 Severin 和 Leverkussen 桥)。主梁的跨高比与斜拉桥整体柔细感直接相关。早期稀索体系斜拉桥的主梁跨高比一般在 50～100 之间。自从出现密索体系后，不需要通过增大梁高来改善总体刚度。随着跨度不断增加，加劲梁梁高与主跨的相关性不明显，如苏通大桥主跨加劲梁跨高比为 1 088/4.0＝272。

4)索塔布置

(1)索塔沿桥梁纵向选型

索塔沿纵向布置主要为单柱形、A 字形或倒 Y 字形，如图 7.29 所示。单柱形纵向刚度较低，塔高较小。当塔柱较高，需要显著增大桥塔纵向刚度时，常常作成 A 字形或倒 Y 字形。

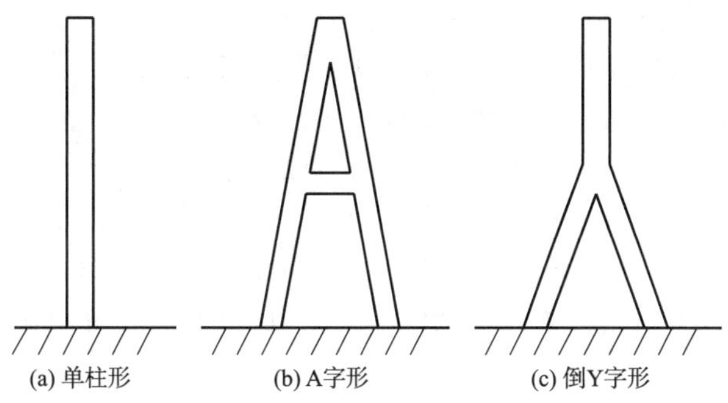

图 7.29　索塔纵桥向形式

(2) 索塔横桥向选型

索塔横桥向形式丰富多样，如图 7.30 所示。对于单索面，可采用单柱形、倒 V 形与 A 形以及倒 Y 形。对于双索面，则可采用双柱式、门式、H 形、倒 V 形及倒 Y 形。在斜塔柱转折点处一般设置一根横梁来平衡塔柱的水平分力。双柱形和门形索塔的横向刚度相对较差，但构造简单，适用于中小跨度斜拉桥。横向刚度较大的 A 形和倒 Y 形索塔一般用于抗风、抗震要求较高的大跨度斜拉桥。而且，桥塔采用 A 形、H 形以及倒 Y 形等结构形式时，亦方便加劲梁从塔柱之间通过。

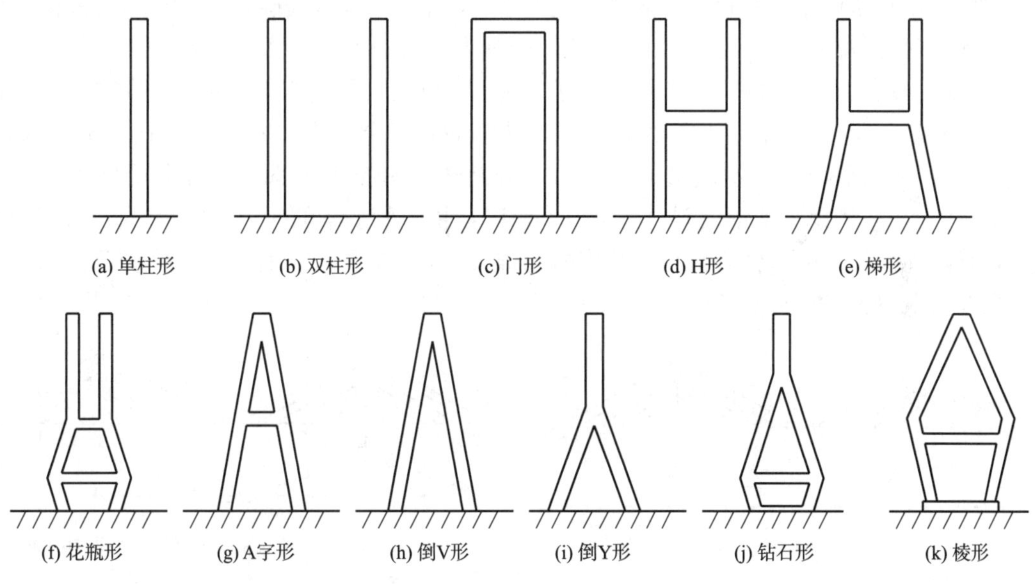

图 7.30　索塔横桥向形式

(3) 索塔有效高度及塔跨比

索塔在高度范围内可分为两部分，桥面以下部分的高度由通航和地形地貌等条件决定，桥面以上至塔顶的有效高度则是斜拉桥整体刚度的控制因素。索塔有效高度越高，斜拉索的倾角越大，斜拉索竖向分力对主梁的支承效果越好，但索塔和斜拉索材料用量也同步增加，施工难度增大。此外，索塔有效高度对斜拉桥所受纵向风荷载以及加劲梁的受力稳定也有重要影响。《公路斜拉桥设计规范》(JTG/T 3365-01—2020) 建议双塔、多塔斜拉桥塔跨比宜为 1/6～1/3；独塔斜拉桥的塔跨比宜为 1/3～1/1.5，斜拉桥最外侧拉索的水平倾角不宜小于 22°。

5)边跨斜拉索锚固方式

斜拉桥根据边跨斜拉索锚固方式的不同,可分为地锚式斜拉桥、自锚式斜拉桥和部分地锚式斜拉桥。通常所讲的斜拉桥大都是指自锚式斜拉桥。

受到地形条件限制而边中跨比很小时,可采用地锚式斜拉桥。地锚式斜拉桥一般采取单跨结构,索塔一侧拉索集中锚固在岩体或锚块上,另一侧拉索引起主梁内水平分力由梁体传递到基础。地锚式斜拉桥主梁的约束方式不同,主梁的受力不同。如图 7.31 所示,当主梁两端固定,中间设铰时,斜拉索水平分力在主梁内产生压力;当主梁两端可活动时,斜拉索水平分力在主梁内产生拉力。

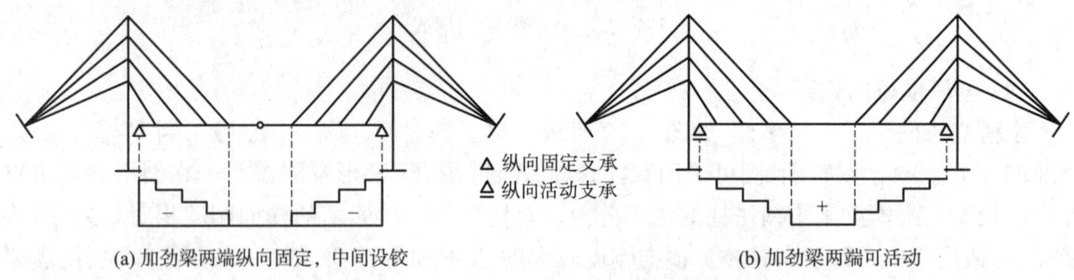

图 7.31　地锚式斜拉桥主梁轴力分布

自锚式斜拉桥的全部斜拉索均锚固在主梁上,无需修建拉索锚碇,施工方便,主梁除跨中及梁端无索区外,都要承受压力作用。主梁所受轴力分布如图 7.32 所示。

随着跨度增大,自锚式斜拉桥主梁压力快速增加,成为限制其跨度进一步发展的制约因素。对于双塔斜拉桥,为了减小主梁压力,可以设置锚碇并将部分斜拉索锚固在锚碇上,如此将主梁部分轴力转移出去,这就形成了双塔部分地锚式斜拉桥体系。主梁所受轴力分布如图 7.33 所示。采用部分地锚式斜拉桥可以显著降低桥塔处主梁的压力峰值;和自锚式斜拉桥相比,可以增大跨越能力,锚碇规模比悬索桥小很多,可以在千米以上的一定跨径范围内和自锚式斜拉桥及悬索桥展开竞争。

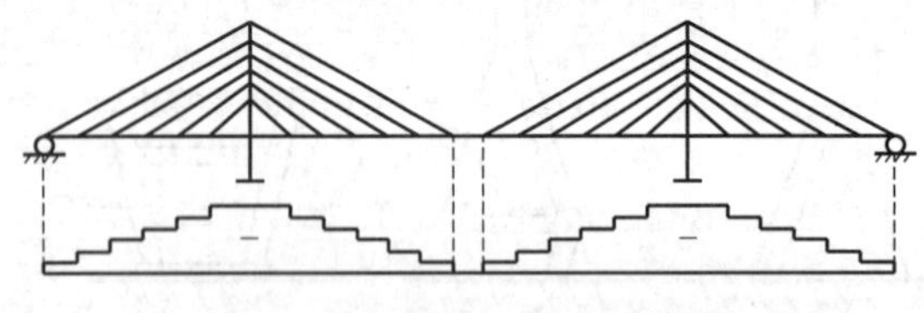

图 7.32　自锚式斜拉桥主梁轴力分布

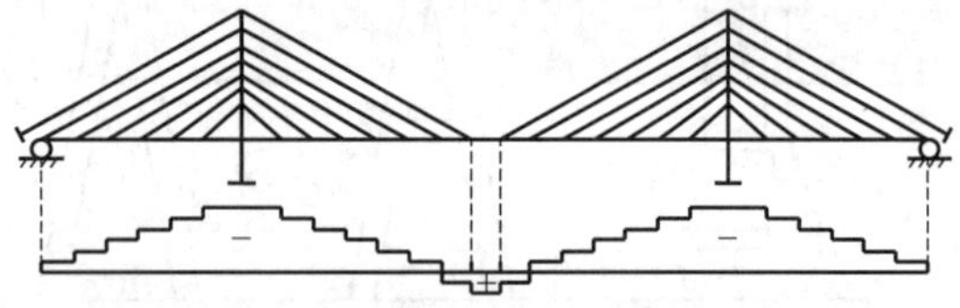

图 7.33　部分地锚式斜拉桥主梁轴力分布

6)塔梁连接方式

根据斜拉桥桥塔与钢主梁之间的连接方式,主要分为漂浮体系和半漂浮体系,如图 7.34 所示。

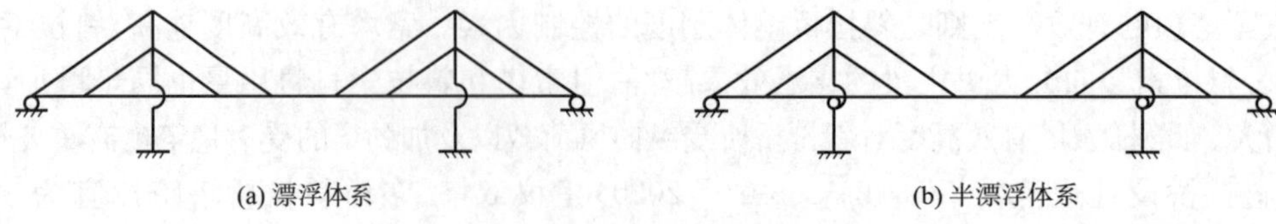

图 7.34　斜拉桥塔—主梁连接方式

漂浮体系的主梁只在加劲梁两端有竖向支承，梁体完全由拉索支承，成为具有多点弹性支承的梁，主梁和索塔之间存在纵向和竖向浮动。这种约束体系在温度作用下引起结构内力较小。漂浮体系在地震时容许主梁纵向摆动，从而有效地减小地震响应。但对于大跨度斜拉桥，在纵向风荷载和车辆制动力作用下的纵向位移显著，通常在塔梁间设置水平弹性约束和限位装置。弹性约束通常采用弹性钢索来实现，而限位装置主要通过布置阻尼器实现。由于拉索不能对主梁提供有效的横向支承，需要在索塔和主梁之间设置横向支座来抵抗横向荷载或设置横向阻尼器来满足横向抗震要求。漂浮体系斜拉桥悬臂施工时塔柱处主梁需要临时固结，抵抗施工中不平衡荷载。

半漂浮体系也称为支承体系。主梁在索塔处仅设置竖向支承(可调节高度的支座或者弹簧约束)，以代替从索塔中心悬吊下来的 0 号拉索。因此，主梁在索塔处出现较大的负弯矩，但主梁跨中弯矩和挠度比漂浮体系并未明显减小。半漂浮体系主梁恒载及活载仍然主要通过拉索传递到索塔和基础，主梁施工亦比漂浮体系方便。半漂浮体系斜拉桥纵向一般亦需要增加弹性约束和限位装置来满足纵向受力要求。主梁和索塔在横桥向一般采用抗风支座约束两者间的相对运动。当有抗震要求时，主梁与索塔以及主梁与边墩或辅助墩之间设置横向阻尼器减振体系，同时控制梁—墩相对位移及墩身内力。

7.2.4　主要构造

1)主梁构造

斜拉桥钢主梁主要有钢板梁、钢箱梁和钢桁梁三种形式，需综合考虑桥梁跨度、桥面宽度、索面布置、抗风稳定、施工方法等因素来决定。

(1) 钢板梁

钢板梁用作斜拉桥主梁时，构造简单、传力明确、经济性好，但截面抗扭刚度小，不适合于沿海强风环境，不适用于单索面斜拉桥，多采用双主梁形式，如图 7.35 所示。钢横梁与桥面板以伸臂托架的形式向钢板梁外侧延伸，桥面为正交异性钢桥面板结构。斜拉索可以直接锚固在钢主梁上，也可以锚固在伸臂托架的外侧。

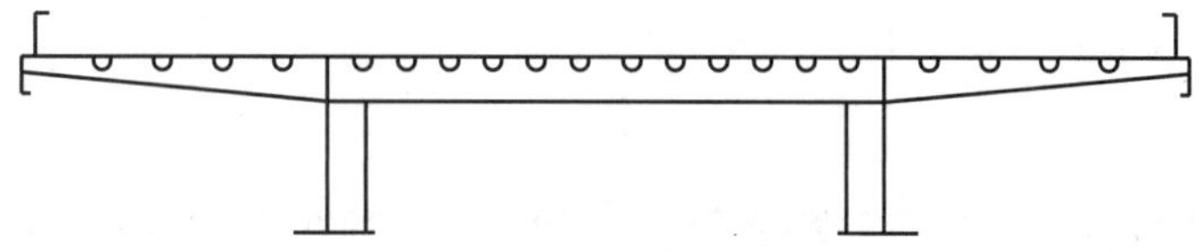

图 7.35　双钢板主梁截面

(2) 钢箱梁

①单箱钢主梁

根据功能需要，截面两侧可配置伸臂桥面板，如图 7.36(a)所示。箱室的顶板、底板、竖腹板与伸臂桥面板均带有纵、横向加劲构件。箱室内设有加劲斜杆，与横向加劲构件形成横向框架，起到箱内横隔板的作用。钢箱竖腹板可以斜置，如图 7.36(b)所示，此时钢箱内的斜杆可移至箱室外侧作为伸臂桥面板的斜撑。钢箱截面两侧可不设伸臂桥面板，主梁截面为六边形钢箱梁，如图 7.37 所示。一般利用两侧上部斜腹板锚固斜拉索，出于锚固传力需要，钢箱内通常设置带人孔的横隔板。

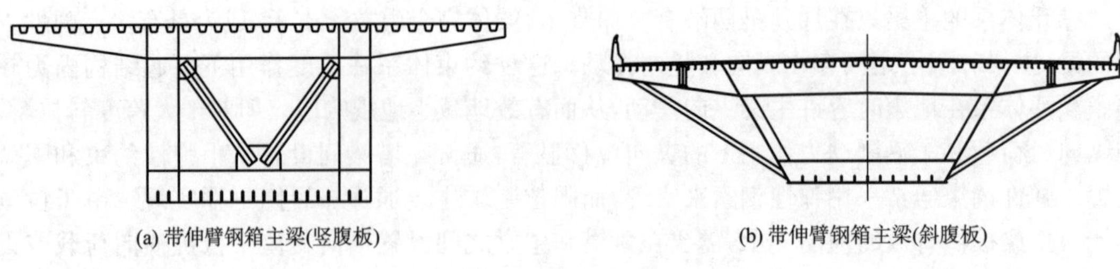

(a) 带伸臂钢箱主梁(竖腹板)　　(b) 带伸臂钢箱主梁(斜腹板)

图 7.36　带伸臂单箱单室钢主梁

②双箱钢主梁

当桥面较宽时，可采用双箱截面。目前，采用竖腹板钢箱较少，大部分由斜腹板钢箱替代。如图 7.38 所示，两个倒梯形钢箱间设有钢桥面板和钢横梁。钢箱内布设横隔板或斜杆横向联结系。为了提高抗风性能，箱梁外侧布置风嘴(整流板)。

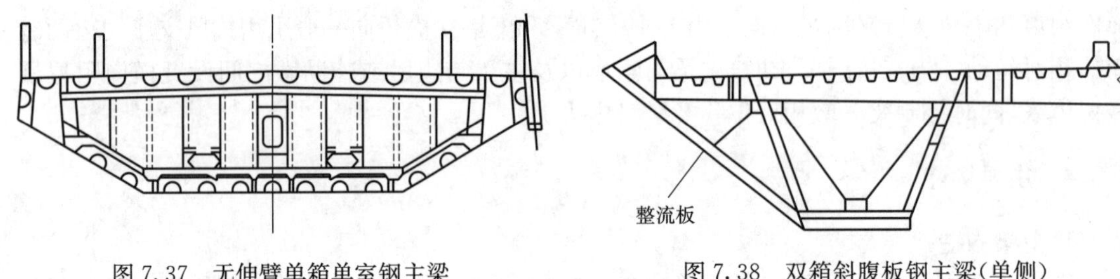

图 7.37　无伸臂单箱单室钢主梁　　图 7.38　双箱斜腹板钢主梁(单侧)

③流线型扁平钢箱梁

对于大跨度钢斜拉桥，为了满足桥面宽、梁高小以及抗风性能需求，一般采用流线型扁平钢箱梁，如图 7.39 所示。从增加主梁翼板有效宽度以及便于将横截面分块来进行组拼、架设、安装等方面来考虑，宜设置合适数量的中间竖腹板。此外，从利于斜拉索锚固角度考虑，在锚点位置设置窄箱室也是必要的。流线型扁平钢箱梁气动性能优异，适用于特大跨斜拉桥和强风环境；将流线型扁平钢箱梁的底板去掉一部分，形成分离式双边钢箱截面，既可以提高经济性，同时也具有很好的抗风稳定性。

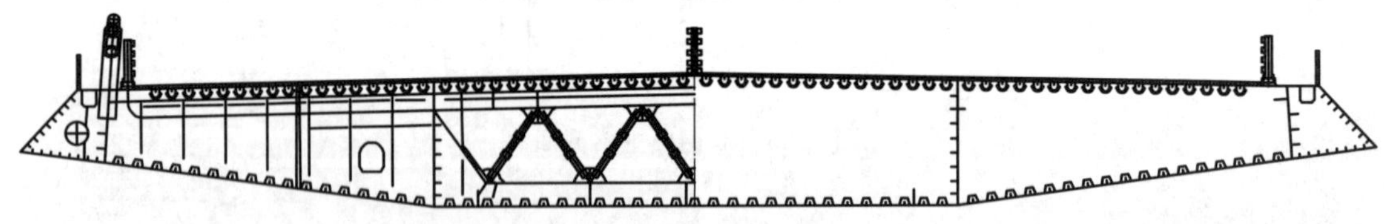

图 7.39　流线型扁平钢箱梁

(3)钢桁梁

斜拉桥采用钢桁主梁一方面利用其透风性好，利于抗风稳定性，同时为了满足布置双层桥面的功能需要。为了兼顾功能与受力需要，主桁上、下弦平面可采用正交异性钢桥面板—桁结合或钢箱—桁结合构造，如图 7.40 所示，在改善受力性能的同时，增强截面整体刚度，一般用于大跨度公铁两用斜拉桥。

3)索塔构造

组成索塔的重要构件是塔柱，按照使用材料不同，可以分为混凝土塔柱、钢塔柱和混合塔

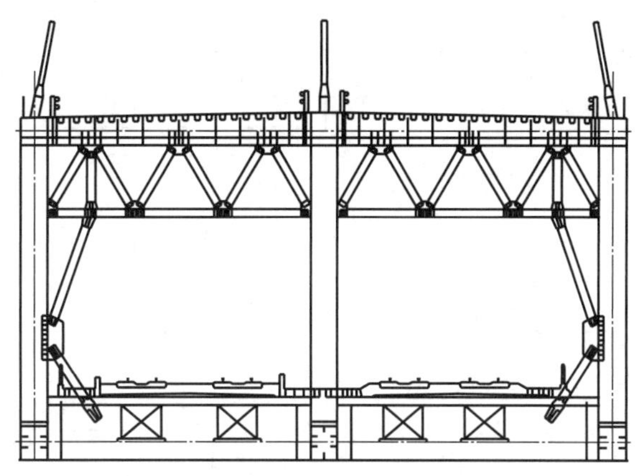

图 7.40　大跨度钢桁梁斜拉桥主梁截面

柱。与混凝土塔柱相比，钢塔柱强度高、自重轻、抗震性能好，由于结构阻尼小，容易产生涡激振动和弛振，且运营阶段保养维修费用高。若在桥面以上或仅索塔锚固区采用全钢结构，其他部分采用混凝土结构，形成混合塔柱，则既可以充分发挥钢塔柱锚箱与主体结构一体化优势，确保塔柱锚固区的安全耐久，又能适当控制下部结构重量和工程造价，但需做好钢混过渡段的构造处理。

塔柱之间一般通过横梁或其他构件连接，以加强索塔的整体性和稳定性。塔柱之间横梁分为非承重横梁和承重横梁。前者指塔顶横梁和直柱之间的中间横梁，后者包括放置主梁支座的受弯横梁、竖塔柱与斜塔柱相交位置的压杆横梁以及反向斜塔柱相交位置的拉杆横梁。所有横梁除了承受自重作用外，还要作为索塔横向框架的组成构件参与抵抗风力、地震作用和偏心荷载。

(1)塔柱截面选型

大多数钢塔柱的断面做成矩形空心箱式，一般采用单室结构，截面较大时可采用多室结构。箱室四周的各壁板上均布置有竖向加劲肋。箱室内上下相隔一定的距离设有水平横隔板。少数钢塔柱截面做成 T 形或准十字形等空心箱形截面。南京长江三桥、日本东神户桥、名港西大桥的钢塔柱截面，如图 7.41 所示。考虑抗风需要，南京长江三桥钢塔采用了带切角的矩形截面，切角尺寸取为 0.8 m×0.7 m 时，钢塔涡振响应最小。

(2)塔柱截面构造

钢塔柱截面构造应满足下列要求：

①根据钢索塔在施工中与成桥后的受力状况，确定截面高度方向上壁板的厚度。

②加劲肋的尺寸与间距应满足结构局部稳定的要求。

③壁板间、壁板与加劲肋间焊缝根据受力和构造要求确定，对机械加工的节段，离端面 600～1 000 mm 范围内需要加大焊缝尺寸。

(3)横隔板

横隔板应对塔柱壁提供足够的支承刚度，防止壁板失稳。在满足对壁板加劲刚度要求的情况下，也可采用中间大部分挖空的横肋结构。横隔板还具有保持塔柱截面形状、提高塔柱抗扭能力的作用，其间距不宜大于 4.0 m。

(4)节段划分与连接

钢塔柱节段划分应充分考虑节段运输的方便与节段安装时的设备吊装能力。

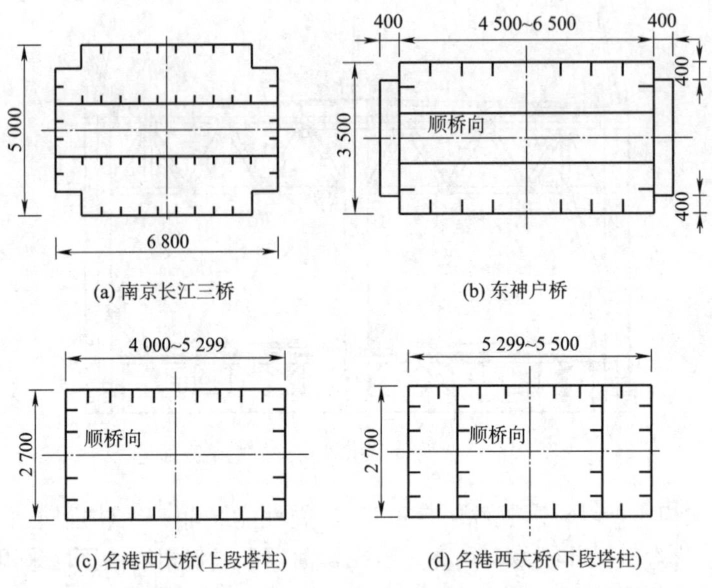

图 7.41　斜拉桥钢塔柱截面(单位:mm)

混合索塔根据结构受力需要和构造要求不同,钢塔柱和混凝土塔柱的连接位置可设在承台顶、下横梁顶或上塔柱中间。塔柱的连接应安全可靠,必要时可通过试验验证。

较矮的钢塔柱节段之间可采用焊接的方式连接。当塔柱太高时,高空焊接作业不易保证焊接质量,因此,较高的钢塔柱宜采用高强度螺栓与壁板端面接触共同受力的连接形式。考虑端面接触共同受力时,应在高强度螺栓拼接板上开设金属接触率检查孔。

4)斜拉索构造

斜拉索是斜拉桥重要传力构件,因此选用良好的材料以及精心制造是非常重要的。大跨度斜拉桥斜拉索一般应具备如下性能:①较强的承载能力,②稳定的高弹性模量,③紧实的横截面,④高疲劳强度,⑤具备一定防腐蚀、易存储及价格适宜的特点。

根据材料及制作方法的不同,目前常用的斜拉索可分为两类:平行钢丝斜拉索和钢绞线斜拉索,断面如图 7.42 所示。

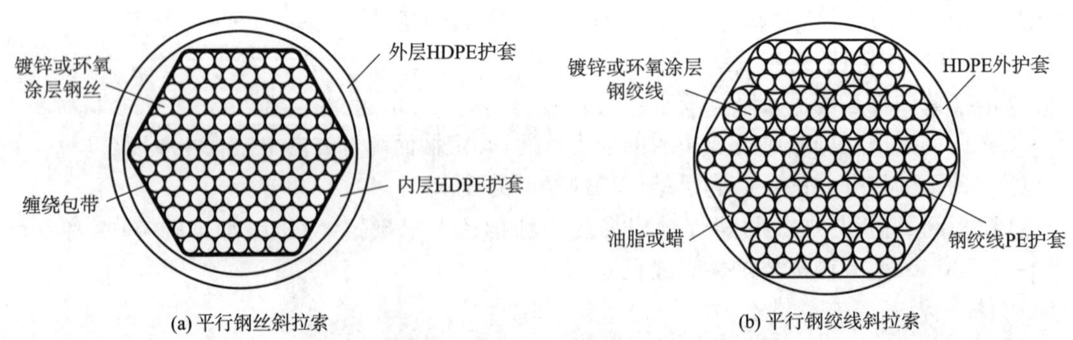

图 7.42　典型斜拉索截面

(1)平行钢丝斜拉索

平行钢丝斜拉索是将若干钢丝平行并拢、扎紧而成,并配用冷铸镦头锚。为便于盘卷整索运输,要进行轻度扭绞,扭转角度为 2°~4°。平行钢丝斜拉索整体在工厂内制造,质量易保证,安全可靠，安装工效高，但需要大吨位千斤顶整根张拉，由于刚度大，特大跨径斜拉桥的长、重斜拉索运输、吊装和安装较困难。

(2)平行钢绞线斜拉索

将 7 丝钢绞线布置成正六角形截面即为平行钢铰线索截面。平行钢绞线索既可以在工厂制造，也可在工地制造。在现场制作，配用夹片锚具，将钢绞线逐根穿过安装在斜拉索位置处的套管内，单根张拉，安装时起吊质量小、张拉力也小，可以采用小吨位千斤顶张拉斜拉索。因此，平行钢绞线索比较适合拉索运输、吊装和安装能力受到限制的斜拉桥，但单根张拉钢绞线索时索力控制难度较大，有时在单根张拉形成初应力后，再用大千斤顶调整索力。

无论是平行钢丝斜拉索还是钢绞线斜拉索，为了降低斜拉索发生风雨激振的可能性，通常对拉索表面做相应的处理。目前，常用的表面处理方法有凹坑与螺旋线。有关凹坑的分布与螺旋线布置的参数可通过风洞试验验证。

5)斜拉索锚固构造

斜拉索的强大拉力斜向传递，并集中作用于斜拉桥的索塔和主梁锚固点。斜拉索锚固结构必须能顺畅地将索力传递给索塔与主梁。斜拉索的锚固结构根据拉索布置(拉索间距、索面形式、索股数)，主梁和塔柱截面、横梁及隔板位置，锚头形状，索力大小，张拉方式以及主梁和索塔材料等因素而确定。斜拉索锚固结构不仅要求设计安装合理，还需方便养护与更换。

(1)斜拉索在钢主梁上的锚固

大跨度钢主梁斜拉桥中常见的索梁锚固形式主要有以下四种：锚箱式(承压式)、耳板式、锚管式和锚拉板式，如图 7.43 所示。

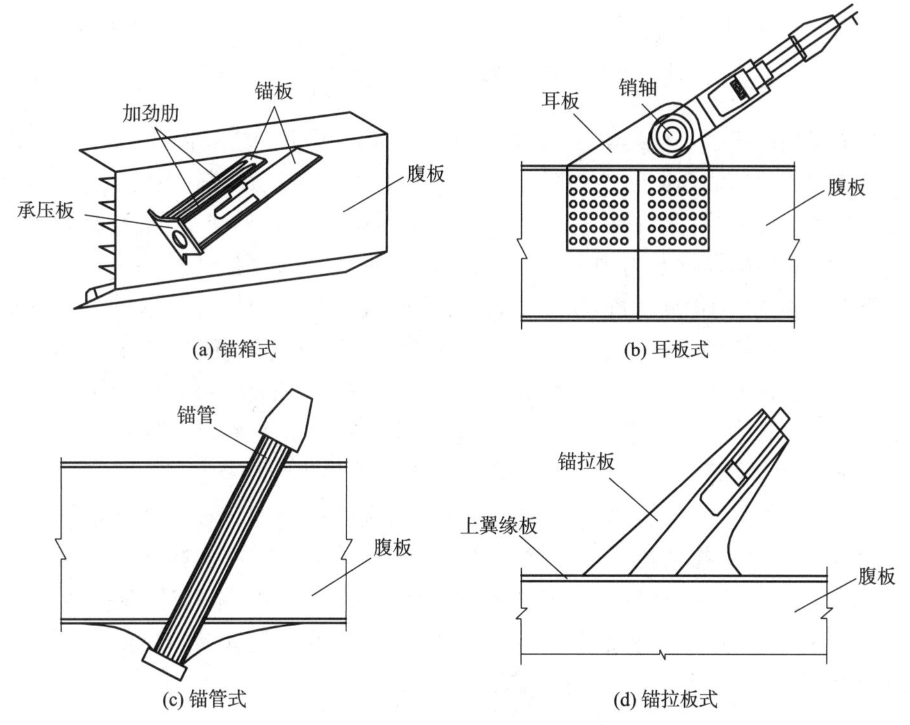

图 7.43　斜拉索—主梁锚固结构

对于锚箱式连接，锚箱由锚板、承压板及加劲肋组成，索力经承压板传递给锚板后，通过锚板与主梁腹板间的焊缝传递给主梁。安庆长江大桥,苏通长江大桥采用锚箱结构。

对于耳板式连接,由主梁的腹板向上伸出耳板,斜拉索通过销轴锚固在耳板上,并将索力通过耳板传给主梁的腹板。诺曼底大桥和南京长江二桥采用耳板式连接。

对于锚管式连接,将主梁的腹板断开,焊接一根钢管,斜拉索锚固于钢管,索力由钢管传递给主梁腹板。名港西大桥、生口大桥以及汕头礐石大桥采用锚管式连接。

对于锚拉板式连接,锚拉板与主梁上翼缘板焊接,索力由锚拉板及其与翼缘顶面间的焊缝传递到钢主梁腹板。安纳西斯桥、青州闽江大桥、湛江海湾大桥采用锚拉板式连接。

(2)斜拉索在混凝土塔柱上的锚固

大跨度斜拉桥常用的索塔锚固构造主要包括钢锚拉杆和钢锚箱两种,其基本构造如图 7.44 所示。

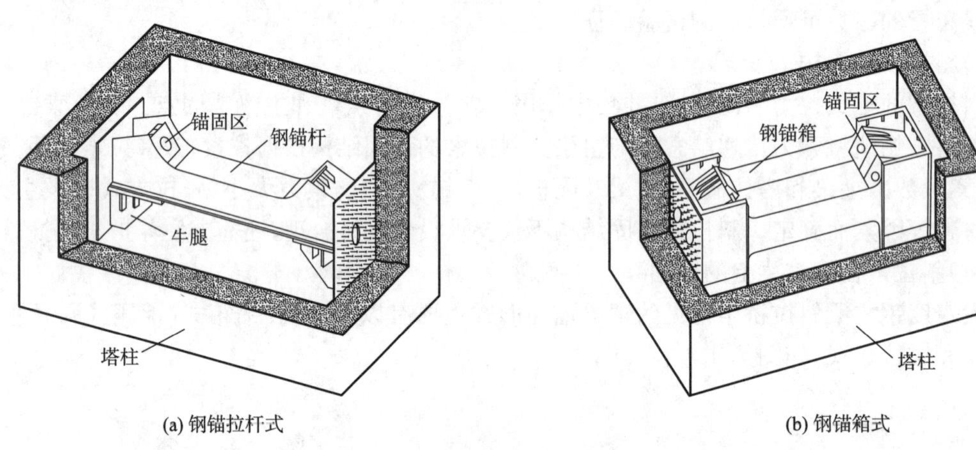

图 7.44　斜拉索—索塔锚固结构

对于钢锚拉杆式连接,钢锚拉杆(俗称"钢锚梁")支承于空心塔柱内部的塔壁牛腿上,斜拉索锚固在钢锚拉杆两端的锚固区。斜拉索的水平分力主要通过钢锚拉杆来平衡,因此钢锚拉杆实际上是以受拉为主的钢构件。这样塔壁仅承受斜拉索的不平衡水平力,有效地减小了塔柱在平面框架内的局部荷载及剪力、弯矩。斜拉索的垂直分力直接通过牛腿传递至塔壁。由于钢锚拉杆两端可做微小的自由移动和转动,温度引起的约束力较小。这种锚固构造受力明确、内力较小,使索塔锚固安全可靠。早期的结构设计中都倾向于将钢锚拉杆搁置在混凝土牛腿顶面的聚四氟乙烯板上,金塘大桥提出了钢锚拉杆钢牛腿的组合锚固构造[图 7.44(a)]。这种组合锚固结构既能适用于空间索面斜拉索,又能给施工带来便利。海黄大桥、荆岳长江大桥、赤石特大桥、厦漳大桥以及沪通公铁两用长江大桥采用类似结构。

钢锚箱通过剪力钉与混凝土索塔连接,斜拉索通过钢锚箱的垫板支承在塔壁的抗剪钢板上,不平衡索力直接通过抗剪钢板及顺桥向锚固索座传给塔壁。将斜拉索直接锚固在钢锚箱上,可以很容易抵抗拉应力,这种锚固方式成本较高,但可降低索塔高空作业强度,加快施工进度,是大跨径斜拉桥混凝土索塔锚固方式的发展方向。俄罗斯岛大桥、诺曼底大桥、苏通长江大桥、昂船洲大桥、上海长江大桥采用钢锚箱结构。

7.2.5　实桥示例——沪通公铁两用长江大桥

沪通铁路在江苏省南通市通州区与苏州张家港市之间跨越长江,根据交通网络规划,还有高速公路、城际铁路在同一区域通过长江，该区域长江航运繁忙，岸线利用充分。为节约桥位资源、节省工程投资，将 3 条线路功能在 1 座桥上实现，形成 4 线铁路、6 车道公路的公铁两用大桥，其中沪通铁路为双线国家Ⅰ级干线铁路，通苏嘉城际铁路为双线客运专线，锡通高速公路双向 6 车道。大桥位于江阴长江公路大桥下游 45 km，苏通大桥上游 40 km，桥位处江面宽约 6 km，为保持长江河道及航道稳定，减小桥梁下部结构的阻水面积，主航道桥舍弃了需在江中设置锚碇的悬索桥方案，选用斜拉桥方案。

1)总体布置与结构体系

沪通公铁两用长江大桥所跨越的区域是我国经济最发达的地区，长江航运非常繁忙，为保障航运能力和航行安全，主通航孔按单孔双向通航的要求设计，主通航孔跨度应能满足大型船舶、船队的航行要求，主跨需 1 092 m。为了充分利用桥区河段的可通航水域，在主通航孔南、北两侧也需相应布置 1 个跨度为 462 m 的副通航孔，使通航孔覆盖范围达到 2 000 m。为使斜拉桥结构受力更合理并减小梁端转角，两侧各增加了 142 m 的辅助跨，因此，主桥孔跨布置为(142＋462＋1 092＋462＋142) m，如图 7.45 所示，边中跨比为 0.55。主梁采用双层桥面钢桁梁，桥塔采用混凝土钻石形塔，塔高 352 m，桥面以上有效塔高 248 m，塔跨比为 1/4.4。斜拉索采用 2 000 MPa 级平行钢丝索，索最长达 583.8 m。

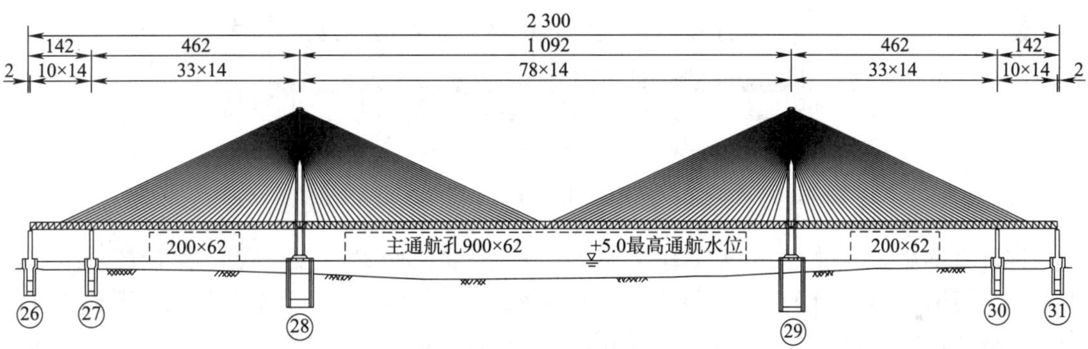

图 7.45　沪通公铁两用长江大桥立面布置(单位:m)

由于该桥跨度大，塔、梁、索等上部结构构件自重大，在活载、温度变化、风力、地震等因素作用下，结构内力、位移等动力响应很大，梁端伸缩位移量也较大，合理选择主梁在 2 个索塔、各墩的支承约束体系，可以减小结构在上述各因素作用下的响应。

主梁与索塔间的支承连接方式选择是斜拉桥约束体系的重点，特别是纵向约束方式对索塔基础受力、梁端位移、行车条件有很大影响。综合考虑飘浮、弹性约束、阻尼约束及固结等方案的优、缺点，该桥纵向约束采取既能释放温度变形，又能减小结构地震响应，且能适当限制主梁在运营情况下位移量的思路，以设置阻尼器、适当限制主梁水平位移量为基本方案。主梁约束体系布置为：

(1)竖向：各墩均设置支座。边墩、辅助墩设减隔振支座，桥塔墩设普通支座。

(2) 横向：桥塔墩、辅助墩、边墩边桁支座为多向活动，中桁支座为纵向活动、横向约束。桥塔墩处在两侧各设置 1 个横向支座。

(3) 纵向：桥塔处设置阻尼约束和限位装置，其余各墩均设置活动支座。

2)主梁构造

由于大桥通行 4 线铁路、6 车道公路，主跨达 1 092 m，主梁采用双层桥面、刚度大的钢桁梁,两侧边桁中心距 35 m,桁高 16 m,如图 7.46 所示。其宽跨比和高跨比分别为 1/31.2 和 1/68.25。桁梁自重、二期恒载较大,铁路和公路活载合计达 351 kN/m,由于恒载、活载作用下主梁轴向力巨大,承受轴向力的弦杆需要较大的截面积,仅靠桁架杆件承载已不现实,因此有必要采用主桁架与桥面组合受力结构,桁架下弦由与主梁断面同宽的钢箱组成,上弦由与主梁断面同宽的正交异性钢桥面板构成。上、下层桥面均作为主桁结构的一部分参与主桁受力,形成板(箱)—桁组合结构,有效地增加了主梁横断面的受力面积,极大地提高了桥梁刚度,使超千米跨度桥梁通行高速列车成为可行方案。

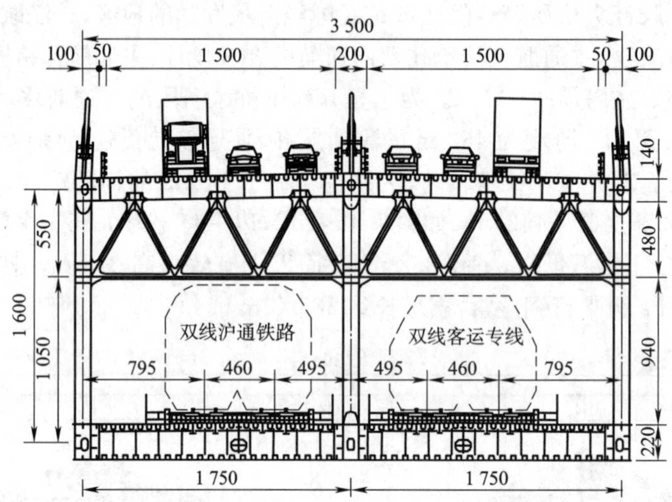

图 7.46 沪通公铁两用长江大桥主梁横断面布置(单位:cm)

该桥主梁宽度达到 35 m,为了有效地减小横梁跨度,缩小横梁及横联尺寸,设计采用了三索面三主桁结构,有利于提高断面刚度,减小铁路轨道的扭转变形。为消除活载最不利加载状态下边墩和辅助墩的负反力,斜拉桥两端各 252 m 的公路桥面采用钢筋混凝土板结构,既作为桥面结构又利用其自重作为压重。

由于跨度大,载荷重,主梁承受的最大压力高达 730 000 kN,为此研发了 Q500 级高性能桥梁结构钢,针对轴压力较大的区域适当采用高强度钢材,选择 Q500、Q420 及 Q370 等不同强度等级钢材,其中 30 个节间采用 Q500qE 钢材,22 个节间采用 Q420qE 钢材,112 个节间和所有横联采用 Q370qE 钢材。

主梁节段(2 个节间为 1 个节段)在工厂采用全焊接技术整体制造,改进了单根杆件以及单节间制造安装流程,主墩、辅助墩、边墩附近若干节间采用单节间全焊接整体制造。同一节段的所有构件在工厂内的连接均采用焊接;节段之间公路钢桥面板、铁路桥面顶板与底板在工地的连接均采用焊接,节段间的上弦杆竖板和底板、下弦杆竖板、斜腹杆连接均采用高强度螺栓连接。

3)索塔构造

沪通长江大桥位于长江入海口,设计风速较高,同时主跨跨径大,桥塔相对较高。为提高桥塔的稳定性及塔柱的抗扭刚度,同时考虑沉井基础平面尺寸,索塔采用钻石形塔,如图 7.47 所示。

桥塔选用经济性、抗风稳定性好的混凝土塔。承台至塔顶高 325 m,桥塔塔底竖向轴压力巨大,其构成为:塔身自重占 2/3 左右,主梁自重及活载占 1/3 左右,斜拉索自重只占极小部

(a) 桥塔景观效果

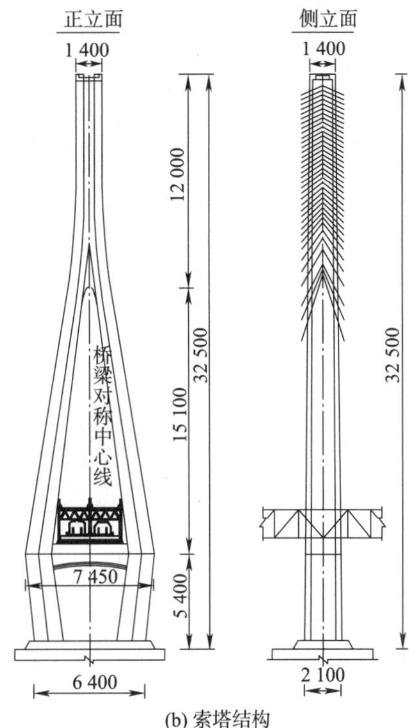

(b) 索塔结构

图 7.47　沪通公铁两用长江大桥索塔布置(单位:cm)

分。因此,尽量提高桥塔混凝土的强度对减小桥塔体量、减轻下部结构负担、降低造价有较好的效果。同时还要考虑到,施工时桥塔混凝土需泵送到最大 325 m 的高度,需要充分认识到混凝土材料的可施工性能,最重要的是必须保证桥塔钢筋混凝土结构的耐久性。综合各因素,桥塔选用 C60 高性能混凝土。

下塔柱采用单箱双室的六边形截面,高 54 m,横桥向长 15.2～16.7 m、顺桥向长 19.9～21 m,壁厚 1.2～1.8 m;中塔柱采用单箱单室六边形截面,高 151 m,横桥向长 9～15.2 m、顺桥向长 16.6～19.9 m,壁厚 1.5～1.8 m;上塔柱采用单箱单室八边形截面,高 120 m,横桥向长 14～24 m、顺桥向长 14～16.6 m,壁厚 1.2～2.5 m。桥塔主横梁位于中、下塔柱交汇处。横梁采用预应力混凝土结构,采用单箱双室矩形截面,梁高由塔肢处 14 m 渐变至中心处 12 m。

4)斜拉索构造

沪通长江大桥主桥跨度大、荷载重,决定了斜拉索索力大、部分斜拉索长度大,虽然对应三主桁结构斜拉索布置为 3 个索面,最大索力仍高达 13 000 kN。沪通长江大桥桥面距江面最大高度超过 80 m,桥址处设计基本风速 38.2 m/s,为了减小风力作用下主梁的横向变形,给列车运行提供较好的平面线形,经比较采用整索直径较小的平行钢丝斜拉索体系,并研发抗拉强度为 2 000 MPa 的高强度钢丝及其相关技术。斜拉索在工厂预制为成品索,运输至工地后整索张拉。斜拉索最大长度为 583.8 m,对应于 3 个主桁面将斜拉索布置成 3 个索面,即上、下游边桁和中桁的每个桁在每个锚点各布置 1 根斜拉索,单根斜拉索最大规格为 451 丝直径 7 mm 的高强钢丝,单根斜拉索重约 78 t。

5)索—塔连接构造

斜拉索与塔柱连接采用钢锚梁结构。单塔柱共设 33 组钢锚梁,钢锚梁锚固系统由钢牛腿、钢锚梁和索道管三部分组成,如图 7.48 所示,在工厂按“1+2”的方式立式组拼。钢锚梁长 11 m、高 1.2 m,牛腿高 1.2 m,钢锚梁(含牛腿)最大质量约 84.4 t。斜拉索面内的恒载不平衡水平分力由钢锚梁承受,待二期恒载施工完成,并完成调索后,拧紧中跨侧高强度螺栓,钢锚梁与塔壁形成整体,活载产生的不平衡水平分力由桥塔塔壁承受。

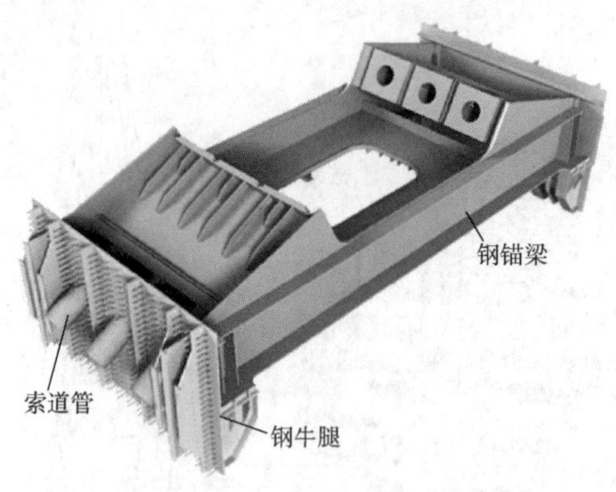

图 7.48　钢锚梁锚固系统

7.3　钢悬索桥

7.3.1　组成与特点

悬索桥由主缆、加劲梁、主塔、吊索、鞍座和锚碇构成,如图 7.49 所示。悬索桥的主缆是主要承重结构,呈曲线状,只承受拉力,采用高强冷拔镀锌钢丝制成,材料利用效率高。加劲梁承受桥面荷载,以受弯为主,主要有钢桁梁和扁平钢箱梁两种,混凝土加劲梁因自重大而在大跨径悬索桥中较少采用。主塔起支承主缆的作用,承受主缆力的竖向分力和不平衡水平力,是压弯构件,常采用钢和混凝土两种材料。锚碇是锚固主缆的构造物,支承于地基上或嵌固于岩体中。悬索桥的传力途径明确清晰:桥面荷载作用在加劲梁上,通过吊索传递给主缆,再由鞍座传递给主塔、锚碇。

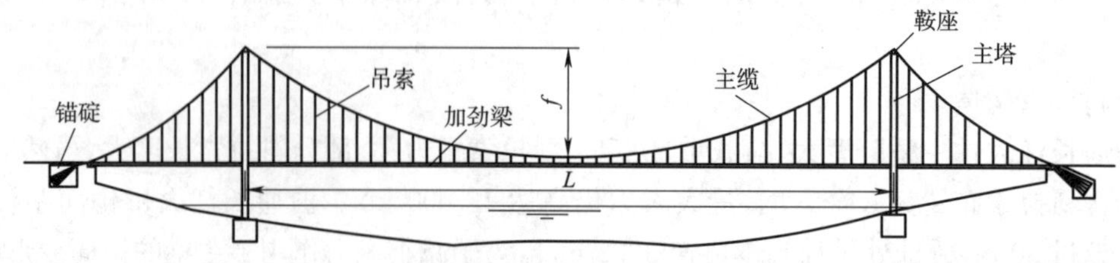

图 7.49　悬索桥结构示意图

悬索桥具有以下特点:

(1)具有超强的跨越能力、受力合理、传力明确。特别适用于 1 000 m 以上的特大跨径桥梁,在跨越大江大河、深谷等不易修筑桥墩及深水基础时,更宜优先选用悬索桥方案。

(2)主缆只承受拉力,能充分发挥高强度钢丝性能,不存在受压构件需考虑的稳定问题,一般跨径越大,材料利用效率越高。

(3)易于采用悬吊法拼装施工,不受地形、航道和季节的影响。悬索桥一般先将主缆架设好,再架设加劲梁,主缆就成为一个现成的悬吊式支架施工平台。

(4)结构造型特别柔细,外形美观,常成为城市或所在地的标志性建筑景观。由于加劲梁不是主要承重结构,仅承受邻近吊索之间的桥面荷载,其截面不需要随着桥梁跨度增加而增加,故加劲梁与其大跨度相比显得十分纤细。

(5)结构刚度小,当活载作用时,悬索的几何形状会发生改变,引起桥跨结构产生较大的挠曲变形;在风荷载、车辆冲击等动荷载作用下容易产生较大振动。需要采取抑制风振的措施,如尽量不采用钢板梁而采用钢桁梁或流线型扁平钢箱梁等气动性能好的结构形式作为加劲梁。

(6)锚碇工程量大,对环境影响大,造价较高。

7.3.2　结构类型

悬索桥的类型可以从力学性态、悬吊跨数、加劲梁支承方式、吊索形式、主缆锚固方式等方面来划分,其结构体系通常是这几个方面的组合。

1)按力学性态分

悬索桥按力学性态可分为柔性悬索桥和刚性悬索桥,其主要区别在于有无加劲梁。柔性悬索桥不设加劲梁,刚度小,在荷载作用下会产生较大的纵横向挠曲变形和扭曲变形。柔性悬索桥一般只适用于活载小的人行桥、施工便桥、管道桥、军用临时桥等。

刚性悬索桥,通常采用钢桁梁或钢箱梁作为加劲梁,加劲梁的刚度大,不仅为悬索桥提供桥面,同时可以防止桥面发生过大挠曲和扭曲变形。大跨度悬索桥一般采用这种形式,可有效提高悬索桥刚度。

2)按悬吊跨数分

悬索桥按悬吊跨数可分为单跨、两跨、三跨及多跨悬索桥,如图 7.50 所示。其中,单跨、两跨、三跨悬索桥的主塔数目为两个,而多跨悬索桥的主塔数目为三个或更多。单跨和三跨悬索桥是目前最为常用的形式。我国的江阴长江大桥、湘西吉首矮寨大桥以及土耳其的博斯普鲁斯一桥、二桥均采用单跨结构形式;我国的南京长江四桥和日本的明石海峡大桥采用三跨结构形式;我国的西堠门大桥则是采用两跨结构形式。

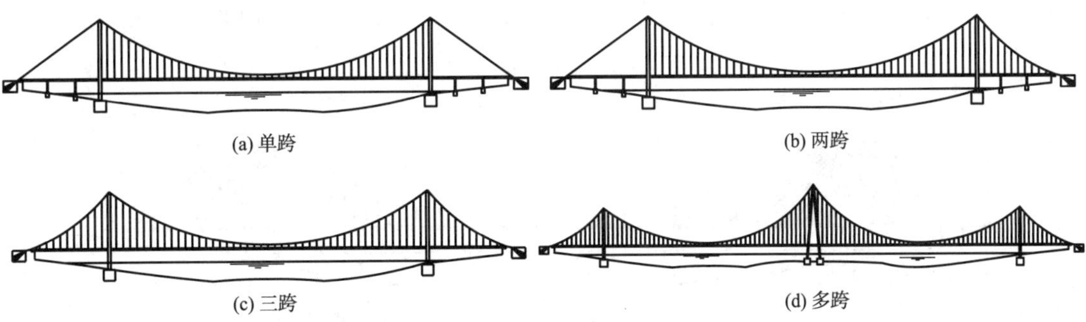

(a) 单跨　(b) 两跨　(c) 三跨　(d) 多跨

图 7.50　悬索桥的悬吊跨数布置形式

单跨悬索桥常用于高山峡谷地区,两岸地势较高,采用桥墩支承边跨更为经济,充分利用悬索桥的跨越能力,一跨跨越以减少水中基础施工的情况。在结构受力方面,单跨悬索桥由于边跨主缆的垂度较小,主缆长度相对较短,对中跨荷载变形控制较为有利。三跨悬索桥因其结构受力合理和流畅对称的建筑造型成为目前应用最多的桥型。

多跨悬索桥由于结构柔性大、固有振动频率较低,难以满足特大跨度悬索桥的受力及刚度需要,因而世界上工程实例较少。我国的江苏泰州长江大桥采用了这种桥型,为了满足全桥刚度要求和克服两侧较大的不平衡水平拉力,中央主塔纵向采用A形布置且塔顶主缆须采用特殊的锚固措施。

3)按加劲梁支承方式分

悬索桥的加劲梁支承方式主要有两种:两铰和连续,如图7.51所示。两铰支承方式的特点是:加劲梁构造简单,制造和架设时的误差对加劲梁无影响,但伸缩缝较多。连续支承方式的特点是:梁端转角小,在主塔处不产生折角,有利车辆行驶;可以减少加劲梁的挠度,伸缩缝少,加劲梁纵向位移大。两铰支承方式比较广泛应用于公路桥梁中,但对于公铁两用桥梁而言,为了保证列车的运行平顺性,多采用连续支承方式,例如我国的香港青马大桥、日本的南备赞濑户大桥等。

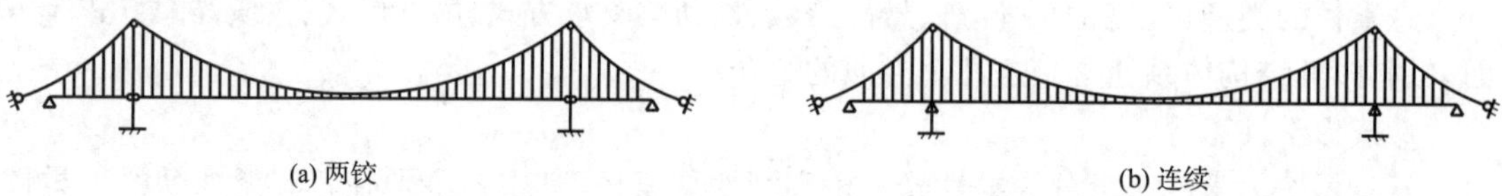

(a) 两铰　　(b) 连续

图7.51　悬索桥的加劲梁支承方式

4)按吊索形式分

悬索桥吊索的布置形式有两种:竖直吊索和斜吊索,如图7.52所示。与竖直吊索相比,斜吊索有以下特点:和主缆、加劲梁一起形成桁架作用,能提高桥梁的整体刚度;可提高结构的阻尼,结构振动衰减性能好;在主跨跨中附近,活载产生应力变化幅度大,容易引起疲劳问题;吊索容易松弛。绝大多数悬索桥的吊索是竖直布置的,仅有极少数悬索桥采用了斜吊索形式,例如英国的塞文桥。此外,在设计超大跨度的悬索桥时,为了提高悬索桥结构的刚度以满足抗风要求,可考虑采用竖直吊索和斜拉索的混合式悬索桥方案,如图7.53所示。

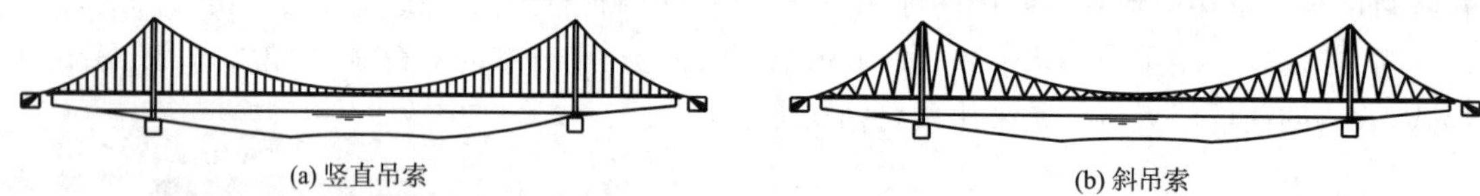

(a) 竖直吊索　　(b) 斜吊索

图7.52　悬索桥的吊索方式

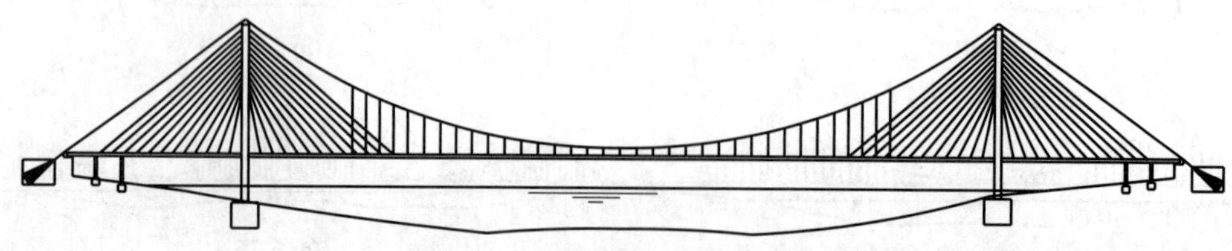

图7.53　斜拉—悬吊混合式悬索桥

5)按主缆锚固方式分

悬索桥按主缆锚固方式可分为地锚式悬索桥和自锚式悬索桥,如图7.54所示。通常所讲的悬索桥大都是指地锚式悬索桥，是把锚碇设置于悬索桥结构外的坚固山体或锚固体中，主缆的巨大拉力依靠两端的山体或锚固体传给地基。目前地锚式悬索桥的设计、施工技术已经相当成熟，尤其是大跨度悬索桥大都采用这种形式。

(a) 地锚式　　(b) 自锚式

图 7.54　悬索桥的锚固方式

自锚式悬索桥主缆直接锚固在自身加劲梁的端部，依靠桥梁自身结构来平衡主缆的强大拉力。自锚式悬索桥的主要特点有：(1)对地基的要求低，孔跨布置受地形限制小，不需要修建巨大的锚体，对环境的影响小。(2)加劲梁承受主缆传来的巨大轴压力，压弯效应显著，加劲梁整体稳定和局部稳定问题较突出，需增大加劲梁截面。(3)由于加劲梁要承担主缆拉力，施工时必须先搭建临时支架安装加劲梁，再架设主缆。(4)加劲梁主缆锚固区局部受力复杂。(5)加劲梁受力对索力变化非常敏感，必须通过复杂的索力调整过程使结构达到技术经济合理的成桥状态。(6)当跨径达到一定值时，加劲梁为避免失稳而扩大的截面尺寸无法满足结构自重产生的内力状态，从而限制了该桥型的跨越能力。目前，2022 年 1 月建成的济南凤凰黄河大桥为世界最大跨度三塔自锚式悬索桥，其主跨也仅为 428 m。

7.3.3　总体设计

悬索桥总体设计的主要内容有：跨径布置、主缆布置、加劲梁布置、主塔布置、吊索布置、锚碇形式等。

1)跨径布置

悬索桥的跨径设置包括两个方面：主跨跨径和边跨与中跨之比。由于悬索桥的跨越能力大，其主跨跨径设置一般不由通航净空所控制，而是根据地形和地质条件来确定，然后再确定边跨与中跨之比。通常三跨悬索桥的边跨与中跨比值在 0.25～0.5 之间。例如：日本明石海峡大桥跨径组成为(960＋1 990＋960) m，采用三跨悬吊形式，边跨与中跨之比为 0.482。当边跨与中跨之比小于 0.3 且边跨跨径较小时，边跨可以不设吊索，这时的悬索桥结构形式就变为单跨悬索桥。例如：湘西矮寨大桥主缆跨径组成为(242＋1 176＋116) m，采用单跨悬吊形式，两边跨与中跨之比分别为 0.206 和 0.099。

2)主缆布置

主缆横桥向布置通常采用双主缆形式，平行布置，桥面每侧 1 根，极少数悬索桥的主缆采用 4 根或 1 根布置，如美国的乔治华盛顿大桥在全桥采用 4 根平行主缆，日本的北港桥(主跨 300 m 的自锚式悬索桥)只设置了 1 根主缆。主缆在空间的布置形式可分为平面主缆和空间主缆。与平面主缆悬索桥相比，空间主缆悬索桥的设计、施工难度均较大。自锚式悬索桥较多采用空间主缆，如图 7.55 所示。为了追求景观效果，也有大跨度悬索桥采用空间主缆。

主缆的垂度 f 与对应跨度 L 之比称为悬索桥的垂跨比，常用 f/L 表示，如图 7.49 所示。垂跨比的大小影响悬索桥的内力与刚度。垂跨比越小，主缆的恒载拉力越大，结构刚度越大，可减小加劲梁的变形，有利于降低塔高，但主缆的用量会增加。因此，对结构质量大的钢桁梁，可采用较大的垂跨比，以节省主缆用量。对于自重较小的钢箱梁，可采用较小的垂跨比，以提

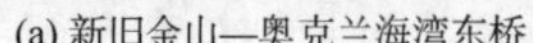

(a) 新旧金山—奥克兰海湾东桥

(b) 永宗大桥

图 7.55　空间主缆悬索桥

高悬索桥的整体刚度。综合经济、美观和结构受力等多方面考虑，主缆的垂跨比一般在 1/12～1/9 之间。例如：我国西堠门大桥和日本明石海峡大桥的主缆垂跨比均为 1/10。对于自锚式悬索桥，为了减小加劲梁因主缆水平分力引起的较大轴向压力，垂跨比不宜太小，常用 1/8～1/5。长沙三汊矶湘江大桥自锚式悬索桥的主缆垂跨比则采用 1/5。

3）吊索布置

平面主缆的吊索在顺桥向一般采用竖直布置方式，如图 7.56 所示。也有采用斜吊索布置形式的，如英国的塞汶桥（图 7.57），由于斜吊索疲劳问题较突出，近些年很少采用。吊索间距应综合考虑加劲梁受力、运输、架设条件，吊索及加劲梁材料用量等。对加劲箱梁，吊索间距影响桥面系纵、横梁受力及预制箱梁的起吊质量；对桁架梁，吊索间距影响弦杆、腹板长度、斜腹杆斜度、桁架受风面积及桥面系纵横向受力。为了做到经济设计，可拟定几个吊索间距，做经济比较。一般而言，跨径在 80～200 m 范围内的悬索桥，吊索间距可取为 5～8 m；跨径增大，吊索间距也应增大，通常为 10～20 m。

图 7.56　矮寨大桥的竖吊索

图 7.57　塞汶桥的斜吊索

4）加劲梁布置

悬索桥加劲梁形式的选择应考虑结构强度、刚度、疲劳、抗风稳定性、施工架设等因素。大跨径悬索桥大多采用抗风性能好的钢箱梁和钢桁梁。钢桁梁桁高大，布置双层桥面的适应性较佳，抗风稳定性好。扁平钢箱梁材料省，自重轻。钢板梁为开口截面，截面抗扭刚度小、空气阻力系数大，仅可用于中、小跨径悬索桥。

悬索桥加劲梁梁高主要根据刚度和材料用量、吊索间距等确定，钢桁梁的桁高一般为 8～14 m，钢箱梁的梁高一般为 2.5～4.5 m。悬索桥的梁高与主桥跨度之间没有直接关系，但通常大跨度悬索桥加劲梁的高跨比取值范围为：桁式 1/180～1/70，箱形 1/500～1/300。日本明石海峡大桥加劲梁的桁高为 14 m，高跨比为 1/142；我国西堠门大桥钢箱加劲梁高为 3.5 m，高跨比为 1/471。

悬索桥加劲梁的宽跨比是由交通功能、横向刚度和抗风稳定性来决定的。根据横向刚度条件要求，中小跨度悬索桥（主跨为 100～500 m）的加劲梁宽跨比不应小于 1/30。大跨度悬索桥（主跨大于 500 m）由于主缆截面大，主缆刚度大，加劲梁宽跨比要求可适当放宽。一般先根据经验选择其宽跨比，然后通过抗风理论分析和风洞试验来修改完善。目前大跨度悬索桥的加劲梁宽跨比值一般在 1/60～1/40 之间。例如美国金门大桥和日本明石海峡大桥的宽跨比为 1/46.7 和 1/56.1，我国西堠门大桥的宽跨比为 1/45.8。

5）主塔布置

当悬索桥采用平面主缆垂直吊索时，主塔一般采用门形塔，根据横向结构形式可分为桁架式、刚构式、混合式，如图 7.58 所示。主塔高度由主缆主跨垂度和主缆与加劲梁之间的净距（即跨中吊索最小高度）决定。主缆与加劲梁间最小净距，要满足能安装缠丝机要求，一般不小于 1 m。主塔截面主要取决于塔柱稳定及纵、横向强度要求。

(a) 桁架式

(b) 刚构式

(c) 混合式

图 7.58　索塔横向结构形式

6）锚碇形式

地锚式悬索桥锚碇的形式主要根据地质、地形条件来确定，可分为重力式锚碇、隧道式锚碇和岩锚锚碇。重力式锚碇适用性强、传力机理简单，主要通过锚碇自身重力和地基摩擦力承担主缆拉力。隧道式锚碇主要通过锚塞体自重和围岩共同承担主缆拉力，节约材料、经济性好，对地形地貌和周围环境破坏小，当地质、地形条件较好时，需考虑修建隧道式锚碇。岩锚是利用高质量的岩体，将主缆拉力分散在单个岩孔中锚固，减少锚塞体混凝土用量，可节约工程材料，当岩体完整、强度高时，可采用岩锚。

7.3.4　主要构造

1）主缆

主缆是悬索桥的主要承重构件，大多数悬索桥主缆由平行高强镀锌钢丝束股组成。主缆分束股是为了便于架设和锚固，每根束股由几十根，乃至几百根平行钢丝组成。平行钢丝束股的架设方法有空中纺线法（AS法）与预制钢丝束股法（PWS法）两种。AS法将单根钢丝架到桥上后才合成束股，每束股钢丝数基本不受限制，可设计成400～500根，单束的锚固吨位比较大，束股数量较少。PWS法主缆束股在工厂预制，受每束股质量影响，每束股钢丝根数较少，束股数量较大，运到工地架设，架设质量好，能保证钢丝的平行，架设工期短，比较经济。我国的悬索桥主缆大都选择采用PWS法制作。

主缆外形多按六角形配置，一般有平顶型和尖顶型两种[如图7.59(a)、(b)]，以采用尖顶形居多。图7.59(c)是PWS法每束股钢丝的排列。

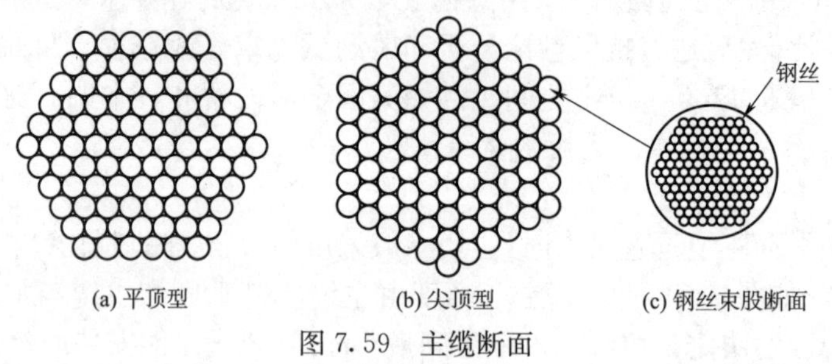

图7.59 主缆断面

2)加劲梁

加劲梁的主要功能是提供桥面系和防止桥面发生过大的挠曲和扭曲变形。现今悬索桥加劲梁主要有三种型式：扁平钢箱梁、钢桁梁和钢—混凝土组合梁。扁平钢箱加劲梁的优点是：梁高小，自重轻，用钢量省，结构抗风性能好。扁平钢箱梁由带加劲肋的钢板焊接而成，在箱内还设有横隔板或由杆件组成的横撑，桥面通常采用正交异性钢桥面板，如图7.60(a)所示。我国西堠门大桥的加劲梁采用分离式双箱断面钢箱梁，两箱间通过箱形横梁和I形梁连接[图7.60(b)]，目的是更好地满足该桥的抗风需要。

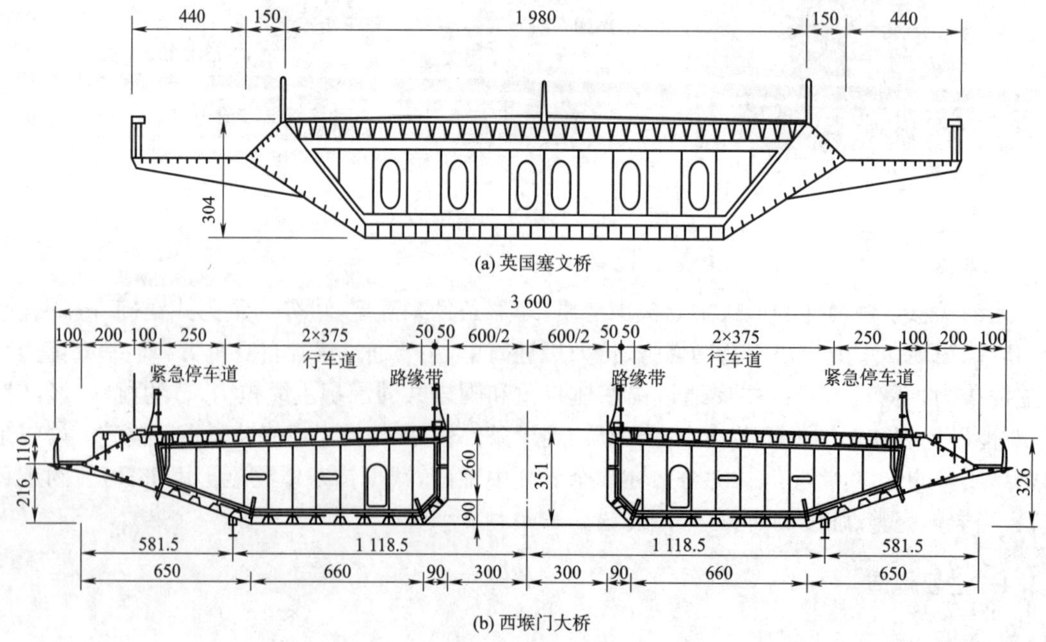

图7.60 扁平钢箱梁截面(单位：cm)

钢桁梁加劲梁抗扭刚度较大，透风率较高，具有良好的抗风稳定性，可充分利用桁架空间提供双层桥面，以实现公铁两用或多车道布置。钢桁梁桥面结构可采用正交异性钢桥面板或混凝土桥面板。五峰山长江大桥是我国首座公铁两用悬索桥，也是世界首座高速铁路悬索桥，下层为 4 线高速铁路，上层为双向 8 车道高速公路，公路铁路桥面均采用整体式正交异性钢桥面板，如图 7.61(a)所示。湘西矮寨大桥为双向 4 车道高速公路，桥面采用与钢桁架分离的混凝土桥面板，如图 7.61(b)所示。

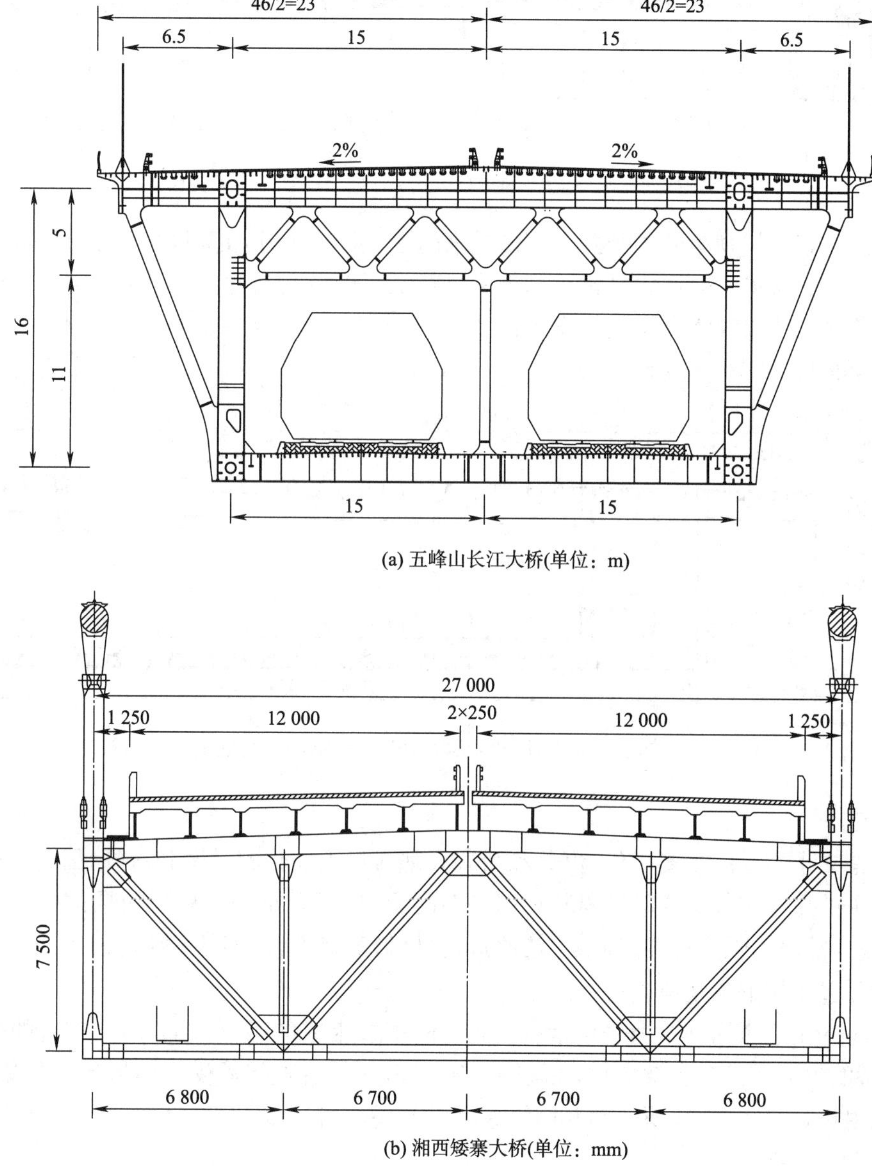

(a) 五峰山长江大桥(单位：m)

(b) 湘西矮寨大桥(单位：mm)

图 7.61　加劲梁截面

钢板组合梁作为加劲梁主要优点是混凝土桥面板能有效避免钢桥面铺装易损和钢桥面板疲劳问题，但混凝土桥面板会大大增加加劲梁自重，钢板组合梁为开口截面，抗扭刚度小，由于抗风问题及其自重较大，使其适用的主桥跨度很难超过 1 000 m。武汉鹦鹉洲长江大桥主跨为 850 m,其钢板组合梁截面如图 7.62 所示。该桥加劲梁纵梁采用 2 根钢纵梁,梁高 1.8 m;标准梁段纵向每隔 3 m 设置 1 道横梁,横梁采用“工”形钢板梁,横梁中心梁高 1.258 m;混凝土桥面板在工厂预制,通过桥位现浇湿接缝与钢梁连接成整体。

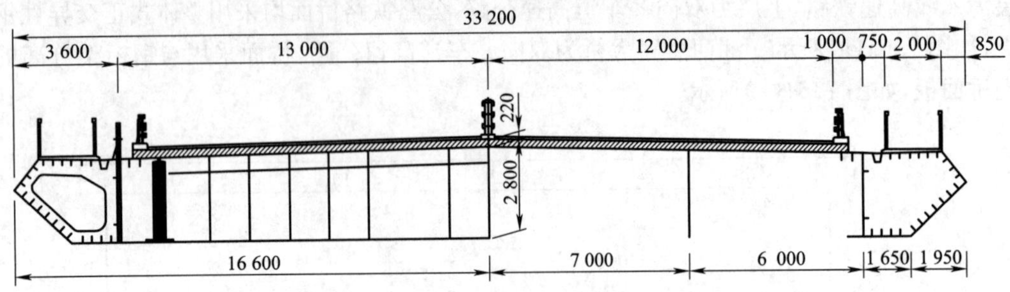

图 7.62 武汉鹦鹉洲长江大桥钢板组合梁(单位:mm)

自锚式悬索桥加劲梁由于受到主缆传过来的巨大轴向力,因此相对地锚式悬索桥来讲,加劲梁截面要强大得多。自锚式悬索桥加劲梁材料既可以采用钢材、混凝土,也可采用钢—混组合材料。长沙三汊矶湘江大桥是一座主跨 328 m 的五跨连续钢箱梁自锚式悬索桥,主跨钢箱加劲梁断面布置如图 7.63 所示。

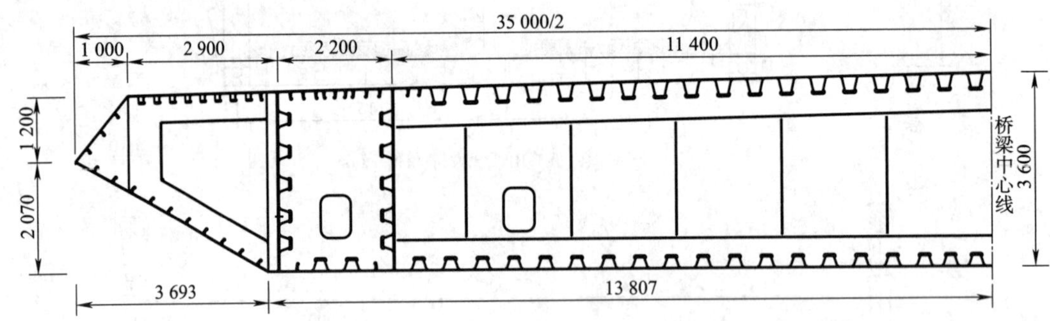

图 7.63 三汊矶湘江大桥加劲钢箱梁(单位:mm)

3)主塔

主塔是支承主缆的重要构件,恒载和活载大都通过主塔传到塔墩和基础,因此主塔为以承受轴力为主的压弯构件。主塔的材料可以是混凝土,也可以是钢。早期的悬索桥大多采用钢塔,后来因为混凝土强度提高、施工方法改进、价格低等特点,许多悬索桥已改用混凝土塔。我国的悬索桥多采用混凝土塔。

悬索桥的钢索塔塔柱一般采用带有加劲肋的钢板组成的箱形截面,与斜拉桥的钢索塔不同,悬索桥的钢索塔没有复杂的拉索锚固构造,但塔顶需要直接承受主索鞍传递的集中力,通常需要加强设计。图 7.64 所示为几座钢索塔悬索桥的塔柱截面。

4)吊索及索夹

吊索也称吊杆,其作用是将加劲梁恒载和活载传递到主缆,承受轴向拉力。吊索的上端通过索夹与主缆相连,下端与加劲梁连接。吊索材料,除要求抗拉强度高以外,为便于架设,还要求具有一定柔性。因此,吊索一般采用钢丝绳、平行钢丝束或钢绞线等材料制作,少数小跨度悬索桥也有用刚性吊杆的。吊索的安全系数要比主缆高一些,这主要考虑到吊索的疲劳(风与车辆引起的振动导致)、设计制作及安装误差等的影响。国内外对吊索的安全系数一般取

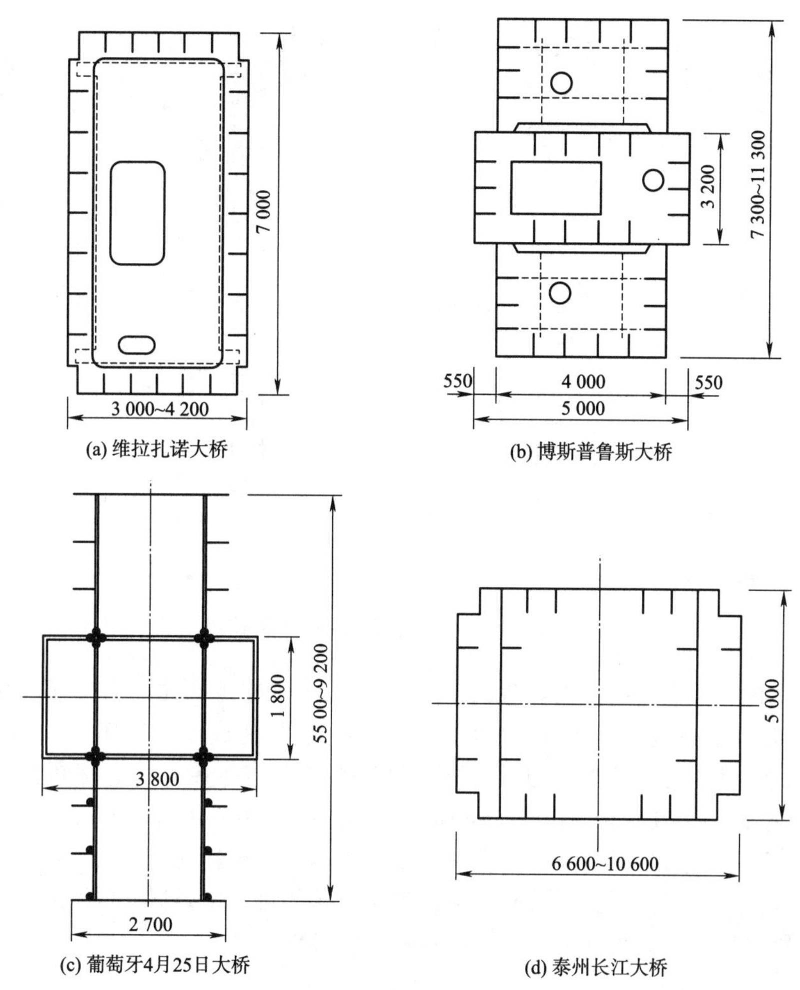

图 7.64　悬索桥钢塔塔柱图(单位:mm)

3.0～4.5。索夹由铸钢制作,分成左、右两半或上、下两半,安装之后,用高强螺杆将两半拉紧,依靠索夹内壁与主缆之间的摩擦力,将索夹固定在主缆上。

吊索与主缆的连接方式有骑挂式和销铰式两种,如图 7.65 所示。骑挂式是吊索绕过索夹(左右对合型),让吊索骑挂在索夹上,这类吊索常用钢丝绳制作,其特点是:索夹应力不直接受吊索拉力的影响,结构简单,由于主缆倾斜角变化,套箍沟槽要随之变化,铸造形式多,吊索弯曲引起弯曲应力。美国和日本悬索桥多用骑挂式连接。销铰式是采用销钉连接,在索夹(上下对合型)下一半的下垂板(又称吊耳)上设置销钉孔眼,吊索上端设开口套筒,两者通过销钉相连,这类吊索可采用钢丝绳或平行钢丝束,其特点是:吊索不会出现弯曲,受主缆倾斜角变化影响小,且易于更换。目前销铰式连接用得较多。

吊索与加劲梁的连接方式有耳板销铰式和锚箱承压式两种,如图 7.65 所示。耳板销铰式是吊索通过锚头与焊接于加劲梁上的耳板采用销钉相连,这类连接形式构造简单、施工方便、防水性能好,但存在应力集中问题。锚箱承压式是将吊索锚固于锚箱的承压锚板上,并设置套筒对锚箱内的吊索进行保护;这类连接形式传力明确、受力较均匀,但构造复杂、制造安装维修不便,且防水耐久性差,目前较少采用。

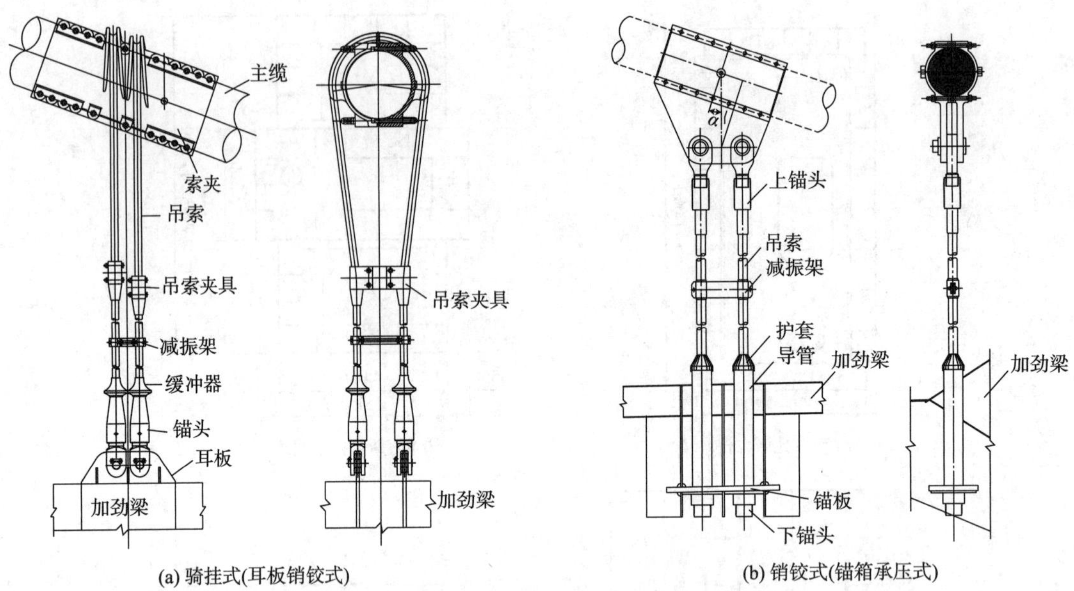

(a) 骑挂式(耳板销铰式)　　(b) 销铰式(锚箱承压式)

图 7.65　吊索与主缆和主梁(图中括号)连接方式

此外,悬索桥在车辆、风、地震等荷载作用下,加劲梁和主缆在水平方向都将发生位移,特别是在跨中区域,这种位移会导致短吊索弯折受力明显,易造成疲劳破坏。因此,针对水平位移较大的悬索桥,可考虑在悬索桥的跨中位置设中央扣,以防止跨中短吊索的此类疲劳破坏。中央扣可分为刚性和柔性两种,如图 7.66 所示。刚性中央扣采用型钢替代柔性吊索,并在跨中两侧增设型钢交叉布置;柔性中央扣则在跨中吊索两侧增设斜向交叉柔性吊索,增设的柔性吊索结构形式与常规吊索相同。此外,在大跨度悬索桥的设计中,已经开始使用带阻尼的耗能型中央扣,这样可以更好地提高悬索桥的抗风和减振性能。

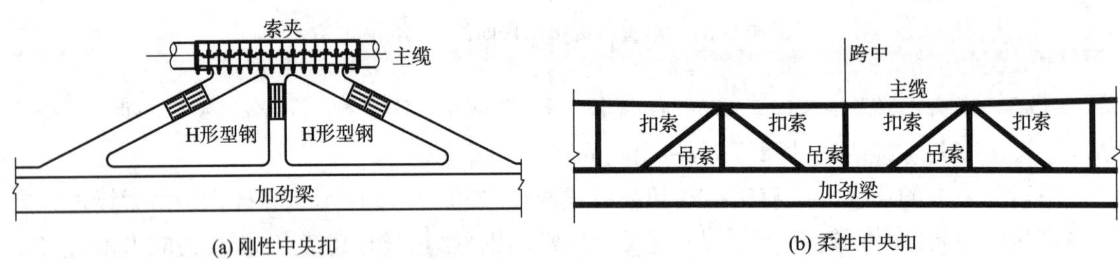

(a) 刚性中央扣　　(b) 柔性中央扣

图 7.66　中央扣

5)锚碇

锚碇是主缆的锚固体,与主塔一样是支承主缆的重要部分,它将主缆的拉力传递给地基。锚碇一般由锚碇基础、锚块、锚碇架及固定装置等部分组成。当主缆需要改变方向时,锚碇中还包括主缆支架和锚固鞍座。

锚碇的型式可分为重力式和隧洞式,如图 7.67 所示。重力式锚碇是最常采用的型式,依靠混凝土重量来抵抗主缆的拉力;隧洞式锚碇用于坚固、节理少的基岩外露的情况,是先把岩石凿出一个隧洞,然后在其内埋入锚碇架,填充混凝土抵抗主缆拉力。我国西堠门大桥、日本明石海峡大桥、美国金门大桥均采用重力式锚碇,我国湘西矮寨大桥采用了隧洞式锚碇。

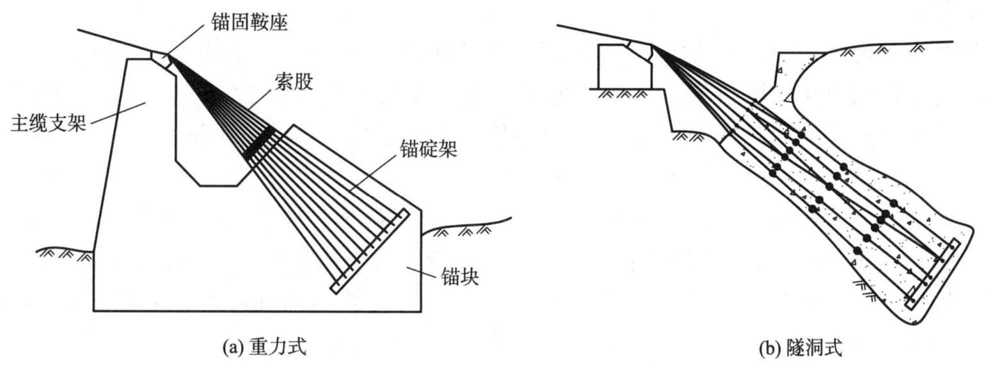

图 7.67　锚碇形式

自锚式悬索桥不需要修建体积庞大的锚碇，主缆直接锚固于加劲梁上。锚固形式主要有三种：混凝土结构锚固方式、钢结构锚固方式和环形锚固方式。混凝土结构锚固方式为大多数混凝土自锚式悬索桥所采用，锚固原理与地锚式悬索桥的重力式锚碇相似，如图 7.68 所示，其中锚固型式Ⅰ为常规锚固方式（佛山平胜大桥采用），而锚固型式Ⅱ利用桥墩作为锚块。钢结构锚固方式是主缆进入钢结构锚固体后，通过散索鞍散开分别锚固在锚固面上，长沙三汊矶湘江大桥和日本此花大桥均采用这种锚固方式，如图 7.69 所示。环形锚固方式是主缆绕在梁端的锚固跨上，连接为环形，我国抚顺万新大桥和美国新奥克兰海湾大桥均采用这种锚固方式。

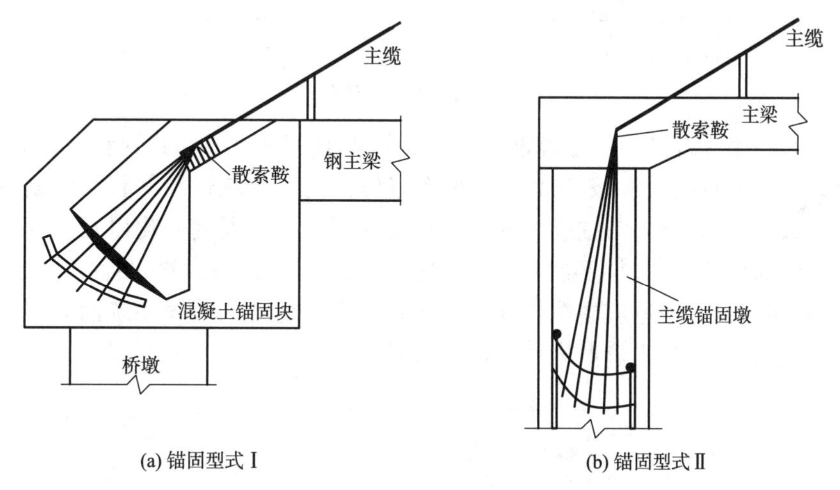

图 7.68　自锚式悬索桥混凝土结构锚固方式

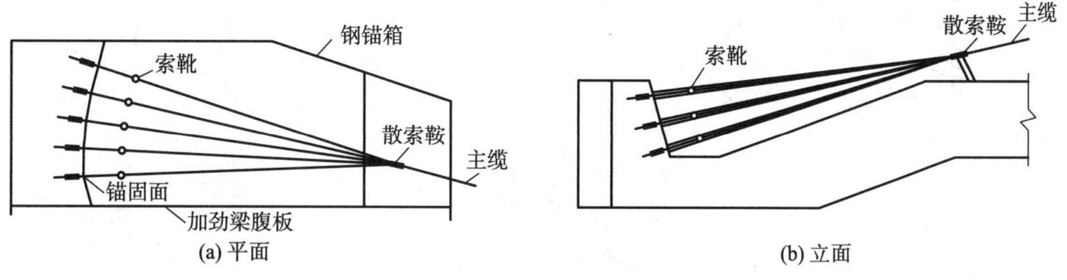

图 7.69　自锚式悬索桥钢结构锚固方式

6)鞍座

鞍座按其使用功能可分为塔顶主鞍座和散索鞍(套)。塔顶主鞍座的作用是将主缆传来的巨大竖向力均匀分布到塔顶截面,而散索鞍(套)的主要功能是改变主缆方向,并把主缆的钢丝束股在水平及竖直方向分散开来,然后把这些钢丝束股引入各自的锚固位置。

悬索桥的塔顶鞍座早期多为大型铸钢构件,鞍座的尺寸巨大,需要特殊设备进行加工。近期悬索桥的鞍座改用焊接钢结构,比较轻型,鞍座底部与塔顶箱体吻合,且两者内部格状、加劲肋板位置也尽可能一致,以使鞍座上竖向力直接传给塔柱。塔顶鞍座主要由鞍槽、腹板、底板及横向加劲肋板等部分组成,如图 7.70 所示。为了减小主缆的弯曲应力和主缆与鞍座的接触压力,塔顶鞍槽的纵向半径一般不应小于主缆直径的 8~12 倍。

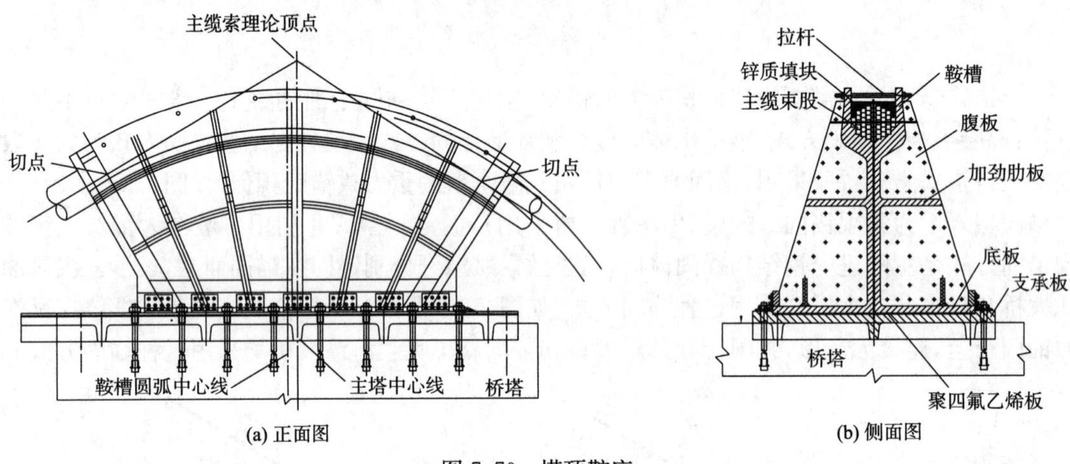

图 7.70 塔顶鞍座

散索鞍(套)满足主缆转向及主缆钢丝束在空间扩散、定位作用的功能要求,如图 7.71 所示。其进口处截面布置同主索鞍,出口处截面布置应使主缆平顺过渡并将集中紧凑的主缆按一定规律散开成单股状,便于与锚碇内的锚固系统连接。由于温度变化以及主缆拉力因活载情况的不同而引起变化,主缆长度也要相应变化,可采用摇柱式散索鞍(目前常用)或滚轴式散索鞍(现较少采用),以此来适应主缆长度的变化。如果主缆进入锚固系统前只有散索要求而无转向要求时,可以采用喇叭形散索套来代替散索鞍,如图 7.72 所示。

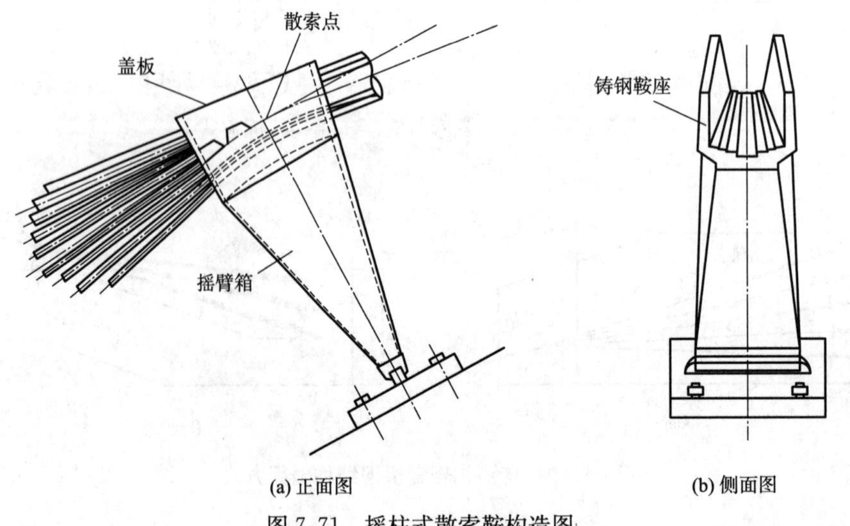

图 7.71 摇柱式散索鞍构造图

图 7.72 散索套

7.3.5 实桥示例——五峰山长江大桥

1)概况

五峰山长江大桥是新建连(云港)镇(江)铁路跨越长江的关键工程,也是京沪高速公路南延与江宜高速公路共同跨越长江的工程。大桥位于江苏省镇江市境内,北岸位于丹徒区高桥镇,南岸位于镇江新区;五峰山长江大桥跨江主桥采用主跨 1 092 m 的公铁两用钢桁梁悬索桥,双层桥面布置。上层桥面按照双向 8 车道高速公路标准设计,设计速度 100 km/h,桥面宽 40.5 m;下层桥面按照 4 线高速铁路标准设计,连镇铁路设计速度 250 km/h,线间距 4.6 m,采用有砟轨道结构形式。

2)总体布置与结构体系

五峰山长江大桥双塔悬索桥,跨径布置为(350+1 092+350) m,其立面布置如图 7.73 所示。桥塔采用门式框架钢筋混凝土结构。全桥设置两根主缆,横桥向中心间距为 43 m,垂跨比为 1/10。吊索与索夹采用销接式结构,纵向标准间距 14 m。每个吊点设置 2 根吊索,跨中设置有柔性中央扣索。主桥加劲梁采用钢桁梁,横断面采用带副桁的直主桁形式,两片主桁中心桁宽 30 m,桁高 16 m,节间距 14 m,副桁中心距 43 m。

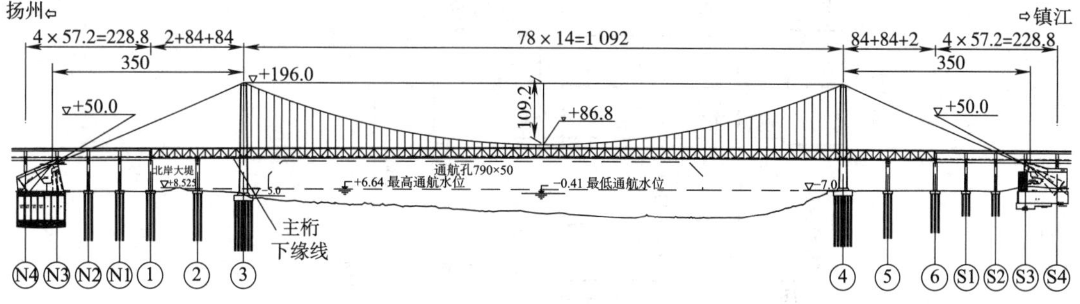

图 7.73 五峰山长江大桥立面布置(单位:m)

主桥加劲梁的约束系统为:加劲梁在桥塔下横梁处、边墩顶、辅助墩顶均设置竖向支座与侧向抗风(抗震)支座,另外在两边墩顶的铁路横梁跨中设置有竖向支座,加劲梁除主跨有吊索支撑外,在竖向、横向均为 5 跨连续结构;加劲梁纵向在桥塔下横梁处设置阻尼约束,每座桥塔处设置 4 套黏滞阻尼器,全桥共设置 8 套。加劲梁两端设置钢轨伸缩调节器与梁端伸缩装置。加劲梁约束系统布置如图 7.74 所示。

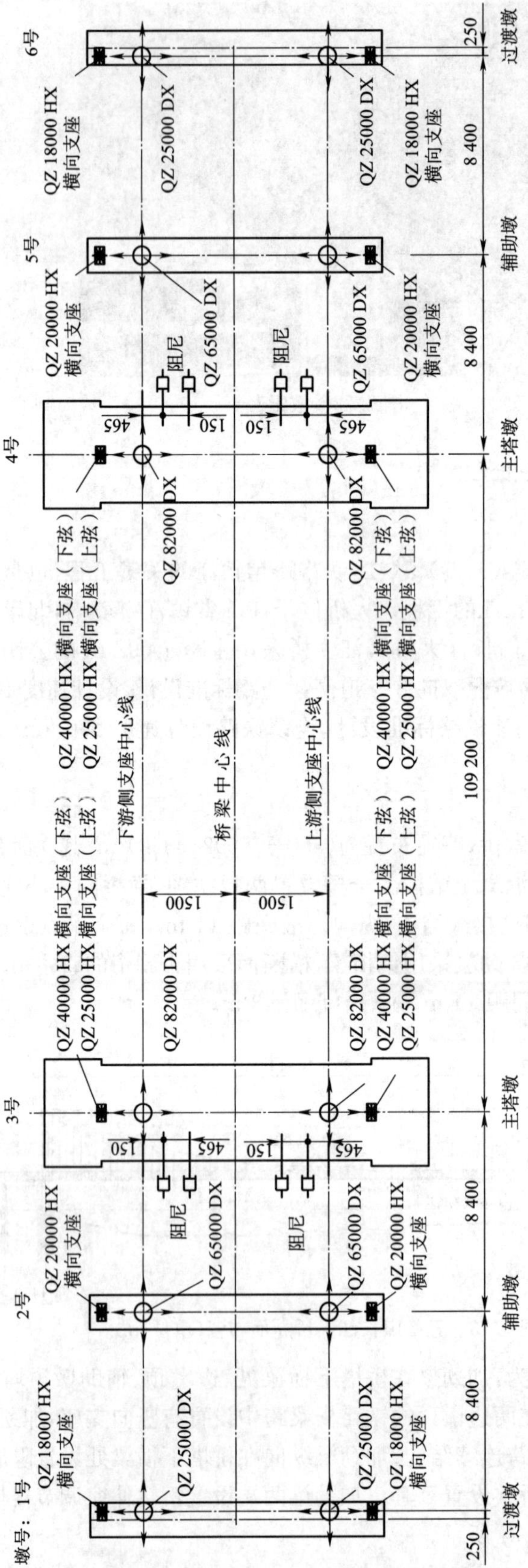

图 7.74 加劲梁约束系统布置(单位:cm)

3)主要构造

(1)主缆

主缆垂跨比 1/10,全桥设 2 根主缆,横向中心距 43 m,主缆安全系数按照 2.2 设计。主缆采用标准强度 1 860 MPa 的锌铝合金镀层高强平行钢丝索股结构,每根主缆由 352 股索股组成,每股索股由 127 丝直径 5.5 mm 钢丝构成,主缆空隙率按照 20%设计。索股断面及排列如图 7.75 所示。主缆在架设时竖向排列成尖顶的近似正六边形,紧缆后主缆为圆形,紧圆后直径为 1.3 m。索股两端设热铸锚头,锚杯内浇注锌铜合金,使主缆钢丝与锚杯相连。主缆采用 S 形缠丝+缠包带+除湿系统的防护体系。

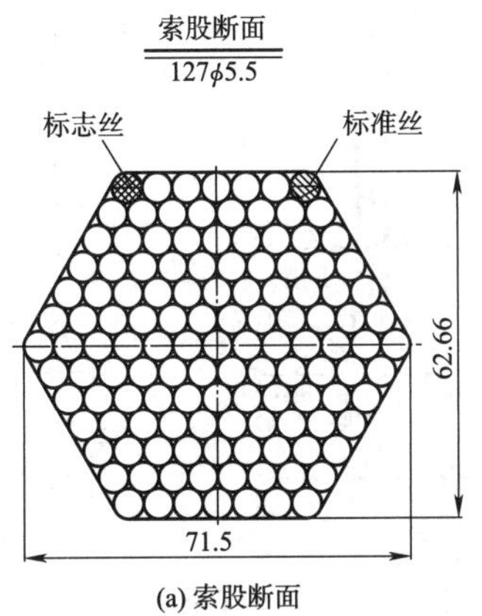

(a) 索股断面

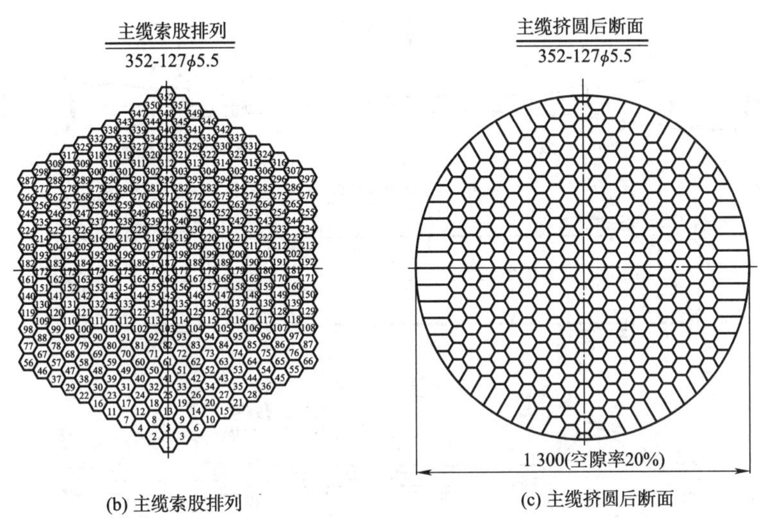

(b) 主缆索股排列　　(c) 主缆挤圆后断面

图 7.75　索股断面及排列(单位:mm)

(2)吊索及索夹

吊索与索夹采用销接式结构,纵向标准间距14 m。吊索立面图如图 7.76 所示,每个吊点设置 2 根吊索,跨中设置柔性中央扣索,吊索采用标准强度1 770 MPa 的镀锌高强钢丝,单根吊索由 337 丝直径 5 mm 平行钢丝构成,吊索两端设热铸锚头,锚杯内浇注锌铜合金。对于成桥状态长度 30 m 以上的吊索,同一吊点 2 根吊索之间设置 1~5 道减振架,减振架将同一吊点的2 根吊索互相连接,以减小吊索的风致振动,吊索构造及减振架构造图如图 7.77 所示。主缆在索夹内的空隙率按照 18%设计,索夹内径 1 284 mm,壁厚45 mm。索夹采用上下对合型结构，由 ZG20Mn 铸钢铸造而成。两半索夹用 M52 高强度螺杆连接紧固，螺杆采用缩腰形，以避免在螺纹处断裂，螺杆设计张拉力为 1 100 kN。

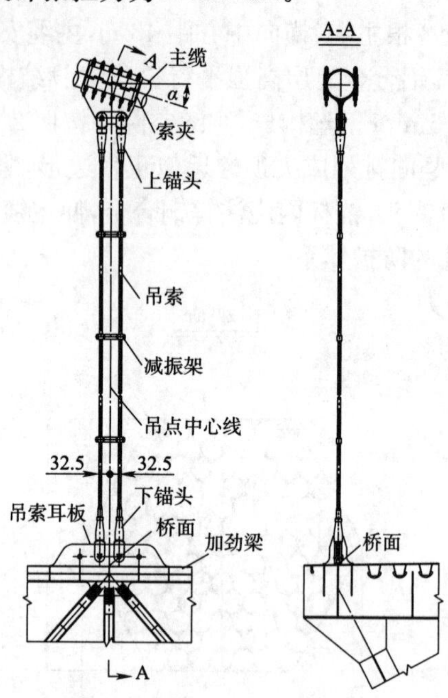

图 7.76 吊索立面图（单位：cm）

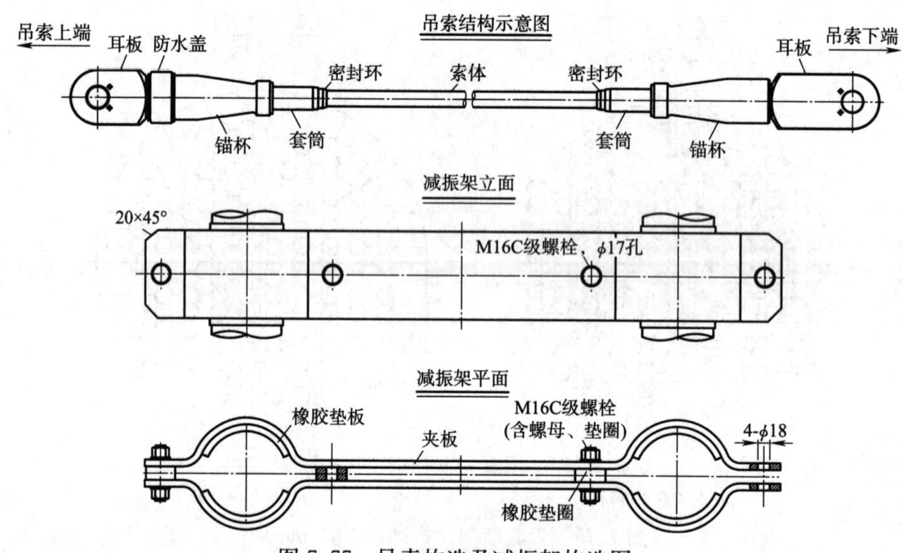

图 7.77 吊索构造及减振架构造图

(3)索鞍

主索鞍构造如图 7.78 所示。主索鞍采用铸焊结合式结构，鞍槽部分采用 ZG270-480H 铸钢铸造，下部鞍体采用 Q345R 钢板焊接而成。主索鞍鞍体纵向长 9.1 m、横向宽 4.0 m、高 4.3 m，主缆中心线处鞍槽半径 11.5 m，鞍槽宽 1.381 m，主索鞍设计为双纵肋传力结构。为减轻运输、吊装质量，并方便制造，鞍体纵向沿径向分 3 块制造，吊至塔顶后用高强度螺栓拼接成整体，单件最大吊装质量 120 t。

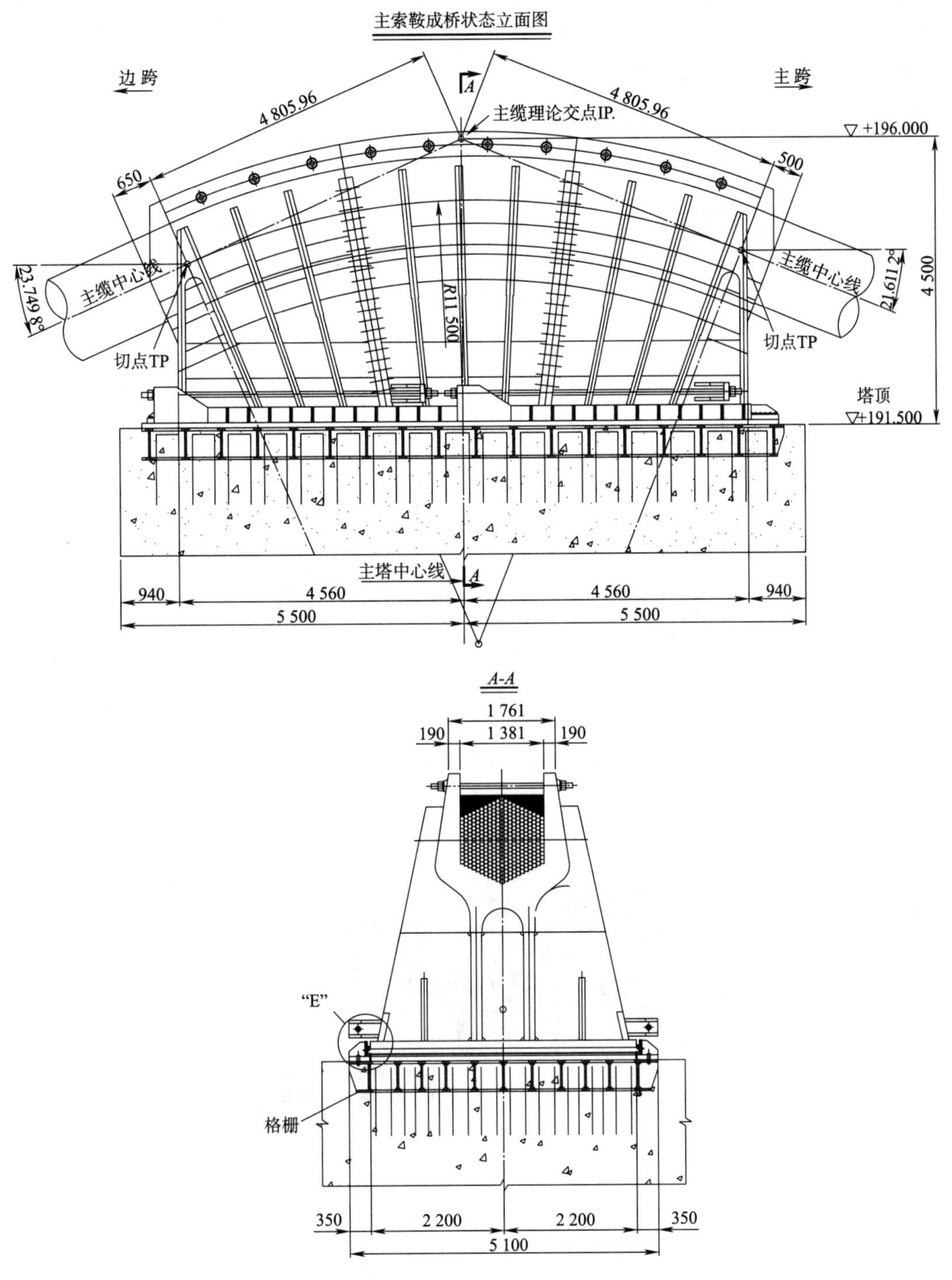

图 7.78　主索鞍构造(单位:mm)

散索鞍构造如图 7.79 所示。散索鞍为摆轴式结构,铸焊结合制造,鞍槽由 ZG270-480H 铸钢铸造,下部鞍体由 Q345R 钢板焊接而成。散索鞍总高 6.8 m,鞍槽底竖弯半径从边跨向锚跨分 4 次变化,半径分别为 12.5 m、9.5 m、6.0 m、3.5 m,保证鞍槽底压应力基本相等,鞍槽侧壁平弯半径为 18.0 m。鞍体质量 233 t。

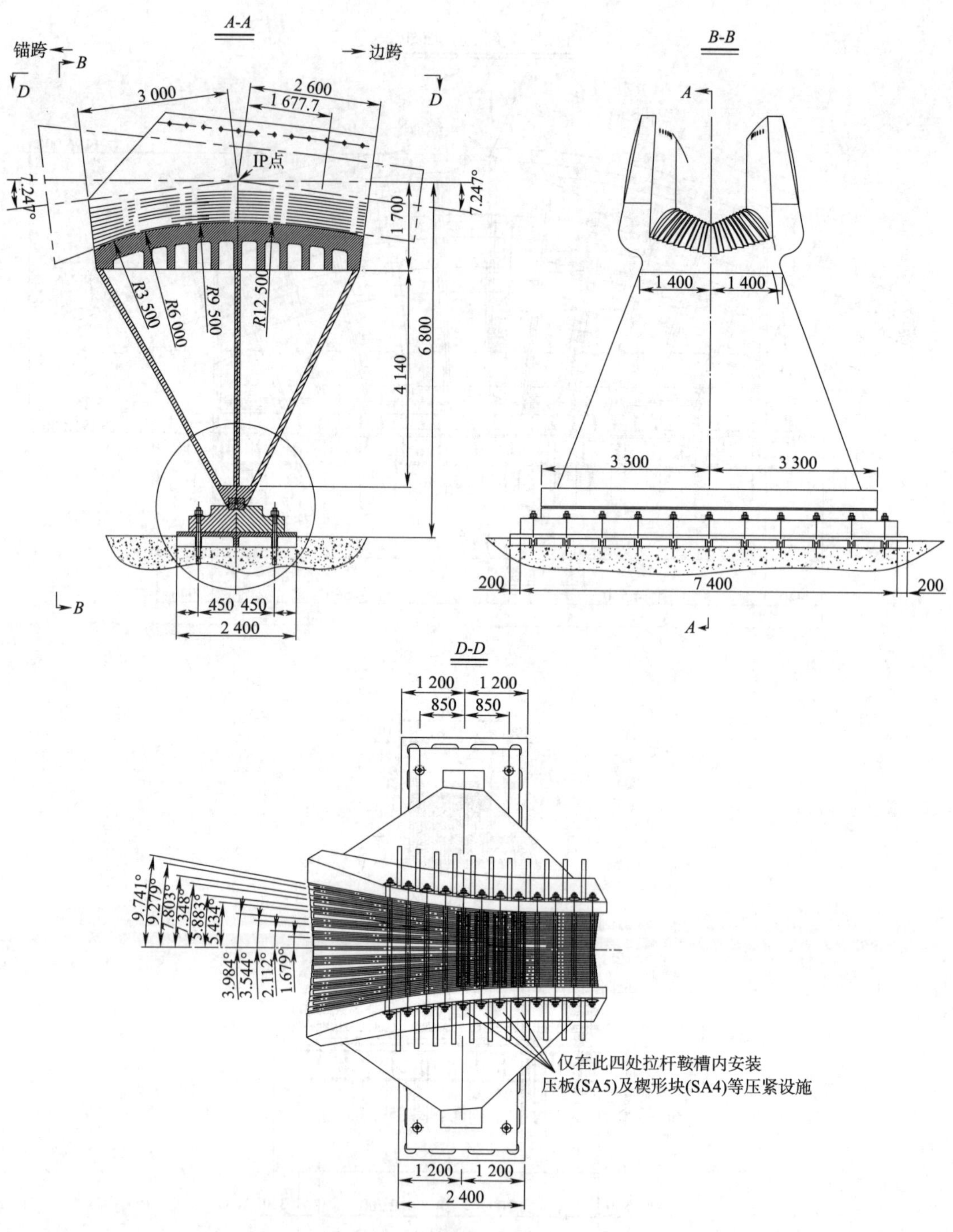

图 7.79　散索鞍构造(单位:mm)

(4)索塔

两桥塔均采用哑铃形承台,每侧塔柱下圆形承台直径 40 m,承台厚 9.5 m。承台下桩基采用群桩基础,桩径 2.8 m。根据实际地质情况,南塔基础采用长短桩组合设计。北塔基础布置 70 根桩,南塔基础布置 67 根桩,北塔上(下)游、南塔上游承台下均布置 35 根桩,南塔下游承台下布置 32 根桩,如图 7.80 所示。

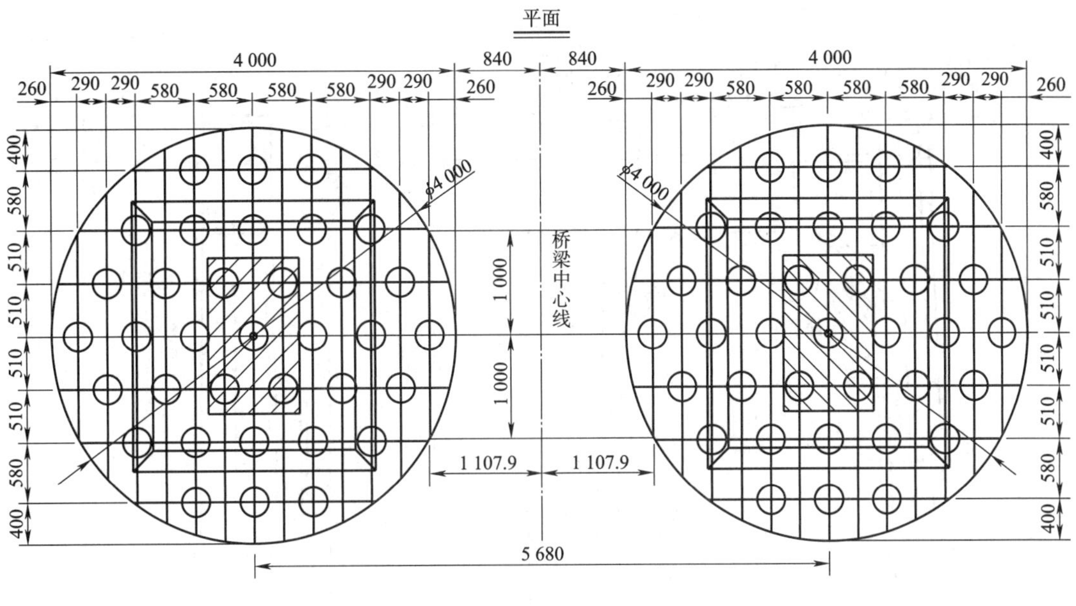

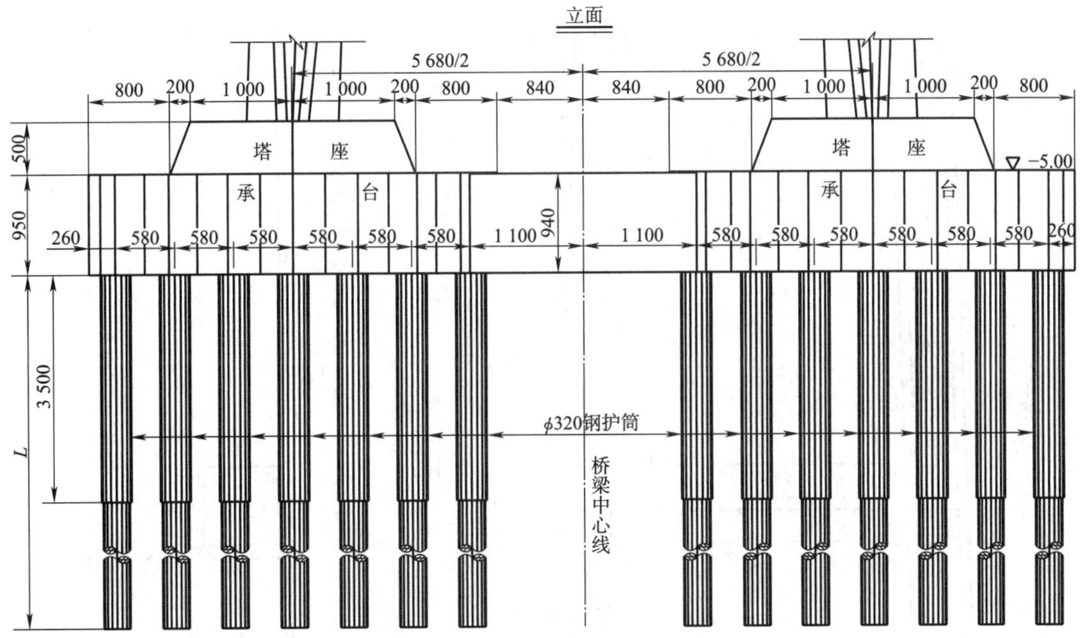

图7.80　北塔基础构造(单位:cm)

索塔是由塔柱、横梁组成的门式刚架结构。索塔有两个塔柱,两道横梁。索塔一般构造如图7.81所示。两桥塔塔顶高程相同,下塔柱高度相差12 m,北塔高203 m、南塔高191 m,塔柱为空心箱形断面,横桥向尺寸为等宽9 m,北(南)塔柱顺桥向尺寸从塔顶11 m变化到塔底16 m(15.7 m)。两塔柱间的横向中心距在塔顶为43 m,在北(南)塔底为56.7 m(55.9 m)。桥塔采用C55混凝土。为了减小风阻系数,塔柱截面四周切1.0 m×1.5 m的倒角。

(5)锚碇

北锚碇采用沉井基础,沉井顶面高程+1.0 m,基底高程−55.0 m,沉井长100.7 m、宽72.1 m、高56 m,共分10节。第1节为钢壳混凝土沉井,高8 m;第2~10节均为钢筋混凝土沉井。封底混凝土厚12 m,沉井平面上分为48个隔舱。北锚碇构造如图7.82所示。

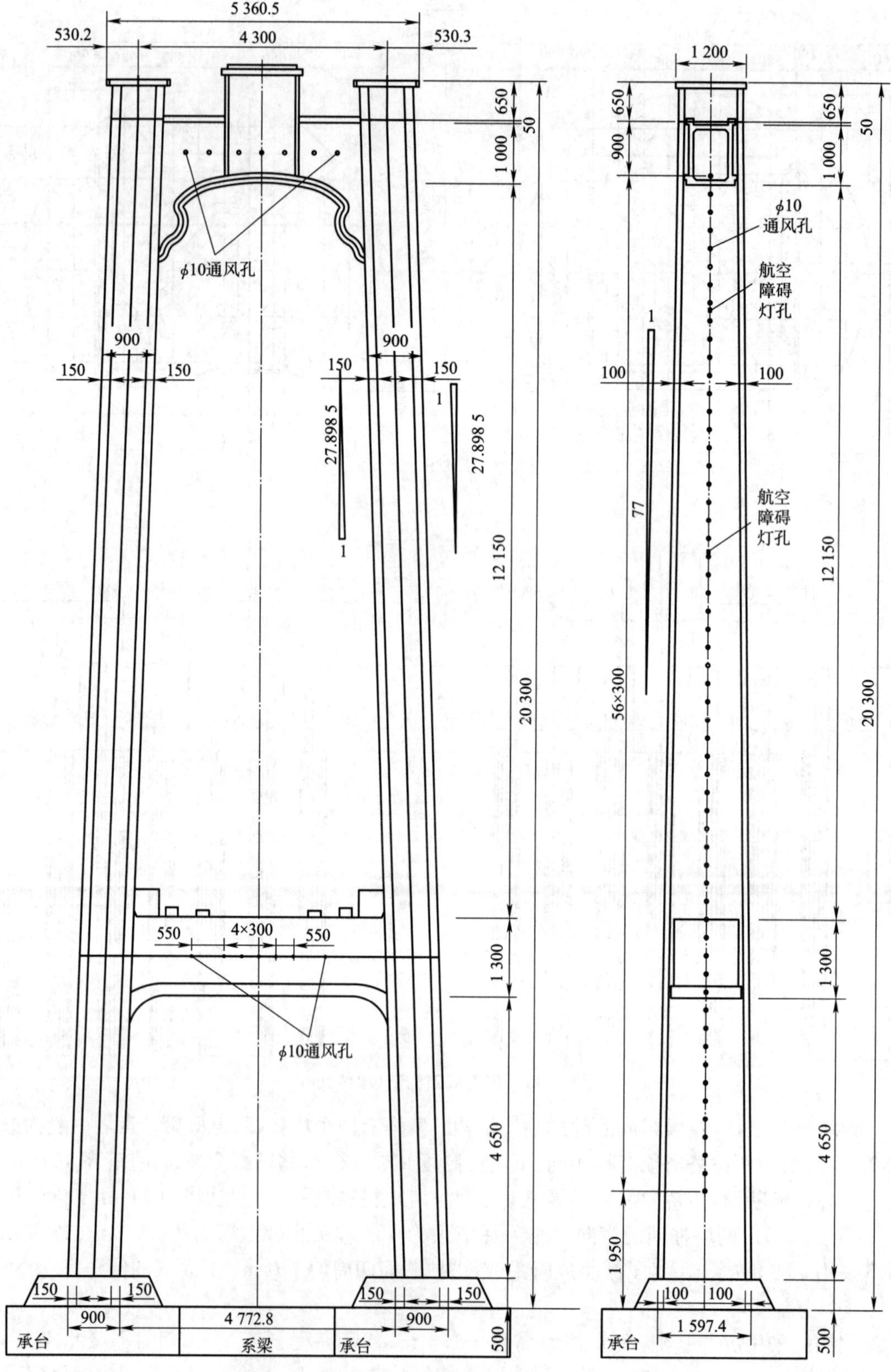

图 7.81 索塔一般构造(单位:cm)

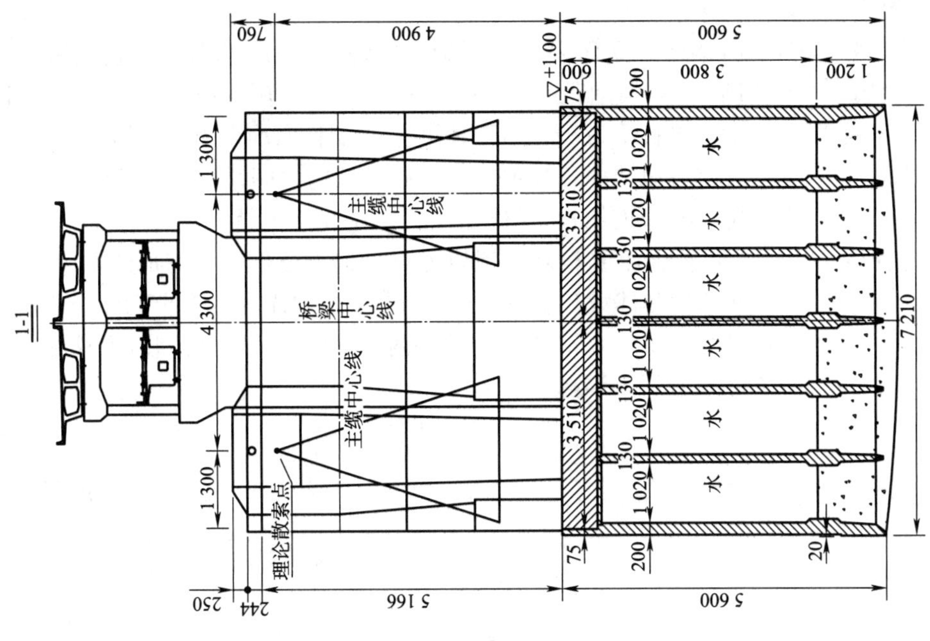

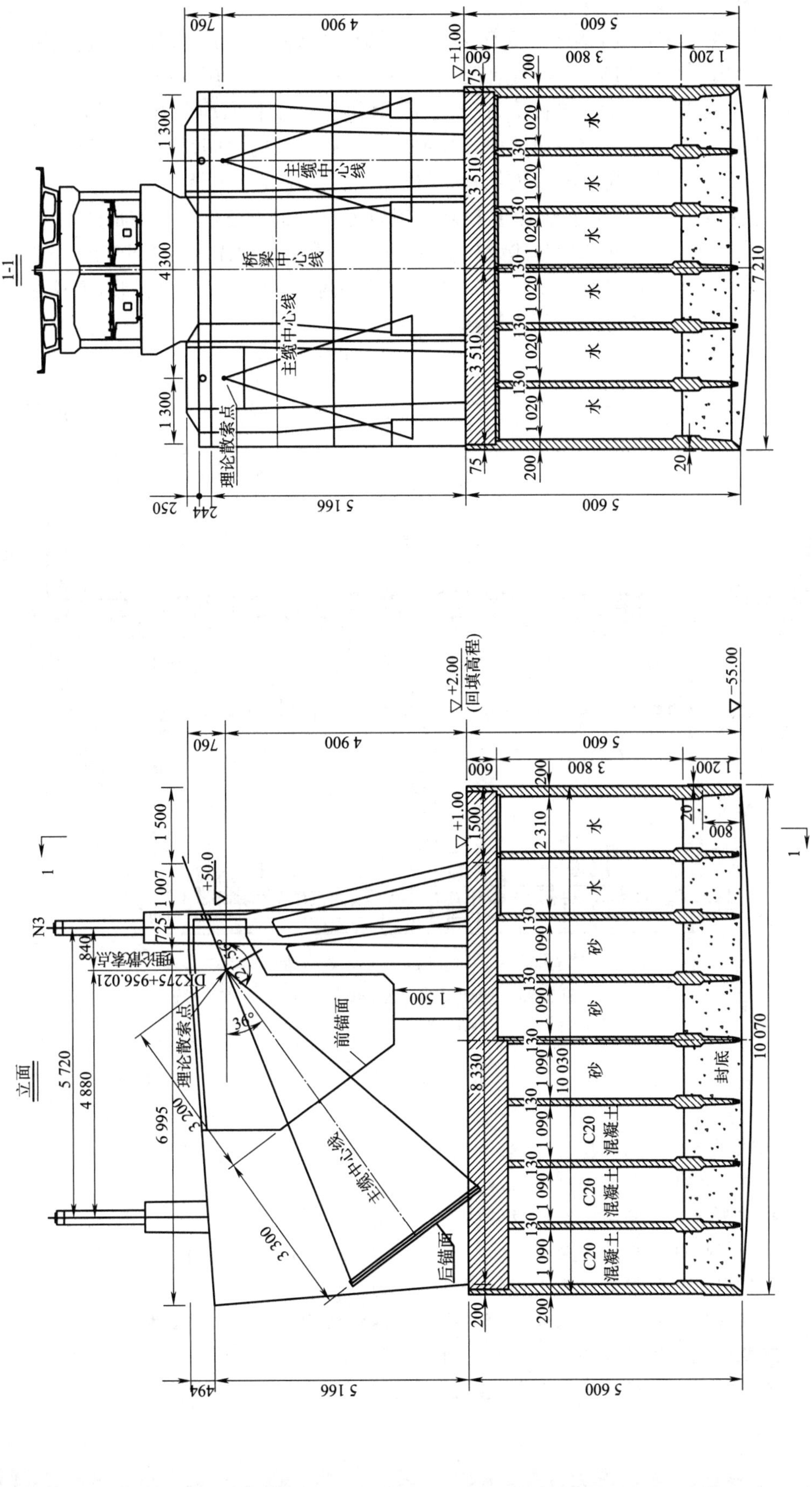

图 7.82　北锚碇构造(单位:cm)

(6)加劲梁

主桥加劲梁采用钢桁梁,钢桁梁立面采用华伦桁式,横断面采用带副桁的直主桁形式,2 片主桁中心桁宽 30 m,桁高 16 m,节间距 14 m,副桁中心距与主缆中心距 43 m,每道竖杆处均设置三角形横联和吊杆,钢桁梁材质为 Q370qE 钢。上、下层桥面均采用板桁结合的正交异性板整体钢桥面结构,上层公路桥面结构总宽 46 m;顶板与 U 肋之间采用了双面焊全熔透焊接新技术;下层铁路桥面采用有砟轨道结构,道砟槽面板采用轧制不锈钢复合钢板(由 3 mm 厚不锈钢板与面板结构钢轧制复合而成),复合钢板上直接铺设道砟,主桥加劲梁横断面如图 7.83 所示。钢桁梁采用大节段整体设计、制造、运输、吊装,标准节段为 2 节间 1 个节段,长 28 m,最重节段 1 758 t,最轻节段 1 331 t。边跨与桥塔附近节段采用浮吊吊装,滑移施工;中跨节段采用 2 台 900 t 缆载吊机抬吊吊装施工。

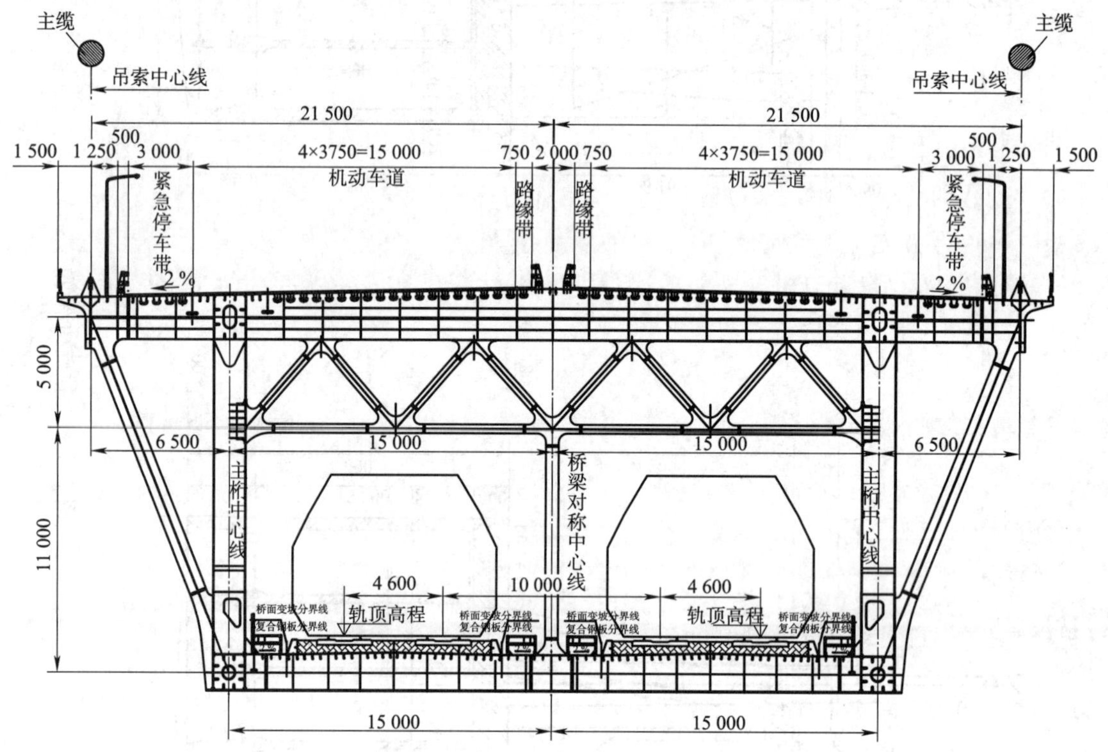

图 7.83　加劲梁横断面(单位:mm)

思考题

7-1 简述钢拱桥的组成与传力途径。

7-2 简述钢拱桥拱肋截面类型及特点。

7-3 钢拱桥吊杆有哪些类型?相应的受力特点是什么?

7-4 无推力拱桥的水平推力全部由系杆承担,简述系杆的类型及各自的构造特点。

7-5 简述钢斜拉桥的组成以及上部结构各部件受力特征。

7-6 钢斜拉桥按结构体系可以分成哪些类型?不同结构体系有哪些基本特征?

7-7 简述悬索桥各组成部分的作用及受力特点。

7-8 简述悬索桥加劲梁的主要形式及构造特点

第 8 章　钢桥的建造与维养

8.1　零件的制造与组装

在钢桥设计与制造中，习惯上将具有独立编号的钢构件称为杆件。杆件是组成钢桥的基本单元，主要有桁梁弦杆、腹杆、整体节点、纵梁、横梁、桥门楣梁、桥面板单元、锚箱和独立编号的拼接板及节点板等。零件是组成杆件的最小单元，包括主要杆件的盖板和腹板，箱梁的横隔板，板单元的面板、纵肋、横肋，拼接板及圆柱头焊钉等。零件的制造与组装主要包括零件加工、组装、焊接、杆件矫正、试拼装、涂装等工序。具体流程如图 8.1 所示。

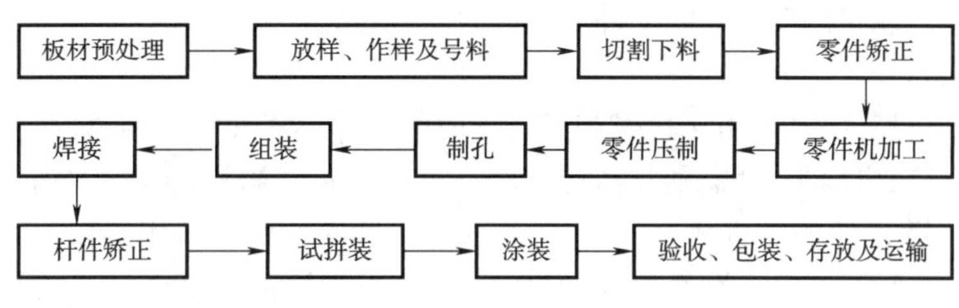

图 8.1　零件制造与组装流程

8.1.1　零件制造

1)板材预处理

钢板进厂后需要就钢板的型号、数量、合格证书等项目进行复验，待复验合格后，对板材进行校平、除锈、喷涂底漆、烘干等预处理。校平后钢板的平面度应不大于 1 mm/m，表面除锈达到 Sa2.5 级，钢材表面粗糙度达到 $Rz=40\sim60\ \mu m$，车间底漆的厚度为 $20\sim25\ \mu m$。

2)放样、作样及号料

直接在钢板上划出零件的切割线称为放样，放样一般适用于较大的矩形零件；当相同零件数量较多时，为了提高生产效率，用薄铁皮或纸板制作适用于各种形状和尺寸的样板，用于在钢材上标出切割线的位置，此项工作称为作样。一般用尺寸较小的零件制作下料样板，尺寸较大的矩形零件需要切角时制作切角样板，利用下料样板在钢板上划出零件的切割线称为号料。实际制造过程中常采用计算机放样和排料，采用数控切割机精密切割下料，以提高工作精度与效率。放样、作样及号料应根据加工图和工艺文件进行，应预留制作和安装时的焊接收缩余量及切割、刨边和铣平等加工余量。对形状复杂、在图中不易确定尺寸的零件，应通过放样校对或利用计算机作图校对后确定。放样或号料应按配料单指定的钢材材质、规格进行；当钢料不平直或有锈蚀、油漆等污物时，应矫正清理后再放样或号料。号料外形尺寸允许偏差为 ±1 mm。

3)切割下料

切割是将放样和号料后的零件形状从原材料上下料分离。钢材切割常用方法有：(1)使用剪切机、锯割机、砂轮切割机等机械设备切割;(2)利用氧气与乙炔、丙烷、液化石油气等热能进行气割;(3)等离子切割(利用等离子弧焰流实现);(4)激光切割。钢桥制造切割多采用(2)、(3)方法,较少采用(1)、(4)方法。

切割与剪切应符合下列规定:

(1)钢板在下料前应进行辊平、抛丸除锈、除尘及涂防锈底漆等处理。主要受力零件下料时,应使钢板的轧制方向与其主要应力方向一致;当钢板的纵横向力学性能相近,并满足设计要求时,可不受此限。

(2)切割前应将钢料表面的浮锈、污物清除干净。钢料应放平、垫稳,割缝下面应留有空隙。切割工艺应根据其评定试验结果编制,切割表面不应产生裂纹。

(3)零件宜采用精密(数控、自动、半自动)切割下料。在数控切割下料编程时除应考虑焊接收缩量之外,尚应考虑切割热变形的影响;剪切仅可用于次要零件或剪切后仍需加工的零件;手工气割仅可用于工艺特定的或切割后仍需加工的零件。

(4)采用剪切工艺时,钢板厚度宜不大于 12 mm,剪切边缘应平整,无毛刺、反口、缺肉等缺陷。剪切的尺寸允许偏差应为±2 mm,边缘缺棱应不大于 1 mm,型钢端部垂直度应不大于 2 mm。采用手工气割时,其尺寸的允许偏差应为±2 mm。

4)零件矫正

零件在加工成型过程中,由于操作和工艺等原因会引起零件变形,需对其进行矫正。零件矫正前,剪切的反口应修平,切割的挂渣应铲净。零件矫正宜采用冷矫,冷矫时的环境温度不宜低于 −12 ℃,矫正后的零件表面不应有明显的凹痕或损伤。采用热矫时,温度应控制在 600~800 ℃,矫正后零件应缓慢冷却,降至室温以前,不得锤击或用水急冷。零件矫正允许偏差应符合《铁路钢桥制造规范》(Q/CR 9211—2015)的相关规定。

5)零件机加工

在桥梁钢结构制造中,经过剪切或气割过的钢板边缘会发生硬化和变态。因此,桥梁的主要构件需在下料后的边缘刨去 2~4 mm,以保证质量。此外,为了保证焊缝质量和工艺性焊透以及装配的准确性,前者要将钢板边缘加工坡口,后者要将边缘刨直或铣平。

一般需要做边缘加工的部位有:(1)翼缘板、磨光顶紧面等具有工艺性要求的加工面;(2)设计图纸中有技术要求的焊接坡口;(3)尺寸精度要求严格的加劲板、隔板、腹板及有孔眼的节点板等;(4)因不同厚度的钢板(厚度差一般大于 2 mm)对接,对厚板对接端面需作铣斜面处理以满足板厚变化匀顺过渡的要求。

常用的边缘加工方法有:铲边、刨边、铣边与铣斜面、炭弧气刨边和精密切割坡口等。

零件机加工应符合以下规定:(1)零件边缘的加工深度不应小于 3 mm,当边缘硬度不超过 HV350 时,加工深度不受此限;加工面的表面粗糙度 Ra 不得大于 25 μm;(2)顶紧加工面与板面垂直度偏差应小于 0.01 倍板厚,且不得大于 0.3 mm;(3)零件应根据预留加工量及平直度要求,两边均匀加工,并应磨去边缘的飞刺挂渣,使端面光滑匀顺。

6)零件压制

为得到特定形状的零件,需利用相应的加工设备和模具把钢材弯曲或压制成一定的形状,主要包括弯曲、卷板(滚圆)、折弯(U 形肋)三种加工方法。零件压制可以用热加工和冷加工方法实现,桥梁钢结构制造过程中,卷制钢圆筒、压折 U 形肋采用冷加工方法,钢板成型、钢管拱肋弯制采用热加工。

主要受力零件冷作弯曲时,环境温度不宜低于 −5 ℃,内侧弯曲半径不得小于板厚的

15 倍，小于者应热煨，热煨的加温温度、高温停留时间、冷却速率应与所加工钢材的性能相适应。冷作弯曲后的零件边缘不得产生裂纹。U 形肋可采用辊轧或弯曲成型。

7）制孔

制孔方法通常有钻孔和冲孔两种。钻孔是钢结构制造中普遍采用的方法，几乎可用于任何规格的钢板、型钢的孔加工，孔的精度较高，对孔壁损伤较小。冲孔一般只能用于较薄的钢板和非圆孔的加工，且要求孔径一般不小于钢材的厚度。冲孔生产效率虽高，但由于孔的周围产生冷作硬化，孔壁质量差等原因，在桥梁钢结构制造中已较少使用。

钢梁制孔主要有先孔法与后孔法。先孔法是在杆件组装前对零部件进行制孔，因效率高多用于组焊变形小，变形规律性强或一端孔群连接的构件。后孔法一般是在整体组焊完毕后进行，只能逐件钻制，多用于精度要求高，结构复杂的构件。施工时刻根据结构特点对制孔方式进行优化。例如，某纵横梁体系的组合梁，小纵梁工形两端与横梁采用高强螺栓连接。工厂制造采用后孔法，施工效率较低。优化时充分考虑制造线形、焊接收缩、桥位安装等工序的影响，通过工艺量预留，对制孔工艺进行优化，由后孔法调整为先孔法，提高功效。值得注意的是不同厚度、不同截面、不同程度、不同焊接方式的小纵梁收缩差异较大，宜通过工艺试验确定合理的工艺量。

螺栓孔应钻制成正圆柱形，孔壁表面粗糙度 Ra 不应大于 25 μm，孔缘应无损伤和不平，且无刺屑。螺栓孔不得采用冲孔、气割孔。螺栓孔的孔距允许偏差应符合表 8.1 的规定，有特殊要求的孔距偏差应符合设计文件的规定。螺栓孔径允许偏差应符合表 8.2 的规定。

表 8.1　螺栓孔距允许偏差

项　　目		允许偏差(mm)		
		主要杆件		次要杆件
		桁梁杆件	板梁杆件	
两相邻孔距离		±0.4	±0.4	±0.4(±1.0)②
同一孔群任意两孔距		±0.8	±0.8	±0.8(±1.5)②
多组孔群两相邻孔群中心距		±0.8	±1.5	±1.0(±1.5)②
两端孔群中心距 l	$l\leqslant 11$ m	±0.8	±4.0①	±1.5
	$l>11$ m	±1.0	±8.0①	±2.0
孔群中心线与杆件中心线的横向偏移	腹板不拼接	2.0	2.0	2.0
	腹板拼接	1.0	1.0	—
杆件任意两面孔群纵、横向错位		1.0	—	—

注：1. 连接支座的孔群中心距允许偏差。
2. 括号内数值为附属结构的允许偏差。

表 8.2　螺栓孔径允许偏差

序号	螺栓直径	螺栓孔径(mm)	允许偏差	
			孔径(mm)	孔壁垂直度
1	M12	14	$^{+0.5}_{0}$	板厚 $t\leqslant 30$ mm 时，不大于 0.3 mm；板厚 $t>30$ mm 时，不大于 0.5 mm
2	M16	18	$^{+0.5}_{0}$	
3	M20	22	$^{+0.7}_{0}$	

续上表

序号	螺栓直径	螺栓孔径(mm)	允许偏差	
			孔径(mm)	孔壁垂直度
4	M22	24	+0.7 0	板厚 $t\leqslant 30$ mm 时，不大于 0.3 mm；板厚 $t>30$ mm 时，不大于 0.5 mm
5	M24	26	+0.7 0	
6	M27	29	+0.7 0	
7	M30	33	+0.7 0	
8	>M30	>33	+1.0 0	

8.1.2　组　　装

1)组装类型

桥梁钢结构构件的组装是遵照施工图的要求，把已加工完成的各零件或半成品杆件，装配组合成为独立的成品。根据构件的特性以及组装程度，可划分为零部件组装与杆件组装。

零部件组装是装配的最小单元的组合，它是由两个或两个以上零件按施工图的要求装配成半成品的结构部件。杆件组装是把零部件或半成品按施工图的要求装配成独立的成品件。杆件组装不仅需要用焊接或紧固件连接的方式将加工的零件连接起来，还需要进行一定的端部加工、制孔等二次加工。

2)组装方法

组装方法的选择，必须根据杆件的结构特性和技术要求，结合制造厂的加工能力、机械设备等情况，选择能有效控制组装的精度、耗工少、效率高的方法进行。常用的组装方法见表 8.3。

表 8.3　桥梁钢结构杆件组装方法

名　称	装 配 方 法	适 用 范 围
地样法	按 1∶1 比例在装配平台上放装配件实样，根据装配件在实样上的位置组装成为杆件	桁架、框架等少批量构件组装
仿形复制装配法	先用地样法组装成单面结构，并且必须定位点焊，然后翻身作为复制胎膜，在上装配另一单面结构，往返 2 次组装	横断面互为对称的桁架结构
立装	根据构件的特点及其零件的稳定位置，选择自上而下或自下而上的装配	用于放置平稳、高度不大的结构、大直径圆管
卧装	构件放置平卧位置的装配	用于断面不大，但长度较长的细长构件
胎膜装配法	把构件的零件用胎膜定位在其装配位置上进行组装	用于制造构件批量大、精度高的产品

3)工艺要求

组装前应熟悉图纸和工艺文件，按图纸核对零件编号、外形尺寸和坡口方向，确认无误后方可组装。

采用埋弧焊、CO_2气体(混合气体)保护焊及低氢型焊条手工焊等方法焊接的接头，组装前应彻底清除待焊区域的铁锈、氧化铁皮、油污、水分等有害物，使其表面显露出金属光泽。清除范围如图 8.2 所示。

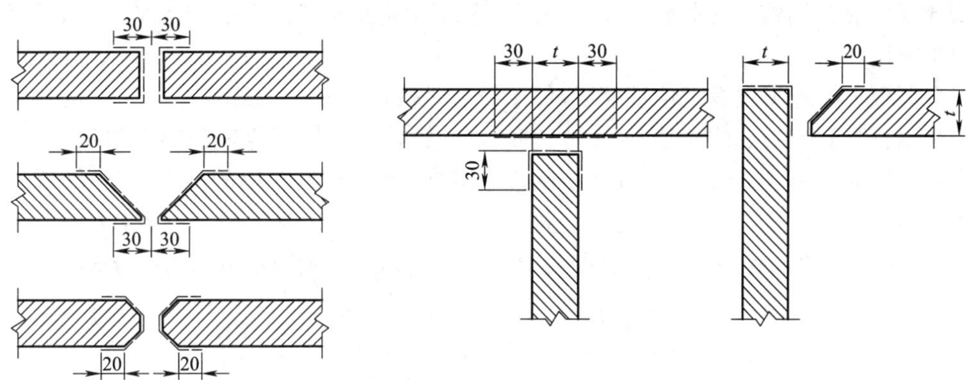

图 8.2　除锈范围(虚线为清除范围)(单位:mm)

采用埋弧焊焊接的焊缝,应在焊缝的端部连接引出板,引出板的材质、厚度、坡口应与所焊构件相同;引出板长度应不小于 100 mm。

需做产品试板检验时,应在焊缝端部连接试板,试板的材质、厚度、轧制方向及坡口应与所焊板材相同,试板尺寸应满足试验取样要求。

钢构件的组装应在胎架或平台上完成,每次组装前均应对胎架或平台进行检查,确认合格后方可组装。组装时应将相邻焊缝错开,错开的最小距离如图 8.3 所示。

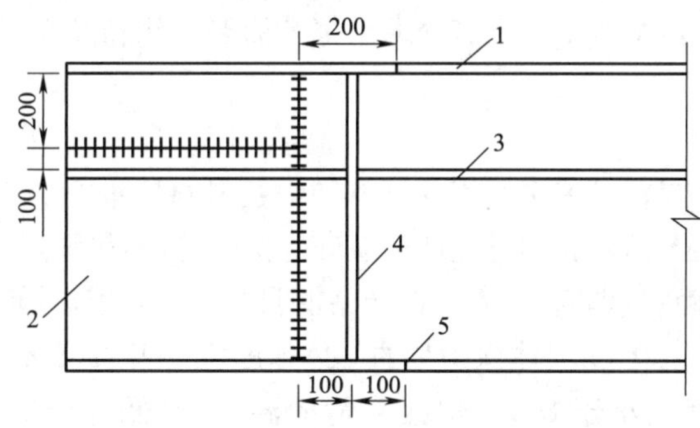

图 8.3　焊缝错开的最小距离(单位:mm)

1—盖板;2—腹板;3—板梁或箱形梁纵肋;4—板梁或箱形梁横肋;5—盖板对接焊缝

采用先孔法的钢构件,组装时必须以孔定位;采用胎型组装时,每一孔群应打入的定位冲钉不得少于 2 个,冲钉直径应不小于设计孔径 0.1 mm。

大型钢箱梁的梁段应在胎架上组装,胎架应具有足够的刚度和几何尺寸精度,且应在横向预设预拱度,组装前应按工艺文件要求检测胎架的几何尺寸,监控测量应避开日照的影响。

组装允许偏差应符合规定的要求见《铁路钢桥制造规范》(Q/CR 9211—2015)。

4)典型杆件(实腹式 H 杆件)组装

采用水平胎模(图 8.4)组装:

(1)实腹式 H 杆件是由上、下翼缘板与中腹板组成 H 形焊接杆件。

(2)组装前翼缘板与腹板等零件的复验,主要使其平面度及弯曲保证小于 1/1 000 的公差且不大于 5 mm 的公差,方可进入下道组装准备阶段。

(3)组装前准备工作:

①翼、腹板装配区域用砂轮打磨去除其氧化层,区域范围是装配接缝两侧 30～50 mm 内。

②H 杆件胎模调整，根据断面尺寸分别调整其纵向腹板定位工字钢水平高差，使其符合施工图要求尺寸。

③在翼板上标志出腹板定位基准线，便于组装时核查。

(4)H 杆件组装方法，先把腹板平放在胎模上，然后分别把翼缘竖放靠在模架上，先用夹具固定好一块翼缘板，再从另一块翼缘板的水平方向，增加从外向里的推力，直至翼缘与腹板贴紧为止，最后用 90°角尺测两板组合垂直度，当符合标准即用电焊定位。一般装配顺序从中心向两端组装或由一端向另一端组装，这种装配顺序是减少其装配内应力的最佳方法之一。

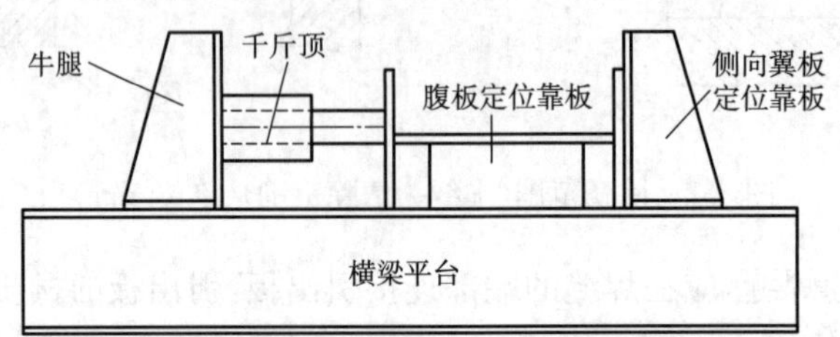

图 8.4 H 形杆件水平组装胎膜

8.1.3 焊接与焊接检验

焊接是钢结构连接的主要形式之一。焊接也是杆件组装和节段拼装的重要连接方式。在钢结构设计原理中，对焊接基本知识已有介绍。本节简要介绍桥梁钢结构焊接的基本要求以及焊接检验的相关内容。

(1)焊接的一般要求

在工厂或工地焊接之前，对首次使用的钢材和焊接材料应进行焊接工艺评定。焊接工艺应根据焊接工艺评定报告编制，施焊时应严格遵守焊接工艺，不得随意改变焊接参数。焊接材料应根据焊接工艺评定确定，焊剂、焊条应按产品说明书烘干使用，对储存期较长的焊接材料，使用前应重新按标准检验。CO_2气体保护焊的气体纯度应大于 99.5%。焊接工作宜在室内进行，焊接环境的相对湿度应小于 80%，焊接环境的温度，对低合金高强度结构钢不应低于 5 ℃，普通碳素结构钢不应低于 0 ℃。主要杆件应在组装后 24 h 内焊接。钢结构在露天焊接时，除满足上述室内焊接的条件外，必须采取防风和防雨措施。施焊前应按规定清除焊接区的有害物。施焊时母材的非焊接部位严禁焊接引弧，焊接后应及时清除熔渣及飞溅物。多层焊接时宜连续施焊，且应控制层间温度，每一层焊缝焊完后应及时清理检查，应在清除药皮、熔渣、溢流和其他缺陷后，再焊下一层。焊前预热温度应通过焊接性试验和焊接工艺评定确定；预热范围宜为焊缝每侧 100 mm 以上，且宜在距焊缝 30～50 mm 范围内测温。

(2)定位焊要求

定位焊所采用焊接材料的型号应与焊件材质相匹配，施焊前应按施工图及工艺文件检查坡口尺寸、根部间隙等，如不符合要求应处理改正。定位焊焊缝应距设计焊缝端部 30 mm 以上，焊缝长应为 50～100 mm，间距应为 400～600 mm，焊缝的焊脚尺寸不得大于设计焊脚尺寸的 1/2。定位焊缝不得有裂纹、气孔、夹渣、焊瘤等缺陷，否则应处理改正；如有焊缝开裂应查明原因，清除后重焊。

(3)圆柱头焊钉焊接要求

圆柱头焊钉焊接的工艺参数应通过焊接工艺评定确定，并应采用确定的工艺参数在试板上焊接 10 个圆柱头焊钉,其中 5 个做拉伸试验,5 个做弯曲试验,全部试验结果应符合现行国家标准《电弧螺柱焊用圆柱头焊钉》(GB/T 10433—2002)的规定。焊接前应清除圆柱头焊钉头部及钢板待焊部位(大于 2 倍圆柱头焊钉直径)的铁锈、氧化皮、油污、水分等有害物,使钢板表面显露出金属光泽。受潮的瓷环在使用前应在 150 ℃的烘箱中烘干 2 h。圆柱头焊钉应平位施焊,少量立位及其他位置的焊钉可采用手工焊接。施焊前焊工应检查所有设备、工具,保证能正常工作时方可施焊。每台班开始焊接圆柱头焊钉前或更换焊接条件时,应按规定的焊接工艺在试板上试焊 2 个圆柱头焊钉,焊后按规定进行检验,合格后方可在构件上正式焊接。

(4)焊接检验

焊接完毕且待焊缝冷却至室温后,应对所有焊缝进行外观检查,焊缝不应有裂纹、未熔合、夹渣、未填满弧坑、漏焊等缺陷。焊缝经外观检测合格后方可进行无损检测,无损检测应在焊接完成 24 h 后进行。箱形杆件棱角焊缝探伤的最小有效厚度为$\sqrt{2t}$ (t 为水平板厚度,以 mm 计),当设计有熔深要求时应同其规定。焊缝无损检测的质量分级、检验方法、检验部位和等级应符合表 8.4 的规定。进行局部超声波探伤的焊缝,当发现裂纹或较多其他缺陷时,应扩大该条焊缝探伤范围,必要时可延至全长。进行射线探伤或磁粉探伤的焊缝,当发现超标缺陷时应加倍检验。采用超声波、射线、磁粉等多种方法检验的焊缝,应达到各自的质量要求,该焊缝方可认为合格。焊缝的射线探伤应符合现行《焊缝无损检测射线检测　第 1 部分:X 和伽玛射线的胶片技术》(GB/T 3323.1—2019)的规定,射线透照技术等级采用 B 级,焊缝内部质量应达到Ⅱ级;磁粉探伤应符合《焊缝无损检测　磁粉检测》(GB/T 26951—2011)和《焊缝无损检测　焊缝磁粉检测　验收等级》(GB/T 26952—2011)的规定。

对构造复杂或厚板钢结构的焊缝,可采用相控阵或 TOFD(超声波衍射时差法)等作为辅助技术手段进行探伤检测。以上两种检测方法在其他制造行业已应用多年。对于构造复杂的焊缝,相控阵探伤检测方法有其独特的优势;对于厚板钢结构的焊缝,TOFD 探伤检测方法更为有效。由于公路行业尚无这两项检测方法的标准,如要采用这两项检测技术,可参照相关行业的相应标准。

圆柱头焊钉焊接后应保证焊钉底角在 360°范围内焊缝饱满,焊缝无气孔、夹渣、裂纹等缺陷,咬边深度应不大于 0.5 mm,且最大长度应不大于 1 倍的焊钉直径。焊缝外观检查合格后应随机抽取各部位圆柱头焊钉总数的 3%进行 30°弯曲试验,弯曲后圆柱头焊钉的焊缝和热影响区不应有肉眼可见的裂纹,检验合格的圆柱头焊钉可保留其弯曲状态。

表 8.4　焊缝无损检验质量等级及探伤范围

焊缝名称	质量等级	探伤方法	检验等级	探伤比例(%)	探伤部位
横向对接焊缝(顶板、底板、腹板、横隔板等)	Ⅰ级	超声波探伤(UT)	B(单面双侧)	100	焊缝全长
纵向对接焊缝(顶板、底板、腹板等)					端部 1 m 范围内为Ⅰ级,其余部位为Ⅱ级
T 形接头和角接接头熔透角焊缝			B		焊缝全长
横隔板纵向对接焊缝	Ⅱ级		B		焊缝全长
部分熔透角焊缝			B		焊缝两端各 1 m
焊脚尺寸≥12 mm 的角焊缝			A		焊缝两端各 1 m

续上表

焊缝名称		质量等级	探伤方法	检验等级	探伤比例(%)	探伤部位
纵向对接焊缝	顶板	Ⅱ级	射线探伤(RT)	B	10	中间250～300 mm
	底板、腹板					焊缝两端各250～300 mm
横隔板横向对接焊缝					5	下部250～300 mm
横向对接焊缝(顶板、底板、腹板等)					10	两端各250～300 mm,长度大于1 200 mm中间加探250～300 mm
梁段间对接焊缝	顶板十字交叉焊缝				100	纵、横向各250～300 mm
	底板十字交叉焊缝				30	
	腹板				100	焊缝两端各250～300 mm
连接锚箱或吊耳板的熔透角焊缝		Ⅱ级	磁粉探伤(MT)	—	100	焊缝全长
U形肋对接焊缝						焊缝全长
横隔板与腹板角焊缝						焊缝两端各500 mm
U形肋与顶(底)板角焊缝						每条焊缝两端各1 000 mm,其中行车道范围的顶板角焊缝为两端各2 000 mm
横隔板与顶(底)板角焊缝						行车道范围总长的20%
腹板与底板角焊缝						焊缝两端各1 000 mm,中间每隔2 000 mm探1 000 mm
临时连接(含马板)						拆除临时连接的部位

注:探伤比例指探伤接头数量与全部接头数量之比。

8.1.4 杆件矫正

焊接完成后需要进行杆件矫正。桥梁钢结构矫正的主要形式有:矫直,即消除材料或构件的弯曲;矫平,即消除材料或构件的翘曲或凹凸不平;矫形,即对构件的一定几何形状进行整形。按矫正时的温度,可分为冷矫正与热矫正。

冷矫的环境温度宜不低于5 ℃,矫正时应缓慢加力,冷矫的总变形量应不大于变形部位原始长度的2%。时效冲击值不满足要求的拉力杆件,不得矫正。热矫时加热温度应控制在600～800 ℃,严禁过烧,且不宜在同一部位多次重复加热。矫正后的杆件表面不应有凹痕和其他损伤。当设计对杆件矫正有特殊要求时,矫正的方法与温度应符合其规定。

8.1.5 试拼装

试拼装(或预拼装)是根据试拼图把相关的两个以上成品杆件,在工厂试拼场地上,按照杆件的空间位置拼装起来,如图8.5所示。其目的是直观地反映出各杆件的装配节点,成品杆件质量,并对加工工艺、工装进行检验。试拼装有平面辗转法与立体试装法。

试拼装的一般规定如下:

(1)钢结构桥梁应按试装图进行厂内试拼装,未经试拼装检验合格,不得成批生产。

(2)试拼装应在胎架上进行,胎架应有足够的刚度,其基础应有足够的承载力。胎架顶面(梁段底)纵、横向线形应与设计要求的梁底线形相吻合。试拼时钢构件应解除与胎架间的临时连接,处于自由状态。

图 8.5　湄石高速河闪渡乌江特大桥桁梁试拼装

(3)板梁应整孔试拼装；简支桁梁的试拼装长度不宜小于半跨，且桁梁宜采取平面试拼装；连续梁试拼装应包括所有变化节点；对大跨径的钢梁，每批梁段制造完成后，应进行连续匹配试拼装，每批试拼装的梁段数不应少于 3 段，试拼检验合格后，应留下最后一个梁段并前移参与下一批次试拼装。

(4)钢桥墩和钢索塔的塔柱、钢锚箱应采取两节段立位匹配试拼装，合格后还应进行多节段水平位置的试拼装，每一批次的多节段水平位置试拼装应不少于 5 个节段。

(5)试拼装时应使板层密贴，冲钉不宜少于孔眼总数的 10%，螺栓不宜少于螺栓孔总数的 20%；有磨光顶紧要求的杆件，应有 75%以上的面积密贴，采用 0.2 mm 的塞尺检查时，其塞入面积应不超过 25%。

(6)试拼装时，应采用试孔器检查所有螺栓孔，桁梁主桁的螺栓孔应能 100%自由通过较设计孔径小 0.75 mm 的试孔器，桥面系和联结系的螺栓孔应 100%自由通过较设计孔径小 1.0 mm 的试孔器，板梁和箱梁的螺栓孔应 100%自由通过较设计孔径小 1.5 mm 的试孔器，方可认为合格。

(7)试拼装检验应在无日照影响的条件下进行，并应有详细的检查记录。

(8)钢梁试拼装主要尺寸允许偏差应表 8.5 符合的规定。

表 8.5　钢梁试拼装主要尺寸允许偏差

钢梁类型	项　目		允许偏差(mm)
钢板梁	梁高 h	$h \leqslant 2$ m	±2
		$h > 2$ m	±4
	跨度	支座中心至中心	±8
	全长	全桥长度	±15
	主梁中心距		±3
	旁弯	桥梁中心线与其试拼装全长 L	L/5 000
	两片梁相对拱度差		4
	平纵联节间对角线差		3
	横联对角线差		4
	主梁倾斜		5
	支点高低差	支座处三点水平时，另一点翘起高度	3

续上表

<table>
<tr><th>钢梁类型</th><th colspan="2">项 目</th><th colspan="2">允许偏差(mm)</th></tr>
<tr><td rowspan="11">钢桁梁</td><td>桁高</td><td>上、下弦杆中心距离</td><td colspan="2">±2</td></tr>
<tr><td colspan="2">节间长度</td><td colspan="2">±2</td></tr>
<tr><td>旁弯</td><td>桥面系中线与其试拼装全长 L 的两端中心所连续直线的偏差</td><td colspan="2">L/5 000</td></tr>
<tr><td rowspan="2">试拼全长</td><td>L≤50 m</td><td colspan="2">±5</td></tr>
<tr><td>L>50 m</td><td colspan="2">±L/10 000</td></tr>
<tr><td rowspan="2">拱度
(计算拱度)f</td><td>f≤60 mm</td><td colspan="2">±3</td></tr>
<tr><td>f>60 mm</td><td colspan="2">±5 f /100</td></tr>
<tr><td>对角线</td><td>每个节间</td><td colspan="2">±3</td></tr>
<tr><td rowspan="3">主桁中心距</td><td>—</td><td>两片主桁</td><td>±3</td></tr>
<tr><td>边桁到中桁的中心距离</td><td rowspan="2">三片主桁</td><td>±2.5</td></tr>
<tr><td>边桁到边桁的中心距离</td><td>±5</td></tr>
<tr><td rowspan="10">钢箱梁</td><td colspan="2">预拼装长度(n 为梁段数)</td><td colspan="2">±2n,±20;取绝对值较小的</td></tr>
<tr><td colspan="2">两相邻吊点纵距</td><td colspan="2">±3</td></tr>
<tr><td colspan="2">试拼装累加长度</td><td colspan="2">±20</td></tr>
<tr><td rowspan="3">顶板宽</td><td>2 车道</td><td colspan="2">±5</td></tr>
<tr><td>4 车道</td><td colspan="2">±6</td></tr>
<tr><td>6 车道</td><td colspan="2">±8</td></tr>
<tr><td colspan="2">梁段中心线错位(梁段中心线与桥轴线偏差)</td><td colspan="2">不大于 1</td></tr>
<tr><td colspan="2">纵向竖曲线(沿桥中线测量隔板处高程)</td><td colspan="2">+10,−5</td></tr>
<tr><td colspan="2">纵肋直线度(梁段匹配接口处)</td><td colspan="2">不大于 2</td></tr>
<tr><td colspan="2">板面高低差(梁段匹配接口安装匹配件后)</td><td colspan="2">不大于 1.5</td></tr>
</table>

8.1.6 验收、包装、存放与运输

钢桥制造完成后应按施工图和相关规范进行验收。钢板梁、钢桁梁和钢箱梁的制造尺寸允许偏差应符合表 8.6 的规定，详见《铁路钢桥制造规范》(Q/CR 9211—2015)。

钢桥的杆件和梁段应在涂层干燥后对高强度螺栓连接部位进行包装，包装和存放应采取措施避免损坏摩擦面。拼接板、螺栓、螺母、垫圈等小件应分类装箱，并加标记。

存放场地应坚实、平整、有排水设施。存放时，杆件或梁段的支承处不应产生不均匀沉降，所有支点均应受力均匀。

运输应符合相应运输方式的有关安全规定。采用船舶运输时，装船前应进行稳定性验算，其抗倾覆稳定安全系数不应小于 1.5。提供工地抗滑移系数试验用的试件，应随同杆件或梁段运至工地。

在包装、存放和运输过程中，应采取有效措施，保证杆件或梁段不变形、不损坏、不散失。

表 8.6　钢梁制造尺寸误差

钢梁类型	项　目		检 查 方 法	允许偏差(mm)
钢板梁	梁高 h	$h \leqslant 2$ m	测量两端腹板处高度	±2
		$h > 2$ m		±4
	跨度		测量两支座中心距离	±8
	全长		测量全桥长度	±15
	纵梁长度		测量两端角钢背与背之间的距离	+0.5,−1.5
	横梁长度			±1.5
	纵梁高度		测量两端腹板处高度	±1.0
	横梁高度			±1.5
	纵、横梁旁弯		梁立置时在腹板一侧距主焊缝 100 mm 处拉线测量	3
	纵、横梁拱度		梁卧置时在下盖板外侧拉线测量	+3.0
	主梁拱度		梁卧置时在下盖板外侧拉线测量	不设拱度：+5,0
				设拱度：+10,−3
	两片主梁拱度差		分别测量两片主梁拱度,求差值	4
	主梁腹板平面度		用平尺测量(h 为梁高或纵向加劲肋至下盖板间的距离)	小于 $h/350$,且不大于 8
	纵、横梁腹板平面度			小于 $h/500$,且不大于 5
	主梁、纵横梁盖板对腹板的垂直度	有孔部位	用直角尺测量	0.5
		其余部位		1.5
钢桁梁	主桁杆件	高度	测量两端腹板处高度	±1.0(对拼式),−0.5,−2.0(插入式)
		盖板宽度	—	±1.0(腹板有拼接), ±2.0(腹板无拼接)
		长度	测量全长	±5.0
		工形件的盖板对腹板的垂直度：有孔部位	用直角尺测量	0.5
		工形件的盖板对腹板的垂直度：其余部位		1.5
		弯曲	拉线测量	2($l \leqslant$ 4 000 mm) 3(4 000 $< l \leqslant$ 16 000 mm) 5($l >$ 16 000 mm)(l 为杆件长度)
		扭曲	杆件置于平台上,四角中有三角接触平台,悬空一角与平台之间隙	3
	联结系杆件	高度	测量两端腹板处高度	±1.5
		盖板宽度	—	±2.0
		长度	测量全长	±5
	纵横梁	纵梁高度	测量两端腹板处高度	±1.0
		横梁高度		±1.5
		盖板宽度	—	±2.0,±1.0(箱形腹板有拼接时)
		纵梁长度	测量两端角钢背至背之间的距离	+0.5,−1.5
		横梁长度		±1.5
		旁弯	梁立置时,在腹板一侧距主焊缝 100 mm 处拉线测量	3

续上表

钢梁类型	项目			检查方法	允许偏差(mm)
钢桁梁	纵横梁	上拱度		梁卧置时，在下盖板外侧拉线测量	+3,0
		腹板平面度		用平尺测量	小于 $h/500$，且不大于 5
钢箱梁	梁高 h		$h\leqslant 2$ m	测量两端腹板处高度	±2
			$h>2$ m		±4
	跨度			测量支座中心距离	±8
	全长			—	±15
	腹板中心距			测量两端腹板中心距	±3
	盖板宽度			—	±4
	横断面对角线差			测量两端端断面对角线差	4
	旁弯			—	3+0.1L(L 为跨度，以 m 计)
	拱度			—	+10,−5
	支点高度差			三个支座处水平时，另一支座处翘起高度	4
	腹板平面度			h 为盖板与加劲肋或加劲肋与加劲肋之间的距离	小于 $h/250$，且不大于 8
	扭曲			每段以两端隔板处为准	每米不大于 1，且每段不大于 10

8.2 节段组装

通过工厂零件的制造与组装环节，已完成钢桥基本单元(杆件)的生产，如箱梁的面板单元、底板单元、纵腹板单元、横隔板单元、锚箱单元等(见图 8.6)。

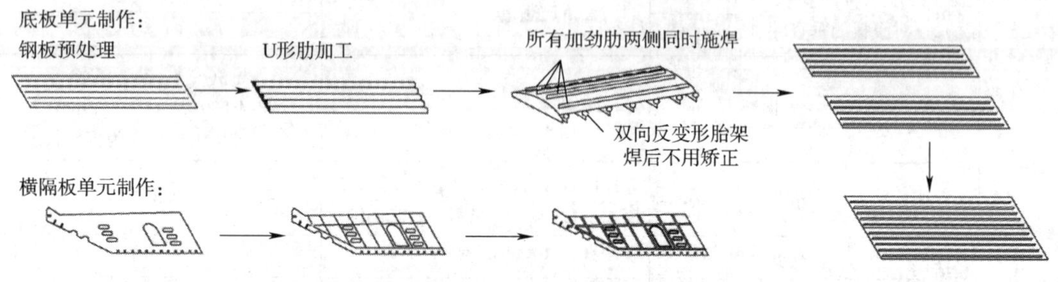

图 8.6 箱梁的底板单元和横隔板单元

随着钢桥架设技术的发展，工地钢梁安装方法中，不论是顶推法还是悬臂法，往往是按节段逐段拼装。采用架桥机和浮吊架设法时，利用专门的机械设备将钢梁整孔吊装或者大节段整体吊装。因此，在工地架设安装之前，需要进行节段甚至整孔梁的组装。根据实际施工条件不同，节段组装工作可在杆件生产工厂(如长沙三汊矶大桥的钢箱梁节段)、桥址组装平台(如矮寨大桥的钢桁梁节段)或桥位附近专门的组装基地(如港珠澳大桥的钢箱梁节段及整孔梁)进行。

本节以港珠澳大桥的钢箱梁节段组装为例，简要说明钢梁节段组装的基本流程。在完成拼装胎架后，箱梁节段组装步骤如图 8.7 所示。

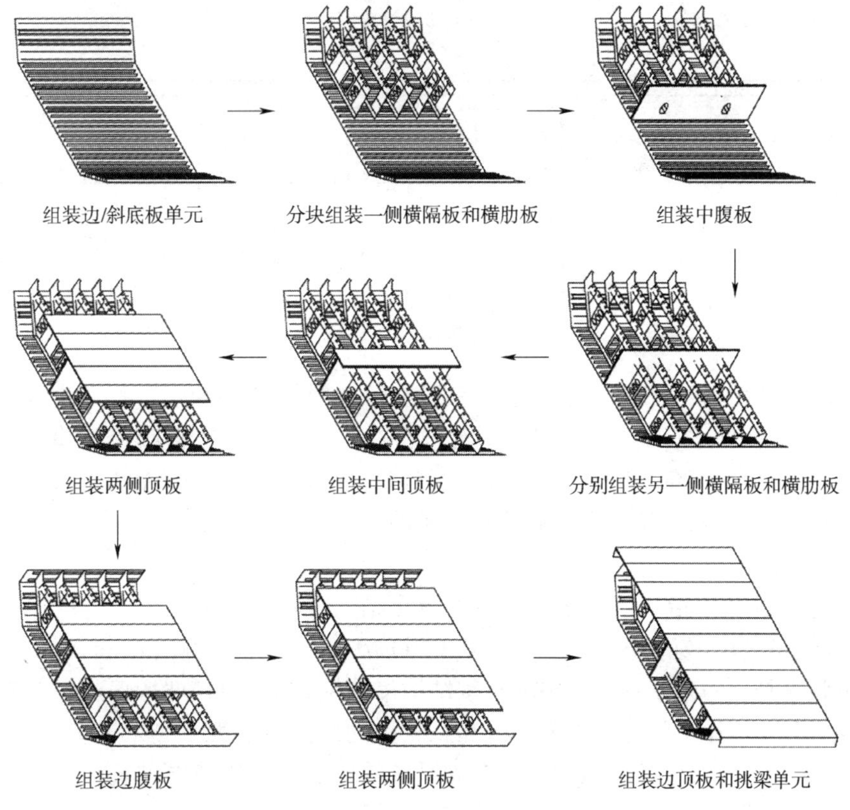

图 8.7　钢箱梁节段组装流程图

钢箱梁节段组装完成后，还需经过打砂和涂装处理，方可装船运输到桥位处，继续完成后续的工地架设安装工作。

8.3　工地架设安装

钢桥工地架设安装施工方法主要分为支承架设法、悬臂拼装法、顶推施工法、拖拉施工法和大型构件整体安装法。

8.3.1　支承架设法

支承架设法主要有落地支架架设法和缆索支承架设法，适用于梁桥、拱桥、斜拉桥和悬索桥等施工。

1）落地支架架设法

落地支架架设法是指采用脚手架、钢管桩等临时支承物支承架设钢梁的方法。以钢梁桥为例，根据运输条件和吊装能力等，将每跨钢梁沿纵桥向划分为若干个节段，节段拼接处设临时墩支承，节段间进行现场拼接，施工示意如图 8.8 所示。采用该方法施工的桥梁，成桥内力与一次成桥内力较为接近。该施工方法无需大型起吊和运输设备，施工控制难度较小，适用于桥面距离地面较近，地基条件较好的情况。通常，落地支架法施工工期较长，现场工作量大，在城市里需要考虑支架对交通的影响，在河道中需要考虑泄洪和通航条件，且施工期间可能受到洪水或漂流物等威胁。

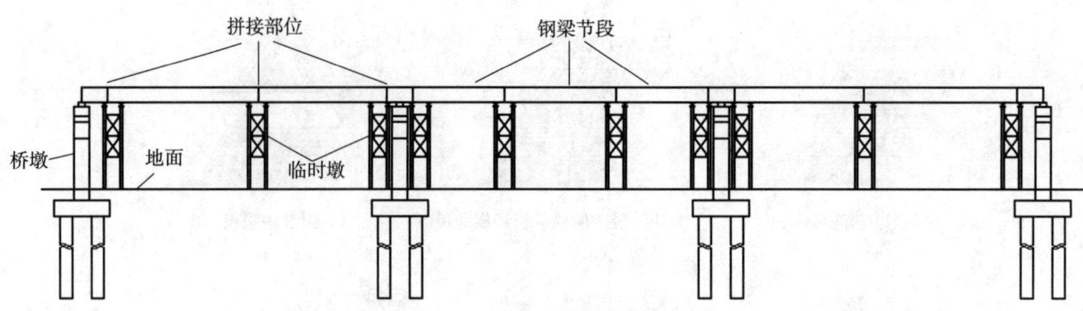

图 8.8 钢梁桥落地支架施工示意

支架为临时结构，承受桥梁的大部分恒载，因此，必须具有足够的强度、刚度和稳定性。支架的基础应可靠，构件结合要紧密。为了使结构的线形满足设计要求，支架应设置预拱度。同时，支架上要设置落架设备，落架时要对称、均匀，避免使主梁出现局部受力过大。该方法同样适用于跨径较小的拱桥、斜拉桥和自锚式悬索桥的施工。

2)缆索支承架设法

缆索支承架设法是指利用缆索作为主要承重结构进行钢桥构件吊装架设的一种施工方法，主要有缆索吊装法、缆载吊机吊装法和轨索滑移法，多用于拱桥和悬索桥的施工。

缆索吊装法是以缆索系统作为临时承重结构吊装钢梁或拱肋节段，直至主梁或拱肋合龙的施工方法，适用于山区和峡谷地区拱桥和悬索桥的施工。缆索吊装系统主要由缆塔、承重索、起重索、牵引索、缆风索、跑车、索鞍和锚固系统等组成。拱桥缆索吊装施工通常是配合斜拉悬臂法来实现，即利用缆索系统吊装拱肋节段，吊至安装位置后再利用拉索固定，在跨中合龙，形成受力结构后，再利用拱肋的承载能力施工拱上立柱、吊杆、桥面系以及附属结构等，如图 8.9 所示。采用该方法施工的钢拱桥有大宁河特大桥(主跨 400 m)和成贵高铁鸭池河特大桥(主跨 436 m)等。对于跨越峡谷的悬索桥，当无法利用悬索桥主缆架设加劲梁或采用主缆施工控制难度大时，需要架设独立于主缆之外的缆索吊装系统吊装加劲梁，采用该方法施工的有普立特大桥(主跨 628 m)和金安金沙江大桥(主跨 1 386 m)等。

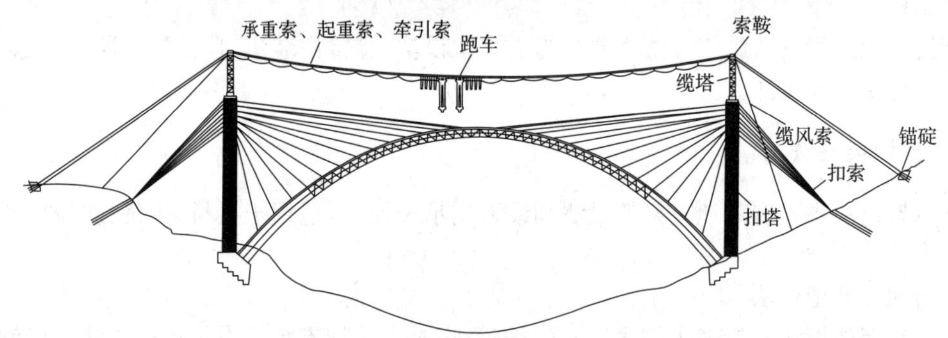

图 8.9 拱桥缆索吊装施工示意

缆载吊机吊装法是以架设就绪的悬索桥主缆为承重结构，运用专门的缆载吊机吊装加劲梁。该方法适用于跨越大江大海，且运输条件好的大跨度悬索桥加劲梁施工。悬索桥缆载吊装法施工示意如图 8.10 所示。采用该方法施工的悬索桥有杨泗港长江大桥(主跨 1 700 m)和西堠门大桥(主跨 1 650 m)等。

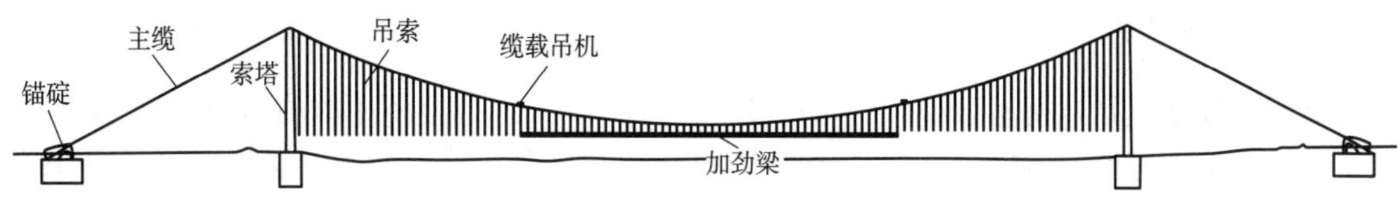

图 8.10　悬索桥缆载吊装法施工示意

轨索滑移法利用悬索桥的主缆作为承重结构，吊索作为传力结构，各吊索吊点架设通长的平行轨索，轨索通过吊鞍支承在永久吊索上，利用牵引系统使梁段沿轨索逐段运输至跨中，由跨中逐段向两岸架设直至全桥贯通，如图 8.11 和图 8.12 所示。该方法适用于山区和峡谷地区悬索桥加劲梁的施工，如矮寨特大桥(主跨 1 176 m)。

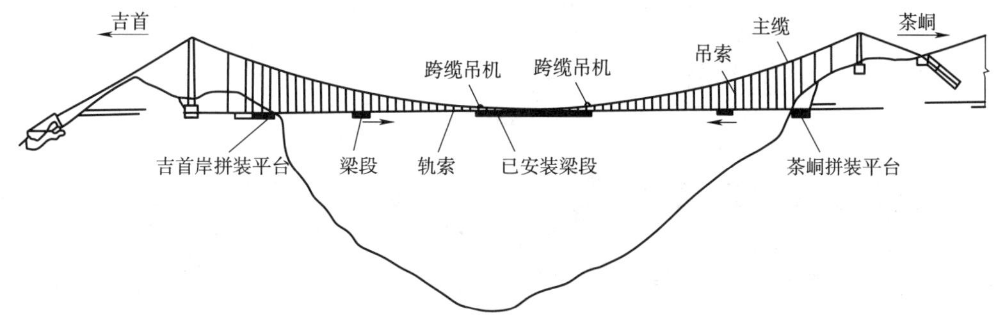

图 8.11　轨索滑移法架设主梁示意图

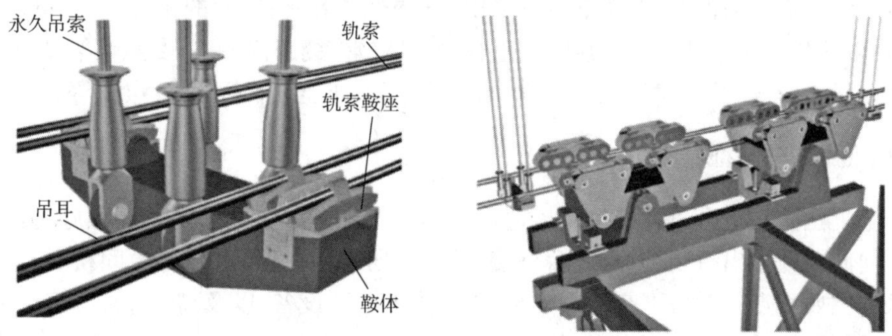

图 8.12　轨索滑移法的吊鞍与滑移小车示意图

8.3.2 悬臂拼装法

悬臂拼装法是指从桥墩(台)开始,向外逐段悬臂拼装梁段成为一体的施工方法。悬臂拼装法可以分为全悬臂、半悬臂和平衡悬臂拼装法。以钢梁桥为例,全悬臂拼装法通过在桥台或边跨处设平衡梁或锚固梁进行压载配重,来平衡悬臂端倾覆力矩,从而进行单侧悬臂延伸,中间不设临时墩,如图 8.13(a)所示。当桥梁跨度较大,无法采用全悬臂法进行施工时,可以从桥梁两侧向中间悬拼,为了减少悬臂长度,可在两相邻墩(台)之间设置单个或多个临时支墩,最后在跨中合龙,称为半悬臂法,如图 8.13(b)所示。平衡悬臂拼装施工是从桥跨的中间桥墩开始,同时向两个方向对称平衡施工,直至桥梁合龙,如图 8.13(c)所示。

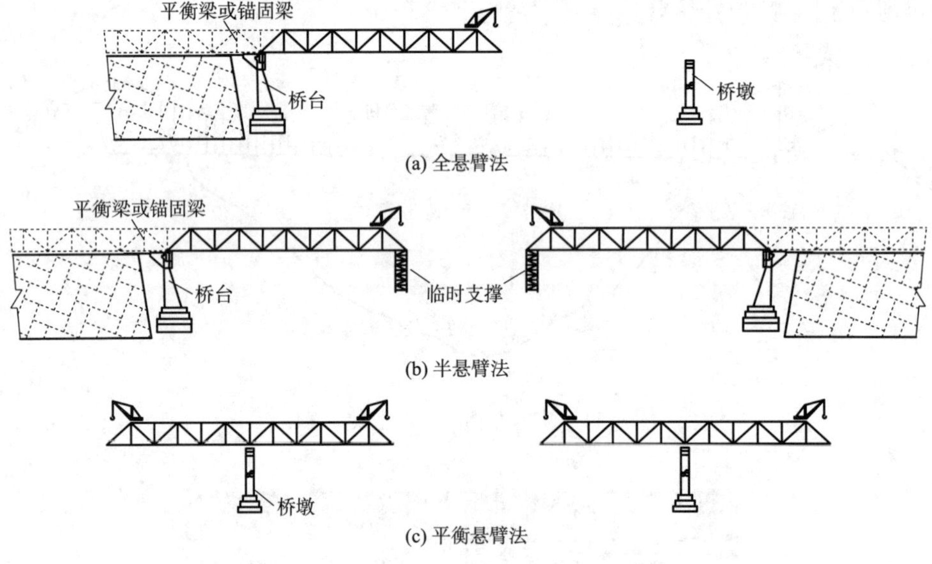

图 8.13 悬臂施工方法示意图

钢梁在悬臂拼装过程中,如果悬臂过长,会导致自由端挠度过大,造成不良的结构线形;或者悬臂支承处附近杆件应力过大,甚至超过容许范围,造成局部区段杆件屈服、失稳等。为避免上述问题,需要从增强结构刚度、减小悬臂长度、严格控制施工荷载及调整安装方法等方面采取措施。

悬臂拼装法适用条件有:①桥下不宜采用水运或不能搭设支架的桥位,如桥墩较高、跨度较大的桥梁;通航不能中断、水深流急、漂浮物或流冰较多的跨河桥等;②悬臂架设施工过程中的结构受力状态与成桥运营时的受力状态相似的桥梁,如连续梁桥、悬臂梁桥等。

8.3.3 顶推施工法与拖拉施工法

顶推施工法是在桥台后设置拼装场地,分节段拼装构件,通过水平千斤顶施力,将桥梁沿桥纵轴方向向前顶推出拼装场地,之后拼接一段,纵向移动一段,跨越各中间桥墩,直达对岸。顶推施工的主要优点是对桥下交通影响小,无需大型起重设备,以及高空作业少等。其缺点是顶推钢梁悬臂所能承受的弯矩有限,并且桥梁施工期和运营期的内力相差较大,更适合于跨数较多的桥梁。当跨度较大时,需设置临时支墩。

在顶进过程中，梁的每个截面都需要经历最大正、负弯矩阶段，甚至经历几次正负交替。为减小顶推过程中主梁的内力，进而达到节省材料，降低施工成本或加大顶推跨度的目的，通常在主梁的前端设置临时性结构——导梁。导梁主要有钢板梁和钢桁梁两种结构形式。

以钢梁桥为例，顶推施工流程一般为：准备顶推系统→拼接钢导梁→设置顶推过程中的滑块→拼装梁段→首轮顶推→循环拼装、顶推→落梁→拆除导梁→安装支座，完成体系转换。顶推施工示意如图 8.14 所示。

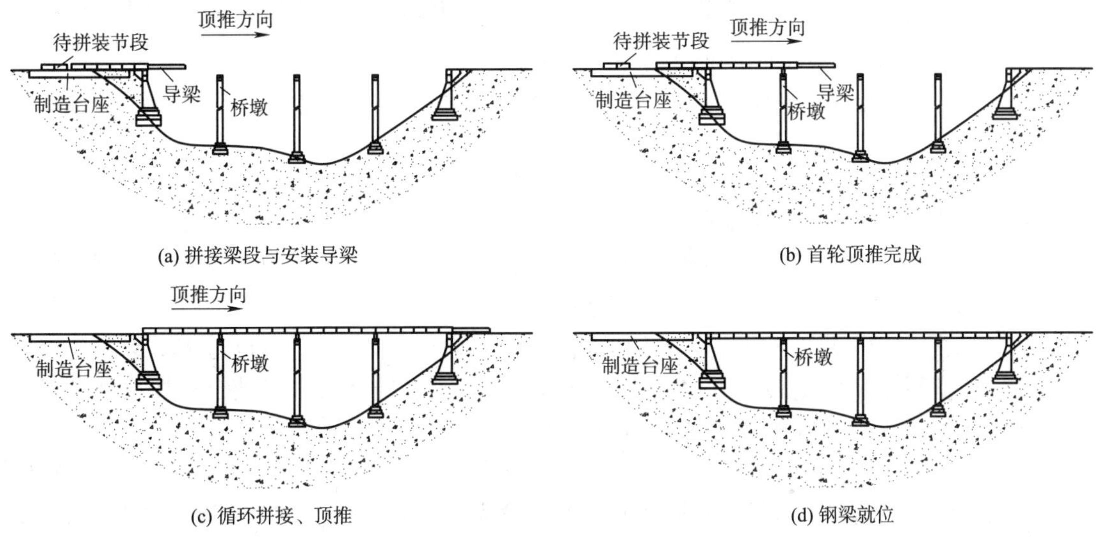

图 8.14　顶推施工示意

采用顶推法进行钢梁架设的方法应满足以下要求：(1)台后有足够大的拼装场地，且与桥轴线方向一致；(2)顶推桥梁线形须是直线或半径恒定的曲线；(3)顶推梁最好为等高度梁；(4)大跨度桥梁顶推过程中应为封闭的横截面，以保证结构的抗扭刚度和稳定性。

拖拉法与顶推法类似，是在桥台后设置拼装场地，分节段拼装构件，在钢梁下(纵梁下或主桁节点下)安设上滑道，在路基或膺架、墩台顶安装下滑道，上下滑道之间设置一定数量的辊轴，通过滑车组、绞车等牵引设备，沿桥轴纵向拖拉钢梁至预定桥孔的方法。

8.3.4　大型构件整体安装法

大型构件整体安装法是施工过程中采用专门的机械设备将钢梁整孔吊装或者大节段整体吊装，主要分为架桥机和浮吊架设法、转体施工法等。

1)架桥机和浮吊架设法

对于中小跨径的桥梁，如高架道路、跨海大桥非通航孔桥等，在运输和吊装能力允许的条件下，常常用架桥机和浮吊架设钢梁。陆地上常采用架桥机架梁(图 8.15)，跨江、跨海大桥非通航孔桥常采用浮吊法架梁(图 8.16)。除架桥机和浮吊外，还可以根据实际桥梁的规模、吊装重量等选择汽车吊、龙门吊等设备架梁。架桥机和浮吊架设法主要用于梁桥的施工，如平潭海峡公铁两用大桥深水区非通航孔桥(80 m 和 88 m 简支钢桁梁桥)、港珠澳大桥深水区非通航孔桥(6×110 m 钢箱连续梁桥)等，浮吊法在拱桥、斜拉桥的架设安装中也有应用。

图 8.15 架桥机架设钢梁
（云茂高速老屋村大桥）

图 8.16 浮吊架设法
（平潭海峡公铁两用大桥 80 m 简支钢桁梁）

2)转体施工法

钢桥的转体施工是指在河流的两岸或适当的位置，充分利用地形条件，使用支架先将半桥拼装完成，之后以桥梁结构本身为转动体使用专门的机具设备，分别将两个半桥转体到桥位轴线位置，最后合龙成桥。其特点有：可利用地形，方便拼装；施工不影响交通；施工设备少，装置简单；施工工序简单，施工迅速。该方法可在深水峡谷地形中采用，同时也适于平原区及城市跨线桥。根据桥梁结构的转动方法，可分为竖向转体、水平转体及平竖结合转体三种施工方法。转体施工法适用于梁桥、拱桥和斜拉桥的架设安装。

以钢梁桥为例，转体施工多用于跨线桥，采用下方转体球铰结构及后期连续千斤顶，转体施工使两个处于交角或平行的半桥转体到位并合龙成桥。设计要点在于，其转角连接处，既要满足强度要求，又要满足转动要求。一般而言，桥墩位置就是施工时的转动支承和旋转轴，在桥梁完成转体后，进行结构体系转换，如图 8.17 所示。

图 8.17 转体施工法(兴延高速上跨京包铁路立交桥)

8.4 防腐涂装

我国自 20 世纪 30 年代陆续建成了一些钢桥。近年来，随着我国钢产量的增加，钢桥发展非常迅猛。但大气腐蚀、应力腐蚀和腐蚀疲劳会大大降低钢桥的承载能力和剩余寿命。因此，钢桥的防腐处理成为桥梁建造与维护的重要内容。由于施工便捷、防腐效果好，涂装防腐是目前应用较广的钢桥防腐方式。公路和铁路钢桥的防腐涂装现已形成相应的技术标准，分别为《公路桥梁钢结构防腐涂装技术条件》(JT/T 722—2018)和《铁路钢桥保护涂装及涂料供货技术条件》(Q/CR 730—2019)。本节简要介绍钢桥涂装分类、涂装体系、涂装工艺及方法、维修涂装和重新涂装等内容。

8.4.1　涂装分类

1)涂层体系保护年限分类

在涂层体系保护年限内，涂层 95%以上区域的锈蚀等级不大于 ISO 4628—2003 规定的 Ri2 级(锈蚀面积占比 0.5%)，无气泡、剥落和开裂现象。按保护年限分为两类：普通型 10～15 年；长效型 15～25 年。

2)涂装部位分类

按涂装部位分为 7 类：外表面；非封闭环境内表面；封闭环境内表面；钢桥面；干湿交替区和水下区；防滑摩擦面；附属钢构件(包括防撞护栏、扶手护栏及底座、灯座、泄水管、钢路缘石等)。

3)涂装阶段分类

按涂装阶段分为 3 类：(1)初始涂装：新建桥梁钢结构的初次涂装(包含两年缺陷责任期内的涂装)；(2)维修涂装：桥梁在其运营全过程中对涂层进行的维修保养；(3)重新涂装：彻底除去旧涂层、重新进行表面处理后，按照完整的涂装规格进行的涂装。

4)腐蚀环境分类

按腐蚀环境分为 3 类：(1)大气区腐蚀；(2)浸水区腐蚀；(3)埋地区腐蚀。具体细分及说明见《公路桥梁钢结构防腐涂装技术条件》(JT/T 722—2008)附录 A。

8.4.2　防腐涂装体系

涂料防腐体系由底漆、中间漆和面漆组成。底漆是最里层的涂料，主要作用是增加钢材与涂层之间的附着力，并形成封闭环境，防止钢材腐蚀；中间漆是中间层的涂料，主要作用是增加油漆的漆膜厚度，提高涂层的耐久性和使用年限；面漆是最外层的涂料，主要起装饰和保护作用。

底漆的防腐涂料分为普通涂料和重防腐涂料。目前，在钢桥中多采用以富锌漆为底漆的重防腐涂料涂装体系。重防腐涂料能在相对苛刻腐蚀环境里应用，具有比普通防腐涂料更长的防腐寿命。重防腐涂料在工业大气和海洋环境里，一般可使用 10 年或 15 年以上，即使在一定温度条件下的酸、碱、盐和溶剂介质里，也能使用 5 年以上。以富锌底漆外加中间漆和面漆的重防腐涂装体系对钢铁基体所起到的腐蚀保护作用，首先体现在阻隔腐蚀介质接触钢铁基体，起到物理防护作用；随着外层有机涂层的老化、粉化，使这种机械屏蔽式的隔离作用减弱或消失，底层的锌粉开始对铁基体起到阴极保护作用。

目前，防腐涂装已形成较为完整的体系，我国《铁路钢桥保护涂装及涂料供货技术条件》(Q/CR 730—2019)给出了 7 种钢桥涂装体系，见表 8.7。

《公路桥梁钢结构防腐涂装技术条件》(JT/T 722—2008)按不同的腐蚀环境和不同的结构部位给出了 23 种涂装体系。钢桥设计与建造时可根据腐蚀环境、工况条件、防腐年限设计涂层配套体系。

表 8.7　铁路钢桥涂装体系

涂装体系	涂料(涂层)名称	每道干膜最小厚度(μm)	至少涂装道数	总干膜最小厚度(μm)	适用部位
1	特制红丹酚醛(醇酸)防锈底漆	35	2	70	桥栏杆、扶手、人行道托架、墩台吊篮、围栏和桥梁检查车等桥梁附属钢结构
	灰铝粉石墨(或灰云铁)醇酸面漆	35	2	70	
2	电弧喷铝层	—	—	200	钢桥明桥面的纵梁、上承板梁、箱形梁上盖板
	环氧类封孔剂	—	1	—	
	棕黄聚氨酯盖板底漆	50	2	100	
	灰聚氨酯盖板面漆	40	4	160	
3	无机富锌防锈防滑涂料	80	1	80	栓焊梁连接部分摩擦面
	电弧喷铝层	—	—	100	
4	环氧沥青涂料	60	4	240	非密封的箱形梁和箱形杆件内表面
	环氧沥青厚浆涂料	120	2	240	
5	特制环氧富锌防锈底漆或水性无机富锌防锈底漆	40	2	80	钢梁主体,用于气候干燥、腐蚀环境较轻的地区
	云铁环氧中间漆	40	1	40	
	灰铝粉石墨醇酸面漆	40	2	80	
6	特制环氧富锌防锈底漆或水性无机富锌防锈底漆	40	2	80	钢梁主体、支座,用于腐蚀环境较严重的地区
	云铁环氧中间漆	40	1	40	
	灰色丙烯酸脂肪族聚氨酯面漆	40	2	80	
7	特制环氧富锌防锈底漆或水性无机富锌防锈底漆	40	2	80	钢桥主体,用于酸雨、沿海等腐蚀环境严重、紫外线辐射强、有景观要求的地区
	云铁环氧中间漆	40	1	40	
	氟碳面漆	35	2	70	

注:对于温差较大地区,钢桥主体应采用断裂伸长率不小于 50%的氟碳面漆;对于栓焊梁生产或储存在黄河以南地区时,宜采用无机富锌防锈防滑涂料喷涂摩擦面;对于跨越河流的钢桥底面(包括桁梁下弦杆、纵横梁底面、下承板梁主梁和上承板、箱梁底面)、酸雨地区的钢桥应增加涂装底漆一道、中间漆一道。

8.4.3　涂装工艺要求

1)表面处理

(1)结构预处理。构件在喷砂除锈前应进行必要的结构预处理,包括:①粗糙焊缝打磨光顺,焊接飞溅物用刮刀或砂轮机除去,焊缝上深为 0.8 mm 以上或宽度小于深度的咬边应先补焊处理,并打磨光滑;②锐边用砂轮打磨成曲率半径为 2 mm 的圆角;③切割边的峰谷差超过 1 mm 时,打磨到 1 mm 以下;④表面层叠、裂缝、夹杂物,须打磨处理,必要时补焊。

(2)除油。表面油污应采用专用清洁剂进行低压喷洗或软刷刷洗,并用淡水枪冲洗掉所有残余物;或采用碱液、火焰等处理,并用淡水冲洗至中性,小面积油污可采用溶剂擦洗。

(3)除盐分。喷砂钢材表面可溶性氯化物含量应不大于 7 $\mu g/cm^2$。超标时应采用高压淡水冲洗。当钢材确定不接触氯离子环境时,可不进行表面可溶性盐分检测;当不能完全确定时,应进行首次检测。

(4)除锈。①除锈等级:不同的涂装体系有不同的钢材表面处理要求,如无机富锌底漆要求表面处理达到《涂覆涂料前钢材表面处理　表面清洁度的目视评定》(GB/T 8923.1—2011)规定的 Sa2.5 级~Sa3 级。②表面粗糙度:热喷锌(铝),钢材表面粗糙度为 Rz=60~100 μm;喷涂无机富锌底漆,钢材表面粗糙度为 Rz=50~80 μm;喷涂其他防护涂层,钢材表面粗糙度为 Rz=30~75 μm。③磨料要求:根据表面粗糙度要求,选用合适粒度的磨料进行喷射清理。④除尘:喷砂完工后,除去喷砂残渣,使用真空吸尘器或无油、无水的压缩空气,清理表面灰尘。⑤时间限定:一般情况下,涂料或锌、铝涂层最好在表面处理完成后 4 h 内施工于准备涂装的表面上;当所处环境的相对湿度不大于 60%时,可以适当延时,但最长不应超过 12 h;不管停留多长时间,只要表面出现返锈现象,应重新除锈。

2)涂装要求

(1)涂装环境。涂装施工对环境温度等有严格要求。要求施工环境温度为 5~38 ℃,空气相对湿度不大于 85%,并且钢材表面温度大于露点 3 ℃;在有雨、雾、雪、大风和较大灰尘的条件下,禁止户外施工。施工环境温度在−5~+5 ℃范围内时,应采用低温固化产品或采用其他措施。

(2)涂料配制和使用时间。涂料应充分搅拌均匀后方可施工,推荐采用电动或气动搅拌装置。对于双组分或多组分涂料应先将各组分分别搅拌均匀,再按比例配制并搅拌均匀。混合好的涂料按照产品说明书的规定熟化。涂料的使用时间按产品说明书规定的适用期执行。在−5~+5 ℃的低温环境中进行施工时,涂料本身的温度需符合产品说明书的规定。

(3)涂覆工艺。涂覆方法分为:①大面积喷涂应采用高压无气喷涂施工;②细长、小面积以及复杂形状构件可采用空气喷涂或刷涂施工;③不易喷涂到的部位应采用刷涂法进行预涂装或第一道底漆后补涂。涂覆间隔:按照设计要求和材料工艺进行底涂、中涂和面涂施工。每道涂层的间隔时间应符合材料供应商的有关技术要求,超过最大重涂间隔时间时,进行拉毛处理后涂装。二次表面处理:外表面在涂装底漆前应采用喷射方法进行二次表面处理。连接面涂装法:焊接结构应预留焊接区域;栓接部位应采用无机富锌防滑涂料或热喷铝进行底涂,确保抗滑移系数满足设计要求;栓接板的搭接缝隙部位,缝隙小于 0.5 mm 时,采用油漆调制腻子密封处理,缝隙大于 0.5 mm 时,采用密封胶密封(如聚硫密封等),以防止雨水侵蚀;栓接部位外露底涂层、螺栓,涂装前应根据规范要求进行必要的清洁处理。

3)质量要求

(1)外观。涂料涂层表面应平整、均匀一致,无漏涂、起泡、裂纹、气孔和返锈等现象,允许轻微桔皮和局部轻微流挂;金属涂层表面均匀一致,不允许有漏涂、起皮、鼓泡、大熔滴、松散粒子、裂纹和掉块等,允许轻微结疤和起皱。

(2)厚度。施工中随时检查湿膜厚度以保证干膜厚度满足设计要求。干膜厚度采用"85−15"规则判定,即允许有 15%的读数可低于规定值,但每一单独读数不得低于规定值的 85%。对于结构主体外表面可采用"90−10"规则判定。涂层厚度达不到设计要求时,应增加涂装道数,直至合格为止。漆膜厚度测定点的最大值不能超过设计厚度的 3 倍。

(3)附着力。当检测的涂层厚度不大于 250 μm 时,各道涂层和涂层体系的附着力按划格法进行,不大于 1 级;当检测的涂层厚度大于 250 μm 时,附着力试验按拉开法进行,涂层体系附着力不小于 3 MPa。用于钢桥面的富锌底漆涂层附着力不小于 5 MPa。另外,锌、铝涂层附着力应符合《热喷涂金属和其他无机覆盖层锌、铝及其合金》(GB/T 9793—2012)的相关规定。

8.4.4　维修涂装和重新涂装

1)涂膜劣化类型与评定

钢梁涂膜劣化类型包括粉化、起泡、裂纹、脱落以及生锈五种,具体特征如下:

粉化:涂膜由于表面老化损坏,呈粉状脱落。涂膜出现白色(浅色漆)或深色(深色漆)粉状物,如图 8.18(a)所示。

起泡:涂膜表面分布直径不同的膨胀隆起,出现点泡或豆泡,如图 8.18(b) 所示。

裂纹:涂膜中出现的裂痕、能见到下层或底层的网状或条状裂纹,如图 8.18(c)所示。

脱落:涂膜的面层和底层之间,新旧涂层之间丧失附着力,涂层表面形成小片或鳞片脱落,如图 8.18(d)所示。

生锈:涂膜出现针状锈斑、点状锈、泡状锈或片状锈的现象,如图 8.18(e)～(h)所示。

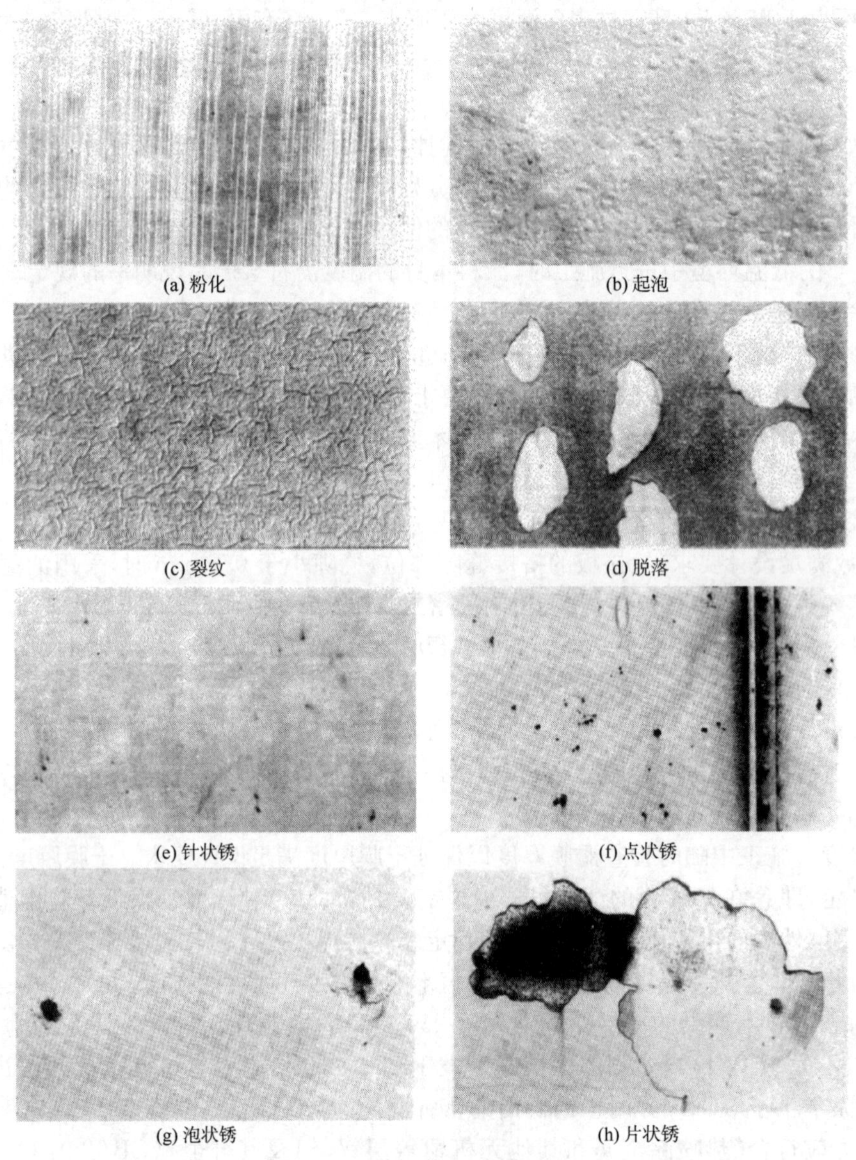

(a) 粉化　(b) 起泡　(c) 裂纹　(d) 脱落　(e) 针状锈　(f) 点状锈　(g) 泡状锈　(h) 片状锈

图 8.18　涂膜劣化类型

涂层投入使用后，按照桥梁运行管理单位的规定定期检查，依据《铁路钢梁涂膜劣化评定》(Q/CR 731—2019)进行涂层劣化评定。涂膜劣化分为 4 级，见表 8.8。涂膜粉化等级示意图如图 8.19 所示。根据漆膜劣化情况，选择合适的维修或重涂方式。

表 8.8 涂膜劣化等级评定

涂膜劣化等级	劣化类型		
	粉 化	起泡或裂纹或脱落	生 锈
轻微(一级)	1 级	图 8.20(0.3%)	无
中等(二级)	2 级	图 8.20(5%)	图 8.20(0.3%)
轻重(三级)	3 级	图 8.20(16%)	图 8.20(3%)
严重(四级)	4 级	图 8.20(33%)	图 8.20(5%)

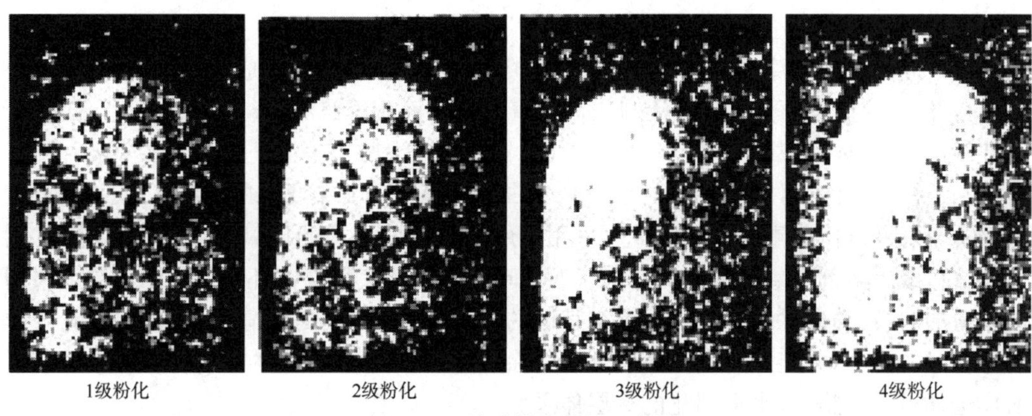

图 8.19 涂膜粉化等级示意图

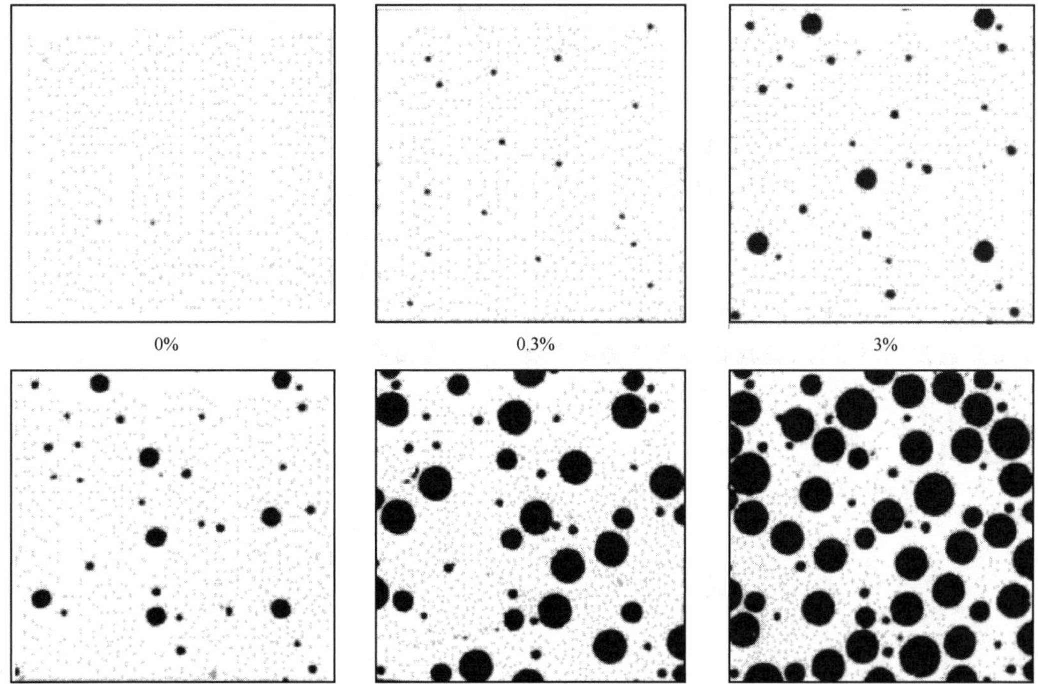

图 8.20 涂膜劣化百分比示意图

2)维修涂装

维修涂装要求:(1)当面漆出现3级以上粉化,且粉化减薄的厚度大于初始厚度的50%,或有景观要求时,彻底清洁面涂层后,涂装与原涂层相容的配套面漆1～2道;(2)当涂膜处于2～3级开裂,或2～3级剥落,或2～3级起泡,但底涂层完好时,选择相应的中间漆、面漆,进行维修涂装;(3)当涂膜发生Ri2～Ri3锈蚀(Ri2:锈蚀面积占比0.5%;Ri3:锈蚀面积占比1%)时,彻底清洁表面,涂装相应中间漆、面漆。

3)重新涂装

重新涂装要求:(1)当涂膜发生Ri3以上锈蚀时,彻底的表面处理后涂装相应配套涂层;(2)当涂膜处于3级以上开裂,或3级以上剥落,或3级以上起泡时,如果损坏贯穿整个涂层,应进行彻底的表面处理后,涂装相应配套涂层。

4)工艺要点

根据损坏的面积大小,钢桥外表面可分为以下三种重涂方式:(1)小面积维修涂装。先清理损坏区域周围松散的涂层,延伸至未损坏区域50～80 mm,并应修成坡口,表面处理至Sa2级或St3级,涂装低表面处理环氧涂料+面漆;(2)中等面积维修涂装。表面处理至Sa2.5级,涂装环氧富锌底漆+环氧(云铁)漆+面漆;(3)整体重新涂装。表面处理至Sa2.5级,按照《公路桥梁钢结构防腐涂装技术条件》(JT/T 722—2008)第4.2.1条要求的涂装体系进行涂装。

钢桥内表面维修或重新涂装底漆宜采用适用于低表面处理的环氧底漆,并宜采用浅色高固体份涂料或无溶剂环氧涂料。海洋大气腐蚀环境和工业大气腐蚀环境下的旧涂层须采用高压淡水清洁后,再喷砂除锈。处于干湿交替区的钢构件,在水位变动情况下涂装时,应选择表面容忍性好的涂料,并能适应潮湿涂装环境的涂层体系;处于水下区的钢构件在浸水状态下施工时应选择可水下施工、水下固化的涂层体系。

思 考 题

8-1 简述钢桥零件制造与组装的主要流程与工艺。

8-2 简述钢桥工地架设安装的主要方法及其适用范围。

8-3 查找相关文献,了解钢桁架节段拼装的基本流程。

8-4 简述钢桥的防腐涂装体系、涂装工艺及方法。

8-5 以一座钢桥为例(如港珠澳或平潭海峡大桥)为例,从零件的制造与组装、工地建设安装等方面进行钢桥施工全过程分析。

8-6 利用网络资源,查找钢桥制造与安装视频,熟悉相关工艺。

参考文献

[1] 盛兴旺,杨孟刚,乔建东,等.桥梁工程[M].2版.北京:中国铁道出版社有限公司,2020.
[2] 王承礼,徐铭枢. 铁路桥梁[M].北京:中国铁道出版社,1990.
[3] 周绪红,刘永健.钢桥[M].北京:人民交通出版社股份有限公司,2020.
[4] 吴冲.现代钢桥[M].北京:人民交通出版社,2006.
[5] 吉伯海,傅中秋.钢桥[M].北京:人民交通出版社股份有限公司,2016.
[6] 赵秋.钢桥—钢结构与组合结构桥梁[M].北京:人民交通出版社股份有限公司,2017.
[7] 苏彦江.钢桥构造与设计[M].成都:西南交通大学出版社,2006.
[8] 李富文,伏魁先,刘学信.钢桥[M].北京:中国铁道出版社,1993.
[9] 徐君兰,孙淑红.钢桥[M].2版.北京:人民交通出版社,2011.
[10] 李国豪.钢桥设计[M].上海:龙门联合书局,1954.
[11]小西一郎.钢桥(第一分册)[M].北京:人民铁道出版社,1983.
[12]小西一郎.钢桥(第二分册)[M].北京:人民铁道出版社,1983.
[13] 小西一郎.钢桥(第四分册)[M].北京:人民铁道出版社,1983.
[14] 交通运输部公路局,中交公路规划设计院有限公司.公路常规跨径钢结构桥梁建造技术指南[M].北京:人民交通出版社股份有限公司,2019.
[15] 贾高炯.钢箱梁桥设计[M].北京:人民交通出版社股份有限公司,2016.
[16] 项海帆.高等桥梁结构理论[M].2版.北京:人民交通出版社,2013.
[17] 曹富新,杨春秋.工程薄壁结构计算[M].北京:中国铁道出版社,1993.
[18] 韩大章.基于BIM的钢桥正向设计与应用　上册:钢桥工程信息学理论及参数化[M].北京:中国建筑工业出版社,2021.
[19] 巴亚斯,伊利奥普洛斯.钢—混组合桥梁设计[M].冯海江,杨兆巍,刘红卫等译,北京:科学出版社,2019.
[20] 赵廷衡.桥梁钢结构细节设计[M].成都:西南交通大学出版社,2011.
[21] 邵长宇.梁式组合结构桥梁[M].北京:中国建筑工业出版社,2014.
[22] 郭金琼,房贞政,郑振.箱形梁设计理论[M].2版.北京:人民交通出版社,2008.
[23] 盛兴旺,文颖,曾庆元.结构稳定理论[M].北京:中国铁道出版社有限公司,2021.
[24] 拉伯特,赫特.钢桥:钢与钢—混组合桥梁概念和结构设计 [M].葛耀君,苏庆田,译.北京:人民交通出版社股份有限公司,2014.
[25] 谭金华,杨吉新,陈响平.桥梁钢结构[M].武汉:武汉理工大学出版社,2013.
[26] 叶见曙.结构设计原理[M].北京:人民交通出版社股份有限公司,2018.
[27] 中铁九桥工程有限公司.桥梁钢结构[M].北京:人民交通出版社,2014.
[28] 聂建国.钢—混凝土组合结构桥梁[M].北京:人民交通出版社,2011.
[29] 朱聘儒.钢—混凝土组合梁设计原理[M].北京:中国建筑工业出版社,2006.
[30] 邵长宇.索承式组合结构桥梁[M].北京,中国建筑工业出版社,2017.
[31] 严国敏.现代斜拉桥 [M].成都:西南交通大学出版社,1996.
[32] 林元培.斜拉桥 [M].北京:人民交通出版社,2004.
[33] 肖汝诚.桥梁结构体系 [M].北京:人民交通出版社,2013.
[34] 中华人民共和国住房和城乡建设部.钢结构设计标准:GB 50017—2017[S].北京:中国建筑工业出版社,2017.
[35] 中华人民共和国住房和城乡建设部.钢—混凝土组合桥梁设计规范:GB 50917—2013[S].北京:中国计划出版社,2013.

[36] 中华人民共和国交通运输部. 公路桥涵设计通用规范:JTG D60—2015[S]. 北京:人民交通出版社股份有限公司,2015.

[37] 中华人民共和国交通运输部. 公路钢结构桥梁设计规范:JTG D64—2015[S]. 北京:人民交通出版社股份有限公司,2015.

[38] 国家铁路局. 铁路桥涵设计规范:TB 10002—2017 [S]. 北京:中国铁道出版社,2017.

[39] 国家铁路局. 铁路桥梁钢结构设计规范:TB 10091—2017 [S]. 北京:中国铁道出版社,2017.

[40] 中国铁路总公司. 铁路桥涵设计规范(极限状态法):Q/CR 9300—2018 [S]. 北京:中国铁道出版社有限公司,2019.

[41] American Institute of Steel Construction. Design manual for orthotropic steel plate deck bridges[M]. New York:American Institute of Steel Construction,1963.

[42] 中国铁路总公司. 铁路钢桥制造规范:Q/CR 9211—2015[S]. 北京:中国铁道出版社,2015.

[43] 中华人民共和国交通运输部. 公路桥涵施工技术规范:JTG/T 3650—2020[S]. 北京:人民交通出版社股份有限公司,2020.

[44] 中国公路学会. 公路桥梁钢箱梁、钢桁梁和钢塔制造与安装技术指南:T/CHTS 10023—2020[S]. 北京:人民交通出版社股份有限公司,2020.

[45] 中国国家铁路集团有限公司. 铁路钢桥保护涂装及涂料供货技术条件:Q/CR 730—2019[S]. 北京:中国铁道出版社有限公司,2019.

[46] 中国国家铁路集团有限公司. 铁路钢梁涂膜劣化评定:Q/CR 731—2019 [S]. 北京:中国铁道出版社有限公司,2019.

[47] 中华人民共和国运输交通部. 公路桥梁钢结构防腐涂装技术条件:JT/T 722—2008[S]. 北京:人民交通出版社,2008.

[48] 中华人民共和国交通运输部. 公路钢混组合桥梁设计与施工规范:JTG/T D64-01—2015[S]. 北京:人民交通出版社股份有限公司,2016.

[49] 中华人民共和国住房和城乡建设部. 波形钢腹板组合梁桥技术标准:CJJ/T 272—2017[S]. 北京:中国建筑工业出版社,2018.

[50] 中华人民共和国国家质量监督检验检疫总局. 桥梁用结构钢:GB/T 714—2015[S]. 北京:中国标准出版社,2016.

[51] 中华人民共和国国家质量监督检验检疫总局. 碳素结构钢:GB/T 700—2006[S]. 北京:中国标准出版社,2007.

[52] 中华人民共和国国家质量监督检验检疫总局. 低合金高强度结构钢:GB/T 1591—2018[S]. 北京:中国标准出版社,2019.

[53] 中华人民共和国国家质量监督检验检疫总局. 耐候结构钢:GB/T 4171—2008[S]. 北京:中国标准出版社,2009.

[54] 中华人民共和国交通运输部. 公路工程结构可靠性设计统一标准:JTG 2120—2020[S]. 北京:人民交通出版社股份有限公司,2020.

[55] 中华人民共和国交通运输部. 公路工程抗震规范:JTG B02—2013 [S]. 北京:人民交通出版社,2014.

[56] 中华人民共和国建设部. 铁路工程抗震设计规范:GB 50111—2006[S]. 北京:中国计划出版社,2006.

[57] 中华人民共和国交通运输部. 公路工程技术标准:JTG B01—2014 [S]. 北京:人民交通出版社股份有限公司,2015.

[58] 中华人民共和国交通运输部. 公路桥梁抗震设计规范:JTG/T 2231-01—2020[S]. 北京:人民交通出版社股份有限公司,2020.

[59] 中华人民共和国交通运输部. 公路斜拉桥设计规范:JTG/T 3365-01—2020 [S]. 北京,人民交通出版社股份有限公司,2020.

[60] 中华人民共和国住房和城乡建设部. 城市桥梁设计规范:CJJ 11—2011[S]. 北京:中国建筑工业出版社,2012.

[61] 中华人民共和国国家质量监督检验检疫总局. 厚度方向性能钢板:GB/T 5313—2010[S]. 北京:中国建筑工业出版社,2011.

[62]《中国公路学报》编辑部. "钢桥与组合结构桥梁"专刊导语[Z]. 中国公路学报,2017,30(3).

[63] 唐贺强,徐恭义,刘汉顺. 五峰山长江大桥主桥总体设计[J]. 桥梁建设,2020,50(6):1-7.

[64] 高宗余. 沪通长江大桥主桥技术特点[J]. 桥梁建设,2014,44(2):1-5.

[65] 李军堂. 沪通长江大桥主航道桥桥塔施工关键技术[J]. 桥梁建设,2019,49(6):1-6.

[66] 易伦雄. 南京大胜关长江大桥大跨度钢桁拱桥设计研究[J]. 桥梁建设,2009,(5):1-5.

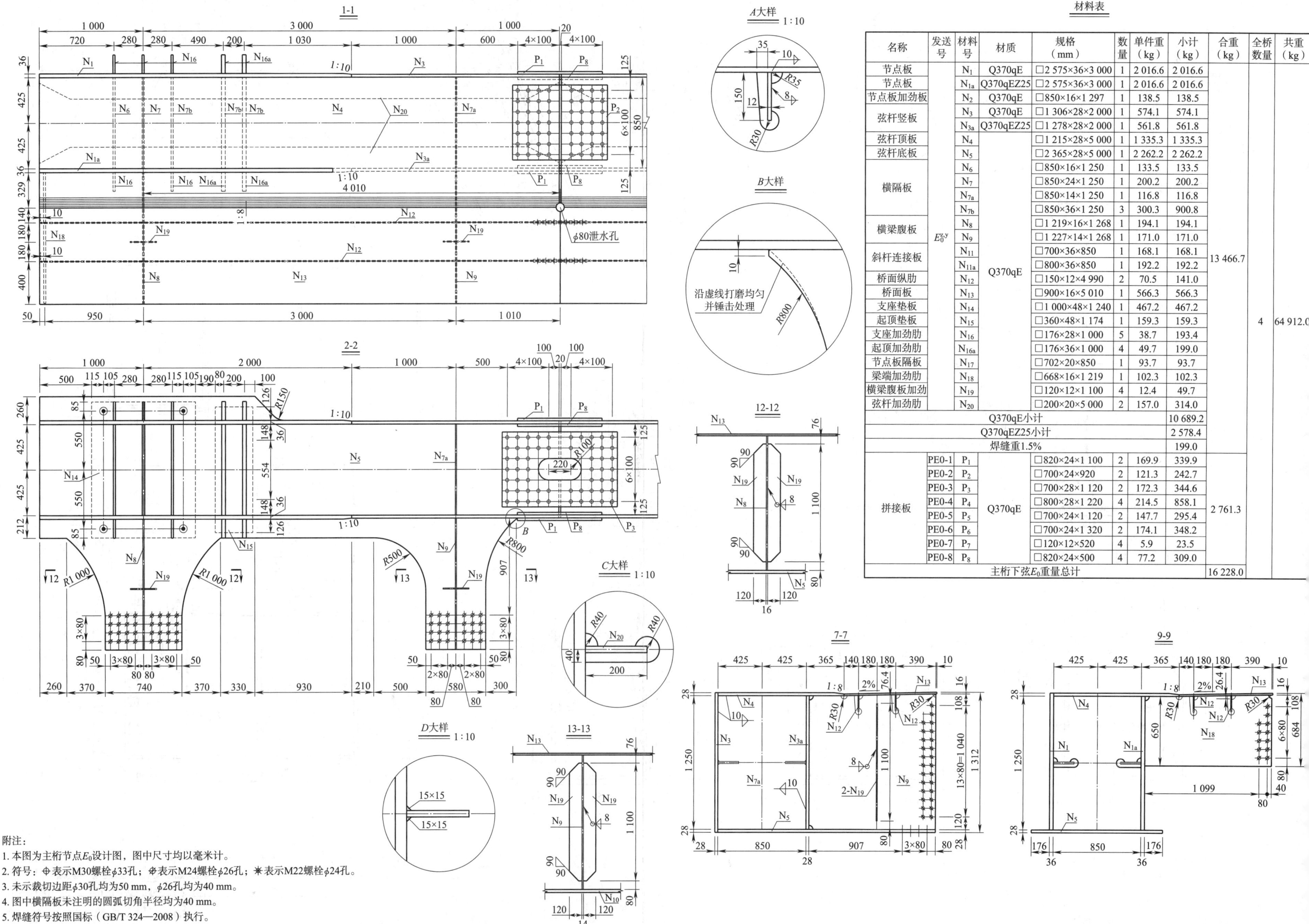

名称	发送号	材料号	材质	规格（mm）	数量	单件重（kg）	小计（kg）	合重（kg）	全桥数量	共重（kg）
节点板	$E_0^{z,y}$	N_1	Q370qE	□2 575×36×3 000	1	2 016.6	2 016.6	13 466.7	4	64 912.0
节点板		N_{1a}	Q370qEZ25	□2 575×36×3 000	1	2 016.6	2 016.6			
节点板加劲板		N_2	Q370qE	□850×16×1 297	1	138.5	138.5			
弦杆竖板		N_3	Q370qE	□1 306×28×2 000	1	574.1	574.1			
		N_{3a}	Q370qEZ25	□1 278×28×2 000	1	561.8	561.8			
弦杆顶板		N_4	Q370qE	□1 215×28×5 000	1	1 335.3	1 335.3			
弦杆底板		N_5		□2 365×28×5 000	1	2 262.2	2 262.2			
横隔板		N_6		□850×16×1 250	1	133.5	133.5			
		N_7		□850×24×1 250	1	200.2	200.2			
		N_{7a}		□850×14×1 250	1	116.8	116.8			
		N_{7b}		□850×36×1 250	3	300.3	900.8			
横梁腹板		N_8		□1 219×16×1 268	1	194.1	194.1			
		N_9		□1 227×14×1 268	1	171.0	171.0			
斜杆连接板		N_{11}		□700×36×850	1	168.1	168.1			
		N_{11a}		□800×36×850	1	192.2	192.2			
桥面纵肋		N_{12}		□150×12×4 990	2	70.5	141.0			
桥面板		N_{13}		□900×16×5 010	1	566.3	566.3			
支座垫板		N_{14}		□1 000×48×1 240	1	467.2	467.2			
起顶垫板		N_{15}		□360×48×1 174	1	159.3	159.3			
支座加劲肋		N_{16}		□176×28×1 000	5	38.7	193.4			
起顶加劲肋		N_{16a}		□176×36×1 000	4	49.7	199.0			
节点板隔板		N_{17}		□702×20×850	1	93.7	93.7			
梁端加劲肋		N_{18}		□668×16×1 219	1	102.3	102.3			
横梁腹板加劲		N_{19}		□120×12×1 100	4	12.4	49.7			
弦杆加劲肋		N_{20}		□200×20×5 000	2	157.0	314.0			
Q370qE小计							10 689.2			
Q370qEZ25小计							2 578.4			
焊缝重1.5%							199.0			
拼接板	PE0-1	P_1	Q370qE	□820×24×1 100	2	169.9	339.9	2 761.3		
	PE0-2	P_2		□700×24×920	2	121.3	242.7			
	PE0-3	P_3		□700×28×1 120	2	172.3	344.6			
	PE0-4	P_4		□800×28×1 220	4	214.5	858.1			
	PE0-5	P_5		□700×24×1 120	2	147.7	295.4			
	PE0-6	P_6		□700×24×1 320	2	174.1	348.2			
	PE0-7	P_7		□120×12×520	4	5.9	23.5			
	PE0-8	P_8		□820×24×500	4	77.2	309.0			
主桁下弦E_0重量总计								16 228.0		

附注：
1. 本图为主桁节点E_0设计图，图中尺寸均以毫米计。
2. 符号：⊕表示M30螺栓ϕ33孔；⊕表示M24螺栓ϕ26孔；✳表示M22螺栓ϕ24孔。
3. 未示裁切边距ϕ30孔均为50 mm，ϕ26孔均为40 mm。
4. 图中横隔板未注明的圆弧切角半径均为40 mm。
5. 焊缝符号按照国标（GB/T 324—2008）执行。
6. 图中焊缝符号及未视焊缝参照“下弦节点焊缝图”。

图4.56　重载铁路L=108 m栓焊桁梁下弦端节点E_0(二)(单位：mm)

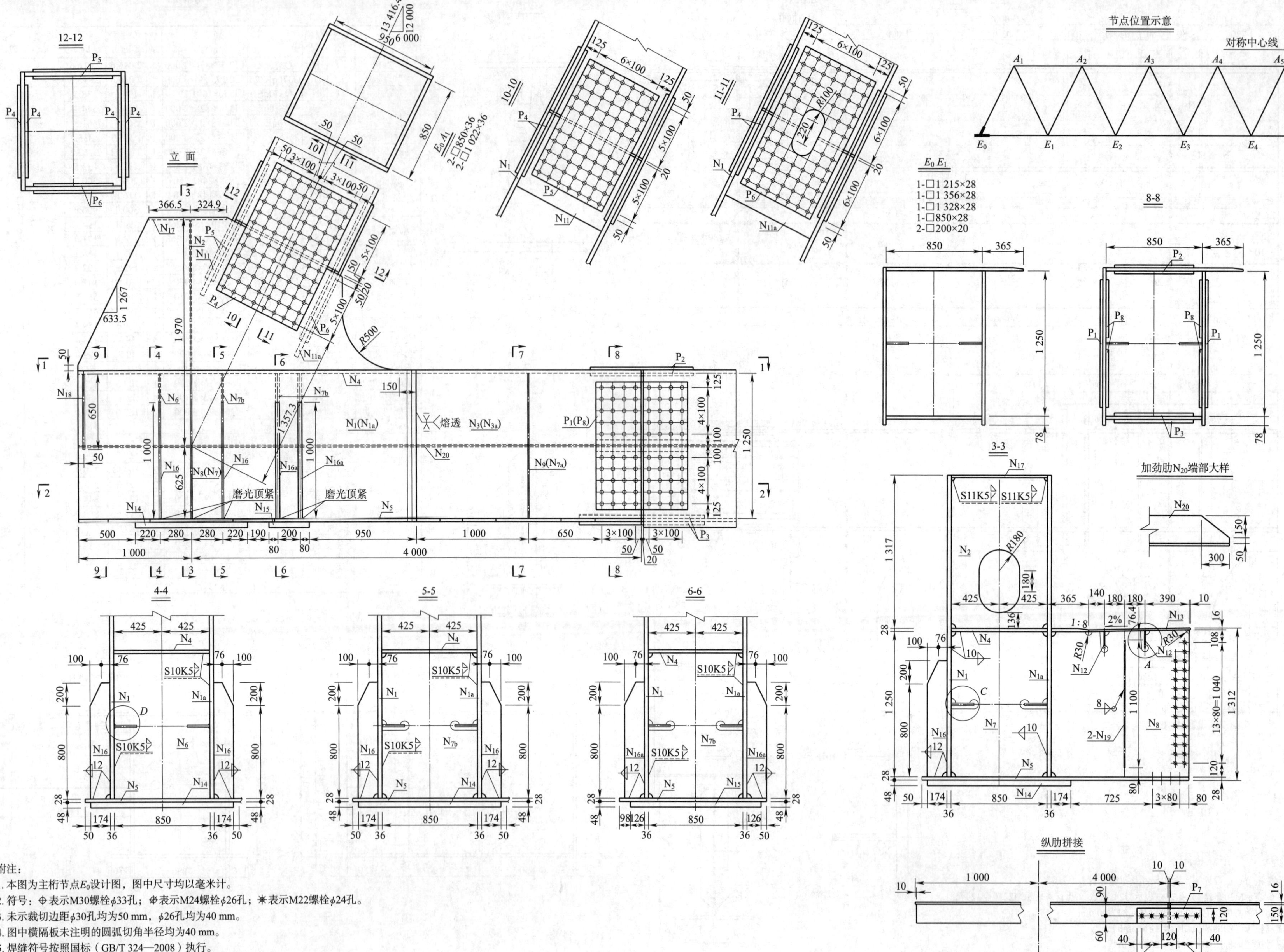

附注：

1. 本图为主桁节点E_0设计图，图中尺寸均以毫米计。
2. 符号：⊕表示M30螺栓ϕ33孔；⊕表示M24螺栓ϕ26孔；✱表示M22螺栓ϕ24孔。
3. 未示裁切边距ϕ30孔均为50 mm，ϕ26孔均为40 mm。
4. 图中横隔板未注明的圆弧切角半径均为40 mm。
5. 焊缝符号按照国标（GB/T 324—2008）执行。
6. 图中焊缝符号及未视焊缝参照“下弦节点焊缝图”。

图4.55　重载铁路L=108 m栓焊桁梁下弦端节点E_0(一)(单位：mm)